金融学译丛
FINANCE

投资学基础（第十二版）

Fundamentals of Investing (Twelfth Edition)

斯科特·斯马特（Scott Smart）
劳伦斯·吉特曼（Lawrence Gitman）　／著
迈克尔·乔恩科（Michael Joehnk）

孙国伟／译

中国人民大学出版社
·北京·

出版说明

　　作为世界经济的重要组成部分，金融在经济发展中扮演着越来越重要的角色。为了加速中国金融市场与国际金融市场的顺利接轨，帮助中国金融界相关人士更好、更快地了解西方金融学的最新动态，寻求建立并完善中国金融体系的新思路，促进具有中国特色的现代金融体系的建立，中国人民大学出版社精心策划了这套"金融学译丛"，该套译丛旨在把西方，尤其是美国等金融体系相对完善的国家最权威、最具代表性的金融学著作，被实践证明最有效的金融理论和实用操作方法介绍给中国的广大读者。

　　该套丛书主要包括以下三个方面：

　　（1）理论方法。重在介绍金融学的基础知识和基本理论，帮助读者更好地认识和了解金融业，奠定从事深层次学习、研究等的基础。

　　（2）实务案例。突出金融理论在实践中的应用，重在通过实务案例以及案例讲解等，帮助广大读者将金融学理论的学习与金融学方法的应用结合起来，更加全面地掌握现代金融知识，学会在实际决策中应用具体理论，培养宏观分析和进行实务操作的能力。

　　（3）学术前沿。重在反映金融学科的最新发展方向，便于广大金融领域的研究人员在系统掌握金融学基础理论的同时，了解金融学科的学术前沿问题和发展现状，帮助中国金融学界更好地认清世界金融的发展趋势和发展前景。

　　我们衷心地希望这套译丛的推出能够如我们所愿，为中国的金融体系建设和改革贡献出一份力量。

中国人民大学出版社

2004 年 8 月

前　言

"除非价格合适，否则伟大的公司不是伟大的投资。"这句充满智慧的话正是来自沃伦·巴菲特。毫无疑问，沃伦·巴菲特是有史以来最伟大的投资者之一。巴菲特先生的话很好地概括了本书的精髓——帮助学生学习在购买股票、债券、共同基金或任何其他类型的投资产品时如何做出明智的投资决定。

事实是，投资听起来很简单，但事实并非如此。在当今动荡的金融市场上的投资者在决定如何投资时面临诸多挑战。在 2008 年的金融市场崩溃之后，投资者比以前变得更加担心风险。本书旨在帮助学生理解投资中固有的风险，并为他们提供必备的工具来回答那些在形成稳健的投资策略时会遇到的一些基本问题。例如，学生想知道：什么是最适合我的投资？我应该购买个别证券、共同基金还是交易所交易基金？未来几年的市场前景如何？风险如何？我的投资需要专业化的帮助吗？我能负担得起吗？显然，投资者需要回答这样一些问题才能做出明智的决定。

投资的术语、概念和策略对很多人来说都是陌生的。要成为明智的投资者，学生必须首先熟悉投资的方方面面。在此基础上，他们可以学习如何在不断变化的投资环境中做出明智的决策。《投资学基础》（第十二版）为个人投资者提供了做出明智的决策和实现投资目标所需的知识和指导。

本书可以满足高校、初级和社区学院、其他专业认证课程和继续教育课程中的初级投资学课程教师和学生的需求。《投资学基础》同时关注个别证券和证券组合，解释了在同时考虑了整个市场和投资工具的风险和收益之后如何制定、实施和监测投资目标。会话的口吻和例子的灵活运用有助于教师向学生展示要点和学生掌握相关内容。

第十二版的新增内容

很多本书的使用者对我们从第十一版到第十二版的内容变动感兴趣。我们希望这些信息也会引起潜在使用者的兴趣，因为它表明我们紧跟投资领域现状的使命，并继续编写一本能真正满足学生和教师需要的书。

第十二版最显著的变化是斯科特·斯马特（Scott Smart）成为本书的主要作者。斯科特 1991 年从斯坦福大学获得博士学位，并从那时起成为印第安纳大学金融系的成员。他目前是印第安纳大学凯利商学院的 MBA 项目的副主任。他的学术文章发表在 *Journal of Financial Economics*、*Journal of Finance*、*Financial Management*、*Financial Review* 和 *Journal of Accounting and Economics* 以及其他学术期刊上。他被《商业周刊》评为优秀教师，曾获得十多个教学奖。读者在本书的每一页上都能看到斯科特的印记。

第十二版中的一些主要变化如下：

• 更新了全部现实世界的数据，包括文字、表格和图形。

• 采用了全新的平板电脑设计，包括许多新的数字功能，学生可以自行使用以增强学习效果。

• 增加了一个名为"投资者错误"的新专栏。这些专栏出现在大多数章节的边缘，并强调从行为金融学文献搜集而来的投资经验。

• 更新了第十一版中的很多"投资者事实"专栏，并在大多数章节中引入了全新的专栏。

• 更新了"危机中的市场"专栏，突出了近期的金融危机和经济衰退的方方面面。

• 作者斯科特·斯马特主讲的循序渐进的视频教程可以在"我的金融实验室"（MyFinanceLab）中找到，并作为每章末的部分问题的学习辅助工具。

• 在示例中扩展了对实际数据的使用。

• 扩大和更新了行为金融学的覆盖面，特别是（但不限于）在第 9 章。

• 修改或更换了每章的开篇专栏，并在许多章中包含一个与开篇栏目密切相关的章末问题。

• 第 12 章增加了对交易所交易基金的论述。

《投资学基础》的特点

利用从学术界和投资从业人士搜集的信息，以及使用者的反馈，第十二版反映了当今投资环境的现实情况。同时，以下特点为成功的教学和学习提供了一个结构化的框架。

明确聚焦于个人投资者

当前，大约一半的美国家庭通过共同基金或参与 401（k）计划直接或间接拥有股票。多年来这个比例一直在增长，可能还会继续增长下去。《投资学基础》的重点始终放在个人投资者身上。这种聚焦为学生提供了开发、实施和监测一个成功的投资计划所需要的信息。同时，它还为学生掌握基本概念、工具和方法打下了坚实的基础。随后的课程可以在此基础上介绍机构投资者和资金经理使用的先进概念、工具和方法。

全面而灵活的组织

本书通过首先描述整体投资环境，包括各种投资市场、信息和交易，为学习奠定坚实的基础。接下来，本书提出投资者需要的概念工具——收益和风险的概念以及投资组合管理的基本方法。然后，本书考察最常见的投资类型——普通股、债券和共同基金。在关于投资工具的这一系列章节之后是关于如何构建和管理自己的投资组合的一章。本书的最后一部分重点介绍需要更多专业知识的衍生证券——期权和期货。虽然教材的前两部分最好放在课程开始的时候讲授，但讲授者可以按照任何顺序来讲授特定的投资类型。本书的全面性和灵活性使教师能够定制自己的课程结构和教学目标。

我们从决策的角度组织每一章，我们一直注意指出我们提出的各种投资和策略的利弊。有了这些信息，个人投资者可以选择最符合其目标的投资行为。此外，我们还提供了各种投资和策略，让学生了解他们所考虑的每个投资行为的决策含义和后果。

及时的主题

各种问题和变化不断重塑金融市场和投资工具。本书几乎所有的主题都考虑到了投资环境的变化。例如，在每一章中，我们都继续保留并更新了第十一版中新增的"危机中的市场"专栏。这个专栏突出了近期和历史上金融危机的各个方面，政府对危机的回应以及危机之后的深度衰退。从根本上讲，投资是关于风险与收益之间的权衡，而"危机中的市场"专栏提醒学生不应只关注投资收益。

此外，第十二版还为学生提供了来自专业投资顾问的视频短片。在这些被精心地整合进每章内容的视频中，学生们将听到专业人士分享他们通过多年作为个人投资者的顾问所学到的经验教训。

全球化

正在重塑投资界的一个问题是证券市场的日益全球化。因此，《投资学基础》继续强调投资的全球性。我们首先考察国际市场、直接或间接投资国外证券、国际投资业绩以及国际投资风险的日益重要性。在后面的章节中，我们描述流行的国际投资机会和策略，作为每种特定投资工具覆盖范围的一部分。整合国际话题有助于学生理解在规划、建立和管理投资组合时保持全球注意力的重要性。

全面的综合学习体系

第十二版的另一个特点是全面的综合学习体系，使得学生明白在各章中需要学习什么，并帮助他们在学习各章的过程中集中精力。

CFA 考题

我们很高兴在第十二版中包括了 CFA 考题，在书面文本和"我的金融实验室"中都有。CFA 考题出现在本书六个部分的五个部分末尾。由于前面几章中内容的性质，第一部分和第二部分的 CFA 考题合并在一起放在第二部分结尾。这些问题为学生提供了一个根据 CFA 一级考试的要求测试他们的投资知识的机会。

在这个版本中，在"我的金融实验室"中还添加了 3 个 CFA 考试样题。每个考试样题都是在 CFA 一级考试后形成的，并附有详细的参考答案。考试仅涉及《投资学基础》（第十二版）中涵盖的主题，旨在尽可能地模拟出现在标准的一级考试中的问题类型。"我的金融实验室"的 CFA 考试样题分为 3 个部分：30 个问题、40 个问题和 50 个问题。每份试题都是独一无二的，包含一组不同的问题，因此，你可以参加任何一份试卷的考试或全部考试，不会遇到任何重复的问题。这些问题大部分来自 2009 年的《CFA 报考者学习指南》。答案也给出了，以便立即巩固知识。

"我的金融实验室"

"我的金融实验室"是一个完全集成的在线作业和教程系统。"我的金融实验室"提供灵活的教师工具，如易于使用的针对测试、测验、作业分配和自动评分的管理器，以及强大的在线成绩簿。学生可以预先下载每章的模拟测试，并依测试分数生成个性化的学习计划，以最大化学习时间。学生将有充足的机会解决问题（一些是在作者斯科特·斯马特的视频帮助下），并通过"斯马特的网络之旅"等功能在互联网上探索与投资相关的内容。请访问 www.myfinancelab.com 了解更多信息或注册。

目 录

第一部分　投资基础知识

第二部分　重要的概念工具

第四部分 固定收益证券投资

第五部分　投资组合管理

第六部分　衍生证券

第一部分

投资基础知识

第 1 章　投资环境

学习目标

学完本章之后，你应该能够：

目标 1：理解投资的含义，并列举将一种投资与另一种投资相区别的属性。

目标 2：描述投资过程和投资者类型。

目标 3：讨论投资的主要类型。

目标 4：描述投资的步骤，评述基本的税收考虑，讨论整个生命周期的投资。

目标 5：描述最常见的短期投资类型。

目标 6：描述适合于有金融专长的人的一些主要职业以及投资在每种职业中所发挥的作用。

你为赚钱而努力工作。现在是时候让你的钱为你工作了。欢迎来到投资的世界。差不多有来自全世界的数千种投资可供你选择。你应该投资多少？你应该何时投资？哪一些投资适合你？答案取决于每位投资者的知识和金融环境。

金融新闻非常丰富，找到金融信息变得比以前更加容易。过去，大部分人了解投资新闻的唯一途径是晚间新闻上关于当天的道琼斯工业平均指数变化的 10 秒钟报道。现在，美国人遭遇到了金融新闻大爆炸：像消费者新闻与商业频道（CNBC）这样的有线电视网络专注于商业和金融新闻，网络新闻播报员的商业新闻特色更加突出。在出版物方面，除了《华尔街日报》（*The Wall Street Journal*）之外，你还可以订阅《投资者商业日报》（*Investor's Business Daily*）、《巴伦周刊》（*Barron's*）、《吉卜林的个人理财杂志》（*Kiplinger's Personal Finance Magazine*）、《金钱》（*Money*）、《精明理财》（*Smart Money*）以及其他很多专注于投资的出版物。

现在，大概有一半的美国人拥有股票或股票共同基金，很多人还是新的投资者。互联网在向他们打开投资世界的大门中发挥了重要作用。互联网使得巨量的信息即时可得，并使得投资者点击鼠标就可以进行证券交易。简言之，技术使得投资比过去要容易得多。获取那些以前仅限于专业投资人士使用的工具帮助创造出了一个更平等的竞技场——然而与此同时，这种进入门槛的降低也会增加经验不足投资者的风险。

不管你是在线执行交易还是使用传统经纪人交易，适用的投资原理都是一样的。第1章介绍各种类型的投资、投资过程、投资计划的作用、满足流动性需要的重要性以及金融相关的职业。熟悉投资对象并形成现实的投资计划会大大提高你实现财务成功的可能性。

投资对象和投资过程

你可能已经是一位投资者。如果你的储蓄账户里有钱，你至少已经有了一笔属于自己的投资。一项**投资**（investment）不过是资金可以存放其中的任何资产，并且期望能产生正的收入或价值增值。

投资的回报或**收益**（return）有两种基本形式：收入和价值的增加。投资于储蓄账户的资金以定期利息支付的形式提供收入。一股普通股也提供收入（以股利的形式），但投资者经常因预期股价上涨而购买股票。也就是说，普通股既提供收入，也提供价值增加的机会。自1900年以来，储蓄账户的年均收益率略高于3％。普通股的年均收益率刚好超过9％。当然，在重大市场下行期间（如2008年发生的那次），几乎所有投资的收益率都下滑，远低于长期历史平均水平。

存放在一个简单的（无利息）支票账户中的现金是投资吗？不是，因其不满足两个定义：它不提供增加的收入，其价值也不增加。事实上，随着时间的推移，通货膨胀侵蚀着存放在不付息支票账户中的货币的购买力。

我们通过考察投资的类型和投资过程的结构来开始我们对投资的研究。

投资属性

当你投资时，你所投资的机构——无论是公司还是政府机构——为你提供未来利益的期望来交换你的资金的使用权。机构为了使用你的资金而竞争，正如零售商们通过提供有不同特征的各种产品来竞争客户的美元，机构通过提供有不同属性的各种投资来试图向投资者募集资金。因此，投资存在各种类型，从银行近年来收益率不到1％的几乎零风险的储蓄账户，到短期内价值可能变为3倍的高风险公司的普通股。你选择的投资将取决于你的资源、你的目标和你承担风险的意愿。我们可以通过描述各种属性来区别不同种类的投资。

证券或财产投资

证券（securities）是由公司、政府或其他组织发行的代表对发行人资源的金融要求权的投资。最常见的证券类型是股票和债券，但也有更奇异的类型，如股票期权。通常你可以相对容易地买卖证券，在美国的市场上投资者每天交易数十亿美元的股票。本书的重点主要是最基本类型的证券，特别是普通股。

另外，**财产**（property）包括对不动产或有形个人财产的投资。不动产是指土地、建筑物和永久固定在土地上的东西。有形个人财产包括诸如黄金、艺术品、古董和其他收藏品之类的东西。在大多数情况下，财产并不像证券那样容易买卖。想要出售一幢建筑物或一幅画的投资者可能不得不雇一个地产代理人或拍卖人来寻找买家，并且可能需要几个星期或几个月才能卖掉该财产。

直接或间接投资

直接投资（direct investment）是投资者直接获得对证券或财产的要求权的投资。如果你购买一家公司（如IBM）的普通股，那么你就进行了直接投资，而且你就是该公司的部分所有者。**间接投资**（indirect investment）是指由专业投资者管理的对一组证券或财产的投资。例如，当你将资金投入共同基金公司（如美国先锋集团或美国富达投资集团）时，你是在对这些共同基金持有的资产进行间接投资。

> **投资者事实**
> **作为资产的艺术品**
> 证券的收益不一定比财产好。在截至2011年的10年中，优质艺术品带来4.6%的年均收益率，而标准普尔500指数中股票的年均收益率为0。
> 资料来源：（1）www.artasanasset.com；（2）Saporito, Bill, "Paint by Numbers," *Time*, January 30, 2012.

在美国，直接持有普通股的家庭数量多年来一直在下降。例如，1945年家庭（直接）持有超过90%的在美国上市的普通股。随着时间的推移，这一比例下降到目前约30%的水平。世界上大多数较大的经济体也出现了同样的趋势。例如，在英国，家庭直接持有的股票比例在过去的半个世纪中从大约66%下降到14%。当前，在世界大多数主要股市中，家庭直接持有的流通股不到四分之一，如图1-1所示。

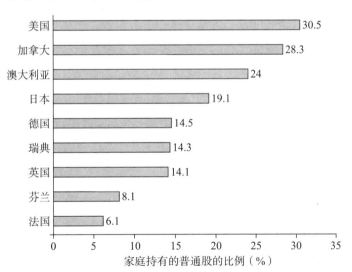

图1-1 家庭直接持有的股票

本图显示了每个国家直接由家庭持有的普通股的比例。在大多数国家中，家庭的直接持股占该国上市普通股数量的不到四分之一。

资料来源：Kristian Rydqvist, Joshua Spizman, and Ilya Strebulav, "The Evaluation of Aggregate Stock Ownership: A Unified Explanation." CEPR Discussion Paper No. 7356, July 2009.

随着家庭的直接持股比例一直在下降，间接持股比例一直在上升。考察这种趋势的一种方法是查看由代表家庭管理资金的机构所持有的直接所有权。1945年，养老基金和共同基金共计持有不到2%的美国流通股，但现在它们的直接持有量约为45%。

税收政策有助于解释个人直接持有股票下降以及共同基金和养老基金等机构的直接所有权相应增加的原因。从1978年开始，美国《国内税收法典》的第401（k）条允许雇员对他们选择作为递延薪酬的收入避税，如退休储蓄计划。从那时起，大多数大型公司都采用了所谓的401（k）计划，允许雇员不必对他们向401（k）计划的缴款缴纳当期税收。当雇员在退休期间提取资金时，要对该收入征税。通常情况下，富达和先锋等共同基金公司管理这些401（k）计划，因此，这些计划中持有的股票是工人的间接所有权和共同基金公司的直接所有权。

这种趋势的一个重要因素是，交易股票的个人经常与卖出个人想要购买的股票或购买个人想要卖出的股票的专业投资者打交道。例如，2012年，富达基金在各种共同基金中拥有近1.5万亿美元的资产，雇用了大约38 000名员工，其中许多人接受过高级投资培训并获得了大量关于他们所投资公司的信息。考虑到机构投资者在当今市场上的优势，个人会明智地考虑与之交易的人所拥有的优势。

债务、权益或衍生证券投资

大多数投资（产品）都属于两大类之一——债务或权益。**债务**（debt）不过是一种贷款，要求借款人定期支付利息，并在未来某一日期偿还贷款的全部金额。当公司或政府需要借钱时，它们发行被称为债券的证券。当你购买债券时，你实际上是向发行人出借资金。发行人同意在规定时间内向你支付利息，在该时间结束时发行人将偿还初始贷款。

权益（equity）代表对企业或财产的持续所有权。权益投资的对象既可以是证券，也可以是对特定财产的所有权。最常见的权益证券类型是普通股。

衍生证券（derivative securities）既不是债务也不是权益。相反，它们从标的证券或资产中获得价值。股票**期权**（option）就是一个例子。股票期权是授权在有限时段内以固定价格买入（或卖出）公司的一股股票的一种投资（产品）。这一期权的价值取决于标的股票的市场价格。

低风险或高风险投资

投资也因风险而异。**风险**（risk）反映了特定投资将产生的回报的不确定性。与投资相关的回报越不确定，其风险就越大。

在你的一生中当你进行投资时，你将面临从低风险到高风险的一系列投资。例如，股票通常被认为比债券的风险高，因为股票的回报在更大的范围内变化并且比债券的回报更难预测。然而，也不难找到比财务稳健的公司的股票风险更高的高风险债券。

一般来说，投资者面临风险和回报之间的权衡——要获得更高的收益率，投资者通常必须承受更大的风险。低风险投资提供相对可预测但也相对较低的回报。高风险投资平均而言提供更高的收益率，但它们也有更大损失的可能性。

短期或长期投资

投资的时间可长可短。**短期投资**（short-term investment）通常在 1 年内到期。**长期投资**（long-term investment）是到期期限较长的投资，或者像普通股那样根本没有到期期限。

国内或国外投资

25 年前，美国公民几乎完全投资于纯粹的**国内投资**（domestic investment）：美国公司和政府的债务、权益和衍生证券。现今，投资者通常也寻求（直接和间接的）**国外投资**（foreign investment），这种投资可能比纯粹的国内投资提供更有吸引力的回报。现在可以轻松地获得有关外国公司的信息，而且如今进行国外投资也很容易。

投资过程的结构

投资过程将有资金盈余的供给者与需要资金的需求者结合到一起。资金的供给者和需求者通常是通过金融机构或金融市场联系起来。**金融机构**（financial institution）是汇集政府、企业和个人的储蓄并利用这些资金发放贷款和投资于诸如美国政府发行的短期债券之类的证券的机构，如银行和保险公司。**金融市场**（financial market）是资金的供给者与需求者之间交易金融资产的市场，通常是在诸如证券经纪人和交易商之类的中介的帮助下完成的。所有类型的投资产品，包括股票、债券、商品和外币，都在金融市场上交易。

美国主要的金融市场是证券市场。证券市场包括股票市场、债券市场和期权市场。全世界大多数主要经济体都有类似的市场。正如在其他种类的市场中确定其他产品的价格那样，在这些市场上交易的证券的价格是由买方和卖方之间的互动决定的。例如，如果投资者想要购买的 Facebook 公司股票的数量大于投资者想要卖出的数量，Facebook 公司股票的价格会上升。随着有关公司的新信息的出现，供给（想要出售的投资者）和需求（想要购买的投资者）的变化可能形成新的市场价格。金融市场简化了汇集买卖双方的过程，使投资者能够彼此快速交易，而不会产生过高的交易成本。通过建立市场参与者易于监测的市场价格，金融市场提供了另一个有价值的功能。例如，发布新产品的公司可以通过监测投资者在获悉新产品时是推高还是压低公司的股价来早日了解市场对新产品的接受情况。

图 1-2 描述了投资过程。注意，资金供给者可以通过金融机构、金融市场或直接交易将其资源转移给资金需求者。如虚线所示，金融机构可以作为资金供给者或需求者参与金融市场。

资金的供给者和需求者

政府、企业和个人是投资过程的主要参与者，每一方都可以充当资金的供给者或需求者。为了经济的成长和繁荣，资金必须流向拥有诱人的投资机会的个人和企业。如果个人突然开始囤积盈余资金，而不是将资金投入金融机构和市场，那么需要资金的组织就难以获得这些资金。从而，政府支出、企业扩张和消费者购买就会减少，经济活动会放缓。

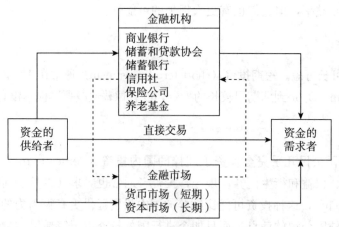

图 1 - 2　投资过程

金融机构参与金融市场并在供给者和需求者之间转移资金。尽管箭头仅从供给者到需求者，但是对于一些交易（如债券的销售或大学贷款）而言，需求者从供给者（贷方）借入的本金额最终要返还。

政府。各级政府——联邦、州和地方——需要大量的资金来融通与公共设施建设相关的长期项目，并保证政府的运转。政府有时候会有预算盈余，这使得它们可以将额外的资金用于投资。但是，一般来说，政府是资金的净需求者——这意味着较之供给的资金，政府对资金的需求更多，因为政府支出经常超过税收收入。政府借用大量资金有可能通过增加成本和减少个人及企业可用的资金数量来"挤出"个人投资。

企业。大多数工商企业需要大量的资金来支持运营。企业发行各种债务和股本证券来融通其短期和长期的资金需求。当它们有过多的现金时，它们也提供资金。然而，像政府一样，工商企业通常是资金的净需求者。

个人。你可能会惊讶地发现，虽然个人会以贷款的形式获得资金用来支付财产（例如房屋和汽车）和教育费用，但作为一个整体，个人是资金的净供给者。通过他们的储蓄，个人投入金融系统的钱多于他们从中取出的钱。

投资者类型

当我们在投资过程中提到个人时，我们这样做的目的是将家庭与政府和企业区分开来。我们可以进一步根据谁管理资金来描述个人参与投资过程的特征。**个人投资者**（individual investor）管理自己的资金以实现财务目标。个人投资者通常专注于在闲置资金上获得回报、构建退休收入来源和为他们的家庭提供保障。

缺乏时间或专业知识来做投资决策的个人通常会雇**机构投资者**（institutional investor）——以管理他人的钱为生的专业投资人士。这些专业人士为个人、企业和政府交易大量证券。机构投资者包括银行、人寿保险公司、共同基金和养老基金。例如，人寿保险公司通过将向投保人收取的保费进行投资来赚取足够支付受益人死亡抚恤金的回报。

个人和机构投资者在决定如何投资时都应用类似的基本原理。然而，机构投资者通常比大多数个人投资者控制着更多的资金并拥有更复杂的分析技能。本教材中提供的信息主要是针对你——个人投资者。掌握这些内容只代表你迈出了获得专业知识以便成为一个机构投资者所需要的第一步。

概念复习

注意: 每节末的"概念复习"问题鼓励你在继续学习之前检验一下你对刚读过的内容的理解。

1.1 定义投资,并解释个人为什么投资。

1.2 区分以下类型的投资,并各举一例:(a)证券和财产投资;(b)直接和间接投资;(c)债务、权益和衍生证券投资;(d)短期和长期投资。

1.3 定义风险,并解释如何使用风险来区分投资。

1.4 什么是国外投资?它对个人投资者有什么作用?

1.5 描述整个投资过程的结构。解释金融机构和金融市场所起的作用。

1.6 界定政府、企业和个人作为资金的净供给者或净需求者的角色。

1.7 区别个人投资者和机构投资者。

投资的类型

个人投资者可以选择各种类型的投资。如你所见,不同的投资在风险、到期日和许多其他特征方面有所不同。我们将本书的大部分内容(第6章至第15章)用于描述不同投资的特征以及你在购买和出售这些投资时可以使用的策略。表1-1总结了我们将要研究的主要投资类型的一些基本信息。

表 1-1　　　　　　　　　　　　　　　主要的投资类型

类型	描述	例子	本书提到的地方
短期	1年或1年以下的储蓄工具。用于暂存闲置资金和提供流动性	存款账户、美国国库券、存单、商业票据、银行承兑汇票、货币市场共同基金	第1章
普通股	代表公司所有权的股票投资		第6~9章
固定收益证券	定期进行固定现金支付的投资	债券、可转换证券 优先股	第10、11章 网络第16章
共同基金	从许多投资者处汇集资金并将资金投资于多元化证券组合的公司	大盘基金、增长基金	第12章
衍生品	既不是债务也不是权益的证券,但其结构表现出可以从标的资产中获得价值的特征	期权 期货	第14章 第15章
其他	投资者广泛使用的其他投资	税收优惠投资 房地产 有形资产	网络第17章 网络第18章 网络第18章

短期投资

短期投资的时间为 1 年或更短，通常（但不总是）承担很小的风险或没有风险。人们将这些投资作为闲置资金的临时"仓库"，之后再将资金转入长期投资。短期投资在保守的投资者中也很流行，他们可能不愿意将其资金锁定在风险较高的长期资产上，如股票或债券。

短期投资也提供**流动性**（liquidity），也就是说，它们可以在几乎没有价值损失的情况下迅速转换为现金。提供流动性是任何财务计划的重要组成部分。我们将讨论短期投资在财务规划中的作用并在本章后面讨论其主要特征。

普通股

普通股（common stock）是代表公司所有权的权益投资。每股普通股代表公司的部分所有者权益。例如，如果你在拥有 10 000 股已发行股票的公司中购买 1 股普通股，那么你就拥有公司 1/10 000 的股份。如今，大约一半的美国家庭直接或间接拥有一些普通股。

普通股的投资回报有两个来源：股利和资本利得。**股利**（dividend）是公司向股东支付的款项。公司不是必须向股东支付股利，大多数小公司或正在快速成长的公司不支付股利。随着公司的成长和现金的积累，它们通常开始支付股利，就像苹果公司 2012 年所做的那样。支付股利的公司通常每季度支付一次。当股票价格上升到高于投资者的初始购买价格时，就会产生**资本利得**（capital gain）。资本利得可以是已实现的或未实现的。如果你卖出股票的价格超过你为股票支付的价格，那么你就实现了资本利得。如果你继续持有股票而不是卖出股票，那么你就有未实现的资本利得。

【例 1 - 1】

例如，假设你在 2011 年 1 月 3 日以 54.50 美元的价格购买了一股沃尔玛公司的普通股。2011 年，你收到 1.46 美元的现金股利。在年底，你以 60 美元的价格出售了股票。你赚了 1.46 美元的股利，获得了 5.50 美元（=60 美元的销售价格－54.50 美元的购买价格）的资本收益，总回报为 6.96 美元。按百分比计算，沃尔玛公司股票 2011 年的收益率为 12.8%（=6.96÷54.50）。如果你继续持有股票而不是卖出股票，年底你将获得相同的回报，但你的资本利得尚未实现。

如前所述，自 1900 年以来，普通股的年均收益率略高于 9%，所以 2011 年对沃尔玛公司来说是个好年景。作为专注于低价货物的零售商，沃尔玛公司在经济表现不佳（如近年来的情况）从而消费者试图在其预算中用好每一美元时表现优异。

固定收益证券

固定收益证券（fixed-income securities）是定期支付现金的投资，付款额可能是固定的美元数额，也可能根据预先确定的公式而变化（例如，如果市场利率出现普遍上升，那么公式会要求付款额也要上升）。有些证券提供有合同担保的回报，这意味着，证券发行人（即借款人）必须履行向投资者付款的承诺或冒被起诉的风险。其他固定收益证券即使没有合同义务，预期也会有定期付款。由于其相对可预测的现金支付，固定收益证券往往在投资者寻求"锁定"高回报的高利率期间和投资者不愿意投资风险较高证券（如普通股）的经济不确定期间受欢迎。最常见的固定收益证券是债券、可转换证券和优先股。

债券

债券（bond）是公司和政府发行的长期债务工具（也就是一个 IOU 或支付承诺）。债券持有人拥有收取定期支付的利息，加上到期时（通常是从发行日起 10～30 年）返还的债券面值（凭证上给出的规定价值）的合约权利。

如果你购买了一只面值 1 000 美元的债券，每半年支付一次 9% 的利息，那么你每 6 个月会收到 45（＝1 000×9%×0.5）美元。到期时你会获得债券的 1 000 美元面值。你也许可以在到期前购买或出售债券，这取决于债券的具体情况。

自 1900 年以来，长期国债的年均回报率约为 5%。公司债券的风险较高，因为它们没有美国政府的信誉保证，因此往往比政府债券提供略高的回报。

可转换证券

可转换证券（convertible securities）是一种特殊类型的固定收益投资，具有允许投资者将其转换为指定数量的普通股份额的特征。可转换证券在提供债券的固定收益（利息）的同时，还提供普通股的升值（资本利得）潜力。

优先股

像普通股一样，优先股（preferred stock）代表公司的所有者权益且没有到期日。与普通股不同，优先股有固定的股利率。公司通常被要求首先对优先股支付股利，然后才被允许对普通股支付股利。此外，如果一家公司遇到财务困难并决定停止支付优先股股利，那么公司通常在支付普通股股利之前必须弥补之前未付的所有优先股股利。投资者通常是因其支付股利而购买优先股的，但优先股也会提供资本利得。

共同基金

共同基金（mutual fund）是股票、债券或其他资产的投资组合，是用许多不同投资者的资金组成的资金池购买的，并由投资公司代表客户来管理。共同基金的投资者对基金的证券集合拥有收益。当你向共同基金投入资金时，你就购买了基金的份额（而不是基金所投资的公

> **投资者事实**
>
> **了解共同基金！**
>
> 2011 年，美国的 8 684 只共同基金持有的投资资产将近 12 万亿美元。共同基金持有美国所有股票的 25%，管理着所有家庭金融资产的 23%。
>
> 资料来源：2012 Investment Company Factbook downloaded from www.ici.factbook.org, accessed July 18, 2012.

司的股票）。共同基金份额的价格反映了基金持有的资产的价值。共同基金让投资者无须投入大量资金就可以构建充分分散的投资组合。毕竟，购买持有 500 只股票的基金的份额比自己购买 500 家公司的股票更便宜。在过去的 30 年中，共同基金行业增长迅速。权益类共同基金（即主要或专门投资于普通股的基金）的数量自 1980 年以来增长了 3 倍多。**货币市场共同基金**（money market mutual fund）[也称为**货币基金**（money fund）] 是仅投资于短期投资的共同基金。

交易所交易基金

交易所交易基金（exchange-traded fund，ETF）与共同基金非常相似，但这两种流行的投资之间存在一些重要的区别。主要区别是 ETF 在交易所交易，因此投资者可以在正常交易时间内的任何时间以当前市场价格买入和卖出 ETF 份额。共同基金份额不在交易所交易，当投资者从投资公司购买（或卖出）基金份额时，交易是在交易日结束时以基金的收盘价来完成的。共同基金的收盘价是通过将基金在一天结束时持有的所有证券的价格相加后除以基金的份额数得到的。如果股票价格在当天上涨或下跌，ETF 投资者的优势是可以通过在价格达到顶部（或底部）之前购买或出售其份额。共同基金的投资者必须等到一天结束时才能知道他们买入或卖出基金份额的价格。

另一个重要的差别与投资者买入或卖出份额时的资金变化有关。在共同基金中，当你购买份额时，基金拥有比以前更多的资源，因此基金经理可能会使用这些资金投资更多的证券。类似地，如果你卖出基金的份额，那么基金经理可能必须出售基金持有的一些证券以便筹集资金在你赎回份额时向你支付。如果许多投资者想同时出售他们的份额，那么这可能会引发大甩卖——基金经理不得不接受较低的价格才能快速地将基金的资产转换为现金。相反，ETF 份额代表对不变证券组合的不变数量的要求权。当你购买 ETF 份额时，你不过是从想要出售份额的其他投资者那儿购买。没有任何资金净流入或流出管理 ETF 的公司。因此，对于投资者之间的交易，基金公司没有必要购买或出售额外的证券。

对冲基金

与共同基金一样，**对冲基金**（hedge fund）也是从许多不同的投资者处汇集资源并将这些资金投资于证券的投资基金。对冲基金的投资者范围通常比共同基金要小。例如，共同基金所需的最低投资额可能是几百美元，而参与对冲基金所需的最低投资额则达到数万美元。

对冲基金的监管不如共同基金那样严格，它们往往投资于风险较高、流动性较低的证券。"对冲基金"这个名字表明，这些基金试图限制或对冲所承担的风险。事实上，一些对冲基金确实以此为目标。然而，一些对冲基金采取风险非常高的投资策略。尽管如此，对冲基金行业在过去 10 年中经历了惊人的增长。

衍生证券

顾名思义，衍生证券从基础证券或资产中衍生出价值。许多衍生工具都属于风险极高的金融资产，因为它们旨在放大标的资产的价格变化。例如，当石油价格每桶上涨或下跌1美元时，石油期货合约（双方在未来日期以指定价格交易石油的协议）的价值同向变动，但上涨或下跌1 000美元而不是1美元。投资者可以购买或出售衍生品来对另一种资产价格的未来变动进行投机，但是公司也会购买和出售衍生品以对冲其面临的一些风险。例如，一家谷物公司会购买小麦期货合约作为一种保险来应对小麦价格上涨的可能性。

期权

期权（option）是给予投资者在指定时段内以指定价格卖出或买入另一种证券的机会的证券。投资者购买期权以便利用预期的普通股价格变化获利。然而，期权的购买者不能保证回报，如果期权没有变得足够有吸引力以便行权，甚至会损失所投资的全部金额。两种常见的期权类型是看涨期权和看跌期权。看涨期权赋予以固定价格购买另一种证券的权利，看跌期权赋予以固定价格卖出另一种证券的权利。

期货

期货（futures）合约是规定买卖双方在某一特定日期，按合约被出售时商定的价格来交割资产的有法律约束力的义务。商品期货的例子有大豆、猪肚、铂金和可可合约。金融期货的例子有日元合约、美国国债合约、利率合约和股票指数合约。商品和金融期货交易通常是高度专业化且高风险的业务。

其他流行的投资

由于在美国，个人的联邦所得税税率高达35％（很多人预计这个数字未来还会上升），许多投资者寻求**税收优惠的投资**（tax-advantaged investment）。这些是指通过减少投资者必须支付的税额来提供更高的税后收益的投资。例如，由州和地方政府发行的市政债券的利息收入免缴联邦所得税。因为投资者不必对他们在市政债券上获得的利息缴税，所以他们会接受这些投资的利率低于同类但需要纳税的债券的利率。

房地产（real estate）包括诸如住宅、土地和各种形式的收入型财产，如仓库、办公楼和公寓楼。房地产投资的吸引力在于租金收入、免税和资本利得形式的潜在收益。

有形资产（tangible）是指可以看到或触及的除了房地产之外的投资资产，包括黄金和其他贵金属、宝石以及诸如硬币、邮票、艺术品和古董之类的收藏品。人们因预期价格上涨而购买这些资产作为投资。

概念复习

答案参见 www.pearsonhighered.com/smart。

1.8 什么是短期投资？它如何提供流动性？

1.9　什么是普通股？其潜在收益的两个来源是什么？

1.10　简要界定和区分以下投资。哪些提供固定收益？哪些是衍生证券？哪些提供专业的投资管理？

a. 债券；　　　　　　　　　　b. 可转换证券；

c. 优先股；　　　　　　　　　d. 共同基金；

e. 对冲基金；　　　　　　　　f. 期权；

g. 期货。

制订投资计划

投资可以按照逻辑步骤展开。下面我们简述这些步骤，然后考虑制订自己的投资计划的其他三个关键方面：个人税收的影响、你所处的生命周期的阶段以及不断变化的经济环境。

投资步骤

投资既可以在严格直观的基础上进行，也可以通过为实现特定目标而认真制订计划来进行。证据表明，有计划的方式更可取。首先建立一套总体财务目标，然后制订和执行与这些目标相一致的投资计划。下面对于投资步骤的概述为本书中提出的概念、工具和技术提供了一个框架。

第1步：满足投资的前提条件

在投资之前，你必须确保你已经为生活必需品做好了充分的准备，包括支付住房、食品、交通、税收和服装的资金。此外，你还应该有一笔满足紧急现金需求的方便使用的资金。

另一个前提条件是对各种"常见"风险有充分保障。对这些风险的保障可以通过人寿、健康、财产和责任保险来获得。

第2步：制定投资目标

如果你已经满足了前提条件，下一步就是制定投资目标。**投资目标**（investment goal）是你希望通过投资来实现的财务目标。显然，你的投资目标决定着你会做的投资的类型。常见的投资目标包括：

（1）积累退休资金。积累退休资金是投资最重要的理由。越在生命的早期评估自己的退休需求，你就有越多的机会积累足够的资金来满足需求。

（2）增加收入。投资是通过赚取股利或利息来增加收入的。退休人员经常选择低风险高收益的投资。

（3）为重大支出储蓄。家庭经常通过长年存钱来积累重大支出所需的资金，例如，住房的首付款、大学学费、假期旅行费用和开办企业的资本。

（4）让收入免于纳税。联邦所得税法包含允许个人推迟或避免对某些类型的投资支付个人所得税的规定。

第 3 步：采纳一个投资计划

一旦确定了总目标，你应该采纳一个**投资计划**（investment plan）——一份描述你将如何投资资金的书面文件。你可以为每个长期目标制定一系列支撑性的投资目标。对于每个目标，规定实现目标的预定日期和可忍受风险的程度。你的投资目标的表述越具体，你就越容易建立起符合你的目标的投资计划。

第 4 步：评估投资

接下来，你会希望通过评估每个投资选项的潜在收益和风险来评估投资。（第 4 章对这些潜在投资的关键维度的衡量程序进行了简单的讨论。）

第 5 步：选择合适的投资

现在，你要搜集更多信息并使用信息来选择与你的目标相一致的特定投资。你必须评估诸如期望收益、风险和税收之类的因素。仔细选择投资产品对投资的成功至关重要。

第 6 步：构建多元化的投资组合

为了实现你的投资目标，你就要组建一个由合适的投资产品构成的**投资组合**（portfolio）。你要利用**多元化**（diversification，又称"分散化"），在投资组合中包括多种不同的投资产品，以获得更高的回报、降低风险或两者兼得。多元化是古老的财务建议，"不要把所有鸡蛋放在一个篮子里"（第 5 章包括了对多元化和其他现代投资组合思想的讨论）。

许多个人投资者购买共同基金来实现多元化，同时获得专业管理的好处（见第 12 章），而其他人则自己构建和管理投资组合（见第 13 章）。

第 7 步：管理投资组合

一旦你构建了投资组合，你就应该根据预期业绩来衡量实际表现。如果投资结果与你的目标不一致，那么你可能需要采取纠正措施。

考虑个人税负

了解税法可以帮助你减少税收，增加你投资的税后金额。因为税法很复杂且经常修订，所以我们只介绍关键概念及其如何应用于常用的投资交易。

基本的税收来源

在形成投资计划时，要考虑的两类主要税是联邦政府征收的税及州和地方政府征收的税。联邦所得税是个人税负的主要形式。联邦税率目前的范围是应税所得的 10%～35%，但是随着联邦预算赤字的上升，很多专家认为这些税率未来还会上升。

州和地方税因地而异。一些州的所得税高达 11%。一些城市，特别是东海岸的大城市，也有地方所得税，通常在 1%～5%。除了所得税之外，州和地方政府还严重依赖于销售税和财产税作为收入来源。

联邦以及州和地方各级政府的所得税对投资者从证券投资中获得的回报有很大的影响。财产税会对房地产和其他形式的财产投资产生相当大的影响。

所得的类型

个人所得被分为三个基本类别：

（1）主动收入包括从工资、薪水到奖金、小费、养老金收入和赡养费在内的一切收入。主动收入由在工作中获得的收入以及大多数其他形式的非投资收入构成。

（2）投资组合收入包括从各种投资中产生的盈利。该类别包含了从储蓄账户、股票、债券、共同基金到期权和期货的大多数（但不是全部）投资类型。在大多数情况下，投资组合收益包括利息、股利和资本利得（出售投资产品得到的利润）。

（3）被动收入是一种特殊类别的收入，主要包括来自房地产、有限合伙和其他形式的税收优惠投资的收入。

税法限制了每个类别的扣除（减免）额，特别是对于投资组合收入和被动收入。投资组合收入和被动收入的可扣除额仅限于从这两个来源获得的收入金额。例如，如果你在该年度的投资组合收入总计为 380 美元，那么你可以扣除不超过 380 美元的与投资相关的利息费用。出于抵扣的考虑，投资组合收入和被动收入类别不能相互混合或结合在一起，也不能与主动收入混合或结合在一起。与投资相关的支出只能被用于抵消投资组合的收入，并且（在少数例外情况下）被动投资支出只能被用于抵消被动投资的收入。

普通收入。 无论是被归类为主动收入、投资组合收入还是被动收入，普通收入在联邦层面都按六种税率之一征税：10%、15%、25%、28%、33% 或 35%。对于申报个人收益的纳税人有一种税率结构，而对于申报夫妻共同收益的纳税人有另一种税率结构。表 1-2 显示了这两个类别在 2012 年的税率和收入等级。请注意，税率是累进的，也就是说，收入是分层级来征税的——纳税人的收入的第一部分以一种税率征税，下一部分以较高税率征税等。后面的例子可以被用来演示普通收入是如何被征税的。

表 1-2　　　　个人收益和共同收益的税率和收入等级（2012 年）

税率（收入的百分比，%）	应税所得（美元）	
	个人收益	共同收益
10	0～8 700	0～17 400
15	8 701～35 350	17 401～70 700
25	35 351～85 650	70 701～142 700
28	85 651～178 650	142 701～217 450
33	178 651～388 350	217 451～388 350
35	超过 388 350	超过 388 350

【例 1-2】

埃利斯（Ellis）姐妹琼妮（Joni）和卡拉（Cara）两人都是单身。琼妮的应税收入是

25 000 美元。卡拉的应税收入是 50 000 美元。使用表 1－2，我们可以计算出她们的税负如下：

琼妮：

0.10×8 700＋0.15×（25 000－8 700）＝870＋2 445＝<u>3 315</u> 美元

卡拉：

0.10×8 700＋0.15×（35 350－8 700）＋0.25×（50 000－35 350）

＝870＋3 997.50＋3 662.50＝<u>8 530</u> 美元

注意到琼妮支付的税负大约占其收入的 13.3%（＝3 315÷25 000），而卡拉的税负占她收入的 17.1%（＝8 530÷50 000）。联邦所得税结构的累进性质意味着卡拉支付的税负占收入的比例更高——虽然她的应税收入是琼妮的 2 倍，但卡拉要缴纳的所得税约为琼妮的 2.6 倍。

资本利得和损失。资本资产是纳税人因个人原因、娱乐或投资而拥有和使用的财产。最常见的类型是证券和房地产，包括自有住房。资本利得表示资本资产的出售所得超过其初始购买价格的金额。资本利得应被征收多少税是一个有争议的政治问题，所以资本利得的税率变化频繁，特别是当政治权力在党派间转移时，例如在 2008 年。在 2012 年末，资本利得按两个税率来征税，具体视持有期而定。

如果资产持有期超过 12 个月，资本利得的税率为 15%。这 15% 的资本利得税税率是假定你处于 25%、28%、33% 或 35% 的税级时的税率。如果你处于 10% 或 15% 的税级，那么持有期超过 12 个月的资产的资本利得税税率为 0。注意，根据 2012 年的税法，从国内公司股票上获得的股利作为长期资本收益来征税，而不是普通收入。如果资产的持有期少于 12 个月，则将实现的任何资本利得的金额加到其他收入来源上，并按表 1－2 给出的税率对总额进行征税。

> **投资者事实**
>
> **税收有影响**
>
> 在国会将符合条件的股利的最高税率降低至 15%（如果投资者处于两个最低税级中的一个，则为 5%）之后的一年，63.2% 的标准普尔 500 指数中的公司增加或开始发放股利。由于股利的上涨速度快于当年的公司盈利，因此，降低税率似乎有助于提高股利派发。

【例 1－3】

例如，假设詹姆斯·麦克费尔（James McFail）是一个单身人士，拥有其他应税收入共计 75 000 美元，以每股 12 美元的价格卖出 500 股股票。他是以每股 10 美元的价格买进这只股票的。本次交易的总资本利得为 1 000 ［＝500×（12－10）］美元。詹姆斯的应税收入总计为 76 000 美元，他处于 25% 的税级（见表 1－2）。

如果 1 000 美元的资本利得来自持有超过 12 个月的资产，那么资本利得将以 15% 的最高税率征税。他的总税额将计算如下：

若普通收入为 75 000 美元，则

（0.10×8 700）＋［0.15×（35 350－8 700）］＋［0.25×（75 000－35 350）］

＝870＋3 997.50＋9 912.50＝14 780 美元

若资本利得为 1 000 美元，则

0.15×1 000＝150 美元

总税额为

14 780＋150＝14 930 美元

詹姆斯的总税额为 14 930 美元。如果他的其他应税收入低于 35 350 美元（即处于 15％的税级），那么 1 000 美元的资本利得将按 5％的税率被征税，而不是 15％。如果詹姆斯持有资产不到 12 个月，那么他的 1 000 美元的资本利得将被作为普通收入征税。就詹姆斯而言，这会带来 25％的税率。

资本利得是吸引人的，因为它们在你实现之前是不被征税的。例如，如果你拥有一只最初以每股 50 美元的价格购买的股票，在税务年度结束时的市场价格为每股 60 美元，那么你就有每股 10 美元的"账面利得"。这一（未实现的）账面利得不纳税，因为你仍然拥有股票。只有已实现的利得才被征税。如果你在税务年度以每股 60 美元的价格卖掉股票，那么你将有每股 10 美元的已实现的——从而应纳税的——利得。

当资本资产的售价低于其初始购买价格时，就产生了**资本损失**（capital loss）。在计算应税额之前，所有的利得和损失都必须被扣除。纳税人在任何一年都可以对普通收入申请高达 3 000 美元的**净亏损**（net loss）。当年不能应用的损失可结转并用于抵消未来的收入，但必须符合一定的条件。

投资和税收

税法创造的机会使得税收筹划在投资过程中很重要。**税收筹划**（tax planning）涉及查看你的收入，包括当前的和预计的，以及制定延迟和最小化税收水平的策略。税收筹划应被用于指导你的投资活动，因而从长远来看，对可接受的风险水平你能实现最大的税后回报。

例如，资本利得在实际实现之前不征税的事实使得你可以推迟纳税并控制付款的时间。然而，可能产生最大资本利得的投资通常比提供可观的当前收入的投资风险更高。

> **投资者错误**
> **减少你的税收和你的损失**
>
> 一些研究人员发现，投资者非常不愿意出售价值下跌的股票，大概是因为他们希望将来能"回本"。持有价值下跌的股票而不是卖出它们往往是一个错误，因为税法提供了卖出这些股票的激励。投资者可以针对其他形式的收入扣除投资损失（有限额），从而降低其税负。

因此，你不应仅仅出于税务考虑来选择投资。相反，你必须在税收优惠、投资回报和风险之间取得平衡。重要的是税后收益和相关风险。

税收优惠的退休储蓄计划

联邦政府已经制订了一些计划来提供旨在鼓励人们为退休而储蓄的特别税收优惠。那些受雇主赞助的计划包括利润分享计划、节俭和储蓄计划以及 401（k）计划。这些计划允许员工在其工作期间对其储蓄和投资的资金延迟缴纳税款，直至他们在退休期间提取这些资金。自雇人士可以建立自己的避税退休计划，例如基奥（Keogh）计划和 SEP-IRA。其他有税收优惠的储蓄计划与雇主没有直接关系。几乎任何人都可以设立个人退休安排

(individual retirement arrangement，IRA)，IRA 更常被用来指个人退休账户，但法律限制了这些计划对高收入纳税人的税收优惠。在传统 IRA 中，向计划的缴款以及这些缴款产生的投资收益不被征税，直到参与者在退休期间提取资金。在罗斯个人退休账户（Roth IRA）中，缴款预先被征税，但随后的投资收益和取款是免税的。对大多数投资者来说，这些计划提供了一种有吸引力的方式来为退休累积资金和减少税收。

生命周期投资

投资者在经历生命的不同阶段时往往遵循不同的投资理念。一般而言，大多数投资者在年轻时往往更加激进，而随着年龄的增长变得越来越保守。通常，投资者会经历如下投资阶段：

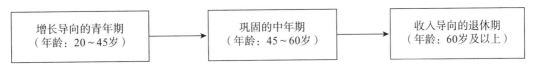

增长导向的青年期（年龄：20～45岁） → 巩固的中年期（年龄：45～60岁） → 收入导向的退休期（年龄：60岁及以上）

大多数年轻投资者在他们二三十岁的时候更喜欢侧重资本利得而不是当前收入的增长型投资。年轻投资者通常没有很多的可投资资金，因此，资本利得被视为积累资本最快的（但不一定是最保险的）方式。年轻投资者倾向于选择增长型和投机型投资，特别是高风险的普通股。

随着投资者接近中年，家庭的需求和责任，如教育费用和退休缴款变得更加重要。整个投资组合通常会转向不太激进的方式。在增长和收入之间有所平衡的证券——高等级债券、优先股、可转换证券和共同基金——在这一阶段都被广泛使用。

最后，当投资者接近他们的退休年龄时，保存资本和当前收入成为主要目的。安全和高水平的收入是最重要的。投资者看重的不再是其投资组合的增长。相反，他们构建投资组合以产生有相对小的风险敞口的有规律的现金流。投资组合在这一时期变得高度保守。投资组合包括低风险的收入型股票和共同基金、高收益率的政府债券、优质的公司债券、银行存单（CD）和其他短期投资。在这个阶段，投资者收获一生储蓄和投资的回报。

投资和经济周期

普通股和其他权益相关证券（可转换证券、股票共同基金、股票期权和股指期货）对经济状况高度敏感。经济周期是指伴随美国经济而来的周而复始的增长和下降、繁荣和衰退。经济周期反映了各种经济变量的现状，包括国内生产总值（GDP）、工业产出、个人可支配收入、失业率等。

经济周期的扩张阶段反映了强劲的

> **投资者事实**
> ### 税收负担
> 如果你在未来的 30 年中每年只在纳税递延账户和投资上投入 4 000 美元，不提取资金，并获得 8% 的平均复合年收益率，你将累积约 453 000 美元——直到你向美国政府纳税。假设 28% 的平均联邦所得税税率适用于你的高于 12 万（＝4 000×30）美元的总投资盈利，那么你将得到不到 36 万美元。税负让你的投资盈利减少了超过四分之一！

经济态势。股票往往是经济周期的先行指标，这意味着股票价格往往在经济繁荣和利润增长之前上涨。增长型和投机型股票在强劲的市场中往往表现得特别好。低风险和收入型股票的上涨幅度略小。相反，股票价值通常在经济开始下行之前几个月就开始下降。股票往往在经济周期变化之前做出反应的原因是股票价格反映了投资者对公司未来前景的信心。当投资者认为经济状况将恶化时，股票价格甚至会在那些糟糕的经济状况变成现实之前就下跌。当然，当投资者认为经济表现会更好时，就会发生相反的事情。股价在人们预期未来经济表现强劲时将上涨。

 投资中的道德规范

恶行的代价

近年来，商业头条充斥着对著名商业领袖所犯的大规模金融欺诈罪的指控。这些指控震惊了投资界，并导致大公司触目惊心的破产。高调的起诉书和法院的判决随之而来。在被指控或被宣判犯有金融欺诈罪的商业领袖名单中有：Peregrine 金融集团的伯尼·麦道夫 (Bernie Madoff)、拉塞尔·韦森多夫 (Russell Wasendorf Sr.) 和印度 Satyam 电脑公司的拉马林加·劳 (Ramalinga Rau)。就在本书将要出版之时，美国民主党前参议员和新泽西州州长约翰·科尔津 (John Corzine) 正因涉嫌在 MF Global 时滥用 16 亿美元客户资金的欺诈行为而接受调查。MF Global 的亏损导致公司破产，这是美国历史上第八大破产案。

在很多情况下，不诚实的 CEO 的主要武器是利用会计方法报告巨大的虚假利润。当欺诈被发现时，随之而来的是股价的灾难性崩溃。在某些情况下，会计师事务所和华尔街的银行家助纣为虐。虚假的利润帮助不诚实的 CEO 以大量绩效奖金和现金股票期权的形式获得令人难以置信的好处。许多公司骗子也把他们的公司当作个人的储钱罐，如 Peregrine 金融集团的例子。这些高管能够废除或完全取消内部和外部监督机制，并且能够操纵董事会来谋求利益。他们长年愚弄投资者、证券分析师和政府监管机构。在《萨班斯-奥克斯利法案》(Sarbanes-Oxley Act) 通过十多年之后，投资者已经认识到公司欺诈是一种难以预测或发现的巨大风险，这一风险被发现时已经太晚了。

思辨题

为什么近年来会计"违规行为"会成为一个如此广泛困扰上市公司的问题？

债券和其他形式的固定收益证券（债券基金和优先股）也对经济周期很敏感，因为它们对利率变动非常敏感。事实上，利率是决定债券价格和投资者收益的最重要的变量。利率和债券价格反向变动（将在第 10 章和第 11 章中解释）。因此，利率上升不利于投资者投资组合中已经持有的债券。当然，高利率提高了新债券的吸引力，因为这些债券必须提供高回报来吸引投资者。

如果你有一个能够预见未来的水晶球，我们给你的建议是，每当经济衰退接近结束时增加高风险投资，每当经济繁荣接近尾声时放弃这些投资并拥抱更安全的资产。当然，没有人有这样的水晶球。不幸的是，专业经济预测人士和投资人士在预测经济和金融市场转向方面也没有特别好的记录。也许关于投资和经济周期我们可以提供的最好的建议是：不要对经济生活中不可避免（和不可预测）的起起落落反应过度。投资者在市场已经从底部回升之后大量买入风险资产并在市场开始下滑之后抛售股票，可能比在经过多个经济周期的很多年里始终采用单一投资策略的投资者表现更差。

概念复习

答案参见 www. pearsonhighered. com/smart。

1.11 在制订和执行投资计划之前，投资者应该做什么？简要描述投资相关的七个步骤。

1.12 四个常见的投资目标是什么？

1.13 定义和区分以下各项。解释每项与联邦所得税的关系。

a. 主动收入；

b. 投资组合和被动收入；

c. 资本利得；

d. 资本损失；

e. 税收筹划；

f. 税收优惠退休投资计划。

1.14 描述在投资者生命周期的每个阶段通常应用的不同投资理念。

a. 青年期（20～45 岁）；

b. 中年期（45～60 岁）；

c. 退休期（60 岁及以上）。

1.15 讨论股票价格和经济周期之间的关系。

用短期投资满足流动性需求

流动性是在几乎没有或完全没有价值损失的情况下将投资快速转换为现金的能力。支票账户具有高度流动性。股票和债券的流动性较低，因为你无法在不必降低价格来吸引买家的情况下快速出售它们，而且出售这些证券通常会触发各种交易成本。房地产的流动性更低，即使你愿意接受一个非常低的价格，出售房地产可能也需要几个星期或几个月的时间。生活中发生的意外事件，如疾病和失业，有时候需要个人利用自己的储蓄来满足日常开支，因此规划和提供充足的流动性是投资计划的重要组成部分。

短期投资的作用

短期投资是大多数储蓄和投资计划的重要组成部分。它们能产生收入，但在利率接近零的情况下收入可能非常低。但是，它们的首要功能是为紧急情况提供一笔准备金，或者只是为了某一特定目的而积累资金。一般而言，理财规划师通常会建议你持有相当于自己 3～6 个月的税后工资的现金准备，这种类型的应急资金通常会投资于安全、流动的短期投资。

有些人选择持有短期投资是因为他们只是不想承担很多类型的长期投资所固有的风险。当然，有时这些低风险投资的表现也会优于股票和债券。不管你持有短期投资的动机是什么，就像对待长期投资一样，你都应该根据它们的风险和回报来评估它们。

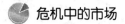
保证能收回你的钱

在最近的金融危机期间，存款人开始质疑银行和其他金融机构的安全性，不仅在美国如此，在许多其他国家也是如此。为了保证存款人利益和防止"银行挤兑"，一些国家提高了它们的存款保险计划的上限。2008年，联邦存款保险公司（FDIC）将参保存款额从10万美元提高到了25万美元。希腊、波兰、瑞典、丹麦和英国都提高了其参保存款额的上限。在希腊和爱尔兰，上限被完全取消，这些政府承诺会对客户在已投保金融机构的存款提供100%的担保。作为《多德-弗兰克华尔街改革和消费者保护法案》（Dodd-Frank Wall Street Reform and Consumer Protection Act）的一部分，FDIC于2010年宣布其将为所有在FDIC投保的机构的不付息账户提供无限额保险。NOW账户、货币市场存款账户和其他计息账户不符合增加保额的资格。

短期投资的利息

短期投资有两种获得利息的方式。一种是一些投资如储蓄账户，会支付规定的利率。在这种情况下，你能很轻松就知道利率——账户规定的利率。

另一种是一些短期投资利用**折价基础**（discount basis）赚取利息。这意味着，你以低于其赎回价值（或面值）的价格买入证券，购买该资产支付的资金和到期时收到的资金之间的差额就是投资赚取的利息。例如，美国国库券（T-bill）就是以折价方式发行的。

风险特征

短期投资一般不会有很大的风险。它们的主要风险来自通货膨胀风险——如果这些投资的收益率小于通货膨胀率，那么就会出现潜在的购买力损失。投资于银行储蓄账户的投资者在2011年遇到过这种情况，因为储蓄账户利率通常低于0.5%，而美国当年的通货膨胀率为3.0%。通常，短期投资的收益率略高于通货膨胀率，但美联储让短期利率近几年来一直保持在历史低位。

违约风险——不付款的风险——几乎不存在于短期投资中。其原因在于，首先，大多数短期投资工具的发行人都是信誉卓越的机构，如美国财政部、大银行和大公司。其次，政府机构为商业银行、储蓄和贷款协会、储蓄银行和信用社的每个账户提供高达25万美元的存款保险。最后，因为短期投资的价值对利率变化不敏感，所以其资本损失敞口相应较小。

短期投资的优点和缺点

如上所述，短期投资的主要优点是其高流动性和低风险。大多数短期投资都可以从当地的金融机构获得，并且可以很容易地转换为现金，最为便利。最后，因为大多数短期投资的收益率因通货膨胀率和市场利率变动而变化，所以随着利率的上升，投资者可以随时获得更高的收益率。相反，当利率下降时，收益率也下降。

虽然市场利率下降对大多数短期投资都会产生不利影响，但它们最大的缺点还是相对较低的收益率。由于这些证券的风险一般都很低，因此，你可以预期到短期投资的收益率平均来说低于长期投资的收益率。

常见的短期投资

个人投资者可进行各种短期投资。投资者可以把资金存放在存款型账户中，赚取相对较低的利率，并可方便地自主提取资金。表 1-3 的（a）部分总结了常见的存款型账户。另一组短期投资工具是联邦政府发行的。很多这类工具的基本特征被总结在表 1-3 的（b）部分中。最后一组短期投资工具包括非政府工具，通常是由金融机构或公司发行的。表 1-3 的（c）部分总结了这些投资工具。

表 1-3　　　　　　　　　　　　　　常见的短期投资

（a）存款型账户

账户类型	描述	最低余额	利率	联邦保险
存折储蓄账户	银行*提供的储蓄账户主要为了方便使用，或者是投资者缺乏足够的资金购买其他短期投资时的选择	通常没有	0.25%～4%，具体取决于经济情况	每笔存款最高 250 000 美元
NOW（可转让支付命令）账户	对余额付息的银行支票账户	没有法定最低金额，但通常设定在 500～1 000 美元	等于或接近于存折的存款利率	每笔存款最高 250 000 美元
货币市场存款账户（MMDA）	具有有限的签发支票权限的银行存款账户	没有法定最低金额，但通常设定在约 2 500 美元	通常略高于存折的存款利率	每笔存款最高 250 000 美元
资产管理账户	将支票、投资和借款结合起来的银行、经纪公司、共同基金或保险公司的存款账户。自动将超额余额投入短期投资，并自动借款以满足短缺	通常为 5 000～20 000 美元	类似于 MMDA	银行存款最高可达 250 000 美元。其他机构各有不同

（b）联邦政府证券

证券	发行人	描述	初始到期期限	风险和收益
I 债券	美国财政部	美国财政部发行的储蓄债券，面值低至 25 美元；获得随通货膨胀率变化的利率；利息免征州和地方税	30 年，但 1 年后可赎回	最低，实际上无风险

证券	发行人	描述	初始到期期限	风险和收益
国库券	美国财政部	每周在拍卖会上发行；以折扣价出售；强大的二级市场；免征地方和州所得税	小于或等于 1 年	最低，实际上无风险

（c）非政府证券

证券	发行人	描述	初始到期期限	风险和收益
存单（CD）	商业银行	在商业银行的现金存款；金额和到期时间依投资者的需要而定	大于或等于 1 个月	高于美国国债，与商业票据相当
商业票据	有较高信誉的公司	无担保票据，大面额	3～270 天	高于美国国债，与 CD 相当
银行承兑汇票	银行	类似于透支保护账户的过期支票；在客户账户上签发的定期汇票，由银行担保；银行的"承兑"使其成为可交易的工具	30～180 天	大约与 CD 和商业票据相当，但高于美国国债
货币市场共同基金（货币基金）	专业投资组合管理公司	专业管理的有价证券组合；提供即时流动性	无——取决于投资者的意愿	变化不定，但一般高于美国国债并与 CD 和商业票据相当

* 术语银行在这里指的是商业银行、储蓄和贷款协会（S&L）、储蓄银行和信用社。

投资适合性

个人投资者使用短期投资来储蓄和投资。当储蓄动机最重要时，投资者使用这些资产来维持意愿水平的储蓄，从而在需求出现时，这些储蓄是随时可用的——本质上是为了提供安全和保障。为此，投资的回报不如其安全性、流动性和便利性重要。存折储蓄账户和 NOW 账户是满足投资者的短期储蓄需求的短期投资的例子。

当投资者将短期证券用于投资目的时，这些工具提供的回报往往与其流动性同样重要。如果除了能对意外投资机会采取行动之外没有其他原因，那么大多数投资者都至少会将其投资组合的一部分以短期高流动性证券的形式持有。事实上，一些投资者将其所有或大部分投资组合投入这类证券。

投资者还使用短期证券作为临时场所来"存放"资金，然后再决定从长期看应将资金投往何处。例如，如果你刚刚出售了一些股票，但还没有合适的长期投资替代方案，那么在你找到合适的长期资金用途之前，你就可以将所得存入货币基金。如果你觉得利率会急剧上升，那么你就会卖出你的长期债券，并用所得来买入国库券。通常优先选择提供较高收益率的证券——如货币市场存款账户（MMDA）、CD、商业票据、银行承兑汇票和货币基金以及主要经纪公司的资产管理账户。

要确定哪些证券最适合于特定的情况，你需要考虑可得性、安全性、流动性和收益率等特征。虽然我们讨论过的所有投资都满足基本的流动性需求，但它们是在不同程度上满足的。NOW账户无疑是流动性最强的。你可以根据需要基于账户来签发任意数量和金额的支票。相反，存单并不那么具备流动性，因为提早赎回会导致罚息。表1－4总结了在表1－3中描述的短期投资的主要特征。每种特征对应的字母等级反映了对该方面投资质量的估计。例如，货币市场共同基金（货币基金）在流动性方面只有B＋，因为提款的最低金额通常必须为250～500美元。NOW账户在这方面略好，因为取款可以是任何金额。短期投资利率通常较低。在表1－4所列出的投资中，NOW账户和存折储蓄账户的利率通常最低，3个月期的大额CD的利率最高。然而，2012年，随着经济从衰退中缓慢复苏，所有这些工具的利率几乎为零。例如，一个3个月期的大额CD为投资者提供大约1％的回报。但是你应该注意到，如果投资在可得性、安全性或流动性方面的得分较低，那么通常会提供较高的利率。

表1－4 短期投资工具的记分卡

投资类型	可得性	安全性	流动性	2012年的典型利率（％）
存折储蓄账户	A＋	A＋	A	D（0.10）
NOW账户	A－	A＋	A＋	F（0.05）
货币市场存款账户	B	A＋	A	C（0.15）
资产管理账户	B－	A	A＋	B（0.20）
I债券	A＋	A＋＋	C－	A（1.50）
美国国库券（1年）	B－	A＋＋	A－	B（0.20）
存单（1年，大额）	B	A±	B	A－（1.00）
商业票据（90天）	B－	A－	B－	A－（0.70）
银行承兑汇票（90天）	B－	A	B	B＋（0.40）
货币市场共同基金（货币基金）	B	A/A＋	B＋	B（0.20）

概念复习

答案参见 www.pearsonhighered.com/smart。

1.16 什么使得资产流动？为什么要持有流动资产？100股IBM公司的股票可被视为流动性投资吗？解释一下。

1.17 解释短期投资在购买力和违约风险方面的特点。

1.18 简要描述以下存款账户的主要特点和差异。

a. 存折储蓄账户；

b. NOW账户；

c. 货币市场存款账户；

d. 资产管理账户。

1.19 定义和比较以下短期投资。

a. I 债券；

b. 美国国库券；

c. 存单；

d. 商业票据；

e. 银行承兑汇票；

f. 货币市场共同基金（货币基金）。

金融职业

无论你的职位是什么，从事金融方面的职业都需要你了解投资环境。本书将提供投资学基础知识以便你在金融领域能够从事许多回报丰厚的职业之一。如果你准备充分并对金融职业充满热情，那么你会发现各种各样的就业机会。下面简要介绍金融行业的一些职业。

商业银行

商业银行同时向个人和企业提供银行服务。尽管银行业进行了相当大的整合，但在商业银行工作的人要多于金融服务业的任何其他领域。一些历史悠久的商业银行有摩根大通（J. P. Morgan Chase & Company，位于纽约）、富国银行（Wells Fargo & Company，位于加利福尼亚州旧金山）和美国银行（U. S. Bancorp，位于明尼苏达州明尼阿波利斯）。

由于商业银行提供的服务范围广泛，所以商业银行有大量的金融职业机会，其中许多需要投资学方面的训练。在商业银行，你可能会发现自己从事抵押贷款、抵押贷款承销、企业贷款、资产管理、租赁、消费信贷、贸易信贷和国际金融方面的工作。你在商业银行业可能拥有的一些头衔包括私人银行家、投资组合经理、短期证券经理、金融分析师、信用分析师、家庭贷款专员、公司贷款专员和抵押贷款承销人。

公司金融

在公司融资领域，你会发现许多回报丰厚的工作机会。其中，公司需要金融专业人士来管理现金和短期投资、筹集和管理长期融资、评估和从事投资，并且与投资者和金融界人员打交道。这些关键的金融功能存在于几乎每家公司里，无论其规模大小、是否上市或者是否国际化运营。

公司中最高的金融职位是首席财务官（chief financial officer，CFO）。首席财务官的主要职责是管理公司的资本资源和资本投资。管理公司的资本资源包括管理其内部融资，如现金和留存收益，以及与金融市场互动以获得外部融资，如债务和股权。投资学原理对首席财务官来说很重要，因为首席财务官的很多工作都是围绕与投资者的沟通开展的。首席财务官必须了解投资者是如何看待公司和评价公司发行的证券的。

公司的金融职位通常关注旨在通过成功的业务决策来提高其价值的企业长期目标。与其他金融类职位相比，公司金融职位需要对企业环境中的各种职能领域（如运营、营销和会计）以及这些领域如何促进企业财务目标完成有广泛的了解。

金融规划

金融理财师根据具体情况为客户提供应对措施并给出实现他们的短期和长期目标的建议。作为个人金融理财师，你提供有关教育、退休、投资、保险、税务和遗产规划的财务建议。企业主也会向你咨询问题，如现金流管理、投资计划、风险管理和保险计划、税收规划和企业继任规划等。本书中讨论的投资概念是金融理财师的主要工具。

明确目标、评估风险和制订战略计划的能力对金融理财师至关重要。例如，如果客户希望有一天送孩子上大学，那么何种储蓄或投资策略最能满足该客户的目标？金融理财师可以在大型金融服务公司（如 ING）工作，在小型公司工作，或者作为独立经营者为自己工作。在所有这些工作环境中，成为国际金融理财师（CFP®）是有益的。要成为CFP®，你必须通过 CFP®标准委员会主管的涵盖投资和金融理财方面超过 175 个主题的考试。获得该证书是为了证明你作为理财规划师的精通程度并为你提供了一种相对于没有持有CFP®证书的人的比较优势。美国以外地区常将此职务称为特许财富经理。

保险

保险业是一个为个人和企业客户提供服务的规模达万亿美元的行业。保险（行业）中有两种主要的金融工作：一种是向个人或企业提供在不利事件（例如，疾病、死亡、由于火灾或自然灾害导致的财产损失）发生时能提供现金给付的产品，另一种是利用客户在购买保险时支付的保费进行投资。个人和企业为了保护自己免受灾难性损失或保证某些结果而购买保险产品。保险公司为其提供的服务收取保费和费用，并且将这些资金投资于资产上，从而当客户提出索赔时，保险公司能有现金来履行它们对客户的财务承诺。保险业管理着大量资产，因此，需要训练有素的投资专家。

投资银行

投资银行在企业和政府发行诸如股票和债券之类的金融证券时提供帮助，并且方便机构投资者和散户投资者购买证券。它们的内部证券分析师提供关于股票和固定收益证券的研究。投资银行还为金融证券（如股票和债券）创造市场，并为高净值个人、企业、机构和政府提供财务咨询和金融资产管理服务。投资银行甚至为客户提供定量分析或程序交易及并购咨询。

投资银行业在 2008 年的金融危机期间发生了巨大的变化。许多投资银行大量投资于与美国房地产价值挂钩的证券，当房价开始下跌时，银行的投资损失开始飙升。几家著名的投资银行或破产或被其他银行收购。此后，该行业虽然得到一定程度的恢复，但目前在投资银行工作的专业人员仍然远少于金融危机前的专业人员。

投资管理

顾名思义，投资管理就是为客户管理资金。投资经理的作用包括金融分析、资产选择、证券（如股票或债券）选择、投资实施和监测等。大多数投资管理是代表一组投资者进行管理，他们的投资构成基金。一些常见的管理基金的例子是银行信托基金、养老基金、共同基金、交易所交易基金和对冲基金。

投资经理采取消极或积极方法中的一种来管理资金。从事消极投资管理的人试图构建一个其表现能简单地模仿股指（如标准普尔500指数）表现的投资组合。用这种方法管理的基金被称为指数基金。消极策略往往有非常高的成本效益，因为基金不会花费资源来分析股票以确定哪些在未来将表现最好。指数基金只是机械地购买构成指数的证券，只有当股票指数中加入或剔除一家公司时，或者当基金的客户向基金提供新的资金或从基金提取现金时，指数基金才会改变投资组合。

如果使用消极策略来管理资金听起来不是一个非常令人兴奋的工作，那么积极的投资管理可能对你有吸引力。虽然积极的投资管理包括无限的可能的投资策略，但所有积极的投资管理策略都有获得高于平均收益的总体目标。一些积极的投资管理人员利用最新和最复杂的定量技术，还有一些人除了利用投资组合经理的直觉之外还依靠完善的分析方法。

资金管理者经常专门管理特定类型的证券组合。一些资金管理者购买和持有固定收益证券，包括抵押贷款支持证券、公司债券、市政债券、机构证券和资产支持证券。其他资金管理者则关注股票，包括小盘股、大盘股和新兴市场股票。一些管理者只投资于国内证券，而其他人则在世界各地的市场上购买证券。

投资管理是一份具有挑战性和竞争性的职业，所以你可以获得的任何额外的准备或优势都可能会增加你的成功机会。特许金融分析师（CFA）认证是你可以考虑获得的一种优势。CFA 是最受尊敬的职业证书之一，由 CFA 协会管理，该机构也管理投资表现度量证书（CIPM）项目。CFA 或 CIPM 会提升你在金融职业中的资格。

概念复习

答案参见 www.pearsonhighered.com/smart。

1.20 为什么理解投资原理对从事公司金融业务的高级经理很重要？

1.21 为什么保险公司需要接受过严格的投资训练的员工？

我的金融实验室

下面是学完本章之后你应该知道的内容。**我的金融实验室**会在你需要练习的时候帮助你识别你知道什么以及去哪里练习。

你应该知道的	重要术语	去哪里练习
注：章末总结重述了本章的学习目标并回顾了与每个目标有关的关键信息点	**注**：重要术语列表集中了每一章提出的新词汇	

你应该知道的	重要术语	去哪里练习
目标 1：理解投资的含义，并列举将一种投资与另一种投资相区别的属性。一项投资是投资者可以将资金投入其中并期望产生正的收入或价值增加的任何资产。投资回报以收入或价值增加的形式获得。 区分一种投资与另一种投资的一些属性包括投资是证券投资还是财产投资，是直接投资还是间接投资，是债务、权益投资还是衍生证券投资，是低风险投资还是高风险投资，是短期投资还是长期投资，是国内投资还是国外投资	债务 衍生证券 直接投资 国内投资 权益 金融机构 金融市场 国外投资 间接投资 个人投资者 机构投资者 投资 长期投资 财产 收益/回报 风险 证券 短期投资	我的金融实验室学习计划 1.1
目标 2：描述投资过程和投资者类型。金融机构和金融市场将资金的供给者和需求者聚集在一起。美国主要的金融市场是股票、债券和期权市场。投资过程的参与者是政府、企业和个人。只有个人是资金的净供给者。投资者可以是个人投资者或机构投资者		我的金融实验室学习计划 1.2
目标 3：讨论投资的主要类型。短期投资风险低。它们被用于在暂时闲置的资金上获得回报，作为保守投资者的主要投资，以及提供流动性。普通股提供股利和资本利得。固定收益证券——债券、可转换证券和优先股——提供不变的定期回报，有一定的增值潜力。共同基金使得投资者可以购买或出售专业化管理的多元化证券组合的份额。交易所交易基金类似于共同基金，但是它们可以在交易日期间在交易所买卖。对冲基金也类似于共同基金，但是它们只对相对富有的投资者开放，往往进行风险更高的投资，并且受到比共同基金更少的监管。 期权和期货之类的衍生证券是高风险投资。期权提供了在给定时间内以指定价格买卖另一种证券的机会。期货是卖方和买方之间在指定的未来日期以商定的价格交割指定的商品或金融工具的合同。其他常用的投资包括税收优惠投资、房地产和有形资产	债券 资本利得 普通股 可转换证券 股利 交易所交易基金（ETF） 固定收益证券 期货 对冲基金 流动性 货币基金 货币市场共同基金 共同基金 期权	我的金融实验室学习计划 1.3

你应该知道的	重要术语	去哪里练习
目标4：描述投资的步骤，评述基本的税收考虑，讨论整个生命周期的投资。 投资应该由为达到具体目标而制订的完善的计划来驱动。它涉及一系列步骤：满足投资的前提条件、制定投资目标、采纳一个投资计划、评估投资、选择合适的投资、构建多元化的投资组合以及管理投资组合。 投资者还必须考虑与各种投资和策略相关的税务后果。关键维度包括普通收入、资本利得和损失、税收筹划、税收优惠的退休计划。 所选择的投资受投资者在生命周期的阶段和经济周期的影响。较年轻的投资者往往喜欢侧重于资本利得的增长型投资。随着他们年龄的增长，投资者转向更高质量的证券。当他们接近退休时，他们变得更保守。一些投资如股票，可作为经济状态的先行指标	资本损失 多元化 投资目标 投资计划 净损失 投资组合 税收规划	我的金融实验室学习计划1.4 问题 P1.1、P1.2 的视频学习辅导
目标5：描述最常见的短期投资类型。 流动性需求可以通过投资于各种短期投资产品来满足，这些投资可以按规定的利率或在折价基础上获利。它们通常风险低。银行、政府和经纪公司提供许多短期投资产品。其适用性取决于投资者对可得性、安全性、流动性和收益率的态度	折价基础	我的金融实验室学习计划1.5
目标6：描述适合于有金融专长的人的一些主要职业以及投资在每种职业中所发挥的作用。 在商业银行、公司金融、金融规划、保险、投资银行和投资管理等许多领域都有令人兴奋的和回报丰厚的金融职业机会		我的金融实验室学习计划1.6

登录我的金融实验室，做一个章节测试，取得一个个性化的学习计划，该学习计划会告诉你，你理解哪些概念，你需要复习哪些。在那儿，**我的金融实验室**会提供给你进一步的练习、指导、动画、视频和指引性解决方法。登录 www.myfinancelab.com

讨论题

注：每章末的"讨论题"要求你分析和综合本章提供的信息。像所有其他章末作业材料一样，这些问题是本章学习目标的重点。

Q1.1　假设你35岁，已婚，有两个孩子，正租住在一个公寓里，年收入90 000美元。用以下问题来指导你准备一项与这些事实一致的粗略的投资计划。

a. 你的主要投资目标是什么？

b. 个人所得税如何影响你的投资计划？使用当前税率来评估其影响。

c. 你的生命周期的阶段如何影响你可能采取的风险类型？

Q1.2　如果有的话，短期投资会在你的投资组合中发挥什么作用？为什么？为所列出的短期投资填写下表。在线查找其当前收益，并解释你的投资组合将包括哪些（如果有）。

投资类型	最低余额	利率	联邦保险	取钱的方法和便利
a. 存折储蓄账户	没有		是	人工办理或ATM，非常容易
b. NOW账户				不受限的签发支票权利
c. 货币市场存款账户（MMDA）				
d. 资产管理账户				
e. 序列I储蓄债券	实际上没有			
f. 美国国库券				
g. 存单（CD）				
h. 商业票据				
i. 银行承兑汇票				
j. 货币市场共同基金（货币基金）				

问　题

P1.1　帕蒂·舍伦贝格（Patty Schemelenberg），一个45岁的女性，希望在未来15年累积30万美元来补充联邦政府和她的雇主资助的退休计划。她预期通过投资于包含约20%短期证券、30%普通股和50%债券的低风险投资组合能获得约8%的年均回报。

帕蒂目前有31 500美元，在年收益率为8%的情况下15年后将增长到约100 000美元（使用将在第4章附录中描述的时间价值方法求出）。她的财务顾问表示，对帕蒂希望在15年结束时累积的每1 000美元而言，她每年必须投资36.83美元（这一数额也是利用第4章附录中描述的时间价值方法根据8%的年收益率计算出来的）。帕蒂计划在未来的15年里通过在每年末进行等额投资来积累所需的资金。

a. 帕蒂需要累积多少额外的资金以达到她的30万美元的目标？

b. 帕蒂在未来15年中每年要存款多少才能累积到a部分计算出的总和？

P1.2　2012年期间，史密斯夫妇（Smiths）和琼斯夫妇（Joneses）都提交了联合报税表。在截至2012年12月31日的纳税年度，史密斯夫妇的应纳税所得额为130 000美元，而琼斯夫妇的应纳税所得额为65 000美元。

a. 对提交联合报税表的已婚夫妇，使用表1-2中给出的联邦税率，计算史密斯夫妇和琼斯夫妇的税负。

b. 计算并比较史密斯夫妇与琼斯夫妇应税收入的比率，以及史密斯夫妇与琼斯夫妇纳税的比率。这说明联邦所得税结构有什么特点？

P1.3　詹森（Jason）和克里·孔萨尔沃（Kerri Consalvo）都已50多岁，有50 000美元要投资并计划10年后退休。他们正在考虑两项投资。第一项是公用事业公司普通股，每股价格为50美元，每年每股股利为2美元（4%的股利率）。注意，这些股将按照适用于与长期资本利得相同的税率征税。孔萨尔沃夫妇没有预期这只股票的价值会增加。正在考虑的另一项投资是高等级的公司债券，目前售价为1 000美元，并以5%的利率支付年利息或给每1 000美元的投资付息50美元。10年后，这些债券将按面值偿还或每1 000美元的投资偿还1 000美元。假设孔萨尔沃夫妇保留他们的投资收入，不进行再投资（他们将现金存放在无息银行账户中）。然而，他们将需要对其投资收入缴纳所得税。如果他们购买了股票，将在10年后卖出股票。如果他们购买了债券，10年后他们将收回他们投资的金额。适用于孔萨尔沃夫妇的税率是33%。

　　a. 孔萨尔沃夫妇可以买多少股票？

　　b. 如果他们买股票，他们每年在税后会收到多少股利收入？

　　c. 如果他们购买了股票且一切都按计划进行，那么他们从原来的50 000美元中最终得到的总金额是多少？

　　d. 如果他们购买了债券，他们每年在税后会收到多少钱？

　　e. 如果他们购买了债券且一切都按计划进行，那么他们从原来的50 000美元中最终得到的总金额是多少？

　　f. 只根据你的计算并忽略其他风险因素，他们应该买股票还是债券？

　　P1.4　迈克（Mike）和朱莉·贝达德（Julie Bedard）是一对夫妇。他们将提交一份联合报税表。今年，他们有以下应税收入：

　　(1) 125 000美元的薪金和工资（普通收入）；

　　(2) 1 000美元的利息收入；

　　(3) 3 000美元的股利收入；

　　(4) 2 000美元的来自销售他们在2年前购买的股票的利润；

　　(5) 2 000美元的来自他们今年购买并卖出的股票的利润。

　　使用表1-2中给出的联邦所得税税率来解决这个问题。

　　a. 迈克和朱莉在上述（2）上缴纳多少联邦所得税？

　　b. 迈克和朱莉在上述（3）上缴纳多少联邦所得税？（注：请记住股利收入和普通收入的纳税方式不同。）

　　c. 迈克和朱莉在上述（4）上缴纳多少联邦所得税？

　　d. 迈克和朱莉在上述（5）上缴纳多少联邦所得税？

　　访问 www.myfinancelab.com 来获得网络练习、电子表格和其他在线资源。

案例题 1-1

投资学还是高尔夫球？

　　贾德·里德（Judd Read）和朱迪·托德（Judi Todd）是中西部一所大型大学的会计专业大四的学生，两人自高中以来一直是好朋友。每个人都已经找到了毕业后将开始的工作。贾德接受了在中型制造公司的内部审计的职务。朱迪将在一家专业会计师事务所工作。每个人都期待着新的职业生涯的挑战以及在专业和经济上取得成功。

　　贾德和朱迪正在准备他们的最后一学期的注册。每个人都有一门课程可以自由选择。贾德正在考虑参加由体育系提供的高尔夫球课程，他说这将帮助他在商业生涯中进行社交。朱迪计划选一门基础的投资学课程，并一直在试图说服贾德选择投资学课程而不是高尔夫球课程。贾德认为他不需要选择投资学课程，因为他已经知道普通股是什么。他认为，每当他积累过多的资金，他都可以投资一家表现良好的公司的股票。朱迪认为，还有比仅仅选择普通股更多的东西。她认为，了解投资领域比学习打高尔夫球更有利。

问题

　　a. 向贾德解释投资过程的结构和投资在经济上的重要性。

　　b. 举例说明贾德明显不熟悉的其他类型的投资。

　　c. 假设贾德已经进行了大量的练习，你有什么论据来说服贾德选择投资学而不是高尔夫球？

为卡罗琳·鲍文编制投资计划

卡罗琳·鲍文（Carolyn Bowen）刚刚 55 岁，被聘为 Xcon 公司的行政助理，她已经在那里工作了 20 年。她身体健康，独自生活，有两个成年子女。几个月前，她的丈夫去世了，留给她的只有他们自己的房子和一份 75 000 美元的人寿保单的收益。在她支付医疗和丧葬费用后，还剩下 6 万美元的人寿保险收益。除了人寿保险收入之外，卡罗琳的储蓄账户中还有她在过去 10 年中积累的 37 500 美元。认识到她在 10 年内就要退休，卡罗琳希望将她有限的资源进行投资，以便她在退休后能过上舒适的生活。

卡罗琳相当迷信。在咨询了一些心理学家并研究了自己的家谱之后，她肯定自己不会活过 80 岁。她计划在 62 岁或 65 岁退休，具体年龄取决于哪个年龄能满足她长期的财务目标。在与一些知识渊博的人交流之后——当然包括心理学家——卡罗琳估计，要想过上舒适的退休生活，她每年税前需要 45 000 美元。如果她在 62 岁退休，那么共有 18 年的时间每年需要这一金额；如果她在 65 岁退休，那么共有 15 年的时间每年需要这一金额。作为她的财务计划的一部分，卡罗琳打算在退休时出售她的房子并租一间公寓。她估计，如果她在 62 岁时卖掉房子，那么她将收入 112 500 美元；如果在 65 岁时卖掉房子，她将收入 127 500 美元。卡罗琳没有经济上的赡养人，也不考虑给她的继承人留下可观的房地产。

如果卡罗琳在 62 岁退休，她将从社会保障和雇主发起的养老金计划中获得每月总共 1 359 美元（每年 16 308 美元）。如果她等到 65 岁退休，她的退休收入将是每月 1 688 美元（每年 20 256 美元）。为了方便起见，卡罗琳已经决定将其在退休时的所有资产转换成年收入流，她将在那个时候通过支付一笔额外费用来购买年金。年金的年数将正好等于直到她 80 岁生日时的年数。如果卡罗琳在 62 岁退休，并在那个时候购买年金，那么对于她每年投入年金的 1 000 美元，她将在以后的 18 年中每年获得 79 美元的收益。如果她等到 65 岁退休，那么每 1 000 美元的年金投资在 15 年里将产生的年收益为 89.94 美元。

卡罗琳计划在退休之前将目前可用的所有资金都存入每年支付 6% 利息的储蓄账户。她不期望从现在到退休之间能够存下或投资任何额外的资金。对于卡罗琳今天投资的每 1 美元，她到 62 岁时会有 1.50 美元。如果她把钱一直存到 65 岁，那么她今天投资的每 1 美元将有 1.79 美元。

问题

a. 假设卡罗琳将当前可用的资金存入储蓄账户。如果她在（1）62 岁和（2）65 岁退休时出售房子，卡罗琳在退休时拥有多少钱？

b. 使用 a 的结果，确定通过在（1）62 岁和（2）65 岁时购买年金可以向卡罗琳提供的年收入水平。

c. 根据上述问题的结果，确定卡罗琳在（1）62 岁和（2）65 岁退休时的年退休总收入。

d. 根据你的发现，你认为卡罗琳在（1）62 岁或（2）65 岁退休时能实现她的长期财务目标吗？解释一下。

e. 就其使用储蓄账户和年金而不是其他投资来评价卡罗琳的投资计划。评论她的投资计划的风险和收益的特点。你会向卡罗琳提供什么建议？请给出具体建议。

Excel 电子表格

注意：每章末的 Excel 电子表格练习有助于你在个人投资过程中学习该工具的一些有用的应用程序。

在本书后面的章节中，你会被要求用 Microsoft Excel 来解决电子表格问题。虽然每个人使用 Excel 的技能和经验会有所不同，但我们假设你理解基础的 Excel 知识，包括输入文本和数字、复制或移动单元格、使用拖放功能移动和复制、插入和删除行和列，以及检查拼写。本章的复习主要关注在工作表中输入和编辑数据。

要完成电子表格的复习，请访问 www. myfinancelab. com 和"学生资源"（Student Resources）。点击"电子表格复习"（Spreadsheet Review）。在那里，你会被要求创建一个电子表格并完成以下任务。

问题

a. 使用公式加和减数据。

b. 使用公式乘和除数据。

c. 使用 sum 函数加总单元格及计算平均值。

d. 使用 average 函数。

e. 使用拖放方法复制一个公式。

第 2 章　证券市场和交易

学完本章之后，你应该能够：

目标1：识别证券市场的基本类型并描述其特征。

目标2：解释首次公开募股（IPO）的过程。

目标3：描述经纪人市场和交易商市场并讨论它们在交易制度方面有何不同。

目标4：评述证券市场全球化的关键之处并讨论国际市场的重要性。

目标5：讨论交易时间和证券市场的监管。

目标6：解释买多、保证金交易和卖空。

"华尔街"在17世纪初见证了美国全球性金融市场的开端。华尔街最初是1625年建立的一块叫作新阿姆斯特丹的荷兰殖民地的北部边界，新阿姆斯特丹在英国人的统治下于1664年变成了纽约市。我们现在所知道的美国金融市场，是随着股票经纪人和投机者非正式地聚集在华尔街的一棵梧桐树下交易而于18世纪末开始成型的。1792年，24个股票经纪人签署了《梧桐协议》，同意以佣金为基础来交易证券，从而成为美国首个有组织的证券交易所。1817年，梧桐组织更名为纽约股票和交易委员会，并且在华尔街租赁房间建立起第一个集中交易场所，又于1863年更名为我们所熟知的纽约证券交易所（NYSE）。143年后，纽约证券交易所与群岛控股公司在2006年完成合并，创建了一家叫作纽约证券交易所集团的公开上市公司。群岛控股公司包括群岛交易所和太平洋股票交易所。虽然与群岛控股公司的合并成就了当时最大的证券交易所，但很快被超越。2007年，泛欧交易所与纽约证券交易所集团合并形成纽约泛欧证券交易所，从而创造了第一个全球性的证券交易所。泛欧交易所为合并带来了一系列欧洲交易所，包括巴黎、布鲁塞尔、里斯本和阿姆斯特丹的证券交易所，以及位于伦敦的电子化衍生品市场 Euronext. liffe，即现在的 NYSE Liffe。2008 年，美国 NYSE Liffe 成立，提供范围广泛的美国衍生品合约。进一步的扩张发生在 2008 年，当时纽约泛欧证券交易所（NYSE Euronext）收购了美国证券交易所。作为这次收购的结果，超过 500 家在美国证券交易所上市的公司加入纽约泛欧交易所。通过一系列的收购和兼并，签订《梧桐协议》的组织已经成为世界上最大和最具流动性的交易所集团。

从 1792 年在荷兰殖民地的梧桐树下的交易，到 1999 年 NYSE 引入三维交易大厅，到 2008 年纽约泛欧交易所全球交易平台的问世，再到 8 000 多家上市股票在纽约泛欧交易所交易（2012 年时占全球股票交易量的三分之一），华尔街成长为一个真正的全球性市场。

资料来源："Who We Are"，www. nyx. com，accessed April 12，2012；"Wall Street"，en. wikipedia. org/wiki/Wall _ street，accessed April 12，2012；and "NYSE Group and Euronext N. V. Agree to a Merger of Equals"，NYSE press release，June 2，2006，http：//www. euronext. com/fic/000/001/891/18919. pdf，accessed April 12，2012.

证券市场

证券市场（securities market）是使得证券的供给方和需求方可以进行金融交易的市场。其目的是让这类交易迅速地且以公平的价格完成。在这一节里，我们将考察各类证券市场及其一般特征。

证券市场的类型

一般而言，证券市场广义上分为**货币市场**（money market）和**资本市场**（capital market）。货币市场是买卖短期债务证券（期限小于 1 年）的市场。投资者利用货币市场来完成短期借贷。投资者在资本市场上买卖长期证券（期限大于 1 年），如股票和债券。在本书中我们将主要关注资本市场。投资者在资本市场上可以进行多种多样的金融证券的交易，包括股票、债券、共同基金、交易所交易基金、期权和期货。资本市场又被分为一级市场和二级市场，这取决于证券是首次由发行人出售给投资者（一级市场）还是在投资者之间再次被出售（二级市场）。

在公开销售自己的证券之前，发行人必须在**证券交易委员会**（SEC）登记注册证券并获得 SEC 的批准。这家联邦监管机构必须确认向潜在投资者提供的信息的充分性和准确性。此外，SEC 还监管证券市场。

一级市场

新发行的证券被出售给投资者的市场是**一级市场**（primary market）。在一级市场中，权益或债务证券的发行人收到销售所得。一级市场上最重要的交易是**首次公开发行**（initial public offering，IPO），这标志着公司股票的首次公开出售，并且让公司成为公众公司。2011 年美国只有 83 家公司首次在一级市场向公众出售股票，这在很大程度上是因为"大衰退"。很多经济学家将这次大衰退视为自 20 世纪 30 年代大萧条以来最严重的经济衰退。虽然这个数字已经是大衰退开始的第一个整年 2008 年时 IPO 数的近 4 倍了，但与 2007 年 160 家公司"上市"相比还是很不好。一级市场还为已经上市的公司新增股票销售提供场所，这叫作增发。

要在一级市场上出售证券，企业有 3 种选择，可以进行：（1）**公开发行**（public offering），即企业向大众投资者出售证券；（2）**配股发行**（rights offering），即企业按比例（每股发行在外的股票得到等比例的新股）向现有股东提供股票；（3）**私募**（private placement），即企业在未经 SEC 登记注册的情况下向部分私人投资机构直接出售证券，如保险公司、投资管理基金和养老基金。

上市：IPO 过程。大部分上市的公司都是那些需要额外的资本来继续扩张的快速成长的小型公司。例如，Yelp 公司是一家为几乎每一类本地企业提供超过 3 000 万个用户评论的公司，当公司在 2012 年 3 月按每股 15 美元的价格上市时，共筹集到 1.07 亿美元。另外，大公司也许会决定把一个部分拆分为一家单独的公众公司。当酒类企业 Beam 股份有限公司（正式的称呼是 Fortune Brands）于 2011 年 10 月将其家用产品和五金器具业务拆分出来成立 Fortune Brands 家用和安全公司的时候，就是这么做的。

当公司决定上市时，首先必须获得现有股东的同意，他们是拥有其私下发行的股票的投资者。然后，公司的审计师和律师必须证明公司所有的财务披露文件都是合规的。公司接着要找到一家愿意承销证券发行的投资银行。这家银行是主承销商并有义务推销公司的股票和帮助公司 IPO 股份的销售。主承销商经常引入其他投资银行来帮助承销和销售公司的股票。我们会在下一节更详细地讨论投资银行家的作用。

承销商也协助公司向证券交易委员会提交注册声明。该声明的一个组成部分是**招股说明书**（prospectus）。招股说明书描述了要发行的证券、发行人的管理和发行人的财务状况等关键内容。一旦一家公司在证券交易委员会提交了招股说明书，一个安静期就开始了。在此期间，该公司向投资者传达信息会受到各种限制。在等待美国证券交易委员会批准注册声明的时候，潜在的投资者会收到一份初步的招股说明书。这个初步的版本被称为**红头招股书**（red herring），因为它在封面上印有红色的告示来表明这一提议的初步性质。安静期的目的是确保所有的潜在投资者都获得了关于公司的相同信息——在初步招股说明书中出现的信息——而不是任何可能会带来不公平优势的未公布数据。当证券交易委员会宣布该公司的招股说明书生效时，安静期就结束了。图 2-1 是 Yelp 公司 2012 年股票发行的初步招股说明书的封面。注意打印在其封面顶部的红色抬头。

在注册期和 IPO 日期之前，投资银行家和公司高管通过路演（road show）来促进公司的股票发行，这包括向潜在投资者进行的一系列介绍——通常是机构投资者——来自全国各地的，有时候是海外的。除了向投资者提供有关新股票的信息外，路演还可以帮助投资银行家评估证券的需求量并设定一个预期的价格范围。一旦定好包括价格在内的所有发行条款，美国证券交易委员会就必须在 IPO 之前批准发行。

表 2-1 给出了 1999—2011 年期间首次公开发行的数量，平均首日收益率（股票在第一个交易日的收盘价与招股说明书中的发售价格之间的差额百分比），以及每年的发行总收入。注意 1999 年和 2000 年科技股驱动产生的牛市，首日收益率异常高，并且有大量的股票发行。当市场从 2000 年的顶点开始下滑时，IPO 市场也开始降温了。这种周期在随后的 10 年里再次出现，首次公开发行的数量在金融危机深化的 2008 年创下了

又一个低点。

Subject To Completion. Dated November 17, 2011

Shares

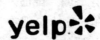

Class A Common Stock

This is an initial public offering of shares of Class A common stock of Yelp Inc.

Yelp is offering   of the shares to be sold in the offering. The selling stockholders identified in this prospectus are offering an additional   shares. Yelp will not receive any of the proceeds from the sale of the shares being sold by the selling stockholders.

Prior to this offering, there has been no public market for the Class A common stock. It is currently estimated that the initial public offering price per share will be between $ and $. Application has been made for quotation on the   under the symbol "YELP".

See "*Risk Factors*" beginning on page 14 to read about factors you should consider before buying shares of the Class A common stock.

Neither the Securities and Exchange Commission nor any other regulatory body has approved or disapproved of these securities or passed upon the accuracy or adequacy of this prospectus. Any recommendation to the contrary is a criminal offense.

	Per Share	Total
Initial public offering price	$	$
Underwriting discount	$	$
Proceeds, before expenses, to Yelp	$	$
Proceeds, before expenses, to the selling stockholders	$	$

To the extent that the underwriters sell more than   shares of Class A common stock, the underwriters have the option to purchase up to an additional   shares from Yelp at the initial public offering price less the underwriting discount.

The underwriters expect to deliver the shares against payment in New York, New York on   , 2012.

Goldman, Sachs & Co.   **Citigroup**

Jefferies

Allen & Company LLC   **Oppenheimer & Co.**

Prospectus dated   , 2012

图 2-1　股票发行的初步招股说明书的封面

一些与 2012 年 Yelp 公司的 A 类普通股发行有关的重要因素被概括在其招股说明书的封面上。页面顶部的免责声明通常是红色打印的，这就解释了其名称"红头招股书"的由来。

资料来源：Yelp, Inc., "Form S-1 Registration Statement", November 17, 2011, p. 2.

表 2-1   1999—2011 年 IPO 数据

年份	IPO 数	合计	
		平均首日收益率（%）	发行总收入（十亿美元）
1999	476	71.0	64.8
2000	380	56.4	64.8
2001	79	14.2	34.2
2002	66	9.1	22.0
2003	62	12.1	9.5
2004	174	12.3	31.3
2005	160	10.2	28.3

续前表

年份	IPO 数	合计	
		平均首日收益率（%）	发行总收入（十亿美元）
2006	157	12.1	30.5
2007	160	13.9	35.7
2008	21	6.4	22.8
2009	41	9.8	13.0
2010	92	9.2	29.9
2011	81	13.3	27.0

资料来源：Jay R. Ritter，"Initial Public Offerings：Underpricing Statistics Through 2011"，bear. warrington. ufl. edu/ ritter/IPOs2011Statistics70512. pdf，Table 1，accessed July 18，2012.

投资新股是有风险的活动，特别是对那些不能按发行价格获得股票的个人投资者来说。大部分股票都被机构投资者和经纪公司的最佳客户得到。虽然新闻可能会记录下巨额的首日收益，但 IPO 股票不一定就是好的长期投资。

投资银行家的作用。大部分公开发行都是在投资银行家的帮助下完成的。**投资银行家**（investment banker）是专门协助公司发行新证券并就重要的金融交易为企业提供咨询的金融中介（如高盛公司）。投资银行家的主要业务是**承销**（underwriting）。这个过程涉及按约定价格从发行企业购买证券并承担将证券再出售给公众的风险。投资银行家还为发行人提供关于证券定价和其他重要方面的建议。

就大型证券发行而言，主导或发起的投资银行家会引入其他投资银行家作为合伙人来形成一个**承销团**（underwriting syndicate）。向发行人购买全部证券并向公众重新出售新证券有关的风险由承销团共担。牵头投资银行家和承销团成员共同组成**销售团**（selling group），通常是由它们自己和大量的经纪公司共同构成的。销售团的每个成员都有义务销售一定比例的证券并根据其出售的证券而获得佣金。大型证券发行的销售过程如图 2-2 所示。

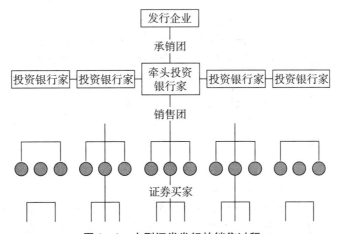

图 2-2　大型证券发行的销售过程

受雇于发行企业的牵头投资银行家会组建一个承销团。承销团按公开发行价格的约定折扣从发行企业买下全部证券。然后，承销团的投资银行承担按公开发行价格向大众再出售证券的风险。投资银行的利润是其向发行人承诺的价格与公开发行价格之间的差额。牵头投资银行和承销团其他成员共同组成销售团向投资者销售证券以获得佣金。

参与者在这一过程中的关系也可以在图 2-1 中 2011 年 11 月 17 日 Yelp 公司普通股发行的初步招股说明书的封面上看到。招股说明书封面的布局暗含了各家参与企业扮演的角色。醒目的位置和较大的字体将发起承销商或承销团成员（Goldman, Sachs & Co., Citigroup Global Markets, Inc. 和 Jefferies & Company, Inc.）与销售集团区分开来，销售集团的名字以较小的字体出现在下面。高盛公司（Goldman, Sachs & Co.）是 Yelp 公司 IPO 的牵头投资银行。

🥧 危机中的市场

来不及上市

经历了萎靡不振的 3 年之后，IPO 市场从 2004 年到 2007 年迅速复苏。然而，主要由于金融危机的爆发，2008 年的 IPO 数量降至 29 年来的新低。当金融市场陷入危机时，对公司来说向公众发行新证券是很困难的。在危机时期，投资者和监管者都会采取行动使得出售新证券更加困难。投资者倾向于退出市场，因为对上市公司的未来前景他们比往常感到更加不确定。与此同时，监管机构倾向于实施新的规则，而公司又需要时间来充分理解规则。在理解之前，公司会选择不发行新证券。通常，规模较小的公司受金融危机的影响更大，因为它们往往缺乏必要的跟踪记录来满足金融市场的债权人和投资者。表 2-1 的数据支持了这种观念。注意，年度总收入除以年 IPO 数算出的平均 IPO 规模在 2008 年比任何其他年份都要高得多。新股发行量看似在 2010 年有所回归，有 92 家新证券发行，但 2011 年的下降表明 IPO 市场尚未完全恢复。

对承销和销售服务的回报通常采取以一定折扣销售证券的形式。例如，作为牵头承销商的一家投资银行会向发行企业支付每股 24 美元的价格，而投资者最终要支付 26 美元。在已经向发行人承诺每股 24 美元的价格之后，牵头投资银行随后可以按每股 24.25 美元的价格向承销团成员出售股票。每股增加的 25 美分是牵头投资银行的管理费。然后，承销团成员向销售团成员按每股 25.25 美元的价格出售股票。这 1 美元的差额是承销商的回扣，即其每股利润。最后，当其按每股 26 美元的价格向投资者出售股票时，销售团的成员赚到每股 75 美分的销售折让。向发行人支付的每股价格与投资者支付的每股价格之间的差额（在这个例子中为 26 美元的出售价－24 美元的购买价＝2 美元）是总价差，这包括牵头承销商的管理费、承销团成员的回扣和销售团的销售折让。虽然发行人会直接进行一级证券发行（或出售），但大部分新证券都是通过刚才描述的公开发行过程来出售的。

二级市场

二级市场（secondary market）或售后市场是证券已经被发行之后的证券交易市场。不像一级市场那样，二级市场交易不涉及发行证券的公司。相反，二级市场使得投资者可以将他持有的证券卖给另一个投资者。二级市场提供了连续的证券定价环境，有助于在任一时点的最佳可用信息基础上确保证券价格反映了证券的真实价值。二级市场保证以合理价格快速完成证券交易的能力为证券交易者提供了流动性。

二级市场的重要组成部分是各种全国性的证券交易所，这些是在 SEC 注册过的市场，在这里，上市证券的买方和卖方来到一起完成交易。根据《证券交易法》的第 6（a）款在 SEC 注册的全国性交易所有 15 家。交易较小的、未上市证券的**场外市场**［over-the-counter（OTC）market］是二级市场的另一个重要组成部分。金融业监管局（Financial Industry Regulatory Authority，FINRA）监管 OTC 市场上的证券交易。FINRA 是对在美国经营的证券公司进行监管的最大独立监管者。FINRA 的使命是通过确保其监督的大约 4 430 家证券公司、162 155 家分支机构和 629 530 个注册证券代表公平和诚信地运作来保护投资者。

经纪人市场和交易商市场

历史上，二级市场曾根据证券如何交易被分为两个组成部分：经纪人市场和交易商市场。图 2-3 从经纪人市场或交易商市场的角度描绘了二级市场的构成。正如你可以看到的，**经纪人市场**（broker market）包括全国性和区域性的证券交易所，而**交易商市场**（dealer market）是由纳斯达克 OMX（Nasdaq OMX）和场外交易场所组成的。

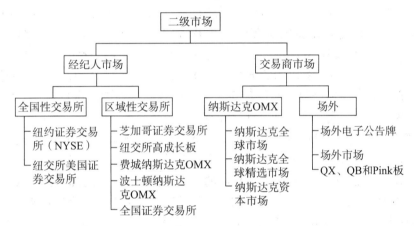

图 2-3　经纪人和交易商市场

在一个典型的交易日，二手市场如一个忙碌的蜂巢，数十亿股股票在此完成换手。市场是由两个独立的部分组成的——经纪人市场和交易商市场。如图所示，这两个市场中的每一个又是由各种交易所和交易场所构成的。

在我们更详细地考察这些市场之前，有必要理解这两个市场最大的不同可能在于交易执行的技术方式。也就是说，当一笔交易发生在经纪人市场时，交易的双方，即买方和卖方，被撮合到一起——卖方直接将他的证券卖给买方。在经纪人的帮助下，证券实际上在交易所的交易场地完成换手。

相反，当交易是在交易商市场完成时，买方的订单和卖方的订单从来都不是直接被撮合在一起的。相反，他们的买/卖订单是由**做市商**（market maker）来执行的，做市商是愿意按报价买卖一定数量的证券来"做市"的证券商。本质上，发生了两笔独立的交易：卖方将他的证券（如英特尔公司的股票）卖给交易商，买方从另一个或者可能是同一个交易商处买入他的证券（英特尔公司的股票）。因此，在交易商市场交易的一边总有一个交易商（做市商）。

随着二级市场的不断发展，经纪人市场和交易商市场之间的区别不断减少。事实上，自 21 世纪开始，交易场所及其各自的交易技术出现前所未有的合并，现存的大部分交易所都作为经纪人—做市商市场来运作。经纪人—交易商市场持续协助经纪人和交易商发挥为二级市场投资者提供流动性所必需的功能。

经纪人市场

如果你像大多数人一样，那么当你想到股票市场的时候，脑海中出现的第一个就是纽约证券交易所（NYSE），NYSE 是一个全国性的证券交易所。事实上，NYSE 是一个绝对的经纪人市场。经纪人市场还包括另一家全国性的证券交易所纽交所美国证券交易所（NYSE Amex，以前的美国股票交易所）以及若干家所谓的区域性交易所。区域性交易所是位于纽约市之外的全国性证券交易所，如芝加哥证券交易所。这些交易所的一个共同点是，所有交易都发生在集中的交易场所。这些交易所的股票交易量大约占到在美国市场上交易的所有股票交易量的 60%。

被称为"大行情牌"的 NYSE 事实上是全世界最大的股票交易所。2011 年在 NYSE 上市的企业超过 2 300 家，总市值超过 13 万亿美元。

就上市公司数量而言，NYSE Amex 是美国第二大股票交易所。NYSE Amex 有 500 多家上市公司股票，占到在美国所有证券交易所交易的股票交易额的大约 4%。然而，NYSE 的股票交易额占到在有组织的交易所交易的普通股交易总额的大约 90%，因此，从规模和声望看，NYSE Amex 比 NYSE 要小得多。即使如此，NYSE Amex 还是通过上市和交易非常流行的交易所交易基金（ETF）为自己建立起强人的市场地位。ETF 是一种基于指数的共同基金，我们将在第 12 章讨论它。

除了 NYSE 和 NYSE Amex 之外，还有很多所谓的区域性交易所也是经纪人市场的一部分。在每家证券交易所上市的证券数目的范围通常为 100～500 家公司。作为整体，它们占到在有组织的交易所交易的股票交易额的 6%。最知名的有芝加哥证券交易所、纽交所高成长板（NYSE Arca，正式的称呼是太平洋证券交易所）、纳斯达克 OMX PHLX（正式的称呼是费城纳斯达克 OMX）、纳斯达克 OMX BX（正式的称呼是波士顿纳斯达克 OMX）以及全国证券交易所。这些交易所中最大的是芝加哥证券交易所，就交易额而言，实际上比 NYSE Amex 大。这些交易所主要交易具有地方和区域吸引力的证券。大部分都是仿效 NYSE 的，但它们对成员资格和上市的要求要宽松得多。为了提升交易活跃度，区域性交易所通常也挂牌在 NYSE 或 NYSE Amex 上市的证券。

其他经纪人市场还包括在自己的外国市场挂牌和交易公司股票的外国证券交易所。（我们将在本章的后面详细介绍这些交易所。）同时也有交易期权和期货的单独的国内交易所。我们接下来会考察经纪人市场上每个主要交易所的基本结构、规则和运作。

NYSE

大部分有组织的证券交易所都是仿效 NYSE 的。在 NYSE 于 2006 年变为一个盈利性的上市公司之前，要成为交易所的会员，个人或企业必须拥有或租赁交易所 1 366 个"席位"中的一个。"席位"这个词来自 19 世纪 70 年代之前会员在交易时都是坐在椅子上这一事实。2005 年 12 月 30 日，预期要成为一家公众公司时，NYSE 终止了会员席位。每个席位的拥有者可以获得 50 万美元的现金和新上市的 NYSE 集团的 77 000 股股票。现在，作为 NYSE Euronext 交易所集团的一部分，NYSE 出售可以直接在交易所交易的 1 年期交易许可证。截至 2012 年 1 月 1 日，会员组织持有许可证，前 2 个 1 年期交易许可证每个需要花费 40 000 美元，每个额外的许可证需要花费 25 000 美元。大多数的交易许可证持有人都是投资银行和经纪公司，每个持有人通常持有超过 1 个交易许可证。

像美林（Merrill Lynch）这样的公司会指派职员来持有交易许可证。只有这些受到指派的个人才可以在交易所的场地上进行交易。两类主要的场地经纪人是佣金经纪人和独立经纪人。佣金经纪人为公司的客户执行订单。独立经纪人为自己工作，处理订单要收取费用，通常是为那些较小的经纪公司或因过于繁忙而无法自己处理订单的大企业来执行订单。

交易活动。NYSE 的场地是一个足球场那么大的区域，其运作是各种交易所中最有代表性的（虽然细节会有所不同）。NYSE 的场地有交易点。在每个交易点有特定的股票在交易。债券和不活跃的股票在侧厅交易。周围是电话和电子设备，用于传输从经纪人办公室到交易所大厅的买卖订单，在会员执行订单之后再传回来。

交易所大厅的所有交易都是通过拍卖完成的。其目标是在供给和需求决定价格的机制下，按最低价格满足所有买入订单，按最高价格满足所有卖出订单。实际的拍卖是在交易特定证券的交易点进行的。想买入一只给定证券的会员与想卖出该证券的会员公开协商一笔交易。**指定做市商**（designated market maker，DMM）——专门负责一只或多只股票交易的交易所会员——负责管理拍卖过程。DMM（按报出的价格）通过买入或卖出证券来为其负责的那些证券提供一个连续、公平和有序的市场。

上市政策。要让自己的股票在股票交易所上市，国内企业必须提出申请并满足最低上市要求。一些企业有**双重上市股票**（dual listings），或者说不止在一个交易所上市的股票。

要在 NYSE 上市，对一家美国公司来说，必须至少有 400 名拥有 100 股或更多股票的股东，最低要有 110 万股发行在外的公众持有的股票，过去 3 年的总税前盈利至少要有 1 000 万美元，其中过去 2 年至少有 200 万美元，过去 2 年的第 1 年必须是正的（一种对总税前盈利的替代性检验是，过去 2 年至少要有 1 200 万美元，其中的最近 1 年至少要有 500 万美元，次近 1 年至少要有 200 万美元），公开发行股票的市值至少要有 1 亿美元（对 IPO 和拆股来说，可以接受的最低市值是 4 000 万美元）。在国内上市标准下，外国公司也受类似的上市要求的约束。公司也必须支付从 125 000 美元到 250 000 美元的初始上市费用。NYSE 一旦接受了一家公司的证券上市，该公司就必须继续符合 SEC 对交易所上市证券的要求，并且支付 38 000 美元到 500 000 美元的年度上市费用。不能满足要求的上市公司会从交易所退市。

NYSE Amex

NYSE Amex 有类似于 NYSE 的组织和程序。因为其上市要求不太严格，很多较小和较年轻的公司会选择在 NYSE Amex 上市，NYSE Amex 有大约 500 只上市股票。

近年来，NYSE Amex 已经对自身进行了重新定位，专注于专业性更强的市场证券。如今，约三分之二的日交易额来自交易所交易基金，这是 NYSE Amex 在超过 16 年前首先发明的一种证券。这些交易所交易基金是一篮子旨在从整体上跟踪一个广义股票或债券市场的指数、一个股票行业部门或一个国际股票的证券集合，但像单只股票一样交易。股票期权交易是 NYSE Amex 业务的另一大组成部分。

区域性股票交易所

大部分区域性交易所都仿效 NYSE，但会员要求和上市要求则是相当宽松的，交易成本也比较低。在区域性交易所上市的大多数证券也在 NYSE 或 NYSE Amex 上市。在一个典型的交易日里，会有约 1 亿股的 NYSE 上市股票会进出一个区域性交易所。这种双重上市会提升股票的交易活跃度。此外，市场间交易系统（Intermarket Trading System，ITS）通过电子通信网络连接 9 个市场——5 个区域性交易所、NYSE、NYSE Amex、纳斯达克 OMX 市场（纳斯达克全球精选市场、纳斯达克全球市场和纳斯达克资本市场）以及芝加哥期权交易所——使得经纪人和交易商可以按最优价格完成交易。

期权交易所

期权允许其持有者按规定的价格在给定的时期内卖出或买入另一只证券。主要的期权交易所是芝加哥期权交易所（Chicago Board Options Exchange，CBOE）。期权也在 NYSE Amex、波士顿纳斯达克 OMX、NYSE Arca、费城纳斯达克 OMX 和国际证券交易所（International Securities Exchange，ISE）交易。卖出或买入给定证券的期权通常会在所有的期权交易所上市交易。期权交易所只交易证券期权。其他类型的期权（本书不讨论）源于买卖双方之间直接完成的私人交易。

期货交易所

期货是承诺在具体的未来日期按约定价格交割规定的商品或金融工具的合约。交易商品和金融期货的主要交易所是芝加哥交易所（Chicago Board of Trade，CBT）。还有很多其他期货交易所，其中一些专门交易某些商品和金融工具，而不是交易在 CBT 上市的广泛的期货品种。这些交易所中最大的是纽约商品交易所，芝加哥商品交易所，德国期货交易所（Deutsche Terminboerse），伦敦国际金融期货和期权交易所，纽约咖啡、糖和可可交易所，纽约棉花交易所，堪萨斯市交易所和明尼阿波利斯谷物交易所。

交易商市场

交易商市场的一个重要特征是没有集中的交易场所。相反，交易商市场是由通过大规模的通信网络连接起来的大量做市商组成的。每个做市商实际上都是在一只或多只证券上通过报出的买卖价格买卖证券来做市的证券交易商。**出价**（bid price）和**要价**（ask price）分别表示报出的买入给定证券的最高价格和报出的卖出给定证券的最低价格。投资者在买入证券时支付要价，在卖出证券时收到出价。交易商市场是由纳斯达克 OMX 和 OTC 市场组成的，占到在美国交易股票的约 40%——纳斯达克 OMX 市场占到压倒性的多数。说句题外话，一级市场也是交易商市场，因为所有新股票——IPO 和二次分配，即大量由大型投资者持有的之前已发行证券的公开出售——都是由证券交易商代表投资银行家出售给投资大众的。

纳斯达克。最大的交易商市场由在**全国券商协会自动报价系统**（National Association of Securities Dealers Automated Quotation System）上市和交易的大量股票组成，通常被称为纳斯达克（Nasdaq）。创建于1971年的纳斯达克起源于OTC市场，但现在被视为一个不再属于OTC市场一部分的完全独立的实体。事实上，SEC在2006年正式承认纳斯达克为全国性证券交易所，赋予其几乎与NYSE一样的声望和地位。

要在纳斯达克交易，所有股票都必须有至少两个做市商，而像思科这样规模较大、交易较活跃的股票有更多的做市商。这些交易商用电子化方式报出所有的买卖价格，从而当投资者发出市场订单时，可以立刻按最优可得价格得到满足。

纳斯达克上市标准因上市市场不同而不同。在纳斯达克全球精选市场交易的1 000只左右的股票要满足全世界最高的上市标准。创建于2006年的全球精选市场是为纳斯达克股票中最大和"最蓝"——质量最高——的股票准备的。2012年Facebook选择在纳斯达克全球精选市场而不是NYSE上市，进一步巩固了纳斯达克作为领先科技公司首选上市交易所的地位。

对大约1 000只在纳斯达克全球市场交易的股票来说，其上市要求也很多。这两个市场上的股票都有广泛的报价且交易活跃，而且一般说来会产生全国性影响。交易都是以电子化方式执行的，与在NYSE交易一样有效率。事实上，在纳斯达克全球精选市场上以及一些在纳斯达克全球市场上交易的知名股票获得了同样的全国性关注，流动性也像在NYSE交易的股票一样好。因此，正如NYSE有许多知名上市企业（如埃克森美孚、通用电气、花旗集团、沃尔玛、辉瑞、IBM、宝洁、可口可乐、家得宝和UPS）一样，纳斯达克也有。这些公司包括微软、英特尔、思科、戴尔、eBay、谷歌、雅虎、苹果、星巴克和史泰博。是的，没错：纳斯达克与NYSE在直接竞争。2012年，总市值820亿美元的13家公司将上市股票从NYSE转到了纳斯达克。转到纳斯达克的一些知名公司有维亚康姆、卡夫食品和德州仪器。纳斯达克资本市场是另一个纳斯达克市场，该市场有600或700只因某种原因不符合纳斯达克全球市场要求的股票。总的说来，截至2012年，共有来自30个国家的约3 000家公司在纳斯达克上市。

场外市场。交易商市场的另一个组成部分是在场外市场（OTC市场）交易的证券。这些非纳斯达克上市的证券主要是不能或不想遵守纳斯达克上市要求的小公司。它们要么在OTC电子公告板（OTCBB）交易，要么在OTC市场集团（OTC Market Group）交易。OTCBB是一个将交易小公司股票的做市商连接起来的电子报价系统。OTCBB提供3 300多只证券的交易，包括230多个做市商，以及通过电子化方式传输交易证券的实时报价、价格和交易量信息。OTCBB受到FINRA的监管，要求在这个市场上交易的公司提交审计过的财务报表并遵守联邦证券法规。

OTC市场是不受监管的市场部分，其中的公司甚至不需要向SEC提交申请。这个市场被分为三级。最大的是OTC Pink，这里有许多提供很少或不提供自身运营信息的小型且通常有问题的公司。OTC QB级的证券必须向SEC、银行或保险提供报告并及时披露。最高的一级OTC QX，虽然规模是最小的，但却是为选择提供了审计过的财务报表和其他必要信息的公司准备的。如果一只证券曾是促销活动的对象并且发行人当前的相关信息不是公开可得的，那么OTC市场会将证券标记为"买主各自小心"（买主当心）。不管是由发行人还是第三方发布的，许多促销会包含垃圾邮件或主动提供的传真或新闻。

其他交易系统

现在，一些个人和机构交易者会在经纪人和交易商市场之外的第三和第四市场直接进行交易。**第三市场**（third market）是由在 NYSE、NYSE Amex 或其他交易所上市的证券完成的场外交易组成的。这些交易通常是由不是交易所会员的做市商来处理的。它们比交易所收取更低的佣金并撮合大的买家和卖家。机构投资者如共同基金、养老基金和人寿保险公司，经常能节省下可观的佣金并对交易价格的影响很小。

第四市场（fourth market）由在大型机构证券买家和卖家之间直接通过计算机网络而非在交易所完成的交易组成。不像第三市场的交易，第四市场交易绕过做市商。**电子通信网络**（electronic communications networks，ECNs）是第四市场的核心。Archipelago（NYSE Arca 的一部分）、Bloomberg Tradebook、Island、Instinet 和 MarketXT 是处理这些交易的很多 ECNs 中的一些。就交易所而言，ECNs 经历了很多合并。例如，2002 年 Island 和 Instinet 完成合并，接着 Instinet 被纳斯达克收购。

ECNs 对高交易量、交易活跃的证券最有效，它们在本章后面将讨论的收盘后交易中发挥着关键性作用。它们自动匹配客户用电子化方式提交的买卖订单。如果没有即时匹配，那么 ECNs 像经纪人一样以自己的名义在交易所或向做市商提交请求。如果另一个交易者愿意按报出的价格进行交易，那么交易会被执行。

ECNs 可以为客户省钱，因为它们只收取交易费用，按照每股或基于订单规模收取。因为这个原因，像养老基金和共同基金之类有大量资金要投资的资金管理人和机构支持 ECNs。很多都使用 ECNs 或相互直接交易为客户找到最优价格。

一般市场情况：牛市或熊市

证券市场的情况通常被分为"牛市"或"熊市"，取决于证券价格随时间上升还是下降。不断变化的市场情况通常源于投资者态度的变化、经济活动的变化以及旨在刺激或放缓经济活动水平的政府行动。**牛市**（bull market）通常是与上涨的价格、投资者的乐观情绪、经济复苏和政府刺激政策联系在一起的。**熊市**（bear market）通常是与下降的价格、投资者的悲观情绪、经济放缓和政府紧缩政策联系在一起的。2003 年初标志着一个通常意义上的牛市周期的开始，2007 年 10 月到达顶点后急剧转入熊市。虽然远未完全恢复，但熊市似乎在 2009 年 3 月已经触底并自此以后进入通常意义上的牛市。截至 2012 年 3 月，曾在标准普尔 500 指数中的 479 只股票中有 458 只股票是自 2009 年 3 月开始上涨的。

一般而言，投资者在牛市期间会遇到普通股投资较高的（或正的）收益。然而，一些证券在熊市中会走高或者在牛市中会走低。市场情况难以预测，通常只在它们发生之后才能识别。我们将在第 3 章描述可用于评估市场情况的信息来源。第 7 章到第 9 章将讨论如何将此类信息应用于普通股的分析和评估。

答案参见 www.pearsonhighered.com/smart。

2.1　区别下列每组术语。

a. 货币市场和资本市场；

b. 一级市场和二级市场；

c. 经纪人市场和交易商市场。

2.2　简述 IPO 过程以及投资银行家在承销公开发行中的作用。区别公开发行、增发和私募。

2.3　对左栏中的每个术语，选择右栏中最合适的描述。解释匹配项之间的关系。

a. 纽交所美国证券交易所（NYSE Amex）　　（1）交易非上市证券

b. 芝加哥交易所（CBT）　　（2）是一个期货交易所

c. 纽约证券交易所（NYSE）　　（3）是一个期权交易所

d. 波士顿股票交易所　　（4）是一个区域性的股票交易所

e. 芝加哥期权交易所（CBOE）　　（5）是美国第二大有组织的交易所

f. 场外市场（OTC）　　（6）有最严格的上市要求

2.4　解释交易商市场如何运作，其中要提及做市商、买入价格、卖出价格、纳斯达克市场和 OTC 市场。交易商市场在首次公开发行（IPO）和二次分配中的作用是什么？

2.5　什么是第三市场和第四市场？

2.6　区别牛市和熊市。

证券市场全球化

当前，投资者、证券发行人和证券公司不再把目光限于本国市场，而是跳出本国市场去寻找最佳收益、最低成本和最优国际商业机会。大部分投资者的基本目标都是在风险最低的情况下赚取最高的收益。这一结果是通过分散化来实现的——把很多不同的证券放入组合来提高收益并降低风险。通过持有范围更广泛的行业和品种的证券、在更多的市场上交易的证券以及不同货币计价的证券，投资者可以极大地增加分散化的潜力。如果投资者对混合在一起的国内外证券这样做的话，分散化程度更大。投资者的本国市场越小、分散化程度越低，审慎的国际分散化的潜在收益就越大。然而，即使是美国和其他高度发达市场的投资者，也能从全球分散化中受益。

简言之，证券市场的全球化使得投资者可以在全世界范围内寻找来自快速扩张经济体的盈利机会。下面我们考察国际市场的日益重要性、国际投资表现、投资外国证券的方式及国际投资的风险。

国际市场的日益重要性

现在，全世界 100 多个国家都有证券交易所，既有大的（如东京证券交易所），也有小的（如南太平洋证券交易所）。它们不仅位于重要的工业化国家如日本、英国、加拿大和德国，也位于新兴经济体如巴西、智利、印度、韩国、马来西亚、墨西哥、波兰、俄罗斯和泰国。全世界最大的 4 个证券市场（根据交易额）是纽约证券交易所、纳斯达克、伦敦证券交易所和东京证券交易所。其他重要的外国交易所有上海证券交易所、大阪证券交易所、多伦多证券交易所、蒙特利尔交易所、澳大利亚证券交易所、中国的香港交易及结算所有限公司和瑞士交易所。

欧洲货币联盟（EMU）的经济一体化以及来自金融机构要求高效进行跨境股票交易的压力，正在改变欧洲的证券市场环境。不是保有很多小的全国性交易所，各国正被捆绑在一起来创造跨境的市场并在泛欧股票交易市场展开更有效的竞争。巴黎、阿姆斯特丹、布鲁塞尔和里斯本的交易所，加上伦敦的衍生品交易所，合并形成了泛欧交易所。斯堪的纳维亚的市场形成了北欧交易所（Norex）。2006 年，泛欧交易所和纽交所集团——纽交所的母公司——在平等合并中签署协议并实现了业务联合。一些股票交易所——例如东京和澳大利亚的交易所——正在形成合作协议。其他的交易所正在讨论形成一个 24 小时的全球市场联盟，通过电子化订单匹配系统来交易精选的大型跨国公司的股票。纳斯达克与日本、中国香港、加拿大和澳大利亚的合资公司联合并计划扩展到拉美和中东。日益增加的合并和合作安排标志着证券交易所向世界性证券交易所的迈进。

同样，债券市场也正变为全球性的，比以前更多的投资者会经常在外国市场购买政府和公司的固定收益证券。美国是最大的国际政府债券市场，紧随其后的是日本、德国和英国。

国际投资表现

到海外投资的一个动机是追求高收益。事实上，1980 年之后，美国的股价指数增长率只有一次没有在全世界主要的股票市场中拔得头筹。例如，2005 年整体上是一个不错的年份，投资者在很多外国市场上应该赚到了更高的收益。在这一年，在用美元衡量的道琼斯全球指数中，韩国上涨了 58%，墨西哥上涨了 40%，日本上涨了 25%，芬兰上涨了 14%，法国上涨了 9%，德国上涨了 8%，泰国上涨了 5%。相比之下，美国的股价指数上涨了约 4%。当然，外国证券市场的风险往往比美国市场更大。在某一年里有高收益的市场在下一年里不会还是那么好。然而，即使在 2008 年，这一年对股市投资者来说是有记录以来最差的年份之一，也有十几个外国交易所获得的收益高于 NYSE Euronext。

通过跟踪监测那些交易所表现情况的市场指数，投资者可以比较美国和外国交易所的情况。例如，道琼斯平均值和标准普尔指数是美国市场的常用指标，同时可得的有 20 多个不同证券市场的指数（我们将在第 3 章更详细地讨论指数）。《华尔街日报》发布关于美国和外国的主要股票指数及货币汇率的每日报告。

投资外国证券的方式

投资者可以直接或间接从事对外证券交易。间接投资的一种形式是购买有大量国外经营活动的美国跨国公司的股份。很多美国跨国公司，如埃克森美孚、

> **投资者事实**
> **美国的市场份额**
> 尽管美国证券市场从市场份额看领先世界，但美国仅占全球股票市场公司市值的 33%。

IBM、花旗集团、陶氏化学、可口可乐、高露洁和惠普，从海外运营中获得的收入超过50％。通过投资于这些公司的证券，投资者可以实现一定程度的国际分散化。购买主要投资于外国证券的共同基金和交易所交易基金的份额是另一种间接投资方法。投资者可以通过股票经纪人来完成这两种间接的对外证券投资交易，正如第3章和第12章将解释的。

要对外国公司进行直接投资，投资者有三个选择。他们可以购买在外国交易所上市的证券，购买在美国交易所交易的外国公司的证券或者购买美国存托股份。

第一种方式——购买在外国交易所上市的证券——带来额外的风险，因为外国的证券不是用美元交易的，从而投资者必须应对货币波动。这种方法不适合胆小的或经验不足的投资者。投资者在不同国家也会遇到不同的证券交易规则、交易程序、会计准则和税收法律。直接交易最好是通过从事大量国际业务的专业华尔街经纪人，或者通过有专业部门负责处理对外证券交易的专业银行进行，如摩根大通和花旗银行。另外，投资者也可以与国外的经纪人—交易商做交易，但这种方法更复杂，风险更高。

直接投资的第二种形式是购买同时在美国交易所交易的和场外交易的外国公司的证券。在美国交易所交易的外国证券与在交易所交易的本国证券按相同的方式处理。这些证券由大型的知名外国公司发行，例如加拿大铝业集团（加拿大）、戴姆勒-克莱斯勒（德国）、法国电信（法国）、海德（荷兰）、索尼（日本）和联合利华（英国），这些公司的股票直接在美国的交易所交易。此外，由外国政府或公司发行并在美国证券市场交易的美元计价的债务证券**扬基债券**（Yankee bond），可以同时在经纪人和交易商市场交易。

最后，外国股票也以**美国存托股份**（American depositary shares，ADS）的形式在美国的交易所交易。创造这些证券的目的是让美国投资者可以持有非美国公司的股份并在美国的交易所交易。它们由**美国存托凭证**（American depositary receipts，ADR）提供背书，ADR是存放于外国公司母国的银行金库中的外国公司股票的美元计价凭证。当前，代表50多个母国的2 000多种ADR在美国的交易所交易。其中交易活跃的大约有四分之一，包括知名企业吉百利、日立、立邦、LG飞利浦、培生集团、里德爱思唯尔和西门子。第6章将进一步讨论交易方式与标准国内证券相同的ADS。

国际投资的风险

到国外投资并不是没有陷阱。除了在任何证券交易中都会涉及的常见风险之外，投资者还必须考虑在一个特定国家做生意的风险。贸易政策、劳工法律和税收政策的改变都会影响该国企业的经营环境。政府本身也会不稳定。你必须跟踪所投资的每个外国市场上相似的环境因素。显然，这比跟踪本国的市场更难。

美国的证券市场通常被认为是受到严格监管的和可靠的。相反，外国市场在运作和监管方面也许远远落后于美国。此外，一些国家和地区对外国投资有各种限制。例如，在韩国和中国台湾，共同基金是外国人投资的唯一方式。墨西哥有两级市场，会限制外国人投资某些证券。外国人在一些国家很难将资金汇出，很多国家对股利征税。例如，瑞士对付给外国人的股利征收大约35％的税。其他困难还包括流动性不佳以及因缺乏报告标准而无法获得可靠的投资信息。

此外，各国的会计标准也有所不同。会计实务上的差异会影响一家公司的账面盈利性、隐藏资产（如很多国家允许隐藏准备金和低估资产）和不方便披露的其他风险。结果是，比较在不同国家经营的企业的财务绩效变得困难。虽然会计行业已经达成一系列国际会计准则，但所有国家都接受准则还需要很多年，所有公司都应用准则还要更长的时间。

另一个担心源自国际投资涉及用外国货币计价的证券这一事实。交易的盈利或亏损不仅受证券价格变化的影响，而且受货币价值波动的影响。一种货币用另一种货币表示的价格叫作**货币汇率**（currency exchange rate）。世界主要货币相互之间的价值每天都在波动，这些价格波动会对你在外国证券投资上赚到的收益产生显著的正面或负面影响。

例如，2012年1月2日，欧洲货币联盟欧元（€）与美元（US$）的汇率表示如下：

$$US\$ = €0.772\ 5 \qquad €=US\$1.294\ 5$$

这意味着，1美元价值0.772 5欧元，或者等价地，1欧元价值1.294 5美元。在这一天，如果你买了100股喜力啤酒的股票，这只股票在阿姆斯特丹泛欧交易所的交易价格是每股36.70欧元，那么这会花费你4 750.81（＝100×36.70×1.294 5）美元。

4个月后，欧元相对于美元的价值上升了。2012年4月30日的欧元/美元汇率是0.755 4，其含义是，在2012年的前4个月，欧元相对于美元升值了（从而美元相对于欧元贬值了）。4月30日只需较少的欧元就能买到1美元（0.755 4欧元相对于1月的0.772 5欧元），因此，用美元表示的每欧元的价值上升（1.323 8美元相对于1月的1.294 5美元）。相反，如果欧洲货币联盟的欧元贬值了（美元相对于欧元升值），那么用美元表示的每欧元的价值下降。

货币兑换风险（currency exchange risk）是由两国货币之间的汇率变动引起的风险。例如，假定你在2012年4月30日卖掉了你的100股喜力啤酒的股票，该股票在阿姆斯特丹泛欧交易所的交易价格是每股41.31欧元，销售所得将是5 468.62美元。

在这个例子中，你得到双赢的结果，因为不仅欧元表示的初始购买价格上涨了，而且欧元相对于美元也升值了。用美元表示，这笔交易带来717.81（＝5 468.62－4 750.81）美元的利得。投资外国证券的投资者必须注意，外国货币相对于美元的价值对来自外国证券交易的收益会产生重要的影响。

概念复习

答案参见 www. pearsonhighered. com/smart。

2.7 为什么证券市场全球化是当今的一个重要问题？近年来国际投资的表现如何？

2.8 描述如何间接和直接地进行对外证券投资。

2.9 描述国际投资的风险，尤其是货币兑换风险。

交易时间和证券市场的监管

理解国内和国际证券市场的结构是形成可靠的投资方案的重要基础。我们现在考察市场交易时间和美国证券市场的监管。

证券市场的交易时间

有组织的美国交易所的常规交易时段是从东部时间上午 9:30 到下午 4:00。然而，交易不再限于这段时间了。大部分证券交易所和 ECNs 都在常规时间之前和之后提供延长的交易时段。大部分收盘后市场都是**交叉市场**（crossing market），市场中只有在订单可以被匹配时才会被提交。也就是说，只有在买卖订单可以与相同的反向买卖订单在意愿价格上相匹配时，订单才会被提交。这让美国证券市场可以与外国证券市场更有效地竞争，而外国证券市场让投资者可以在美国证券市场收盘时执行交易。

NYSE 有两个短暂的电子交易时段，在下午 4:00 的收盘铃声之后开始。一个交易时段是从下午 4:15 到 5:00，借助计算机匹配系统按当天的收盘价交易股票。只有在可以匹配且根据先到先服务的原则来处理时，交易才会发生。另一个时段是从下午 4:00 持续到 6:00，使得机构投资者可以交易价值在 100 万美元以上的大批量股票。自其诞生之日起，NYSE 在这两个时段的交易量都在不断增加。

纳斯达克有自己的延时电子交易时段，从东部时间下午 4:00 到 6:30，以及两个 SelectNet 交易时段，东部时间上午 8:00 到 9:30 以及东部时间下午 4:00 到 6:30。区域性交易所也有收盘后交易时段。现在，个人投资者可以参与收盘后交易活动。很多大型经纪公司，不管是传统的还是在线的，都为个人客户提供了收盘后交易服务。

证券市场的监管

美国证券法保护金融市场的投资者和参与者。很多州和联邦法律都要求让投资者获得充分和准确的信息披露。这些法律也监管证券市场参与者的活动。控制本州内证券销售的州法律通常被称为蓝天法，因为这些法律旨在避免投资者什么也买不到，而只买到"蓝天"。这些法律通常确立了在州内监管证券发行和证券卖方经营的程序。大部分州都有一个监管实体，如州证券委员会，负责执行相关的州法律。表 2-2 概括了联邦政府制定的最重要的一些证券法律（按时间先后顺序排列）。

表 2-2	重要的联邦证券法律
法律	**简述**
1933 年《证券法》	旨在确保新证券发行时充分的信息披露。要求新证券的发行人在 SEC 提交包含关于新证券信息的注册声明。在 SEC 批准注册声明之前，企业不能出售证券，这通常需要大约 20 天的时间。SEC 对注册声明的批准只是表明声明中陈述的事实基本反映了公司的真实情况
1934 年《证券交易法》	正式确立 SEC 作为负责执行联邦证券法律的机构。该法案赋予 SEC 监管有组织的交易所和 OTC 市场、它们的会员、经纪人和交易商以及在这些市场上交易的证券的权力。每个参与者都必须向 SEC 提交报告并定期更新报告。1934 年的法案已被修订若干次

法律	简述
1938 年《马洛尼法》	该法案是对 1934 年《证券交易法》的修正，法案规定建立交易协会来自我规制证券行业。只有一个这样的交易协会，即全国证券交易商协会（NASD）。NASD 的会员几乎包括了与公众有业务联系的全国所有证券公司。在 SEC 的监督下运作的 NASD 建立了证券交易和伦理行为的标准化程序，监督和执行对这些程序的遵守并充当该行业的发言人。现在，不是 NASD 会员的任何公司都必须接受 SEC 的直接监督
1940 年《投资公司法》	为投资公司建立规章制度并正式批准 SEC 来规制其业务和程序。法案要求投资公司在 SEC 注册并履行一定的披露要求。投资公司通过向投资者出售股份来获得资金并利用所得资金购买证券。主要的投资公司类型是共同基金。1970 年的修正案禁止投资公司向顾问支付过多的费用及向购买者收取过高的佣金
1940 年《投资顾问法》	要求投资顾问，即受雇于投资者来为他们提供证券投资建议的人，披露关于他们的背景、利益冲突和他们建议的任何投资的所有相关信息。顾问必须在 SEC 注册并定期向 SEC 提交报告。1960 年的修正案将 SEC 的权力扩大到允许检查投资顾问的记录并撤销违反法案条款的顾问的注册
1975 年《证券法修正案》	要求 SEC 和证券业开发一个交易证券的竞争性的全国系统。首先，SEC 废除了固定佣金方案，进而规定了协商佣金。其次，SEC 建立了市场间交易系统，这是一个连接 9 个市场并交易 4 000 多只合格证券的电子通信网络，该系统使得交易的完成可以跨越不同的市场，网络会显示给定证券在哪个市场有更优价格
1988 年《内幕交易和欺诈法》	建立对内幕交易的惩罚，即利用非公开信息进行有利可图的证券交易。内幕交易者包括获得非公开信息的任何人，通常是公司的董事、管理者、主要股东、银行家、投资银行家、会计师和律师。SEC 要求公司内部人提交月度报告，详述在公司股票上所做的所有交易。最近的立法显著提高了对内幕交易的惩罚力度并赋予 SEC 更大的权力来调查和起诉对非法的内幕交易活动的指控
2002 年《萨班斯-奥克斯利法》	旨在保护投资者免于遭受公司欺诈，尤其是会计欺诈。法案创建了一个监督委员会来监控会计行业，收紧审计监督和控制，严惩犯下公司欺诈罪的管理者，强化对财务官员的会计披露要求和伦理准则，建立公司董事会结构和成员的指导原则，建立分析师的利益冲突的指导原则，以及提高 SEC 的审计和调查人员的权威和预算。该法案还要求对公司管理者出售股票进行即时披露

这些联邦证券法律的目的是保护投资者。大部分法律的通过都是对已出现的某些市场参与者的损害性行为的反应。近几十年来，国会通过了两部重要的法律来回应公众对公司财务丑闻的担忧：1988 年《内幕交易和欺诈法》旨在禁止**内幕交易**（insider trading），即

利用关于公司的非公开信息来从事有利可图的证券交易。2002 年《萨班斯-奥克斯利法》关注的是消除与会计和其他信息发布有关的公司欺诈行为。这两部法律都提升了公众在商业活动中的**伦理**（ethics）意识——行为准则或道德判断。政府和金融界正在继续发展和加强能激发市场参与者遵守法律和规章的伦理准则，不管是通过执法还是激励，这都仍然是一个持续的挑战。

概念复习

答案参见 www. pearsonhighered. com/smart。

2.10 通常如何处理收盘后交易？收盘后交易的前景怎么样？

2.11 简述如下联邦证券法律的关键要求：

a. 1933 年《证券法》；

b. 1934 年《证券交易法》；

c. 1938 年《马洛尼法》；

d. 1940 年《投资公司法》；

e. 1940 年《投资顾问法》；

f. 1975 年《证券法修正案》；

g. 1988 年《内幕交易和欺诈法》；

h. 2002 年《萨班斯-奥克斯利法》。

证券交易的基本类型

投资者可以从事很多基本类型的证券交易。符合政府机构及经纪公司要求的人可以从事任何一种类型的交易。尽管投资者能以很多方式用各种类型的交易来满足投资目标，但我们在下面只描述每种交易最常见的应用，我们考察的是买多、保证金交易和卖空。

买多

买多（long purchase）是投资者期待证券价值增值且以后能卖出赚钱而买入证券的交易。因此，其目标就是低买高卖。买多是最常见的交易类型。因为投资者通常预期证券价格在他们打算持有证券的时期内会上涨，所以他们的收益来自持有期内收到的任何股利或利息，再加上买卖价格之间的差额（资本利得或损失）。当然，交易成本会降低这一收益。

忽略股利和交易成本，我们可以用一个简单的例子来说明买多。在研究了瓦纳工业公司（Varner Industries）之后，你认为其当前每股 20 美元的普通股在未来的几年里会实现价值增值。你预期股价在 2 年内会上涨到每股 30 美元。你下单并以每股 20 美元的价格买入 100 股的瓦纳股票。如果股价上涨到每股 40 美元，那么你会从你的买多中获利。如果股价跌到每股 20 美元之下，那么你在该交易上会遭受损失。显然，做多的主要诱导因素之一是预期证券价格上涨。

保证金交易

购买证券并不一定要有现金，相反，投资者可以使用从经纪公司借入的资金。这种业务活动被称为**保证金交易**（margin trading）。使用保证金交易的一个基本理由是：放大收益。就像其听起来那么特别一样，保证金指的是一项投资中的自有权益数量（通常用百分比形式表示）或者非借入的金额。例如，如果一位投资者使用75%的保证金，那么其含义是投资头寸的75%来自这个人的自有权益，余额（25%）来自借入资金。

联邦储备委员会设定**保证金要求**（margin requirement），规定了保证金型投资者自有权益出资的最低数量。一段时间以来股票的保证金要求一直是50%。通过提高和降低保证金要求，联储可以抑制或刺激证券市场活动。经纪人必须同意保证金购买。然后，经纪公司向购买者贷出所需资金并保留购买的证券作为抵押品。要认识到保证金型购买人必须为其借入的资金支付规定的利率，这很重要。

较之你在严格现金基础上所能买到的证券，通过使用保证金，你可以买到更多的证券，从而放大你的收益。然而，使用保证金也会带来巨大的风险。保证金交易只能放大收益，而不是产生收益。最大的风险之一是证券的表现可能并不如你所料。如果证券的收益为负，那么保证金交易就放大了损失。因为通过保证金购买的证券本身永远是最终收益来源，所以对这种交易策略来说，选择正确的证券是至关重要的。下面，我们将考察保证金交易是如何放大收益和损失的。

保证金交易的基本要素

投资者可以对大部分种类的证券使用保证金交易。例如，他们经常用保证金交易来购买普通股和优先股、大部分类型的债券、共同基金、期权、权证和期货。保证金交易通常不用于免税的市政债券，因为对这些保证金贷款所支付的利息不能抵扣所得税。也可以在某些外国股票和债券的交易上使用保证金，但必须符合规定并出现在美联储每半年发布一次的外国保证金股票清单上。为简单起见，在我们在保证金交易的讨论中，将使用普通股投资作为例子。

放大盈利和亏损。在以投资者的自有资金作为基础的情况下，保证金交易的思想是利用**财务杠杆**（financial leverage）——使用债务融资来放大收益。

下面是其原理：假设你有5 000美元要投资，正在考虑按每股50美元的价格购买100股股票。如果你不利用保证金交易，那么你正好可以购买100股股票（忽略佣金）。如果你利用保证金交易——例如，按50%的保证金——那么你只用2 500美元的自有权益就可以获得同样的5 000美元的头寸。这为你留下2 500美元用于其他投资或以保证金方式再买100股相同的股票。不管是哪种情况，通过保证金交易，你都会从股票的价格上涨中获得更大的收益。

表2-3说明了保证金交易的思想。表中显示了一个非保证金（100%的自有权益）交易以及使用各种保证金的同种交易。记住，保证金比率（如65%）表示投资中投资者的自

有权益。当投资不是保证金交易的且股价每股上涨 30 美元时（见表 2-3 的 A 部分），投资者得到非常可观的 60% 的收益率。然而，观察一下在用保证金交易时收益率的上升情况。收益率的范围在 75% 到 120% 之间，具体取决于投资中自有权益的数量。之所以出现这种情况是因为不管投资者如何为交易融资，利得都是相同的（3 000 美元）。显然，随着投资中投资者自有权益的下降（使用较低的保证金），收益率相应上升。

表 2-3 　　　　　　　　　　　　保证金交易对证券收益的影响　　　　　　　　　　　Excel 电子表格

	无保证金 （100%自有资金）	保证金		
		80%	65%	50%
购买的 50 美元股份数	100	100	100	100
投资成本（美元）	5 000	5 000	5 000	5 000
减去：借入资金（美元）	0	-1 000	-1 750	-2 500
投资中的自有资金（美元）	**5 000**	**4 000**	**3 250**	**2 500**
A. 当每股价格从 30 美元上涨到 80 美元时的投资者头寸				
股票价值（美元）	8 000	8 000	8 000	8 000
减去：投资成本（美元）	-5 000	-5 000	-5 000	-5 000
资本利得（美元）	**3 000**	**3 000**	**3 000**	**3 000**
投资者自有权益的收益率（资本利得/投入的自有权益）	60%	75%	92.3%	120%
B. 当每股价格从 30 美元下跌到 20 美元时的投资者头寸				
股票价值（美元）	2 000	2 000	2 000	2 000
减去：投资成本（美元）	-5 000	-5 000	-5 000	-5 000
资本损失*（美元）	**(3 000)**	**(3 000)**	**(3 000)**	**(3 000)**
投资者自有权益的收益率（资本利得/投入的自有权益）*	(60%)	(75%)	(92.3%)	(120%)

* 资本损失和投资者自有权益的收益率都是负的，用括号表示。

根据表 2-3，保证金交易有三个方面变得显而易见：

（1）股票价格变动不受购买股票方式的影响。

（2）投资者自有权益在头寸中的数量越少，投资者在证券价格上涨时享有的收益率越高。

（3）当证券价格下降时，损失也（以相同的比率）被放大了（见表 2-3 的 B 部分）。

注意，表 2-3 中有个"Excel 电子表格"图标。在整本书里，有这个图标的表格表示可以在 www.myfinancelab.com 中找到该表格。电子表格在金融和投资以及所有商务实用领域中的使用是非常普遍的。我们在整本书中经常用电子表格来展示内容是如何构造或计算的。正如你从第 1 章了解到的，我们在大部分章节的末尾都有 Excel 电子表格让你练习使用，以帮助你增强清晰地阐述如何解决投资问题所需的逻辑能力。

保证金交易的优点和缺点。放大收益是保证金交易的主要优点。放大的收益的大小同时取决于证券价格的表现和所用的保证金数量。另外，保证金交易的另一个好处是使得证券持有更加分散化，因为投资者可以将其有限的资本分散在很多投资上。

当然，保证金交易的主要缺点是当证券价格下跌时损失可能被放大。另一个缺点是保证金贷款本身的成本。**保证金贷款**（margin loan）是在保证金交易中获得借入资金的正式途径。所有保证金贷款都是按规定的利率发放的，该利率取决于通行的市场利率和借入资金的数量。这个利率通常比**最优惠利率**（prime rate）高出 1％ 到 3％——最优惠利率是向信誉卓著的企业借款人收取的利率。对大客户来说，利息会按优惠利率收取。投资者支付的贷款成本每天都会增加，相应地降低了盈利水平（或提高了损失）。

进行保证金交易

要执行保证金交易，投资者必须以现金或证券的形式创建一个**保证金账户**（margin account），账户中有最低 2 000 美元的自有资本或 100％ 购买资金，以较低的一个为准。经纪人会保留保证金购买的任何证券作为贷款的抵押物。

联邦储备委员会制定的保证金要求规定了保证金交易中最低的自有权益数量。投资者不必在做所有保证金交易时都正好使用最低数量的保证金，如果愿意，他们可以使用超过最低数量的保证金。此外，经纪公司和主要的交易所也会制定自己的保证金要求，这会比美联储的更严格。经纪公司也会有自己的波动尤为剧烈的股票的清单，对这些股票的保证金要求更高。保证金要求主要有两种类型：初始保证金和维持保证金。

初始保证金。投资者在购买时必须提供的最低自有权益数量就是**初始保证金**（initial margin）。初始保证金有助于阻止过度交易和过度投机。通常，这就是投资者在讨论保证金交易时所指的保证金要求。可以用保证金交易的所有证券都有具体的初始保证金要求，政府权威部门可以自由变动这一标准。表 2-4 列示了各类证券的初始保证金要求。越稳定的投资，如美国政府债券，通常有明显较低的保证金要求，从而提供了更大的放大收益的机会。在纳斯达克 OMX 市场上交易的股票可以像上市证券一样用保证金交易。OTC 股票被认为没有抵押价值，从而不能用保证金交易。

表 2-4	各类证券的初始保证金要求
证券	要求的最低保证金
上市的普通股和优先股	50％
纳斯达克 OMX 股票	50％
可转换债券	50％
公司债券	30％
美国政府国库券、票据、债券	本金的 10％
美国政府机构债券	本金的 24％
期权	期权费加上标的股票市场价值的 20％
期货	合约价值的 2％ 到 10％

只要账户中的保证金维持在等于或高于现行的初始要求的水平上，投资者就可以按他希望的任何方式来使用账户。然而，如果投资者持有的证券价值下降，那么他账户中的保证金也会下降。在这种情况下，投资者就拥有所谓的**受限账户**（restricted account），即自有资金小于初始保证金要求。这并不意味着投资者必须提供追加的现金或股票。但是，只要账户是受限的，投资者就不能做进一步的保证金购买且在证券被出售时必须让保证金恢复到初始水平。

维持保证金。投资者任何时候在保证金账户中都必须维持的绝对最低保证金（自有权益）数量就是**维持保证金**（maintenance margin）。当维持保证金数量不足时，投资者就会收到**补充保证金通知**（margin call）。这个通知给投资者一段短暂的时间（可能是 72 小时）来把自有资金恢复到维持保证金之上。如果未达到要求，那么经纪人有权卖掉投资者用保证金购买的部分证券来将账户中的自有资金恢复到这一水平。

如果市场波动剧烈，那么保证金投资者必定会遭遇意外。当纳斯达克股票市场 2000年 4 月初在一天内下跌了 14％时，经纪公司比往常发出了更多的补充保证金通知。投资者经常在亏本的情况下匆忙出售股份来满足自己的补缴保证金要求——只能看着市场在几天之后又反弹回来。

维持保证金可以同时保护经纪公司和投资者：经纪人避免了承担过多的投资者损失，投资者避免了一无所有。目前权益证券的维持保证金是 25％。维持保证金很少变动，但为了提高对经纪人和客户的保护程度，通常被经纪公司设定得略高一些。对像政府债券那样的直接债务证券，除了由经纪公司自己设定的维持保证金之外，并没有官方的维持保证金。

基本的保证金公式

保证金数量总是以自有权益的相对数量来衡量，自有权益被看作是投资者的抵押品。一个简单的公式可用于各种买多交易，以确定在任何给定时间的交易保证金。计算基本上只需要 2 部分信息：（1）用保证金购买的证券的当前市场价值；（2）**借方余额**（debit balance），即在保证金贷款中借入的资金数量。给定这些信息，我们可以根据式（2 - 1）来计算保证金。

$$\text{保证金} = \frac{\text{证券的价值} - \text{借方余额}}{\text{证券的价值}} = \frac{V - D}{V} \tag{2 - 1}$$

为了说明，举了下面的例子。假设你在初始保证金要求为 70％的时候想要按每股 40 美元的价格购买 100 股股票。因为交易的 70％必须用自有权益来融资，所以你可以用保证金贷款来融资剩下的部分（30％）。因此，你要借 $0.30 \times 4\,000 = 1\,200$ 美元。当然，这一数量就是借方余额。其余部分（$4\,000 - 1\,200 = 2\,800$ 美元）是你在交易中的自有权益。换句话说，自有权益就是保证金公式中的分子（$V - D$）。

随着证券价值的变化，保证金会怎么样呢？如果随着时间的推移股票价格变到每股 65 美元，那么保证金为

$$\text{保证金} = \frac{V-D}{V} = \frac{6\,500-1\,200}{6\,500} = 0.815 = \underline{81.5\%}$$

注意，这个投资头寸中的保证金（自有权益）已经从70%上升到了81.5%。当证券价格上升时，你的保证金也会上升。

相反，当证券价格下降时，保证金也会下降。例如，如果示例中的股票价格降至每股30美元，那么新的保证金只有60%［=（3 000－1 200）÷3 000］。在这种情况下，我们遇到受限账户，因为保证金水平已经下降到70%的初始保证金水平之下了。

最后要注意的是，虽然我们的讨论基本上是从个人交易的角度来阐述的，但相同的保证金公式也适用于保证金账户。唯一的差别是，我们要处理的是适用于整个账户的输入变量——账户中持有的所有证券的价值和保证金贷款总量。

投入资本的收益率

在评价保证金交易的收益时，你必须认识到你只提供了部分资金这一事实。因此，你考虑的只是在你提供的部分资金上赚到的收益率。利用从股利或利息上收到的当期总收入和在保证金贷款上支付的总利息，我们可以应用式（2-2）来计算从保证金交易中得到的投入资本收益率。

$$\text{保证金交易的}\atop\text{投入资本收益率} = \frac{\genfrac{}{}{0pt}{}{\text{获得的当}}{\text{期总收入}} - \genfrac{}{}{0pt}{}{\text{在保证金贷款上}}{\text{支付的总利息}} + \genfrac{}{}{0pt}{}{\text{出售时的}}{\text{证券市值}} - \genfrac{}{}{0pt}{}{\text{购买时的}}{\text{证券市值}}}{\text{购买时自有权益数量}} \qquad (2\text{-}2)$$

我们可以用这个公式来计算保证金交易的期望收益或实际收益。示例：假设你想按每股50美元的价格购买100股股票，因为你感到该股票会在6个月内上涨到每股75美元。该股票支付每股2美元的年股利，在你6个月的持有期内，你会收到该金额的一半，或者说每股1美元。你打算用50%的保证金购买该股票并在保证金贷款上支付10%的利息。因此，你打算提供2 500美元的自有权益来购买你希望在6个月后会上涨到7 500美元的价值5 000美元的股票。因为你会有利率为10%的6个月期2 500美元的保证金贷款，所以你会支付125美元的总利息成本［2 500×0.10×（6/12）=125美元］。我们可以将这些信息代入式（2-2）来求出这笔保证金交易的投入资本收益率。

$$\text{保证金交易的投入资本收益率} = \frac{100-125+7\,500-5\,000}{2\,500} = \frac{2\,475}{2\,500} = 0.99 = \underline{99\%}$$

记住，99%这个数字表示在6个月的持有期内获得的收益率。如果你想把这个收益率与其他投资机会比较一下，那么，通过乘以2（1年中有2个6个月）你就可以确定这笔交易的年收益率，即折合成了198%的年收益率。

保证金交易的应用

投资者最常应用的保证金交易方式有两种。如前所述，一种应用是放大交易收益。另一种重要的保证金策略被称为金字塔交易，这取自将收益放大到极限的思想。**金字塔交易**（pyramiding）是利用保证金账户中的账面盈利为购买更多的证券提供部分或全部融资。

这使得投资者可以以低于，有时是显著低于一般初始保证金水平的保证金从事此类交易。事实上，利用这种方法，完全不需要新的现金就能购买证券也是可能的。全部融资可以通过保证金借款获得。其原因是，账户中的账面盈利带来**超额保证金**（excess margin）——账户中的保证金多于要求的保证金。例如，如果一个保证金账户有价值 60 000 美元的证券并有 20 000 美元借方余额，那么这就处于 66.6%［＝（60 000－20 000）÷60 000］的保证金水平。如果普遍的初始保证金要求仅为 50%，那么这个账户就有可观数量的超额保证金。

金字塔交易的原理是用账户中的超额保证金来购买更多的证券。唯一的约束——金字塔交易的关键——是购买了额外的证券后，你的保证金账户必须处于或高于普遍要求的初始保证金水平。记住，是账户而不是个人交易必须满足最低标准。如果账户有超额保证金，就可以被用来增加证券持有量。只要保证金账户中有新增的账面盈利且只要保证金水平超过购买时通行的初始要求，那么金字塔交易就可以继续下去。这个策略多少有些复杂但也是有利可图的，尤其是因为这种策略最小化了投资者账户中所需的新的资本量。

一般而言，保证金交易很简单，但风险也很大。风险主要在于用保证金购买的证券可能的价格下跌。价格下跌会造成受限账户。如果价格下跌到引起实际保证金降至维持保证金之下，相应的补充保证金通知几乎会立刻强迫你向账户中存入额外的自有权益。此外，损失（源于价格下降）将以类似于表 2-3 中 B 部分所展示的方式被放大。显然，追加保证金通知的可能性和损失的放大使得保证金交易比非保证金交易的风险更大。保证金只应该被那些完全理解其运作和缺陷的投资者使用。

卖空

在大部分情况下，投资者购买股票是希望股价上涨。如果你预期某只特定证券的价格会下跌时会怎么样呢？利用卖空，你就能从证券价格下跌中获利。几乎任何类型的证券都可以被"做空"：普通股和优先股、所有类型的债券、可转换证券、上市的共同基金、期权和权证。但是，现实中大部分投资者的卖空活动几乎全部局限于普通股和期权。（然而，投资者被禁止利用卖空来保护自己免于受到证券价格下跌的影响，这一策略被称为卖空套头交易。）

卖空的基本要素

卖空（short selling）通常被定义为卖出借入的股票的业务。虽然听起来有些不同寻常，但卖出借入的证券（在大部分情况下）是合法和很常见的。当投资者向经纪人借入证券并在市场上卖出这些证券时，卖空就开始了。随后，如果该证券的价格下降了，那么卖空者买回证券，然后把证券还给借出方。卖空者必须在经纪人处存入一笔初始的自有权益存款，遵守类似于保证金交易的那些规则。存款加上借入股票的销售所得可以确保即使证券价格上涨了经纪人在以后的某一天也有足够的资金买回卖空的证券。像保证金交易一样，卖空要求投资者通过经纪人来完成。

在价格下跌时赚钱。在证券价格下降时赚钱就是卖空的全部内容。就像在投资世界中的其他同行一样，卖空者也是试图通过低买高卖来赚钱。唯一的差别是他们逆转了投资过程：他们的交易方式是先卖后买。

表 2-5 说明了卖空的原理以及投资者如何从这种交易中获利。（为简单起见，我们忽略交易成本。）一开始按每股 50 美元的价格卖出 100 股股票（第 1 步），随后，按每股 30 美元的价格买入 100 股股票（第 2 步）。结果是，这笔交易带来了 2 000 美元的净利润。卖空产生的盈亏数量取决于卖空者可以买回股票的价格。卖空者只有在股票的出售所得高于买回成本时才能赚钱。

表 2-5	卖空的操作过程	Excel 电子表格

第 1 步：发起卖空

按每股 50 美元的价格卖出 100 股借入的股票：

卖出所得	5 000 美元

第 2 步：回补卖空

随后，按每股 30 美元的价格买入 100 股股票，向经纪人归还借入的股票：

投资者的成本	－3 000 美元
净利润	2 000 美元

谁借出证券？通过他们的经纪人，卖空者从经纪公司或其他投资者处获得证券。（经纪人是主要的证券借入来源。）作为提供给客户的一项服务，经纪人借出其投资组合或"代持"账户中持有的证券。有必要搞清楚的是，当经纪公司借出代持的证券时，是向卖空者借出其他投资者的证券。个人投资者通常并不因拥有借入证券的权利而向经纪人支付费用，作为交换，投资者在经纪人处的存款也不能赚取利息。

危机中的市场

SEC 禁止卖空

2008 年 9 月，随着金融危机的进一步深化，证券交易委员会（SEC）宣布从 9 月 19 日到 10 月 9 日暂时禁止大约 800 只金融证券的卖空交易。研究表明，受到禁令影响的股票的价格显著上升，但当禁令被取消时，这些价格上涨基本上又被逆转了。股票市场在危机时期对过度卖空的脆弱性，导致 SEC 实施阻止重大价格下行但允许不受限制的价格发现的规则。2010 年批准的另一种提价交易规则（201 号规则）也对卖空予以限制，只有当股票因在一天内遭遇至少 10% 的下跌而触发熔断时才限制卖空。当证券价格高于当前全国范围内最好的报价时，就允许卖空。

保证金要求和卖空。要从事卖空交易，投资者必须在经纪人处有一笔存款，而存款要满足进行卖空的初始保证金要求（目前是 50%）。

举例说明，假设你在初始保证金要求为 50% 且卖空的维持保证金要求为 30% 的时候按每股 50 美元的价格卖空了 100 股 Smart 公司的股票。表 2-6 中列 A 的行 1 至 4 的值表明，你的经纪人在这笔交易上将持有总计 7 500 美元的存款。注意，在列 B 和列 C 中，不管随后 Smart 公司的股价如何变化，你在经纪人处的存款都会保持在 7 500 美元（行 4）。

表 2-6　　　　　　　　　　　　　　　　　卖空的保证金头寸

		A	B	C
		初始卖空价格（美元）	随后的股价（美元）	
行	项目			
1	每股价格	50	30	70
2	初始卖空所得 [（1）×100 股]	5 000		
3	初始保证金存款 [0.50×（2）]	2 500		
4	在经纪人处的总存款 [（2）＋（3）]	7 500	7 500	7 500
5	买回股票时的成本 [（1）×100 股]	5 000	3 000	7 000
6	账户自有权益 [（4）－（5）]	2 500	4 500	500
7	实际保证金 [（6）÷（5）]	50%	150%	7.14%
8	维持保证金头寸 [（7）＞30%?]	是	是	补充保证金通知*

*投资者必须至少在经纪人处再存 1 600 美元以便将总存款恢复到 9 100（＝7 500＋1 600）美元，这等于 100 股股票的当前价值 7 000 美元加上维持保证金存款的 2 100（＝0.30×7 000）美元，或者买回 100 股股票并将其归还给经纪人。

通过减去按给定的股价买回卖空股票的成本（行 5），你就可以求出当前（列 A）和在随后的 2 个股价下（列 B 和 C）你账户中的自有权益（行 6）。我们看到，在初始每股 50 美元的卖空价格下，你的自有权益等于 2 500 美元（列 A）。如果股票价格随后下降到 30 美元，那么你的自有权益会上升到 4 500 美元（列 B）。如果股票价格随后上涨到 70 美元，那么你的自有权益会下降到 500 美元（列 C）。这些账户自有权益（行 6）除以当时买回股票的成本（行 5），你就可以计算在每种股价下的实际保证金（行 7）。我们看到，在当前 50 美元的价格下，实际自有权益是 50%，而在 30 美元的股价下是 150%，在 70 美元的股价下是 7.14%。

如行 8 所示，给定 30% 的维持保证金要求，你的保证金在当前 50 美元（列 A）或较低（列 B）的价格下没有问题。但在 70 美元的股价下，7.14% 的实际保证金会低于 30% 的维持保证金，从而带来补充保证金通知。在这种情况下（或卖空的实际保证金低于维持保证金），你必须对补充保证金通知做出回应，要么通过在经纪人处再存入额外的资金，要么通过购买股票并回补（即结清）空头头寸。

如果在股价已经上涨到 70 美元的时候你希望维持空头头寸，那么你就必须在经纪人处再存入 1 600 美元。这些资金会把你的总存款提高到 9 100（＝7 500＋1 600）美元——这一金额等于卖空的股票 7 000 美元的价值加上 30% 的维持保证金，即 2 100（＝0.30×7 000）美元。买回股票来回补空头头寸要花费 7 000 美元，导致你的经纪人归还你账户中

500 美元的自有权益。显然，保证金要求往往让卖空交易以及被卖空股票股价上涨对于需要在经纪人处存款的影响变得复杂。

优点和缺点。 无疑，卖空的主要优点在于有从价格下跌中获利的可能性。很多卖空交易的主要缺点是投资者面临有限的回报机会以及大风险敞口。证券价格只能降低到 0 或接近于 0 为止。但是，实际上证券价格可以上涨到何种程度并没有限制。（记住，卖空者期待价格下跌，当证券价格上涨时，卖空者会遭受损失。）例如，注意在表 2-5 中的股票不可能下降超过 50 美元，但是谁能说出价格能上涨到多高呢？

一个不太严重的缺点是，卖空者永远不能赚到股利（或利息）收入。事实上，在交易尚未完成时卖空者欠证券的借出方证券支付的任何股利（或利息）。也就是说，如果在卖空交易的过程中有股利支付，卖空者必须向股票的借出方支付相等的金额。（对这些付款的操作由卖空者的经纪人自动来处理。）

卖空的应用

当预期证券价格要下跌时，投资者卖空主要是为了追求投机利润。由于卖空者是与市场在对赌，所以这种方法容易遭遇很大风险。表 2-5 展示了实际的过程。注意，如果你能按每股 50 美元的价格卖出股票并随后按每股 30 美元的价格买回股票，那么你会产生 2 000 美元的利润（忽略股利和经纪佣金）。然而，如果市场的变动对你不利，那么你的 5 000 美元投资的全部或大部分都会亏掉。

概念复习

答案参见 www. pearsonhighered. com/smart。

2.12 什么是买多？这种购买背后的预期是什么？什么是保证金交易？投资者有时候使用保证金交易作为买多的一部分的关键原因是什么？

2.13 保证金交易如何放大盈亏？保证金交易的关键优点和缺点是什么？

2.14 描述与保证金交易相关的过程和监管。解释受限账户、维持保证金和补充保证金通知。定义借方余额，并描述保证金交易的常见应用。

2.15 卖空的首要动机是什么？描述基本的卖空过程。为什么卖空者必须存入一笔初始的自有权益存款？

2.16 保证金要求在卖空过程中与什么有关？在卖空交易中遇到补充保证金通知会发生什么？哪两种行动可用于回应这种通知？

2.17 评述卖空的关键优点和缺点。卖空是如何被用于赚取投机利润的？

我的金融实验室

下面是学完本章之后你应该知道的内容。**我的金融实验室**会在你需要练习的时候帮助你识别你知道什么以及去哪里练习。

你应该知道的	重要术语	去哪里练习
目标 1：识别证券市场的基本类型并描述其特征。 短期投资工具在货币市场上交易；较长期证券如股票和债券，在资本市场交易。新证券发行在一级市场出售。投资者在二级市场买卖现有证券	要价（卖价） 熊市 出价（买价） 经纪人市场 牛市 资本市场	我的金融实验室学习计划 2.1
目标 2：解释首次公开发行（IPO）过程。 公司普通股的首次公开发行是 IPO。公司选择投资银行家来销售 IPO。牵头投资银行家可以组成有其他投资银行家参与的辛迪加，然后创建一个销售团来销售证券。IPO 过程包括在证券交易委员会提交注册声明、获得 SEC 批准、向投资者推销证券、证券定价和出售证券	交易商市场 指定做市商（DMM） 双重上市股票 电子通信网络（ECNs） 第四市场 首次公开发行（IPO） 投资银行家 做市商	我的金融实验室学习计划 2.2
目标 3：描述经纪人市场和交易商市场并讨论它们与其他交易制度有何不同。 在交易商市场，做市商执行买卖订单。交易商是通过按报出的买卖价格买入或卖出某些证券来"做市"的证券交易商。交易商市场还充当 IPO 和二次发行的一级市场。上市证券的场外交易发生在第三市场。买方和卖方之间的交易是在第四市场完成的。市场情况通常被分为"牛市"或"熊市"，这取决于证券价格整体上涨还是下跌。经纪人市场将买方和卖方联系起来完成交易。经纪人市场有纽约证券交易所、纽交所美国证券交易所、区域性证券交易所、外国股票交易所、期权交易所和期货交易所。在这些市场上，供给和需求的力量驱动着交易所大厅中的交易并决定价格。这些证券交易所是现有证券交易的二级市场	货币市场 场外（OTC）市场 一级市场 私募 招股说明书 公开发行 红头招股书 配股发行 二次发行 二级市场 证券交易委员会（SEC） 证券市场 销售团 第三市场 承销 承销团（辛迪加）	我的金融实验室学习计划 2.3
目标 4：评述证券市场全球化的关键之处并讨论国际市场的重要性。 100 多个国家都有证券市场——包括大国和小国。通过购买拥有大量国外经营活动的美国跨国公司的股票或者通过购买主要投资外国证券的共同基金，可以间接地进行对外证券投资。通过购买外国交易所的证券、购买在美国交易所交易的外国证券或购买美国存托股份，可以实现直接对外投资。国际投资可以提高收益，但也要承担额外的风险，尤其是货币兑换风险	美国存托凭证（ADR） 美国存托股份（ADS） 货币汇率 货币兑换风险 分散化（多样化） 扬基债券	我的金融实验室学习计划 2.4 问题 P2.3 的视频学习辅导

你应该知道的	重要术语	去哪里练习
目标 5：讨论交易时间和证券市场的监管。当前，投资者可以在正常交易时间（东部时间上午 9:30 到下午 4:00）之外交易证券。大部分的收盘后市场都是交叉市场，只有当订单可以匹配时才会被提交。这些时段的交易活动风险很大。证券市场是由联邦证券交易委员会和州委员会监管的。监管证券业的重要的联邦法律有 1933 年的《证券法》、1934 年的《证券交易法》、1938 年的《马洛尼法》、1940 年的《投资公司法》、1940 年的《投资顾问法》、1975 年的《证券法修正案》、1988 年的《内幕交易和欺诈法》以及 2002 年的《萨班斯-奥克斯利法》。	交叉市场 伦理 内幕交易	我的金融实验室学习计划 2.5
目标 6：解释买多、保证金交易和卖空。大部分投资者是预期价格上涨才从事买多——低买高卖。很多投资者建立保证金账户利用借入资金来提升自己的购买力。联邦储备委员会制定保证金要求——保证金交易中要求的最低投资者自有权益。不管是对正收益还是负收益，保证金交易中的资本收益都被放大了。通过将其超额保证金用于投资，账面利润可以被用于让保证金账户产生金字塔效应。保证金交易的风险是带来受限账户或补充保证金通知的可能性，以及因价格下跌而造成损失被放大的可能性。 　　当预期证券价格会下跌时，卖空会被使用。卖空是指卖出通常是向经纪人借入的证券并通过在未来按较低的价格买回证券来赚取利润。卖空者在经纪人处存入一笔初始的自有权益存款。如果被卖空的股票价格上涨，那么投资者会收到补充保证金通知，然后必须要么增加在经纪人处的存款，要么买回证券来回补空头头寸。卖空的主要优点是从价格下跌中获利的可能性。卖空的缺点是无限损失的可能性以及卖空者永远不能赚到股利（或利息）收入。卖空主要被用于获取投资利润	借方余额 超额保证金 金融杠杆 初始保证金 买多 维持保证金 保证金账户 补充保证金通知 保证金贷款 保证金要求 保证金交易 最优惠利率 金字塔交易 受限账户 卖空	我的金融实验室学习计划 2.6 Excel 表格 2-3、2-5 问题 P2.19 的视频学习辅导

登录**我的金融实验室**，做一个章节测试，取得一个个性化的学习计划，该学习计划会告诉你，你理解哪些概念，你需要复习哪些。在那儿，**我的金融实验室**会提供给你进一步的练习、指导、动画、视频和指引性解决方法。登录 www.myfinancelab.com

讨论题

Q2.1 从 1990 年到 2005 年，IPO 在首个交易日平均价格上涨了超过 20%。1999 年有 117 个 IPO 实现首日价格翻倍，这与之前 24 年里仅 39 个形成对比。自 2000 年之后，不再有 IPO 实现首日价格翻倍。哪些因素可能导致 IPO 巨大的首日收益率？对当前的 IPO 制度的一些批评认为，承销商可能故意将证券定价过低。它们为什么会这么做？发行公司为什么会接受较低的 IPO 价格？机构投资者对 IPO 的定价有什么影响？

Q2.2 你认为为什么一些大型知名企业，如思科、英特尔和微软，更喜欢在纳斯达克 OMX 市场交易，而不是在有组织的证券交易所交易，如 NYSE（它们很容易满足上市要求）？讨论支持和反对在有组织的证券交易所上市的理由。

Q2.3 根据世界金融市场的当前结构以及你对 NYSE 和纳斯达克 OMX 市场的了解，描述一个可以交易世界所有重要公司的全部证券的单一全球市场（交易所）的关键特征、功能及可能面临的问题。讨论这种市场发展的可能性。

Q2.4 延长交易时间的批判者认为，延长交易时间会把股票市场变成赌场，把重点更多地放在短期利得而不是长期投资上。你同意吗？为什么？有一段"休息时间"来反省当天的市场活动很重要吗？为什么是较小的经纪公司和 ECNs 而不是 NYSE 和纳斯达克在推动更长的交易时间？

Q2.5 描述保守和激进的投资者会如何使用下列交易类型来作为其投资方案的一部分。基于这些偏好来比较这两类投资者。

a. 买多；

b. 保证金交易；

c. 卖空。

问题

P2.1 当前美元对日元的汇率是 80（日元/美元）。1 000 日元可以兑换多少美元？

P2.2 一位投资者最近卖了一些价值 20 000 欧元的欧洲公司的股票。当前美元/欧元汇率是 1.300。投资者会收到多少美元？

P2.3 在下列每种情形下，计算用美元表示的一股外国股票的价格。

a. 当汇率为 0.859 5 欧元/美元时，价格为 103.2 欧元的比利时股票。

b. 当汇率为 1.333 瑞士法郎/美元时，价格为 93.3 瑞士法郎的瑞士股票。

c. 当汇率为 110 日元/美元时，价格为 1 350 日元的日本股票。

P2.4 埃琳·麦奎因（Erin McQueen）正好在 1 年前用每股 64.5 欧元的价格购买了 50 股 BMW 的股票，这是一只在法兰克福交易所交易的德国股票，当时的汇率是 0.67 欧元/美元。该股票现在的交易价格是每股 71.8 欧元，汇率是 0.75 欧元/美元。

a. 在过去的一年里，欧元相对于美元是升值还是贬值了？解释一下。

b. 当她在一年前购买股票时，埃琳为她的 50 股 BMW 股票支付了多少美元？

c. 埃琳现在出售她的 BMW 股票能卖多少美元？

d. 忽略经纪费用和税收，如果她现在卖掉股票，埃琳在她的 BMW 股票上能实现多少美元的盈利

（或亏损）？

P2.5　一位投资者认为，美元相对于日元会出现价值上升。这位投资者正在考虑两项风险和收益特征相同的投资：一项是日元投资，另一项是美元投资。投资者应该购买日元投资吗？

P2.6　埃尔莫公司的股票当前的售价是每股 60 美元。对下列每种情形（忽略经纪佣金），在考特尼·辛克（Courtney Schinke）完成 100 股交易的情况下，计算她实现的利得或损失。

a. 她卖空并按每股 70 美元的价格买回借入的股票。

b. 她是多头，按每股 75 美元的价格卖出股票。

c. 她卖空并按每股 45 美元的价格买回借入的股票。

d. 她是多头，按每股 60 美元的价格卖出股票。

P2.7　假设一位投资者按每股 50 美元的价格买入 100 股股票，提供了 60％的保证金。

a. 这项投资上的借方余额是多少？

b. 投资者必须提供多少自有资本才能完成这笔保证金交易？

P2.8　假设一位投资者按每股 50 美元的价格买入 100 股股票，提供了 60％的保证金。如果股票价格上涨到每股 60 美元，那么投资者的新保证金头寸是多少？

P2.9　假设一位投资者按每股 45 美元的价格买入 50 股股票，提供了 70％的保证金。

a. 这项投资上的借方余额是多少？

b. 投资者必须提供多少自有资本才能完成这笔保证金交易？

c. 如果股票价格上涨到每股 65 美元，那么投资者的新保证金头寸是多少？

P2.10　在使用尽可能少的自有资金的情况下，米格尔·托里斯（Miguel Torres）按每股 50 美元的价格买入 100 股 CantWin. com. com 的股票。他的经纪人的初始保证金要求是 50％，维持保证金要求是 30％。股价下跌到每股 30 美元。托里斯需要做什么？

P2.11　利用 60％的初始保证金，杰里·金斯顿（Jerri Kingston）按每股 80 美元的价格买入 100 股股票。给定 25％的维持保证金，股票价格要下跌多少才能使得杰里收到补充保证金通知？（假设保证金账户中无其他证券。）

P2.12　一位投资者利用 60％的保证金购买了 200 股售价为每股 80 美元的股票。该股票支付每股 1 美元的年股利。可以按 8％的年利率获得保证金贷款。如果股票价格在 6 个月内上涨到 104 美元，确定投资者能实现的投入资本收益率。这笔交易的年收益率是多少？

P2.13　马琳·贝拉米（Marlene Bellamy）利用当前 50％的最低初始保证金按每股 55 美元的价格购买了 300 股 Writeline 通信公司的股票。她持有股票正好 4 个月并在期末卖掉股票，没有经纪成本。在 4 个月的持有期内，该股票有每股 1.50 美元的现金股利。马琳在保证金贷款上被收取了 9％的年利息。最低维持保证金为 25％。

a. 计算交易的初始价值、借方余额以及马琳的交易的自有资金头寸。

b. 对下列每种股票价格，计算实际的保证金百分比，说明马琳的保证金账户会有超额自有资金、受限账户还是收到补充保证金通知。

（1）45 美元；

（2）70 美元；

（3）35 美元。

c. 计算：

（1）收到的股利；

（2）在 4 个月的持有期内，在保证金贷款上支付的利息的美元金额。

d. 利用下列每个 4 个月持有期末的出售价格来计算马琳在 Writeline 通信公司股票交易上的年收益率。

（1）50 美元；

(2) 60 美元；

(3) 70 美元。

P2.14　不久前，杰克·爱德华兹（Jack Edwards）按每股 45 美元的价格买了 200 股 Almost Anything 公司的股票，他是用 60% 的保证金买的股票。股票现在的价格是每股 60 美元，美联储最近将初始保证金要求降到 50%。杰克现在想做点儿金字塔交易，再买 300 股该股票。在这笔交易中，他必须提供的最低自有资金是多少？

P2.15　一位投资者以每股 20 美元的价格卖空 100 股股票。初始保证金是 50%。完成这笔交易账户中需要有多少自有资金？

P2.16　一位投资者以每股 20 美元的价格卖空 100 股股票。初始保证金是 50%。忽略交易成本，如果这是投资者从事的唯一的一笔交易且投资者仅存入要求的金额，那么在这笔交易之后投资者账户里有多少钱？

P2.17　一位投资者以每股 20 美元的价格卖空 100 股股票。初始保证金是 50%，维持保证金是 30%。股票价格下降到每股 12 美元。保证金是多少？会有补充保证金通知吗？

P2.18　一位投资者以每股 20 美元的价格卖空 100 股股票。初始保证金是 50%，维持保证金是 30%。股票价格上涨到每股 28 美元。保证金是多少？会有补充保证金通知吗？

P2.19　计算下列每笔卖空交易实现的每股盈亏。

交易	卖空的股票 按价格/股（美元）	购买回补空头的股票 按价格/股（美元）
A	75	83
B	30	24
C	18	15
D	27	32
E	53	45

P2.20　沙琳·希克曼（Charlene Hickman）预期 Bio 国际公司的股票价格在不久的将来会下降，这是因为她预期公司的新药不能通过 FDA 的检验。因此，她按每股 27.50 美元的价格卖空了 200 股 Bio 国际的股票。如果她按下列各每股价格在 4 个月后买回 200 股股票，那么沙琳在这项交易上会盈利或亏损多少？

a. 24.75 美元；

b. 25.13 美元；

c. 31.25 美元；

d. 27.00 美元。

访问 www. myfinancelab. com 来获得网络练习、电子表格和其他在线资源。

案例题 2-1

达拉的困境：买什么？

达拉·西蒙斯（Dara Simmons）是一位 40 岁的财务分析师，也是一位有两个十几岁孩子的离异母亲，她认为自己是一个睿智的投资者。在过去的 5 年里，她已经大幅增加了自己的投资组合。虽然她一直以来对自己的投资相当保守，但现在她对自己的投资知识感到更有信心，并且想把投资范围扩大到一些能带来更高收益的新领域。她有 20 000～25 000 美元可供投资。

受到热门的科技股市场的吸引，达拉对购买科技公司的 IPO 股票产生兴趣并发现了 NewestHigh Tech.com 很可能大有前途，这是一家生产可用于无线互联网连接的尖端电脑芯片的企业。这家成立仅 1 年的公司在其完成首轮融资时曾获得一些媒体好评，在其芯片被一家重要的手机制造商接受时再次获得媒体好评。

达拉还在考虑投资 400 股国际赌场公司（Casinos International）的普通股，该股票目前的售价是每股 54 美元。在与一位在大型商业银行担任经济分析师的朋友讨论过之后，达拉认为已经持续很长时间的牛市就要结束了，经济活动将会放缓。在其股票经纪人的帮助下，达拉研究了国际赌场公司当前的财务状况，并且认为该公司未来的成功将取决于公司在附近一条河流上开设一家新的浮动赌场的申请是否能被法院批准。如果公司获得许可证，那么不管经济情况如何，公司的股票都可能会出现快速的价值增值。相反，如果公司未能获得许可证，那么股价的下跌会使其成为一个不错的卖空对象。

达拉认为她有如下选项：

选项 1：当公司上市时，投资 20 000 美元到 NewestHighTech.com 公司。

选项 2：现在按每股 54 美元的价格购买国际赌场公司的股票并密切关注公司。

选项 3：预期公司运气不佳，在每股 54 美元的价格上卖空国际赌场公司的股票。

选项 4：先看看赌场许可证的情况怎么样再决定是买入还是卖空国际赌场公司的股票。

问题

a. 评估每个选项。根据提供的有限的信息，提出一个你认为最好的建议。

b. 如果国际赌场公司的股票上涨到 60 美元，在选项 2 和 3 下会怎么样？评价赞成和反对这些结果的理由。

c. 如果股票价格下跌到 45 美元，在选项 2 和 3 下会怎么样？评价赞成和反对这些结果的理由。

案例题 2-2

拉维·杜马尔的高位保证金账户

拉维·杜马尔（Ravi Dumar）是一位股票经纪人，与他的妻子萨沙（Sasha）和他们的五个孩子住在威斯康星州的密尔沃基。拉维坚定地认为，在市场上赚钱的唯一方法是采取激进的投资手段——例如，用保证金交易。事实上，拉维多年来已经为自己建立了一个牢固的保证金账户。他目前在他的保证金账户中持有价值 75 000 美元的股票，但账户的借方余额仅为 30 000 美元。最近，根据深入的分析，拉维发现一只他认为即将爆发的股票。股票名为跑鞋公司（RS），目前的售价为每股 20 美元。拉维认为该股票在一年内至少能飙升到 50 美元。RS 不付股利，普遍的初始保证金为 50%，保证金贷款目前收取 10% 的年利息。因为拉维对 RS 极有信心，所以他想利用自己的保证金账户做一些金字塔交易来购买 1 000 股股票。

问题

a. 就其在这一投资情形中的应用来讨论金字塔交易的概念。

b. 拉维的账户目前的保证金头寸是多少（百分比形式）？

c. 拉维通过他的保证金账户买了 1 000 股 RS 的股票（记住这是一笔 20 000 美元的交易）。

（1）如果拉维采用普遍的初始保证金（50%）并用他的 10 000 美元的资金买入该股票，那么在该笔 RS 交易之后账户的保证金头寸会是多少？

（2）如果他只用 2 500 美元的自有资金并获得余额的保证金贷款（17 500 美元），情况会怎么样呢？

（3）当通行的初始保证金要求为 50% 时，你如何解释只用 12.5% 的保证金就能购买股票这一事实？

d. 假设拉维用 2 500 美元的最低现金投资按每股 20 美元的价格购买了 1 000 股的 RS 股票，再假设股票并没有飙升，且其价格在 1 年后涨到每股 40 美元。

(1) 这笔交易的投入资本收益率是多少？

(2) 如果他不是用保证金来购买股票，也就是说，如果他全部用自有资金，那么拉维赚到的收益会是多少？

e. 你怎么看拉维的金字塔交易的想法？这种策略的风险和收益怎么样？

Excel 电子表格

你刚才已经了解了保证金交易的操作程序并想利用财务杠杆的优点。你已经决定在你的经纪人处开立一个保证金账户并获取保证金贷款。该账户的具体细节如下：

- 初始保证金要求是 70%。
- 维持保证金是 30%。
- 你被告知如果你的账户的价值下降到维持保证金之下，那么你的账户会收到补充保证金通知。

你在过去的一年里一直在跟踪一只股票的价格变动情况，并且认为该股票目前被低估，其价格在不久的将来就会上涨。你认为开立保证金账户是一个不错的投资策略。你已经决定按其当前每股 25 美元的价格购买 3 手（每手 100 股）股票。

创建一个类似于可以在 www.myfinancelab.com 上查看到的表 2-3 的电子表格来建模和分析下面的市场交易。

问题

a. 如果你没有利用保证金交易，计算股票投资的价值。

b. 计算在开立保证金账户并满足初始保证金要求时该投资的借方余额和自有资金。

c. 如果你利用保证金且股票价格上涨 15 美元，至每股 40 美元，计算赚到的资本利得和投资者的自有资金的收益率。

d. 根据问题 c，当前保证金百分比是多少？

e. 如果你利用保证金且股票价格下跌 15 美元，至每股 10 美元，计算资本损失和相应的投资者自有资金收益率。

f. 根据问题 e，新保证金百分比是多少？这对你这位投资者的含义是什么？

第 3 章 投资信息和证券交易

学完本章之后，你应该能够：

目标 1：讨论在线投资的增长和使用互联网作为投资工具的利弊。

目标 2：识别投资信息的主要类型和来源。

目标 3：解释经常引用的股票和债券市场的平均值和指数的关键之处。

目标 4：评述股票经纪人的作用，包括他们提供的服务、股票经纪人的选择、开户及交易基础知识。

目标 5：描述订单的基本类型、在线交易、交易成本及投资者保护的法律问题。

目标 6：讨论投资顾问和投资俱乐部的作用。

股市几乎没有什么事件能比 2012 年 Facebook 的 IPO 更让人期待的了。在 Facebook 发行股票之前的几周里，大部分评论家都预期人们对这家社交网络公司的股票会有强劲的需求。就在 IPO 之前的几天里，当 Facebook 将股票的发行价提高到 38 美元时，Facebook 看似确认了这些预期。这些迹象导致很多专家预测当 Facebook 的股票可以在二级市场交易时，股价会暴涨。很多投资者想知道 Facebook 的 IPO 是否意味着回到了 20 世纪 90 年代末的"互联网泡沫"，当时与互联网有关的公司的 IPO 经常是在首个交易日就上涨 100% 或更多。

对 Facebook 股价暴涨的预期导致一些专家警告投资者不要提交市场订单来购买股票。当投资者提交市场订单时，该订单会按当前的市场价格被尽快执行。因此，当 2012 年 5 月 18 日星期五开始交易时，如果 Facebook 的股票开盘以远高于 38 美元的发行价交易，那么提交市场订单购买 Facebook 股票的投资者会冒着支付非常高的价格的风险。相反，一些投资顾问建议投资者用限价订单来购买 Facebook 的股票。当投资者提交限价订单时，该订单规定投资者将在等于或低于一个具体价格的价格上买进股票。如果市场价格高于限价订单中规定的价格，那么不会发生交易。限价订单以这种方式保护投资者免于支付高于期望的价格。

在开盘日，Facebook 的股票价格迅速上涨到每股 45 美元，在交易的前 7 分钟里，有 1.1 亿股完成换手。然而，到当天下午的时候股价跌到了 40 美元之下，当天收盘价为 38.23 美元。因此，当天早上提交市价订单购买股票的投资者很可能遭受了巨大的单日损失。提交限价订单的投资者也许要好一些，这取决于他们的订单中设定的价格。在本章里，你会了解到很多能指导你的投资决策的信息来源，你会看到买卖股票的不同方法会如何影响你的投资收益。

资料来源："Facebook's IPO Sputters," by Shayndi Raice, Ryan Dezember, and Jacob Bunge, Wall Street Journal Online, May 18, 2012; "Facebook Raises Share Price Range after Strong Demand," BBC News Business, http://www.bbc.co.uk/news/business-18070141, May 15, 2012; "Facebook IPO: Limit Orders, Not Market Orders," by Dunstan Prial, Fox Business, http://www.foxbusiness.com/industries/2012/05/17/facebook-ipo-limit-orders-not-market-orders/.

投资研究和计划

就在不久前，当投资者想要买卖证券或者对不同投资选项开展研究时，他们会给自己的全面服务经纪人打电话。这些经纪人对处理客户订单收取相对高（根据现在的标准）的手续费，但他们也能获取大量信息，而这些信息要么非常昂贵，要么个人投资者完全无法获取。客户支付的费用是为了补偿经纪人执行交易及就信息和研究所提供的服务。

当前，互联网是投资环境中的一股重要力量。互联网提供了成本极低的执行交易的手段和以前只有专业人士才能使用的工具。有了这些工具，你可以发现和处理大量信息，交易很多类型的证券。这些信息从实时股票价格，到证券分析师的研究报告，再到投资分析工具。从在线投资中节省的时间和金钱是巨大的。不用千辛万苦地翻阅大量文件，你可以通过整理巨大的数据库来迅速确定合适的投资、进行证券交易来实现你的投资、监控你的投资的进展情况——所有这些都可以在电脑上完成。本节我们将介绍你在开展投资研究时所拥有的范围广泛的选项。

投资研究起步

虽然非常有价值，但能找到的大量投资信息会让人无所适从和心生畏惧。好消息是本章可以帮助你开始穿越信息迷宫并成为一位更加见多识广的投资者。教育网站是一个好的起点。通过掌握这些网站上介绍的基本概念，对于识别那些改进你的投资决策能力所需的信息类型，你就有了更加充分的准备。

投资教育网站

互联网提供了很多文章、辅导材料和在线课程来培养投资新手。即使是经验丰富的投资者也会找到能拓展他们投资知识的网站。下面是以投资学基础知识为特色的几个不错的网站。

(1) 投资在线资源中心（www.investingonline.org）为那些从线上起步的人以及已经在投资的人提供了丰富的信息。网站上有一个能根据你的回答情况对你的交易准备情况进行分类的在线小测试。甚至有一个投资模拟器可以创造一种能让用户"试驾"在线交易的交互式学习体验。

(2) InvestorGuide.com（www.investorguide.com）有一个投资者指导大学（InvestorGuide University），这个网站收录了关于投资和个人金融的一系列教育论文。此外，通过该网站还可以获取报价和图形、组合跟踪软件、研究、新闻和评论及大量投资相关的术语。

(3) The Motley Fool（www.fool.com）拥有关于投资基础知识、共同基金投资、经纪人选择及投资策略和风格等内容，还有生动的讨论版等。

(4) Investopedia（www.investopedia.com）的特色是，有很多关于基础和高级投资和个人金融主题、投资术语词典以及其他有用的投资助手的辅导资料。

(5) WSJ.com（www.wsj.com）是一个来自《华尔街日报》的免费网站，是一个了解互联网可以为投资者提供什么的不错的起点。

(6) Nasdaq（www.nasdaq.com）既有关于投资的部分，也有关于个人金融部分，能链接到很多投资教育资源。

其他很好的教育资源包括领先的个人金融杂志，如《金钱》杂志、《吉卜林的个人理财杂志》和《精明理财》。

投资工具

一旦你熟悉了投资学的基础知识，你就可以开始制订金融计划和确立投资目标，寻找满足你的目标的证券，分析可能的投资，以及构造你的投资组合。曾经仅被专业投资顾问所使用的很多工具现在都是在线免费的。你可以在常见的金融网站和较大的经纪公司的网站上找到金融计算器和电子表格、筛选和作图工具以及股票报价和组合跟踪系统。你甚至可以建立一个个人日历来提醒即将到来的盈利公告，并且在某一只股票跌到预设的价格时可以收到警告。

计划。在线的计算器和工作表能帮你找到你的金融计划和投资问题的答案。你可以利用它们来确定为了一个特定的目标每个月要储蓄多少，如你的首套房的首付款，你的孩子的大学教育，或者65岁开始的舒适的退休生活。例如，经纪公司富达（Fidelity）有很多计划工具：大学计划、退休计划和研究工具。金融业监管局（FINRA）网站有最棒的金融计算器。该网站有很多工具使得投资者可以完成任务，如评估共同基金、确定为大学费用和退休储蓄多少钱、计算一笔贷款的月还款额。图3-1显示了FINRA网站的工具和计算器页面。例如，如果你点击"贷款计算器"（Loan Calculator）链接，网站会要求你提交利率和贷款期限（月数）及借款金额，然后就会为你算出月度贷款还款额。

图 3 - 1　FINRA 投资计算器

在像 www.finra.org 这样的网站上你会找到很多可用于求解具体问题的计算器。上面是来自金融业监管局网站的工具和计算器页面，这里提供了几个与投资有关的计算器。

资料来源：www.finra.org.

筛选。有了筛选工具，你就可以迅速地从股票、债券和共同基金的巨大数据库中分类找出有具体特征的那些。对股票来说，你可以根据它们的市盈率、市值、股利收益率、收入增长率、债务权益比和很多其他特征来选择股票。对债券来说，你可以根据债券发行人的行业以及债券的到期日和收益率来筛选债券。对共同基金来说，你可以根据要求的最低投资、特定行业或地理区域或者基金投资者必须支付的费用来查找基金。该工具会要求你设定股票或基金的类型、绩效标准、成本参数或其他特征，然后提供一个满足你的投资标准的证券列表。每个筛选工具使用不同的分类方法。如有必要，你还可以做关于个股、债券或共同基金的附加研究以确定哪种最适合你的投资目标。

扎克斯投资研究公司（Zacks Investment Research）在其网站上提供了一些最好的免费工具。扎克斯"股票筛选系统"的首页（图 3 - 2）显示了你可以根据其特征对股票进行分类的一些方法。例如，通过使用"市值"（"Market Cap"）类别来只选择那些市值（每股价格乘以发行在外的股份数）大于 1 000 亿美元的公司，使用"股利收益率"（"Div Yield"）类别来筛选那些收益率大于某一最小数字（如 0.25%）的公司，你就可以识别出一组数量非常大的支付股利的公司。谷歌提供了一个股票筛选系统让你可以根据很多特征来选择股票，还有一个图形界面来显示每种特征（如市盈率）在谷歌数据库中的所有股票上的分布。你可以输入关于某一特征的数字值或者从分布中选择上限或下限来搜索股票。雅虎财经（Yahoo! Finance）和晨星（Morningstar）提供了股票、基金和债券的筛选工具。

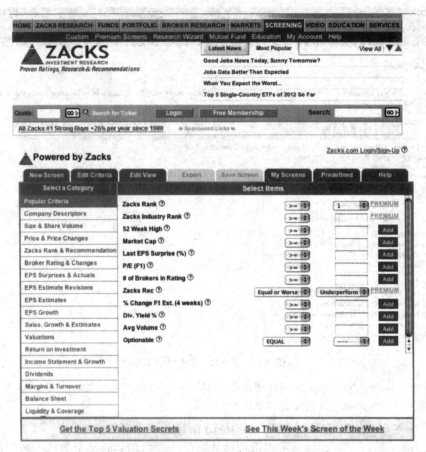

图 3-2　扎克斯股票筛选系统

根据很多种特征来搜索股票，如股票的市值、市盈率和股利收益率。扎克斯的股票筛选工具会给你一个满足你的设定条件的股票列表。

资料来源：ZACKS，www. zacks. com.

作图。作图是一种绘制证券在一段特定的时期内表现的技术，特定的时期可以从单日到10年或更长的时间。通过构建图形，你可以将一家公司的价格表现与其他公司、行业、部门或市场指数的价格表现在几乎任何时间段上进行比较。一些好的网站包括 Yahoo! Finance（finance. yahoo. com）、Barchart（barchart. com）、BigCharts（bigcharts. marketwatch. com）和 Stock Charts（stockcharts. com）。

股票报价和组合跟踪。几乎每一个与投资有关的网站都包含股票报价和组合跟踪工具。简单地输入股票代号就可以得到实时的或延迟几分钟的股票价格。一旦你在一个组合跟踪系统中创建了一个股票组合，那么跟踪系统会在你每次检查时自动更新你的组合价值。通常，你甚至可以链接到关于每只股票的更详细的信息，很多网站让你可以创建多个组合。股票和组合跟踪系统的特色、质量和使用难易程度都有所不同，因此，可以多查看几个以便找到能满足你的需要的一个。雅虎财经、MSN 理财（MSN Money）和晨星都有易于创建和定制化组合跟踪系统。

支持和反对互联网作为投资工具的理由

互联网作为投资工具的强大是非常吸引人的。自助投资对普通投资者甚至那些以前从未买卖过证券的新手来说都是唾手可得的。然而，永远记住投资有风险。在互联网上交易要求投资者像他们从真实经纪人处得到信息和向真实经纪人发出订单那样保持同样的谨慎。事实上，因为你没有活生生的经纪人来建议你重新考虑你的交易这层安全网，所以谨小慎微是必要的。点击式投资的便利性会诱导经验不足的投资者过于频繁地交易，从而抬高他们的交易成本。被其他人赚了很多钱的故事所吸引，很多投资新手在理解投资的风险和收益之前就冒险尝试——有时候会带来灾难性的后果。

不管你是在线交易还是通过经纪人交易，聪明投资的基本法则都是相同的。做好功课以确保你理解了你所做的任何投资的风险。保持怀疑精神。如果一项投资听起来好到让人难以置信，那么很可能就不是真的！永远要自己研究，不要相信其他人所说的某只证券值得买这种话。利用你在本书后面各章将会学到的技能，在购买之前自己做分析。

下面是一些补充建议：

（1）不要因交易的快速和便捷而让你无视在线交易的本质。更频繁的交易意味着更高的总交易成本。虽然一些经纪人声称成本低至每笔交易 3 美元，但是平均的在线交易费用较高（通常是 10 到 15 美元）。如果你经常交易，那么就需要更长的时间来收回你的成本。研究表明，你交易越频繁，赢过市场越难。此外，在不到 1 年的短期交易上，你要按照较高的普通所得税率对利润纳税，而不是按照较低的资本利得税率。

（2）不要相信你读到的任何东西。满是数据的屏幕上对一只股票前景的吹嘘很容易让人印象深刻，你也很容易根据你在讨论会上听到的或在投资类电视节目上看到的热门股票提示来行动。问问自己，我对建议这项投资的那个人了解多少？在进行你的研究的时候，密切关注重要的经纪公司、共同基金和学术机构的网站，以及知名的商业和金融出版物。

（3）如果你因在线购买陷阱而上当，不要被诱惑到使用保证金借款来增加股票持有量的程度。如第 2 章所指出的，那样你会放大自己的损失。

> **投资者事实**
>
> **好事太多**
>
> 一项最新研究考察了一组在 20 世纪 90 年代中期从电话交易转换到在线交易的个人投资者的投资绩效。作为电话交易者，这些投资者做得非常好，赚到的收益远高于平均水平。但是，在转换到在线交易之后，他们的交易变得更频繁、更激进，在这一过程中产生了高得多的交易成本。结果是，他们的收益率在转为在线交易之后每年下降了大约 5%。
>
> 资料来源：Brad M. Barber & Terrance Odean. (2002). Online Investors: Do the Slow Die First? *Review of Financial Studies*, 15 (2), 455–487.

📖 概念复习

答案参见 www. pearsonhighered. com/smart。

3.1 讨论互联网对个人投资者的影响并概括其提供的资源类型。

3.2 识别在线投资工具的四种主要类型。它们如何帮助你成为一个更好的投资者？

3.3 支持和反对用互联网来选择和管理自己的投资的理由是什么？

投资信息的类型和来源

如你在第 1 章中所了解到的，成为一位成功的投资者是从形成投资计划和满足自己的流动性需求开始的。一旦你已经完成了这些，你就可以寻找正确的投资来实施自己的投资计划并监控达到目标的进展情况。不管你是用互联网来源还是纸质来源，你都应该考察各种投资信息以形成对可能的投资风险和收益行为的预期。这一节描述投资信息的重要类型和来源。

投资信息既可以是描述性的，也可以是分析性的。**描述性信息**（descriptive information）提供关于经济、市场、行业、公司或一项给定投资的过去行为的真实数据。**分析性信息**（analytical information）根据当前的数据对可能的投资提出预测和建议。图 3 - 3 中包含的来自雅虎财经的样本页提供了关于麦当劳公司的描述性和分析性信息。该图强调麦当劳公司是一家非常大的公司，该公司截至 2012 年 9 月的市值超过 940 亿美元，收入超过 270 亿美元，净利润超过 50 亿美元。注意，麦当劳的股票有一个较低的 0.30 的贝塔值。对此你不用感到太吃惊，因为麦当劳处于食品行业，不管经济是繁荣还是衰退，食品消费都不会有太多变化。

某些形式的投资信息是免费的，其他的必须自己购买或按年订购。你在互联网、报纸、杂志、经纪公司以及公共的、大学的和经纪公司的图书馆都可以找到免费信息。另外，你可以订阅提供定期报告的免费和付费服务，这些报告会概括投资前景并建议某些行动。现在很多的互联网网站都提供电子邮件新闻和预警。你甚至可以在很多财经网站建立自己的个性化主页，从而股票报价、组合跟踪、当前的商业新闻以及你感兴趣的股票的其他信息都会在你访问网站时出现或者通过电子邮件自动发送给你。其他一些网站会为优质内容收取费用，如经纪人的研究报告，不管是纸质的还是在线的。

虽然免费信息现在比以前更加容易获得，但是向那些通过搜集和处理相关投资信息而为你节省时间和金钱的服务付费仍然是合理的。但要首先考虑信息的价值：例如，为增加 27 美元收益的信息付费 40 美元在经济上是不合理的。你的投资组合越大，购买信息越合理，因为它们通常适用于很多项投资。

信息类型

投资信息可以分为五类，每类都与投资过程的一个重要方面有关。

（1）经济和时事信息包括与国内和全球维度的经济、政治和社会趋势有关的背景和预测数据。这种信息为评估决策环境提供了基础。

（2）行业和公司信息包括关于具体行业和公司的背景和预测数据。投资者用这种信息来评估给定行业或具体公司的前景。因其面向公司，所以与股票、债券和期权投资的相关性最大。

（3）关于另类投资工具的信息包括除股票、债券和现金之外的证券的背景和预测数据，如房地产、私募股权和商品。

McDonald's Corp. (MCD) - NYSE

93.54 ↑0.34(0.36%) 12:34PM EDT - Nasdaq Real Time Price

Key Statistics

Data provided by Capital IQ, except where noted.

Valuation Measures	
Market Cap (intraday)[5]:	94.29B
Enterprise Value (Sep 27, 2012)[3]:	105.05B
Trailing P/E (ttm, intraday):	17.56
Forward P/E (fye Dec 31, 2013)[1]:	15.69
PEG Ratio (5 yr expected)[1]:	1.86
Price/Sales (ttm):	3.42
Price/Book (mrq):	6.70
Enterprise Value/Revenue (ttm)[3]:	3.83
Enterprise Value/EBITDA (ttm)[6]:	10.66

Financial Highlights	
Fiscal Year	
Fiscal Year Ends:	Dec 30
Most Recent Quarter (mrq):	Jun 30, 2012
Profitability	
Profit Margin (ttm):	20.03%
Operating Margin (ttm):	30.61%
Management Effectiveness	
Return on Assets (ttm):	15.87%
Return on Equity (ttm):	37.93%
Income Statement	
Revenue (ttm):	27.45B
Revenue Per Share (ttm):	26.90
Qtrly Revenue Growth (yoy):	0.20%
Gross Profit (ttm):	10.69B
EBITDA (ttm)[6]:	9.86B
Net Income Avl to Common (ttm):	5.50B
Diluted EPS (ttm):	5.32
Qtrly Earnings Growth (yoy):	-4.50%
Balance Sheet	
Total Cash (mrq):	2.50B
Total Cash Per Share (mrq):	2.48
Total Debt (mrq):	13.57B
Total Debt/Equity (mrq):	96.71
Current Ratio (mrq):	1.24
Book Value Per Share (mrq):	13.92
Cash Flow Statement	
Operating Cash Flow (ttm):	7.07B
Levered Free Cash Flow (ttm):	3.54B

Trading Information	
Stock Price History	
Beta:	0.30
52-Week Change[3]:	4.98%
S&P500 52-Week Change[3]:	23.52%
52-Week High (Jan 20, 2012)[3]:	102.22
52-Week Low (Oct 4, 2011)[3]:	83.74
50-Day Moving Average[3]:	90.04
200-Day Moving Average[3]:	91.91
Share Statistics	
Avg Vol (3 month)[3]:	5,388,160
Avg Vol (10 day)[3]:	4,825,640
Shares Outstanding[5]:	1.01B
Float:	1.01B
% Held by Insiders[1]:	0.07%
% Held by Institutions[1]:	67.20%
Shares Short (as of Sep 14, 2012)[3]:	9.58M
Short Ratio (as of Sep 14, 2012)[3]:	2.00
Short % of Float (as of Sep 14, 2012)[3]:	0.90%
Shares Short (prior month)[3]:	9.35M
Dividends & Splits	
Forward Annual Dividend Rate[4]:	3.08
Forward Annual Dividend Yield[4]:	3.30%
Trailing Annual Dividend Yield[3]:	2.80
Trailing Annual Dividend Yield[3]:	3.00%
5 Year Average Dividend Yield[4]:	3.10%
Payout Ratio[4]:	51.00%
Dividend Date[3]:	Dec 16, 2012
Ex-Dividend Date[4]:	Nov 29, 2012
Last Split Factor (new per old)[2]:	2:1
Last Split Date[3]:	Mar 8, 1999

View Financials
Income Statement - Balance Sheet - Cash Flow

See Key Statistics Help for definitions of terms used.
Abbreviation Guide: K = Thousands; **M** = Millions; **B** = Billions
mrq = Most Recent Quarter (as of Jun 30, 2012)
ttm = Trailing Twelve Months (as of Jun 30, 2012)
yoy = Year Over Year (as of Jun 30, 2012)
lfy = Last Fiscal Year (as of Dec 31, 2011)
fye = Fiscal Year Ending
[1] Data provided by Thomson Reuters
[2] Data provided by EDGAR Online
[3] Data derived from multiple sources or calculated by Yahoo! Finance
[4] Data provided by Morningstar, Inc.
[5] Shares outstanding is taken from the most recently filed quarterly or annual report and Market Cap is calculated using shares outstanding.
[6] EBITDA is calculated by Capital IQ using methodology that may differ from that used by a company in its reporting

Currency in USD.

图 3-3 一份包含描述性信息的报告

2012 年 9 月关于麦当劳公司的雅虎财经报告包含取自公司的财务报表及股票的价格表现的描述性信息。

资料来源：Courtesy of Yahoo! Inc.

（4）价格信息包括投资证券的报价。这些报价经常伴随着关于证券最新价格行为的统计数据。

（5）关于个人投资策略的信息包括对投资策略的建议或者具体的购买或出售建议。一般而言，这一信息往往是启发性或分析性的，而不是描述性的。

信息来源

这一节的讨论聚焦于关于经济和时事、行业和公司及价格方面最常见的在线和传统信息来源，以及其他在线资源。然而，除了这一节讨论到的之外，还有许多可供投资者使用的投资信息来源。

经济和时事信息

对当前的经济、政治和商业事件敏感的投资者往往能做出更好的投资决策。常见的经济和时事信息来源包括财经杂志、一般报纸、机构新闻、商业杂志、政府报告和特殊订阅服务。这些都有在线版和印刷版，通常在线版是免费的，但内容有限。它们中大部分都会提供免费可搜索的文件，并且对下载的每一篇文章收取一笔象征性的费用。

财经报刊。《华尔街日报》（*Wall Street Journal*）是最常见的财经新闻来源。以美国、欧洲和亚洲版的形式从星期一到星期六每日出版，《华尔街日报》也有一个叫作"华尔街日报在线"（WSJ Online）的在线版，该网站全天频繁更新，包括周末。除了给出数千种投资证券的每日报价之外，《华尔街日报》还报告世界、国内、地区和公司新闻。其第三版的背面通常包含一个叫作"华尔街传闻"（Heard on the Street）的栏目，该栏目聚焦于美国国内外具体的市场和公司事件。此外，第四版包含解决个人金融问题和话题的文章，这一版出现在星期二、星期三和星期四的报纸中，该版的扩展版叫作"周末特刊"（Weekend Journal）并出现在星期五的报纸中。"华尔街日报在线"有一些特辑，提供一些报价和新闻如股票和共同基金图形、公司概况、财务状况和分析师评级、论文搜索、特殊在线论文以及访问道琼斯论文库等服务。

第二个常见的财经新闻来源是《巴伦周刊》（*Barron's*），每周出版一期。《巴伦周刊》通常提供较长的论文，这些论文关于个人投资者感兴趣的多种多样的话题。可能《巴伦周刊》最流行的栏目是"华尔街上下"（Up & Down Wall Street），该栏目对影响股市和企业的重要发展提供批判性且通常幽默的评论。《巴伦周刊》还包括当前的报价和一系列投资证券的概括性统计数据。"华尔街日报在线"的订阅用户也可以访问《巴伦周刊》的在线版本，因为二者都是道琼斯公司［鲁伯特·默多克新闻公司（Rupert Murdoc's News Corporation）的子公司］出版的。

《投资者商业日报》（*Investor's Business Daily*）是第三个常见的财经新闻来源，这是一份全国性的商业报纸，从星期一到星期五出版，类似于《华尔街日报》，但包含更详细的价格和市场数据。报纸的网站有不多的免费内容。另一个财经新闻来源是《金融时报》（*Financial Times*），有美国、英国、欧洲和亚洲版。

普通报纸。重要的大城市报纸，如《纽约时报》、《华盛顿邮报》、《洛杉矶时报》和《芝加哥论坛报》，都在其纸质和在线版中为投资者提供大量金融信息。大部分的重要报纸都包含主要交易所的股票报价、本地股票的报价、主要股票市场的平均值和指数情况。当地的报纸是另一个方便的财经新闻来源。在大部分大城市中，日报会给金融和商业新闻至少留出几个版面。

另一个流行的财经新闻来源是《今日美国》(USA Today)，这是一份全国性报纸，从周一到周五每日出版发行，同时有印刷版和在线版。每一份报纸都有一个"理财"(Money)版（B 版）专注于商业和个人金融新闻以及当前的证券报价和概括性统计数据。"理财"版在星期一都发布一个有趣的图形，显示不同行业组相对于标准普尔 500 指数的表现。

机构新闻。全国主要银行的月度经济快报提供了有用的经济信息，如美国银行（位于北卡罗来纳州的夏洛特）、北方信托（芝加哥）和富国银行（旧金山）。诸如道琼斯、彭博社、美联社（AP）和合众国际通讯社（UPI）之类的通讯社向经纪公司、其他金融机构和订阅的网站提供经济和商业新闻。彭博社有自己的综合性网站。专业报道金融新闻的网站有 CNNMoney 和市场观察（MarketWatch）。

商业期刊。商业期刊的关注范围有所不同。一些期刊提供一般性的商业和经济文章，其他一些涵盖证券市场和相关话题，还有一些只关注具体的行业。不管主题是什么，大部分商业期刊都提供描述性信息，一些还有分析性信息。但它们很少提供建议。

像《新闻周刊》(Newsweek)、《时代》(Time) 和《美国新闻与世界报道》(U. S. News & World Report) 之类的综合性报刊的商业版报道商业和经济新闻。严格面向商业和金融的期刊，包括《商业周刊》(Business Week)、《财富》(Fortune) 和《经济学人》(The Economist)，提供更有深度的文章。这些杂志也有关于投资和个人金融类文章。

一些金融期刊专门刊登证券和市场文章。《福布斯》(Forbes)、《吉卜林的个人理财杂志》(Kiplinger's Personal Finance)、《金钱》(Money)、《精明理财》(Smart Money) 和《价值》(Worth) 等期刊上有最基础的常识性文章。每两周出版一次的《福布斯》最关注的是投资。《吉卜林的个人理财杂志》、《金钱》、《精明理财》和《价值》每月出版一次，有关于管理个人金融事务和关于投资的文章。

所有这些商业和个人金融杂志都有可以免费访问其最新内容的网站，但不一定是全部内容。大部分还有很多其他特色。例如，《精明理财》有交互式投资工具，包括一个给出 1 000 只美国和国际股票的图形，并用不同颜色标示的 "Market Map 1 000"，从而你可以看到价格在上涨（或下跌）的行业和股票。

政府出版物。很多政府机构也会发布对投资者有用的经济数据和报告。每年发布一次的《总统经济报告》(Economic Report of the President) 可以在美国政府印刷局找到，提供对经济的当前和预期状态的总体看法。这份文件评述和概括经济政策和情况并包含重要的经济方面的数据。

联邦储备体系理事会每月发布一次的《联储公报》(Federal Reserve Bulletin)，以及 12 家地区联邦储备银行发布的定期报告提供关于经济和商业活动各个方面的论文和数据。访问 www. federalreserve. gov 可以阅读很多这种出版物。

一份很有用的商务部出版物是《当前商业调查》(Survey of Current Business)。这份每月出版的报告包括与经济和商业情况有关的指标和数据。一个很好的按行业和资产规模分类的所有制造业企业财务报表信息的来源是商务部出版的《美国制造业、采矿业和批发贸易公司季度财务报告》(Quarterly Financial Report for U. S. Manufacturing, Mining, and Wholesale Trade Corporations)。

特别订阅服务。想要进一步了解商业和经济情况的投资者可以订阅特别服务。这些报告包括商业和经济预测，并且对新的政府政策、工会的计划和对策、税收、价格、工资等给予提示。一种流行的服务是《吉卜林华盛顿经济报告》（*Kiplinger Washington Letter*），每周出版，提供大量经济信息和分析。

行业和公司信息

投资者特别感兴趣的是关于特定行业和公司的信息。很多行业杂志只提供关于一个行业的商业趋势的深度报道。诸如《化学周刊》（*Chemical Week*）、《美国银行家》（*American Banker*）、《计算机世界》（*Computerworld*）、《行业周刊》（*Industry Week*）、《油气杂志》（*Oil and Gas Journal*）和《公用事业双周刊》（*Public Utilities Fortnightly*）之类的行业出版物提供高度聚焦的行业和公司信息。例如，《红鲱鱼》（*Red Herring*）、《CIO 杂志》（*CIO Magazine*）、《商业 2.0》（*Business 2.0*）和《快公司》（*Fast Company*）是能帮助你紧跟高科技发展的杂志，而且都有不错的网站。通常，在选择了一个要投资的行业之后，投资者会想要分析特定的公司。诸如《商业周刊》、《福布斯》、《华尔街日报》和《财富》之类的一般性商业期刊会有关于特定行业和个别公司情况的文章。此外，公司网站通常也会提供关于公司的大量信息——投资者信息、年报、文件以及财经新闻等。表 3-1 提供了几个关注行业和公司信息的免费和订阅资源。

表 3-1　　　　　　　　　　　　行业和公司信息的线上来源

网站	描述	费用
胡佛在线（www. hoovers.com）	世界顶级的 43 000 家上市和私人公司的深度报告和新闻	根据服务水平不同
CNET（news. cnet. com）	高科技、分析类和突发新闻的最佳网站之一。有出色的搜索能力和许多链接	免费
雅虎财经（finance. yahoo. com）	提供从网上搜集的关于公司的信息：股票报价、新闻、投资观点、研究、财务、分析师评级、内幕交易等	免费
市场观察（www. marketwatch. com）	来自各大通讯社的最新新闻。可根据市场或行业搜索。在盈利公告和公司新闻方面做得很好	免费

公平披露规则。2000 年 8 月，SEC 通过了一个**公平披露规则**（fair disclosure rule），名为《规章 FD》（Regulation FD），要求高级管理人员通过新闻稿或 SEC 注册文件同时向专业投资人士和公众披露重大信息，如盈利预测及并购和新产品方面的消息。如果公司不确定特定信息是否需要进行新闻发布，那么它们会选择与专业股票分析师进行有限接触。然而，《规章 FD》并不适用于与记者和证券评级公司的沟通，如穆迪投资者服务公司和标准普尔公司。换言之，公司可以向媒体披露信息而无须同时通过新闻稿来公开披露信息。该法规认为，媒体的使命是披露从公司获得的信息，而不会像分析师那样基于该信息从事交易。违反规则会遭到警告和罚款，但不会被视为欺诈。

股东报告。关于个体企业的一个出色的数据来源是公众持股公司每年发布的**股东报告**

（stockholders' report），或者叫**年报**（annual report）。这些报告包含广泛的信息，包括最近经营期的财务报表以及之前几年的总结性陈述。这些报告是免费的，通常也能在公司的网站上找到。图 3 - 4 显示的是 2011 年 AT&T 公司年报的摘录。这两页说明了 AT&T 的增长率及其不同业务线的收入，但在其他地方这份报告还包括详细的财务报表。如果你不想每次搜索一家公司的年报，AnnualReports. com 声称拥有互联网上最全的年报清单。

2011 by the numbers ...

strong revenue growth engines

AT&T's growth engines — wireless and wireline data/managed services — represented 76 percent of our 2011 revenues and grew 7.5 percent year over year.

full-year 2011 revenue mix >

- Wireless
- Wireline Data/Managed Services
- Wireline Voice
- Advertising Solutions/Other

50%

26%

5%

19%

$20.3B

Capital invested in 2011, including ah increase in investment in wireless and mobile broadband capabilities.

103.2M

Wireless connections on AT&T's network, an increase of 7.7 million in 2011.

$10.2B

Amount paid to our stockholders via our dividend. In December 2011, AT&T increased its dividend for the 28th straight year.

$34.6B

Cash generated from operating activities.

图 3 - 4 年报摘录

mobile broadband leadership

With annual wireless data revenues of $22 billion, up 21.0 percent year over year, AT&T continued to lead the industry in delivering the benefits of mobile broadband to our customers. Since 2008, wireless data revenues have more than doubled.

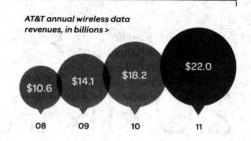

AT&T annual wireless data revenues, in billions >

$10.6 — 08
$14.1 — 09
$18.2 — 10
$22.0 — 11

leadership in connected devices

AT&T continues to lead the industry in connected devices such as eReaders, automobile monitoring systems, security systems and other emerging products, with more than 3.7 million added in 2011.

end-of-year connected devices on AT&T's wireless network, in millions >

08 ||||| 2.7
09 |||||||||||| 4.7
10 |||||||||||||||||||||| 9.3
11 |||||||||||||||||||||||||||||||| 13.1

video leadership

Driven by strong subscriber growth, in 2011, AT&T U-verse services revenues grew more than 53 percent year over year.

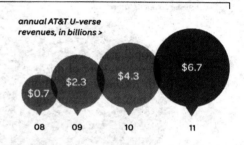

annual AT&T U-verse revenues, in billions >

$0.7 — 08
$2.3 — 09
$4.3 — 10
$6.7 — 11

strong growth in strategic business services

Revenues from AT&T's most advanced business solutions increased 18.4 percent in 2011, driving positive trends in the wireline business category.

annual AT&T strategic business services revenues, in billions >

08 |||||||||||||||||| $3.5
09 |||||||||||||||||||||| $4.1
10 |||||||||||||||||||||||| $4.7
11 |||||||||||||||||||||||||||||| $5.6

图 3 - 4 年报摘录（续）

2011 年 AT&T 公司年报的摘录可以让投资者快速了解关于公司上一年经营情况的一些关键信息。

资料来源：http：//www. att. com/gen/general？pid＝22516，June 15，2012.

除了股东报告之外，很多认真的投资者还会复审公司的 **10-K 表格**（Form 10-K），这是一个其证券在证券交易所上市或在 OTC 市场交易的公司每年必须向 SEC 提交的报表。借助于 SEC/EDGAR（电子数据收集和分析检索），现在找到 10-K 表格和其他 SEC 文件是一件简单的事情，SEC/EDGAR 提供了在主要交易所交易的所有公司的报告。你可以在 SEC 的网站或在 EDGAR 在线（EDGAR Online）的 FreeEdgar 网站免费阅读这些报告。

比较性数据来源。通常根据行业和公司规模被分解的比较性数据来源是分析公司财务状况的很好的工具。这些来源有邓白氏公司的《重要商业比率》（*Key Business Ratios*）、RMA公司的《年度报表分析》（*Annual Statement Studies*）、《美国制造业、采掘业和批发贸易公司季度财务报告》（*Quarterly Financial Report for U. S. Manufacturing, Mining, and Wholesale Trade Corporations*）（之前提到过）及《工商业财务比率年鉴》（*Almanac of Business & Industrial Financial Ratios*）。通常在公共和大学图书馆里可以得到的这些数据来源为评估一家公司的财务状况提供了有用的标准。

订阅服务。多种多样的订阅服务提供了关于特定行业和公司的数据。通常，订阅者支付基础费用来获取该服务的信息，同时也可以购买深度或广度更大的额外付费服务。重要的订阅服务同时提供描述性和分析性信息，但通常不提供建议。大部分投资者不是订阅这些服务而是通过他们的经纪人或大型的公共或大学图书馆来获取。大部分服务的网站提供一些免费信息并对其他信息收取费用。

主要的订阅服务是由标准普尔、彭博、默根和价值线提供的。表3-2总结了这些公司提供的最受欢迎的服务。**标准普尔公司**（Standard & Poor's Corporation, S&P）提供大量不同的财务报告和服务。借助2009年对《商业周刊》的收购，彭博为个人投资者提供了一种出色的资源，作为对其为机构投资者提供的产品的补充。虽然基础新闻和市场评论是免费的，但《商业周刊》的订阅者可以获取增值在线服务。**默根**（Mergent，之前的穆迪金融信息服务部）也发布各种内容，包括关于股权和债券的描述、公司研究、8个行业的知名参考手册以及很多其他产品。《**价值线投资调查**》（*Value Line Investment Survey*）是个人投资者使用的最流行的订阅服务之一，在大部分图书馆都可以获得，并且提供在线访问额外服务，包括数据、图形、组合跟踪和技术指标。

表 3-2　　　　　　　　　　　**主要订阅服务的热门产品**

订阅服务/产品	范围	出版频率
标准普尔公司（www. standardandpoors.com）		
《公司记录》	12 000多家上市公司的公开交易证券的详细描述	每年一次，全年更新
《股票报告》	约5 000家公司的财务历史、当前财务和未来前景的概要	每年一次，全年更新
《股票指引》	关于重要股票的投资可取性的统计数据和分析评级	每月一次
《债券指引》	10 000多种债券的投资可取性的统计数据和分析评级	每月一次
《展望》	关于经济、市场和投资的附投资建议的分析文章	每周一次的杂志
默根（www. mergent.com）		
《默根说明书》	八份参考说明书——银行和金融、工业、国际、地方和政府、OTC工业、OTC非上市、公用事业以及交通运输——有关于重要公司的历史和当前的财务、组织和经营数据	每年一次，有每月一次的出版更新（每周一次的在线更新）

订阅服务/产品	范围	出版频率
《普通股手册》	约 900 只在 NYSE 上市的公司的普通股数据	每季一次
《股利记录》	3 000 多只股票的最新股利公告和支付情况	每周两次，有年度总结
《债券记录》	68 000 多只债券的价格和利率行为	每月一次
《价值线投资调查》（www. valueline. com）		
包括三份报告：		每周一次
1.《评级和报告》（图 3-3 显示的例子）	大约 130 只股票的包括财务数据、分析和评级在内的整版报告	
2.《选择和观点》	一份 12 到 16 页的报告，特色是关于美国经济和股票市场的讨论、对不同类型投资者的样品投资组合和对部分股票的深度分析	
3.《摘要和索引》	一份 40 页的关于 1 700 只持有最广泛的股票的最新清单。还包括多种选股方法	

经纪公司报告。经纪公司经常向客户提供来自各种订阅服务的报告和自己的证券分析师的研究报告。它们还为客户提供新股发行的招股说明书和内部研究报告。如第 2 章所指出的，招股说明书是详细描述证券的关键方面、证券发行人及其管理和财务状况的一份文件。图 2-1 显示了 Yelp 公司 2012 年股票发行的初步招股说明书的封面。公司**内部研究报告**（back-office research report）包括经纪公司对证券市场、具体行业或具体证券的前景的分析和建议。经纪公司通常发布被其研究人员分类为"买入"、"持有"或"卖出"的证券评级。现有和潜在客户一经请求即可免费获得经纪公司的研究报告。

现在可以在网络上找到证券分析师的报告，既可以从经纪公司的网站获得，也可以从把很多经纪公司的报告集中起来的网站获得。在一家领先的研究网站 Reuters. com 可以找到来自 700 多家经纪和研究公司的 150 多万份关于公司和行业的研究报告。投资者可以利用扎克斯投资研究（Zacks Investment Research）来找到和购买关于 700 多家广泛跟踪的股票的分析师报告，或者免费阅读有盈利修正和建议的经纪公司报告摘要。

投资信函。投资信函（investment letter）是订阅的证券投资中的专家分析、结论和建议的时事通讯。一些信函聚焦于具体的证券类型，其他一些只与研判经济或证券市场有关。比较受欢迎的投资信函有《蓝筹股顾问》（*Blue Chip Advisor*）、《迪克·戴维斯文摘》（*Dick Davis Digest*）、《丹斯信函》（*The Dines Letter*）、《道氏理论信函》（*Dow Theory Letters*）和《审慎的投机者》（*The Prudent Speculator*）。大多数投资信函都是每周或每月出版一次。在《巴伦周刊》和各种商业期刊上都可以发现很多这类投资信函的广告。《哈尔伯特金融文摘》（*The Hulbert Financial Digest*）关注投资信函的表现。这是一个关于投资信函的客观信息的出色的来源和一个查找你感兴趣的那些信函的好地方。

价格信息

各类证券的价格信息包含在其**报价**（quotation）中，其中包括当前的价格数据和最新价格行为的统计。在网上很容易找到交易活跃证券的报价。大部分这类网站要求你通过输入股票代码来搜索股票。表3-3列出了一些知名公司的股票代码。

表3-3 一些知名公司的股票代码

公司	股票代码	公司	股票代码
亚马逊	AMZN	朗讯科技	LU
苹果	AAPL	麦当劳	MCD
美国电话电报	T	微软	MSFT
美国银行	BAC	耐克	NKE
思科系统	CSCO	甲骨文	ORCL
可口可乐	KO	百事可乐	PEP
戴尔	DELL	锐步	RBK
雅诗兰黛	EL	西尔斯控股	SHLD
埃克森美孚	XOM	星巴克	SBUX
联邦快递	FDX	塔吉特	TGT
通用电气	GE	德州仪器	TXN
谷歌	GOOG	时代华纳	TWX
惠普	HP	联合包裹服务	UPS
英特尔	INTC	沃尔玛	WMT
国际商业机器（IBM）	IBM	雅虎	YHOO

不管是在金融类还是非金融类出版媒体上，投资者都很容易找到前一天的证券报价。投资者也可以在包括金融门户网站（后面会介绍）、大部分商业期刊网站和经纪公司网站在内的很多网站上免费找到延迟的或实时的报价。CNBC TV 的网站有实时股票报价，订阅其动态消息的网站也有类似信息。

其他在线投资信息来源

其他很多出色的网站也提供各种各样的信息来提高你的投资知识和技能。现在，我们来看看金融门户网站、债券和共同基金网站、国际网站以及投资者论坛。表3-4列举了一些最受欢迎的金融门户网站、债券网站和共同基金网站。在本章后面，我们还会看一下在线经纪和投资顾问网站。

表3-4 流行的投资网站

下面的网站只是数千个提供投资信息的网站中的少数几个。除非特别说明，否则均为免费。

网站	描述
金融门户网站	
Daily Finance (dailyfinance.com)	包括投资和个人金融领域，包含商业新闻、市场和股票报价、股票、共同基金、投资研究、退休、储蓄和规划、信贷和债务、银行和贷款等

网站	描述
MSN Money (www. money. msn. com)	有比很多网站更多的社论内容；很好的研究和互动工具。可以合并投资组合跟踪系统中的账户
Motley Fool (www. fool. com)	拥有教育功能、研究版块、新闻版块和留言版块的综合性和趣味性网站。模型的投资组合涵盖各种投资策略。免费，但提供额外付费服务，如其股票顾问的投资信函每年需要支付 199 美元
Yahoo! Finance (finance. yahoo. com)	简单设计，内容丰富，便于快速查找信息。内容包括财经新闻、价格行情、投资组合跟踪系统、支付账单、个性化主页以及其他重要网站的目录
Yodlee (www. yodlee. com)	收集关于银行、信用卡、经纪公司、共同基金、利润的财务账户数据的汇总网站和其他网站。一键访问可以节省时间，让用户可以管理账户并与账户互动。提供电子邮件账户；易于设置和跟踪财务状况；涉及关于潜在用户的证券问题；分析工具很少

债券网站

Investing in Bonds (www. investinginbonds. com)	由证券业和金融市场协会开发的网站；很适合新投资者。债券教育、研究报告、历史数据以及访问其他网站的链接。有可检索的数据库
BondsOnline (www. bondsonline. com)	新闻、教育、免费研究、评级和其他债券信息的综合性网站。有可检索的数据库。对投资信函和研究有一些收费
CNN Money (www. money. cnn. com)	个人投资者可检索与债券有关的新闻、市场数据和债券发行
Bureau of the Public Debt Online (www. publicdebt. treas. gov)	由美国财政部运营。有关于美国储蓄债券和国债的信息。可以通过"国库直达系统"来在线购买国库证券

共同基金网站

Morningstar (www. morningstar. com)	有评级的 3 000 多只基金的概况；筛选工具，投资组合分析和管理；基金经理的访谈，电子邮件投资信函；教育版块。高级筛选和分析工具每月付费 14. 95 美元或每年付费 135 美元
Mutual Fund Investor's Center (www. mfea. com)	共同基金教育联盟主办的非营利性、易于浏览的网站，有投资者教育、搜索功能并可以链接到基金情况、退休计算器、资产配置和大学教育支出规划
Mutual Fund Observer (mutualfundobserver. com)	一个提供关于共同基金和基金业信息和分析的免费的独立网站
MAXfunds (www. maxfunds. com)	提供几个自定义的度量指标和数据点来帮助找到最佳基金并给予投资者工具而不是根据历史表现来选择基金。比任何其他在线或离线出版物覆盖更多的基金。MAXadvisor Powerfund Portfolios 提供额外付费的咨询服务，每 90 天的费用是 24. 95 美元
IndexFunds. com (www. indexfunds. com)	只涵盖指数基金的综合网站

网站	描述
Personal Fund （www. personalfund. com）	特别受欢迎的是网站的共同基金成本计算器，显示了在扣除费用、经纪佣金和税费之后的真实成本。推荐成本较低的满足类似投资目标的替代品

金融门户网站。金融门户网站（financial portal）是汇集了各种投资功能的超级网站，如实时行情、股票和共同基金筛选法、组合跟踪系统、新闻、研究和交易处理能力，以及其他个人金融的方方面面。希望这些网站能成为你的投资主页。

一些金融门户网站是通用网站，如雅虎财经和谷歌金融，可以提供全方位的投资功能以及其他服务，金融门户也可能是专做投资的网站。你应该了解几个网站来看看哪个能满足你的需要，因为它们的优势和特点有很大的不同。为了鼓励你待在它们的网站，一些门户网站提供自定义选项，以便你的开始页有你想要的数据。虽然找到一个能管理你的投资的网站确实很有吸引力，但你可能无法在一个门户网站找到你最需要的东西。你会想浏览许多网站来找到能满足你需求的那几个。表 3-4 总结了几个流行的金融门户网站的特点。

债券网站。虽然许多一般性的投资网站有债券和共同基金信息，但你也可以访问这类专业化的投资网站。由于个人一般交易债券不像他们交易股票那么频繁，个人关注债券的资源较少。一些经纪公司开始允许客户获取以前仅限于专业投资人士的债券信息。除了表 3-4 所列的网站外，其他债券和利率信息的好网站还有彭博社和《华尔街日报》的网站。

主要的债券评级机构穆迪、标准普尔和惠誉的网站提供评级列表、最近的评级变化以及它们如何确定评级信息。

共同基金网站。如何在成千上万的共同基金中找到符合你的投资目标的基金？通过提供筛选工具和工作表单但不隶属于具体基金公司的很多网站，互联网让这个任务变得容易得多。每一个大的共同基金家族都有自己的网站。一些网站允许访客收听访谈或参加与基金经理的谈话。富达基金有一个最全面的网站，网站上有教育文章、基金选择工具和基金概况等。门户网站和经纪公司的网站也会提供这些工具。表 3-4 中提到一些值得一看的独立的共同基金网站。

国际网站。互联网的国际互联使其成为一个能帮助投资者解决从国家研究到汇率等一系列复杂全球投资问题的天然资源。国际投资门户网站及研究中心（Site-By-Site! International Investment Portal & Research Center）是一个为国际投资准备的综合性门户网站。这个网站的功能包括免费的每日市场数据、新闻、经济观察、研究和分析，以及涵盖很多国家和投资工具的评论。要了解更多的地区性报道，可以看 Euroland. com、UK-Invest. com 和 Latin-Focus. com 以及关于其他国家和地区的类似网站。摩根大通提供了一个关于美国存托凭证的专门网站，而美国存托凭证是投资者在国际范围内分散化自己的投资组合的最流行的方式之一。《金融时报》在全球商业新闻方面表现卓越。道琼斯的市场观察网站有很好的科技和通信新闻以及关于全球市场的报道。

投资论坛。投资者可以在大部分重要的财经网站的在线论坛（留言板和聊天室）就其最喜欢的股票和投资策略交换看法。然而，记住这里的关键词是"看法"。你并没有真的对发布信息的人的资质了解很多。在根据任何小道消息行动之前一定要自己做研究！Motley Fool 的讨论区是最受欢迎的，Fool 的员工会监控讨论内容。雅虎财经的留言板是最大的，但很多人认为它的质量不像其他网站那么好。Raging Bull 在其讨论组中还有新闻和其他链接。科技投资者大批涌入 Silicon Investor，这是一个门户网站，其高科技版块被认为是最好的。

避免欺诈

现在，所有投资者都很容易获取信息，这也使得骗子和一些人更容易散布错误的消息和操纵信息。在网上，任何人听起来都像是投资专家，发布一些不可靠的选股技巧。如前所述，你并不了解在留言板上吹嘘或贬斥一只股票的人的身份。贬斥股票的人可能是不满的公司前雇员或卖空者。例如，圣迭戈 Avanir 制药公司被解雇的前总经理在留言板上发布负面的评论，对公司的股价产生了不利影响。公司起诉并赢得法庭指令，禁止他再发布贬低公司的言论。

在快节奏的网络环境下，两类骗子频繁出现："哄抬股价"和"一夜暴富"的骗子。在"哄抬股价"的骗局中，犯罪者买入某些股票，然后向公众虚假地推销或大肆宣传这些股票。虚假的推销往往会推高股票价格，骗子则在股价上涨后逢高卖出。在"一夜暴富"的骗局中，推销者向不明真相的买家出售一文不值的投资产品。

一个广为人知的"哄抬股价"的骗局表明利用互联网来推销股票是多么容易。2011年12月SEC指控丹尼尔·鲁迪（Daniel Ruettiger）的公司鲁迪营养公司卷入"哄抬股价"的骗局，电影《追梦赤子心》（*Rudy*）就是受到鲁迪的启发。鲁迪的公司推销一种叫作"鲁迪"的运动饮料，这是一种被开发出来与佳得乐（Gatorade）竞争的饮料。SEC称，鲁迪发送了虚假的电子邮件声称他的运动饮料在口味检测中皆以2比1的成绩战胜了佳得乐和动乐（Powerade）。SEC进一步称，鲁迪公司从事了操纵股价的交易，以便在向公众出售未注册的证券的同时人为地推高股价。

为了打击网络欺诈，SEC在1998年成立了互联网执法办公室，这个部门在2010年被并入市场情报办公室。其工作人员可以快速地对可疑骗局的报告进行调查并起诉犯罪者。在www.sec.gov，你可以找到关于如何发现和避免互联网投资骗子的具体指导。除了其他一些忠告，SEC建议你在做任何投资之前都要问5个问题：

（1）卖方获得批准了吗？对向你推荐一项投资的人的背景做一些研究。例如，你可以在 FINRA 上调查一个经纪人的背景。

（2）该投资注册过了吗？你可以通过搜索 SEC 的 EDGAR 数据库了解一项投资是否已注册。

（3）风险与潜在收益相比怎么样？宣扬在没有很多风险的情况下能提供潜在高收益的投资机会很可能是骗局。

（4）你理解该投资吗？一条甚至像沃伦·巴菲特（Warren Buffett）那样老练的投资

者也会遵循的很好的经验法则是：永远不要投资一些你不理解的东西。

（5）你能从哪里得到帮助？SEC 建议投资者通过 SEC 的网站及 FINRA 和州证券监管者提供的网站做投资研究。

虽然问这些问题不能保证你永远不会成为投资骗局的受害者，但这无疑对你是有利的。

🔖 概念复习

答案参见 www.pearsonhighered.com/smart。

3.4 区分描述性信息和分析性信息。我们如何符合逻辑地评价对投资信息或建议的获取在经济上的合理性？

3.5 你会使用何种流行的金融商业期刊来跟踪金融新闻、一般新闻或商业新闻？你更喜欢从纸质还是在线媒介处获得新闻？为什么？

3.6 简述下列资源提供的信息类型。

a. 股东报告；

b. 比较性数据来源；

c. 标准普尔公司；

d. 默根；

e. 《价值线投资调查》。

3.7 你如何获取下列每种类型的信息？其内容会如何帮助你做出投资决策？

a. 招股说明书；

b. 公司内部的研究报告；

c. 投资者信函；

d. 价格行情。

3.8 简述尤其适合于在互联网上发布的几种信息类型。在线版和纸质版的区别是什么？你在什么时候会使用这两者？

理解市场平均值和指数

我们在本章已经讨论过的投资信息可以帮助投资者理解什么时候经济正在上升或下降以及个别投资的表现怎么样。你可以利用这些内容和其他信息来形成关于未来的投资表现的预期。知道市场行为是有利的还是不利的也是很重要的。解读各种市场指标的能力可以帮助你选择采取什么投资行动和采取行动的时机。

评价证券市场行为的一种应用广泛的方法是研究市场平均值和指数的表现。这些指标让你可以方便地衡量一般市场情况，将你的组合的表现与大型分散化（市场）组合进行比较，以及为了预测未来的市场行为而研究市场周期、趋势和行为。下面我们讨论反映股票和债券市场情况的关键指标。在后面的章节中，我们将讨论与其他投资证券有关的平均值和指数。像价格行情一样，市场表现指标在很多网站都可以找到。

股票市场平均值和指数

股票市场平均值和指数度量随时间推移的整体股票价格。虽然在人们讨论市场行为的时候术语平均值和指数往往交替使用，但严格说来它们是不同类型的指标。**平均值**（average）反映了一组代表性股票在一个给定时点的算术平均价格。**指数**（index）度量了与在较早时点设定的基准值相比的一组代表性股票的当前价格。

平均值和指数提供了反映市场整体情绪的实用方法。投资者也可以比较这些指标在不同时点的值来评估市场的相对强弱。当前和最近的关键平均值和指数每天都在财经网站、财经新闻、大部分当地报纸和很多电台与电视的新闻节目中被报道。

道琼斯平均值

CME 集团的一个部门道琼斯指数制作了 4 个不同的股票平均值和广泛的股票指数。最知名的是**道琼斯工业平均指数**（Dow Jones Industrial Average，DJIA）。这个平均值是由 30 只股票构成的，大部分都是由历史悠久的受人尊敬的大型公司发行的。DJIA 是美国经济的一个广泛样本，包括来自很多部门的股票，如科技、交通、银行、能源、医疗、消费品以及很多其他部门。DJIA 是一个价格加权指数，这意味着价格较高的股票比价格较低的股票在指数中有更大的权重。

偶尔，合并或破产会引起平均值的构成发生变化。例如，在美国国际集团（AIG）遭遇流动性危机并需要美联储 850 亿美元信贷之后，卡夫食品在 2008 年 9 月取代了 AIG。在遭受自第二次世界大战以来首次全球衰退的重创之后，花旗集团和通用汽车于 2009 年 6 月被移出指数，思科系统和旅行者取代了它们。当道琼斯认为该平均值没有反映更广泛的市场时，这 30 只股票也会进行调整。当加入一只新股票时，平均值要被调整，从而继续与之前保持一致。

将 DJIA 的 30 只股票中的每一只的收盘价代入下面的方程，就可以计算出每个交易日的 DJIA 值。

$$\text{DJIA} = \frac{\text{股票 1 的收盘价} + \text{股票 2 的收盘价} + \cdots + \text{股票 30 的收盘价}}{\text{DJIA 除数}} \qquad (3-1)$$

DJIA 的值不过是其包含的 30 只股票的收盘价之和除以一个"除数"。除数的作用是对随时间推移而发生的股票分拆、公司变更或其他事件做出的调整。如果没有经过十分复杂的计算得到的除数，那么 DJIA 的值就可能被完全曲解。除数使得利用 DJIA 在一致基础上跟踪 30 只股票随时间推移的表现成为可能。2012 年 5 月 30 日，DJIA 除数是 0.132 129 493，当天道琼斯 30 只股票的收盘价之和是 1 641.03。利用式（3-1），你可以用 DJIA 除数去除 30 只股票的收盘价之和，得到那一天的收盘 DJIA 值 12 419.86。

由于 DJIA 得自 30 只股票价格的加总，因此，价格较高的股票往往比价格较低的股票对指数的影响更大。例如，一只 50 美元股票的价格变化 5%（即 2.50 美元）比一只 100 美元股票的价格变化 5%（即 5.00 美元）对指数的影响要小。虽然对 DJIA 有各种批评，但它仍是最广泛引用的股票市场指标。

只有在与之前的值相比较时，DJIA 的实际值才有意义。例如，2012 年 5 月 31 日的 DJIA 收在 12 393.45。只有在与前一天的收盘值 12 419.86 相比较时，得到大约 −0.21% 的变化，这个值才是有意义的。很多人错误地认为，一个 DJIA "点"等于 1 美元的平均每股价值。实际上，1 点目前相当于大约 0.25 美分的每股价值，但随着时间的推移，这一数字变化很大。

另外 3 个被广泛引用的道琼斯平均指数是交通运输、公用事业和综合平均指数。道琼斯交通平均指数基于 20 只股票，包括铁路、航空公司、货运代理和混合运输公司。道琼斯公用事业平均指数是使用 15 只公用事业股票计算出的。道琼斯综合平均指数由 30 家工业企业、20 家交通运输公司和 15 家公用事业公司股票算出。像 DJIA 一样，其他每个道琼斯平均指数也使用除数来计算，以保证平均指数随时间有连续性。交通运输、公用事业和 65 股票综合平均指数通常与 DJIA 一起被引用。

道琼斯还发布了众多其他股票指数，包括美国股市总市场指数，跟踪有即时可得价格的所有股票的表现。道琼斯还根据公司规模（如大盘股、中盘股、小盘股）或行业来发布各个部门的指数。道琼斯的指数产品并不限于美国市场。该公司还提供指数来跟踪全球股票市场、发达和新兴股票市场以及亚洲、欧洲、美洲、中东和非洲地区的市场。

标准普尔指数

另一家领先的金融指数发布公司标准普尔公司发布 6 个主要的普通股指数。一个经常被引用的标准普尔指数是其 500 股票综合指数，这是在每个工作日通过将每只股票的收盘市值（＝收盘价×发行在外的股份数）代入下面方程来计算的。

$$
\text{标准普尔 500 指数} = \frac{\text{股票 1 的当前收盘市值} + \text{股票 2 的当前收盘市值} + \cdots + \text{最后一只股票的当前收盘市值}}{\text{除数}}
\tag{3-2}
$$

标准普尔 500 指数的值是由指数中包含的所有股票的市场价值之和除以除数得到的。除数是发挥两种功能的一个数字。首先，它提供了一个比例因子使得指数值更容易被使用。比例因子的作用是衡量指数中股票的当前市场价值相对于基期值的情况（标准普尔 500 指数的基期是 1941—1943 年）。例如，标准普尔 500 指数中的所有股票的总市值是几万亿美元。没有人想用以万亿表示的指数。于是，除数将指数值降为一个更易使用的值（例如，2012 年 5 月的标准普尔指数值约为 1 300）。其次，除数的第二个作用是调整指数以考虑标准普尔 500 指数中股票构成的变化，例如，指数中的一家公司因合并或破产而被剔除且另一家公司被加入来取代该公司。在这些情形下，指数值不应该仅仅因为指数中的公司名单的变化而发生"跳跃"。同样，诸如新股发行或股票回购之类的某些公司事件会改变指数中的公司的市场价值。除数的计算方式使得这些事件本身不会引起标准普尔 500 指数的变动。

某些标准普尔指数比道琼斯平均值包含更多的股票，所有这些都是基于指数中的公司的市值（＝发行在外的股份数×每股价格）而不是股票价格。因此，很多投资者认为，标准普尔指数提供了一个比道琼斯平均值范围更广和更有代表性的整体市场情况指标。虽然这些指数存在一些技术上的计算问题，但它们仍被广泛使用，常常被用作估计

"市场回报"的基础,"市场回报"将是第 4 章介绍的一个重要概念。

标准普尔发布的一些被广泛跟踪的股票指数如下:

(1)标准普尔 500 指数(S&P 500 Index)包括 500 家大公司(但不一定是最大的500 家)。

(2)标准普尔 100 指数(S&P 100 Index)包括 100 家大公司,每家公司都必须有股票期权可供投资者交易。

(3)标准普尔 400 中盘指数(S&P 400 MidCap Index)包括 400 家中等规模的公司,占美国股票市场的大约 7%。

(4)标准普尔 600 小盘指数(S&P 600 SmallCap Index)包括 600 家小规模的公司,占美国股票市场的大约 3%。

(5)标准普尔全市场指数(S&P Total Market Index)包括在 NYSE、NYSE Amex 和纳斯达克上市交易的所有股票。

虽然道琼斯平均指数和标准普尔指数往往以相似的方式随着时间的推移而变化,但因为指数的构建方式存在差异,所以它们每日的大小甚至方向(向上或向下)有可能显著不同。图 3-5 描绘了 DJIA 和标准普尔 500 指数从 2010 年 5 月到 2012 年 5 月的表现情况。在这一时期,这两个指数都有上升趋势,DJIA 上涨了约 25%,而标准普尔 500 上涨了约 17%。这两个指数在 2011 年夏季都遭遇大幅下滑,但 DJIA 比标准普尔 500 指数触底反弹的速度要快。这个图形显示,这两个指数并不是完全同步变动的,但它们通常遵循相同的一般趋势。

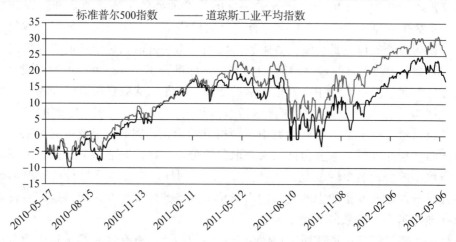

图 3-5　道琼斯工业平均指数和标准普尔 500 指数从 2010 年 5 月到 2012 年 5 月的比较(%)

这两个指数在这段时期上升了约 20%,但两个指数在 2011 年夏季都遭遇大幅下滑。

资料来源:www.finance.yahoo.com。

华尔街的 PIIGS 盛宴

2011 年夏天，一场经济危机降临欧洲，特别是葡萄牙、意大利、爱尔兰、希腊和西班牙，即所谓的 PIIGS 国家。它们的财政问题使得投资者怀疑在没有大幅削减政府开支的情况下政府能否偿还债务，投资者担心大幅削减预算可能会引发波及全球的经济衰退。道琼斯平均指数在不到两周的时间里下跌了近 15%，之后欧盟国家的一系列救援计划至少暂时让投资者感到放心。

NYSE、NYSE Amex 和 Nasdaq 指数

这三个指数度量了纽约证券交易所（NYSE）、纽交所美国证券交易所和全国券商协会自动报价系统（Nasdaq，即纳斯达克）每天的情况。

纽约证券交易所综合指数（NYSE composite index）包括在"主板"上市的约 2 100 家股票。除了综合指数之外，纽约证券交易所还发布金融和其他股票子集的指数。纽约证券交易所综合指数的行情通常类似于道琼斯工业平均指数和标准普尔 500 指数的行情。**纽交所美国证券交易所综合指数**（NYSE Amex composite index）反映了在纽交所美国证券交易所中交易的所有股票的价格。虽然这个指数并不总是紧跟标普和 NYSE 指数，但其一般在整体方向上与它们一致。

纳斯达克股票市场指数（Nasdaq Stock Market index）反映了纳斯达克股票市场的情况。综合性最高的纳斯达克指数是综合指数，这个指数是用在纳斯达克股票市场交易的 3 000 多只普通股的价值计算出来的。该指数还包括其他类型的证券，如房地产投资信托（REITs）和美国存托凭证。还有一个重要的指数是纳斯达克 100 指数（Nasdaq 100），这个指数包括在纳斯达克上市的 100 家最大的国内和国际非金融公司。另外两个经常引用的纳斯达克指数是生物技术指数和电脑指数。纳斯达克指数一般与其他重要的指数同时同向变动，但纳斯达克指数的变动通常比其他指数的变动更剧烈。在纳斯达克上市的公司往往比包含在道琼斯指数和标准普尔 500 指数中的那些公司的规模要小，并且在风险较大的行业（如科技）中经营。

价值线指数

价值线发布多个股票指数，这些指数是通过对包含在其中的每只股票的价格赋予相等的权重来构建的。指数仅考虑股票价格的百分比变化。这种方法消除了变动不定的市场价格和总市场价值对每只股票在指数中的相对重要性的影响。**价值线综合指数**（Value Line composite index）包括在 NYSE、NYSE Amex 和 OTC 市场交易的在《价值线投资调查》订阅服务中的近 1 700 只股票。除了综合指数外，价值线还发布其他专业指数。

其他平均值和指数

还有很多其他的指数。养老金咨询公司弗兰克·罗素公司（Frank Russell Company）发

布 3 个主要的指数。罗素 1000 指数（Russell 1000）包括 1 000 家最大的公司，最广泛引用的罗素 2000 指数（Russell 2000）包括 2 000 家中小公司，罗素 3000 指数（Russell 3000）包括罗素 1000 指数和 2000 指数中的共 3 000 家公司。

此外，《华尔街日报》还发布很多全球和外国股票市场指数，包括美洲、欧洲、非洲、亚洲和太平洋地区国家的指数。还有大约 35 个重要国家的外国股票市场指数，包括一个世界指数（World Index）和欧洲/澳洲/远东指数［Europe/Australia/Far East（EAFE MSCI）Index］。就像纯粹的国内平均值和指数一样，这些国际平均值和指数度量在给定的市场上市和交易的股票的整体价格行情。经常对市场平均值和指数随时间和跨市场进行有用的比较，可以评估世界各国外国市场的趋势和相对优势。

债券市场指标

有很多指标可以用来评价债券市场的整体行情。《华尔街日报》每天发布包含国内外各种市场和各种类型债券的收益和价格指数数据的"债券市场数据库"。然而，相比于研究股票市场行为的指标，关于整体债券市场行为的指标较少。美国整体债券市场行为的关键指标是债券收益率和债券指数。

债券收益率

债券收益率（bond yield）是当投资者购买债券并持有至到期时所能获得的回报。债券收益率以年收益率形式发布并反映了债券投资者获得的利息收入以及从债券购买日直到赎回日之间债券价值的任何利得或损失。例如，如果债券被购买并持有至到期，那么一只收益率为 5.50% 的债券会给其持有人提供相当于投资金额（即债券的购买价格）5.50% 的总收益（包括利息和资本损益），即年利润率 5.5%。

通常，会对一组在类型和质量方面类似的债券的收益率进行报价。例如，《巴伦周刊》发布由 10 只高等级公司债券、10 只中等级公司债券构成的道琼斯债券平均指数以及由高等级指数与中等级指数按比率计算而来的信心指数。此外，如《华尔街日报》还会发布很多其他债券的指数和收益率，包括国债和市政债券的指数和收益率。从标准普尔、穆迪和美联储也能找到类似的债券收益率数据。与股票市场平均值和指数一样，当从时间维度来审视时，债券收益率数据就变得非常有用。

 危机中的市场

债券收益率触及历史低点

2012 年 6 月，对欧洲不断恶化的财政危机及其对世界经济的影响的担忧将 10 年期美国国债的收益率压低至勉强超过 1.5% 的创纪录低点。在这一收益率上购买国债的投资者几乎什么钱也赚不到，那么，为什么他们还会投资呢？答案是安全性。投资者长期以来一直将美国国债视为世界上最安全的投资，于是，当对经济衰退或其他经济危机的恐惧降临市场时，即使国债提供的收益率勉强高于零，投资者也会购买。

债券指数

债券指数种类繁多。**道琼斯公司债券指数**（Dow Jones Corporate Bond Index）包括96只债券——32只工业公司的债券、32只金融公司的债券和32只公用事业/通信公司的债券。该指数反映了债券收盘价的简单算术平均值。《华尔街日报》每日发布该指数，《巴伦周刊》每周对该指数进行总结。

概念复习

答案参见 www.pearsonhighered.com/smart。

3.9 描述股票市场平均值和指数的基本原理和用途。解释一下如何利用平均值或指数的行情来将整体市场状况分为牛市或熊市。

3.10 列出道琼斯公司和标准普尔公司制作的每个重要的平均值或指数。说明用于计算每个平均值或指数的证券的数目和来源。

3.11 简述下列每个指数的构成和一般含义。

a. 纽约证券交易所综合指数；

b. 纽交所美国证券交易所综合指数；

c. 纳斯达克股票市场指数；

d. 价值线综合指数。

3.12 讨论下列各项与评价债券市场行情的关系。

a. 债券收益率；

b. 债券指数。

进行证券交易

既然知道了如何找到信息来帮助你发现有吸引力的证券投资，你就需要理解如何进行证券交易。不管你是决定开始一个自主的在线投资计划还是使用传统的股票经纪人，你首先必须开设一个有经纪人服务的账户。在这一节，我们将考察股票经纪人的作用以及这一作用近年来是如何变化的。我们还会解释你可以提交的订单的基本类型、进行常规和在线交易所需的步骤以及投资者保护。

股票经纪人的作用

股票经纪人（stockbroker）——也叫作账户管理员、投资管理员和财务顾问——是证券买卖双方的中间人。他们通常收取佣金来促成这些证券交易。证券经纪人必须获得证券交易委员会和他们提交订单所在的证券交易所的许可，并且必须遵守这些机构的伦理准则。

虽然在经纪人市场执行订单的程序可能不同于在交易商市场的程序，但开始的方式是相同的：投资者向他的股票经纪人下达订单。经纪人为在证券交易所保有会员资格的经纪公司工作，证券交易所的会员执行公司各个销售办事处的经纪人向其传送的订单。例如，美国最大的经纪公司之一美国银行，从其在全国大部分重要城市的办事处传送上市证券的订单到美国银行的主要办事处（BofA），再传送到交易所（NYSE 和 NYSE Amex）的交易大厅，在这里 BofA 的交易所会员负责执行订单。订单的确认会返回下达订单的经纪人，经纪人再将其转发给客户。在使用复杂的电信网络和互联网交易的情况下，这个过程可能需要几秒钟的时间。

对于在诸如纳斯达克之类的市场上的证券交易来说，经纪公司通常将订单传送给做市商。通常，这些交易被迅速执行，因为交易商之间在争取执行经纪人订单的机会方面存在激烈的竞争。做市商执行订单获得的收入会被其维持交易的证券存货成本所抵消。

经纪服务

股票经纪人的主要活动是将客户的买入和卖出订单转到他们将以最好的价格被执行的市场。经纪人提高执行客户订单的速度是借助于经纪公司通常持有其为客户保管的证券凭证来实现的。经纪公司以这种方式保管证券被称为**代持**（street name）。由于经纪人以自己的名义发行证券并以客户的信托方式持有证券（而不是以客户的名义发行证券），公司可以在销售时不经客户签名而转让证券。代持实际上是一种常见的购买证券的方式，因为大部分投资者并不愿意处理和保管股票凭证。在这种情况下，经纪公司记录客户交易的详细信息，并通过一系列账目跟踪他的投资。经纪人收到的股利和通知被转发给拥有证券的客户。

除了传送订单和凭证保管，股票经纪人还为客户提供多种其他服务。例如，经纪公司通常提供关于投资的免费信息。一般来说，经纪公司有研究人员定期发布关于经济、市场、行业或公司行为的报告并提出买入、卖出或持有某些证券的建议。你还会收到一份声明，这份声明用于说明你本月的交易并显示佣金和利息支出、股利和利息收入以及你当前持有的证券的详细列表。

现在，大多数经纪公司将客户账户中留有的多余现金投资于货币市场共同基金，让客户在这些余额上可以赚取一定的利率。这种安排帮助投资者从暂时闲置的资金上赚取尽可能多的钱。

经纪公司的类型

就在几年前，有 3 种不同类型的经纪公司：全面服务、优惠折扣和基本折扣的经纪公司。这些类别之间的界限不再清晰。大部分经纪公司，即使最传统的那种，现在也提供在线服务。很多折扣经纪人现在也为客户提供曾经只有全面服务经纪人才提供的服务，如研究报告。

传统经纪人，或者叫**全面服务经纪人**（full-service broker），除了执行客户的交易之外，还为投资者提供一系列全面的经纪服务：提供投资建议和信息、代为持有证券、提供在线经纪服务和发放保证金贷款。

只想做交易而对利用其他服务不感兴趣的投资者应该考虑优惠折扣经纪人或基本折扣经纪人。

优惠折扣经纪人（premium discount broker）专注于为客户做交易。他们收取低佣金并提供有限的免费研究信息和投资建议。投资者访问经纪人办公室、拨打免费电话或登录经纪人网站来发起交易。经纪人亲自或者通过电话、电子邮件或普通邮件来确认交易。第一个折扣经纪人查尔斯·施瓦布（Charles Schwab）是优惠折扣经纪人，现在也提供很多与全面服务经纪人相同的服务。其他的优惠折扣经纪人也差不多。

基本折扣经纪人（basic discount broker）也叫作在线经纪人或电子经纪人，通常是深度折扣经纪人，投资者可以借助于商业服务，在互联网上或通过电话电子化地执行交易。投资者访问基本折扣经纪人的网站来开立账户、查看佣金表或查看可用的交易服务和程序的演示。确认在线交易只需几秒钟，大多数交易在 1 分钟内完成。大多数基本折扣经纪人主要是在线操作，但也提供电话和现场经纪人支持，以防万一网站出现问题或者客户离开他的计算机。为了回应在线投资者的快速增长，大多数经纪公司现在都提供在线交易。这些公司通常在需要现场经纪人协助时收取更高的佣金。

由优惠折扣经纪人和基本折扣经纪人完成的业务量快速增长，这证明了他们的成功。目前，很多全面服务经纪人、银行和储蓄机构正在向想要购买股票、债券、共同基金和其他投资证券的客户和存款人提供折扣和网上经纪服务。一些主要的全面服务、优惠折扣和基本折扣经纪人如表 3 - 5 所示。

表 3 - 5	主要的全面服务、优惠折扣和基本折扣经纪人	
全面服务经纪人	优惠折扣经纪人	基本折扣经纪人
A. G. Edwards	Bank of America	Firstrade
Morgan Stanley	Charles Schwab	Scottrade
UBS Financial Services	E* Trade	Thinkorswim
Wells Fargo	Fidelity. com	TradeKing
	TD Ameritrade	Wall Street* E
	Wells Trade	

选择股票经纪人

如果你决定在全面服务或优惠折扣股票经纪人的协助下开始你的投资活动，那么就选择一个你认为最能理解你的投资目标的人。选择一个投资方式与你类似的经纪人是建立可靠的工作关系的最佳方式。你的经纪人还应让你了解与你的目标和风险态度一致的投资可能性。

为了能以最低的可能成本获得最好的服务，你还应考虑经纪人隶属的公司所提供的服务成本和类型。优惠折扣经纪服务以交易性为基础，而基本折扣经纪服务纯粹是交易性的。与经纪人联系以获得建议或研究协助通常需要支付较高的价格。投资者必须比较他们支付给全面服务经纪人额外的佣金与他们获得的建议的价值，因为可得的建议数量是三种类型的经纪人之间唯一的主要区别。

来自朋友或业务伙伴的推荐是开始寻找你的股票经纪人的不错的途径（不要忘记考虑做出推荐的人的投资风格和目标）。然而，是否与你的股票经纪人有私交并不重要——通常甚至也不可取。在这个在线经纪人时代，你可能永远也不会面对面地会见你的经纪人。严格的业务关系消除了个人关系干扰实现你的投资目标的可能性。有关股票经纪人如何通过与朋友的私人关系带来麻烦的例子，可参见下面的"投资中的道德规范"栏目。

投资中的道德规范

你好，我是蒂莫西，一个内幕交易者

2012 年 5 月，SEC 指控股票经纪人蒂莫西·麦吉（Timothy McGee）利用内幕信息在费城联合控股公司（PHLY）被东京海上控股公司收购之前购买了该公司的股票。麦吉用不到每股 39 美元的价格购买了 10 250 股 PHLY 的股票。一天之后，在东京海上控股公司宣布其购买该公司之后，PHLY 的股价暴涨至每股近 60 美元，这给麦吉先生带来了超过 20 万美元的利润。此外，联邦检察官指控麦吉还把有关收购的信息告诉了朋友，他的朋友也购买了费城联合控股公司的股票。

麦吉是在与一个 PHLY 的高管朋友参加完匿名戒酒者协会的活动之后获悉即将发生收购活动的。在起诉书中，SEC 指控麦吉亏欠他的高管朋友源于他们通过匿名戒酒者协会的长期友谊而形成的"信托责任和其他信任与信心职责"。为了进行内幕交易指控，政府必须证明提供信息的人和接受信息的人在其他个人或专业事务方面存在保守秘密的历史。这一点是至关重要的，因为根据重要的非公开信息进行交易并不是非法的，除非这么做涉及违背对某人的信托责任或者破坏信任与信心。这是政府首次希望根据匿名戒酒者协会的会员关系来证明发生了这种违约行为。

资料来源：Alan Farnham. "Insider Trading Case Involves Secrets Shared Among AA Members," March 15, 2012, abcnews. com.

思辨题

假设你在飞机上无意中听到一家公司的两位高管正在谈论即将发生的合并。如果你根据无意中听到的消息来购买股票，那么你是在从事内幕交易吗？

但是，你的经纪人的主要利益不应该是佣金。负责任的经纪人不依靠**反复交易**（churning）（也就是导致客户账户过度交易）而增加佣金。根据美国证券交易委员会和交易所的规则，导致客户反复交易是非法和不道德的，但这往往很难证明。

开立账户

要开立一个账户，你需要填写在你和经纪公司之间建立法律关系的各种表格。股票经纪人应该充分理解你的个人财务状况以评估你的投资目标——确保你有能力支付购买的证券。你还要向经纪人提供有关证券的转让和保管说明。想要借款来进行交易的客户还必须设立保证金账户（如下所述）。如果你是保管人、受托人、执行人或公司，经纪公司还会要求你提供额外的文件。

投资者可以拥有多于一个股票经纪人的账户。许多投资者在不同类型的公司建立账户，以便获得不同经纪人的优势和意见，并降低他们进行买卖交易的总成本。

接下来你必须选择最符合你的需求的账户类型。我们将简要考虑几种较受欢迎的类型。

单一账户还是联合账户。一个账户既可以是单一账户，也可以是联合账户。联合账户

最常见于夫妻之间或父子之间。未成年人（18 岁以下的人）的账户是**保管账户**（custodial account），其中父母或监护人必须参与所有交易。无论账户的形式如何，账户持有人的姓名和账号都被用于识别账户。

现金账户还是保证金账户。**现金账户**（cash account）是较常见的类型，是客户只能用现金交易的账户。客户可以通过电话或在线发起现金交易，并要在 3 个工作日内将现金转给经纪公司。经纪公司同样要在 3 个工作日内将出售证券所得的款项存入客户的现金账户。

保证金账户（margin account）是经纪公司给予值得信任的客户借款权的账户。通过将证券放在经纪公司作为抵押物，客户可以借入一笔等于证券购买价格一定比例的现金。当然，经纪公司会按其规定的利率就借款向客户收取利息。

包管账户。**包管账户**（wrap account）（也叫作管理账户）使得有大额投资组合（通常为 100 000 美元或更多）的经纪公司客户可以方便地将股票选择决策权转移给内部的或独立的专业资金管理者。作为对定额年费的回报（定额年费通常在投资组合总资产价值的 1%到 3%之间），经纪公司帮助投资者选择一个资金经理人，向经理人支付费用并执行资金经理人的交易。投资者、经纪人或经理人在开始的时候会讨论客户的总体目标。

除了便利性之外，包管账户还因很多原因而有吸引力。在大多数情况下，年费包括了所有交易的佣金，实际上消除了经纪人致使账户过度交易的可能性。此外，经纪人监控经理人的业绩，通常每季度为投资者提供详细的报告。

零星交易和整手交易

投资者既可以通过零星交易购买股票，也可以通过整手交易购买股票。**零星**（odd lot）是指不到 100 股股票。**整手**（round lot）是指以 100 股为单位。如果你买了 25 股股票，那么你的交易就是零星交易，但是，如果你买了 200 股股票，那么你的交易就是整手交易。一笔 225 股的交易则是 1 个零星和 2 个整手的组合。

零星交易曾经需要经纪公司的额外处理或专家的协助才能完成，但现在计算机交易系统使得零星交易变得容易得多。因此，零星交易通常不会像以前那样带来较高的费用。小额投资者在他们的投资计划的早期阶段主要是从事零星交易，因为他们通常缺乏从事整手交易的财务资源。

订单的基本类型

投资者可以使用不同类型的订单来进行证券交易。提交的订单类型通常取决于投资者的目标和预期。订单的三种基本的类型是市价订单、限价订单和止损订单。

市价订单

按投资者提交订单时可得的最优价格买入或卖出股票的订单是**市价订单**（market order）。市价订单通常是满足订单的最快方式，因为市价订单通常在到达交易所大厅或者在做市商收到时立即被执行。由于执行市价订单的速度快，证券的买方或卖方可以确保订单被交易的价格非常接近于提交订单时的市场价格。

限价订单

限价订单（limit order）是指在指定价格或低于指定价格（限价买单）购买，或者以指定价格或高于指定价格（限价卖单）出售的订单。当投资者提交限价订单时，经纪人将其传送到交易该证券的做市商处。做市商在其订单簿中记下限价订单的股份数量和价格，并且只要存在指定的限价（或更好的价格）就执行该订单。做市商必须优先满足所有其他的订单——之前接收的类似订单、指定价格更高的买入订单或指定价格更低的卖出订单。投资者可以通过下列形式之一来提交限价订单：

（1）全数执行或立刻取消订单，如果没有被立即执行就取消。

（2）日内订单，如果未被执行就在该日结束时自动取消。

（3）取消前有效订单，通常在执行、取消或更新订单之前的 6 个月内有效。

【例 3 - 1】

假设你提交了一份按 30 美元的限价买入 100 股目前市价为 30.50 美元的股票订单。一旦专业人员结清了在你之前收到的所有类似订单，并且一旦股票的市场价格降到 30 美元或更低，他就执行你的订单。当然，也有可能你的订单在股票价格降至 30 美元之前就过期了（如果不是一个取消前有效订单）。

虽然限价订单可以相当有效，但也会阻止你进行交易。例如，如果你想以 30 美元或更低的价格买入股票，而股票价格在你等待的时候从目前的 30.50 美元价格变为 42 美元，那么你就错过了赚取每股 11.50（＝42－30.50）美元利润的机会。如果你提交的是一个以最佳可用价格（30.50 美元）购买股票的市价订单，那么 11.50 美元的利润就是你的了。当股价在大幅下跌之前接近但未达到最低出售价格限额时，出售股票的限价订单也是不利的。一般来说，当股票价格波动剧烈时，限价订单最有效，因为这样的话会有更好的执行订单的机会。

止损订单

当投资者提交**止损订单**（stop-loss order 或 stop order）时，经纪人告诉做市商在市场价格达到或低于指定水平时卖出股票。止损订单是对股票提交的中止订单，在股票达到一定价格时被激活。止损订单被提交到做市商的订单簿上并在股票达到止损价时被激活。像限价订单一样，止损订单通常是当日订单或始终有效订单。当被激活时，止损订单成为以最优价格卖出证券的市价订单。因此，出售的实际价格有可能远低于止损订单被激活时的价格。投资者使用这些订单来保护自己免受股价快速下跌的不利影响。

【例 3 - 2】

假设你拥有 100 股巴拉德工业（Ballard Industries）的股票，目前的每股售价为 35 美元。因为你认为股票价格随时会快速下降，你提交了一份按每股 30 美元卖出的止损订单。如果股票价格实际上确实降到每股 30 美元，那么做市商将以当时最好的价格卖出 100 股股票。如果在你的止损订单出现时的市场价格下跌到 28 美元，那么你将收到每股不到 30 美元。当然，如果市场价格保持在每股 30 美元以上，那么你不会因下单而失去任何东西，因为止损订单永远不会被启动。投资者通常随着股票价格的上涨而提高止损水平。这种行为有助于在价格上涨时锁定更高的利润。

投资者也可以下达止损订单来买入股票，但买入订单远不如卖出订单常见。例如，一旦价格上涨到 75 美元（止损价），你可以下达止损订单来购买 100 股目前每股售价为 70 美元的 MJ 公司的股份。这些订单通常被用于限制卖空（已在第 2 章讨论）的损失或者在股价开始上涨时买入股票。

为了避免在你的止损订单成为市价订单时市场的变动产生不利的风险，你可以提交止损限价订单而不是平仓止损订单。这是一个一旦规定的止损价格被满足就按给定的或更好的价格买入或卖出股票的订单。例如，在巴拉德工业的例子中，如果止损限价订单生效，那么当巴拉德的市场价格跌至每股 30 美元时，经纪人会输入限价订单以每股 30 美元或更好的价格卖出 100 股。因此，你的股票不会有每股低于 30 美元的风险——除非股票价格正好一直下降。如果那样，你会完全错过市场并最终持有价值远小于 30 美元的股票，任何限价订单都会如此。即使卖出的止损订单被触发（每股 30 美元），在止损限价订单下如果股票价格一直下跌，那么股票也不会被卖出。

在线交易

随着越来越多的经纪公司进入这一业已拥挤的领域，在线业务的竞争也日渐激烈。经纪公司正在鼓励客户从事在线交易，并提供各种激励来为自己获得业务，包括免费交易！然而，低成本并不是选择经纪公司的唯一依据。就任何金融决策而言，你必须考虑自己的需求并找到能满足需求的经纪公司。一位投资者可能需要来自像美国银行那样的全面服务经纪人或者像嘉信理财（Charles Schwab）或宏达理财（TD Ameritrade）那样的优惠折扣经纪人所提供的及时信息、研究和快速可靠的交易。另一位积极型交易者会关注成本和快速交易而不是研究，从而会在基本折扣经纪人那儿注册，如第一证券（Firstrade）或 Wall Street* E。浏览网站的方便性是寻找用于执行在线交易的基本折扣经纪人的主要因素。一些在线经纪人还提供债券和共同基金的网上交易服务。

日内交易

对于一些投资者而言，在线股票交易是如此难以抗拒，以至他们成为了日内交易者。与买入并持有的关注长期的投资者相反，**日内交易者**（day trader）全天快速地买入和卖出股票。他们希望他们的股票价值在他们持有的短暂时间里能不断上涨——有时只是几秒钟或几分钟——从而他们可以快速获利。有些投资者也从事卖空交易，寻找小幅的价格下跌。真正的日内交易者不会持有股票过夜——从而会有"日内交易者"这一术语——因为他们认为价格逐日的剧烈变动所带来的极端风险会导致巨大的损失。

日内交易既不是非法的，也不是不道德的，但风险很高。加重其风险的是，日内交易者为放大自己的潜在利润通常会用保证金买入股票。但正如我们在第 2 章所看到的，保证金交易也增加了巨额损失的风险。

因为互联网使得大众能够获得投资信息和交易，所以日内交易已经变得日渐流行。这是一个非常困难的工作——本质上是一个压力很大的全职工作。虽然日内交易的推销技巧使其看起来像是一个快速致富的好方法，但通常的情况刚好相反。日内交易者在他们开始交易的时候通常会遭受重大的财务损失。此外，他们还有高额的经纪佣金、培训和计算机设备方面的费用。仅仅为了抵消费用和佣金，他们每年就必须赚取可观的交易利润。有些人从来没有实现过盈利。

技术和服务问题

随着在线投资者数量的增加，困扰经纪公司及其客户的问题也增加了。在过去的几年中，大多数经纪公司都已经升级了它们的系统以减少服务中断的次数。但潜在的问题超出了网站本身。一旦投资者在一家公司的网站上提交了一笔交易，该交易要被执行是要通过其他几方的。大多数在线经纪人并没有自己的交易席位，他们与其他交易公司达成协议在纽约证券交易所或纳斯达克股票市场执行他们的订单。在该过程中任何一点减速都会给确认交易造成问题。认为自己的交易还没有通过的投资者会再次提交订单——只是后来才发现他们已经两次买了同一只股票。交易没有立即得到执行和确认的在线投资者在他们无法在线解决他们账户的其他问题时会使用电话方式，但他们通常在接通电话前面临很长时间的等待。

给成功的在线交易的提示

成功的在线投资者在提交订单之前需要采取额外的预防措施。下面是一些可以帮助你避免一些常见问题的提示：

（1）在开始交易之前了解如何提交和确认订单。这个简单的步骤可以避免以后遇到问题。

（2）验证你想要购买的证券的股票代号。两家非常不同的公司可以有类似的股票代号。一些投资者因为在下单之前没有检查而购买了错误的股票。

（3）使用限价订单。你在电脑屏幕上看到的价格可能不是你得到的价格。通过限价订单，你可以避免在快速变化的市场中亏钱。虽然限价订单成本更高，但它们能为你节省成千上万美元。例如，渴望获得热门 IPO 股票的客户提交市价订单。有些人震惊地发现，在股票的第一个交易日他们的订单是在高达 90 美元的价格上成交的，而不是 19 美元的发行价。意识到价格被抬高的投资者试图取消订单，但却联系不上经纪人。因此，一些经纪人在交易的第一天只接受 IPO 在线购买的限价订单。

（4）不要忽略要求你检查和重新检查的在线提醒。在输入时，很容易犯下在购买金额上多加了一位数字这样的错误。

（5）别激动。投资者很容易在自己的账户上发生过度交易。事实上，新的在线投资者的交易是他们之前交易的两倍。要控制冲动交易，制定一个策略并坚持下去。

（6）在两个经纪人处开立账户。如果你的在线经纪人的计算机系统崩溃，这种方法可以保护你。如果一个经纪人因交易量太大而顾不过来，这种方法也给了你一个备选

> **投资者错误**
>
> ### 名称中有什么？
>
> 混淆股票代码可能会导致投资者犯下尴尬和代价高昂的错误。一项研究发现，打算购买一家名为 MCI 通信公司股票的投资者（其广为人知的简称是 MCI，但交易的股票代码是 MCIC）错误地购买了万通投资公司（Massmutual Corporate Investors）的股票。错误的原因是万通公司的股票代码是 MCI。

途径。

（7）仔细检查订单的准确性。确保每笔交易都是按照你的指示完成的。很容易打错字或使用错误的股票代号，所以检查确认通知，以验证买入或卖出了正确的股票数量，以及价格和佣金或费用如所报出的那样。检查你的账户是否有"未授权的"交易。

交易成本

对投资者来说，通过经纪人或做市商进行交易比直接谈判要容易得多，即试图找到正好想买进你想卖出的东西的人（反之亦然）。为了对经纪人执行交易给予补偿，投资者需要支付交易的成本，这通常是同时对证券的买卖双方征收的。因为交易成本会影响收益，所以在做投资决策时，你必须考虑交易成本的结构和高低。

自 1975 年的《证券法修正案》通过以来，经纪人被允许收取他们认为适当的任何佣金。大多数公司已经建立了适用于小额交易的**固定佣金**（fixed commission），而个人投资者最常做的就是小额交易。在大额机构交易中，客户和经纪人可以安排**协商佣金**（negotiated commission）——双方都同意的佣金。协商佣金也适用于保有通常在 50 000 美元以上的大额账户的个人投资者。佣金结构因证券类型和经纪人类型而异。在随后的章节中，我们将描述适用于各种类型的证券的基本佣金结构。

由于经纪公司对股票交易收取佣金的方式不同，所以很难准确比较其价格。传统经纪人一般是根据交易时的股票数量和股票价格来收费。互联网经纪人一般对小于 1 000 股的交易收取统一费率，对更大或更复杂的交易订单再收取额外的费用。然而，许多传统经纪公司已经减少了经纪人辅助交易的佣金，并（对包管账户）建立起年度固定费用，设定为占账户中资产价值的指定百分比。除非你是一个非常活跃的交易者，否则最好还是根据每笔交易来支付佣金。

显然，优惠折扣经纪人和基本折扣经纪人对同样一笔交易的收费远低于全面服务经纪人。然而，一些折扣经纪人通过收取最低费用来劝阻小额订单。在折扣经纪人处可以节省很多。根据交易的规模和类型，优惠折扣经纪人和基本折扣经纪人可以为投资者节省的金额通常占全面服务经纪人收取佣金的 30％到 80％之间。

投资者保护：证券投资者保护公司和仲裁

虽然大多数投资交易都是安全进行的，但重要的是要知道，如果事情进展不顺利，你有什么保护。作为客户，你受到保护不会失去你的经纪人所持有的证券或现金。**证券投资者保护公司**（Securities Investor Protection Corporation，SIPC）是一家非营利的会员制公司，是经 1970 年的《证券投资者保护法》授权的，保护客户账户免受经纪公司财务破产的影响。SIPC 目前为每个客户账户提供高达 50 万美元的保障，每个客户的现金求偿权的上限为 25 万美元。注意，SIPC 的保险不保证投资者能收回证券的价值，只保证证券本身能被退还。一些经纪公司还为超过 50 万美元的某些客户账户投保。当然，鉴于经纪公司所提供服务的多样性和质量不同，这可能是你选择公司经纪人和个人经纪人时应该考虑的额外服务。

SIPC 在你的经纪公司破产时提供保护。但是，如果你的经纪人给你糟糕的建议并导致你在一项投资上亏了很多钱该怎么办？或者如果你觉得你的经纪人正在导致你的账户过度交易怎么办？在任何一种情况下，SIPC 都不会提供帮助。SIPC 的目的不是保护你免于受到糟糕的投资建议或过度交易的影响。相反，如果你与你的经纪人有争议，那么你首先应该做的是与你从事交易的分支机构的管理人员讨论情况。如果这不起作用，那么就联系公司的合规官和你所在州的证券监管机构。

如果你仍然不满意，那么还可以使用诉讼（司法手段）来解决争端。可以避免诉讼的替代性争议解决方法包括调解和仲裁。**调解**（mediation）是一种非正式的、自愿的方法，在调解中，你和经纪人同意由一个专业调解员来协助你们之间的谈判以解决此案。调解员不会向你和经纪人强加一个解决方案。金融业监管局和证券相关组织鼓励投资者通过调解解决纠纷而不是仲裁，因为调解可以同时减少投资者和经纪人的成本和时间。

如果不进行调解，或者如果调解失败，那么你就别无选择，只能将案件提交**仲裁**（arbitration）。这是一个正式程序，你和你的经纪人在仲裁委员会面前向仲裁庭提交双方的证据，然后委员会裁决案件。许多经纪公司要求你通过有约束力的仲裁来解决争议，在这种情况下，你没有提起诉讼的选择权。你必须接受仲裁员的裁决，在大多数情况下，你不能到法院解决你的案件。在你开立账户之前，请检查经纪协议是否包含有约束力的仲裁条款。

调解和仲裁程序通常成本较低，并且比诉讼的解决速度更快。最近的立法已经赋予许多投资者使用证券业委员会或独立仲裁委员会的选择权，例如由美国仲裁协会（AAA）赞助的委员会。独立委员会被认为对投资者更有同情心。此外，一个委员会的 3 名仲裁员中只有 1 名可以与证券业有关联。FINRA 在其网站上报告说，2011 年有约 74％的通过裁决或判决进行的客户索赔案例为投资者带来了货币性或非货币性补偿。

也许避免调解、仲裁或诉讼的最好方法是仔细选择经纪人，了解经纪人建议中涉及的财务风险，全面评估他提供的建议，并持续监控他推荐和执行的交易量。显然，一开始选择合适的经纪人的成本要比随后因选择了一个坏的经纪人所招致的财务和情感成本要低得多。

如果你有在线交易的问题，请立即向经纪人提交书面而非电子邮件的投诉，列出交易的日期、时间和金额，以及所有的支持文档。向金融业监管局（www.finra.org）和你所在州的证券监管机构各提交一份副本。如果你不能同经纪人解决问题，可以尝试调解，然后诉诸仲裁，诉讼是最后的手段。

概念复习

答案参见 www.pearsonhighered.com/smart。

3.13 描述经纪公司提供的服务类型，讨论选择合适的股票经纪人的标准。

3.14 简要区别下列类型的经纪账户。

a. 单一账户或联合账户；

b. 保管账户；

c. 现金账户；

d. 保证金账户；

e. 包管账户。

3.15 区别市价订单、限价订单和止损订单。使用止损订单而非限价订单的理论依据是什么？

3.16 区别与全面服务经纪人、优惠折扣经纪人和基本折扣经纪人有关的服务和成本。一定要讨论在线交易。

3.17 什么是日内交易？为什么日内交易风险高？如何避免在线交易者会遇到的问题？

3.18 经纪人通常根据交易的股份数以哪两种方式对执行交易收取费用？在线交易费用是如何根据经纪人的介入程度来收取的？

3.19 证券投资者保护公司为证券投资者提供了什么保护？如何使用调解和仲裁程序来解决投资者与其经纪人之间的争端？

投资顾问和投资俱乐部

许多投资者认为自己既没有时间也没有专业知识来分析财务信息并自己做出决策。相反，他们求助于**投资顾问**（investment adviser），即通常为收取费用而提供投资建议的个人或公司。另外，一些小额投资者加入**投资俱乐部**（investment club）。下面我们将首先讨论使用投资顾问，然后简要介绍投资俱乐部的主要方面。

使用投资顾问

投资顾问提供的"产品"的范围从宽泛的一般建议到详细的具体分析和建议。最一般形式的建议是投资顾问公布的信函。这些信函对经济、时事、市场行为和具体证券进行评论。投资顾问还提供完整的个性化的投资评估、建议和管理服务。

对投资顾问的规制

正如我们在第 2 章所指出的，1940 年的《投资顾问法》确保了投资顾问充分披露有关其背景、利益冲突等方面的信息。该法案要求专业投资顾问在 SEC 注册并提交定期报告。1960 年的修正案允许 SEC 检查投资顾问的记录，并撤销那些违反法案条款的人的注册。但是，在其主要专业活动之外提供投资建议的财务规划人员、股票经纪人、银行家、律师和会计师不受该法案的规制。许多州也通过了类似的立法，要求投资顾问注册并遵守由州法律所确立的行动指南。

请注意，监管专业投资顾问活动的联邦和州法律并不保证他们能胜任工作。相反，法律旨在保护投资者免受欺诈和不道德行为的伤害。重要的是要认识到，目前没有法律或监管机构控制该领域的进入。因此，投资顾问的范围从高度知情的专业人士到完全无能力的业余爱好者。拥有专业证书的顾问通常是首选，因为他们在与投资过程直接或间接相关的领域完成了学术课程。此类证书包括特许金融分析师（Chartered Financial Analyst，CFA）、认证投资管理分析师（Certified Investment Management Analyst，CIMA）、特许投资顾问（Chartered

Investment Counselor，CIC）、国际金融理财师（Certified Financial Planner™，CFP®）、特许财务顾问（Chartered Financial Consultant，ChFC）、特许人寿保险人（Chartered Life Underwriter，CLU）和注册会计师（Certified Public Accountant，CPA）。

在线投资建议

你还可以在线查找投资建议。无论是退休规划工具，还是关于如何实现资产分散化的建议，自动化的投资顾问都可以为你提供帮助。如果你的需求是具体的而不是全面的，你可以在其他网站找到好的建议。例如，T. Rowe Price 有一个出色的大学规划版块（www. troweprice. com/college）。Financial Engines（www. financialengines. com）、AdviceAmerica（www. adviceamerica. com）和 DirectAdvice（www. directadvice. com）是提供更广泛规划能力的几个独立咨询网站。许多共同基金网站有在线财务顾问。例如，先锋集团（www. vanguard. com）有一个个人投资者版块来帮助你为特定投资目标选择基金，如为退休或为大学教育筹集资金。

投资建议的成本和使用

获得专业投资建议的年度成本通常占所管理资金金额的 0.25% 到 3%。对于大额投资组合来说，费用通常占 0.25% 至 0.75%。对于小额投资组合（少于 10 万美元）来说，年度费用通常占所管理资金金额的 2% 到 3%。这些费用通常包括对客户资金的完全管理。不作为订阅服务一部分提供的定期投资建议，其成本可以基于固定费用计算，也可以按小时收取咨询费用来报价。在线顾问要便宜得多，他们有的是免费的，有的收取年费。

不管你是选择传统的投资咨询服务还是决定尝试一下在线服务，其中的一些总比其他的更好。更昂贵的服务不一定提供更好的建议。在购买服务之前，最好仔细研究投资顾问的业绩记录和整体声誉。投资顾问不仅应该有良好的业绩记录，而且他还应该适合你的个人目标。

网上顾问的建议有多好？这很难判断。他们建议的计划只与投入相匹配。初始投资者可能没有足够的知识对未来的储蓄、税收或通货膨胀率做出明智的假设或者对结果进行全面的分析。一个好的面对面的个人理财师会提出很多问题来评估你的投资专业知识，并解释你不知道的地方。旨在解决这些早期问题的自动化工具可能关注面过于狭窄，因而未能考虑到你的投资组合的其他部分。对很多投资者来说，在线顾问首先缺乏的是引导他们获得帮助的能力——人性化。投资者想要的是在他们的投资计划中遵循的个人指导、专业知识和鼓励。

投资俱乐部

获得投资建议和经验的另一种方式是加入一个投资俱乐部。这个方法对于那些不想承担投资顾问费用的财力一般的人特别有用。投资俱乐部是一种法律上的合作关系，将一组投资者（合作伙伴）按照规定的组织结构、运营程序和目的约束在一起。大多数俱乐部的目标是根据组织的投资目标进行投资来获得有利的长期回报。

有类似目标的个人通常形成投资俱乐部，将他们的知识和资金汇集到共同拥有和管理的投资组合中。某些成员负责获取和分析特定投资策略的数据。在定期的会议上，成员提交其发现以供成员讨论和进一步分析。一经讨论，团队就要决定是否执行提出的策略。大多数俱乐部要求会员定期向俱乐部的金库缴款，从而定期增加可投资资金池。虽然大多数俱乐部都专注于股票和债券投资，但也有一些可能专注于专业领域的投资，如期权或期货。投资俱乐部的会员资格为新手投资者提供了一个极好的方式来了解投资组合构建和管理的关键方面，同时还能在他或她的资金上获得有利的回报。

如你所料，投资俱乐部也加入到在线投资运动中。通过接入互联网，俱乐部免受地理限制。现在，世界各地的许多素未谋面的投资者，可以组成一个俱乐部，并讨论投资策略和股票选择，就像他们亲自会面了一样。找个时间或地点来碰头不再是问题。有些俱乐部是由朋友组成的，其他则是由有类似投资理念和可能在网上遇到的陌生人组成。在线俱乐部通过电子邮件或设立私人网站来开展业务。有一个名为"更好的投资社区"（Better Investing Community）的非营利组织，其成员可以获得学习资料、投资工具和其他投资功能。

更好的投资社区有超过 20 万个个人和俱乐部投资者，以及超过 16 000 个投资俱乐部，出版各种有用的材料，也赞助地区性和全国性的会议。要了解如何成立投资俱乐部，可访问它们的网站。

> **投资者事实**
> **人多反倒误事**
> 虽然投资俱乐部是一种了解投资的流行方式，但研究表明，平均来说，投资俱乐部的表现并不是特别好。一项研究调查了 166 个投资俱乐部的结果，发现它们的平均收益率每年比广义市场指数低 3%。
>
> 资料来源：Brad M. Barber & Terrance Odean. 2000. "Too Many Cooks Spoil the Profits: The Performance of Investment Clubs." *Financial Analyst Journal* (January/February)，17 - 25.

概念复习

答案参见 www.pearsonhighered.com/smart。

3.20 描述专业投资顾问的服务、他们是如何被监管的以及在线投资顾问和投资建议的成本。

3.21 投资俱乐部为小额投资者提供了什么好处？你想加入一个传统俱乐部还是一个在线俱乐部？为什么？

我的金融实验室

下面是学完本章之后你应该知道的内容。**我的金融实验室**会在你需要练习的时候帮助你识别你知道什么以及去哪练习。

你应该知道的	重要术语	去哪里练习
目标1：讨论在线投资的增长和使用互联网作为投资工具的利弊。通过提供以前只有投资专业人士才能得到的信息和工具以及简化投资流程，互联网增强了个人投资者的能力。互联网节省了大量的时间和金钱。投资者获得最新的信息，包括实时股票报价、市场活动数据、研究报告、教育文章和交流论坛。诸如财务计划计算器、股票筛选程序、图表、股票报价和投资组合跟踪系统之类的工具在许多网站上都是免费的。在线买卖证券方便、相对简单、价格便宜并且速度快		我的金融实验室学习计划3.1
目标2：识别投资信息的主要类型和来源。投资信息，不管是描述性的还是分析性的，包括关于经济和时事、行业和公司及替代性投资工具的信息，还包括价格信息和个人投资策略。这可以从财经报刊、普通报纸、机构新闻、商业期刊、政府出版物、特别订阅服务、股东报告、比较性数据来源、订阅服务、经纪报告、投资信函、价格信息及电子和在线来源处获得。大多数印刷出版物还有可以访问其全部或部分内容的网站。金融门户网站汇集了各种在线财经信息。投资者还能找到债券、共同基金和国际信息的专门网站，以及讨论个别证券和投资策略的论坛。因为很难知道那些在留言板上张贴帖子的人的资质，所以参与者在根据一个在线提示采取行动之前必须自己做研究	分析性信息 内部研究报告 《巴伦周刊》 描述性信息 公平披露规则（《规章FD》） 金融门户网站 10-K 表格 投资信函 默根 报价 标准普尔公司（S&P） 股东（年度）报告 《价值线投资调查》 《华尔街日报》	我的金融实验室学习计划3.2
目标3：解释经常引用的股票和债券市场的平均值和指数的关键之处。投资者通常依赖股市平均值和指数来跟上市场行为。最常被引用的是道琼斯平均指数，其中包括道琼斯工业平均指数（DJIA）。还被广泛运用的是标准普尔指数、纽约证券交易所综合指数、纽交所美国证券交易所综合指数、纳斯达克股票市场指数和价值线指数。许多其他平均值和指数还包括一些全球和国外市场指数，在金融出版物中会定期发布	美国证券交易所综合指数 平均值 债券收益率 道琼斯公司债券指数 道琼斯工业平均指数（DJIA） 指数 纳斯达克股票市场指数 纽约证券交易所综合指数	我的金融实验室学习计划3.3 问题P3.2的视频学习辅导
债券市场的指标最常见的是债券收益率和债券指数。道琼斯公司债券指数是最受欢迎的指数之一。收益率和价格指数数据也可用于各种类型的债券和各种国内外市场。股票和债券市场统计数据每天在《华尔街日报》上发布，每周在《巴伦周刊》上汇总	标准普尔指数 价值线综合指数	

你应该知道的	重要术语	去哪里练习
目标 4：评述股票经纪人的作用，包括他们提供的服务、股票经纪人的选择、开户及交易基础知识。 证券经纪人促进证券的买卖，并提供其他一些客户服务。投资者应选择一个对投资有合理安排的股票经纪人，并且其公司以有竞争力的成本提供合意的服务。当前，全面服务经纪人、优惠折扣经纪人和基本折扣（在线）经纪人之间的区别正在变得模糊。大多数经纪人现在提供在线交易功能，许多不提供非必要服务的经纪人正在扩大他们的服务范围，包括研究和咨询。投资者可以开立各种类型的经纪账户，如单一账户、联合账户、保管账户、现金账户、保证金账户和包管账户。 　交易以零星（少于 100 股）或整手（100 股或其倍数）的方式进行	基本折扣经纪人 现金账户 过度交易 保管账户 全面服务经纪人 保证金账户 零星 优惠折扣经纪人 整手 股票经纪人 代持 包管账户	我的金融实验室学习计划 3.4
目标 5：描述订单的基本类型、在线交易、交易成本及投资者保护的法律问题。 市价订单是以最佳可得价格买卖股票的订单。限价订单是指以指定价格或更低价格买入，或者以指定价格或更高价格卖出的订单。止损订单在达到最低卖出价格或最高买入价格后即成为市场订单。限价和止损订单可以作为全数执行或立刻取消订单、日内订单或取消前有效订单。 　对于小额交易，大多数经纪人都有固定佣金表，对于较大额的交易，他们会采用协商佣金。佣金也因证券类型和经纪人类型而异。证券投资者保护公司（SIPC）保障客户的账户免受经纪公司破产的影响。经常使用调解和仲裁程序来解决争端。这些争端通常涉及投资者认为经纪人给了不好的建议或导致账户过度交易	仲裁 日内交易 固定佣金 限价订单 市价订单 调解 协商佣金 证券投资者保护公司 止损订单	我的金融实验室学习计划 3.5 问题 P3.10 的视频学习辅导
目标 6：讨论投资顾问和投资俱乐部的作用。 投资顾问收取的年费为所管理金额的 0.25% 至 3%，通常受联邦和州法律监管。现在还有提供投资建议的网站。投资俱乐部为个人投资者提供投资建议，帮助他们获得投资经验。在线投资俱乐部在各个地理区域都有会员，并通过电子邮件或私人网站形式开展业务	投资顾问 投资俱乐部	我的金融实验室学习计划 3.6

登录**我的金融实验室**，做一个章节测试，取得一个个性化的学习计划，该学习计划会告诉你，你理解哪些概念，你需要复习哪些。在那儿，**我的金融实验室**会提供给你进一步的练习、指导、动画、视频和指引性解决方法。登录 www.myfinancelab.com

讨论题

Q3.1　以其名字命名的证券公司的首席执行官托马斯·韦塞尔（Thomas Weisel）认为，个人投资者已经有了太多的信息。"很多人亏钱的原因是根据零散的数据过度交易，"他说。其他一些行业专业人士出于同样的原因反对 SEC 的公平披露规则（《规章 FD》）。证券业协会的总顾问担心的是，该规则是限制而不是鼓励信息流动。其他证券专业人士认为，个人投资者实际上不能解读他们现有的很多信息。解释你为什么同意或不同意这些看法。

Q3.2　从作为一个网上图书销售商开始，亚马逊已经扩展到其他零售领域。从投资于亚马逊的角度出发来从相关来源搜集合适的信息以评估以下内容：

a. 经济状况和过去 12 个月间的关键时事；

b. 关于图书销售行业（过去和未来）的状况和增长的信息以及关于亚马逊及其主要竞争对手的具体信息；

c. 关于亚马逊的经纪报告和分析师建议；

d. 在纳斯达克全国市场交易的亚马逊股票的过去和最近的股利和历史价格；

e. 关于投资于亚马逊的可行性的建议。

Q3.3　访问表 3-4 中列出的 4 个金融门户网站或其他财经信息网站。比较这些网站的易用性、投资信息、投资工具、咨询服务和提供其他服务的链接。再列出获得这些服务的费用（如果有的话）。你会推荐哪个？为什么？

Q3.4　搜集和评估过去 6 个月的相关市场平均值和指数来评价最近的股票和债券市场状况。描述每个市场的情况。使用最近的历史，加上相关的经济和时事数据，预测近期市场情况。根据你对市场状况的评估，你会建议投资股票、债券还是目前什么也不投资？解释你的理由。

Q3.5　准备一份清单，列出你在选择股票经纪人时会提出的问题。根据你的投资目标和配置，描述理想经纪人和理想经纪公司的样子。讨论使用全面服务经纪人而不是优惠折扣或基本折扣经纪人的利弊。如果你打算从事在线交易，你会问哪些额外的问题？

Q3.6　查找并访问表 3-5 中列出的 2 个基本折扣经纪人的网站或者你知道的任何其他网站。在浏览网站之后，就易用性、信息质量、投资工具的可得性、可靠性、其他服务以及你认为重要的任何其他标准来比较它们。总结你的发现，并解释如果你要开立一个账户，你会选择哪个？为什么？

Q3.7　描述保守的和激进的投资者会如何使用以下类型的订单作为其投资计划的一部分。就这些偏好来对比这两种类型的投资者。

a. 市价订单；

b. 限价订单；

c. 止损订单。

Q3.8　访问 3 个专门用于投资者保护的网站：www.finra.org、www.investorprotection.org 和 www.sipc.org。这些网站有什么共同点？在所有 3 个网站，有没有成为一个明智的投资者可以学习到的相同的教训？这些网站有何不同？

Q3.9　区别你从传统投资顾问和新的在线规划和咨询网站收到的财务建议。你个人更喜欢用哪种？为什么？投资俱乐部的会员身份如何成为付费投资顾问的替代选项？

问题

P3.1　克里斯·勒布朗（Chris LeBlanc）估计，如果他使用花费了 75 美元的数据来做 5 个小时的研究，那么他就有一个很好的机会将一笔 10 000 美元的 1 年期投资的期望收益率从 8% 提高到 10%。克里斯认为，在他投入研究的时候，他每小时必须能赚到至少 20 美元。

a. 求克里斯做研究的成本。

b. 克里斯的收益会因研究而增加多少（以美元计）？

c. 根据严格的经济逻辑，克里斯应该开展计划中的研究吗？

P3.2　假设迷你道琼斯指数（MDA）基于 5 只股票的收盘价。当前用于计算 MDA 的除数为 0.765。附表中给出了当前和 1 年前 MDA 中 5 只股票的收盘价，1 年前的除数为 0.790。

a. 计算现在和 1 年前的 MDA。

b. 比较在 a 部分计算的 MDA 的值，并描述在过去 1 年里明显的市场行为。是牛市还是熊市？

股票	现在（美元）	1 年前（美元）
Ace Computers	65	74
Coburn Motor Company	37	34
National Soap & Cosmetics	110	96
Ronto Foods	73	72
Wings Aircraft	96	87

P3.3　SP-6 指数（一个虚构指数）被许多投资者用来监测股市的整体行为。该指数有一个在 1975 年 1 月 1 日被设为 100 的基准指数值。在附表中，对包含在该指数中的 6 只股票分别给出了 3 个日期的收盘市场价值。

a. 使用此处提供的数据计算 2013 年 1 月 1 日和 2013 年 6 月 30 日的 SP-6 指数的值。

b. 比较在 a 部分计算的 SP-6 指数的值，并将其与基期指数值相联系。你会将 2013 年 1 月 1 日至 6 月 30 日这 6 个月期间的总体市场情况描述为牛市还是熊市？

股票	股票的收盘市场价值（千美元）		
	2013 - 06 - 30	2013 - 01 - 01	1975 - 01 - 01
1	430	460	240
2	1 150	1 120	630
3	980	990	450
4	360	420	150
5	650	700	320
6	290	320	80

P3.4　迪帕·钟（Deepa Chungi）希望开发一个可用于衡量股价随时间而变的整体行为的平均值或指数。她决定在平均值或指数中包括 6 只密切跟踪的高质量股票。她打算用她的生日 1984 年 8 月 15 日作为基期，并对度量 2010 年 8 月 15 日和 2013 年 8 月 15 日的平均值或指数值感兴趣。她找到了 6 只股票 A 到 F 在 3 天中的收盘价，并计算了可用于对自基准年以来发生的任何股票分割、公司变化等进行调整的除数，除数等于 1.00。

a. 使用表中给出的数据和用于计算道琼斯平均值的相同方法，计算每个日期的市场平均值——1984 年、2010 年和 2013 年的 8 月 15 日。

b. 使用表中给出的数据并假设 1984 年 8 月 15 日的基准指数值为 10，使用与计算标准普尔指数相同的方法计算每个日期的市场指数。

c. 使用你在 a 部分和 b 部分中的发现来描述 2010 年 8 月 15 日至 2013 年 8 月 15 日之间的整体市场

状况——牛市还是熊市？

d. 计算 2010 年 8 月 15 日和 2013 年 8 月 15 日之间的平均值和指数值的变化百分比。它们为什么不同？

股票	收盘股价（美元）		
	2013 – 08 – 15	2010 – 08 – 15	1984 – 08 – 15
A	46	40	50
B	37	36	10
C	20	23	7
D	59	61	26
E	82	70	45
F	32	30	32
除数	0.70	0.72	1.00

注：在这些日期，每只股票发行在外的股份数是相同的。因此，收盘股票价格与收盘市场价值相同。

P3.5　阿尔·克伦威尔（Al Cromwell）下达了一个市价订单，购买一整手托马斯公司的普通股，该公司在纽约证券交易所上市，目前的每股报价为 50 美元。忽略经纪佣金，确定克伦威尔可能需要支付多少钱。如果他提交的是一个卖出的市价订单，他可能会收到多少钱？解释一下。

P3.6　假设你已经提交了以每股 38 美元的价格购买 100 股 Sallisaw 工具公司的股票的限价订单，但该股票目前的售价是每股 41 美元。如果有的话，讨论下列每种情形的后果。

a. 在取消限价订单前 2 个月，股价降至每股 39 美元。

b. 股价下跌至每股 38 美元。

c. 在取消限价订单前达到的最低股票价格为每股 38.50 美元。当限价订单被取消时，该股票的售价为每股 47.50 美元。

P3.7　如果你提交一个止损订单以每股 23 美元的价格卖出目前售价为每股 26.50 美元的股票，那么如果股价快速下跌至每股 20.50 美元，你在 50 股股票上可能遭遇的最小损失是多少？解释一下。如果你提交的是以每股 23 美元卖出的止损限价订单，那么股价下跌到 20.50 美元会怎么样？

P3.8　你按每股 60 美元的价格卖空 100 股股票。你希望将这笔交易的损失限制在不超过 1 000 美元。你应该下怎样的订单？

P3.9　你一直在研究你喜欢的一只股票，该股票目前的交易价格是每股 50 美元。如果该股票较便宜，比如每股 47 美元，那么你就愿意购买该股票。你认为股票价格将在年底前达到每股 70 美元，然后趋于平稳或下降。你决定提交一个以每股 47 美元买入 100 股股票和以每股 70 美元卖出 100 股股票的限价订单。事实证明，你对股票价格方向的判断是正确的，股价一直涨到了每股 75 美元。你当前的头寸是多少？

P3.10　你拥有 500 股 Ups & Downs 公司的股票。目前的售价为每股 50 美元。你准备去度假，你知道公司将在你离开期间发布盈利报告。为了保护自己免于遭受价格快速下降的损失，你提交了按每股 40 美元的价格卖出 500 股股票的止损限价订单。事实证明，盈利情况不太好，股价在盈利公布后立即下跌到每股 30 美元。然而，股价确实有所反弹，到当天结束时股价回到了每股 42 美元。你的账户会怎样？

P3.11　你在 50% 的保证金账户中有 5 000 美元。你一直在跟踪一只你想买的股票。该股票的价格为每股 52 美元。你决定如果股价跌至每股 50 美元，你就买。你提交一个按每股 50 美元的价格购买 300 股股票的限价订单。股价跌到了每股 50 美元。会发生什么？

访问 www.myfinancelab.com 来获得网络练习、电子表格和其他在线资源。

案例题 3-1

佩雷斯的好运

安杰尔（Angel）和玛丽·佩雷斯（Marie Perez）拥有一家位于新泽西州南部的小型台球房。他们喜欢经营这项生意，并且已经经营了近 3 年。安杰尔是一名退休的专业台球手，为了买这个台球房储蓄了近 10 年，他和他的妻子拥有其完全产权。台球房的收入足以让安杰尔、玛丽和他们的孩子小玛丽（Mary，10 岁）和乔斯（José，4 岁）过上舒适的生活。虽然只接受过 10 年的正规教育，但安杰尔却是一个爱读书的人。他喜欢阅读时事和个人理财资讯，特别是投资类内容。他特别喜欢《金钱》杂志，从中获得了许多关于更好地管理家庭财务的想法。由于经营业务所需的时间很长，安杰尔每天只能投入 3 到 4 个小时去阅读。

最近，安杰尔和玛丽收到通知说玛丽的权叔去世了，留给他们目前市值为 30 万美元的股票和债券的投资组合。他们对获悉自己的好运感到很兴奋，但决定最好不要因财产继承而改变自己的生活方式。相反，他们希望他们的新财富为他们的孩子的大学教育以及他们自己的退休提供费用。他们决定像他们的权叔一样继续把这些资金投资在股票和债券上。

安杰尔觉得，根据这个规划，他需要了解目前投资组合中的证券。他知道要自己管理投资组合，他必须跟踪证券市场以及整体经济。他还意识到，他需要跟踪投资组合中的每只证券，并持续评估在条件允许的时候可以替换的证券。因为安杰尔喜欢利用业余时间跟踪市场行情，他坚信，在有适当信息的情况下，他可以管理投资组合。考虑到所涉及的资金数量，安杰尔不太关心信息成本，相反，他想要的是能以合理的价格获得最好的信息。

问题

a. 解释一下《华尔街日报》和《巴伦周刊》在满足安杰尔的需求方面可以发挥什么作用？你会向安杰尔推荐哪些经济和时事信息的其他一般性来源？解释一下。

b. 安杰尔应该如何使用标准普尔公司、默根和《价值线投资调查》的服务来了解投资组合中的证券？如果有的话，指出你会推荐哪种服务。为什么？

c. 推荐一些具体的在线投资信息来源和工具来帮助安杰尔和玛丽管理他们的投资。

d. 向安杰尔解释一下有必要找一个好的股票经纪人，以及股票经纪人在提供信息和建议方面可以发挥的作用。他应该考虑聘请财务顾问来管理投资组合吗？

e. 给安杰尔一个获取信息的简要指示，并告知这有助于确保家庭新得到的财富的保值和增值。

案例题 3-2

保罗和德博拉对经纪人和顾问的选择

保罗·张（Paul Chang）和德博拉·巴里（Deborah Barry）是为同一家大型软件公司工作的朋友，决定离开相对稳定的公司，并加入一家成立仅 2 年的公司 OnlineSpeed，该公司致力于研究生产快速访问互联网的新光纤技术。保罗将担任负责新产品开发的副总裁，德博拉将担任财务主管。虽然他们对新工作的潜力感到兴奋，但他们也认识到需要考虑跳槽带来的财务影响。直接受影响的是他们的 401(k) 退休计划。在离开现有公司时，他们每个人都将获得一笔大约 75 000 美元的一次性结算款项，他们必须转入自主决定的税款递延的退休账户。两人在吃午饭时碰面讨论他们的这些资金的投资选项。

保罗 30 岁，单身，拥有计算机科学的学士学位。他租了一个公寓，并想在不久之后购买一个公寓，但也不是太急。现在，他很高兴把钱用在奢侈的生活上。他认为自己是一个冒险者，并不时地在股票市场上利用自己的技术专长投资于软件和互联网公司。

德博拉的本科学位是英语，随后获得金融学的 MBA 学位。她 32 岁，已婚，并希望尽快要孩子。她的丈夫是私人执业医生。

保罗精通电脑，喜欢根据自己的互联网研究来挑选股票。尽管德博拉的金融学背景让她对投资学基础知识有深刻的理解，但她更保守，并一直持有蓝筹股和共同基金。在午餐时间的谈话涉及的主题是股票经纪人和财务策划师。保罗倾向于找一个基本折扣经纪人，每次在线交易的成本低，在有限时间内提供免费交易。德博拉也有成本意识，但警告保罗，如果你必须为其他服务支付费用或者发现自己交易更频繁，那么低成本可能就是欺骗性的。她还认为保罗过于专注科技行业，鼓励他寻求财务建议来平衡他的投资组合。他们同意研究一些经纪公司和投资顾问，并再次会面交换意见。

问题

a. 研究至少 2 种不同的全面服务、优惠折扣和基本折扣股票经纪公司，并比较服务和成本。什么经纪人最适合保罗的需求？为什么？什么经纪人最适合德博拉的需求？为什么？当面试潜在经纪人时，每个人都应该问的关键问题是什么？

b. 保罗和德博拉在决定使用特定经纪人之前应该考虑哪些因素？比较得到全面服务经纪人的个别关注与折扣经纪人提供的服务的利弊。

c. 你认为一个帮助做交易并提供个别关注的经纪人是保罗还是德博拉的好选择？

d. 保罗向德博拉提到他读过一篇关于日内交易的文章，并想尝试一下。你会告诉保罗哪些关于这个策略的风险和收益？

e. 准备一份可以帮助保罗和德博拉创建合适的投资组合的传统和在线的投资建议来源概览。你会向保罗推荐哪种类型的顾问呢？德博拉呢？说明你的理由。

Excel 电子表格

彼得·塔娜卡（Peter Tanaka）有兴趣启动一个股票投资组合。他听过很多财经记者谈论道琼斯工业平均指数作为整体股市的代表。从访问各种在线投资网站开始，彼得能够跟踪道琼斯工业平均指数的变化。彼得想开发一个能度量他选择的投资组合随时间而改变的价格表现的平均值或指数。他决定创建一个类似于道琼斯指数的价格加权指数，其中，股票按照股价的比例持有。他希望基于以下 10 只高质量股票来构成指数，并以 1977 年 10 月 13 日为基年。从 1977 年到 2011 年，流通股的数量保持不变。这意味着，收盘股票价格行情将与收盘市场价值一样。给定下面的数据，创建一个电子表格来建模和分析指数的使用。

问题

a. 除数在 1977 年 10 月 13 日为 1.00，2009 年 10 月 13 日为 0.75，2013 年 10 月 13 日为 0.85。使用这一信息和上面提供的数据，用与计算道琼斯平均值相同的方法来计算 3 个日期的市场平均值——1977 年、2009 年和 2013 年三个年份的 10 月 13 日。

b. 道琼斯工业平均指数是被引用最多的股票市场指标，但对于该模型也有批评。一种批评是，投资组合中价格较高的股票对道琼斯指数的影响会大于价格相对较低的股票。假设股票 J 上涨 10%。重新计算 3 个日期中每个日期的市场平均值。

	价格		
	2013 - 10 - 13	2009 - 10 - 13	1977 - 10 - 13
A	45	50	55
B	12	9	15
C	37	37	37
D	65	66	67
E	36	42	48
F	26	35	43
G	75	68	59
H	35	38	30
I	67	74	81
J	84	88	92

c. 接下来，假设股票 J 回到初始水平，股票 B 上涨 10%。重新计算 3 个日期中每个日期的市场平均值。比较你在所有 3 种情况下的发现。你发现了对道琼斯指数的批评的支持证据吗？解释一下。

第二部分

重要的概念工具

第 4 章　收益和风险

学完本章之后，你应该能够：

目标 1：评述收益的概念、收益的组成部分、影响收益水平的因素以及历史收益率。

目标 2：讨论货币的时间价值在度量收益和定义合意投资上的作用。

目标 3：描述实际收益率、无风险收益率和必要收益率以及持有期收益率的计算和应用。

目标 4：解释和计算到期收益率以及如何求增长率。

目标 5：讨论可能影响潜在投资的重要风险来源。

目标 6：理解单一资产的风险、风险评估以及将收益和风险结合起来的步骤。

一个经常被认为是来自马克·吐温的忠告的古老谚语是，"买土地吧——它们不可再生。"这一民间智慧在美国的房地产繁荣期间备受推崇。跟踪 20 个大城市的住房价格的标准普尔/凯斯-席勒指数发现，美国的住房拥有者目睹了其房地产的价值从 2002 年到 2005 年上涨了几乎 70%。在同样的 4 年里，美国的股市勉强维持了不足 16% 的上涨。

此外，房地产诱人的收益似乎并没有太多的风险。从 1996 年 7 月到 2006 年 5 月，平均住房价格每个月都在上涨。于是，投资房地产无疑变得非常流行，从 A&E's Flip This House 这类电视节目中可以得到佐证。

遗憾的是，房价在 2006 年夏天下跌了，而且下跌一直持续到 2012 年 3 月。在这一时期，平均住房价格下降了 34%，360 万套住房丧失了赎回权，这提醒住房拥有者投资房地产既有收益，也有风险。取消抵押住房的赎回权在 2011 年放缓了，比 2010 年少了 34%，但预期取消抵押住房的赎回权在 2012 年会再次飙升，这是因为对银行的取消抵押住房赎回权业务的一系列调查，引起了银行在 2011 年进行了弥补取消抵押住房赎回权的延迟处理。从大涨到大跌，住房市场是收益与风险之间有千丝万缕联系的一个很好的例子。

资料来源：标准普尔/凯斯-席勒指数下载自 standardandpoors.com 和 RealtyTrac.com "Year-End 2011 U. S. Foreclosure Market Report"。

收益的概念

人们因其期望收益而投资于一项给定的资产。**收益**（return）是来自一项投资的利润水平，也就是说，投资的回报。假设你在一个支付 2% 的年利息的被保险储蓄账户中有 1 000 美元，一个商业上的伙伴让你把那些钱借给她。如果你把这笔钱借给她 1 年，1 年后她再还给你，那么你的收益将取决于你收取的利息的数量。如果你发放了一笔无息贷款，那么你的收益将是 0。如果你收取 2% 的利息，你的收益将是 20（＝0.02×1 000）美元。因为你在 1 000 美元上已经赚取了 2% 的安全收

> **投资者事实**
> **股利——一粒容易下咽的药丸**
> 在 2011 年的第一个交易日，制药巨头默克公司的股票的价格是每股 33.66 美元，仅比其 1 年前的价格（33.16 美元）高 1.6%。虽然也许看起来 2011 年对默克公司的股东来说是个糟糕的年份，但该股票在这一年支付的股利总计 1.52 美元，这些股利将默克公司股票 2011 年的总收益率提高到 6.2%。

益，所以很显然，要等于这一收益，你应该向你的伙伴收取最低 2% 的利息。

有些投资能确保收益，但大部分不能。联邦政府予以保险的银行存款的收益实际上是确定的。在一笔给你的商业伙伴发放的贷款上赚取的收益可能不太确定。期望收益的多少和确定性的大小是选择合适投资的重要因素。

收益的组成部分

一项投资的收益有多种来源。最常见的来源是定期支付，如股利和利息。收益的另一个来源是投资对象的价格变化。我们将收益的这两个来源分别叫作当期收入和资本利得（或资本损失）。

收入

收入的形式表现为股票或共同基金的股利或者在债券上收到的利息。要被视为收入，就必须是现金或易于转换为现金的形式。就我们的目的来说，一项投资的**收入**（income）通常是投资者因拥有一项投资而定期收到的现金。

利用表 4-1 中的数据，我们可以计算来自投资 A 和 B 的收入，这两项投资都是用 1 000 美元购买的，有超过一年的持有期。投资 A 提供 80 美元的收入，投资 B 则提供 120 美元。如果完全根据在一年里获得的收入，投资 B 看起来更可取。

表 4 - 1

表 4 - 1 两项投资的情况

	投资（美元）	
	A	B
购买价格（年初）	1 000	1 000
收到的现金		
第一季度	10	0
第二季度	20	0
第三季度	20	0
第四季度	30	120
总收入（一年）	80	120
出售价格（年末）	1 100	960

资本利得（或损失）

收入的第二个维度聚焦于一项投资的市场价值的变化。正如第 1 章所指出的，出售一项投资的所得超过其初始购买价格的数额是资本利得。如果一项投资的售价小于其初始购买价格，结果就是资本损失。

我们可以计算表 4 - 1 所示的投资的资本利得或损失。投资 A 在 1 年里产生了 100 美元（＝1 100 美元的出售价格－1 000 美元的购买价格）的资本利得。对投资 B 来说，有40 美元（＝960 美元的出售价格－1 000 美元的购买价格）的资本损失。

将资本利得（或损失）与收入（前一节计算的）结合起来就得到了**总收益**（total return）。表 4 - 2 显示了投资 A 和 B 在该年的总收益。与投资 B 仅赚到 80 美元相比，投资A 赚到 180 美元的总收益。

表 4 - 2 两项投资的总收益

收益	投资（美元）	
	A	B
收入	80	120
资本利得（损失）	100	(40)
总收益	180	80

一般来说，用百分比收益更可取，而不用美元收益。百分比使得不同规模和类型的投资可以直接进行比较。投资 A 赚到 18%（＝180÷1 000）的收益，而投资 B 只产生 8%（＝80÷1 000）的收益。目前投资 A 看起来更可取，但是，正如我们将看到的，风险的不同可能会使得一些投资者更喜欢 B。

收益为什么重要

资产的收益是投资决策的一个关键变量，因为收益表明投资者积累财富的速度。自然地，因为大多数人都喜欢拥有更多的财富，而不是更少的财富，所以在其他方面相同时，他们更喜欢提供高收益而不是低收益的投资。然而，我们已经说过，大部分投资的收益都是不确定的，那么，投资者如何将提供高收益的资产与那些可能产生低收益的资产区别开来？做这种评估的一种方法是考察不同类型的投资在过去已经产生的收益。

历史表现

大部分人都认识到过去的表现并不能保证未来的表现，但过去的数据通常为对未来的预期提供了有意义的基础。投资界的一个惯例是，在形成关于未来的预期时要仔细考察历史记录。

利率和其他金融收益指标基本上都是以年为单位的。对过去的投资收益的评估通常也是在相同的基础上做出的。表 4-3 显示的是埃克森美孚公司的数据。埃克森美孚公司从 2002 年到 2011 年每年都支付股利。埃克森美孚的股票价格在这 10 年里基本都在上涨，从最初的 39.30 美元上升到最后的 84.76 美元。虽然整体呈现上涨趋势，但公司的股价 2002 年稍有下跌（大体上是因为"9·11"恐怖袭击和随之而来的经济衰退），2008 年和 2009 年股价再次下跌（因为石油价格对大衰退的反应是从每桶 140 多美元暴跌到不到 40 美元）。

表 4-3　　　　　　　　　　埃克森美孚公司（XOM）的历史投资数据　　　　　　Excel 电子表格

年份	市场价值/价格				总收益	
	(1)	(2)	(3)	(4)	(5)	(6)
				(3)－(2)	(1)+(4)	(5)/(2)
	股利收入（美元）	年初（美元）	年末（美元）	资本利得（美元）	（美元）	（%）
2002	0.92	39.30	34.94	－4.36	－3.44	－8.8
2003	0.98	34.94	41.00	6.06	7.04	20.1
2004	1.06	41.00	51.26	10.26	11.32	27.6
2005	1.14	51.26	56.17	4.91	6.05	11.8
2006	1.28	56.17	76.63	20.46	21.74	38.7
2007	1.37	76.63	93.69	17.06	18.43	24.1
2008	1.55	93.69	79.83	－13.86	－12.31	－13.1
2009	1.66	79.83	68.19	－11.64	－9.98	－12.5
2010	1.74	68.19	73.12	4.93	6.67	9.8
2011	1.85	73.12	84.76	11.64	13.49	18.4
平均	1.36			4.55	5.90	11.6

资料来源：股利和年末的收盘价是从雅虎财经得到的。

这些数据有两个方面很重要。首先，我们可以确定这一投资在过去 10 年产生的平均收益水平。埃克森美孚的股东在这一时期的平均收益率［列(6)］是 11.6%，这一表现让埃克森美孚的股票在同一时期遥遥领先于其他大部分股票。其次，注意到埃克森美孚的收益从一年到下一年有相当大的变动。公司股票表现最好的一年是 2006 年，投资者在这一年赚到 38.7％的总收益。但在埃克森美孚股票表现最差的 2008 年，股东损失了 13.1％。

期望收益率

当然，在最终的分析中，我们做投资决策时看重的是未来。因此，**期望收益率**（expected return）是一个至关重要的绩效指标。正是你认为你的投资在未来能赚到多少决定着你愿意为其支付多少。

要对此予以说明，让我们回看表 4-3 中的数据。经验不足的投资者也许会估计埃克森美孚的期望收益率与过去 10 年 11.6％的平均收益率相同。这不一定是糟糕的起点，但如果能问一问"埃克森美孚过去成功的原因是什么，未来有可能出现相同的因素吗？"会更好。埃克森美孚近年来成功的关键是油价的普遍上涨趋势。2002 年初，原油价格是每桶约 20 美元，但随后油价稳步上涨到 2008 年 6 月每桶 140 多美元的峰值。认为油价不会无限期地继续上涨下去而是会稳定下来的投资者，可能会通过考察其在油价相对平稳时期的历史业绩来估计埃克森美孚的期望收益率。

收益水平

一项投资实现的或期望的收益水平将取决于多种因素。关键因素是内部特征和外部力量。

 危机中的市场

衰退压低价格

在你人生的大部分时间里，大部分产品和服务的价格都一直在上涨。虽然也有重要的例外，如消费电子产品和电脑，但从 1955 年到 2002 年，美国的整体价格水平一直是年复一年地持续上涨。然而，随着 2008 年经济衰退的加深，美国的消费者价格开始下降，在这一年的最后 5 个月里，每个月都在下降。消费者价格的同比变化从 2009 年 3 月到 10 月都是负的，并于 7 月降至－2.1％的最低点，这是近 60 年来最大的年度下跌。这些消息引起了一些投资者的不安，他们害怕这次衰退会演变为一次萧条，即导致价格从 1929 年 11 月到 1933 年 3 月下滑－27％那样的大萧条。幸运的是，价格再次上涨，在随后的 2 年里温和上涨了 4.9％。

内部特征

一项投资的某些特征影响其收益。对公司发行的投资工具而言，重要的特征包括投资工具的类型（如股票还是债券）、公司的管理质量以及公司是否用债务或权益来为其运营融资等。例如，较之投资者预期从小型、管理不善、基本上靠债务融资的制衣厂的普通股中能获得的收益而言，投资者会对大型、管理优良、完全靠权益融资的塑料加工厂的普通股有不同的收益预期。如我们在随后的章节中将会看到的，评估内部因素及其对收益的影响是分析潜在投资中重要的一步。

外部力量

诸如联储行动、短缺、战争、价格管制和政治事件之类的外部力量也会影响一项投资的收益。这些因素都不在投资工具发行人的控制之下，投资工具对这些力量会有不同的反应。例如，如果投资者预期石油价格会上涨，那么他们会提高对埃克森美孚股票的期望收益，降低对专门生产"油老虎"汽车的公司的期望收益。同样，不同国家的经济对外部力量的反应方式也不同。

另一个外部力量是一般价格水平的变化，上升——**通货膨胀**（inflation），或者下降——**通货紧缩**（deflation）。通货膨胀往往对诸如房地产之类的投资有正面影响，对股票和固定收益证券有负面影响。不断上升的利率，通常还伴随着不断上升的通货膨胀率，会显著影响收益。如果有的话，联储因控制通货膨胀而采取的行动也会对投资产生重要影响。此外，每类投资的收益都表现出对通货膨胀独一无二的反应。

历史收益率

收益率随时间和投资类型而变。通过取长时期的历史收益率的平均值，就有可能观察到各种类型的投资工具所赚取的收益率的不同。表4-4显示了19个国家从1900年到2011年这112年间很多流行的证券投资的年均收益率（和通货膨胀率）。在有100多年的数据可供利用的情况下，会发现一些明显的模式。你可以发现，股票、长期政府债券和短期政府债券实现的年均收益率之间存在明显的不同。在所有19个国家中，股票都比长期政府债券的收益率高，长期政府债券又比短期政府债券的平均收益率高。在本章后面，我们会看到如何将这些不同的收益率与每种投资不同的风险联系起来。

表4-4　　　　　　　部分大类资产的历史收益率（1900—2011年）（%）

	年均收益率			通货膨胀率
	股票	长期政府债券	短期政府债券	
澳大利亚	11.3	5.5	4.6	3.9
比利时	7.8	5.2	4.9	5.3
加拿大	8.9	5.3	4.6	3.0
丹麦	8.9	7.2	6.2	4.0
芬兰	12.6	7.1	6.7	7.2
法国	10.2	7.1	4.1	6.9
德国	8.1	2.9	2.2	4.6
爱尔兰	8.1	5.2	4.9	4.2
意大利	10.2	6.5	4.5	8.1
日本	10.8	5.8	4.9	6.8
荷兰	7.9	4.5	3.6	2.9

	年均收益率			通货膨胀率
	股票	长期政府债券	短期政府债券	
新西兰	9.7	5.9	5.5	3.8
挪威	7.9	5.6	4.9	3.7
南非	12.5	6.8	6.0	5.0
西班牙	9.4	7.2	6.1	5.8
瑞典	9.9	6.2	5.5	3.7
瑞士	6.5	4.5	3.1	2.3
英国	9.4	5.5	5.0	4.0
美国	9.3	5.0	3.9	2.9

资料来源：Elroy Dimson，Paul Marsh，and Mike Staunton，Credit Suisse Global Investment Returns Sourcebook 2012.

我们现在把注意力转到货币的时间价值原理在决定投资收益上所发挥的作用。

货币的时间价值与收益

货币的时间价值反映了一个事实：早一点儿而不是晚一点儿收到现金通常更好。例如，考虑两项投资：A 和 B。投资 A 明年会支付 100 美元，后年还会支付 100 美元。投资 B 是 2 年后支付 200 美元。假设任何一项投资都没有风险，意思是你确信你会收到这些现金收入。显然，两项投资在 2 年里都支付 200 美元，但投资 A 更可取，因为你可以将第一年收到的 100 美元进行再投资以便在第二年赚取更多的利息。在做投资决策时，你总是应该考虑货币的时间价值原理。

现在我们回顾可使得货币的时间价值计算简单化的重要计算助手，然后我们将演示货币的时间价值技术在确定一个可接受的投资上的应用。

时间价值的计算助手

在应用货币的时间价值技术时通常会遇到耗时的计算，可以用很多种计算助手来予以简化。在整本书里，我们都会演示便携式金融计算器和电子表格的使用。金融计算器包括大量已经程序化的金融计算。为了演示各种金融计算器按键，我们展示了一个键盘，各个按键的定义如下。电子表格的使用对现在的投资者来说已经成为一种重要的技能。就像金融计算器一样，电子表格也有简化时间价值计算的内置程序。对本书中的大部分时间价值计算来说，我们展示应用电子表格的形式。

- (N) —— 时期数
- (I) —— 每期的利率
- (PV) —— 现值
- (PMT) —— 支付金额（只用于年金）
- (FV) —— 终值
- (CPT) —— 一旦所有的值都被输入后用于启动金融计算的计算键

确定合意投资

货币的时间价值技术可用于确定在给定投资成本时一项投资的收益是否令人满意。目前先忽略风险，一项**合意投资**（satisfactory investment）是收益的现值（用合适的折现率折现后）大于或等于其成本的投资。3 种可能的成本与收益的关系及其解释如下：

（1）如果收益的现值等于成本，那么你会实现等于折现率的收益率。

（2）如果收益的现值高于成本，那么你会实现大于折现率的收益率。

（3）如果收益的现值低于成本，那么你会实现小于折现率的收益率。

你只会喜欢收益的现值等于或高于成本的那些投资——情形（1）和情形（2）。在这些情形中，收益率会等于或大于折现率。

表 4-5 中的信息展示了现值在投资决策中的应用。[注：你可以用金融计算器或 Excel 电子表格来把列（2）中的代数表达式转化为列（3）中的数值。] 这项投资预期在随后的 7 年里进行一系列支付。由于支付是在不同时间进行的，所以我们要计算每笔支付的现值以便确定用现在的美元衡量的每笔支付的价值是多少。这项投资在其 7 年的生命期内所提供的收益（即收入）的现值是 1 175.85 美元。如果该投资现在的成本是 1 175.85 美元或更少，那么该投资是可接受的。按照这一成本，投资者会实现至少 8% 的收益率。按照高于现值 1 175.85 美元的成本，该投资就是不可接受的，因为收益率会小于 8%。在这种情况下，去找一项收益的现值大于或等于其成本的替代性投资是更可取的。

表 4-5	应用于一项投资的现值		Excel 电子表格
年末	(1) 收入（美元）	(2) 按 8% 计算的现值（美元）	(3) 按 8% 计算的现值（美元）
1	90	$90/(1.08)^1$	83.33
2	100	$100/(1.08)^2$	85.73
3	110	$110/(1.08)^3$	87.32
4	120	$120/(1.08)^4$	88.20
5	100	$100/(1.08)^5$	68.06
6	100	$100/(1.08)^6$	63.02
7	1 200	$1\,200/(1.08)^7$	700.19
		总现值	1 175.85

为了方便，对于重要的货币的时间价值技术，附录 4A 提供了一个完整的回顾。在继续阅读之前一定要看一下这个附录，确保你对这个重要的金融概念有充分的理解。

概念复习

答案参见 www.pearsonhighered.com/smart。

4.1 解释投资收益的含义。区别收益的两个组成部分——收入和资本利得（或损失）。

4.2 历史表现数据在估计一项投资的期望收益率时所发挥的作用是什么？讨论影响

投资收益的关键因素——内部特征和外部力量。

4.3 什么是一项令人满意的投资? 如果一项投资的收益的现值超过成本,那么,关于投资者赚到的收益率相对于折现率的情况,你会有怎样的结论?

度量收益

到目前为止,我们已经从收益的两个组成部分(收入和资本利得或损失)以及影响收益水平的关键因素(内部特征和外部力量)的角度讨论了收益的概念。这些讨论旨在大大简化在确定历史或期望收益时所涉及的计算。为了比较来自不同投资对象的收益,我们需要引入货币的时间价值概念,货币的时间价值明确考虑不同时间上投资收入和资本利得的不同。我们还必须能计算未来收益的现值。在此,我们将考察一些可以比较不同投资对象的指标。我们必须先定义和考察各种收益率之间的关系。

实际收益率、无风险收益率和必要收益率

通货膨胀和收益率

再看一下表 4-4,该表显示从 1900 年到 2011 年,美国短期政府债券的年均收益率是 3.9%。该表还显示,年均通货膨胀率大约为 2.9%。短期债券收益率超过通货膨胀率并不是巧合,因为投资者想要赚到超过通货膨胀率的收益率。通货膨胀会侵蚀货币的购买力。例如,如果大部分商品和服务的价格在 1 年内上涨了 3%,1 美元在年末可购买的商品和服务比年初会少 3%。因此,如果投资者追求的是随着时间的推移提高自己的购买力,那么他们就必须赚取超过通货膨胀率的收益率。

一项投资的**名义收益率**(nominal rate of return)是用当前的美元来表示的投资者赚取收益的收益率。例如,如果你将 50 美元投入到一项承诺支付 3% 利息的投资,那么到年末的时候你就会有 51.50 美元(初始的 50 美元加上 1.50 美元的收益)。你的名义收益率是 3%,但这不一定意味着你在年末的财务状况变得更好,因为名义收益率并没有考虑通货膨胀的影响。

继续这个例子,假定在年初的时候,一袋货品需要花费 50 美元。假设货品价格在这一年上涨了 3%。这意味着,到年末的时候,一袋货品需要花费 51.50 美元。换言之,在年初的时候,你既可以用你的 50 美元购买一袋货品,也可以将 50 美元投入到承诺 3% 的收益率的投资上。如果你把钱进行投资而不是将其花在货品上,到 1 年末的时候你会有 51.50 美元,刚好够买一袋货品。换句话说,你的购买力在这一年中根本没有增加。一项投资的**实际收益率**(real rate of return)度量的是投资提供的购买力的增加。在我们这个例子中,虽然名义收益率是 3%,但实际收益率是 0。用美元来衡量的话,通过投资 50 美元,你使自己的财富增加了 3%,达到 51.50 美元,但是用购买力来衡量的话并没有变好,因为你的钱只能买到与做投资之前可以买到的商品数量相等的商品。从数学的角度来看,实际收益率近似等于名义收益率减去通货膨胀率。

【例 4-1】

假设你现有 50 美元，正在考虑投资这笔钱还是花掉这笔钱。如果投资，你认为你可以赚到 10％的名义收益率，于是，一年之后，你的钱会增长到 55 美元。如果现在就花掉这笔钱，你打算在你最喜欢的咖啡馆里按每份 2.50 美元的价格买 20 份拿铁咖啡来满足一下自己的嗜好。最后你决定储蓄并投资这笔钱，于是，一年后你有了 55 美元。遗憾的是，在这段时间里，通货膨胀导致拿铁咖啡的价格上涨了 4.8％，从 2.50 美元上涨到了 2.62 美元。在新的价格下，你的钱只够买大约 21 份拿铁咖啡（21×2.62＝55.02 美元）。这份额外的拿铁咖啡表示你的购买力增长了 5％（即 21 比 20 多 5％），因此，你在投资上的实际回报是 5％，因为投资使得你能买到的数量比投资之前多了 5％。注意，实际收益率近似等于投资的名义收益率（10％）与通货膨胀率（4.8％）之差：

实际收益率≈名义收益率－通货膨胀率

5％≈10％－4.8％

风险和收益

投资者通常是风险厌恶的，意思是他们不喜欢风险，只有当他们预期承担风险会有所补偿时才会承担风险。与任何特定投资有关的风险越大，投资者对该投资所要求的收益就越高。完全补偿一项投资的风险的收益率叫作**必要收益率**（required return）。需要说明的是，必要收益率是一种预测。如果投资者预期一项投资会赚到等于或大于必要收益率的收益，那么投资者就愿意买入这项投资。然而，一项投资实际上赚取的收益率会与投资者的必要收益率非常不同。

任何投资 j 的必要收益率都包括 3 个基本组成部分：实际收益率、预期通货膨胀溢价和风险溢价，如式（4-1）所示。

投资 j 的必要收益率＝实际收益率＋预期通货膨胀溢价＋投资 j 的风险溢价

(4-1)

$$r_j = r^* + IP + RP_j$$ (4-1a)

预期通货膨胀溢价（expected inflation premium）表示在一项投资的生命期内预期的通货膨胀率。虽然美国的历史平均通货膨胀率接近于 3.0％，但投资者的预期会因很多原因偏离历史模式。例如，大多数对 2012 年的通胀率预期都因挥之不去的全球经济衰退的影响而变得非常低。将式（4-1）的前两项相加，我们就得到了**无风险利率**（risk-free rate）。这是一项无风险投资可以获得的收益率，如短期美国政府债券。无风险利率的公式见式（4-2）。

无风险利率＝实际收益率＋预期通货膨胀溢价 (4-2)

$$r_f = r^* + IP$$ (4-2a)

将**风险溢价**（risk premium）加到无风险利率上可以得到必要收益率，风险溢价随具体证券和证券发行人的特征而改变。证券特征是投资的类型（股票、债券等）、投资的期限（2 年、5 年、无限期等）以及投资的条款（有投票权/无投票权、可赎回/不可赎回等）。证券发行人的特征指行业和公司因素，如业务线和发行人的财务状况。证券和证券发行人因素都对投资的总风险有所贡献，并导致投资者要求在无风险利率之上的风险溢价。

用式（4-2a）的无风险利率 r_f 代替式（4-1a）中等号右边的前两项（$r^* + IP$），我们就得到了式（4-3）。

投资 j 的必要收益率＝无风险利率＋投资 j 的风险溢价　　　　　　　（4-3）

$$r_j = r_f + RP_j \qquad\qquad\qquad (4-3a)$$

例如，如果在无风险利率为 11% 时耐克的普通股的必要收益率是 11%，那么投资者要求 5%（＝11%－6%）的风险溢价作为对与普通股（证券）和耐克（证券发行人）相关的风险的补偿。还要注意的是，如果投资者预期有 3% 的通货膨胀率，那么耐克的实际必要收益率就是 8%（＝11%－3%）。随后，在第 5 章里，我们将进一步探究风险溢价与必要收益率之间的关系。

接下来，我们考虑度量收益的细节。我们考察两个收益指标——一个主要用于短期投资，另一个主要用于较长期的投资。

持有期收益率

储蓄者的收益是在一笔既定的存款上赚到的利息数额。当然，像投资于股票、债券和共同基金上的金额一样，"投资"于一个储蓄账户的金额在价值上也不发生变化。因为我们关注的是范围广泛的投资对象，所以我们就需要一个既能反映定期收入，也能反映价值变化的收益指标。一个这样的指标是持有期收益率。

持有期（holding period）是我们希望度量一项投资收益的时期。在比较收益的时候，要确保使用的是相同长度的持有期。例如，将一只股票 6 个月期的收益与一只债券 1 年期的收益进行比较会得到糟糕的投资决策。为了避免这一问题，确保你定义了持有期。惯例是年化持有期并用其作为标准。

理解收益的组成部分

我们在本章的前面识别出了投资收益的两个组成部分：收入和资本利得（或损失）。投资者在投资期内获得的收入是**实现的收益**（realized return）。相反，只有当投资者在投资期末出售资产时资本利得和损失才会实现。出售发生之前，资本利得或损失不过是**账面收益**（paper return）。

例如，市场价值 1 年内从 50 美元上升到 70 美元的一项投资的资本利得收益是 20 美元。这个资本利得要被实现，就要在年末按 70 美元的价格将投资出售。购买了相同的投资但计划持有 3 年的投资者，在第一年也会有 20 美元的资本利得收益，但是他还没有通过收取 20 美元的现金来实现这一利得。然而，即使资本利得还没有被实现，也必须被包括到总收益的计算中。

关于收益要记住的第二点是，收入部分和资本利得部分都可以是负值。一项投资偶尔会有负的收入。也就是说，你会被要求付出现金来履行某些义务。（这种情形最可能发生在需要定期维护的各种房地产投资上。）资本损失可以发生在任何投资上：股票、债券、共同基金、期权、期货、房地产和黄金，它们的价值都可能下跌。

计算持有期收益率

持有期收益率（holding period return，HPR）是在一段时间（持有期）内持有一项投资实现的总收益率。分析师通常使用持有期为 1 年或不到 1 年的 HPR。（我们随后会解释为什么。）HPR 等于在持有期中获得的收入和资本利得（或损失）之和除以初始投资价值（市场价格）。

HPR 的方程为：

$$持有期收益率 = \frac{该时期的收入 + 该时期的资本利得（或损失）}{初始投资价值} \qquad (4-4)$$

$$HPR = \frac{Inc + CG}{V_0} \qquad (4-4a)$$

其中，

$$该时期的资本利得（或损失）= 最终投资价值 - 初始投资价值 \qquad (4-5)$$

$$CG = V_n - V_0 \qquad (4-5a)$$

HPR 方程为度量实现的总收益或者估计预期的总收益提供了一种方便的方法。例如，表 4-6 概括了四项投资在过去 1 年里的关键财务变量。投资期的总收入和资本利得或损失分别出现在行（1）和行（3）。通过将这两项收入来源相加，如行（4）所示，就得到了该年的总收益。用总收益值 [行（4）] 除以年初的投资值 [行（2）]，我们就得到了在行（5）中给出的持有期收益率。在 1 年的持有期内，普通股的 HPR 最高（12.25%），储蓄账户的 HPR 最低（6%）。

表 4-6	四项投资的关键财务变量			Excel 电子表格
	投资			
	储蓄账户	普通股	债券	房地产
收到的现金				
第一季度（美元）	15	10	0	0
第二季度（美元）	15	10	70	0
第三季度（美元）	15	10	0	0
第四季度（美元）	15	15	70	0
（1）当期总收入（美元）	60	45	140	0
投资价值				
年末（美元）	1 000	2 200	970	3 300
（2）年初（美元）	1 000	2 000	1 000	3 000
（3）资本利得或损失（美元）	0	200	(30)	300
（4）总收益[（1）+（3）]（美元）	60	245	110	300
（5）持有期收益率[（4）÷（2）]（%）	6.00	12.25	11.00	10.00

正如这些计算所显示的，要求出HPR，我们需要期初和期末的投资值以及该时期获得的收入。注意，如果表4-6中的行（1）和行（3）的当期收入和资本利得（或损失）是来自6个月期而不是1年期，那么行（5）算出的HPR值仍相同。

一项投资的持有期收益率可正可负。使用历史数据（如前面的例子）或者预测数据，你可以利用式（4-4）来计算HPR。

在投资决策中使用HPR

在做投资决策时，HPR易于使用。HPR度量一项投资相对于该投资初始成本的投资收益（包括收入部分和资本利得部分），这样做使得对投资者资金量要求非常不同的投资的绩效更加容易比较。

如果我们只看表4-6中每项投资算出的总收益［行(4)］，那么房地产投资因其总收益最高而看起来最好。然而，房地产投资需要最多的美元支出（3 000美元）。持有期收益率用总收益除以投资金额，从而提供了一种相对比较。比较HPR［行(5)］，我们发现投入的每一美元的收益最高的投资对象是普通股，其HPR为12.25%。因为投入的每一美元的收益反映了投资的效率，所以HPR提供了评估和比较投资收益的一种符合逻辑的方法，尤其是对于持有期为1年或短于1年的投资。

到期收益率：内部收益率

确定一项令人满意的投资的一种替代方法是用其赚取的复合年收益率。为什么我们需要一个对HPR的替代指标？因为HPR未能全面考虑货币的时间价值。虽然持有期收益率对持有1年或不足1年的投资是有用的，但其通常对更长的持有期并不合适。当持有期超过1年时，经验丰富的投资者通常不再使用HPR。相反，他们使用一个叫作**到期收益率**（yield）或**内部收益率**（internal rate of return）的基于现值的指标来确定在持有长于1年的投资上赚取的复合年收益率。一项投资的到期收益率是使得投资的成本与其为投资者提供的收益现值相等的折现率。

一旦你知道了到期收益率，你就可以决定一项投资是否可接受。如果一项投资的到期收益率等于或大于必要收益率，那么该投资是可接受的。到期收益率低于必要收益率的投资是不可接受的。

一项提供单一的未来现金流的投资的到期收益率相对容易计算。一项提供一系列未来现金流的投资的到期收益率通常涉及更复杂的计算。便携式金融计算器或Excel电子表格简化了这些计算。

一笔单一现金流的到期收益率

某些投资，如美国储蓄债券、不付息的股票和零息债券，不提供定期的收入。相反，投资者预先一次性付款购买这些投资工具，作为回报，投资者预期在到期日或投资被出售时会收到一笔单一的未来现金流。利用金融计算器或Excel电子表格很容易计算这种投资的到期收益率。

使用计算器。假设你想求一项现在要花费1 000美元、5年末会支付1 400美元的投资的到期收益率。要在金融计算器上计算这项投资的到期收益率，你要把投资成本作为现值，即 PV，把投资的回报作为终值，即 FV。（注：大部分计算器都要求你要么把 PV、要么把 FV 作为负数输入来计算未知的收益率。通常，PV 是作为负值输入的，因为 PV 表示一项投资的初始成本。）使用下面显示的输入，你可以得到到期收益率是 6.96%。

使用电子表格。 单一现金流的到期收益率也能在 Excel 电子表格上计算，如下表所示。

◇	A	B
1	YIELD FOR A SINGLE CASH FLOW	
2	Investment	Cash Flow
3	Cost (PV)	−$1,000
4	Payoff (FV)	$1,400
5	Number of Years	5
6	Yield	6.96%
7	Entry in Cell B6 is =Rate(B5,0,B3,B4,0). The minus sign appears before the 1,000 in B3 because the cost of the investment is treated as a cash outflow.	

一系列收入流的到期收益率

诸如收入导向型股票和债券的投资通常为投资者提供一系列收入流。定期支付收入的一项投资的到期收益率（或内部收益率），是使得该投资的现金流的现值等于其当前价格的折现率。

【例 4-2】

再次考虑表 4-5 中的投资。该表说明，投资的现金流在给定 8% 的折现率下的现值是 1 175.85 美元。如果该投资的市场价格也是 1 175.85 美元（等于现值），那么 8% 就是其内部收益率，因为按照这一折现率，现值和市场价格是相同的。假设这项投资的价格降到了 1 000 美元。在这一价格下，该投资提供的到期收益率是多少？表 4-7 用试错法来尝试找到答案。如果我们按 9% 的折现率来计算该投资的现金流，那么这些现金流的现值是 1 117.75 美元。这高于投资的市场价格，于是，到期收益率一定高于 9%。表 4-7 显示，按 10% 的折现率，现金流的现值是 1 063.40 美元，于是，该投资的到期收益率一定低于 10%。因此，你需要持续寻找正确的折现率，使得在该折现率下投资的现金流等于 1 100 美元。你可以用金融计算器或 Excel 电子表格来完成。

年末	(1) 收入 （美元）	(2) 按 9％的现值计算 （美元）	(3) 9％时的现值 （美元）	(4) 按 10％的现值计算 （美元）	(5) 10％时的现值 （美元）
1	90	$90/(1+0.09)^1$	82.57	$90/(1+0.1)^1$	81.82
2	100	$100/(1+0.09)^2$	84.17	$100/(1+0.1)^2$	82.64
3	110	$110/(1+0.09)^3$	84.94	$110/(1+0.1)^3$	82.64
4	120	$120/(1+0.09)^4$	85.01	$120/(1+0.1)^4$	81.96
5	100	$100/(1+0.09)^5$	64.99	$100/(1+0.1)^5$	62.09
6	100	$100/(1+0.09)^6$	59.63	$100/(1+0.1)^6$	56.45
7	1 200	$1\,200/(1+0.09)^7$	656.44	$1\,200/(1+0.1)^7$	615.79
总现值			1 117.75		1 063.40

使用计算器。用金融计算器来求一项投资的收益率通常涉及三个步骤：（1）输入投资的成本（通常指的是在时间 0 的现金流出）。（2）输入所有的每一期的预期收入（通常指的是年份 x 的现金流入）。（3）计算收益率（通常指的是内部收益率）。

使用电子表格。我们也可以在 Excel 电子表格上计算一系列收入流的收益率，如下所示。

◇	A	B
1	YIELD FOR A STREAM OF INCOME	
2	Year	Cash Flow
3	0	−$1,100
4	1	$90
5	2	$100
6	3	$110
7	4	$120
8	5	$100
9	6	$100
10	7	$1,200
11	Yield	9.32%
12	Entry in Cell B11 is =IRR(**B3**:B10). The minus sign appears before the 1,100 in B3 because the cost of the investment is treated as a cash outflow.	

利息的利息：关键假定

到期收益率是一项投资所提供的收益的指标，但到期收益率的计算包含一个微妙的假定。这个假定是，投资者可以再投资该投资所提供的所有收入，并且在收入再投资上赚取的收益等于初始投资的收益。这一概念可以用一个简单的例子来很好地说明。假设你购买了一个在其 20 年的生命期内支付 8％的年利息（80 美元）的 1 000 美元的美国国债。每年你收到 80 美元，在到期日你拿回 1 000 美元的本金。所有付款都按时完成。但是，为了在这项投资上赚到 8％，你必须能够再投资 80 美元的年利息收入并在利息上赚到 8％。

图 4－1 显示了这项投资上的收益成分以说明关键之处。如果你不对每年 80 美元的利

息收入进行再投资，那么你的收益最终会在5%的那条线上。你在第20年末会拥有2 600美元，即1 000美元的本金加上1 600（＝80×20）美元的利息收入。（现在1 000美元的一笔单一现金流在20年后价值2 600美元的到期收益率是大约5%。）要移动到8%的那条线，你必须在年利息收入上赚到8%。如果你这样做，第20年末你就会有4 661美元，即1 000美元的本金加上20年的利息收入构成的80美元的年金按8%进行投资所得到的3 661美元的终值。（今天1 000美元的一笔单一现金流在20年后价值4 661美元的到期收益率是大约8%。）在有利息生息的情况下，投资的终值将比没有利息再投资的情况多出2 061（＝4 661－2 600）美元。虽然我们在这个例子中用的是债券，相同的原理也适用于很多其他的投资产品。

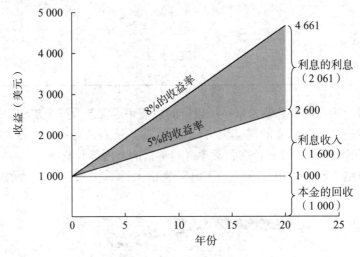

图4-1 赚取利息的利息

　　如果你投资于一只息票率为8%的面值1 000美元的20年期债券，那么在你不对80美元的年利息收入进行再投资的情况下，你在第20年末就只会有2 600美元。这大致等价于现在投资1 000美元并让其按5%的利率增长20年。如果按8%的收益率对利息进行再投资，那么你在20年后会有4 661美元。这大致相当于现在投资1 000美元并让其按每年8%的速率增长。为了实现算出的8%的收益率，你就必须按照这一利率赚到利息的利息。

　　你应该明确，如果你从一项收益率8%的投资开始，那么你在再投资你的收入时必须赚取相同的收益率。你一开始的收益率就是必要的或最低的**再投资收益率**（reinvestment rate）。这是在利息上或者在相关投资期已获得的其他收入上赚到的收益。通过按这一利率将你的收入进行投资，你会赚到一开始的时候赚取的收益率。如果你必须按较低的利率将收入进行再投资，你的收入也会相应地下降。

　　因为收益率的计算假设你可以从你获得的定期收入中赚取利息，所以金融专家认为收益率（或内部收益率）是一个**完全复合的收益率**（fully compounded rate of return）。这是一个重要的概念：除非你能在投资上赚取完全复合的收益率，否则你就不能从你的投资中获得充分的潜力。

　　对包含大量收入的投资计划来说，利息的利息是收益的一个特别重要的组成部分。你必须积极地再投资收入。（对资本利得来说，除非你出售资产以实现利得，否则这些资金会被自动地再投资。）因此，对偏向于收入型证券的投资计划来说，持续的收入再投资在成功的投资中发挥着重要作用。

求增长率

除了求出复合年利率之外，我们还经常需要求出**增长率**（rate of growth）。增长率是一些金融量的年复合变化率，如股票价格或其股利的变化率。现在我们用一个例子来演示用金融计算器和 Excel 表格来估计增长率的简单方法。

使用计算器。假设你想确定埃克森美孚公司的股利从 2002 年到 2011 年的增长率。埃克森公司的股利可在表 4－3 中找到。该表展示了 10 年的股利支付，这意味着股利从 2002 年到 2011 年有 9 年的增长。

为了用金融计算器求出表 4－3 中显示的埃克森美孚股利的增长率，将最早的（2002 年的）值作为现值，即 PV；将最后的（2011 年的）值作为终值，即 FV。（注：大部分计算器要求你将 PV 或 FV 作为负数输入来计算未知的增长率。）如上面所指出的，虽然 10 年的股利被显示在表 4－3 中，但只有 9 年的增长（$N=9$），因为最早的年份（2002 年）必须被定义为基年（第 0 年）。利用下面显示的输入键，我们计算出的增长率为 8.07%。

使用电子表格。你也可以用如下所示的 Excel 电子表格来计算增长率。像使用计算器时一样，电子表格公式只计算从 2002 年支付的第一笔股利到 2011 年支付的最后一笔股利之间的年度变化率。（注意，只有第一笔和最后一笔股利以及两者之间的 9 年对求年增长率是必需的。）

	A	B
1	GROWTH RATE FOR A DIVIDEND STREAM	
2	Year	Dividend
3	2002	$0.92
4	2003	$0.98
5	2004	$1.06
6	2005	$1.14
7	2006	$1.28
8	2007	$1.37
9	2008	$1.55
10	2009	$1.66
11	2010	$1.74
12	2011	$1.85
13	Annual Growth Rate	8.07%
14	Entry in Cell B13 is =RATE((A12-A3),0,-B3,B12,0). The expression (A12-A3) in the entry calculates the number of years of growth. The minus sign in front of B3 in the RATE formula is required because the dividend in 2002 is treated as a cash outflow.	

在第 8 章中，我们将更详细地探究增长率的应用，这经常是普通股估值过程中的一个

重要的输入变量。

概念复习

答案参见 www. pearsonhighered. com/smart。

4.4 定义如下术语，并解释如何用它们来求无风险收益率和一项给定投资的必要收益率。

　　a. 实际收益率；

　　b. 预期通货膨胀溢价；

　　c. 一项给定投资的风险溢价。

4.5 持有期是什么意思？为什么在比较替代性投资时使用等长度的持有期才是合适的？定义持有期收益率，并解释常用的持有期是多长。

4.6 定义到期收益率（内部收益率）。何时用到期收益率而不是用持有期收益率来度量一项投资的收益是合适的？

4.7 解释一下，为什么你必须从一项投资在其持有期内所获得的全部收入中赚到10％才能使得其到期收益率实际上等于你算出来的10％。

4.8 解释一下现值（收益与成本的）或收益率指标如何用于寻找合意的投资。给定如下数据，如果有的话，说明这些投资中的哪一项是可接受的。解释你的发现。

	投资		
	A	B	C
成本（美元）	200	160	500
必要收益率（％）	7	10	9
收入现值（美元）	—	150	—
收益率（％）	8	—	8

风险：硬币的另一面

到目前为止，我们在本章中主要关心的一直都是收益。然而，我们不能在不考虑风险的情况下考虑收益。对第1章中的风险定义稍加扩展，风险是与一项投资会产生的实际收益有关的不确定性。

与一项给定的投资有关的风险直接与其期望收益率相关。一般而言，投资的风险越高，其必须提供的借以吸引投资者的期望收益率就越高。风险高的投资应该提供高收益率，否则有什么激励来让投资者或他们的资本冒险呢？

风险与收益之间的这一关系被称为**风险-收益权衡**（risk-return tradeoff）。一般而言，投资者对他们愿意承担的风险水平，想获得最高的可能收益。我们现在引入风险-收益权衡并将在第5章更详细地予以讨论。我们先考察风险的主要来源。然后，我们考虑对风险的度量和评估：单一资产的风险、与潜在投资有关的风险的评估以及在决策过程中将收益和风险相结合的方法。

风险的来源

与一项投资相关的风险会有很多不同的来源。谨慎的投资者会考虑风险的主要来源如何影响潜在的投资。不同风险的联合效应会反映在投资的风险溢价中。正如本章前面所讨论并显示在式（4-3）中的，你可以通过将其风险溢价加到无风险利率上来求出一项投资的必要收益率。风险溢价从广义上说是由风险的来源产生的，风险的来源包括证券和证券发行人的特征。

经营风险

一般而言，**经营风险**（business risk）是与一项投资的盈利及其支付所欠投资者的收益（利息、本金、股利）的能力有关的不确定性程度。例如，如果公司的盈利不足以偿还负债，那么企业的所有者就不能获得回报。相反，债权人有可能获得欠他们本利和的一部分（但不一定是全部），因为债务在法律上享有优先待遇。

与一项投资有关的经营风险是与公司所在行业相关联的。例如，公共事业股票的经营风险不同于时装公司或互联网创业公司股票的风险。通常，在类似企业上的投资有类似的经营风险，但管理、成本和地点的不同也会导致风险水平的不同。

财务风险

很多公司既通过向投资者发行普通股也通过借款来筹集资金。当企业借款时，它们要承诺未来偿还利息和本金，这些本利偿还通常与企业的利润无关，而是根据企业与其贷款人之间的合约固定下来的。因此，当经营情况好、利润高时，股东会受益于对债务的使用，因为向贷款人的本利偿还不随利润而增加，这就为股东留下了更多的利润。所有其他情况相同时，相对于不使用债务的公司而言，使用债务的公司会为其股东带来更多的利润，但这只有在经营状况好的时候才成立。当经营状况不佳时，即使企业没有赚到钱也要偿还债务。在这种情况下，债务放大了股东必须容忍的损失，于是，相对于不使用债务的公司而言，使用债务的公司会遭受更大的损失。如果使用债务的公司在好时期有较高的利润，在坏时期有较大的损失（相对于不借钱的公司），那么我们可以说债务放大了公司的经营风险。所有行业的企业都会有盛衰起伏，我们称之为经营风险，但使用债务的公司会承担更多的风险。这就是为什么债务也被称为杠杆。因企业借款而增加的不确定性叫作**财务风险**（financial risk）。公司的债务越多，其财务风险就越大。

购买力风险

价格水平未预料到的变化（通货膨胀或通货紧缩）对投资收益产生不利影响的可能性就是**购买力风险**（purchasing power risk）。具体地说，这一风险是价格未预期到的上涨（通货膨胀）会降低购买力（用1美元可以买到的商品和服务）的可能性。

一般而言，价值与一般价格水平一起变化的投资的购买力风险低，在价格上涨时最有利可图。提供固定收益的那些投资的购买力风险高，它们在低通胀或价格水平下降时最有利可图。例如，耐用品生产商的股票的收益往往与一般价格水平一起变动，而存款账户和债券的收益则不是。

利率风险

证券深受利率风险的影响，对于那些为购买者提供固定的定期收益的证券更是如此。**利率风险**（interest rate risk）是利率变化会对证券价值产生不利影响的可能性。利率变化本身源于货币供给与需求之间的一般关系的变化。

随着利率的变化，很多证券的价格都会波动。正如我们在第 10 和 11 章以及网上的第 16 章将会更详细地看到的，固定收益证券（债券和优先股）的价格通常在利率上升时会下降。随着利率的上升，新证券出现在市场上，这些新证券支付新的、更高的利率。已经发行在外的证券的现金偿付反映过去较低的利率，于是，它们在更高的利率环境下不再有竞争力。投资者开始出售这些证券，这些证券的价格就开始下跌。当利率下降时则会出现相反的情况：现金偿付高于当前市场水平的发行在外的证券变得更有吸引力，其价格开始上涨。

利率风险的第二个微妙之处与收入的再投资有关。正如前面所指出的，只有当你能够在一项投资的收入上赚到初始收益率时，你才能得到等于初始收益率的完全复合收益率。换言之，如果一只债券支付 8% 的年利息，为了在债券持有期内赚到 8% 的完全复合收益率，你必须能够在债券持有期内所收到的利息上赚到 8%。利率风险也适用于一项投资在其到期日或出售时获得的收入的再投资。

利率风险的最后一种影响与投资于短期证券有关，如美国国库券和存单（第 1 章讨论过）。投资者面临的风险是，当短期证券到期时，他们将不得不把这些收入投资于收益率较低的、新的短期证券上。通过一开始就做一项长期投资，你可以将收益锁定一段时间而不是面对短期利率下跌的风险。显然，当利率下跌时，投资于短期证券的收益会受到不利影响。（相反，利率上升对这样一个策略有正面影响。）利率有下降的可能性，从而投资于短期证券就有利率风险。

大部分投资都受利率风险的影响。虽然利率变动最直接影响的是固定收益证券，但是利率风险也影响其他长期投资，如普通股和共同基金。一般而言，利率越高，一项投资的价值就越低，反之亦然。

流动性风险

不能迅速且以合理的价格出售（或清算）一项投资的风险叫作**流动性风险**（liquidity risk）。我们总是可以通过大幅降价来卖掉一项投资。然而，流动的投资是投资者可以在不对其价格产生不利影响的情况下迅速出售的投资。例如，如果一只最近用 1 000 美元买进

> **投资者事实**
> ### 一些投资窍门
> 大部分债券在发行后都支付不变的利息。它们是投资工具中最易受到购买力风险影响的。美国财政部出售的很多债券都有这个特征，但是它也出售一类叫作通货膨胀保护国库券（TIPS）的债券。TIPS 的利息支付自动随价格水平的上涨而上升，因此，持有这类债券的投资者知道，他们的投资的购买力是受到保护的。

的证券只有在大幅降价（如 500 美元）的情况下才能被迅速出售，那么该证券就不会被视为高度流动的。

一项投资的流动性是一个重要的考虑因素。一般而言，在交易量小的清淡市场交易的投资往往比那些在交易频繁的市场中交易的投资的流动性差。诸如在纽约证券交易所上市的大公司的股票和债券之类的资产通常是高度流动的，其他资产，如艺术品和古董家具，流动性相对较差。

税收风险

税收风险（tax risk）是国会做出不利的税法调整的可能性。这种调整压低某些投资的税后收益和市场价值的可能性越大，税收风险就越高。税法的不利调整包括取消税收减免、减少抵扣和提高税率。

国会多年来通过了很多税法调整。其中最重大的一次调整，即 1986 年《税收改革法案》，包含了影响很多投资的吸引力的条款。在其中一个条款中，法案要求对资本利得按照与普通收入相同的税率征税（最高税率是 28%）。1997 年的纳税人减负法案将最高资本利得税降至 21.2%。2003 年《就业与增长税收减免协调法案》暂时将资本利得税降至 15%（处于个人所得税税级的最低两档征 5%。）适用于符合条件的股利和长期资本利得的 15% 的税率一开始预计到 2008 年结束，但因总统布什（Bush）签署生效的 2005 年《增税预防和调整法案》而被延期到 2010 年。国会通过立法并由时任总统贝拉克·奥巴马（Barack Obama）于 2010 年 12 月签署后将减税延长到 2012 年。因此，（1）从 2008 年到 2012 年，对于处于 10% 和 15% 的所得税税级的那些人，符合条件的股利和长期资本利得的税率是 0%；（2）2012 年之后，不管他或她处于何种税级，股利都将按照纳税人普通收入的税率来征税；（3）2012 年之后，长期资本利得的税率将是 20%（对处于 15% 税级的纳税人是 10%）；（4）2012 年之后，恢复对符合条件的 5 年期资本利得（符合条件的 5 年期资本利得是指从持有 5 年或超过 5 年的某些财产的出售中所得到的利得）征收 18% 的税率（对处于 15% 税级的纳税人征 8%）。

虽然实际上所有投资都会受到税率上升的影响，但某些有税收优势的投资，如市政和其他债券、房地产和自然资源，通常有更高的税收风险。

事件风险

当公司遭遇某些对其财务状况产生突然和重大影响的事件时，事件风险（event risk）就出现了。事件风险超越经营风险和财务风险。这不一定意味着公司或市场表现不佳。相反，这涉及对投资的潜在价值有重大且通常是未预期到的即时影响的事件。一个事件风险的例子是，Micron 科技公司的董事会主席兼首席执行官在 2012 年 2 月去世。当时他正在驾驶的试验飞机坠毁了，而在他去世的那一天，纳斯达克的 Micron 公司股票的交易被中止了。当 Micron 的股票在随后的星期一早上重新开始交易时，股价下跌了 3.2%。

事件风险可以有很多种形式，并会影响所有类型的投资。幸运的是，其影响在大部分情况下都是被隔离的。

市场风险

市场风险（market risk）是投资收益会因为独立于给定投资的市场因素而下降的风

险。例如，政治、经济和社会事件，以及投资者的品位和偏好的变化。实际上，市场风险包含很多不同的风险，包括购买力风险、利率风险和税收风险。

市场因素对投资收益的影响并不是完全一样的。不同投资的收益变动的程度和方向是不同的。例如，对日本产品施加限制性进口配额的立法，会导致与日本制造商直接竞争的国内企业价值（及收益）显著上升。本质上，市场风险反映在股票对这些广义市场因素的敏感度上。换言之，如果一只股票在整体市场变动时往往是大幅上涨或下跌的，那么该股票的市场风险程度就很高。

单一资产的风险

大部分人在生活中的某些时候都曾问过自己，一些预先考虑过的做法的风险有多高。在这类情形中，答案通常是一种主观判断。在金融学中，我们可以量化风险，更有利于投资之间的比较并提高决策水平。

我们可以用统计思想来度量单一资产和资产组合的风险。首先，我们只考虑单一资产的风险，我们将说明标准差这一概念如何度量一项投资的风险。随后我们将在第5章考虑资产组合的风险和收益。

标准差：对风险的绝对度量

资产风险最常见的单一指标是**标准差**（standard deviation，用 s 表示）。标准差度量资产收益围绕其平均或期望收益率的离散（变异）程度。公式是

$$标准差 = \sqrt{\frac{\sum_{t=1}^{n}(结果\,t\,的收益率 - 平均或期望收益率)^2}{总结果数 - 1}} \tag{4-6}$$

$$s = \sqrt{\frac{\sum_{t=1}^{n}(r_t - \bar{r})^2}{n-1}} \tag{4-6a}$$

表 4-8 中所描述的是两家相互竞争的公司——塔吉特公司（Target Corporation, TGT）和美鹰傲飞公司（American Eagle Outfitters, Inc.，AEO）的股票。从 2002 年到 2011 年，塔吉特公司的平均收益率是 6.4%，但美鹰傲飞公司实现了相当优异的 26.4% 的平均收益率。观察一下每年的收益，你可以发现，美鹰傲飞公司收益的波动范围（从 −53.5% 到 187.8%）比塔吉特公司（从 −30.0% 到 42.5%）要大得多。

表 4-8　　　　　　　　塔吉特和美鹰傲飞的历史年收益率　　　　　　　Excel 电子表格

年份（t）	年收益率 r_t^*（%）	
	塔吉特	美鹰傲飞
2002	−26.5	−47.3
2003	29.0	19.1
2004	36.2	187.8
2005	6.6	−1.3

年份（t）	年收益率 r_t * （%）	
	塔吉特	美鹰傲飞
2006	4.7	105.8
2007	−11.6	−32.4
2008	−30.0	−53.5
2009	42.5	86.4
2010	26.3	−8.5
2011	−13.0	8.0
平均收益率（$\bar{r}$）	**6.4**	**26.4**

* 年收益率的计算基于年末的收盘价。

资料来源：年末收盘价是从雅虎财经获得的并已根据股利和股票分割做出调整。

标准差提供了一个比较投资风险的定量工具。表 4-9 展示了塔吉特公司和美鹰傲飞公司的标准差的计算。我们可以看到，毫不奇怪，塔吉特公司股票收益率的标准差 26.2% 明显低于美鹰傲飞公司的标准差 77.2%。美鹰傲飞公司的股票收益率在一个非常大的范围内波动，这一事实反映在了其较大的标准差上，并说明了美鹰傲飞是比塔吉特波动更大的投资。当然，这些数据都是基于历史数据的。不能保证这两项投资的风险在未来会保持不变。

表 4-9	塔吉特和美鹰傲飞收益率标准差的计算			Excel 电子表格

年份（t）	塔吉特			
	(1)	(2)	(3) (1) − (2)	(4) (3)^2
	收益率 r_t（%）	平均收益率 $\bar{r}$（%）	$r_t - \bar{r}$（%）	$(r_t - \bar{r})^2$（%）
2002	−26.5	6.4	−32.9	1 080.8
2003	29.0	6.4	22.6	508.8
2004	36.2	6.4	29.8	885.1
2005	6.6	6.4	0.2	0.0
2006	4.7	6.4	−1.8	3.1
2007	−11.6	6.4	−18.0	323.5
2008	−30.0	6.4	−36.4	1 326.4
2009	42.5	6.4	36.1	1 299.7
2010	26.3	6.4	19.9	395.9
2011	−13.0	6.4	−19.4	375.8
			总计	6 199.0
		方差%^{2}	$s^2_{\text{TGT}} =$	688.8
		标准差%	$s_{\text{TGT}} =$	26.2

$$s_{\text{TGT}} = \sqrt{\frac{\sum_{t=1}^{10} (r_t - \bar{r})^2}{n-1}} = \sqrt{\frac{6\,199.0}{10-1}} = \sqrt{688.8} = 26.2\%$$

年份（t）	美鹰傲飞			
	(1)	(2)	(3) (1)－(2)	(4) $(3)^2$
	收益率 r_t（%）	平均收益率 $\bar{r}$（%）	$r_t-\bar{r}$（%）	$(r_t-\bar{r})^2$（%）
2002	−47.3	26.4	−73.7	5 438.8
2003	19.1	26.4	−7.3	53.3
2004	187.8	26.4	161.3	26 033.5
2005	−1.3	26.4	−27.7	768.2
2006	105.8	26.4	79.4	6 304.7
2007	−32.4	26.4	−58.8	3 461.3
2008	−53.5	26.4	−79.9	6 388.3
2009	86.4	26.4	60.0	3 600.8
2010	−8.5	26.4	−34.9	1 215.6
2011	8.0	26.4	−18.4	337.3
			总计	53 601.7
		方差%²	$s_{AEO}^2=$	5 955.7
		标准差%	$s_{AEO}=$	77.2

$$s_{AEO}=\sqrt{\frac{\sum_{t=1}^{10}(r_t-\bar{r})^2}{n-1}}=\sqrt{\frac{53\ 601.7}{10-1}}=\sqrt{5\ 955.7}=77.2\%$$

历史收益率和风险

我们现在可以用标准差作为一个风险指标来评估表 4 - 4 中的历史（1900—2011 年）投资收益率数据。表 4 - 10 显示了与每项投资有关的平均收益率和标准差。在每个国家内，不同类型投资的平均收益率和标准差之间存在密切关系。股票比债券具有更高的收益率，长期政府债券比短期政府债券具有更高的收益率。类似地，股票收益率比债券收益率的波动性更大，而短期政府债券收益率表现出最小的波动性（即最小的标准差）。不管是哪个国家，普遍模式是很明显的：平均收益率较高的投资有较高的标准差。由于较高的标准差是与较高的风险相联系的，历史数据确认了风险与收益之间正向关系的存在。这一关系反映了市场参与者要求更高的收益率作为对更高的风险的补偿这一事实。

表 4 - 10　　　　部分大类资产的历史收益率和标准差（1900—2011 年）

	股票		长期政府债券		短期政府债券	
	年均收益率（%）	收益率的标准差（%）	年均收益率（%）	收益率的标准差（%）	年均收益率（%）	收益率的标准差（%）
澳大利亚	11.3	18.2	5.5	13.2	4.6	5.4
比利时	7.8	23.6	5.2	11.9	4.9	8.0

续前表

	股票		长期政府债券		短期政府债券	
	年均收益率（%）	收益率的标准差（%）	年均收益率（%）	收益率的标准差（%）	年均收益率（%）	收益率的标准差（%）
加拿大	8.9	17.2	5.3	10.4	4.6	4.9
丹麦	8.9	20.9	7.2	11.7	6.2	6.0
芬兰	12.6	30.4	7.1	13.6	6.7	11.8
法国	10.2	23.5	7.1	13.0	4.1	9.5
德国	8.1	32.2	2.9	15.6	2.2	13.3
爱尔兰	8.1	23.1	5.2	14.8	4.9	6.6
意大利	10.2	29.0	6.5	14.0	4.5	11.5
日本	10.8	29.8	5.8	20.0	4.9	13.9
荷兰	7.9	21.8	4.5	9.4	3.6	4.9
新西兰	9.7	19.7	5.9	9.1	5.5	4.7
挪威	7.9	27.3	5.6	12.2	4.9	7.1
南非	12.5	22.5	6.8	10.3	6.0	6.2
西班牙	9.4	22.2	7.2	11.7	6.1	5.8
瑞典	9.9	22.9	6.2	12.4	5.5	6.8
瑞士	6.5	19.7	4.5	9.3	3.1	5.0
英国	9.4	19.9	5.5	13.8	5.0	6.4
美国	9.3	20.2	5.0	10.3	3.9	4.7

资料来源：Elroy Dimson, Paul Marsh, and Mike Staunton, Credit Suisse Global Investment Returns Sourcebook 2012.

评估风险

量化一项投资的风险是非常有用的。然而，如果你不在乎风险，那么它几乎没有价值。个人投资者通常追寻这些问题的答案："值得去承担感知到的风险以获得期望收益率吗？""对相同的风险水平，我能得到更高的收益吗？"或者，"我在承担较少的风险时能获得相同的收益吗？"考察各种投资的一般性风险-收益特征和可接受的风险水平问题会为如何评估风险提供线索。

各种投资的风险-收益特征

图 4-2 粗略地概括了主要类型的投资的风险-收益特征。当然，在每一类中，具体投资的风险和收益特征也会显著不同。例如，一些普通股提供低风险、低收益，而其他的则提供高风险、高收益。换言之，一旦你选择了适合的投资类型，你还是必须决定购买哪一只具体的证券。

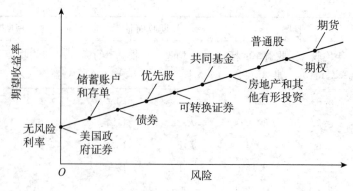

图 4 - 2　各种投资的风险-收益权衡

风险-收益权衡的存在使得对较高的风险，我们会期望较高的收益，反之亦然。一般而言，低风险、低收益的投资包括美国政府证券和储蓄账户。高风险、高收益的投资包括房地产和其他有形投资、普通股、期权和期货。

可接受的风险水平

个人在他们愿意承担的风险量以及他们要求的收益率（作为对承担该风险的补偿）方面会有所不同。从广义上说，通过定义三种对风险的偏好有根本差异的投资者，我们可以讨论投资者对待风险的态度，如图 4 - 3 所示。该图显示了对有不同风险偏好的投资者来说，一项投资的必要收益率是如何与其风险相联系的。三种类型分别是风险中立、风险厌恶和风险喜好的投资者。

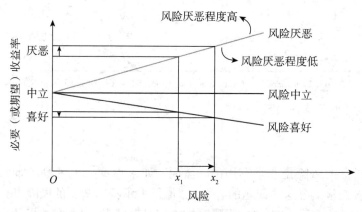

图 4 - 3　风险偏好

风险中立的投资者对给定的风险增加并不要求收益的变化。风险厌恶的投资者对给定的风险增加要求收益增加。风险喜好的投资者愿意为承担更多的风险而放弃一些收益。绝大多数投资者都是风险厌恶的。

（1）对于**风险中立**（risk-indifferent）（或风险中性）的投资者来说，必要收益率不随风险的变化而变化。例如，在图 4 - 3 中，风险中立的横线表示，即使一项投资的风险从 x_1 上升到 x_2，风险中立的投资者也会接受相同的收益。

（2）对于**风险厌恶**（risk-averse）的投资者来说，必要收益率随风险的上升而上升。因为他们不喜欢风险，所以这些投资者要求更高的期望收益率来补偿其承担的更大的风险。在图 4 - 3 中，风险厌恶投资者的偏好是一条向上倾斜的线。

（3）对于**风险喜好**（risk-seeking）的投资者来说，必要收益率随风险的上升而下降。

这些投资者不过是享受承担风险的刺激，于是，他们愿意放弃一些收益来承担更多的风险，如图 4-3 中向下倾斜的线所示。

我们已经看到世界上关于不同投资的风险和收益的历史数据，该数据表明风险较高的投资往往支付较高的收益。这不过是反映了大部分投资者厌恶风险这一事实，因此，风险高的投资必须提供高收益来吸引买家。

需要多少额外的收益来说服投资者购买一项风险较高的投资呢？对这个问题的回答因人而异，这取决于投资者的风险厌恶程度。一个非常厌恶风险的投资者对承担额外的风险会要求大量的补偿，这意味着，图 4-3 中向上倾斜的线对这个人来说会非常陡峭。不太厌恶风险的人对接受风险并不要求太多的补偿，因此，对这类人而言，向上倾斜的线会较为平缓（但仍是向上倾斜的）。

决策过程的步骤：兼顾收益和风险

当你在各种投资中做决定时，你应该采取如下步骤来兼顾收益和风险。

（1）利用历史的或预测的收益数据，估计在一个给定的持有期的期望收益率。确保你对一项投资的期望收益率的估计考虑了货币的时间价值。

（2）利用历史的或预测的收益数据，评估与投资相关的风险。你可以通过做主观判断、计算投资收益率的标准差或用（第 5 章介绍的）更复杂的方法来评估一项投资的风险。

（3）评价每个投资选项的风险-收益特征，以确保给定你所承担的风险，你预期的收益是合理的。如果风险水平较低的其他投资提供相等或更高的期望收益率，那么该投资就是不可接受的。

（4）选择那些相对于你愿意承担的风险水平能提供最高收益率的投资。只要对你可接受的风险水平，你实现了最高的期望收益率，那么你就做出了一个"好的投资"。

可能在这一过程中最难的步骤是评估风险。除了对收益和风险的考虑之外，诸如税收和流动性之类的其他因素也会影响投资决策。在随后的章节中，关于评估这些其他因素，你还会学到更多。

概念复习

答案参见 www.pearsonhighered.com/smart。

4.9 定义风险。解释风险-收益权衡的含义。必要收益率随风险的上升会怎么样？解释一下。

4.10 定义并简要讨论下列风险来源：

a. 经营风险；

b. 财务风险；

c. 购买力风险；

d. 利率风险；

e. 流动性风险；

f. 税收风险；

g. 事件风险；

h. 市场风险。

4.11 简述作为风险或变异性的度量指标的标准差。

4.12 区分三种基本的风险偏好：风险中立、风险厌恶和风险喜好。哪种对待风险的态度最好地刻画了大部分投资者？

4.13 描述投资决策过程包含的步骤。一定要提及如何同时评估收益和风险以确定可接受的投资对象。

我的金融实验室

下面是学完本章之后你应该知道的内容。**我的金融实验室**会在你需要练习的时候帮助你识别你知道什么以及去哪里练习。

你应该知道的	重要术语	去哪里练习
目标 1：评述收益的概念、收益的组成部分、影响收益水平的因素以及历史收益率。收益是投资的回报。一项投资提供的总收益包括收入和资本利得（或损失）。收益通常是在历史基础上计算出的，并用于预测期望收益。收益的水平取决于内部特征和外部力量，外部力量又包括一般价格水平的变化。在各种类型的证券投资上随着时间的推移实现的年均收益率之间存在显著差异	通货紧缩 期望收益率 收入 通货膨胀 收益 总收益	我的金融实验室学习计划 4.1 Excel 表格 4-3
目标 2：讨论货币的时间价值在度量收益和定义合意投资上的作用。由于投资者有机会在其资金上赚取利息，所以货币有时间价值。在做投资决策时应考虑时间价值的概念。金融计算器和电子表格可用于简化时间价值计算。合意投资是收益的现值等于或超过其成本的现值的投资	合意投资	我的金融实验室学习计划 4.2 Excel 表格 4-5
目标 3：描述实际收益率、无风险收益率和必要收益率以及持有期收益率的计算和应用。必要收益率是投资者必须赚取的借以完全补偿投资风险的收益率。必要收益率等于实际收益率与预期通货膨胀溢价（两者一起表示无风险利率）之和，再加上风险溢价。风险溢价随着证券和证券发行人特征的不同而变化。持有期收益率（HPR）是在规定的时期内赚取的收益率。HPR 经常被用于比较在 1 年或短于 1 年的时期内赚取的收益率	预期通货膨胀溢价 持有期 持有期收益率（HPR） 名义收益率 账面收益 实际收益率 实现的收益 必要收益率 无风险利率 风险溢价	我的金融实验室学习计划 4.3 Excel 表格 4-6 问题 P4.10 的视频学习辅导

你应该知道的	重要术语	去哪里练习
目标4：解释和计算到期收益率以及如何求增长率。到期收益率（内部收益率）是在持有超过1年的投资上赚取的年复合收益率。如果到期收益率大于或等于必要收益率，那么投资就是可接受的。收益率的概念假定投资者在所有投资收入上都能按照算出的收益率赚取利息。现值技术可用于求增长率，增长率是一系列收入流价值的年复合变化率，尤其指股利或盈利	完全复合的收益率 增长率 再投资利率 到期收益率（内部收益率）	我的金融实验室学习计划4.4 Excel表格4-7
目标5：讨论可能影响潜在投资的重要风险来源。风险是与一项投资会产生的实际收益密切相关的不确定性。风险是由多种来源引起的：经营风险、财务风险、购买力风险、利率风险、流动性风险、税收风险、事件风险和市场风险。这些风险对不同类型的投资有不同的影响。一项给定投资的任何风险来源的联合影响反映在其风险溢价中	经营风险 财务风险 利率风险 流动性风险 购买力风险 风险-收益权衡 税收风险	我的金融实验室学习计划4.5
目标6：理解单一资产的风险、风险评估以及将收益和风险结合起来的步骤。标准差度量单一资产和资产组合的波动性。投资者对更高的风险要求更高的收益作为补偿。一般而言，每种类型的投资都表现出一定的风险-收益特征。大部分投资者都是风险厌恶的：对一定的风险增加，他们要求提高期望收益率。投资者估计每项备选投资的收益和风险，然后选择对可接受的风险水平能提供最高收益率的投资	事件风险 市场风险 风险厌恶 风险中立 风险喜好 标准差 s	我的金融实验室学习计划4.6 Excel表格4-9

登录**我的金融实验室**，做一个章节测试，取得一个个性化的学习计划，该学习计划会告诉你，你理解哪些概念，你需要复习哪些。在那儿，**我的金融实验室**会提供给你进一步的练习、指导、动画、视频和指引性解决方法。登录 www.myfinancelab.com

讨论题

Q4.1　选择一家在主要的证券交易所或场外市场上市至少5年的公开交易的公司。利用你选择的任何数据来源，如果有的话，找到公司在过去5个日历年的每1年所支付的年现金股利。再找到前6年每年末股票的收盘价。

a. 计算5年中每年的收益。

b. 创建一幅图形，y 轴为该投资获得的收益，x 轴为获得收益的年份。

c. 根据 b 部分的图形，估计下一年的收益，并解释你的答案。

Q4.2 两项投资在随后的 4 年里提供了一系列现金支付，如下表所示。

单位：美元

投资	年份 1	年份 2	年份 3	年份 4
1	100	200	300	400
2	250	250	250	250

a. 每项投资在 4 年里支付的货币总量是多少？

b. 从货币的时间价值角度看，哪项投资更有吸引力？

c. 你能想出一个投资者可能更喜欢投资 1 的原因吗？

Q4.3 获取对下一年预期通货膨胀率的合适的估计，以及当前 1 年期无风险证券的收益率（这些证券的收益率被称为名义利率）。利用这些数据来估计当前的无风险实际利率。

Q4.4 选择 3 只在纽约证券交易所上市的股票，记录下其在随后 6 个星期中每个星期的股利支付（如果有的话）和收盘价格。

a. 在第 6 周末，计算每只股票每周的持有期收益率。

b. 对每只股票，计算 a 部分算出的 6 周的持有期收益率的平均值并比较它们。

c. 利用你在 b 部分算出的平均值，对每只股票计算 6 周持有期收益率的标准差。讨论股票的相对风险和收益率。风险最高的股票赚到了最高的收益率吗？

问题

P4.1 如果一只 1 年前以 45 美元的价格购买的股票支付 2.25 美元的现金股利，并且刚刚按 52.50 美元的价格卖掉，那么投资者在该股票上能赚到多少？投资者会获得资本利得吗？解释一下。

P4.2 投资者用 10 000 美元购买了一只债券。该债券每 6 个月支付 300 美元的利息。在 18 个月之后，投资者以 9 500 美元的价格卖掉债券。描述投资者的收入或损失的类型。

P4.3 假设你在 1 年前用 50 美元买了 1 股股票，现在卖了 60 美元，在这 1 年收到 3 次股利支付总计 2.70 美元，计算下列各项。

a. 收入。

b. 资本利得（或损失）。

c. 总收益：

（1）用美元表示的；

（2）作为初始投资百分比形式的。

P4.4 假设你用 9 500 美元购买了一只债券。该债券每 6 个月支付 300 美元的利息。你在 18 个月后以 10 000 美元的价格卖掉债券。计算下列各项。

a. 收入；

b. 资本利得或损失；

c. 用美元表示和作为初始投资百分比形式的总收益。

P4.5 表格中给出了一项投资的历史数据。

a. 计算每年（用美元表示的）总收益；

b. 指出你预期的 2015 年和 2016 年的收益水平；

c. 对你的预测进行评论。

年份	市场价值/价格（美元）		
	收入	期初	期末
2010	1.00	30.00	32.50
2011	1.20	32.50	35.00
2012	1.30	35.00	33.00
2013	1.60	33.00	40.00
2014	1.75	40.00	45.00

P4.6　参考 P4.5 中的表格。如果你在 2010 年初购买了 100 份该投资并于 2012 年末卖掉，那么用美元表示的总收益和作为你的初始投资的百分比形式的总收益分别是多少？

P4.7　给定 2% 的实际利率，3% 的预期通货膨胀溢价，以及投资 A 和 B 的风险溢价分别是 4% 和 6%，求下列各项。

a. 无风险收益率；

b. 投资 A 和 B 的必要收益率。

P4.8　无风险利率是 7%，预期通货膨胀率是 4.5%。如果通货膨胀预期变化使得预期通货膨胀率上升到 5.5%，新的无风险利率会是多少？

P4.9　计算如下两项投资的持有期收益率。如果你持续地持有每项投资超过 1 年，哪种收益部分可能不会实现？假设它们有相同的风险，你更喜欢哪项投资？解释一下。

	投资（美元）	
	X	Y
收到的现金		
第一季度	1.00	0
第二季度	1.20	0
第三季度	0	0
第四季度	2.30	2.00
投资价值		
年初	30.00	50.00
年末	29.00	56.00

P4.10　你正在考虑两项投资。第一只股票每股支付 0.25 美元的季度股利，交易价格是每股 30 美元，你预期会在 6 个月后按 34 美元的价格卖掉股票。第二只股票每股支付 0.50 美元的季度股利，交易价格是每股 27 美元，你预期会在 1 年后按 30 美元的价格卖掉股票。哪只股票会提供更好的年化持有期收益率？

P4.11　你正在考虑购买一只每 1 000 美元面值支付 50 美元年利息的债券。该债券 1 年后到期，到时候你会收到面值和利息支付。如果你能用 950 美元购买这只债券，持有期收益率是多少？

P4.12　假设你现在将 5 000 美元投资于一项承诺正好在 10 年后返还 9 000 美元的投资。

a. 利用现值技术来估计这项投资的到期收益率。

b. 如果要求的最低收益率是 9%，你会推荐这项投资吗？

P4.13 你将 7 000 美元投入股票并在随后的 4 年里分别收到 65 美元、70 美元、70 美元和 65 美元的股利。在第 4 年末，你以 7 900 美元的价格将股票卖掉。这项投资的到期收益率是多少？

P4.14 你的朋友要求你将 10 000 美元投入到一家公司中。根据你的估计，你在 4 年内什么也得不到，在第 5 年末你会收到 4 690 美元，在第 6 年末你会收到 14 500 美元。如果你的估计是正确的，那么这项投资的到期收益率是多少？

P4.15 用金融计算器或 Excel 电子表格来计算下列投资的到期收益率。

投资	初始投资（美元）	终值（美元）	年末
A	1 000	1 200	5
B	10 000	20 000	7
C	400	2 000	20
D	3 000	4 000	6
E	5 500	25 000	30

P4.16 萨拉·霍利迪（Sara Holliday）必须在一项需要初始支出 2 500 美元并承诺在 8 年后返还 6 000 美元的投资上赚取 10% 的收益。

a. 利用现值技术来估计这项投资的到期收益率。

b. 根据你在 a 部分的发现，萨拉应该采纳这项投资吗？解释一下。

P4.17 用金融计算器或 Excel 电子表格来计算下列投资的到期收益率。

单位：美元

	投资	
	A	B
初始投资	8 500	9 500
年末	收入	
1	2 500	2 000
2	2 500	2 500
3	2 500	3 000
4	2 500	3 500
5	2 500	4 000

P4.18 埃利奥特·杜马克（Elliot Dumack）必须赚到最低 11% 的收益率以补偿如下投资的风险。

单位：美元

初始投资	14 000
年末	收入
1	6 000
2	3 000
3	5 000
4	2 000
5	1 000

a. 利用现值技术来估计这项投资的到期收益率。

b. 根据你在 a 部分的发现，埃利奥特应该采纳这项投资吗？解释一下。

P4.19　假设一项投资产生如下收入流，该投资可以在 2014 年初用 1 000 美元购买，在 2020 年末卖 1 200 美元。计算这项投资的到期收益率。如果要求的最低收益率是 9%，你会建议开展这项投资吗？解释一下。

年末	收入流（美元）
2014	140
2015	120
2016	100
2017	80
2018	60
2019	40
2020	20

P4.20　对下列股利流，计算从最早的年份到 2014 年的年复合增长率。

年份	股利流（美元）		
	A	B	C
2005		1.50	
2006		1.55	
2007		1.61	
2008		1.68	2.50
2009		1.76	2.60
2010	5.00	1.85	2.65
2011	5.60	1.95	2.65
2012	6.40	2.06	2.80
2013	7.20	2.17	2.85
2014	8.00	2.28	2.90

P4.21　一家公司在 2006 年支付了每股 1 美元的股利，并刚刚宣布将在 2013 年支付 2.21 美元的股利。估计其年复合增长率。

P4.22　一家公司的 2009 年净收入是 3.5 亿美元。公司在 2013 年预期净收入将为 4.417 亿美元。计算净收入的年复合增长率。

P4.23　两项投资 A 和 B 在 2010 年到 2014 年这段时期的历史收益率概括在下表中。回答后面的问题。

年份	A	B
	收益率（%）	
2010	19	8
2011	1	10
2012	10	12
2013	26	14
2014	4	16
平均	12	12

a. 根据收益率数据，哪项投资的风险看起来更大？为什么？

b. 计算每项投资的收益率的标准差。

c. 根据你在 b 部分中的计算，哪项投资的风险更大？把这个结论与你在 a 部分中的观察结果相比较。

访问 www. myfinancelab. com 来获得网络练习、电子表格和其他在线资源。

案例题 4-1

科茨的决定

2014 年 1 月 1 日，爱克斯韦尔高中的一位 23 岁的数学教师戴夫·科茨（Dave Coates）收到一笔 1 100 美元的退税。因为戴夫现在的生活支出不需要这笔钱，于是，他决定做一项长期投资。在考察了很多花费不超过 1 100 美元的备选投资之后，戴夫挑选出 2 项看起来最适合他的需求的投资。

每项投资花费 1 050 美元，预期会在 10 年内提供收入。投资 A 提供一个相对确定的收入流。戴夫对投资 B 提供的收入不太有把握。在他所寻找的合适投资中，对一项相对确定的投资所适用的折现率是 12%。由于他对像 B 那样的投资感到不太满意，他估计这样的投资必须提供至少比投资 A 高 4% 的收益率。虽然戴夫打算对提供类似收益的其他投资工具返还的资金进行再投资，但对额外的 50（=1 100−1 050）美元，他希望在整个 10 年里将其投入到支付 5% 年复利的储蓄账户。

在他做投资决策时，为了回答下面这些关于投资期望收益数据的问题，戴夫向你求助。

年末	期望收益（美元）	
	A	B
2014	150	100
2015	150	150
2016	150	200
2017	150	250
2018	150	300
2019	150	350
2020	150	300
2021	150	250
2022	150	200
2023	1 150	150

问题

a. 假设投资 A 和 B 是等风险的且使用 12% 的折现率，应用现值技术来评估每项投资的可接受性并确定更喜欢的投资。解释你的发现。

b. 认识到投资 B 比投资 A 的风险更高，重新评估这两个选项，在投资 A 的 12% 的折现率上增加 4% 的风险溢价，从而将 16% 的折现率应用于投资 B。将你的发现与在问题 a 中发现的可接受性和偏好进行比较。

c. 根据你在问题 a 和 b 中的发现，指出投资 A 的到期收益率是高于还是低于 12%，投资 B 的到期收益率是高于还是低于 16%。解释一下。

d. 利用现值技术来估计每项投资的到期收益率。比较你的发现并将其与你对问题 c 的回答进行对比。

e. 根据给定的信息，如果有的话，你会建议戴夫选择两项投资中的哪一项？解释你的答案。

f. 假设他不从储蓄账户中提款，向戴夫说明额外的 50 美元到 2023 年会增长到多少钱。

案例题 4 - 2

风险-收益权衡：莫莉·欧洛克的股票购买决策

在过去的 10 年里，莫莉·奥罗克（Molly O'Rourke）已经慢慢地建立起一个分散化的普通股组合。目前，她的投资组合包括 20 只不同的普通股，总市场价值是 82 500 美元。

现在莫莉在考虑增加 50 股 X 或 Y 股票。为了评估每只股票的收益和风险，她已经搜集了两只股票过去 10 年（2004—2013 年）的股利收入和股票价格数据。莫莉对这两只股票的前景的考察表明，平均而言，每只股票未来的表现都会与过去一样。因此，她认为，通过求每只股票过去 10 年的平均持有期收益率就能估计出期望收益率。莫莉搜集的历史股利收入和股票价格数据见下面的表格。

年份	股票 X			股票 Y		
	股利收入（美元）	股票价格（美元）		股利收入（美元）	股票价格（美元）	
		年初	年末		年初	年末
2004	1.00	20.00	22.00	1.50	20.00	20.00
2005	1.50	22.00	21.00	1.60	20.00	20.00
2006	1.40	21.00	24.00	1.70	20.00	21.00
2007	1.70	24.00	22.00	1.80	21.00	21.00
2008	1.90	22.00	23.00	1.90	21.00	22.00
2009	1.60	23.00	26.00	2.00	22.00	23.00
2010	1.70	26.00	25.00	2.10	23.00	23.00
2011	2.00	25.00	24.00	2.20	23.00	24.00
2012	2.10	24.00	27.00	2.30	24.00	25.00
2013	2.20	27.00	30.00	2.40	25.00	25.00

问题

a. 确定每只股票在之前 10 年中每年的持有期收益率。利用莫莉指定的方法，求每只股票的期望收益率。

b. 利用问题 a 中算出的持有期收益率和期望收益率，求每只股票 10 年间的持有期收益率的标准差。

c. 忽略她现有的投资组合，关于股票 X 和 Y 你会给莫莉什么建议？

Excel 电子表格

在她的投资分析课程中，劳拉（Laura）被要求完成一项根据风险-收益权衡原理来评估几种证券的任务。将被研究的具体证券是 IBM 公司证券、赫尔默里奇和佩恩材料公司（Helmerich & Payne, Inc.）证券以及标准普尔 500 指数。这两家公司各自的股票代码分别是 IBM 和 HP。她找到关于问题中的证券的如下数据。

年份	2006	2007	2008	2009	2010	2011
价格$_{IBM}$（美元）	97.15	108.10	84.16	130.90	146.76	183.88
股利$_{IBM}$（美元）	1.10	1.50	1.90	2.15	2.50	2.90
价格$_{HP}$（美元）	24.47	40.07	22.75	39.88	48.48	58.36
股利$_{HP}$（美元）	0.17	0.18	0.19	0.20	0.22	0.26
值$_{S\&P}$（美元）	1 418.30	1 468.40	903.30	1 115.10	1 257.60	1 257.60

注：标准普尔 500 指数的值包括了股利。

问题

第一部分

a. 使用劳拉已经找到的关于 3 只证券的数据，创建一个电子表格来计算每年的持有期收益率和 5 年期的平均收益率。具体地，持有期收益率（HPR）将基于仅有的 5 个 1 年期（即 2006—2007 年、2007—2008 年、2008—2009 年、2009—2010 年、2010—2011 年）计算。利用如下公式：

$$HPR = [Inc + (V_n - V_0)]/V_0$$

其中，

$Inc = $ 期间收入；

$V_n = $ 期末投资值；

$V_0 = $ 期初投资值。

第二部分

为了评估风险-收益权衡，创建一个类似于表 4-9 那样的电子表格，这可以在 www.myfinancelab.com 上看到。

b. 计算 IBM、HP 和 S&P 500 指数收益的标准差。

c. IBM 和 HP 属于什么行业？

d. 根据你在 c 部分的回答和你得到的平均收益率和标准差的结果，关于是投资于 IBM 还是 HP，劳拉能得到什么结论？

本章开放问题

下表显示了根据标准普尔/凯斯-席勒指数得到的从 2002 年到 2011 年美国平均住房价格的年度变化。

计算年均收益率及其标准差。将其与表 4-9 中显示的塔吉特公司和美鹰傲飞公司的平均收益率和标准差进行对比。就平均收益率和标准差而言，居民房地产作为一项投资与这两只股票相比怎么样？

年份	变化百分比（%）
2002	12.2
2003	11.4
2004	16.2
2005	15.5
2006	0.7
2007	−9.0
2008	−18.6
2009	−3.1
2010	−2.4
2011	−4.1

附录 4A 货币的时间价值

设想一下你从 25 岁开始每年将 1 000 美元的现金存入一个支付 5% 的年利息的储蓄账户。40 年之后，在 65 岁的时候，你已经有了总共 40 000（＝40×1 000）美元的存款。假设你没有取款，你认为你的账户余额会是 50 000 美元、75 000 美元还是 100 000 美元？答案不是上面中的任何一个。你的 40 000 美元会增长到将近 121 000 美元！为什么？因为货币的时间价值让存款可以赚取利息，并且该利息在 40 年里还能赚取利息。**货币的时间价值**（time value of money）是指这样一个事实：只要赚取利息的机会存在，货币的价值就受到获得货币的时点的影响。

利息：储蓄者的基本收益

银行的储蓄账户是最基本的投资形式之一。储蓄者将闲置资金存入账户以获取利息。利息可被视为借款人因使用贷款人的资金而支付的"租金"。储蓄者既不会遇到资本利得，也不会遭遇资本损失，因为投资的价值（初始存款）只会有所赚利息那么多的变动。对储蓄者而言，在一个给定的时间范围内赚到的利息就是该时期的收入。

单利

对付息投资（如存单和债券）所支付的收入的计算通常用**单利**（simple interest）——在投资的每个时期都只对初始投资金额付息。例如，如果你向一个支付 6% 的单利账户存入 100 美元的初始存款，那么在你的钱作为存款的每一年你都会获得 6（=0.06×100）美元的利息。你的账户余额在一年之后会增加到 106 美元，在两年之后会增加到 112 美元等。账户价值每年上升 6 美元，因为你只在初始存款上获得利息。

复利

复利（compound interest）是指不仅对初始存款支付利息，而且对从一个时期到下一个时期所积累的任何利息都支付利息。这是储蓄机构通常使用的方法。当计算复利时，投资的收益率上升，复利的计算越频繁，收益率上升越多。再次假设你向一个每年赚 6% 的账户中投入 100 美元，但这次假设每年计算一次复利。你的账户余额在一年之后是 106 美元，这正如单利的情形。然而，你在第二年赚到 6.36（=0.06×106）美元的利息，账户余额增长到 112.36 美元。只要所有的钱都作为存款，利息支付就会逐年增加。

【例 4A - 1】

假设 2013 年 1 月 1 日，你在一个赚取 5% 的利息的账户中存入 1 000 美元且每年计算一次复利。你打算在 2014 年初提取 300 美元，但你在 2015 年初又会存入另外一笔 1 000 美元。2015 年末的账户余额是多少？

表 4A-1 中的数据提供了这个问题的解。在 2013 年，你赚到 50 美元的利息。1 000 美元的初始存款在 2013 年赚到的 50 美元的利息成为期初（初始）余额的一部分，2014 年继续在这一基础上支付利息等。三年之后，即 2015 年末，你的账户余额是 1 876.88 美元。

表 4A - 1	储蓄账户余额数据（利率为 5%，每年计算一次复利）		Excel 电子表格

日期	(1) 存款/取款（美元）	(2) 期初账户余额（美元）	(3) 0.05×（2） 年利息（美元）	(4) （2）+（3） 期末账户余额（美元）
2013 - 01 - 01	1 000	1 000.00	50.00	1 050.00
2014 - 01 - 01	(300)	750.00	37.50	787.50
2015 - 01 - 01	1 000	1 787.50	89.38	1 876.88

到目前为止，在我们的例子中，我们每年只计算一次复利。事实上，很多投资的复利计算更频繁。一般而言，按照一个规定的利率计算复利的频率越高，真实的利率就越高。**真实利率**（true rate of interest）是考虑了复利计算的影响之后的货币随时间增长的速率。相反，规定的利率不过是用于计算每一期的利息收入的利率。

【例 4A – 2】

再次假定你在 2013 年 1 月 1 日将 1 000 美元投入一个支付 5％ 的利息的账户。如前所述，你已经计划好在一年之后取出 300 美元，在两年之后存入额外的 1 000 美元。然而，在这个例子中，假定利息每年被支付和复合计算两次（即每半年一次）。这会改变你账户里的钱的积累速度吗？

相关的计算显示在表 4A – 2 中。该 6 个月的期初（初始）余额乘以规定的 5％ 的利率的一半 [见表 4A – 2 中的列（3）]，就可以求出每 6 个月期的利息。你可以看到，较大的收益是与更频繁的复利计算联系在一起的：按 5％ 的利率每年复合计息一次的 2015 年末账户余额与按 5％ 的利率每半年复合计息一次的 2015 年末账户余额进行比较。每半年复合计息一次带来更高的余额（1 879.19 美元相比于 1 876.88 美元）。显然，较之利息每年只复合计算一次，在每半年复合计息一次的情况下，你实际上赚到更高的利率。换言之，真实利率大于 5％ 的规定利率。

表 4A – 2	储蓄账户余额数据（利率为 5％，每半年计算一次复利）			Excel 电子表格
日期	(1) 存款/取款（美元）	(2) 期初账户余额（美元）	(3) $0.05 \times \frac{1}{2} \times$（2） 半年利息（美元）	(4) （2）+（3） 期末账户余额（美元）
2013 – 01 – 01	1 000	1 000.00	25.00	1 025.00
2013 – 07 – 01		1 025.00	25.63	1 050.63
2014 – 01 – 01	（300）	750.63	18.77	769.40
2014 – 07 – 01		769.40	19.24	788.64
2015 – 01 – 01	1 000	1 788.64	44.72	1 833.36
2015 – 07 – 01		1 833.36	45.83	1 879.19

表 4A – 3 显示了与 5％ 的规定利率及各种复利计算频率对应的真实利率。

表 4A – 3	各种复利计算频率下的真实利率（5％ 的规定利率）		
复利计算频率	真实利率（％）	复合频率	真实利率（％）
每年一次	5.000	每月一次	5.120
每半年一次	5.063	每周一次	5.125
每季度一次	5.094	连续	5.127

连续复利（continuous compounding）是在最小可能的时间区间上计算复合利息。连续复利计息方式带来在既定的规定利率下可以实现的最大真实利率。表 4A – 3 显示了复利计算的频率越高，真实利率越高。因为复利计算频率的差异会对收益产生影响，所以在存款之前你应该评估各种投资对象的真实利率。

计算助手在时间价值计算中的应用

在大多数情形下，适当的投资分析需要考虑到货币时间价值的计算，手工完成这些计算是非常枯燥的。虽然你应该理解这些计算背后的数学思想，但时间价值技术的应用可以被简化。我们将演示金融计算器和电子表格作为计算助手的使用。

金融计算器

通常，金融计算器包含很多程序化的金融计算。在整本书中，我们会说明各种金融计算的按键。我们主要关注图4A-1中列示并说明的按键。我们一般使用左栏5个按键中的4个，再加上"计算（CPT）"键。其中一个键表示被计算的未知值。（有时候，所有键都被使用，其中一个表示未知值。）一些更复杂的计算器上的按键是菜单驱动的：在你选择了合适的程序之后，计算器提示你输入每个值，在这些计算器上，得到解不需要按"计算"键。不管怎样，有基本时间价值功能的任何计算器都可以代替手工计算。其他金融计算器的按键会在其附带的参考指南中说明。

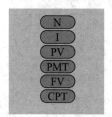

N	—	时期数
I	—	每期的利率
PV	—	现值
PMT	—	支付的金额（只用于年金）
FV	—	终值
CPT	—	在输入所有数值之后用于启动金融计算的计算键

图 4A-1 计算器的键

典型计算器上的重要金融按键。

一旦你理解了背后的基本原理，你很可能会想用计算器来简化例行的金融计算。稍加练习，你就可以提高金融计算的速度和准确性。记住，目标是思想上对内容的理解。在计算器的帮助下解决问题的能力不一定反映了对此的理解，因此，不要只为了得到答案。学习内容直到你确定自己理解了思想。

计算机和电子表格

使用电子表格的能力已经成为当今投资者的首要技能。像金融计算器一样，计算机和电子表格具有内置的简化时间价值计算的程序。我们在本书中提供了很多用于计算时间价值的单元格的输入方式。每个变量的值被输入到表格的单元格中，利用将个别单元格联系起来的公式，计算过程被程序化。如果你改变变量的

> **投资者事实**
>
> **时间在你一边**
>
> 开始为退休而储蓄永远不会太早。如果你在随后的8年里每年将2 000美元存入一个赚取10%的利息的账户中并让这些资金一直存着，你存入的16 000美元在40年里会增长到超过480 000美元。在做投资时，时间是你最大的盟友。

值，解就自动改变。在本书中，我们在表格的底部显示决定计算过程的公式。

我们现在开始学习重要的时间价值概念，从终值开始。

终值：复合的扩展

终值（future value）是被存入支付复合利息的账户中的一笔当前存款在一段时间内会增长到的数额。考虑一笔赚取 8%（小数形式是 0.08）的每年计算一次复利的 1 000 美元的存款。由下面的计算可得到这笔存款在 1 年末的终值。

$$年末的终值=1\,000\times(1+0.08)=1\,080\;美元 \tag{4A-1}$$

如果将这笔钱再存 1 年，那么会在 1 080 美元的账户余额上支付 8% 的利息。因此，在第二年末，账户中会有 1 166.40 美元。这一数量等于 1 080 美元的年初余额加上 1 080 美元的 8%（86.40 美元）的利息。第二年末的终值计算如下。

$$第二年末的终值=1\,080\times(1+0.08)=1\,166.40\;美元 \tag{4A-2}$$

要得到 1 000 美元在 n 年末的终值，上面展示的步骤就要重复 n 次。既可以从数学上确定终值，也可以用金融计算器或电子表格来确定。下面我们演示计算器和 Excel 电子表格的应用。

使用计算器[①]

金融计算器可用于直接计算终值。[②] 首先，输入"−1 000"并按下"*PV*"键；其次，输入"2"并按下"*N*"键；再次，输入"8"并按下"*I*"键；[③] 最后，要计算终值，先按"*CPT*"再按"*FV*"。1 166.40 美元的终值就会出现在计算器的显示屏上，如下图所示。[④]

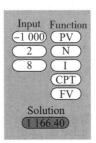

---

① 很多计算器允许使用者设定每年支付的次数。大部分计算器预设的是每月支付 1 次——每年 12 笔支付。因为我们主要用按年支付——每年 1 次——确保你的计算器设为每年 1 次付款是很重要的。虽然大多数计算器都预设为认可所有支付都发生在期末，但是确保你的计算器在 END 模式上被正确地设定是很重要的。翻阅你的计算器附带的参考指南来找到设定这些值的指导。

② 为避免在当前的计算中包含之前的数据，在输入值和做每个计算之前，总是清空你的计算器的所有记录。

③ 已知值可以按照任何顺序输入计算器。这个演示以及本书中其他使用计算器的演示所设定的顺序不过是为了方便及反映了个人偏好。

④ 计算器用负号来将流入和流出区分开来。例如，在刚才演示的问题中，因为是作为负数（1 000）键入的，所以−1 000 的现值（*PV*）被视为一笔投资现金流出或成本。因此，算出的 1 166.40 美元的终值（*FV*）是个正值，以此来显示这是相应的投资现金流入或收益。如果 1 000 美元的现值是作为正数（1 000）键入的，那么 1 166.40 美元的终值就会被显示为负数（−1 166.40）。简言之，现值和终值现金流会有相反的符号。

使用电子表格

单一金额的终值也可以用如下所示的 Excel 电子表格来计算。

◇	A	B
1	FUTURE VALUE OF A SINGLE AMOUNT	
2	Present value	−$1,000
3	Annual rate of interest	8.0%
4	Number of years	2
5	Future value	$1,166.40
6	Entry in Cell B5 is =FV(B3,B4,0,B2,0). The minus sign appears before the 1,000 in B2 because the cost of the investment is treated as a cash outflow.	

年金的终值

年金（annuity）是随着时间的推移发生在相等的时间区间上的一个等额现金流序列。现金流可以是为赚取未来收益的投资资金的流出，也可以是从投资上赚到的收益的流入。在随后 8 年的每年末分别投入 1 000 美元就是一个年金的例子。

投资者经常对求年金的终值感兴趣。被称为**普通年金**（ordinary annuity）的典型年金是现金流发生在每个时期末的年金。利用金融计算器或 Excel 电子表格可以迅速地求出普通年金的终值。

使用计算器

当使用金融计算器来求年金的现值时，我们用"PMT"键来键入年金现金流。"PMT"键的使用告诉计算器，一系列金额为 PMT 的 N 笔年末存款表示年金流。

利用下面显示的计算器输入键，我们发现，赚取 8% 的年利息的 1 000 美元（注意，1 000 美元的年金现金流是作为负数输入的，以此来说明这是一笔现金流出）的 8 年普通年金的终值是 10 636.63 美元。

使用电子表格

我们还可以通过 Excel 电子表格来计算普通年金的终值。

◇	A	B
1	**FUTURE VALUE OF AN ORDINARY ANNUITY**	
2	Annual annuity payment	– $1,000
3	Annual rate of interest	8.0%
4	Number of **years**	8
5	Future value	$10,636.63
6	Entry in Cell B5 is =FV(B3,B4,B2,0,0). The minus sign appears before the 1,000 in B2 because the annuity cash flow is a cash outflow.	

现值：终值的扩展

现值是终值的逆转。也就是说，不是度量当前金额在未来某一日期的价值，**现值**（present value）表示的是终值的当前值。通过应用现值技术，我们可以算出某一未来日期收到的金额在今天的价值。

在确定一笔未来金额的现值时，我们可以回答基本问题，"为了等于未来 n 年后会收到的一笔规定的金额，今天必须向一个支付 $i\%$ 的利息的账户存入多少钱？"在我们求现值时适用的利率通常被称为**折现率**（discount rate）或机会成本。它代表的是当前在一项类似的投资上可以赚到的年收益率。

基本的现值计算最好是用一个简单的例子来说明。设想你面对一项 1 年后会支付 1 000 美元的投资。如果你在类似投资上能赚到 8%，那么你为这项投资最多愿意支付多少？换言之，从现在开始 1 年后你会收到的 1 000 美元用 8% 的折现率折现的现值是多少？令 x 等于现值，我们可以用式（4A-3）来描述这一情形。

$$x \times (1+0.08) = 1\,000 \text{ 美元} \tag{4A-3}$$

对 x 求解可以得到

$$x = \frac{1\,000}{1+0.08} = 925.93 \text{ 美元} \tag{4A-4}$$

因此，从现在开始 1 年后会收到的 1 000 美元按 8% 折现后的现值是 925.93 美元。换言之，现在将 925.93 美元存入一个支付 8% 的利息的账户，1 年后会积累到 1 000 美元。求在遥远的未来会收到的金额的现值所涉及的计算比 1 年投资所涉及的计算更复杂。我们可以用金融计算器或 Excel 电子表格来重新检查之前那个假设 7 年后会收到 1 000 美元的例子。

使用计算器

使用下图显示的金融计算器的输入键，我们求出 7 年后会收到的 1 000 美元按 8% 折现的现值是 583.49 美元。

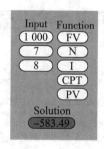

使用电子表格

单一未来金额的现值也可以用 Excel 电子表格来计算。

◇	A	B
1	**PRESENT VALUE OF A SINGLE AMOUNT**	
2	Future value	$1,000
3	Annual rate of interest	8.0%
4	Number of years	7
5	Present value	−$583.49
6	Entry in Cell B5 is =PV(B3,B4,0,B2,0). The negative sign in cell B5 indicates that the value is a cash outflow, or the cost of the investment.	

收益流的现值

前面我们说明了求解在某一未来日期会收到的一笔单一金额的现值的方法。因为来自一项投资的收益很可能是在未来各个日期收到的，而不是一笔单一的一次性收入，所以我们还要能求出一个收益流的现值。

一个收益流可被视为一组单一金额收益，可被归类为一个混合收益流或一笔年金。一个**混合收益流**（mixed stream of return）是没有表现出特殊模式的收益。如前面所指出的，年金是等时间间隔的收益流。表 4A - 4 显示了每种模式的年末收益。要求出每个收益流的现值（在 2014 年初度量的），我们必须计算个别年收益的现值之和。

表 4A - 4 　　　　　　　　　　　混合收益流和年金 　　　　　　　 Excel 电子表格

年末	收益（美元）	
	混合收益流	年金
2014	30	50
2015	40	50
2016	50	50
2017	60	50
2018	70	50

混合收益流的现值

为了求出表 4A-4 中给出的混合收益流的现值，我们必须先求出个别收益的现值再将其加总。表 4A-5 显示了折现率为 8% 的收益流中每笔现金流的现值计算。一旦我们求出所有的个别现值，我们将其加总求得所有未来现金流的净现值（NPV）是 193.51 美元。我们可以用金融计算器或 Excel 电子表格来简化混合收益流的现值的计算。

表 4A-5		混合收益流现值的计算		Excel 电子表格
年份	年末	(1) 收入（美元）	(2) 按 8% 的现值计算公式（美元）	(3) 按 8% 计算的现值（美元）
2014	1	30	$30/(1+0.08)^1$	27.78
2015	2	40	$40/(1+0.08)^2$	34.29
2016	3	50	$50/(1+0.08)^3$	39.69
2017	4	60	$60/(1+0.08)^4$	44.10
2018	5	70	$70/(1+0.08)^5$	47.64
			总现值	193.51

使用计算器。 你可以用金融计算器来求出个别现金流的现值（如前面已演示的）。然后，加总现值得到收益流的现值。然而，大部分金融计算器都有一个功能可以让你输入所有现金流、指定折现率，然后用计算器上的"NPV"函数直接计算整个收益流的净现值。

使用电子表格。 混合收益流的现值也可以用 Excel 电子表格来计算。

◇	A	B
1	PRESENT VALUE OF A MIXED STREAM	
2	Year	Cash flow
3	1	$30
4	2	$40
5	3	$50
6	4	$60
7	5	$70
8	Annual discount rate	8.0%
9	Present value	($193.51)
10	Entry in Cell B5 is =-NPV(B8,B3:B7). A negative sign can be inserted in front of the NPV function in B9 to indicate that the value is a cash outflow or the investment cost.	

年金的现值

我们可以按照与求混合收益流的现值相同的方法来求年金的现值——求出并加总个别现值。金融计算器和 Excel 电子表格都有一个内置功能来同时处理所有的年金现金流。

使用计算器。 利用下图显示的计算器输入键，我们求得 50 美元、5 年期的普通年金在折现率为 8%时的现值是 199.64 美元。

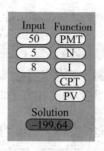

使用电子表格。 年金的现值也可以用 Excel 电子表格来计算。

◇	A	B
1	PRESENT VALUE OF A SINGLE AMOUNT	
2	Annual annuity payment	$50
3	Annual rate of interest	8.0%
4	Number of years	5
5	Present value	($199.64)
6	Entry in Cell B5 is =PV(B3,B4,B2,0,0). The parentheses around the present value result indicate that the value is a cash outflow or the investment cost.	

概念复习

答案参见 www. pearsonhighered. com/smart。

4A. 1　什么是货币的时间价值？解释为什么投资者应该能赚到正的收益。

4A. 2　定义、讨论并比较下列各项。

a. 利息；

b. 单利；

c. 复利；

d. 真实利率（收益率）。

4A. 3　当计息频率比每年一次更频繁时，真实利率会怎么样？在什么条件下规定的利率和真实的利率会相等？什么是连续复利？

4A. 4　描述、比较和对比终值和现值的概念。解释折现率在计算现值中的作用。

4A. 5　什么是年金？如何简化年金终值的计算？年金现值的计算呢？

4A. 6　什么是混合流？描述用于求这样一个收益流的现值的方法。

我的金融实验室

下面是学完本章之后你应该知道的内容。**我的金融实验室**会在你需要练习的时候帮助你识别你知道什么以及去哪里练习。

你应该知道的	重要术语	去哪里练习
因为投资者有机会在其资金上赚取利息，所以货币有时间价值。单利或复利都可以用于计息。按规定的利率进行的复利计算越频繁，真实利率就越高。金融计算器和电子表格可用于简化时间价值的计算。用复利的概念可以求出一笔当前金额或一笔年金的终值。 一笔未来金额的现值是指，今天必须被存到能按既定利率赚取利息以积累指定的未来金额的账户中的资金数额。加总个别收益的现值可以求出未来收益流的现值。当收益流是一笔年金时，其现值的计算最为简单	年金 复利 连续复合 折现率（贴现率） 终值 利息 混合收益流 普通年金 现值 单利 货币的时间价值 真实利率	Excel 表格 4A－1、4A－2、4A－4、4A－5 问题 P4A.12 的视频学习辅导

登录**我的金融实验室**，做一个章节测试，取得一个个性化的学习计划，该学习计划会告诉你，你理解哪些概念，你需要复习哪些。在那儿，**我的金融实验室**会提供给你进一步的练习、指导、动画、视频和指引性解决方法。登录 www. myfinancelab. com

问题

P4A.1　对表中的每一笔储蓄账户交易，计算如下各题。

a. 年末账户余额（假设在 2013 年 12 月 31 日的账户余额是 0）。

b. 年利息，使用 6％的单利并假定所有利息在赚到的时候都被从账户中提取出来。

c. 真实利率，将其与规定的利率进行对比，并讨论你的发现。

日期	存款/取款（美元）	日期	存款/取款（美元）
2014－01－01	5 000	2016－01－01	2 000
2015－01－01	（4 000）	2017－01－01	3 000

P4A.2　使用金融计算器或电子表格，计算下列各题。

a. 一笔 450 美元的存款被存入一个支付 6％的年利息的账户中 10 年的终值；

b. 每年末存入支付 8％的年利息的账户中 700 美元，求其在 5 年末的终值。

P4A.3　对下列每个初始投资金额，如果利息是按给定投资期上规定的收益率每年复合计算一次，计算给定投资期末的终值。

投资	投资金额（美元）	收益率（％）	投资期（年）
A	200	5	20
B	4 500	8	7
C	10 000	9	10
D	25 000	10	12
E	37 000	11	5

P4A.4　使用金融计算器或电子表格，计算现在投入支付规定的 12％年利息且每年复合计息一次的账户中的 10 000 美元在 2 年后的终值。

P4A.5　在指定的存款期内支付规定的年利息的账户中每年存入一定金额，对下列每种年存款额，计算该年金在给定的存款期末的终值。

存款	年存款金额（美元）	利率（％）	存款期（年）
A	2 500	8	10
B	500	12	6
C	1 000	20	5
D	12 000	16	8
E	4 000	14	30

P4A.6　如果你在以后的 5 年里每年末向一个账户中存入 1 000 美元，该账户支付 6％的年利息，5 年后账户中会有多少钱？

P4A.7　如果你在风险类似的投资上能赚到 9％，给定如下的资金数额和投资时点，你在 6 年末能接受的最低金额分别是多少？

a. 现在一次性投入 5 000 美元；

b. 在以后 5 年的每年末都投入 2 000 美元；

c. 现在一次性投入 3 000 美元，并在以后 5 年的每年末都投入 1 000 美元；

d. 在 1、3、5 年末分别投入 900 美元。

P4A.8　对下列每项投资，使用指定的折现率并假定是在给定年份的年末收到该金额，计算未来金额的现值。

投资	未来金额（美元）	折现率（％）	年末
A	7 000	12	4
B	28 000	8	20
C	10 000	14	12
D	150 000	11	6
E	45 000	20	8

P4A.9　一只佛罗里达州储蓄债券在购买后 7 年的到期日可以被转换为 1 000 美元。如果要让该州债券相对于支付 2％且每年复合计息一次的美国储蓄债券更有竞争力，假定它们在到期前没有现金支付，那么州债券的售价会是多少？

P4A.10　参考 P4A.8，如果美国储蓄债券支付 4％且每年复合计息一次，那么该债券的售价会是多少？将你的答案与前一个问题的答案进行比较。

P4A.11　如果你在其他类似投资上每 6 个月能赚到 3％，那么对从现在起 5 年后的一笔一次性的 10 000 美元你愿意支付多少钱？

P4A.12　假定 12％的折现率，求下列每个收入流的现值。

A		B		C	
年末	收入（美元）	年末	收入（美元）	年末	收入（美元/年）
1	2 200	1	10 000	1～5	10 000
2	3 000	2～5	5 000/年	6～10	8 000
3	4 000	6	7 000		
4	6 000				
5	8 000				

P4A.13　考虑下表给出的收入流。

a. 求每个收入流的现值，使用 15％的折现率。

b. 比较算出的现值，并根据未折现的总收入在每种情况下都等于 10 000 美元来讨论它们。

年末	收入流（美元）	
	A	B
1	4 000	1 000
2	3 000	2 000
3	2 000	3 000
4	1 000	4 000
总和	10 000	10 000

P4A.14　对下面每项投资，计算每年末的收益在给定时期按指定的折现率计算的现值。

投资	年收益（美元）	折现率（％）	时期（年）
A	1 200	7	3
B	5 500	12	15
C	700	20	9
D	14 000	5	7
E	2 200	10	5

P4A.15　恭喜！你中了彩票！你希望是在以后 20 年的每年末拥有 100 万美元还是现在得到 1 500 万美元？（假设折现率为 8％。）

P4A.16　利用金融计算器或 Excel 电子表格计算下列各题。

a. 从现在开始 4 年后会收到的 500 美元的现值，使用 11％的折现率。

b. 如下年末收入流的现值，使用 9％的折现率并假定现在是 2015 年初。

年末	收入流 A（美元）	收入流 B（美元）
2015	80	140
2016	80	120
2017	80	100
2018	80	80
2019	80	60
2020	80	40
2021	80	20

P4A.17　特里·亚历桑德罗（Terri Allessandro）有机会接受如下投资中的任何一项。下面给出了每项投资的购买价格、终值及其收到的年份。特里在那些类似于当前正在考虑的投资上可以赚取10%的收益。评估每项投资来确定其是否合意，并向特里做出投资推荐。

投资	购买价格（美元）	终值（美元）	收到的年份
A	18 000	30 000	5
B	600	3 000	20
C	3 500	10 000	10
D	1 000	15 000	40

P4A.18　肯特·韦茨（Kent Weitz）想评估如下两项投资是否合意。利用他的17%的必要收益率（折现率）来评估每项投资。向肯特给出投资建议。

单位：美元

	投资	
	A	B
购买价格	13 000	8 500
年末	收入流（美元）	
1	2 500	4 000
2	3 500	3 500
3	4 500	3 000
4	5 000	1 000
5	5 500	500

P4A.19　你用一些现金购买了一辆车，并按年利率12%借了15 000美元（现值）共50个月。计算月还款额（年金）。

P4A.20　参考P4A.19，假设你已经还款10次。你的贷款的余额（现值）是多少？

第 5 章 现代投资组合思想

学习目标

学完本章之后，你应该能够：

目标 1：理解投资组合的目标及用于计算投资组合收益和标准差的方法。

目标 2：讨论相关性和分散化的概念以及国际分散化的关键之处。

目标 3：描述风险的组成部分以及贝塔在度量风险中的应用。

目标 4：从概念上、数学上和图形上解释资本资产定价模型（CAPM）。

目标 5：评价传统和现代投资组合管理方法。

目标 6：描述组合的贝塔、风险-收益权衡及两种投资组合管理方法的调和。

联合租赁公司（URI）向建筑承包商、企业和政府出租建筑和工业设备。该公司专注于重型设备，如推土机和叉车。在始于 2007 年的经济衰退期间，很多公司发现它们没有足够多的业务来维持现有机器的运转，于是自然地，对租赁设备的需求减少了。URI 的股票在 5 月达到每股刚好超过 35 美元的 2007 年峰值，但在此之后就开始了长期的下滑，到 2008 年 3 月触及底部，即 2.52 美元。

那年春天，经济开始表现出复苏的迹象，URI 的股票出现飙升，截至 2009 年 8 月已从低点上升了将近 200%。虽然该公司的杠杆很高（公司借了很多钱来为其运营提供资金），但 Gabelli 基金管理公司的股票分析师海科·伊尔（Heiko Ihle）对 URI 的股票发布了"买入"评级。伊尔注意到 URI 的股票有很高的贝塔值，意思是该股票在整个市场发生变动时变动剧烈。

伊尔先生的建议最终被证明是个好建议。从 2009 年 8 月底到 2012 年 4 月底，URI 股票的价值上涨了 400% 多，每股的市场价格超过 46 美元。在同一时期，广泛应用的反映股票市场整体情况的指标标准普尔 500 指数上涨了并不惊人的 38%。

我们在本章中将继续探究风险与收益之间的权衡，我们会发现，一只股票的贝塔值——其对整个股票市场变动的敏感性——对股票的风险及其给投资者带来的收益有很大影响。

资料来源：Yahoo! Finance；"U. S. Hot Stocks：Legg Mason, JDA Software Active in Late Trading，"July 20, 2009；The Wall Street Journal Digital Network, online. wsj. com/ article/BT-CO-20090720-713541. html.

投资组合规划原理

投资者受益于持有投资对象的组合，而不是单个投资对象。持有投资组合的投资者不一定要牺牲收益才能降低风险。令人惊讶的是，投资组合的波动性小于构成投资组合的单项资产的波动性。换言之，整体的风险小于部分的风险之和！

如第 1 章中给出的定义，投资组合是为了满足一个或多个投资目的而组合起来的一系列投资对象。当然，不同的投资者对其投资组合有不同的投资目标。**增长导向的投资组合**（growth-oriented portfolio）的首要目标是长期的价格增值。**收入导向的投资组合**（income-oriented portfolio）旨在产生定期的股利和利息收入。

投资组合的目标

设定投资组合的目标涉及明确的权衡取舍，如风险与收益之间的权衡或潜在价值增值与收入之间的权衡。你如何评价这些权衡取舍将取决于你的税级、当期收入需求和承担风险的能力。关键之处在于，你的投资组合目标必须在你开始投资之前建立起来。

投资者的终极目标是**有效的投资组合**（efficient portfolio），即能对给定水平的风险提供最高收益率的投资组合。有效的投资组合并不容易确定。你通常必须找到备选的投资对象，以得到风险与收益的最佳组合。

投资组合的收益率和标准差

形成一个投资组合的第一步是分析那些会被投资者纳入投资组合的证券的特征。要考察的两个最重要的特征是每个资产能赚取的期望收益率以及该期望收益率的不确定性。作为起点，我们将通过考察历史数据来了解股票过去的收益率情况和收益率的波动情况，以便对未来会怎么样有一个直观的感受。

投资组合的收益率被计算为构成投资组合的资产（即投资对象）的加权平均收益率。你可以用式（5-1）来计算投资组合的收益率 r_p。投资组合的收益率取决于组合中每项资产的收益率以及投资于每项资产的权重 w_j。

$$
\begin{aligned}
\text{组合的收益率} &= \left(\begin{array}{c} \text{投资组合的总货币价值} \\ \text{中投资于资产 1 的比例} \end{array} \times \begin{array}{c} \text{资产 1} \\ \text{的收益率} \end{array} \right) + \left(\begin{array}{c} \text{投资组合的总货币价值} \\ \text{中投资于资产 2 的比例} \end{array} \times \begin{array}{c} \text{资产 2} \\ \text{的收益率} \end{array} \right) \\
&\quad + \cdots + \left(\begin{array}{c} \text{投资组合的总货币价值} \\ \text{中投资于资产 } n \text{ 的比例} \end{array} \times \begin{array}{c} \text{资产 } n \\ \text{的收益率} \end{array} \right) \\
&= \sum_{j=1}^{n} \left(\begin{array}{c} \text{投资组合的总货币价值中} \\ \text{投资于资产 } j \text{ 的比例} \end{array} \times \begin{array}{c} \text{资产 } j \\ \text{的收益率} \end{array} \right)
\end{aligned} \tag{5-1}
$$

$$r_p = (w_1 \times r_1) + (w_2 \times r_2) + \cdots + (w_n \times r_n) = \sum_{j=1}^{n} (w_j \times r_j) \qquad (5-1a)$$

当然，$\sum_{j=1}^{n} w_j = 1$，这意味着投资组合的全部资产都必须纳入到这一计算中。

表 5-1 的 A 部分显示了 IBM 公司和新基生物制药公司（CELG）这两只股票从 2001 年到 2010 年的历史年收益率。IBM 在该时期的年均收益率为 10.4%，这接近于过去一个世纪美国股市的年均收益率。相反，CELG 获得了惊人的 32.1% 的年均收益率。虽然 CELG 不太可能在未来的 10 年里继续重复这种表现，但是考察历史数字还是有指导意义。

表 5-1	IBM 和 CELG 的个股和组合收益率以及收益率的标准差	Excel 电子表格

A. 个股和组合的收益率

年份（t）	(1) 历史收益率*（%）		(3) 组合权重		(4) 组合收益率
	r_{IBM}	r_{CELG}	$w_{IBM}=0.86$	$w_{CELG}=0.14$	r_p（%）
2001	43.0	−1.7	$(0.86 \times 43.0\%) + [0.14 \times (−1.7\%)] =$		36.7
2002	−35.5	−32.7	$[0.86 \times (−35.5\%)] + [0.14 \times (−32.7\%)] =$		−35.1
2003	20.5	108.9	$(0.86 \times 20.5\%) + (0.14 \times 108.9\%) =$		32.9
2004	7.2	18.2	$(0.86 \times 7.2\%) + (0.14 \times 18.2\%) =$		8.7
2005	−15.8	144.3	$[0.86 \times (−15.8\%)] + (0.14 \times 144.3\%) =$		6.6
2006	19.8	77.6	$(0.86 \times 19.8\%) + (0.14 \times 77.6\%) =$		27.9
2007	12.8	−19.7	$(0.86 \times 12.8\%) + [0.14 \times (−19.7\%)] =$		8.3
2008	−20.8	19.6	$[0.86 \times (−20.8\%)] + (0.14 \times 19.6\%) =$		−15.1
2009	58.6	0.7	$(0.86 \times 58.6\%) + (0.14 \times 0.7\%) =$		50.5
2010	14.3	6.2	$(0.86 \times 14.3\%) + (0.14 \times 6.2\%) =$		13.1
平均收益率	10.4	32.1			13.5

B. 个股和组合收益率的标准差

IBM 的标准差计算：

$$s_{IBM} = \sqrt{\frac{\sum_{t=1}^{10} (r_t - \bar{r})^2}{n-1}} = \sqrt{\frac{(43.0\% - 10.4\%)^2 + \cdots + (14.3\% - 10.4\%)^2}{10-1}} = \sqrt{\frac{(7\,375.2\%)^2}{10-1}} = 28.6\%$$

CELG 的标准差计算：

$$s_{CELG} = \sqrt{\frac{\sum_{t=1}^{10} (r_t - \bar{r})^2}{n-1}} = \sqrt{\frac{(−1.7\% - 32.1\%)^2 + \cdots + (6.2\% - 32.1\%)^2}{10-1}} = \sqrt{\frac{(30\,598.2\%)^2}{10-1}} = 58.3\%$$

组合的标准差计算：

$$s_p = \sqrt{\frac{\sum_{t=1}^{10} (r_t - \bar{r})^2}{n-1}} = \sqrt{\frac{(36.7\% - 13.5\%)^2 + \cdots + (13.1\% - 13.5\%)^2}{10-1}} = \sqrt{\frac{(5\,770.7\%)^2}{10-1}} = 25.3\%$$

*历史收益率是根据年末的价格计算的。

资料来源：年末价格来自雅虎财经。价格根据分红和拆股调整过。

现在假设我们要计算包含 IBM 和 CELG 这两个投资对象的一个组合收益率。该计算的第一步是确定每种股票的持有份额。换言之,我们必须决定每种股票在组合中的权重。假定我们在 IBM 上投入 86% 的资金,在 CELG 上投入 14% 的资金。这样一个组合的收益率是多少?

我们知道,在这一时期,CELG 的收益率比 IBM 要高得多,因此,直观上我们会预期到包含这两种股票的组合会有比 IBM 高但比 CELG 低的收益率。此外,由于组合的大部分(86%)是 IBM,所以你会猜测出组合的收益率会接近于 IBM 的,而不是 CELG 的。

A 部分的列(3)和(4)显示了每年的组合收益率。这个组合的年均收益率是 13.5%。正如你所料,这一收益率比 IBM 股票的收益率略高一些。通过在 CELG 上投入一点儿,投资者可以赚取比他仅持有 IBM 一只股票更高一些的收益率。

组合的风险如何?对组合风险的一种度量是其标准差。组合收益率的标准差是通过应用与我们在第 4 章求单一资产的标准差时所用的公式相同的公式求出的。表 5-1 的 B 部分再现了这一公式,并将其应用于计算 IBM 股票和 CELG 股票收益率的标准差。或者,如果你愿意,不是用表 5-1 中的公式来求出 IBM 和 CELG 股票收益率的标准差,你可以构建一个 Excel 电子表格来做如下所示的计算。IBM 收益率的标准差是 28.6%,CELG 收益率的标准差是 58.3%。我们在这里再次发现风险与收益之间需要权衡取舍的证据。虽然 CELG 股票赚到比 IBM 股票高得多的收益率,但 CELG 股票收益率的波动也要大得多。

◇	A	B	C	D
1	STANDARD DEVIATION OF RETURNS FOR IBM, CELG, PORTFOLIO			
2	Year (t)	r_{IBM}%	r_{CEGL}%	r_p%
3	2001	43.0	-1.7	36.7
4	2002	-35.5	-32.7	-35.1
5	2003	20.5	108.9	32.9
6	2004	7.2	18.2	8.7
7	2005	-15.8	144.3	6.6
8	2006	19.8	77.6	27.9
9	2007	12.8	-19.7	8.3
10	2008	-20.8	19.6	-15.1
11	2009	58.6	0.7	50.5
12	2010	14.3	6.2	13.1
13	Standard deviation	28.6	58.3	25.3
14	Entries in Cells B13, C13, and D13 are =STDEV(B3:B12), =STDEV(C3:C12), and			
15	=STDEV(D3:D12), respectively.			

B 部分中最后的计算是将来自 A 部分列(4)的 IBM - CELG 组合收益数据代入标准差公式来求组合的标准差。直观上,由于组合包含很多的 IBM 股票,很少的 CELG 股票,你会预期到组合收益率的标准差会略高于 IBM 收益率的标准差。事实上,B 部分显示出组合收益率的波动性比组合中任何一只股票收益率的波动性都要小一令人惊讶的结论! 包含 86% 的 IBM 和 14% 的 CELG 的组合表现出 25.3% 的标准差。这对投资者是个好消息。只持有 IBM 股票的投资者会赚到仅 10.4% 的平均收益率,但是,要实现这一收益率,投资者将不得不忍受 IBM 的 28.6% 的标准差。通过出售少量的 IBM 股票,并将所得用于购买少量的 CELG 股票(表 5-1 所示的 0.86 和 0.14 的组合权重),投资者可以将他的收益率提高到 13.5% 的同时将标准差降低到 25.3%。换言之,投资者可以同时拥有更高的收益率和更低的风险。这意味着仅拥有 IBM 股票的投资者持有的是一个非有效的组合——存在一个有更好的收益率-风险权衡的替代组合。这就是分散化的力量。接下来我们会看到,使其成为可能的关键因素是 IBM 和 CELG 的收益率之间的低相关性。

相关性和分散化

如第 2 章所指出的，分散化是指将很多不同的投资对象纳入一个投资组合中。这是创建一个有效组合的重要方面。分散化直观反映的背后是**相关性**（correlation）这一统计概念。对有效的组合规划而言，你需要理解相关性和分散化的概念及其与组合的总风险和收益率的关系。

相关性

相关性是两个数字序列之间关系的统计度量指标。如果两个序列同向变动，那么它们是**正相关**（positively correlated）的。例如，如果我们每天记录下光照的小时数和日平均温度，我们会预期这两个序列可能表现出正相关。有更多的光照的那些天往往就是有更高的温度的那些天。如果序列反向变动，那么它们就是**负相关**（negatively correlated）的。例如，如果我们记录下每天的光照小时数和降雨量，那么我们会预期这两个序列表现出负相关，因为平均而言，光照时间长的那些天的降雨量较少。如果两个序列相互之间没有关系，那么它们是**不相关**（uncorrelated）的。例如，我们很可能会预期，某一天的光照小时数与同一天美元对世界其他货币的价值变化之间没有关系。光照与世界货币市场之间没有明显的联系。

相关性的程度——不管是正相关还是负相关——是由**相关系数**（correlation coefficient）来度量的，通常用希腊字母 rho（ρ）来表示。用 Excel 来计算 IBM 与 CELG 股票收益率之间的相关系数是很容易的，如下面的电子表格所示。

◇	A	B	C
1	CORRELATION COEFFICIENT OF RETURNS FOR IBM AND CELG		
2	Year（t）	r_{IBM}%	r_{CEGL}%
3	2001	43.0	-1.7
4	2002	-35.5	-32.7
5	2003	20.5	108.9
6	2004	7.2	18.2
7	2005	-15.8	144.3
8	2006	19.8	77.6
9	2007	12.8	-19.7
10	2008	-20.8	19.6
11	2009	58.6	0.7
12	2010	14.3	6.2
13		Correlation coefficient	-0.08
14	Entry in Cell C13 is		
15	=CORREL(B3:B12,C3:C12).		

Excel 会迅速地告诉你 IBM 与 CELG 之间在 2001—2010 年这一时期的相关系数是 −0.08。（较小的）负数结果意味着，在这一时期这两只股票之间有一个适度的反向变动趋势。这两只股票之间负相关多少有些非同寻常，因为大部分股票都以相同的方式受到宏观经济因素的影响。换言之，大部分股票往往都是随整体经济而同向变动的，这意味着，大部分股票相互之间都会表现出至少一定的正相关。在这个例子中，IBM 与 CELG 之间的相关系数是如此接近于 0 以至这两只股票在这段时期几乎没有相关性。对 IBM 与 CELG 股票收益率之间表现出相对低的相关系数不必大惊小怪。IBM 是一家重要的信息技术服务

提供商，而 CELG 是一家生物制药公司。两家公司在完全不同的行业竞争，有不同的顾客和供应商，在非常不同的监管约束下运营。对 IBM 的营利能力有巨大影响的很多因素对 CELG 的业务几乎没有影响，反之亦然。

相关系数的变动范围从**完全正相关**（perfectly positively correlated）序列的＋1 到**完全负相关**（perfectly negatively correlated）序列的－1。这两种极端情形如图 5-1 中的序列 M、N 和 P 所示。完全正相关序列（M 和 P）变动完全一致。完全负相关序列（M 和 N）完全反向变动。虽然这两种极端情形有说明意义，但大部分资产收益率的相关性都表现出一定程度（从高到低）的正相关。负相关倒是例外。

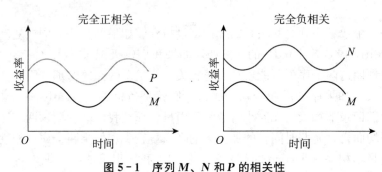

图 5-1 序列 M、N 和 P 的相关性

图形左边的完全正相关序列 M 和 P 正好同向变动。图形右边的完全负相关序列 M 和 N 正好反向变动。

分散化

一般而言，任何两项资产之间的相关性越小，通过在一个组合中结合这些资产可以降低的风险就越多。图 5-2 显示了负相关的资产 F 和 G，它们都有相同的平均收益率 $\bar{r}$。包含 F 和 G 的组合有相同的平均收益率 $\bar{r}$，但比任何单项资产的风险（变动性）都小，因为资产 F 的一些波动抵消了资产 G 的波动。结果是，F 和 G 的结合比单项的 F 或 G 的波动性要小。即使资产不是负相关的，它们之间的正相关性越小，相应的组合的风险就越小。

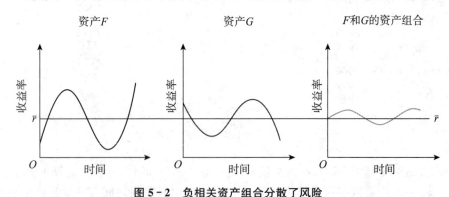

图 5-2 负相关资产组合分散了风险

包含负相关资产 T 和 G 的组合（最右边的图），拥有与 F 和 G 都相等的平均收益率 $\bar{r}$，但有更小的风险。

表 5-2 显示了 IBM 和 CELG 股票的很多组合的平均收益率和收益率的标准差。列（1）和（2）分别显示了组合投资于 IBM 和 CELG 股票的组合权重，列（3）和（4）显示了组合的平均收益率和收益率标准差。要注意的是，随着从表的顶部移动到底部（即从将

组合全部投资于 IBM 股票到全部投资于 CELG 股票），组合的收益率上升。这是有道理的，因为随着从顶部到底部，投资于 CELG 股票的百分比上升，而 CELG 股票的平均收益率高于 IBM 股票。来自列（3）的一般结论是，当一个组合包含两只股票时，其中一只股票比另一只有更高的平均收益率，那么随着在收益率较高的股票上的投资增加，组合的收益率随之上升。

表 5－2		IBM 和 CELG 组合的收益率和收益率标准差		Excel 电子表格
(1)	(2)	(3)		(4)
组合权重		组合的平均收益率		组合的收益率标准差
w_{IBM}	w_{CELG}	$\bar{r}_{\text{IBM}} = 10.4\%$	$\bar{r}_{\text{CELG}} = 32.1\%$	
1.0	0.0	$(1.0 \times 10.4\%) + (0.0 \times 32.1\%) = 10.4\%$		28.6%
0.9	0.1	$(0.9 \times 10.4\%) + (0.1 \times 32.1\%) = 12.6\%$		26.0%
0.8	0.2	$(0.8 \times 10.4\%) + (0.2 \times 32.1\%) = 14.8\%$		24.9%
0.7	0.3	$(0.7 \times 10.4\%) + (0.3 \times 32.1\%) = 16.9\%$		25.5%
0.6	0.4	$(0.6 \times 10.4\%) + (0.4 \times 32.1\%) = 19.1\%$		27.9%
0.5	0.5	$(0.5 \times 10.4\%) + (0.5 \times 32.1\%) = 21.3\%$		31.5%
0.4	0.6	$(0.4 \times 10.4\%) + (0.6 \times 32.1\%) = 23.5\%$		35.9%
0.3	0.7	$(0.3 \times 10.4\%) + (0.7 \times 32.1\%) = 25.6\%$		41.0%
0.2	0.8	$(0.2 \times 10.4\%) + (0.8 \times 32.1\%) = 27.8\%$		46.5%
0.1	0.9	$(0.1 \times 10.4\%) + (0.9 \times 32.1\%) = 30.0\%$		52.3%
0.0	1.0	$(0.0 \times 10.4\%) + (1.0 \times 32.1\%) = 32.1\%$		58.3%

例子：等权重组合的收益率标准差的计算

$s_{\text{IBM}} = 28.6\%$

$s_{\text{CELG}} = 58.3\%$

$\rho_{\text{IBM,CELG}} = -0.08$

$s_p = \sqrt{w_i^2 s_i^2 + w_j^2 s_j^2 + 2 w_i w_j \rho_{i,j} s_i s_j}$

$s_p = \sqrt{0.5^2 \times (28.6\%)^2 + 0.5^2 \times (58.3\%)^2 + 2\left[0.5 \times 0.5 \times (-0.08) \times 28.6\% \times 58.3\%\right]} = 31.5\%$

列（4）显示了 IBM 股票和 CELG 股票不同组合的收益率标准差。在此我们再次看到一个令人惊讶的结论。全部投资于 IBM 股票的组合的标准差是 28.6%。直观上，看起来好像是稍微减少对 IBM 股票的投资，增加对 CELG 股票的投资，会提高组合的收益率标准差，因为 CELG 股票的波动性比 IBM 股票要大得多。然而，事实刚好相反，至少在一定程度上如此。组合的收益率标准差一开始随着投资于 CELG 股票的百分比的上升而下降。然而，最终，增加投资于 CELG 股票的金额确实提高了组合的收益率标准差。因此，来自列（4）的一般结论是，当一个组合包含两只股票时，其中一只股票比另一只有更大的收益率标准差，那么随着在收益率标准差较高的股票上的投资的增加，组合的收益率标准差既可能上升，也可能下降。

图 5-3 说明了从表 5-2 中得出的两个结论。曲线对表 5-2 中列举的每个组合描绘了平均收益率（y 轴）和收益率标准差（x 轴）。随着组合构成从 100% 的 IBM 股票变为 IBM 和 CELG 股票的混合，平均收益率上升，但收益率标准差一开始是下降的。因此，IBM 股票和 CELG 的组合勾画出一条向后弯曲的弧线。显然，投资者不应该将其所有的钱都放在 IBM 股票上，因为通过持有至少一些 CELG 股票可以实现较高的收益率和较低的收益率标准差。然而，想要赚取最高可能收益率从而大量投资于 CELG 股票的投资者不得不接受更高的收益率标准差。

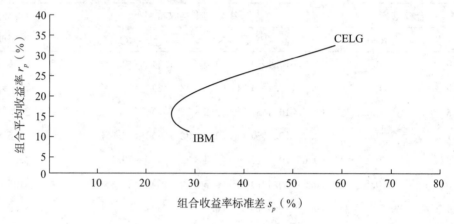

图 5-3 IBM 和 CELG 的组合

因为 IBM 和 CELG 的收益率不是高度相关的，通过至少持有一些 CELG 股票，只持有 IBM 股票的投资者可以在提高其组合的收益率的同时降低收益率标准差。然而，在某一点，投资更多的 CELG 确实增加了组合的波动性，同时也提高了期望收益率。

IBM 与 CELG 之间的关系显然是一个特例，因此，我们考察一下投资者在市场上会遇到的更一般的模式。此外，我们还要将注意力从历史收益率转到期望收益率。表 5-3 呈现了 3 种资产——X、Y 和 Z——在随后 5 年（2015—2019）的期望收益率及其平均期望收益率和收益率标准差。资产 X 有 12% 的平均期望收益率和 3.2% 的收益率标准差。资产 Y 和 Z 都有 16% 的平均期望收益率和 6.3% 的收益率标准差。因此，我们可以将资产 X 看作有低收益、低风险特征，而资产 Y 和 Z 是高收益、高风险的股票。资产 X 和资产 Y 的收益率完全负相关——它们随时间变动完全相反。资产 X 和资产 Z 的收益完全正相关——它们的变动完全相同。

投资者事实
非完美的相关关系

在经济不确定和股市波动大的时期，不同资产之间的相关性往往会提高。2011 年夏天，因对欧洲经济震荡引发市场的担忧，标准普尔 500 股指中不同部门之间的相关性达到 97.2%，这是自 2008 年金融危机以来最高的相关性。在这些时期，宏观经济的新闻公告比特定公司的个别事件对股票收益率有更大的影响，因此，股票间的相关性提高，分散化的好处减少。

资料来源：Charles Rotblut，"AAII Investor Update：Highly Correlated Stock Returns Are Temporary," September 16, 2011, http：//seekingalpha.com/article/294067-aaii-investor-updatehighly-correlated-stock-returns-are-temporary.

表 5 - 3 | 资产 *X*、*Y* 和 *Z* 及组合 *XY* 和 *XZ* 的 期望收益率、平均收益率和收益率标准差 | Excel 电子表格

年份（*t*）	资产的期望收益率			组合的期望收益率	
				$E(r_{XY})$	$E(r_{XZ})$
	$E(r_X\%)$	$E(r_Y\%)$	$E(r_Z\%)$	$[2/3 \times E(r_X\%) + 1/3 \times E(r_Y\%)]$	$[2/3 \times E(r_X\%) + 1/3 \times E(r_Y\%)]$
2015	8.0	24.0	8.0	13.3	8.0
2016	10.0	20.0	12.0	13.3	10.7
2017	12.0	16.0	16.0	13.3	13.3
2018	14.0	12.0	20.0	13.3	16.0
2019	16.0	8.0	24.0	13.3	18.7
平均期望收益率	12.0	16.0	16.0	13.3	13.3
收益率标准差	3.2	6.3	6.3	0.0	4.2

组合 *XY*（如表 5 - 3 所示）是通过在资产 *X* 上投资 2/3 和在资产 *Y* 上投资 1/3 构建而成的。这个组合的期望收益率 13.3% 是资产 *X* 和 *Y* 的期望收益率的加权平均（＝2/3×12%＋1/3×16%）。要计算组合的收益率标准差，利用表 5 - 2 中所示的公式且 *X* 和 *Y* 之间的相关系数为 -1。需要注意的是，组合 *XY* 每年产生可预测的 13.3% 的收益率。换言之，组合是无风险的且收益率标准差为 0。

组合 *XZ* 用了相同的比例：2/3 资产 *X* 和 1/3 资产 *Z*。组合 *XZ* 像组合 *XY* 一样有 13.3% 的期望收益率，以及 0 的收益率标准差。但是，不像组合 *XY* 那样是无风险的，组合 *XZ* 是有风险的。其收益率在 8% 和 18.7% 之间波动，其收益率标准差是 4.2%。

概言之，两个组合 *XY* 和 *XZ* 有相同的期望收益率，但风险不同。这一差异的原因是相关性。*X* 的变动被 *Y* 的变动抵消，因此，通过将两项资产结合在一个组合中，投资者可以降低或消除风险。资产 *X* 和 *Z* 一起变动，因此，一项资产的变动不能抵消另一项资产的变动，组合 *XZ* 的收益率标准差不能降低到资产 *X* 的收益率标准差之下。

图 5 - 4 说明了组合的期望收益率与收益率标准差之间的关系以及组合中资产的相关性。黑色线说明了如组合 *XY* 那样的情形，其相关系数是 -1.0。在这种情形下，有可能以刚好正确的比例来结合两项风险资产使得组合的收益率是完全可预测的（即没有风险）。需要注意的是，在这种情形下，投资者持有风险最小资产的非分散化头寸是非常不明智的。通过持有一个资产组合而不是单项资产，投资者沿着黑色线向上和向左移动，以便在赚取更高收益率的同时承担更低的风险。然而，超过某一点之后，增加风险较高资产的投资同时推高组合收益率和风险，从而投资者的组合沿着黑色线的第二部分向上和向右移动。

图 5 - 4 中的虚线说明了如组合 *XZ* 那样的情形，其相关系数是 +1.0。在这种情形下，当投资者减少其在低风险资产上的投资来持有更多的高风险资产时，组合的期望收益率上升，但标准差也会上升。投资者沿着虚线向上和向右移动。投资者也许会选择同时投

资于两项资产，但做出这一决策是个人的风险接受度问题，并不是所有的投资者都会做出这一选择。换言之，当两项资产之间的相关系数等于−1.0时，分散化一定是正确的行动，但是，当相关系数等于+1.0时，是否要分散化并不是显而易见的。

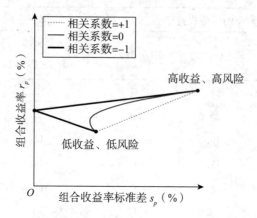

图 5-4　有各种相关系数的两项资产的组合的风险和收益

这个图形说明了一项低风险、低收益的资产如何能与一项高风险、高收益的资产结合在一个组合里，以及该组合的表现如何取决于两项资产之间的相关系数。一般而言，随着投资者通过减少低收益资产投资、增加高收益资产投资来改变组合权重，组合的收益率会上升。但组合的收益率标准差会上升或下降，具体取决于相关系数。通常，相关系数越小，通过分散化可以实现的风险降低越多。

图 5-4 中的灰色线说明了一种中间情形，其相关系数介于−1.0 与+1.0 之间。这正是投资者大部分时间在现实市场中遇到的情形——资产既不是完全负相关的，也不是完全正相关的。当相关系数位于两种极端值之间时，两项资产的组合位于弧线上（即灰色线）。当两项资产有非常低的相关性时，该弧线会向后弯曲，正如 IBM 和 CELG 的情形。当相关系数较大但仍然低于 1.0 时，弧线只是向上和向右弯曲。即使那样，分散化的好处还是大于相关系数等于 1.0 时的情形，这意味着，与沿着虚线运动的组合相比，灰色弧线运动的组合在风险相同时得到了更高的收益率。

国际分散化

显然，当构建投资组合时，分散化是首要目的。如前面所指出的，现在有很多国际分散化的机会。下面我们考虑国际分散化的三个方面：有效性、方法和成本。

国际分散化的有效性

国际化投资比只投资于国内提供了更大的分散化。这对美国投资者以及那些资本市场比美国市场提供更有限的分散化机会的国家的投资者都是成立的。从广义上说，国际化投资的分散化有好处有两个原因。第一个原因是，全世界不同市场的收益率并不是正好同步变动的，也就是说，市场之间的相关系数小于+1.0。正如你已经看到的，投资对象之间的相关系数越小，来自分散化的好处越大。遗憾的是，随着全球化带来全球市场（金融市场及商品与服务市场）更深程度的一体化，各国市场间的收益相关性已经上升。这一趋势降低了国际分散化的好处。

然而，国际分散化有好处的第二个原因由来已久。随着时间的推移，全世界股票市场的数量一直在增加。例如，在20世纪初，世界上有活跃的股票市场的国家还不到40个，但是到20世纪末的时候，股票市场的数量已经超过原来的2倍。正如只投资于本国股票的投资者在组合中有更多股票的情况下通常会有更分散化的组合，能在全世界很多不同股票市场而不是少数几个市场进行分散化投资的投资者也会这样做。

　　综合来看，毋庸置疑，国际分散化对投资者有利，即使市场间不断上升的相关性（尤其是较大、较发达的市场）限制了这些好处的程度。我们接下来将讨论投资者怎样才能利用国际市场来分散化他们的投资组合。

国际分散化的方法

　　在随后的几章里，我们将考察实施国际组合分散化的多种选择。我们会看到，投资者可以直接或通过国外的共同基金来投资于美元计价或外币计价的债券和其他债务工具。然而，外币资产投资也带来货币兑换风险。这一风险可以用诸如货币远期、期货和期权之类的合约进行对冲。即使几乎没有或完全没有货币兑换风险，国外投资通常也比国内投资更不方便、成本更高、风险更大。当进行直接的国外投资时，你必须知道你在做什么。你应该对要追求的好处有清晰的认识，并且有足够的时间来监控国外市场。

　　在无须将资金转移到国外的情况下，美国投资者也可以获得至少一些国际分散化的好处。投资者可以购买在美国交易所上市的国外公司的股票。很多国外发行人，包括企业和政府，都会在美国出售债券（扬基债券）。来自50多个国家的超过2 000多家公司的股票以美国存托股份（ADS）的形式在美国交易。此外，国际共同基金也提供国外投资服务。

　　你可能想知道，是否有可能通过投资于以美国为母国的跨国公司的组合来实现国际分散化的好处。答案：是，也不是。是，是因为一个有美国跨国公司的组合比一个纯粹本国公司的组合的分散化程度更高。跨国公司在多种市场以多种货币产生收入、成本和利润，因此，当世界部分地区表现不佳时，另一部分可能会表现得不错。

投资者事实

　　美国投资者受益于庞大的高度竞争的共同基金行业。该行业为投资者提供广泛的分散化机会。与世界其他地方的共同基金相比，美国共同基金收取的费用较低廉。最新的研究发现，投资一般的美国共同基金的总成本每年大约是投资额的1.04%。共同基金成本第二低的国家是澳大利亚，每年1.41%。紧随其后的是法国（1.64%）、德国（1.79%）、意大利和瑞士（1.94%）。英国的共同基金成本是2.21%，是美国成本的2倍多。

　　资料来源：Ajay Khorana, Henri Servaes, & Peter Tufano (2009). Mutual Fund Fees Around the World. *Review of Financial Studies* [March], 1279 - 1310.

　　也不是，是因为只投资于以美国为母国的跨国公司的投资者仍然不能享受国际分散化的全部好处。这是因为，这些公司产生的相当比例的收入和成本仍然在美国。因此，要完全实现国际分散化的好处，就有必要投资于那些位于美国之外的公司。

国际分散化的成本

你在国外可以找到比在美国更高的收益率，还可以通过包含国外投资来降低组合的风险。然而，你不应该过早下这样的结论：将全部资金都投入到国外资产上是明智的。就像纯粹的国内投资策略一样，一个成功的全球投资策略也取决于很多方面。你的组合中应配置到国外投资上的百分比取决于你的整体投资目标和风险偏好。很多投资顾问建议国外投资的配置占 20% 到 30%，而这一配置中的三分之二应投入发达的国外市场，剩下的三分之一应投入新兴市场。

一般而言，直接投资于外币计价工具的成本高昂。除非你有数十万美元要投资，否则，直接在国外市场上购买证券的交易成本往往很高。一种成本较低的实现国际分散化的方法是：投资于那些提供分散化国外投资产品和基金经理人专业才能的国际共同基金。你还可以购买 ADS 来投资于国外的个股。不管是共同基金还是 ADS，你都可以获得国际分散化，以及低成本、便利性、美元交易和美国证券法的保护。

概念复习

答案参见 www.pearsonhighered.com/smart。

5.1　什么是有效的投资组合？这样一个投资组合应该在投资中发挥什么作用？

5.2　如何确定投资组合的收益率和收益率标准差？比较单一资产和投资组合的收益率标准差计算。

5.3　什么是相关性？为什么相关性对资产收益率很重要？描述正相关的、负相关的和不相关的收益率的特征。区别完全正相关和完全负相关。

5.4　什么是分散化？与组合包含的个别资产的风险相比，风险的分散化如何影响组合的风险？

5.5　讨论资产收益率间的相关性如何影响相应组合的风险和收益率行为。当两项资产间的相关是完全正相关、不相关、完全负相关的时候，描述每种情况下风险和收益率的潜在范围。

5.6　如果有的话，国际分散化为个人投资者提供了什么好处？比较和对比国外投资和国内投资这两种实现国际分散化的方法。

资本资产定价模型

直观上，我们会预期，任何风险投资提供的收益都应该超过投资者在无风险投资上可以赚到的收益。换言之，投资者预期在风险资产上实现的收益率等于无风险收益率加上风险溢价。但是，是什么决定着风险溢价的大小呢？我们在前一节了解到，投资者只要通过分散化自己的投资组合就可以降低或消除很多种类的风险，分散化既不是特别耗时，也不是成本高昂的过程。然而，分散化不能彻底消除风险。因此，从投资者的角度看，最让人担心的风险是不可分散风险——不能通过分散化消除的风险。一项特定投资牵涉到的不可分散风险越高，其必须提供的吸引投资者的风险溢价就越高。

这一逻辑构成了一个将所有资产的收益和风险联系起来的理论基础。该理论叫作资本资产定价模型。它认为，一项风险资产的期望收益率等于无风险收益率加上风险溢价，而风险溢价取决于该资产的风险中有多少是不可分散的。在这一节，我们介绍不可分散风险的概念，并解释资本资产定价模型是如何量化这一风险并将其与投资收益联系起来的。

风险的组成部分

一项投资的风险包括两部分：可分散风险和不可分散风险。**可分散风险**（diversifiable risk），有时候也叫**非系统性风险**（unsystematic risk），源自企业特有的因素，如一个新产品是成功还是失败、高级经理的绩效或者企业与其顾客和供应商的关系。非系统性风险是投资风险中可以通过分散化予以消除的风险。**不可分散风险**（undiversifiable risk），也叫**系统性风险**（systematic risk）或**市场风险**（market risk），是投资风险中不可避免的部分。换言之，它是即使组合被充分分散化也会存在的风险。系统性风险与那些影响所有投资而非只影响任何单项投资的广泛因素有关，如经济增长、通货膨胀、利率和政治事件。不可分散风险与可分散风险之和叫作**总风险**（total risk）。

$$总风险＝不可分散风险＋可分散风险 \qquad\qquad (5-2)$$

任何细心的投资者都可以通过持有分散化的证券组合来降低或实际消除可分散风险。研究表明，投资者通过仔细挑选包含低至 8 到 15 只证券的组合就可以消除大部分的可分散风险，然而通过诸如购买共同基金和养老基金之类的投资产品，大部分投资者会持有更多种证券。由于通过分散化消除非系统性风险相对来说比较容易，所以投资者没有理由因承担这类风险而期待获得回报（即更高的收益）。较之他们必须承担的风险而言，没有采用分散化措施的投资者不过是在没有为此得到回报的情况下承担了更多的风险。

但是，不管组合中有多少证券，一些系统性风险依然会存在。记住，不可分散风险是指往往同时影响大部分股票的广泛因素，如经济是处于繁荣还是衰退中。一些股票比另一些股票对这些因素更敏感。例如，当经济高涨时，生产奢侈品的公司往往表现得很好，但是当衰退到来时，这些公司的销售就会遇到困难。相反，一些股票对经济周期波动相对不敏感。生产食品和其他基本必需品的公司的收入和利润不会随经济的涨落而大幅上升和下降。这一讨论隐含着系统性风险在股票之间是不同的，有更高的系统性风险的股票必须提供更高的收益来吸引投资者。要识别出这些股票，我们需要一种方法来度量这种与任意特定股票都有关的不可分散风险。资本资产定价模型正好提供了这样一个测度，叫作股票的贝塔。

贝塔：对不可分散风险的测度

在过去的 50 年中，金融学科已经发展出很多关于风险度量及其在收益评估中的应用的理论。这一理论的两个关键组成部分是度量系统风险的贝塔以及将一项投资的贝塔与其收益联系起来的资本资产定价模型。

我们首先考察**贝塔**（beta），这是一个量化不可分散风险的数值。证券的贝塔表明证券的收益如何对**市场收益**（market return）的波动做出反应，这就是为什么市场风险与不可分散风险是同义的。证券的收益对市场收益的变动越敏感，证券的贝塔就越高。当我们说到整个市场的收益时，我们想到的是像广泛的股票组合收益或者股票指数收益那样的东西。分析师通常利用标准普尔 500 指数或者其他一些广基股票指数的变化来度量市场收益。若要计算证券的贝塔，你需要搜集该证券和整个市场的历史收益率数据，看它们是如何相互联系的。你不必自己计算贝塔，你可以从很多出版物和在线资源中轻松获得交易活跃证券的贝塔。但是你还是应该理解贝塔是如何推导出来的、如何解释贝塔以及如何将其应用于投资组合。

推导贝塔

我们可以用图形来说明一只证券的收益率与市场收益率之间的关系。图 5-5 描绘了两只证券 C 和 D 之间的关系以及市场收益率。注意，横（x）轴度量历史的市场收益率，纵（y）轴度量个别证券的历史收益率。

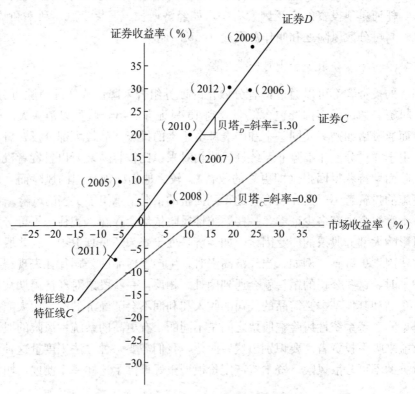

图 5-5 证券 C 和 D 的贝塔的图形推导

通过描绘市场收益率和证券收益率在各个时点的坐标，并用统计技术将"特征线"拟合到数据点，贝塔就可以用图形推导出来。特征线的斜率是贝塔。对证券 C 和 D 而言，贝塔分别是 0.80 和 1.30。显示的所有数据点都是与证券 D 有关的。没有显示与证券 C 有关的数据点。

推导贝塔的第一步是在各个时点上描绘市场收益率和证券收益率的坐标。图 5-5 显示了证券 D 从 2005 年到 2012 年（年份标注在括号里）的年市场收益率和证券收益率的坐标。例如，2010 年证券 D 的收益率是 20%，当时的市场收益率是 10%。

通过使用统计技术，可以最好地解释证券-收益率与市场-收益率坐标之间关系的"特征线"被拟合到数据点。这条线的斜率就是贝塔。证券 D 的贝塔是 1.30。与证券 C 的 0.80 的贝塔（也显示在图 5 - 5 中）相比，证券 D 的贝塔更大——拥有更陡峭的特征线——表明证券 D 的收益率对变化的市场收益率的反应更敏感。因此，证券 D 的风险比证券 C 的风险高。

解释贝塔

整个市场的贝塔等于 1.0。这也意味着，"一般"股票的贝塔是 1.0。所有其他的贝塔都以与这个值的关系来考察。表 5 - 4 显示了一部分贝塔及其相应的解释。正如你可以看到的，虽然几乎所有的贝塔都是正的，但贝塔原则上是可正可负的。贝塔数字前的正号或负号只是表明股票收益率是与整体市场同向变动的（正号）还是与整体市场反向变动的（负号）。

表 5 - 4 部分贝塔和相应的解释

贝塔	评述	解释
2.0	与市场同向变动	两倍于市场的反应
1.0		与市场相同的反应
0.5		相当于市场反应的一半
0.0		不受市场变动的影响
−0.5	与市场反向变动	相当于市场反应的一半
−1.0		与市场相同的反应
−2.0		两倍于市场的反应

大部分股票都有位于 0.50 到 1.75 之间的贝塔。平均而言，相当于市场反应的一半（贝塔＝0.5）的股票收益率对市场组合收益率每 1% 的变化会变动 1% 的 1/2。平均而言，两倍于市场反应（贝塔＝2）的股票收益率对市场组合收益率每 1% 的变化会变动 2%。出于演示的目的，这里列示的是一些知名股票的实际贝塔，它们发布于 2012 年 5 月 7 日的雅虎财经网站：

股票	贝塔	股票	贝塔
亚马逊公司	0.64	IBM 公司	0.62
摩绅酿酒公司	0.75	高盛公司	1.62
美国银行	1.96	微软公司	1.00
宝洁公司	0.35	耐克公司	0.99
华特·迪士尼公司	1.29	新基生物制药公司	0.81
易贝公司	1.11	高通公司	1.18
埃克森美孚公司	0.69	桑普拉能源公司	0.40
盖璞（Gap）公司	1.26	沃尔玛百货有限公司	0.52
福特汽车公司	1.84	施乐公司	1.79
英特尔公司	1.01	雅虎公司	0.99

很多大型经纪公司，以及像价值线那样的订购服务公司，都发布大量股票的贝塔。你也可以在诸如雅虎财经之类的网站上找到它们。本章后面我们将讨论贝塔在规划和构建证券组合中的重要性。

应用贝塔

个人投资者会发现贝塔很有用。贝塔有助于评估一项特定投资的风险以及理解市场对一股股票的期望收益率产生的影响。简言之，贝塔表明一只证券是如何对市场力量做出反应的。例如，如果预期市场收益率在下一时期会上涨10%，我们会预期贝塔等于1.5的股票的收益率会上升大约15%（=1.5×10%）。

🥧 危机中的市场

膨胀的贝塔

福特汽车公司股票总是被视为一只周期股，其市值随经济状态而涨落，其在表5-4中所显示的贝塔为1.84。福特的贝塔在金融危机期间高达2.80，那次危机对汽车制造业的打击尤为严重，并导致福特的主要竞争者通用汽车公司的破产。注意到一个行业中的另一家公司美国银行也遭到经济衰退的打击，其贝塔为1.96，这表明它对整体经济的变动也是极为敏感的。

对有正的贝塔的股票来说，市场收益率上升会导致证券的收益率上升。遗憾的是，市场收益率下降也会造成证券收益率下降。在前面的例子中，如果预期市场收益率会下降10%，那么贝塔为1.5的股票的收益率应该遭遇15%的下降。由于该股票的贝塔大于1.0，所以它比一般股票的风险要高，当整个市场发生变动时，该股票往往会遭遇大幅波动。

当然，贝塔小于1.0的股票对市场收益率的变动反应更小，从而风险也更低。例如，贝塔等于0.50的股票的收益率会上升或下降相当于整个市场收益率变动的大约一半。因此，如果市场收益率下降8%，这样一只股票的收益率很可能会仅下降4%（=0.50×8%）。

下面是关于贝塔的一些需要记住的要点：

（1）贝塔度量一只证券的不可分散（或市场）风险。

（2）整个市场和一般股票的贝塔等于1.0。

（3）理论上，股票会有正的或负的贝塔，但大部分股票有正的贝塔。

（4）贝塔大于1.0的股票比一般股票对市场波动的反应更大，从而比一般股票的风险更高。贝塔小于 1.0 的股票比一般股票的风险更低。

（5）由于更高的风险通常与更高的收益率相联系，所以股票的贝塔越大，期望收益率就越高。

CAPM：用贝塔估计收益率

大约 50 年前，金融学教授威廉·F. 夏普（William F. Sharp）和约翰·林特纳（John Lintner）开发了一个模型，用贝塔正式地将风险和收益率的概念联系起来。这个叫作**资本资产定价模型**（capital asset pricing model，CAPM）的模型试图解释证券价格行为。该模型也提供了一个机制，投资者借此可以评估投资一只推荐的证券对其组合的风险和收益率的影响。CAPM 预测，股票的期望收益率取决于 3 个因素：无风险利率、整个市场的期望收益率及股票的贝塔。

公式

用贝塔 b 作为对不可分散风险的度量，CAPM 将一项投资的必要收益率定义如下：

$$\text{投资 } j \text{ 的必要收益率} = \text{无风险利率} + [\text{投资 } j \text{ 的贝塔} \times (\text{市场期望收益率} - \text{无风险利率})] \qquad (5\text{-}3)$$

$$r_j = r_{rf} + [b_j \times (r_m - r_{rf})] \qquad (5\text{-}3a)$$

其中，

r_j＝投资 j 的必要收益率，假设其用贝塔度量的风险已定；

r_{rf}＝无风险收益率，即在一项无风险投资上可以赚取的收益；

b_j＝贝塔，或者投资 j 的不可分散风险指数；

r_m＝市场期望收益率，即所有证券的平均收益率（通常用标准普尔 500 综合指数或其他一些广基股市指数中所有证券的平均收益率来度量）。

CAPM 可以被分解为两部分：（1）无风险收益率 r_{rf}；（2）风险溢价（risk premium）$[b_j \times (r_m - r_{rf})]$。风险溢价是投资者要求的超过无风险收益率的收益率，以此补偿贝塔所度量的不可分散风险。公式表明，随着贝塔变大，股票的风险溢价也上升，从而引起必要收益率上升。

【例 5-1】

我们可以用下面的例子来展示 CAPM 的应用。假设你正在考虑贝塔（b_Z）等于 1.25 的证券 Z。无风险利率（r_{rf}）为 6%，市场收益率（r_m）为 10%。将这些数据代入 CAPM 公式，即式（5-3a），我们得到：

$$r_Z = 6\% + [1.25 \times (10\% - 6\%)] = 6\% + (1.25 \times 4\%) = 6\% + 5\% = \underline{11\%}$$

因此，给定该证券的贝塔是 1.25，你应该预期——实际上是要求——在这项投资上得到 11% 的收益，作为对你必须承担的风险的补偿。

如果贝塔较小，比如说是 1.00，必要收益率也会较小。事实上，在这个例子中，股票的必要收益率与市场的期望（或必要）收益率是相同的。

$$r_Z = 6\% + [1.0 \times (10\% - 6\%)] = 6\% + 4\% = \underline{10\%}$$

如果贝塔较大，比如说是 1.50，必要收益率也会较大。

$$r_Z = 6\% + [1.5 \times (10\% - 6\%)] = 6\% + 6\% = \underline{12\%}$$

显然，CAPM 反映了风险与收益率之间的正向权衡关系：风险（贝塔）越高（大），风险溢价越高，进而必要收益率也越高。

图形：证券市场线

当用图形来描绘 CAPM 时，它被叫作**证券市场线**（security market line，*SML*）。用图形画出 CAPM，你会发现 *SML* 事实上是一条直线。对每一水平的不可分散风险（贝塔），*SML* 反映了投资者在市场上应该赚取的必要收益率。

通过对多个贝塔对应的必要收益率进行简单计算，我们就可以画出 CAPM。例如，如我们之前所看到的，给定 6% 的无风险利率和 10% 的市场收益率，当贝塔是 1.25 时，必要收益率是 11%。将贝塔提高到 2.00，必要收益率为 14%[= 6% + 2.0 × (10% − 6%)]。类似地，我们可以对很多贝塔求出必要收益率，并最终得到如下的风险（贝塔）与必要收益率的组合。

风险（贝塔）	必要收益率（%）
0.0	6
0.5	8
1.0	10
1.5	12
2.0	14
2.5	16

将这些值画在图中（贝塔在横轴上，必要收益率在纵轴上）就会产生如图 5 - 6 那样的一条直线。阴影区域为必要收益率超过无风险利率的部分。它表示的是风险溢价。很明显，根据 *SML*，随着风险（贝塔）增加，风险溢价和必要收益率也会增加，反之亦然。

一些总结性评述

CAPM 通常依赖于历史数据。实际上，贝塔既可以反映、也可以不反映未来的收益率变动性。因此，模型得到的必要收益率只能被视为粗略的近似。使用贝塔的分析师通常对历史决定的贝塔做出主观调整以反映他们对未来的预期。

虽然有诸多局限，但是 CAPM 还是为评估风险和收益率以及在风险和收益率之间建立联系提供了一个有用的概念框架。CAPM 的简洁性和实用性使得贝塔和 CAPM 对于那些想度量风险并将其与证券市场的必要收益率联系起来的投资者来说仍然是重要的工具。CAPM 在公司金融中也有广泛的应用。在大型投资项目上花费大笔资金之前，公司需要知道其股东要求的收益率是多少。很多调研都显示，公司用于确定其股票的必要收益率的首选方法都是 CAPM。

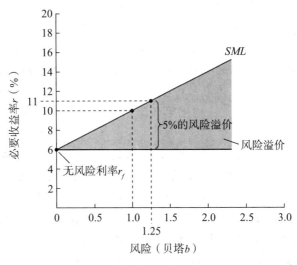

图 5-6 证券市场线（*SML*）

证券市场线清晰地描绘出风险和收益率之间的权衡。当贝塔等于 0 时，必要收益率是 6% 的无风险利率。当贝塔等于 1.0 时，必要收益率是 10% 的市场收益率。给定这些数据，一项贝塔等于 1.25 的投资的必要收益率是 11%，风险溢价是 5%（＝11%－6%）。

概念复习

答案参见 www. pearsonhighered. com/smart。

5.7 对下列总风险的每个组成部分，简要定义并给出例子。哪种类型的风险更重要？为什么？

a. 可分散风险；

b. 不可分散风险。

5.8 解释贝塔的含义。贝塔度量的是哪类风险？什么是市场收益率？如何解释贝塔与市场收益率的关系？

5.9 贝塔的数值范围通常是多少？是正的贝塔还是负的贝塔更常见？解释一下。

5.10 什么是资本资产定价模型（CAPM）？贝塔在模型中发挥什么作用？什么是风险溢价？证券市场线（*SML*）与 CAPM 的关系是什么？

5.11 CAPM 是一个预测模型吗？为什么贝塔和 CAPM 对投资者仍然很重要？

传统和现代投资组合管理

个人和机构投资者目前使用两种方法来规划和构建投资组合。传统方法是指自公开证券市场诞生以来投资者一直在使用的不太强调定量分析的方法。**现代投资组合理论**（modern portfolio theory，MPT）是一种依靠定量分析来指导投资决策的更现代、更数学化的方法。

传统方法

传统投资组合管理（traditional portfolio management）强调通过汇集广泛的股票或债券来"平衡"投资组合。通常其重点是行业分散化。这产生了一个来自范围广泛的行业的公司证券的组合。传统投资组合是利用第 7 章和第 8 章中将讨论的证券分析技术来构建的。

表 5-5 呈现了在由专业人士用传统方法管理的一只典型的共同基金中，投入到各行业的资金所占的百分比。这只基金，即美国基金旗下的美国增长基金（AGTHX），是一只到 2012 年 4 月为止净资产值为 1 262 亿美元的开放式共同基金。其目标是投资于表现出对资本增值提供绝佳机会的范围广泛的公司。美国增长基金持有来自范围广泛的行业的 300 多只不同股票的股份，以及几十个发行人发行的短期证券。

表 5-5　　　　　　　截至 2012 年 3 月 31 日美国增长基金在部分行业的投资

美国增长基金似乎遵循传统组合管理方法。其组合总价值是 1 262 亿美元，其中，78.4%（989.4 亿美元）是美国股票，15.9%（200.7 亿美元）是非美国股票，5.7%（71.9 亿美元）是几十个发行人发行的短期证券。

所选行业组	百分比
石油、天然气及消费能源	8.9
传媒	6.7
计算机及外围设备	6.6
半导体及半导体设备	5.2
生物技术	4.9
软件	3.6
互联网及零售	3.1
酒店、餐饮和休闲	3.0
化工	2.9
制药	2.9

资料来源：数据来自 The Growth Fund of America, Class A Shares, Prospectus, March 31, 2012。

分析占美国增长基金总资产 94.3% 的股票头寸，我们就明白了传统投资组合管理的原理。这只基金持有现有股票中类型广泛的多种股票。这些股票是大企业和小企业的股票的混合。最大的行业组是石油、天然气及消费能源，占组合的 8.9%。该基金持有的最多的个股是苹果公司股票，占组合的 5.5%。第二名是世界最大的在线零售商之一亚马逊公司的股票，占组合的 2.5%。第三大持有量——2.4%——是康卡斯特公司的股票。虽然该基金的很多股票都是那些大型知名企业的股票，但其投资组合的确也包含较小、较不知名企业的股票。

管理传统投资组合的那些人想投资知名公司的原因有三个：第一，由于它们都是知名的成功企业，投资于这些企业比投资于知名度不高的企业被认为风险更小。第二，大企业的股票的流动性更高，可进行大量买卖。第三，机构投资者更喜欢知名的成功企业，因为这样更容易说服客户来投资基金。在投资组合中大量持有知名的成功企业的股票的做法叫作窗饰，这使得机构投资者更容易出售服务。

近年来，机构投资者的倾向被归因为"羊群"（效应）——与竞争者持有类似的证券。这些机构投资者实际上是在模仿它们竞争对手的行动。例如，就美国增长基金而言，基金经理会购买其他大的增长型共同基金所持有的公司的股票。虽然我们不能确切地知道为什么美国增长基金的经理会购买特定的股票，但是，显然，有类似目标的大部分基金都会持有很多相同的知名股票。

现代投资组合理论

20世纪50年代，一位训练有素的数学家哈里·马科维茨（Harry Markowitz）首先提出了构成现代投资组合理论的基础理论。在马科维茨的开创性工作之后的数年里，很多其他学者和投资专家也对该理论有所贡献。**现代投资组合理论**（modern portfolio theory，MPT）使用许多基本的统计指标来进行投资组合规划，包括证券和证券投资组合的期望收益率和收益率的标准差，以及收益率之间的相关系数。根据MPT，通过将那些各自的收益率之间有负（或小的正）相关性的证券结合在投资组合里就可以实现分散化。因此，对MPT的投资组合来说，统计分散化是选择证券时的决定性因素。MPT的两个重要方面是有效前沿和投资组合贝塔。

有效前沿

在任何时点，你都会有数以百计的投资可供选择。你可以构建任何数目的可能投资组合。事实上，比如说只用10项不同的资产，通过改变每项资产在投资组合中的比例，你就可以构建出数以百计的投资组合。

如果我们想构建出所有可能的投资组合，计算出每种投资组合的收益率和风险，将每个风险-收益率点描绘在图形上，就会得到可能投资组合的可行集或可得集。这个集合用图5-7中的阴影区域来表示，是用ABYOZCDEF围起来的区域。正如之前所定义的，一个有效投资组合可能是对给定的风险水平提供最高收益率的组合投资。例如，我们将图5-7中的投资组合T与投资组合B和Y进行比较。投资组合Y看起来比投资组合T更可取，因为在相同水平的风险下，投资组合Y的收益率更高。投资组合B也"优于"投资组合T，因为在相同水平的收益率下，投资组合B的风险更低。

投资组合可行集的边界BYOZC代表所有的有效投资组合——提供最佳的风险-收益权衡的那些投资组合。这个边界就是**有效前沿**（efficient frontier）。有效前沿上的所有投资组合都比有效集中的所有其他投资组合更可取。落到有效前沿左边的任何投资组合都是不可得的，因为它们都落在可得集之外。落在有效前沿右边的投资组合都是不可取的，因为他们的风险-收益权衡不如有效前沿上的那些投资组合好。

理论上，给定可得的投资组合集，我们可以利用有效前沿来求出投资者可以实现的最高满意水平。要做到这一点，我们要在图形上画出投资者的效用函数或风险无差异曲线。对给定的效用（满意）水平，这些曲线表示使得投资者感到无差异的风险和收益率的投资组合的集合。这些在图 5 - 7 中标记为 I_1、I_2 和 I_3 的曲线反映了当从 I_1 到 I_2 再到 I_3 时，满意程度是递增的。最优投资组合 O 是无差异曲线 I_2 与有效集相交的点。投资者不能实现由 I_3 所提供的更高的效用，因为没有什么投资能提供落在 I_3 上的风险-收益组合。

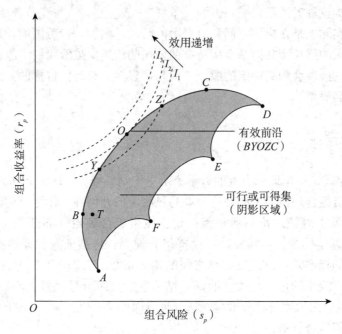

图 5 - 7   可行或可得集与有效前沿

可行或可得集（阴影区域）表示所有可能的风险-收益组合，有效前沿是所有有效投资组合的轨迹。点 O，即投资者最高可能的无差异曲线与有效前沿相切的点为最优投资组合。其代表的是，在给定投资组合的可得集，投资者可以实现的最高水平的满意度。

如果我们将一项支付收益 r_f 的无风险投资引入图 5 - 7 中，最终能推导出之前介绍的资本资产定价模型的公式。我们不是进一步聚焦于理论，而是将注意力转到有效前沿及其扩展的更实用的方面。

投资组合贝塔

正如我们已经指出的，投资者通过包括各种非互补的投资，努力使他们的投资组合分散化，这让投资者在降低风险的同时能满足他们的收益率目标。记住，投资包含两种基本的风险类型：（1）可分散风险，即一项特定的投资独一无二的风险；（2）不可分散风险，即至少在一定程度上每一项投资都会有的风险。

已有大量关于风险的研究，因其与证券投资有关。结果表明，在一般情况下，要赚取更高的收益率，你必须承担更高的风险。然而，更令人吃惊的是，研究结果表明风险与收益率之间的正相关关系只对不可分散风险成立。高水平的可分散风险并不会带来相应的高水平的收益率。因为承担可分散风险是没有收益的，投资者应该通过投资组合分散化来最小化这种形式的风险，从而只留下不可分散风险。

风险分散化。正如我们已经看到的，通过用另一项投资高于平均水平的收益抵消一项投资低于平均水平的收益，分散化最小化了可分散风险。通过仔细挑选投资对象来最小化可分散风险要求为投资组合选择的投资对象需来自范围广泛的行业。

为了更好地理解分散化如何让投资者受益，让我们考察一下当一开始投资组合中只有一项资产（证券）时会怎么样，然后通过随机挑选另外的证券来扩大投资组合。利用标准差 s_p 来度量投资组合的总风险，随着更多的证券被加入进来，我们可以用图 5-8 来描绘总的投资组合风险变化。随着我们向投资组合（x 轴）中加入证券，总的投资组合风险（y 轴）因分散化效应而下降，但可以实现多少风险的下降是有限制的。

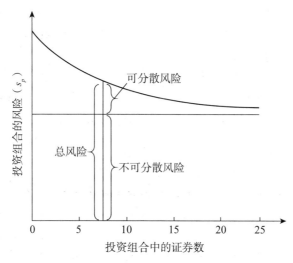

图 5-8　投资组合的风险与分散化

随着更多的证券被结合起来以构造一个投资组合，其总风险（用投资组合的标准差 s_p 来度量）下降。被消除的风险部分是可分散风险，剩余部分是不可分散或相关风险。

一般来说，通过构造包含 8 到 15 只仔细挑选的证券的投资组合，就可以获得分散化带来的降低大部分风险的好处，但我们的建议是持有 40 只或更多的证券来实现有效的分散化。这一建议倾向于支持共同基金进行广泛投资。

由于任何投资者都可以创建实际上能消除所有可分散风险的资产组合，所以只有**相关风险**（relevant risk）是不可分散风险。因此，你只需关心不可分散风险。对不可分散风险的度量由此变得尤为重要。

计算投资组合的贝塔。如我们之前所看到的，贝塔度量一只证券的不可分散或相关风险。市场的贝塔等于 1.0。贝塔大于 1.0 的证券比市场的风险大，贝塔小于 1.0 的证券比市场的风险小。无风险资产的贝塔等于 0。

投资组合的贝塔 b_p 不过是其包含的每项资产的贝塔的加权平均。通过使用每项资产的贝塔，你可以轻松地算出投资组合的贝塔。要求出投资组合的贝塔 b_p，必须计算投资组合中每只股票的贝塔的加权平均，其中，权重表示每只证券占组合总价值的百分比，如式（5-4）所示。

$$
\begin{aligned}
\text{投资组合的贝塔} &= (\text{资产 1 在投资组合总价值中的比例} \times \text{资产 1 的贝塔}) \\
&\quad + (\text{资产 2 在投资组合总价值中的比例} \times \text{资产 2 的贝塔}) + \cdots \\
&\quad + (\text{资产 } n \text{ 在投资组合总价值中的比例} \times \text{资产 } n \text{ 的贝塔}) \\
&= \sum_{j=1}^{n} (\text{资产 } j \text{ 在投资组合总价值中的比例} \times \text{资产 } j \text{ 的贝塔})
\end{aligned}
$$

（5-4）

$$b_p = (w_1 \times b_1) + (w_2 \times b_2) + \cdots + (w_n \times b_n) = \sum_{j=1}^{n} (w_j \times b_j) \qquad (5\text{-}4a)$$

当然，$\sum_{j=1}^{n} w_j = 1$，这表示 100% 的投资组合资产都要被包括进这一计算中。

投资组合的贝塔与个别资产的贝塔有相同的含义。贝塔表明投资组合的收益率对市场收益率变化的反应程度。例如，当市场收益率上升 10% 时，贝塔等于 0.75 的组合的收益率会上升 7.5%（＝0.75×10%）。贝塔等于 1.25 的组合会上升 12.5%（＝1.25×10%）。低贝塔投资组合的反应小，从而比高贝塔投资组合的风险小。显然，大部分都是低贝塔资产的投资组合也会有低的贝塔，反之亦然。

为了说明，来看一家大型投资公司奥斯汀基金（Austin Fund），该公司想要评估两个投资组合 V 和 W 的风险。每个投资组合都包含 5 个资产，投资组合和贝塔如表 5-6 所示。通过将表中合适的数据代入式（5-4），我们可以计算投资组合 V 和 W 的贝塔 b_v 和 b_w 如下。

$$
\begin{aligned}
b_v = &(0.10 \times 1.65) + (0.30 \times 1.00) + (0.20 \times 1.30) \\
&+ (0.20 \times 1.10) + (0.20 \times 1.25) \\
= &0.165 + 0.300 + 0.260 + 0.220 + 0.250 = 1.195 \approx \underline{1.20} \\
b_w = &(0.10 \times 0.80) + (0.10 \times 1.00) + (0.20 \times 0.65) + (0.10 \times 0.75) \\
&+ (0.50 \times 1.05) \\
= &0.080 + 0.100 + 0.130 + 0.075 + 0.525 = \underline{0.91}
\end{aligned}
$$

投资组合 V 的贝塔是 1.20，投资组合 W 的贝塔是 0.91。这些值不难理解，因为投资组合 V 包含的是相对高贝塔的资产，投资组合 W 包含的是相对低贝塔的资产。显然，投资组合 V 的收益率比投资组合 W 的收益率对市场收益率的变化更敏感——从而风险更高。

表 5-6　　　　　　　　　　奥斯汀基金的投资组合 V 和投资组合 W

资产	投资组合 V		投资组合 W	
	投资组合	贝塔	投资组合	贝塔
1	0.10	1.65	0.10	0.80
2	0.30	1.00	0.10	1.00
3	0.20	1.30	0.20	0.65
4	0.20	1.10	0.10	0.75
5	0.20	1.25	0.50	1.05
总计	1.00		1.00	

解释投资组合的贝塔。如果一个投资组合的贝塔为 1.0，那么投资组合收益率的变化等于市场收益率的变化。如果股市整体的收益率有 10% 的上升，那么贝塔为 1.0 的投资组合的收益率往往也会有 10% 的上升。相反，如果市场收益率下降 6%，那么贝塔为 1.0 的投资组合的收益率也会下降 6%。

表 5-7 列示了三个投资组合贝塔在两种情形下的期望收益率：市场收益率上升 10% 和市场收益率下降 10%。贝塔为 2.0 的投资组合的变动（平均意义上）是市场变动的两

倍。当市场收益率上升 10％时，投资组合收益率提高 20％。当市场收益率下降 10％时，投资组合的收益率会下降 20％。这个投资组合可以被视为高风险、高收益的投资组合。

表 5-7   投资组合的贝塔及相应的收益率变动

投资组合的贝塔	市场收益率的变化（％）	投资组合期望收益率的变化（％）
+2.0	+10.0	+20.0
	−10.0	−20.0
+0.5	+10.0	+5.0
	−10.0	−5.0
−1.0	+10.0	−10.0
	−10.0	+10.0

中间的贝塔为 0.5 的投资组合可以被看作低风险、低收益的组合。对于想要保持低风险投资姿态的投资者来说，这会是一个保守的投资组合。贝塔为 0.5 的投资组合是市场波动性的一半。

贝塔为 −1.0 的投资组合与市场的变动方向相反。看空的投资者可能想要拥有一个贝塔为负的投资组合，因为这种类型的投资往往在股市下跌时价值上升，反之亦然。然而，找到贝塔为负的证券是很困难的。大部分证券都有正的贝塔，因为它们的收益率变动往往与股市是同向的。

风险-收益权衡：一些总结性评述

现代投资组合理论的另一个有价值的成果是不可分散风险与投资收益率之间的具体联系。基本前提是，投资者要获得相对高的收益率，就必须持有风险相对高的投资组合。这一关系展示在图 5-9 中。向上倾斜的线体现了**风险-收益权衡**（risk-return tradeoff）。风险-收益权衡线穿过收益轴的点被称为**无风险利率**（risk-free rate）r_f。这是投资者在无风险投资上可以获得的收益率，如美国国库券或有保险的货币市场存款账户。

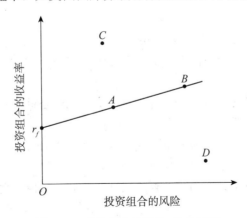

图 5-9 投资组合的风险-收益权衡

随着投资组合的风险从 0 开始增加，提供的收益率也应该增加到无风险利率 r_f 之上。投资组合 A 和 B 提供与其风险相匹配的收益率，投资组合 C 在低风险水平上提供高收益率，投资组合 D 对高风险提供低收益率。投资组合 C 是极为可取的，投资组合 D 是应该规避的。

随着我们沿着风险-收益权衡线向上前进，风险投资组合就出现了，如 4 个投资组合 A 到 D 所描绘的。投资组合 A 和投资组合 B 提供与各自的风险水平相匹配的收益率的投资机会。投资组合 C 在相对低的风险水平上提供高收益率——因此是一项出色的投资。相反，投资组合 D 提供高风险但低收益率——一项要避免的投资。

传统方法与现代投资组合理论的调和

我们已经回顾了两种相当不同的投资组合管理方法：传统方法和现代投资组合理论。一个自然而然出现的问题是，你应该使用哪种方法？对此并没有确切的答案，必须根据每个投资者的判断来解决。但是，我们可以提供一些有用的想法。

一般的个人投资者并没有资源、电脑、数学技术等来实施一个完全的现代投资组合理论策略。但是，大部分个人投资者都可以提炼和使用来自传统方法和现代投资组合理论的思想。传统方法强调证券选择，这将在第 7 章和第 8 章中讨论。这种方法也强调投资组合在行业间的分散化。现代投资组合理论强调降低投资组合中证券间的相关性。这种方法需要分散化来最小化可分散风险。因此，必须用两种方法中的一种来完成分散化以确保令人满意的效果。同时，贝塔对确定投资组合的不可分散风险水平也是一个有用的工具，应该成为决策过程的一部分。

我们建议使用如下投资组合管理策略，这些策略用到了两种方法：

（1）确定你愿意承担多少风险；

（2）寻求在证券类型间和行业间的分散化，并注意一种证券的收益率与另一种证券的收益率之间的关系是什么；

（3）考虑证券如何对市场做出反应，使用贝塔分散化你的投资组合，让你的投资组合与你可接受的风险水平相一致；

（4）评估替代性的投资组合来确保所选择的投资组合对可接受的风险水平提供了最高的收益。

概念复习

答案参见 www.pearsonhighered.com/smart。

5.12 描述传统投资组合管理。给出传统组合经理人喜欢投资于知名企业的三个理由。

5.13 什么是现代投资组合理论？什么是所有可能组合的可行或可得集？对给定的一组投资如何推导可行或可得集？

5.14 什么是有效前沿？它与所有可能组合的可得集的关系是什么？它如何与投资者的效用函数一起被用于求出最优投资组合？

5.15 定义并区别投资组合的可分散、不可分散和总风险。哪个被看作相关风险？如何度量？

5.16 定义贝塔。当你知道包含在投资组合中的各项资产的贝塔时，如何求出投资组合的贝塔？

5.17 解释一下如何调和传统与现代投资组合管理方法。

我的金融实验室

下面是学完本章之后你应该知道的内容。**我的金融实验室**会在你需要练习的时候帮助你识别你知道什么以及去哪里练习。

你应该知道的	重要术语	去哪里练习
目标 1：理解投资组合的目标及用于计算投资组合收益和标准差的方法。 投资组合是汇集起来以实现一个或多个投资目标的投资对象的集合。投资组合在风险和收益权衡取舍的约束下产生潜在的价格增值和当期收入。投资组合的收益率等于构成组合的资产的收益率的加权平均。应用与求单一资产的标准差相同的公式，就可以求出投资组合收益率的标准差	有效的投资组合 增长导向型投资组合 收入导向型投资组合	我的金融实验室学习计划 5.1 Excel 表格 5-1 问题 P5.5 的视频学习辅导
目标 2：讨论相关性和分散化的概念以及国际分散化的关键之处。 相关系数是一个用于度量资产收益率之间关系的统计量。要实现分散化，最好是添加收益率负相关的资产。一般而言，资产收益率之间的正相关越小和负相关越大，投资组合越能被有效地分散化以降低风险。分散化可以将投资组合的风险（标准差）降到低于风险最小的资产的风险（有时候到 0）。相应投资组合的收益率将不低于其组成资产的最小收益率。对任意的两项资产的组合而言，降低风险的能力同时取决于相关性程度和每项资产在投资组合中的比例。 　　国际分散化可以在并不一定导致相应的收益率降低的情况下，使投资者可以降低投资组合的风险。通过投资国外，或者在国内投资外国公司或基金可以实现国际分散化，但通过投资本国的跨国公司通常不能实现国际分散化。对个人投资者来说，国际分散化的首选方法是利用美国存托股份和美国的国际共同基金。虽然随着时间的推移在国际投资中获得"超额"收益的机会正在减少，但国际投资还是提供了一种有效的分散化方法	相关性 相关系数 负相关 完全负相关 正相关 完全正相关 不相关	我的金融实验室学习计划 5.2 Excel 表格 5-2、5-3

你应该知道的	重要术语	去哪里练习
目标 3：描述风险的组成部分以及贝塔在度量风险中的应用。 总风险的两个基本组成部分是可分散（非系统性）风险和不可分散（系统性）风险。不可分散风险是相关风险。贝塔度量了与一项证券投资有关的不可分散或市场风险。贝塔是从证券收益率与市场收益率之间的历史关系中推导出来的	贝塔 可分散（非系统性）风险 市场收益率 不可分散（系统性）风险 总风险	我的金融实验室学习计划 5.3 问题 P5.22 的视频学习辅导
目标 4：从概念上、数学上和图形上解释资本资产定价模型（CAPM）。 CAPM 将风险（由贝塔度量）与收益率联系起来。CAPM 可以被分解为：（1）无风险收益率 r_{rf}；（2）风险溢价 $b \times (r_m - r_{rf})$。CAPM 的图形表示是证券市场线（SML）。CAPM 反映了随着风险的增加，必要收益率也要增加	资本资产定价模型（CAPM） 证券市场线（SML）	我的金融实验室学习计划 5.4
目标 5：评价传统和现代投资组合管理方法。 传统方法通过把来自很多不同行业的公司所发行的大量证券结合起来构造投资组合。现代投资组合理论（MPT）利用统计分散化来构造有效投资组合。为了确定有效组合，MPT 求出有效前沿并将其与投资者的风险无差异曲线结合起来。	有效前沿 现代投资组合理论（MPT） 组合的贝塔 b_p 相关风险 风险-收益权衡 无风险利率 r_{rf} 传统投资组合管理	我的金融实验室学习计划 5.5
目标 6：描述组合的贝塔、风险-收益权衡及两种投资组合管理方法的调和。 投资组合的贝塔可用于构造与投资者的风险-收益偏好相一致的有效投资组合。投资组合的贝塔不过是组合中每项资产贝塔的加权平均。投资者通常同时使用传统方法和 MPT 的思想来创建投资组合。这种方法涉及确定你愿意承担多少风险、寻求分散化以及评估替代投资组合以便选择对可接受的风险水平能提供最高收益率的投资组合		我的金融实验室学习计划 5.6 问题 P5.22 的视频学习辅导

登录**我的金融实验室**，做一个章节测试，取得一个个性化的学习计划，该学习计划会告诉你，你理解哪些概念，你需要复习哪些。在那儿，**我的金融实验室**会提供给你进一步的练习、指导、动画、视频和指引性解决方法。登录 www.myfinancelab.com

讨论题

Q5.1 陈述你的投资组合目标。构造一个与你的目标相一致的包含 10 只股票的投资组合。（利用已经上市至少 5 年的公司）获取每只股票过去 5 年的年股利和价格数据。

a. 计算每只股票历史的年收益率。

b. 利用 a 部分的结果，计算投资组合的历史年收益率。

c. 利用 b 部分的结果，计算 5 年的投资组合平均收益率。

d. 利用 b 部分和 c 部分的结果，求出 5 年里投资组合收益率的标准差。

e. 利用 c 部分的历史平均收益率和 d 部分的标准差，根据你陈述的投资组合目标来评估投资组合收益率和风险。

Q5.2 利用下面的指导原则，选择已经上市至少 10 年的 3 家公司的股票——A、B 和 C。股票 A 是你有兴趣买入的股票。股票 B 可能与股票 A 有相同的业务或处于相同的行业，这使得你觉得股票 B 可能与股票 A 有最高的收益相关性。股票 C 是一只你觉得可能与股票 A 有最低的收益相关性的股票。

a. 对每只股票计算过去 10 年的年收益率。

b. 将每只股票 10 年的年收益率描绘在同一坐标系中，x 轴表示年份，y 轴表示百分比形式的年收益率。

c. 将图形上表示每只股票的收益率的点连起来。评价和描述图形上股票 A 和 B 的收益率。它们有没有表现出预期的正相关？为什么？

d. 评价和描述图形上股票 A 和 C 的收益率之间的关系。它们有没有表现出负相关？为什么？

e. 将你在 c 部分和 d 部分的发现与你所预期的股票 A、B 和 C 之间的关系进行比较。讨论一下你的发现。

Q5.3 从《华尔街日报》、雅虎财经等网站或者其他一些来源处获得当前对无风险利率的估计（以 10 年期的国债为例）。利用《价值线投资调查》或雅虎财经来获得下列每只股票的贝塔：

a. 福特（汽车行业）；

b. 戴尔（电脑行业）；

c. 桑普拉能源（公用事业）；

d. 克罗格（零售业）；

e. 美国银行（金融服务业）。

利用你获得的信息以及本章给出的大型股票的市场风险溢价，用 CAPM 求出每只股票的必要收益率。

Q5.4 从《华尔街日报》、雅虎财经等网站或者其他一些来源处获得当前对无风险利率的估计（以 10 年期的国债为例）。利用《价值线投资调查》或雅虎财经来获得下列每家公司的股票的贝塔：

股票	贝塔	股票	贝塔
亚马逊公司		IBM 公司	
摩绅酿酒公司		高盛公司	
美国银行		微软公司	
宝洁公司		耐克公司	
华特·迪士尼公司		新基生物制药公司	

股票	贝塔	股票	贝塔
易贝公司		高通公司	
埃克森美孚公司		桑普拉能源公司	
盖璞公司		沃尔玛百货有限公司	
福特汽车公司		施乐公司	
英特尔公司		雅虎公司	

a. 将当前的贝塔与 2012 年 5 月 7 日的贝塔（本章给出的每家公司的股票的贝塔）进行对比。

b. 什么会引起贝塔随时间而变，即使是在稳定的经济环境里？

c. 用当前的贝塔及股票 8.5% 的市场风险溢价，根据 CAPM 求出每只股票的必要收益率。

d. 就每家公司的具体业务，比较和讨论你在 c 部分的发现。

Q5.5　获取投资于一些国际证券的重要基金公司的计划书和年报。仔细阅读计划书和年报，并根据基金陈述的目标来研究其投资组合的构成。

a. 评价其分散化的程度以及持有股票的行业和公司类型。投资组合充分分散化了吗？

b. 比较一下相对于标准普尔 500 之类的国内股票组合的投资者而言，讨论投资者在这只基金中面临的额外风险。

Q5.6　利用《价值线投资调查》或者其他一些来源，选择出贝塔范围在 0.50 到 1.50 之间的 4 只股票。记录下每只股票当前的市场价格。假设你希望创建一个结合所有 4 只股票的投资组合，并使得相应的投资组合的贝塔大约为 1.10。

a. 通过试错，用所有 4 只股票来创建一个目标贝塔为 1.10 的投资组合。

b. 如果你有 100 000 美元要投入这个投资组合，根据 a 部分所确定各只股票的权重，你投入到每只股票的金额会是多少？

c. 给定 b 部分计算出的金额，每只股票你大概会买多少股？

d. 用一个仍然会带来 1.10 的贝塔但权重不同的投资组合，重复 a 部分、b 部分和 c 部分。从一个给定的股票集合中，在贝塔给定的情况下，只能构造唯一的一个投资组合吗？

问题

P5.1　在 4 年里你的投资组合的价值情况如下表所示。计算 4 年的平均收益率。

年份	年初价值（美元）	年末价值（美元）
2010	50 000.00	55 000.00
2011	55 000.00	58 000.00
2012	58 000.00	65 000.00
2013	65 000.00	70 000.00

P5.2　利用 P5.1 的数据，计算投资组合的标准差。

P5.3　假设你在考虑包含两项资产 L 和 M 的一个投资组合。资产 I 占组合价值的 40%，资产 M 占组合价值的 60%。每项资产未来 6 年，即 2015—2020 年的期望收益率如下表所示。

年份	期望收益率（％）	
	资产 L	资产 M
2015	14	20
2016	14	18
2017	16	16
2018	17	14
2019	17	12
2020	19	10

a. 计算 6 年中每一年的组合期望收益率 $\overline{r}_p$。

b. 计算 6 年平均的组合期望收益率 $\overline{r}_p$。

c. 计算 6 年的组合期望收益率的标准差 s_p。

d. 资产 I 和 M 的收益率的相关性怎么样？

e. 讨论通过构建投资组合实现的分散化的所有好处。

P5.4　参考 P5.3。假设资产 I 占投资组合的 60％，资产 M 占投资组合的 40％。计算 6 年的组合期望收益率的平均值和标准差。将你的答案与 P5.3 的答案进行对比。

P5.5　你有三项资产 F、G 和 H，它们在 2015—2018 年这段时期的收益率数据如下表所示。

年份	期望收益率（％）		
	资产 F	资产 G	资产 H
2015	16	17	14
2016	17	16	15
2017	18	15	16
2018	19	14	17

利用这些资产，你有如下三个投资选项。

选项	投资
1	100％的资产 F
2	50％的资产 F 和 50％的资产 G
3	50％的资产 F 和 50％的资产 H

a. 对三个选项中的每一个，计算 4 年的组合收益率。

b. 对三个选项中的每一个，计算 4 年的收益率的标准差。

c. 根据你在 a 部分和 b 部分的发现，你会建议选择三个投资选项中的哪一个？为什么？

P5.6　在选择一个资产投资组合时，你被要求给出建议，资产的数据如下表所示。

年份	期望收益率（%）		
	资产 A	资产 B	资产 C
2015	12	16	12
2016	14	14	14
2017	18	12	16

你被告知可以构造两个资产投资组合——一个包含资产 A 和 B，另一个包含资产 A 和 C——在两项资产上等比例（50%）投资。

a. 每项资产在 3 年里的平均期望收益率 $\bar{r}$ 是多少？

b. 每项资产的期望收益率的标准差 s 是多少？

c. 每个投资组合的平均期望收益率 $\bar{r}_p$ 是多少？

d. 在 c 部分的每个投资组合中的两项资产的收益率相关性如何？

e. 每个投资组合的期望收益率的标准差 s_p 是多少？

f. 你会建议选择哪个投资组合？为什么？

P5.7　参考之前的 P5.6，如果你构建一个等权重的包含资产 A、B、C 的投资组合，结果会怎么样呢？这会降低风险或提高收益率吗？

P5.8　假设你想在三种假设的相关度之下评价与资产 V 和 W 的各种投资组合有关的风险和收益率情况：完全正相关、不相关和完全负相关。这些资产的平均收益率和风险值计算如下。

资产	平均收益率 r（%）	风险（标准差）s（%）
V	8	5
W	13	10

a. 如果资产 V 和 W 的收益率是完全正相关的（相关系数＝＋1），描述所有可能的投资组合的收益率和风险的范围。

b. 如果资产 V 和 W 的收益率是不相关的（相关系数＝0），描述所有可能的投资组合的收益率和风险的范围。

c. 如果资产 V 和 W 的收益率是完全负相关的（相关系数＝－1），描述所有可能的投资组合的收益率和风险的范围。

P5.9　下表包含了家得宝（Home Depot，代码 HD）和劳氏（Lowe's，代码 LOW）的股票的年收益率。收益率是用检索自 finance.yahoo.com 的年末价格（对股利和股票分拆调整过）计算得出的。利用 Excel 创建一个计算由 HD 和 LOW 构成的等权重投资组合的年收益率的电子表格。同时，计算两只股票和组合的年均收益率。（提示：复习表 5-1 的 A 部分。）

年份	HD 收益率（%）	LOW 收益率（%）
2002	−52.6	−19.1
2003	49.0	48.0
2004	21.5	4.2
2005	−4.3	16.1
2006	1.0	−6.0

续前表

年份	HD 收益率（%）	LOW 收益率（%）
2007	−31.2	−26.8
2008	−11.4	−3.3
2009	30.6	10.6
2010	24.9	9.2
2011	23.5	3.4

P5.10 利用 P5.9 中家得宝（HD）和劳氏（LOW）的年收益率表格创建一个计算 HD、LOW 以及由 HD 和 LOW 构成的等权重投资组合的年收益率的标准差的 Excel 电子表格。

P5.11 利用 P5.9 中家得宝（HD）和劳氏（LOW）的年收益率表格创建一个计算 HD 和 LOW 年收益率相关系数的 Excel 电子表格。

P5.12 利用 P5.9 中家得宝（HD）和劳氏（LOW）的年收益率表格创建一个计算由 HD 和 LOW 构成的投资组合收益率的 Excel 电子表格，分别使用下列权重：(1.0, 0.0)、(0.9, 0.1)、(0.8, 0.2)、(0.7, 0.3)、(0.6, 0.4)、(0.5, 0.5)、(0.4, 0.6)、(0.3, 0.7)、(0.2, 0.8)、(0.1, 0.9) 和 (0.0, 1.0)。同时，计算每个投资组合的标准差。你需要使用之前求出的 HD 和 LOW 的标准差及其相关系数。（提示：复习表 5 - 2。）

P5.13 创建一个 Excel 电子表格来画出 P5.12 中求出的由 HD 和 LOW 构成的投资组合收益率和标准差的各种结合。（提示：复习图 5 - 3。）

P5.14 假设你想估计两个投资对象 A 和 B 的贝塔。你已经搜集了市场和每个投资对象 2005—2014 年这 10 年中的收益率数据，如下表所示。

年份	历史收益率（%）		
	市场	投资对象	
		A	B
2005	6	11	16
2006	2	8	11
2007	−13	−4	10
2008	−4	3	3
2009	−8	0	3
2010	16	19	30
2011	10	14	22
2012	15	18	29
2013	8	12	19
2014	13	17	26

a. 在一个市场收益率（x 轴）和投资对象收益率（y 轴）构成的坐标系中，利用数据在同一图形中画出投资对象 A 和投资对象 B 的特征线。

b. 利用 a 部分的特征线来估计投资对象 A 和投资对象 B 的贝塔。

c. 利用 b 部分求出的贝塔对投资对象 A 和投资对象 B 的相对风险予以说明。

P5.15　你正在评估两项可能的投资，Buyme 公司和 Getit 公司的股票。Buyme 公司的股票的期望收益率是 14%，贝塔等于 1。Getit 公司的股票的期望收益率是 14%，贝塔等于 1.2。仅仅根据这些数据，你应该买哪只股票？为什么？

P5.16　参考 P5.15，如果你预期会有明显的市场重振，你的决策会改变吗？解释一下。

P5.17　设一只证券的贝塔是 1.2。这只证券的风险比市场大还是小？解释一下。评估下列各种情形对这只证券的必要收益率的影响。

a. 市场收益率上升 15%；

b. 市场收益率下降 8%；

c. 市场收益率保持不变。

P5.18　假设证券 A、B、C 的贝塔如下所示。

证券	贝塔
A	1.4
B	0.8
C	−0.9

a. 如果市场的收益率在下一期上升了 13.2%，计算每只证券收益率的变化。

b. 如果市场的收益率在下一期下降了 10.8%，计算每只证券收益率的变化。

c. 根据你的发现，对每只证券的相对风险进行排序和讨论。哪只证券在经济衰退期间会表现最好？解释一下。

P5.19　参考 P5.18，假设你有一个投资组合，投资对象 A、B、C 中的每一种都投入 20 000 美元。你的投资组合的贝塔是多少？

P5.20　参考 P5.19，利用投资组合贝塔，如果市场收益率上涨 20%，你预期你的投资组合价值会是多少？如果下跌 20% 呢？

P5.21　根据给出的数据，利用 CAPM 求出下列每只证券的必要收益率。

证券	无风险利率（%）	市场收益率（%）	贝塔
A	5	8	1.3
B	8	13	0.9
C	9	12	0.2
D	10	15	1.0
E	6	10	0.6

P5.22　杰伊（Jay）正在评估他的投资组合，该组合包括一定量的股票和债券。他把大量的钱都投入在支付 3% 的利息的美国国库券上。他正在考虑将一部分资金从国库券转移到股票上。股票的贝塔是 1.25。如果杰伊预期来自股票的收益率是 14%（略好于当前 13% 的市场收益率），他应该买股票还是把钱留在国库券里？

P5.23　当前的无风险利率是 7%，市场收益率是 12%。假定你正在考虑如下投资。

投资	贝塔
A	1.5
B	1.0
C	0.75
D	0.0
E	2.0

a. 哪项投资的风险最高？哪项投资的风险最低？

b. 用 CAPM 求每项投资的必要收益率。

c. 利用你在 b 部分的发现，画出证券市场线。

d. 根据你在 c 部分的发现，风险与收益率之间存在什么关系？解释一下。

P5.24　下表列举了投资组合 A 到 J 及其收益率（r_p）和风险（用标准差度量，s_p），把所有当前可得的投资组合表示在可行或可得集中。

投资组合	收益率 r_p（％）	风险 s_p（％）
A	9	8
B	3	3
C	14	10
D	12	14
E	7	11
F	11	6
G	10	12
H	16	16
I	5	7
J	8	4

a. 将这些数据表示的可行或可得集描绘在一个显示投资组合风险 s_p（x 轴）和投资组合收益率 r_p（y 轴）的图形中。

b. 在 a 部分的图形上画出有效前沿。

c. 哪些投资组合位于有效前沿上？为什么这些投资组合优于可行集中的所有其他投资组合？

d. 如何用投资者的效用函数或风险无差异曲线与有效前沿来求得最优投资组合？

P5.25　杰克·卡什曼（Jack Cashman）随机选择所有那些在纽约证券交易所上市的股票进行自己的投资组合。他从一只证券开始，然后一只接一只地添加，直到投资组合中总共有 20 只证券为止。在每只证券被加入之后，杰克就计算投资组合的标准差 s_p。计算值如下表所示。

证券数目	投资组合风险 s_p（％）	证券数目	投资组合风险 s_p（％）
1	14.50	3	12.20
2	13.30	4	11.20

续前表

证券数目	投资组合风险 s_p（%）	证券数目	投资组合风险 s_p（%）
5	10.30	13	6.70
6	9.50	14	6.65
7	8.80	15	6.60
8	8.20	16	6.56
9	7.70	17	6.52
10	7.30	18	6.50
11	7.00	19	6.48
12	6.80	20	6.47

a. 在一幅图上展示投资组合中的证券数目（x 轴）和投资组合风险 s_p（y 轴），给定上表中的数据，画出投资组合风险。

b. 将图形中的投资组合风险分解为不可分散风险和可分散风险两部分，并在图形上标示这两种风险。

c. 说明这两种风险中哪一种是相关风险，并解释为什么是相关的。在杰克·卡什曼的投资组合中有多少这样的风险？

P5.26　如果投资组合 A 的贝塔是 1.5，投资组合 Z 的贝塔是 -1.5，这两个值的含义是什么？如果市场收益率上升 20%，如果有影响的话，这会对投资组合 A 和投资组合 Z 的收益率产生什么影响？解释一下。

P5.27　股票 A 的贝塔为 0.8，股票 B 的贝塔为 1.4，股票 C 的贝塔为 -0.3。

a. 从风险最高到风险最低对这些股票进行排序。

b. 如果市场投资组合的收益率上升 12%，你会预期每只股票的收益率发生怎样的变化？

c. 如果市场投资组合的收益率下降 5%，你会预期每只股票的收益率发生怎样的变化？

d. 如果你感到股市将要大幅下跌，你最可能把哪只股票加入你的投资组合？为什么？

e. 如果你预料到一次重大的股市反弹，你最可能把哪只股票加入你的投资组合？为什么？

P5.28　珍妮·刘易斯（Jeanne Lewis）正在试图评估 2 个包含相同的 5 只股票但持有比例不同的投资组合。她对用贝塔来比较投资组合的风险尤为感兴趣，基于此，她搜集了如下数据。

资产	资产贝塔	投资组合权重（%）	
		投资组合 A	投资组合 B
1	1.30	10	30
2	0.70	30	10
3	1.25	10	20
4	1.10	10	20
5	0.90	40	20
总计		100	100

a. 计算投资组合 A 和 B 的贝塔。

b. 将每个投资组合的风险与市场的进行比较，并相互进行比较。哪个投资组合的风险最大？

P5.29　参考 P5.28，如果无风险利率是 2%，市场收益率是 12%，利用 CAPM 计算每个投资组合的必要收益率。

P5.30　参考 P5.28，假设 5 项资产有如下表所示的期望收益率。基于这些数据以及 P5.28 中的权重，计算投资组合 A 和 B 的期望收益率。你会投资于哪个投资组合？为什么？

资产	收益率（%）
1	16.5
2	12.0
3	15.0
4	13.0
5	7.0

访问 www.myfinancelab.com 来获得网络练习、电子表格和其他在线资源。

案例题 5-1

传统与现代投资组合理论：哪个是对的？

沃尔特·戴维斯（Walt Davies）和沙恩·奥布赖恩（Shane O'Brien）是 Lee 公司的地区经理。多年来，因为他们在公司销售部门打交道，他们成为（而且仍然是）关系密切的朋友。沃尔特，33 岁，目前住在新泽西州的普林斯顿。沙恩，35 岁，住在得克萨斯州的休斯敦。最近，在全国销售会议上，他们讨论了很多公司的事情，以及目前各自家庭的近况，其中谈到了与投资有关的一些事。他们俩都对股市很感兴趣，而且目前都取得了一定程度的财务成就，他们已经着手进行积极的投资。

在他们讨论投资的时候，沃尔说，他认为没有数十万美元的投资者进行安全投资的唯一方法是购买共同基金。他强调，要追求安全的话，一个人需要持有广泛分散的投资组合，只有那些有很多金钱和时间的人才能独立地实现这种分散化，而这通过购买基金份额能轻松实现。

沙恩对此完全不同意。他说，"分散化！谁需要它？"他认为，一个人必须做的是仔细考察有合意的风险-收益特征的股票，然后把自己全部的钱都投入到那只股票上。沃尔特认为他是疯了。他说，"没有可以方便地度量风险的方法——你就是在赌博。"沙恩对此表示不同意。他解释了他的股票经纪人是如何让他理解贝塔的，而贝塔就是对风险的度量。沙恩说，贝塔越大，股票的风险就越大，从而收益率就越高。通过在互联网上查阅潜在股票的贝塔，他可以挑选出对他而言风险水平可接受的股票。沙恩解释说，有了贝塔，人们就不需要分散化了，人们只需要准备好接受贝塔所反映的风险，然后期待最好的结果。

谈话继续着，沃尔特提出，虽然他对贝塔一无所知，但他并不相信一个人可以安全地投资于一项单一的资产。沙恩继续争辩说，他的经纪人曾向他解释说，不仅可以计算单只股票的贝塔，还可以计算股票组合的贝塔，如共同基金。他说，"贝塔等于1.2的股票与贝塔等于1.2的共同基金有什么不同？它们有相同的风险，从而应该提供类似的收益率。"

随着沃尔特和沙恩继续讨论他们关于投资策略的不同观点，他们彼此变得愤怒起来。没有哪个人能说服对方。现在他们提高了嗓门，这引起了站在附近的公司财务副总裁埃莉诺·格里（Elinor Gree）的注意。她走过来并说明了她无意中听到他们关于投资的争论。鉴于她在财务事务上的专业知识，她认为她也许能解决他们的分歧。她要求他们解释一下他们分歧的关键之处，每个人都检查一下自己的观点。在听完他们的观点之后，埃莉诺回答道，"我给你们俩一些好消息和一些坏消息。虽然你们每个人说的都有一些合理性，但在你们每个人的解释中也有一些错误。沃尔特倾向于支持传统投资组合管理方法。沙恩的观点更支持现代投资组合理论。"就在这时，公司的总裁打断了他们，有事情需要马上跟埃莉诺谈谈。埃莉诺对自己必须离开表示歉意，并提议稍晚一会儿继续他们的讨论。

问题

a. 分析沃尔特的论点，并解释为什么共同基金投资也许是过度分散化的。再解释一下为什么我们不一定必须有数十万美元才能实现充分的分散化。

b. 分析沙恩的论点，并解释他把贝塔用作分散化的替代物的主要逻辑错误。解释一下把贝塔用作风险度量指标背后的关键假定。

c. 简述传统投资组合管理方法，并将其与沃尔特和沙恩赞同的方法联系起来。

d. 简述现代投资组合理论，并将其与沃尔特和沙恩赞同的方法联系起来。其中一定要提及可分散风险、不可分散风险、总风险以及贝塔的作用。

e. 解释一下传统方法和现代投资组合理论如何融合成一种对个人投资者有用的投资组合管理方法。联系这一点来调和沃尔特和沙恩观点的不同。

案例题 5-2

苏珊·卢西亚继承的投资组合：满足她的需求吗？

苏珊·卢西亚（Susan Lussier），35岁，受雇作为一家大型油气钻探公司的税务会计。她从薪水和公司的培训业务中每年能获得近 135 000 美元。作为油气税务专家，她并不担心工作的稳定性——她对自己的收入感到满意，足够让她买自己喜欢的东西和做自己喜欢的事情。她目前的生活哲学是今朝有酒今朝醉，不关心退休问题，那是太遥远的未来的事情，不需要现在就关注。

1个月前，苏珊唯一活着的双亲，她的父亲，死于一场帆船事故。他2年前从加利福尼亚州的 La Jolla 退休，并把大部分时间都花在了帆船上。在退休之前，他在南卡罗来纳州经营着一家童装制造公司。退休时，他卖掉了在公司的股份，并将所得投入到一个每年为他提供超过 30 000 美元的补充性退休收入的证券组合中。在他的遗嘱里，他把全部的遗产都留给了苏珊。遗产的构成是，除了几件家族传家宝之外，苏珊还收到市值将近 350 000 美元的一个证券组合和大约 10 000 美元的现金。

苏珊父亲的投资组合包含10只证券：5只债券、2只普通股和3只共同基金。下表列示了这些证券及其关键属性。普通股是大型成熟知名企业发行的，在过去5年提供可持续的股利支付。该股票只提供适度的增长潜力——可能每年的增值不到 2%~3%。投资组合中的共同基金是投资于收入导向型股票和债券的分散化组合的收入型基金。它们提供稳定的股利收入流，但几乎不提供资本增值的机会。

苏珊·卢西亚继承的证券组合

			债券			
面值（美元）	债券描述	标准普尔评级	利息收入（美元）	报价（美元）	总成本（美元）	当期收益率（%）
40 000	Delta Power and Light 10.125% due 2029	AA	4 050	98.000	39 200	10.33
30 000	Mountain Water 9.750% due 2021	A	2 925	102.000	30 600	9.56
50 000	California Gas 9.500% due 2016	AAA	4 750	97.000	48 500	9.79
20 000	Trans-Pacific Gas 10.000% due 2027	AAA	2 000	99.000	19 800	10.10
20 000	Public Service 9.875% due 2017	AA	1 975	100.000	20 000	9.88

普通股							
股份数	公司	每股股利（美元）	股利收入（美元）	每股价格（美元）	总成本（美元）	贝塔	股利收益率（%）
2 000	International Supply	2.40	4 800	22	44 900	0.97	10.91
3 000	Black Motor	1.50	4 500	17	52 000	0.85	8.82
共同基金							
份额数	基金	每份红利（美元）	红利收入（美元）	每份价格（美元）	总成本（美元）	贝塔	红利收益率（%）
2 000	International Capital Income A Fund	0.80	1 600	10	20 000	1.02	8.00
1 000	Grimner Special Income Fund	2.00	2 000	15	15 000	1.10	7.50
4 000	Ellis Diversified Income Fund	1.20	4 800	12	48 000	0.90	10.00
年总收入：33 400 美元		投资组合价值：338 000 美元			投资组合当期收益率：9.88%		

既然苏珊拥有该投资组合，那么她就想要确定该投资组合是否适合她的情况。她意识到，该投资组合提供的高水平的收入将被按照大约 40% 的税率征税（联邦及地方之和）。因为她目前并不需要这些钱，苏珊打算将税后收入主要投资于提供高资本利得的潜力普通股。在以后的年份里，她显然需要避免产生应税收入。（苏珊目前已经因税收付出了相当大部分的收入。）她对获得该投资组合感到幸运，并想在她的财务现状已定的情况下，确保该投资组合能为她提供最高的收益。留给她的 10 000 美元的现金在支付投资组合调整所需的经纪人佣金时非常有用。

问题

a. 简要评估苏珊的财务状况，并为她提出一个与她的需求相一致的投资组合目标。

b. 评估苏珊父亲留给她的投资组合。对其显而易见的目标进行评价，并评估其在完成这一目标时会表现得有多好。利用总成本价值来描述投资组合所反映的资产配置计划。对这个投资组合的风险、收益率和税收后果进行评论。

c. 如果苏珊决定投资一个与她的需求相一致的证券组合——隐含在对问题 a 的回答中——如果有的话，描述你会建议她购买的证券的性质及其投资组合构成。讨论这个投资组合的风险、收益率和税收后果。

d. 根据对问题 b 的回答，比较苏珊继承的投资组合的性质与你基于对问题 c 的回答所认为的对她合适的投资组合。

e. 关于继承的投资组合你会给苏珊什么建议？解释一下要调整投资组合来满足自己的需求，她应采取的措施。

Excel 电子表格

凯蒂（Katie）打算构造一个由两只证券即英特尔（INTC）和宝洁（PG）的股票构成的投资组合，她想知道投资组合的收益率如何依赖于她投入到每只证券上的金额。凯蒂的教授建议她利用 CAPM 来确定这两家公司股票的必要收益率。[参考式（5-3）和式（5-3a）。]

$$r_j = r_{rf} + [b_j \times (r_m - r_{rf})]$$

凯蒂用长期国债5%的收益率来度量r_{rf}。凯蒂确定的标准普尔500指数在过去若干年的平均收益率是6.1%，于是，她就用这个数据来度量r_m。她研究了贝塔信息的来源并遵循如下步骤：

- 登录 money. msn. com；
- 在"获取报价"（Get Quote）框，输入"INTC"，并点击"获取报价"；
- 在下一页，找到股票的贝塔；
- 对 PG 股票重复上述步骤。

问题

a. INTC 和 PG 的贝塔值是多少？利用 CAPM，创建一个电子表格来确定 INTC 和 PG 的必要收益率。

b. 凯蒂已经决定在 INTC 和 PG 上分别配置 60% 和 40% 资金。因此，对投资组合的收益率和贝塔都可以计算加权平均值。这一概念在表 5-2 的电子表格中，可以在 www. myfinancelab. com 上看到。利用如下的计算模型来创建一个电子表格：

$$war = (w_i \times r_i) + (w_j \times r_j)$$

其中，

$war=$投资组合的加权平均必要收益率；

$w_i=$证券 i 在投资组合中的权重；

$r_i=$证券 i 在投资组合中的必要收益率；

$w_j=$证券 j 在投资组合中的权重；

$r_j=$证券 j 在投资组合中的必要收益率。

$$wab = (w_i \times b_i) + (w_j \times b_j)$$

其中，

$wab=$投资组合的加权平均贝塔；

$w_i=$证券 i 在投资组合中的权重；

$b_i=$证券 i 的贝塔；

$w_j=$证券 j 在投资组合中的权重；

$b_j=$证券 j 的贝塔。

本章开放问题

在这个问题中，我们将访问联合租赁公司（United Rentals Inc.，URI），我们在本章开头介绍过这家公司。下表显示了从 2007 年 5 月到 2012 年 4 月 URI 股票和标准普尔 500 股票指数的月度收益率。

日期	标准普尔 500 收益率（%）	URI 收益率（%）	日期	标准普尔 500 收益率（%）	URI 收益率（%）
2007 - 05 - 01	3.3	0.1	2007 - 09 - 04	3.6	−1.3
2007 - 06 - 01	−1.8	−3.0	2007 - 10 - 01	1.5	6.3
2007 - 07 - 02	−3.2	−1.2	2007 - 11 - 01	−4.4	−31.9
2007 - 08 - 01	1.3	1.4	2007 - 12 - 03	−0.9	−21.1

日期	标准普尔 500 收益率（%）	URI 收益率（%）	日期	标准普尔 500 收益率（%）	URI 收益率（%）
2008 - 01 - 02	−6.1	−0.7	2010 - 03 - 01	5.9	24.2
2008 - 02 - 01	−3.5	10.3	2010 - 04 - 04	1.5	53.1
2008 - 03 - 02	−0.6	−6.3	2010 - 05 - 03	−8.2	−15.4
2008 - 04 - 01	4.8	0.0	2010 - 06 - 01	−5.4	−23.3
2008 - 05 - 01	1.1	9.3	2010 - 07 - 01	6.9	41.4
2008 - 06 - 02	−8.6	−4.8	2010 - 08 - 02	−4.7	−14.6
2008 - 07 - 01	−1.0	−17.5	2010 - 09 - 01	8.8	31.9
2008 - 08 - 01	1.2	0.1	2010 - 10 - 01	3.7	26.6
2008 - 09 - 02	−9.1	−5.9	2010 - 11 - 01	−0.2	4.4
2008 - 10 - 01	−16.9	−32.7	2010 - 12 - 01	6.5	16.0
2008 - 11 - 03	−7.5	−21.3	2011 - 01 - 03	2.3	17.1
2008 - 12 - 01	0.8	13.0	2011 - 02 - 01	3.2	16.2
2009 - 01 - 02	−8.6	−38.8	2011 - 03 - 01	−0.1	7.4
2009 - 02 - 02	−11.0	−27.4	2011 - 04 - 01	2.8	−11.6
2009 - 03 - 02	8.5	4.0	2011 - 05 - 02	−1.4	−7.1
2009 - 04 - 01	9.4	43.9	2011 - 06 - 01	−1.8	−7.1
2009 - 05 - 01	5.3	−21.6	2011 - 07 - 01	−2.1	−9.4
2009 - 06 - 01	0.0	36.6	2011 - 08 - 01	−5.7	−27.5
2009 - 07 - 01	7.4	15.1	2011 - 09 - 01	−7.2	1.0
2009 - 08 - 03	3.4	23.0	2011 - 10 - 03	10.8	39.0
2009 - 09 - 01	3.6	12.1	2011 - 11 - 01	−0.5	20.2
2009 - 10 - 01	−2.0	−7.9	2011 - 12 - 01	0.9	5.0
2009 - 11 - 02	5.7	−2.8	2012 - 01 - 03	4.4	29.4
2009 - 12 - 01	1.8	6.4	2012 - 02 - 01	4.1	9.0
2010 - 01 - 04	−3.7	−18.3	2012 - 03 - 01	3.1	2.9
2010 - 02 - 01	2.9	−5.7	2012 - 04 - 02	−0.7	8.8

问题

a. 计算 URI 股票和标准普尔 500 指数的月均收益率。

b. 计算 URI 股票和标准普尔 500 指数月度收益率的标准差。

c. 将 URI 的收益率画在图形的横轴上，将标准普尔 500 指数的收益率画在图形的纵轴上。看起来 URI 的收益率和标准普尔 500 的收益率相关吗？如果相关，是正相关还是负相关？

d. 就你在 c 部分创建的散点图，画一条你认为最佳的拟合线。这条线的斜率是什么？你如何解释斜率？URI 的风险相对于标准普尔 500 指数的风险的含义是什么？

CFA 考试题

特许金融分析师（Chartered Financial Analyst，CFA）证书是全球认可的你在专业资金管理领域可以获得的最高职业认证。CFA 认证被授予那些成功地通过了一系列三级考试的候选人，每次考试持续 6 小时并涵盖投资学的全部内容。CFA 项目由位于弗吉尼亚州夏洛茨维尔的 CFA 协会来管理。（要得到关于 CFA 项目的更多信息，登录 www.cfainstitute.org。）

从本书的第二部分开始，在此后的每一部分末，你都会发现少量样题，这些样题类似于你在 CFA 一级考试中会遇到的题目。

投资环境和概念性工具

下面是一些类似于你在 CFA 一级考试中遇到的问题。这些问题涉及本书第一部分和第二部分涵盖的诸多主题，包括货币的时间价值、风险和收益的度量、证券市场和投资组合管理等。（在回答问题的时候，每道题给自己 1.5 分钟的时间，目标是在 16.5 分钟内正确地回答出 11 道题中的 8 道。）

1. 对流动性的最佳描述是：

a. 希望投资组合的实际价值随时间增长以满足未来的需求。

b. 无须太大的价格让步就能将资产转换为现金。

c. 希望最小化风险损失并保持购买力。

2. 一个投资组合的构成情况是：75% 投资于期望收益率为 35% 的证券 A，25% 投资于期望收益率为 7% 的证券 B。计算该投资组合的期望收益率。

3. 股票 A 和 B 的标准差分别是 8% 和 15%。历史上这两只股票收益率之间的相关系数是 0.35。60% 投资于股票 A 和 40% 投资于股票 B 的投资组合的标准差是多少？

4. 下列哪个投资组合不在有效前沿上？

投资组合	期望收益率（%）	风险（%）
A	13	17
B	12	18
C	18	30

5. 随着一个投资组合中两只证券之间的相关系数的变化，

a. 期望收益率和风险都会变化。

b. 期望收益率和风险都不会变化。

c. 只有风险变化。

6. 投资组合风险：

a. 等于投资组合中每只证券的标准差之和。

b. 不取决于证券在投资组合中的相对权重。

c. 不等于投资组合中个别证券的风险的加权平均。

7. 面对投资组合的有效集，投资者会：

a. 选择期望收益率最高的那个投资组合。

b. 总是选择有效前沿左端的投资组合。

c. 选择投资者最高的无差异曲线与有效前沿的切点的投资组合。

8. 投资组合 Y 和投资组合 Z 都是充分分散化的。无风险利率是 6%，市场的期望收益率是 15%，两个组合有如下特征：

投资组合	期望收益率（%）	贝塔
Y	17	1.20
Z	14	1.00

下列哪项最好地描述了投资组合 Y 和投资组合 Z 估值的特征？

　　投资组合 Y　　　　投资组合 Z

a. 低估　　　　　　　估值正确

b. 估值正确　　　　　高估

c. 低估　　　　　　　高估

9. 对一只保证金要求为 40% 的股票而言，以购买成本的百分比来表示需要多少现金？

a. 0。

b. 40%。

c. 50%。

10. 下列哪个不是在创建股票市场指数时常用的加权方法？

a. 价格加权。

b. 行业加权。

c. 价值加权。

11. iCorporation 的相对系统性风险水平高于整个市场 40%。市场的期望收益率是 16%，无风险利率是 7%。利用 CAPM，iCorporation 的必要收益率最接近于：

a. 16.0%。

b. 19.6%。

c. 22.4%。

答案： 1. b；2. 28%；3. 约 8.9%；4. 投资组合 B；5. c；6. c；7. c；8. c；9. b；10. b；11. b。

第三部分

普通股投资

第6章 普通股

学习目标

学完本章之后，你应该能够：

目标1：解释普通股的投资吸引力以及为什么个人喜欢投资普通股。

目标2：从历史的视角描述股票收益，并理解当前的股票收益在何种程度上符合股票表现的历史标准。

目标3：讨论普通股的基本特征，包括发行特征、股票报价和交易成本。

目标4：理解不同种类的普通股价值。

目标5：讨论普通股股利、股利的类型和股利再投资计划。

目标6：描述各种类型的普通股，包括外国普通股，并说明股票是如何被用作投资工具的。

近年来，美国以及世界各地的股票市场一直波动剧烈。从2007年10月到2009年3月，美国的股票市场失去了超过一半的市值，在世界各地的很多市场，结果甚至更糟。随着一国接着一国地滑入深度衰退，不断下跌的股票价值正好反映了世界经济状况。美国企业的反应是削减股利。标准普尔报告称，创纪录高数量的企业在2009年第一季度削减了其股利支付，创纪录低数量的企业宣布增加其股利支付。

幸运的是，从2009年3月的低点开始，美国股市在随后的2年里几乎翻了一倍，于2011年4月达到后衰退时期的顶峰。股价的攀升伴随着股利支付的增长。就标准普尔500指数（S&P 500）中的500家企业而言，有154家企业在2010年或2011年提高了股利支付，这与只有3家企业在同一时期削减股利支付形成鲜明对比。即便如此，关于股票的好消息并没有持续很长时间。2011年春季，对欧洲近在眼前的经济危机的担忧再次让美国股市开始下跌。从 2011 年 4 月到 8 月，标准普尔 500 指数下跌了超过 17%。股市在随后的 1 年中基本上恢复了之前的损失。

在这一波动剧烈的时期，一些公司自始至终都设法每年增加股利。标准普尔跟踪了一组其称之为"股利贵族"的企业的表现，因为这些企业已经至少连续 25 年都在设法提高其股利支付。包含了大名鼎鼎的公司，如强生公司（Johnson & Johnson）、埃克森美孚和美国家庭人寿保险公司（AFLAC），股利贵族指数表现出像整个股市一样的跌宕起伏，但至少这些公司的投资者一直享有一如既往不断增加的股利。

资料来源：IROC Press Release，August 10，2009，CNW Telbec，www. cnw. ca/fr/releases/archive/August 2009/ 10/c3719；Stephen Bernard，S&P：Record Number of Firms Cut Dividends in 1st Quarter," *Pittsburgh Post Gazette*，April 7，2009；"S&P 500 Dividend Payers Rose to Dozen Year High," May 1，2012，http：//seekingalpha. com/ article/ 545451-s-p-500-dividend-payers-rise-to-dozen-year-high；http：//www. standardandpoors. com/indices/sp-500-dividend-aris-tocrats/en/us/？ indexId＝spusa-500dusdff--p-us----&ffFix＝yes.

股票必须提供什么？

普通股让你可以分享企业的利润。每位股东都是企业的部分所有者，从而对公司所创造的财富拥有索取权。然而，这一索取权并不是毫无限制的，因为普通股股东实际上是公司的**剩余所有者**（residual owner）。也就是说，他们的索取权次于其他投资者的索取权，如贷款人，因此如果要让股东变得富有，企业就必须首先履行其所有的其他金融义务。相应地，作为剩余所有者，普通股股东无法保证会从其投资中获得收益。

普通股的魅力

虽然美国股票市场在 2008 年和 2009 年经历了大幅下挫，但无论是在个人投资者还是机构投资者心目中，普通股依然是不错的投资选择。对大部分投资者而言，普通股的吸引力在于预期其会随着时间的推移而实现价值增值，并产生可观的资本利得。很多股票的确支付股利，从而为投资者提供了定期的收入流。然而，就大部分股票而言，其在任何特定年份所支付的股利与作为股价波动自然结果的资本利得（和资本损失）相比，都相形见绌。

回顾股价行情

给定普通股的性质，当股市蒸蒸日上时，你通常可以预期从股价上涨中获益。一个好的例子是股市在 2009 年和 2010 年的表现，当时，用道琼斯工业平均指数（DJIA）度量的股市价值分别上涨了超过 19% 和 11%。不幸的是，当股市徘徊不前时，投资者的收益也会如此。看看 2008 年发生的事情吧，当时，股市价值（还是用 DJIA 度量）下跌了将近 34%。除了股利之外，这意味着一项 100 000 美元的投资的价值下跌到仅略高于 66 000 美元。太让人心碎了！

不要误解：股市确有其惨淡的岁月，有时，那些惨淡的日子还会持续数月。即使市场的表现并不总是这样，但惨淡时光依然是例外，而不是常规情况。从 1956 年到 2011 年这 56 年里的情况就是如此，DJIA 在此期间只下跌了 17 次（下跌的年数）——大约占总时间的 30%。在剩下 70% 的时间里，股市在上涨——年涨幅从 2% 到 40% 不等。没错，是有一定的风险和价格波动（即使在好的市场中），但是，这是你为所有的上涨潜力所要付出的代价。例如，在从 1982 年直到 2000 年初这个历史上时间最长的牛市之一里，DJIA（在 18 年间）以将近 17% 的年均增长率在增长。然而，即使在这样的市场中，也有一些日子是下跌的，甚至有少数几年都是下跌的。但是，显然这些下跌是例外，而不是常规情况。

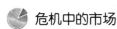 **危机中的市场**

恼人的熊市

　　熊市出现于股价下跌之时。但是，并不是所有下跌中的市场都是熊市。一个重要的市场指数，如 DJIA，下跌幅度大于等于 5% 被称为常规下跌。这类下跌被认为是常规的，因为此类下跌通常在 1 年内会发生若干次。一个指数的下跌幅度大于等于 10% 被称为市场修正，而术语熊市是指幅度大于等于 20% 的严重市场下跌。平均而言，熊市每隔 3 到 4 年就会出现一次，但是该模式并不会使得预测熊市变得容易。例如，整个 20 世纪 90 年代完全没有出现过熊市。最近的一次熊市起始于 2007 年 10 月，当时标准普尔 500 指数达到 1 600 点的顶点。随后的 20 个月见证了美国历史上最糟糕的熊市之一，标准普尔 500 指数到 2009 年 3 月几乎下跌了 57%。

从股票价格到股票收益率

　　迄今为止，我们的讨论都集中在股票价格上。然而，比股票价格更重要的是股票收益率，其同时考虑了价格行情和股利收入。表 6-1 利用标准普尔 500 指数展示了美国股票市场自 1950 年以来的表现。像 DJIA 一样，标准普尔 500 指数也是一种整个股票市场的晴雨表。正如其名称所表现出的，标准普尔 500 指数跟踪 500 家公司（大部分是大公司）的股票，因此，大多数专家将其视为一个比 DJIA 更好地反映股市整体表现的指标，因为 DJIA 仅跟踪 30 家企业。除总收益率之外，该表将市场表现分解为两个基本的收益来源：股利和资本利得。当然，这些数字反映了整体市场的一般行为，个别股票则不一定是这样的。可以将其视为一个高度平衡的普通股投资组合的收益情况。

表 6-1	1950—2010 年标准普尔 500 指数的历史收益率		
	股利收益率（%）	资本利得收益率（%）	总收益率（%）
20 世纪 50 年代	5.4	13.2	19.3
20 世纪 60 年代	3.3	4.4	7.8
20 世纪 70 年代	4.3	1.6	5.8

	股利收益率（%）	资本利得收益率（%）	总收益率（%）
20 世纪 80 年代	4.6	12.6	17.3
20 世纪 90 年代	2.7	15.3	18.1
21 世纪初	1.8	−2.7	−1.0
1950—2010 年	3.6	7.2	11.0

注：总收益率高于股利收益率和资本利得收益率之和，因为我们假定当收到股利时将其进行了再投资。

资料来源：www.simplestockinvesting.com/SP500-historical-real-total-returns.htm.

该表展示了许多有趣的方面。首先，资本利得收益率从兴盛的 20 世纪 90 年代的平均 15.3% 变化到 21 世纪初的 −2.7%。股利收益率也在变化，但差别不大，变化范围从 20 世纪 50 年代的 5.4% 到 21 世纪初的 1.8%。毫不奇怪，将收益率分解为股利收益率和资本利得收益率之后显示出，大量的收益（或损失）来自资本利得。

其次，股票在长时期内通常获得正的总收益率。从 1950 年到 2010 年，标准普尔 500 指数的年均总收益率是 11.0%。按这一收益率，每 6 年或 7 年就可以实现资金翻倍。如果用另一种方式来看待这些数字的话，如果你于 1950 年在标准普尔 500 指数上投资了 1 万美元，在随后的 60 年中，你的投资会增长到 520 万美元。只要你足够有耐心，你就可以通过投资于股票市场而致富。

再次，投资股票显然不是没有风险的。在股票的年均收益率为正的 50 年之后，21 世纪初见证了年均收益率为负的很长一段时间。从 2000 年直到 2009 年，美国股票市场的年均收益率是 −1.0%！换言之，如果你于 1950 年在股票上投资了 1 万美元，那么你的投资组合在随后的 50 年中会增长到 570 万美元，但是在此之后的 10 年中，你的投资组合的价值会下降到不足 520 万美元。这仍然是一大笔钱，从而表明，从长期来看，股票也许是一项非常好的投资，但是，对于那些见证了自己的财富在 21 世纪的早些年急剧缩水的投资者来说，这几乎不会产生任何心理上的慰藉。

最后，请牢记在心，这里的数字代表的是市场表现，个别股票会而且通常会表现得非常不同。但是，至少给我们一个基准，我们可以借此评估当前的股票收益率和我们自己的预期。例如，如果对股票而言大约 11% 的收益率可以被视为一个合适的长期估计，那么毫无疑问，持续的 16% 到 18% 的股票收益率应被视为是超常的。（当然，这些更高的收益率是可能的，但是为了得到这些高收益率，你非常可能不得不承担更高的风险。）同样，只有 4% 到 6% 的长期股票收益率很可能被视为不正常的。如果这一收益率是你认为自己可以实现的最好的收益，那么你可能就会考虑债券了，在债券上你会获得几乎相同的收益率，但承担的风险更低。

房地产泡沫的破灭及股市的下跌

一个古老的投资建议是，"买地吧，不会比这个赚得再多了"。很多年来，似乎这一建议适用于美国的房地产市场，因为住房价格经历了长期的上升。根据标准普尔/凯斯-席勒住房价格指数，该指数是对美国独立住宅平均价值的度量，平均住房价格在 2006 年 5 月达到峰值。在接下来的 3 年中，住房价格急剧下跌，到 2009 年夏季的时候已经下跌了 32%。随着住房价格的下跌，一些住房拥有者意识到他们所欠的住房抵押贷款的数额已经超过了住房本身的价值，住房抵押贷款违约随之开始增多。不幸的是，住房抵押贷款的一些最大的投资者是美国的商业银行和投资银行。随着住房拥有者对其住房抵押贷款偿付的逾期不还，金融机构的股票价格开始下跌，引起对美国整个金融体系健康的严重担忧。顶级投资银行雷曼兄弟于 2008 年 9 月申请破产，看似印证了这些担忧是不无道理的。雷曼兄弟破产这一事件引爆了股票市场自由落体般的下跌。

图 6-1 显示，多年来，美国的股票价格一直与住房价格一起上涨，但是，当房地产部门的衰弱外溢到银行业时，股价暴跌，世界经济陷入一场一直持续到 2009 年春季的深度衰退。股票市场显示，经济复苏也许就近在眼前，股价从 2009 年 3 月开始连续 6 个月上涨。事实上，官方口径的衰退结束于 2009 年 6 月，但是根据历史标准，经济复苏仍较

弱。到 2012 年 9 月，股票市场仍然没有恢复其所有损失，失业率仍然保持在接近 8% 的水平，住房价格也没有显示出实质性改善的迹象。

图 6-1 美国股票和住房价格指数（2003 年中期到 2012 年中期）

从 2003 年中期到 2005 年，美国的股票价格与住房价格一起上涨，但是，当崩溃的美国住房价格开始外溢到银行业时，股价暴跌，之前 6 年间所积累的所有收益顷刻间荡然无存。在股票市场触底之后 3 年，仍然没有达到其危机前的顶部，住房价格也没有从其危机中的谷底显示出任何明显的反弹。

支持和反对股票所有权的理由

投资者拥有股票的理由多种多样：潜在的资本利得、股票的当前收益或者高的市场流动性。但是，就任何投资而言，都有对这些证券支持和反对的理由。

股票所有权的优势

股票具有非凡吸引力的一个原因是其提供巨大收益的可能性。正如我们刚才所看到的，股票在长期中通常提供相对高的收益。事实上，与诸如长期公司债券和美国国库券之类的其他投资相比，普通股的收益率有明显的优势。例如，在 20 世纪，高等级公司债券的年收益率大概只有普通股收益率的一半。虽然长期债券在某些年份的表现优于普通股，但是通常情况下是反过来的。股票的表现通常优于债券，而且一般来说优势不小。股票还能提供通货膨胀保护，因为随着时间的推移，股票的收益率超过通货膨胀率。换言之，通过购买股票，你逐步提高了自己的购买力。

股票还提供其他好处：股票易于买卖，并且与股票交易有关的成本适中。此外，关于股票价格和股票市场的信息广泛散布于新闻和财经媒体中。最大的优势是，一股普通股的单位成本通常是相当低的。不像债券，其最低面值通常是至少 1 000 美元，普通股是没有这种最低值的。相反，当前大部分股票的价格是每股不到 50 美元或 60 美元——你可以购买你愿意买的任何数量的股票。

股票所有权的劣势

普通股所有权也有一些劣势。风险也许是最明显的劣势。股票有各种风险，包括经营和财务风险、购买力风险、市场风险和事件风险。所有这些风险都会对股票的盈利和股利、价格增值以及收益率产生不利影响。即使最好的股票也包含难以消除的风险因素，因为公司的盈利受到很多因素的影响，包括政府的管制和规制、来自国外的竞争以及经济状态。由于此类因素影响销售和利润，所以它们也影响股票价格以及（在较低程度上）影响股利支付。

所以这些因素又带来另一个劣势：股票收益高度波动且非常难以预测。因此，自始至终地选择表现最好的股票是非常难的。选股过程是复杂的，因为非常多的因素都会影响到一家公司的表现。此外，一家公司股票今天的价格反映了投资者对公司将来表现的预期。换句话说，识别出一只会获得高收益的股票，要求你不仅要识别出会展示出强大的未来财务表现（就销售收入和盈利而言）的公司，而且要求你能在其他投资者购买并抬高股票价格之前抓住这一机会。

最后一个劣势是，与其他一些投资相比，股票通常分配较少的当前收入。若干类型的投资——如债券——支付更多的当前收入，而且其支付具有非常高的确定性。图 6-2 比较了普通股的股利收益率和高等级公司债券的息票收益率。图形显示了用当前收入衡量的普通股投资者所做出的牺牲程度。显然，即使收益率之差在过去几年中已经收窄，在追上从债券和大部分其他类型的固定收益证券上可以得到的当前收入水平之前，普通股仍有很长的路要走。

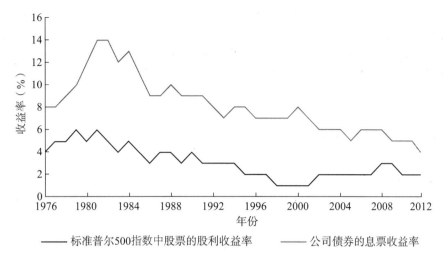

图 6 - 2 股票和债券的当前收入

支付给股票持有人的当前收入（股利）远远低于支付给债券持有人的利息收入。股利收益率是标准普尔 500 指数中的股票的平均股利收益率，债券收益率是高等级公司债券的收益率。

资料来源：数据来自联邦储备委员会和 www. multpl. com/s-p-500-dividend-yield/table。

概念复习

答案参见 www. pearsonhighered. com/smart。

6.1 什么是普通股？普通股的持有人是公司的剩余所有者这一说法的意思是什么？

6.2 普通股的 2 到 3 个主要的投资特征是什么？

6.3 简要描述 20 世纪后半叶及 21 世纪初的美国股票市场行情。

6.4 股利作为普通股的一项收益来源有多重要？资本利得呢？哪一个在总收益中更重要？哪一个会引起总收益更大的波动？

6.5 拥有普通股的一些优势和劣势是什么？股东承担的主要风险类型有哪些？

普通股的基本特征

每股普通股代表公司的一份股权（或所有权）头寸。正是这种股权头寸解释了为什么普通股经常被称为权益证券或**权益资本**（equity capital）。每股股票赋予其持有人一份对公司盈利和股利相等的所有权头寸和参与权、一份相等的投票权（通常情况下）以及一份在管理上分量相同的声音。普通股股东一起拥有公司。投资者拥有的股份越多，他的所有权头寸就越大。普通股没有到期日——无限期地保持发行在外。

作为一种公司证券的普通股

所有公司都"发行"各种普通股。但是，即使不是大部分，很多公司的股份从来不交易，因为公司要么太小，要么是由家族控制的。本书中我们研究的股票是**公开交易股票**

（publicly traded issue）——普通大众容易得到且在公开市场上买卖的股票。发行此类股份的企业包括从像苹果公司和埃克森美孚公司这样的巨头到小得多的区域性和地方性公司。公开交易股票的市场非常大。根据世界证券交易所联合会的数据，2012年初所有美国股票的总市值超过16万亿美元。

发行新股

公司可以以若干种方式来发行普通股份额。最常用的方式是**公开发行**（public offering）。在利用这种方法时，公司向投资大众按一定的价格提供一定数量的股票份额。图6-3展示了一个此类发行的公告。注意，在这个例子中，Angie's List按照每股13美元的价格提供8 793 408股股票。在提供的8 793 408股股票中，6 250 000股是公司向投资者出售的新发行的股份。按照每股13美元的价格，该发行将筹集超过8 120万美元。剩下的2 543 408股是由现有股东向新投资者出售的。出售这些股份可筹集到的现金流向公司的现有股东而不是公司。

PROSPECTUS

8,793,408 Shares

Angie's list.

Common Stock

This is Angie's List, Inc.'s initial public offering. We are selling 6,250,000 shares of our common stock and the selling stockholders, including members of our senior management, are selling 2,543,408 shares of our common stock. We will not receive any proceeds from the sale of shares to be offered by the selling stockholders.

Prior to this offering, there has been no public market for the shares. The shares of our common stock have been approved for listing on the NASDAQ Global Market under the symbol "ANGI."

Investing in our common stock involves risks that are described in the "Risk Factors" section beginning on page 10 of this prospectus.

	Per Share	Total
Public offering price	$13.00	$114,314,304
Underwriting discount[1]	$.91	$8,002,001
Proceeds, before expenses, to us	$12.09	$75,562,500
Proceeds, before expenses, to the selling stockholders	$12.09	$30,749,803

(1) We refer you to "Underwriting" beginning on page 124 for additional information regarding total underwriter compensation.

The underwriters may also exercise their option to purchase up to an additional 1,319,011 shares from us at the public offering price, less the underwriting discount, for 30 days after the date of this prospectus to cover overallotments, if any.

Neither the Securities and Exchange Commission nor any state securities commission has approved or disapproved of these securities or determined if this prospectus is truthful or complete. Any representation to the contrary is a criminal offense.

The shares will be ready for delivery on or about November 22, 2011.

BofA Merrill Lynch

Allen & Company LLC	Stifel Nicolaus Weisel	RBC Capital Markets
Janney Montgomery Scott	Oppenheimer & Co. ThinkEquity LLC	CODE Advisors

The date of this prospectus is November 16, 2011.

图6-3 新股发行公告

这份公告表明，Angie's List公司正在按照每股13美元的价格发行8 793 408股股票。根据这一专业服务提供商起草的招股说明书，新股发行意味着超过8 120万美元的新增资本。

资料来源：Angie's List, Initial Public Offer prospectus, http：//www.thinkequity.com/banking/prospectus-pdf/Angies-List-Prospectus-11-22-11.pdf.

公司也可以利用所谓的**配股发行**（rights offering）来发行新的股票份额。在配股发行中，现有股东被赋予购买新发行股票的优先权。本质上，股票配股给予股东购买与他当前的所有权头寸成比例的新的公司股票份额的权利（而不是义务）。

例如，如果一位股东目前拥有 1% 的公司股票，公司发行 10 000 股新股，那么配股发行将给予这位股东购买 1% 的新股（100 股）的机会。如果投资者不想行使权利，他可以将其出售给想行使权利的某个人。配股发行的净结果与公开发行相同。公司最终在其资本结构上有了更多的股权，发行在外的股份数增加了。

股票分拆

也许，向市场发行新股的最具创新性的方式之一是通过**股票分拆**（stock spin-off）。理论上，在一家公司剥离一个分支机构或业务部门的时候就会发生股票分拆。例如，当西尔斯公司于 2011 年 12 月剥离其子公司 Orchard Supply 硬件公司的时候就发生了股票分拆。公司不仅是向某一其他公司出售子公司。同时，公司还创建了一家新的独立公司并接着将新公司的股票分配给现有股东。因此，每一位西尔斯的股东就其持有的每 22 股西尔斯股票可以得到 1 股新创建的且现在公开交易的 Orchard Supply 的股票。

在过去的 10 到 15 年中，已有数百次的股票分拆。最近一些更为引人注目的股票分拆是 Cablevision System 对麦迪逊广场花园（Madison Square Garden）股份的分拆以及亿客行对 TripAdvisor 的分拆。通常，如果公司认为子公司不再适合自己，或者公司感到自身已经变得过于分散化并想集中于核心产品的时候，那么它们就会执行股票分拆。

股票分割

公司也可以通过执行**股票分割**（stock split）来增加发行在外的股份数。在宣布股票分割时，公司不过是在宣布将会通过用每一股发行在外的股份来交换规定数量的新股以增加发行在外的股份数。例如，在一个分割比例为 2∶1 的股票分割中，每 1 股旧股票可以交换 2 股新股票。在一个分割比例为 3∶2 的股票分割中，每 2 股旧股票可以交换 3 股新股票。因此，在一个分割比例为 2∶1 的股票分割之前拥有 200 股股票的股东会变成 400 股股票的拥有者。如果进行的是分割比例为 3∶2 的股票分割，那么同一位投资者会持有 300 股股票。

当公司希望通过降低股票的市场价格来提高股票的交易吸引力的时候，公司会使用股票分割。通常，股票价格的下跌幅度大致与分割条款成比例（除非在股票分割的同时还伴随着股利水平的大幅上升）。例如，利用旧股份数与新股份数的比例，我们可以预期，在分割比例为 2∶1 的股票分割之后，一只 100 美元的股票会以 50 美元或接近 50 美元的价格进行交易。具体地，我们用原来的每股价格来除以新旧股份数之比。在分割比例为 3∶2 的股票分割之后，相同的那只 100 美元的股票将以大约 67 美元的价格进行交易，也就是说，$100 \div \frac{3}{2} = 100 \div 1.5 \approx 67$ 美元。（我们在本章后面将讨论股票分割的一种变形，也就是股票股利。）

【例 6-1】

2012 年 6 月 26 日，Dollar Tree 公司对其股票进行了 2∶1 的分割。在分割之前的那一天，Dollar Tree 的股票价格是 110.98 美元。理论上，在 2∶1 的股票分割之后，股票的价格应该下降一半至 55.49 美元。事实上，股票分割一经发生，1 股 Dollar Tree 的股票价格下跌到了 55.59 美元。

库存股

相比于增加发行在外的股份数，公司有时候发现，通过回购自己发行在外的股份来减少股份数更为合适。一般而言，当公司认为市场对公司股票存在低估时，公司会回购自己的股票。当发生回购时，公司自己的股票就变成了一种有吸引力的投资选项。

像任何其他个人或机构一样，公司通常是在公开市场上购买自己的股票。一经回购，这些股份就变成了所谓的**库存股**（treasury stock）。从技术上说，库存股不过是已经发行并在随后被发行公司回购的股份。库存股由公司保存，并可以在随后的某一天用于多种目的。例如，库存股可以被用于并购中的支付，满足雇员股票期权计划，或者作为一种支付股票股利的手段。或者，股份也可以只是无限期地予以保留。

买回这些股票——有时也被称为回购——的短期影响通常是正面的，这意味着，当企业宣布其打算执行股份回购时，股票价格通常会上涨。但长期影响尚不确定，一些研究表明股份回购之后在若干时期会出现高于平均水平的股票收益，另一些研究并不支持这一结论。

分类普通股

基本上，公司的所有股东享有相同的所有者权益。然而，有时候，公司会发行不同类的普通股，每一类普通股赋予持有人不同的特权和利益。这类股票就是我们所知的**分类普通股**（classified common stock）。数以百计的上市公司，包括著名的科技公司如谷歌（Google）和 Facebook，都曾经创造过这种股票类别。虽然都是同一家公司发行的，但每一类普通股却有独一无二的特征。

发行多种类型普通股的公司这样做的目的通常是赋予不同投资者集团不同的投票权。例如，在 Facebook 于 2012 年的首次公开发行（IPO）中，公司发行了 A 类普通股和 B 类普通股。A 类股供公众购买，被赋予每股一票的投票权。B 类股由 Facebook 的 CEO 和创始人马克·扎克伯格（Mark Zuckerberg）以及其他 Facebook 的内部人持有，被赋予每股10 票的投票权。这就确保了即使随着时间的推移 Facebook 在随后的股票发行中发行了很多 A 类普通股，扎克伯格也能拥有对公司的投票控制权。公司偶尔会利用分类股票向不同的投资者授予不同的股权。

不管细节如何，只要有超过一类的发行在外的普通股，你就需要花费时间来确定每一类的特权、利益和限制。

买卖股票

要想成为一名了解情况的股票交易员，你需要对股票报价有一个基本的认识。你还需要理解与买卖股票有关的交易成本。当然，跟踪当前的股票价格在买卖决策中是一个不可或缺的组成部分。价格帮助你监控你持有的证券的市场表现。类似地，交易成本的重要性在于其会对投资收益产生影响。事实上，执行股票交易的成本有时候会消耗掉大部分（或全部）的投资利润。你不应该轻视这些成本。

阅读报价

股票市场的投资者已经日渐依赖于能迅速地向公众传播市场价格的高度有效的信息系统。每天出现在财经媒体和在线媒体上的股票报价是该信息系统的一个至关重要的部分。为了明白如何阅读和解释股票价格的报价，来看一下出现在雅虎财经（Yahoo! Finance）上的报价。这些报价不仅给出每种股票最新的价格，而且给出了大量的额外信息。

图 6 - 4 展示了 Abercrombie & Fitch 公司股票的基本报价，该股票的股票代码为 ANF。报价取自 2012 年 8 月 23 日星期四收盘之后。在这一天，该公司普通股的价格收在每股 35.55 美元，较前一天的收盘价 36.38 美元跌了 0.83 美元（或者说约 2.3%）。注意到该股票星期四的开盘价是 36.35 美元，日内的最高点为 36.42 美元和日内最低点为 35.48 美元。图 6 - 4 还表明，在过去的 52 周里，该公司股票的最高价是 77.49 美元，最低价是 28.64 美元。8 月 23 日该股票的交易量是 230 万股，明显低于过去 3 个月近 350 万股的平均日交易量。

图 6 - 4 Abercrombie & Fitch 公司的股票报价

该图显示了 Abercrombie & Fitch 在 2012 年 8 月 23 日的股票报价。

资料来源：Yahoo! Finance，http：//finance. yahoo. com/q? s＝ANF&ql＝0.

图 6 - 4 中的其他几点也值得注意。Abercrombie & Fitch 公司股票的贝塔是 2.19，这意味着该股票比市场股票（正如在过去一年中广泛交易股票表现的那样）的平均风险高出两倍多（即存在超过两倍于系统性风险的风险）。该公司股票的总市值是 29.4 亿美元。记住，一家公司市值不过是其股票价格乘以发行在外的股份数。在其最近的报告期里，该公司每股获利 1.03 美元，给定 35.55 美元的收盘价，其股票的市盈率刚超过 34。

交易成本

正如第 3 章中所解释的，投资者可以按零星或整手的形式买卖普通股。整手股票是 100 股股票或 100 股的倍数。零星交易则是少于 100 股的交易。例如，出售 400 股股票就是整手交易，出售 75 股股票就是零星交易。交易 250 股股票就是 2 个整手交易和 1 个零星交易的组合。

投资者在买入或卖出股票时会产生一定的交易成本。除了卖方支付的一定量的过户费和税费之外，主要成本是买方和卖方同时在交易的时候所支付的经纪费。通常，经纪费可以从 1% 到多达 2% 或更高的比例，这取决于你是使用折扣经纪人的服务还是使用全面服务经纪人的服务。（第3章讨论了经纪人和经纪服务的类型。）但是，经纪费还可能更高，尤其是对于非常小额的交易来说。过去，零星交易需要一个叫作零星经纪商的专家操作并会触发一笔叫作零星价差的额外成本。如今，电子交易系统使得处理零星交易更容易，因此，这类交易不再像过去那样增加那么多交易成本。毫不奇怪，零星交易近年来已经变得更常见。例如，谷歌股票所有交易中的大概三分之一都是零星交易。

另一类交易成本是买卖价差，即股票的要价和出价之间的差额。在图6-4中，你可以看到，对Abercrombie & Fitch公司股票的最后一个要价是35.72美元，而出价是35.40美元，所以这两个价格之间的差额是0.32美元（或者略小于股票价值的1%）。记住，要价代表你购买股票要支付的价格，出价代表你出售股票所能收到的价格，从而这二者之间的差额就是你做一轮交易（即购买股票和随后的出售股票）所产生的一种交易成本。当然，这些价格在整个交易日都在变化，价格之间的价差也一样在变。但是，当前的买卖价差至少给予你一个要向市场做市商或交易商所支付的交易成本的粗略概念，而市场做市商和交易商是靠每天买卖股票来维持生计的。

普通股价值

一股普通股的价值可以用多种方式来描述。诸如面值、账面价值、市场价值和投资价值之类的术语都会在财经媒体上出现。每个术语都代表着股票的一些会计、投资或货币属性。

面值

股票的**面值**（par value）是在股票初次发行时赋予股票的一个随机量。面值与股票的市场价格毫不相关，但面值代表着一个最小值，公司章程不允许公司按照低于面值的价格出售股票。由于面值为股票价值建立了一种下限，因此，公司会把面值设定得非常低。例如，Facebook 2012年IPO时，其股票的面值被设定在0.000 006美元。除非出于会计目的，否则面值几乎毫不重要。面值是对早期公司法的一种回归，当时面值被用作评估股东的法律责任范围。由于面值对投资者几乎没有或完全没有任何意义，现在的很多股票在发行时是没有面值的。

账面价值

另一种会计度量**账面价值**（book value）是在资产负债表中报告的一家公司的股东权益（有时候以每股为基础表示）。记住，在资产负债表中，所有者权益正好是公司的资产价值与其负债（减去所有的优先股）之间的差额。账面价值代表股东在公司初次出售股份时向公司缴纳的资本量以及随着时间的推移被再投资于公司的所有利润。

【例6-2】

社交网络公司（Social Networks Incorporated，SNI）在其资产负债表上列示的资产价值为1亿美元，负债为6 000万美元。没有优先股，但是公司有1 000万股发行在外的普通股。SNI的所有者权益的账面价值是4 000万美元，即每股普通股价值4美元。在4 000万美元的所有者权益中，3 000万美元是在公司首次公开发行普通股时筹集的，另外的1 000万美元代表自其IPO以来所获得并再投资于公司的利润。

股票的账面价值本质上是对其价值的回顾式估计，因为账面价值聚焦于过去发生的事情（如初始的股票出售以及在过去时期获得并再投资的利润）。相反，市场价值是前瞻式的，反映了投资者对公司未来表现的预期。

市场价值

股票的**市场价值**（market value）是其现行的市场价格。市场价值反映了作为整体的投资者现在为了得到公司所愿意支付的价值，市场价值本质上是独立于账面价值的。事实上，股票通常是以超过其账面价值的市场价格来交易的，有时候超过得很多。

正如你已经了解到的，用发行在外的股份数乘以股票的市场价格可以计算一家公司的市值，这代表由股东持有的要求权的总体市场价值。市值除了表示公司的股权在当前的市场上实际价值多少之外，公司的市场价值或多或少类似于资产负债表上的所有者权益，而所有者权益余额是对股东要求权的一种回顾式的评估。

【例6-3】

投资者认为，SNI的发展前景非常光明，公司在随后的数年中会快速提高其收入和利润。结果是，投资者将SNI股票的市场价格抬升到了20美元，该价格是公司的每股账面价值的5倍。在有1 000万股发行在外的普通股的情况下，相比于只有4 000万美元的所有者权益的账面价值，SNI的市值是2亿美元。

当股票的市场价值跌至其账面价值之下时，通常是因为公司正陷入某种财务困境而且还没有好的发展前景。一些投资者喜欢找出交易价格在账面价值之下的股票，希望股票价值能得到恢复并在该过程中赚取非常高的收益。虽然这样一种策略可能会提供高收益，但也承担了巨大的风险。

投资价值

投资价值（investment value）很可能是对股东最重要的度量指标。投资价值表示投资者为股票定出的价值——事实上，就是投资者认为股票应有的交易价格。确定一只证券的投资价值是一个基于收益预期和股票的风险特征的复杂过程。任何股票都有两个潜在的收益来源：股利支付和源于市场价格增值的资本利得。在确定投资价值时，投资者试图确定他们从这两个来源中能赚到多少钱。接着他们用这些估计作为形成股票的收益潜力的依据。同时，他们还试图评估他们持有股票要承担的风险高低。这些收益和风险信息帮助他们定出股票的投资价值。这一价值表示投资者愿意为股票支付的最高价格。投资价值是第8章的主要内容。

概念复习

答案参见 www.pearsonhighered.com/smart。

6.6 什么是股票分割？股票分割如何影响一股股票的市场价值？如果公司还改变了股票的股利率，你认为股票分割（在股票价格上）的影响会有所不同吗？请解释。

6.7 什么是股票分拆？在非常一般的意义上解释股票分拆的原理。这些股票分拆对投资者有什么价值吗？请解释。

6.8 定义并区分下列各对术语。

a. 库存股及分类股；

b. 整手交易及零星交易；

c. 票面价值及市场价值；

d. 账面价值及投资价值。

6.9 什么是零星交易价差？你如何才能避免零星交易价差？下列哪些交易会涉及零星交易价差？

a. 购买 90 股股票；

b. 出售 200 股股票；

c. 出售 125 股股票。

普通股股利

美国公司在 2010 年共付出了数万亿美元的股利。只计算包括在标准普尔 500 指数中的公司，那年的股利总计超过 2 400 亿美元。然而，虽然有这些数字，股利仍然没有得到足够重视。很多投资者，尤其是年轻人，通常对股利非常不重视。在很大程度上，这是因为资本利得比股利提供了一个高得多的收益来源——至少在长期内是这样的。

但是，对待股利的态度正在改变。从 2007 年直到 2009 年的漫长熊市正好说明了资本利得是何等不确定，事实上，所有那些潜在的利润都会变为巨大的资本损失。股利支付的波动不像股票价格的波动那样大。此外，股利在市场动荡（或暂时未达到预期结果）的时候还会提供一个很好的缓冲。此外，（联邦）税法最近的变化将股利置于与资本利得相同的税收待遇。虽然看似很可能税法的这一条款会发生变化，但现在这二者都是按照相同的（最高 15%）的税率来征税。

> **投资者事实**
>
> **稳定的股利流**
>
> 2011 年 11 月，York Water 公司已是连续第 15 年提高了股利。那是个令人瞩目的成绩，但是并不是 York 公司的股利流最值得注意的地方。自从 1816 年开始，那一年印第安纳州刚刚成为美国第 19 个州，这家公司就从来没有间断过股利支付。没有一家美国公司可以打破 York 公司连续 2 个世纪无间断发放股利的纪录。

如果布什政府的减税政策到 2012 年如期结束，那么适用于长期资本利得的税率就会低于适用于股利的税率。

股利决策

通过支付股利，通常是按季度支付，公司将其利润与股东分享。实际上，公司的董事会决定支付多少股利。董事会评估公司的经营成果及财务状况来决定是否发放股利，如果发放的话，发放多少。他们还考虑公司是否应该通过发放股利或者通过回购部分发行在外的股份将一些现金分配给投资者。在这一节，我们将考察影响股利决策的公司和市场因素。接下来，我们将简要考察一些关键的支付日期。

公司和市场因素

当董事会开会讨论股利支付问题时，要考虑一系列因素。首先，董事会考察公司的盈利。即使公司不必展示利润来支付股利，但在股利决策中，利润仍然被视为一个关键点。

就普通股而言，一家公司的年盈利情况通常是以**每股收益**（earnings per share，EPS）的形式来度量和发布的。通常，EPS 将总的公司利润转变为每股利润，这为可以分配给股东的盈利提供了一个方便的度量方式。通过利用下面的公式，可以得到每股收益。

$$EPS = \frac{税后净利润 - 优先股股利}{发行在外的普通股数} \tag{6-1}$$

例如，如果一家公司披露了 125 万美元的净利润，为优先股股东支付了 25 万美元的股利，发行在外的普通股数有 50 万股，那么公司的 EPS 是 2〔＝（125－25）÷50〕美元。注意在式（6-1）中，优先股股利是从利润中减去的，因为在普通股股东得到任何资金之前，优先股股东都必须得到支付。

在评估利润的时候，董事会还要审视公司的增长前景。公司很有可能需要将其一些盈利用于投资目的以及为未来的增长融资。另外，董事会还会密切关注公司的现金头寸，确保支付股利不会导致现金短缺。此外，公司还可能受制于法律上限制其可以支付的股利数额的贷款协议。

在考虑过内部事务之后，董事会还要考虑一定的市场影响和反应。大多数投资者感到，如果公司打算留存收益而不是以股利的形式支付出去，那么公司应该将这些资金进行再投资以实现更快的增长和更高的利润。市场的反应很明确：如果公司精明地且以高的收益率将资金进行投资，那么很好；否则的话，就将更大比例的盈利用于支付股利。

此外，考虑到不同类型的投资者往往被不同类型的企业吸引，董事会必须尽一切努力来满足其股东的股利预期。例如，追求收入的投资者会被通常支付高股利的企业吸引。未能满足这些预期会促使一些投资者出售股份，从而股票价格产生下跌压力。此外，一些机构投资者（例如，某些共同基金和养老基金）被限制在只能投资于支付股利的企业。这在一些公司所做的股利支付决策中是一个影响因素。

一些重要日期

我们假定董事们决定宣布支付股利。一旦做出这一宣布，他们就必须指明支付日以及与股利有关的其他重要日期。有三个日期对股东特别重要：登记日、支付日和除息日。**登记日**（date of record）是指在那一天，投资者必须是即将被发放股利的登记在册的股东。到这一天收盘时是正式股东的所有投资者将会收到刚被宣布的股利。这些股东经常被称为登记股东。**支付日**（payment date）也是由董事会设定的，通常是在登记日之后一两周。这是公司会将股利支票邮寄给登记股东的实际日期（也叫应付日）。

由于在股票交易完成之后做簿记分录需要时间，所以在包括登记日当天在内的 3 个营业日内，股票将以没有股利（除息）的方式出售。**除息日**（ex-dividend date）将确定你是否为正式股东，从而是否有资格获得宣布的股利。如果你是在除息日当天或之后出售股票的，则获得股利。原因在于，股票的买方（新股东）在登记日不会持有股票。相反，你（卖方）仍将是登记股东。如果你在除息日之前出售股票，情况刚好相反，在这种情况下，新股东（股票的买方）会收到股利，因为他或她将是登记股东。

为了理解这个原理，考虑下面的事件序列。6月3日，现金牛公司（Cash Cow Inc.）的董事会宣布，向6月18日的登记股东发放每股50美分的季度股利。支票将在支付日6月30日寄出。下面的日历显示了这些日期。在这个例子中，如果你在6月15日买了200股股票，你会在6月30日之后的某个时间收到邮寄来的面值为100美元的支票。然而，如果你是在6月16日购买的股票，股票的卖方会收到支票，因为他或她，而不是你，会被认可为登记股东。

			6月			
日	一	二	三	四	五	六
	1	2	3	4	5	6
7	8	9	10	11	12	13
14	15	16	17	18	19	20
21	22	23	24	25	26	27
28	29	30				

—— 公告日
—— 登记日
—— 除息日
—— 支付日

股利类型

通常，公司以现金的形式支付股利。有时候，公司通过发行新的股份来支付股利。第一种类型被称为**现金股利**（cash dividend），第二种被称为**股票股利**（stock dividend）。偶尔，公司还会以其他形式来支付股利，如股票拆分（本章前面讨论过）甚至是以公司产品的样品支付。但是，这些其他类型的股利支付较之现金股利而言相对少见。

现金股利

与任何其他类型的股利相比，更多的公司支付现金股利。现金股利的一个很好的副产品是其往往随着时间的推移而增长，因为公司的盈利在增长。事实上，对支付现金股利的公司而言，股利的年均增长率是3%到5%。这一趋势对投资者是好消息，因为一个稳定增长的股利流在疲软的市场中往往会对股票收益构成支撑。

评估所收到的股利多少的一种方便的方式是度量股票的**股利收益率**（dividend yield）。总的来说，这是一种相对（百分比）基础上的股利度量，而不是一种绝对（美元）基础上的度量。一只股票的股利收益率度量的是其作为其价格的当前收入的百分比。股利收益率的计算如下：

$$股利收益率 = \frac{每股收到的年股利}{股票的当前市场价格} \tag{6-2}$$

因此，一家每年向其股东支付每股2美元股利的公司，并且其当前的股票价格是40美元，那么就有5%的股利收益率。

【例 6 - 4】

2012 年 5 月，Radio Shack 支付了每股 0.125 美元的季度股利，转换为年股利就是 0.50 美元。当时，Radio Shack 的股价是大概 4 美元，因此，股利收益率是 12.5%（＝0.50÷4.00），这对普通股来说是非同寻常的高水平。

公司通常不会将其所有盈利都作为股利支付出去。相反，它们将一部分盈利作为股利来分配，再留存一部分进行业务上的再投资。**股利支付率**（dividend payout ratio）度量的是企业以股利形式支付的盈利的百分比。股利支付率计算如下：

$$股利支付率 = \frac{每股股利}{每股收益} \tag{6-3}$$

如果一家公司的每股收益是 4 美元且每股支付年股利 2 美元，那么该公司的股利支付率就是 50%。虽然股东喜欢收到股利，但是他们通常也不喜欢看到股利支付率超过 60%。高的股利支付率难以维持并会导致公司陷入困境。

【例 6 - 5】

在截至 2012 年 6 月的 12 个月里，可口可乐公司向投资者支付了每股 1.96 美元的股利。在同一时期，公司的每股收益是 3.76 美元，因此，可口可乐公司的股利支付率近似等于 52%。换句话说，可口可乐公司用其大概一半的收益来支付股利，另一半用于再投资。

当联邦税法被修订来减轻股利的税负时，现金股利的吸引力于 2003 年发生了巨大的变化。在此之前，现金股利是作为一般性收入来征税的，这意味着现金股利可以按照高达 35% 的税率来征税。因为这个原因，很多投资者将现金股利视为一种相对缺乏吸引力的收入来源，尤其是因为（已实现的）资本利得是按照低得多的优惠税率来征税的。2003 年之后，股利和资本利得都是按照相同的、低且优惠的税率（15% 或更低）来征税。当然，这使得支付股利的股票更有吸引力，即使是对那些处于较高纳税等级的投资者也是如此。公司以两种方式对税负变化做出反应。首先，已经支付股利的公司会增加股利支付。从 2003 年到 2005 年，美国公司的总股利支付增长了 30%。其次，从未支付过股利的很多公司开始支付股利。在临近减税的年份，每个季度大概有 4 家公司会宣布启动股利支付计划。在随后的年份，启动股利支付的公司数每个季度飙升至 29 家，大约增长了 700%！然而，2003 年通过的股利税收减免预定为到 2012 年结束，国会和新当选的总统是会延长低的股利税率，还是会让其回到其 2003 年之前的水平，仍然有待观察。

股票股利

公司偶尔会分配股票股利。股票股利不过是指公司通过分配额外的股票来支付股利。例如，如果董事会宣布了 10% 的股票股利，那么对你当前拥有的每 10 股股票，你会收到 1 股新股票。

当你收到股票股利时，你就不会收到现金，在这个意义上，股票股利类似于股票分割。随着发行在外的股份数因股利发放而增加，股价就会下降，导致你持有的公司股票的总价值基本不变。就股票分割而言，由于市场根据股票股利的条款向下调整股价以对这种股利做出反应，所以股票股利只是代表了表面上的变化。因此，在上面的例子中，10%的股票股利通常导致股票的每股价格下降大概 10%。如果你拥有 200 股价格为每股 100 美元的股票，那么你的投资的总市场价值就是 20 000 美元。在发放 10% 的股票股利之后，你会拥有 220（＝200×1.10）股股票，但是每股的价值大概等于 90.91 美元。你会拥有更多的股票，但它们会以更低的价格交易，从而你的投资的总市场价值会保持基本不变（即 220×90.91＝20 000.20 美元）。然而，股票股利有一个亮点：与现金股利不同，在你实际出售股票之前，股票股利不会被征税。

股利再投资计划

你想要鱼和熊掌兼得吗？就股利而言，有一种方法正好可以实现。你可以参与**股利再投资计划**（dividend reinvestment plan，DRIP）。在这些公司发起的计划中，股东可以让其现金股利自动再投资于公司新的普通股份额。（共同基金和如美国银行、富达之类的经纪公司也会提供类似的再投资计划，我们将在第 12 章中进行讨论。）基本的投资哲学是，如果公司足够好并值得投资，那么再投资于公司就足够好。如表 6-2 所示，这样一种方法随着时间的推移会对你的投资头寸产生巨大的影响。

表 6-2　现金还是将股利再投资？

情况说明：你按每股 25 美元的价格购买了 100 股股票（总投资是 2 500 美元），该股票当前支付每股 1 美元的现金股利。股价按每年 8% 的速度增长，股利按每年 5% 的速度增长。

投资期（年）	持有的股份数	持有的股票的市值（美元）	收到的总现金股利（美元）
以现金形式取得股利			
5	100	3 672	552
10	100	5 397	1 258
15	100	7 930	2 158
20	100	11 652	3 307
完全参与股利再投资计划			
（100% 的现金股利再投资）			
5	115.59	4 245	0
10	135.66	7 322	0
15	155.92	12 364	0
20	176.00	20 508	0

目前，有超过 1 000 家公司（包括大部分的重点公司）都提供股利再投资计划。这些计划为投资者提供一种方便和廉价的方式来积累资本。在大部分 DRIP 中的股票的获得是免交经纪费的，大部分计划允许部分参与。也就是说，参与者可以指定他们的一部分股票用于股利再投资，余下的部分股票收取现金股利。一些计划甚至向其 DRIP 投资者以低于市场价格的价格出售股票——通常有 3% 到 5% 的折扣。此外，大部分计划会向投资者的

账户贷记部分股票，很多甚至会允许投资者购买额外的公司股票。例如，一旦参加了通用磨坊计划，投资者每个季度还可以免经纪费购买最高3 000美元的公司股票。

股东可以通过简单地给公司发送一份完备的授权表格来参与股利再投资计划。（一般来说，完成所有的文书处理工作需要30到40天。）一旦你参与了，你持有的股份数会随着每次的股利发放而增长。然而，有一个陷阱：即使这些股利采取的是额外的股份的形式，你还是必须对其纳税，就像现金股利一样。不要将这些股利与股票股利相混淆——再投资的股利在收到的年份是被作为应税收入来处理的。但是，只要股利的优惠税率仍然有效，那么，对股票股利的纳税与以前相比仍然轻得多。

概念复习

答案参见 www.pearsonhighered.com/smart。

6.10 简要解释股利决策是如何做出的。在决定是否支付股利以及支付多少股利时，哪些公司和市场因素是重要的？

6.11 为什么除息日对股东很重要？如果股票是在除息日出售的，那么是谁收到股利——买方还是卖方？请解释。

6.12 现金股利和股票股利之间的区别是什么？股票股利与股票分割相比怎么样？200％的股票股利与比例为2：1的股票分割相同吗？请解释。

6.13 什么是股利再投资计划？该计划为投资者提供了哪些好处？有什么坏处吗？

普通股的类型和使用

普通股之所以能吸引投资者，原因在于其提供了一切可能，从当期收入和资本的稳定性到有吸引力的资本利得。市场包含多种股票，从最保守的到高度投机的。一般而言，投资者选择的股票类型取决于其投资目标和投资计划。我们在这里将考察几个较为流行的普通股类型以及这些证券如何被用于不同类型的投资计划。

股票类型

不是所有的股票都是一样的，每只股票的风险和收益情况取决于发行股票的公司的特征。一些特征包括公司是否支付股利、公司的大小、公司的成长速度以及公司收益对经济周期变化的易变性程度。随着时间的推移，投资者已经发展出一套分类方案来帮助他们将特定的股票划入特定的类别。投资者利用这些分类来帮助设计他们的投资组合以实现风险和收益之间的适当平衡。你最常听到的一些类型是蓝筹股、收入股、成长股、科技股、投机股、周期股、防守股、中盘股和小盘股。

蓝筹股

蓝筹股是普通股中的精华。蓝筹股是由那些有长期获利和支付股利记录的公司发行的股票。**蓝筹股**（blue-chip stock）是由那些有完美的财务证明的管理优良的大型公司发行的。这些公司经常是其所在行业的领导者。

　　然而，并不是所有的蓝筹股都是一样的。一些蓝筹股自始至终都提供高的股利收益，另一些则更注重成长。蓝筹成长股的典型例子是耐克、宝洁、家得宝、沃尔格林（Walgreen's）、劳氏和美国联合包裹服务（United Parcel Service）。图6-5显示了一些关于宝洁股票的基本的经营和市场信息，来自一份典型的扎克斯投资研究公司的报告的引言部分。高收益蓝筹股的例子包括诸如美国电话电报公司、雪佛龙（Chevron）、默克（Merck）、强生、麦当劳和辉瑞制药（Pfizer）的公司。

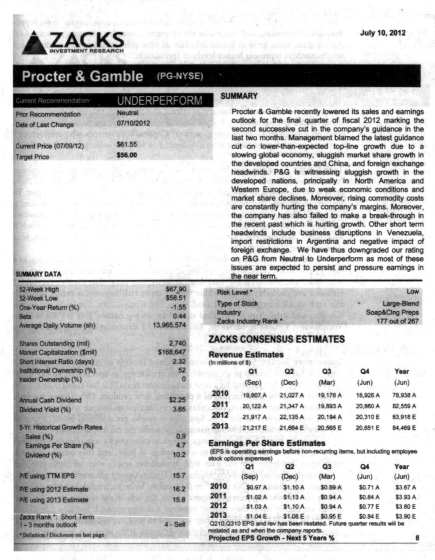

图6-5　蓝筹股

　　虽然蓝筹股也不能免疫于熊市，但它们比大部分股票的风险都低得多。它们往往对那些正在寻找有一定增长潜力的、高质量的、支付股利的投资的投资者有吸引力。蓝筹股对那些想在不承担很高风险的情况下，赚取比债券通常所提供的收益高一些的投资者是有吸引力的。

收入股

一些股票有吸引力的原因是因为它们所支付的股利，这就是**收入股**（income stock）。这些股票有很长的定期支付高于平均水平的股利的历史。收入股对于那些想从其投资资本中寻求相对安全和高水平的当期收入的投资者是非常合适的。不仅如此，收入股（不像债券和优先股）的持有者还可以期待他们收到的股利随着时间的推移定期增长。因此，如果股利一直保持每年大概 4％的增长率，那么在 1997 年每股支付 1 美元股利的公司在 2012 年将会支付刚好超过 1.8 美元的股利。随时间推移而增长的股利为投资者提供了一定的应对通货膨胀影响的保障。

收入股的主要缺点是：某些收入股因为有限的增长潜力而支付高股利。事实上，收入股表现出相对低的盈利增长是很普遍的。这并不意味着这类公司是没有盈利能力或缺乏未来前景的。恰好相反，股票为收入股的大部分公司是有着美好前景的非常有盈利能力的组织。很多收入股发行公司都是美国的行业巨头，很多也被归类为高质量蓝筹股。许多公用事业公司，如美国电力公司（American Electric Power）、杜克能源（Duke Energy）、Oneok、Scana、底特律能源（DTE Energy）和南方公司（Southern Company），属于这一类型。这一类型的公司还包括部分工业和金融股，如康尼格拉食品公司（Conagra Foods）、通用磨坊（General Mills）和奥驰亚集团（Altria Group）等。收入股本质上不受很多经营和市场风险的影响。然而，它们受到一定的利率风险的影响。

成长股

收入和盈利正在经历快速增长的公司所发行的股票就是**成长股**（growth stock）。当大多数普通股正在以每年 6％到 8％的速度增长时，好的成长股会表现出 15％到 18％的持续盈利增长。一般来说，典型的成长公司是稳定的盈利增长伴随着高的股票收益率。它们还有高的经营利润和充足的现金流来偿还债务。亚马逊、苹果、谷歌、易贝、伯克希尔·哈撒韦（Berkshire Hathaway）和星巴克（Starbucks）都是成长股的典型例子。正如这个名单所显示的，一些成长股也被列为蓝筹股并提供高质量的成长，而其他股票则代表更高等级的投机。

成长股通常支付很少或不支付股利。它们的支付比例很少超过盈利的 10％到 15％。相反，这类公司将其利润中的大部分进行再投资，以此获得进一步增长的资金。因此，成长股的投资者是通过股票价格增值而不是股利来获得其投资收益的——这既有好的一面，也有坏的一面。在经济表现强劲而且股市一般也是处于上涨之中的时候，这类股票尤其热门。当市场转入下跌时，这些股票也会转冷，而且通常是以很大的幅度下跌。成长股通常对那些正在寻找有吸引力的资本利得而非股利并愿意承担更高风险的投资者有吸引力。

科技股

在过去 20 年左右的时间里，科技股在股票市场中已经变成一股主导力量（既有正面的，也有负面的），以至有必要将其单独归入一类。**科技股**（tech stock）从根本上说是代表股票市场的技术部分。它们包括生产计算机、半导体、数据存储设备和软件的公司。它们还包括提供互联网服务、网络设备和无线通信的公司。一些这类股票是在纽约证券交易所和美国证券交易所上市的，而绝大部分是在纳斯达克交易的。事实上，科技股主导了纳斯达克市场，进而影响纳斯达克综合指数。

尽管这些股票中一些其实是蓝筹股，但这些股票很可能要么被归入成长股类别，要么被归入投机股类别。科技股有提供非常高的收益的可能性，但它们也包含很高的风险，很可能最适合于那些风险容忍度更高的投资者。在科技股类别中，你会发现一些大名鼎鼎的公司，如苹果、思科、谷歌和英特尔。你也会发现很多名气不大的公司，如英伟达（NVIDIA）、美满电子科技（Marvell Technology）、领英（LinkedIn）、闪电（SanDisk）、爱德万（Advantest）、L3通信（L-3 Communications）和芝电（Electronic Arts），如图6-6所示。

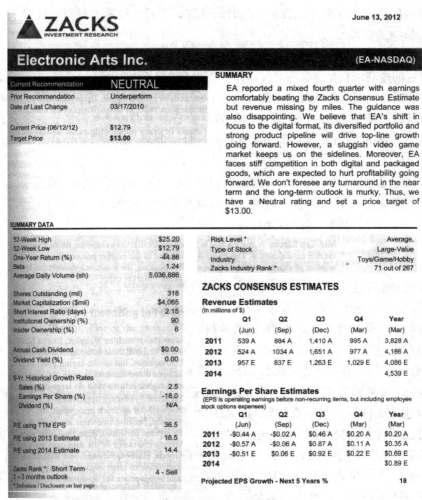

图6-6 科技股

投机股

缺少持续的成功记录但仍然提供了巨大的价值增值潜力的股票就是**投机股**（speculative stock）。也许投资者的希望是被一个新的管理团队接管了陷入困境的公司或者一个有前景的新产品的引入刺激起来的。其他时候则是因为一些新信息、新发现或新生产技术会正面影响公司发展前景的暗示。投机股是一类特殊的股票并受到广泛的关注，尤其是在牛市的时候。

一般来说，投机股的盈利是不确定且高度不稳定的。这些股票价格波动巨大且通常几乎不支付或完全不支付股利。投机股，如天狼星 XM 卫星广播（Sirius XM Radio）、梦工厂动画（Dreamworks Animation）、自由媒体（Liberty Media）和安德玛（Under Armour），提供了有吸引力的增长前景以及在市场上"一鸣惊人"的机会。然而，要想成功，投资者必须在其他投资者行动之前就识别出能赚大钱的股票。投机股的风险很高，不仅需要强大的心脏，而且需要相当多的投资知识。投机股被用于追求资本利得，投资者经常会根据情况需要激进地买入和卖出这类股票。

周期股

周期股（cyclical stock）是由那些盈利情况与整体经济状况联系紧密的公司发行的股票。它们往往随着经济周期上下波动。所提供的产品和服务与公司的资本设备支出或者如住房和汽车之类的大额耐用品消费支出有关的那些公司的股票，通常可以被划入周期股的行列。周期股的例子包括美铝公司（Alcoa）、卡特彼勒（Caterpillar）、通用配件（Genuine Parts）、莱纳地产（Lennar）、宾士域（Brunswick）和铁姆肯（Timken）。

周期股通常在经济上行阶段表现不错，但是，它们往往在经济复苏的早期阶段表现尤为不错。同样，它们在经济开始疲弱时表现糟糕。周期股很可能最适合于那些准备随着经济情况的变化而买卖股票，以及那些能够容忍相伴而生的风险敞口的投资者。

防守股

有时候，发现那些在整体经济活动萎缩的时候却能保持价格稳定甚至上涨的股票是有可能的。这些股票就是**防守股**（defensive stock）。与一般股票相比，它们往往不太容易受经济周期下行的影响。

防守股包括很多公用事业公司的股票，也包括那些主要生产或销售诸如饮料、食品和药品之类的工业和消费品公司的股票。沃尔玛公司就是一个很好的防守股的例子。这家抗衰退公司是世界最大的零售商。其他例子有保点系统（Checkpoint Systems），一家防盗衣安全夹制造商；武迪（WD-40），一家著名的全能润滑油制造商；Extendicare，一家提供长期照料和生活辅助设施的先进提供商。防守股通常被更激进的投资者所用，他们往往在经济仍然疲弱的时候或者直到投资氛围改善之前，暂时将其资金"停泊"在防守股上。

中盘股

股票的规模是基于其市场价值的——或者，更常见的是基于其市场资本总值。这一价值是由股票的市场价格乘以发行在外的股份数计算而来的。一般来说，若用股票的市值来度量，美国的股票市场可以分为三个部分：

小盘股　　小于 20 亿美元
中盘股　　20 亿美元到 100 亿美元
大盘股　　超过 100 亿美元

大盘股是像沃尔玛、埃克森美孚和苹果公司那样的巨头。虽然大盘股数量有限，但这些公司在美国所有股票的市场价值中占比超过 75%。但是，正如俗话所说的，大不一定好。把这句话用到股票市场上再合适不过了。平均来看，小盘股往往能比大盘股获得更高的收益率。

中盘股（mid-cap stock）为投资者提供了一些有吸引力的收益机会。它们很多时候提供了类似于小盘股收益的良好表现，但又没有小盘股那么大的价格波动。（我们随后就来介绍小盘股。）同时，由于中盘股是规模非常合适的公司，而且很多中盘股已存在很长的时间，因此，它们提供了一定的像大型成熟股票那样的安全性。中盘股类别中的公司有如迪克体育用品（Dick's Sporting Goods）、孩之宝（Hasbro）、西夫韦（Safeway）和威廉姆斯·索诺玛（Williams-Sonoma）这样的著名公司。虽然这类股票避免了小盘股的不确定性，提供了对大盘股的一种很好的替代，但它们很可能最适合于那些愿意忍受比大盘股稍多一点儿风险和价格波动性的投资者。

尤其让人感兴趣的一类中盘股是所谓的小蓝筹股，也叫作"小蓝筹"。除了规模之外，这些公司具有合格蓝筹股的所有特征。像更大的蓝筹股那样，小蓝筹股具有异常稳健的资产负债表、适度的债务水平以及若干年的平稳利润增长。小蓝筹通常支付适度水平的股利，但像大部分中盘股一样，它们往往强调成长。因此，它们对于那些追求高质量的长期成长性的投资者是非常理想的。一些著名的小蓝筹有罗技（Logitech）、美鹰傲飞和佳明（Garmin Ltd）。

小盘股

一些投资者认为，小公司是从有吸引人的收益机会的角度考察的一类公司。在很多情况下，这被证明是对的。**小盘股**（small-cap stock）公司的年收入通常还不到 2.5 亿美元。但是，由于其规模小，成长性的爆发会对其盈利和股票价格产生巨大的影响。卡拉威高尔夫（Callaway Golf）、温迪（Wendy's）和 Shoe Carnival 就是一些著名的小盘股。

虽然有一些小盘股是具有同样稳健的财务状况的稳健型公司，但大部分公司的情况并非如此。事实上，由于这些公司中的很多公司是如此之小，以至它们没有很多发行在外的股份，其股票也没有广泛的交易。此外，小公司股票往往"飘忽不定"。尽管一些这类股票也许有高收益的潜力，但投资者也应该注意到与其相关的非常大的风险敞口。

小盘股的一个特殊类别是首次公开发行（IPO）。大部分 IPO 是首次上市的小型的、相对新的公司。（在其公开募股之前，这些股票是私人持有的且不是公开交易的。）像其他小公司股票一样，IPO 因投资者可以获得可观的资本利得而有吸引力。当然，也有一个陷阱：要获得一个购买更好的、更有吸引力的 IPO 的机会，你要么需要是一个积极的交易者，要么需要是一个经纪人的优先客户。否则的话，你听到的 IPO 可能只是这些投资者不想要的那些。毫无疑问，IPO 是高风险投资，投资者获利的可能性不大。由于没有市场记录可以依靠，只有那些知道在公司里要找什么以及能够容忍巨大风险的投资者才能购买这些股票。

投资外国股票

在过去 20 年中，美国金融市场发生的一个最重大的变化是全球化趋势。事实上，全球化成了 20 世纪 90 年代的流行语，这在世界股票市场上再明显不过了。例如，美国的股票市场在 1970 年占到世界市场的整整三分之二。本质上，美国的股票市场是世界上所有其他地区股票市场总和的两倍。到 2012 年已不再如此，美国在世界股票市场上所占的份额已经下降到 33% 左右。

当前，世界股票市场仅由 6 个市场主导，这些市场共同占到全球总量的大约 80%。到目前为止，美国拥有最大的股票市场，在 2012 年的时候有接近 16 万亿美元的总市值。争夺第二位的是日本、中国和英国，所有这 3 个国家的股市市值都超过 3 万亿美元。其他市值超过 1 万亿美元的股票市场是瑞士、德国、西班牙、中国香港和加拿大。

比较收益

纯粹就规模而言，或是就上市公司的数量（超过 10 000 家）来看，美国仍然主导着世界股票市场。但是，这没有回答一个重要的问题：与世界其他地区的主要股票市场相比，美国的股票市场表现怎么样？一般来说，2011 年对股票收益来说是一个糟糕的年份，美国市场勉强维持了 2% 的上涨（用标准普尔 500 指数度量）。这听起来不像很高，但美国市场已是当年表现最好的市场之一。环顾全球，大部分股票市场经历了两位数的下跌，包括西班牙、澳大利亚、加拿大、日本、南非、中国、德国这些主要的股票市场，以及很多其他国家的市场。1 年很可能不是判断一国股票市场表现的最好方式，图 6-7 描绘了 19 个国家从 1900 年到 2011 年的股票的年均收益率。在这一时期，美国股票市场获得了 9.3% 的年均收益率，这一表现在图 6-7 所列示的国家中排名大致居中。换句话说，在一个较长的时期内，美国的股票收益相对于其他市场的股票收益表现平平。如果逐年来看，我们会看到，2011 是个例外，因为在任何给定年份里，美国的股票都很少获得最高的收益。引申一下，这意味着一定有诱人的收益在等着那些愿意冒险走出国门的投资者。

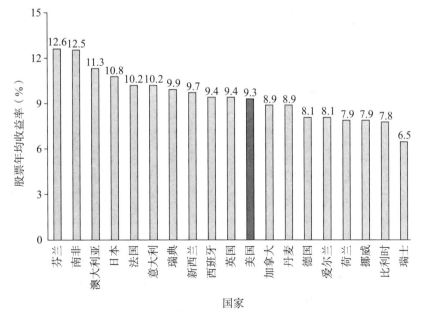

图 6-7　全球的股票年均收益率

资料来源：Elroy Dimson, Paul Marsh, and Mike Staunton, Credit Suisse Global Investment Returns Sourcebook 2012, https://www.credit-suisse.com/investment_banking/doc/cs_global_investment_returns_yearbook.pdf.

走向世界：直接投资

总的来说，投资外国股票有两种方式：直接投资或 ADR（我们将在第 12 章讨论第三种方式——国际共同基金。）

毫无疑问，最冒险的方式是直接在外国市场上购买股票。然而，直接投资并不适合于缺乏特定投资经验的人。你必须知道你在做什么，并准备好承受很高的市场风险。虽然美国大部分主要经纪公司的设立都是为了满足对购买外国证券感兴趣的投资者的需要，仍有很多后续问题要面对。起初，你必须解决会对你的收益产生巨大影响的货币波动问题。但是，这只是开始。你还必须应对不同的监管和会计准则。事实是，大部分外国市场甚至较大的那些市场，也不像美国的监管那么严格。因此，投资者在外国市场上必须忍受内幕交易和其他会对外国投资者造成不利影响的情形。此外，还有国际交易中普遍存在的明显的语言障碍、税收问题和常见的"官僚习气"。直接对外投资产生的收益可能很多，但其中的障碍也会很多。

通过 ADR 走向世界

幸运的是，有一种更简单的方法来投资外国股票，这就是购买美国存托凭证（ADR）。正如我们在第 2 章所看到的，ADR 是代表一定数量的一家特定外国公司的股份的美元计价工具（或证书）。（股份数量的范围可以从几分之一股到 20 股及以上。）ADR 对那些想要拥有外国股票但不想要经常与之相伴的麻烦事的投资者是很合适的。实际上，ADR 是作为美国存托股份（ADS）在市场上交易。虽然术语 ADR 和 ADS 经常交替使用，但从技术上看，二者之间有一个差别：ADR 是描述证券的法律文本，而 ADS 是你投资于证券所借助的工具。因此，ADS 代表在给定的 ADR 中的股份，是在市场上交易的证券。

ADR 就像美国公司的股票一样在美国市场上买卖。它们的价格是以美元报价的。此外，股利也是以美元支付的。尽管有 400 家左右的外国公司的股票直接在美国的交易所上市，但大部分外国公司都是在美国登记为 ADR 的。事实上，来自 50 多个国家的大概 2 100 家公司的股票都是在纽约证券交易所、美国证券交易所、纳斯达克和场外市场中作为 ADR 进行交易的。

为了弄明白 ADR 是什么，我们看一下英国的石油和天然气公司（BP），该公司的 ADR 在纽约证券交易所交易。每份 BP 的 ADR 代表 6 股 BP 股票的所有权。这些股份被放在一家美国银行（或其国外代理行）的托管账户上，银行收取股利，缴纳所有的外国代扣税，接着将净所得转换为美元，再将美元转交给投资者。可被作为 ADR 购买的其他外国和地区股票包括：索尼（日本）、爱立信（瑞典）、诺基亚（芬兰）、壳牌（荷兰）、雀巢（瑞士）、Elan 公司（爱尔兰）、尚德太阳能（中国）、巴斯夫（德国）、和记黄浦（中国香港）、泰华制药（以色列）、挪威海德鲁（挪威）、帝亚吉欧（英国）和墨西哥电视集团（墨西哥）。你甚至可以购买俄罗斯公司的 ADR，如 Vimpel-Communications，这是一家位于莫斯科的移动电话公司，其股份（作为 ADR）在纽约证券交易所交易。

透视全球收益

不管你是直接购买外国股票还是通过 ADR，全球投资的整个过程都比国内投资更复杂且风险更高。从根本上说，外国股票与美国股票的估值基本上完全相同。事实上，推导美国股票价格的那些变量（盈利、股利等）也适用于外国市场的股票估值。在这个基础上，每个市场对其自己的经济力量集（通货膨胀、利率和经济活动水平）做出反应，这确定了市场的基调。在任意给定时间里，一些市场比其他市场表现得更好。全球投资者面临的挑战是在正确的时间处于正确的市场中。

像美国股票一样，外国股票也产生相同的两种基本的收益来源：股利和资本利得（或损失）。但就全球投资而言，还有影响美国投资者收益的第三个变量——货币汇率。尤其是随着美元相对于外国货币的走弱或走强，美国投资者从外国股票中得到的收益相应地增加或减少。在全球背景下，美国投资者在外国证券上的总收益计算如下：

$$总收益（美元）＝当期收入（股利）＋资本利得（或损失）±货币汇率的变化 \quad (6-4)$$

由于当期收入和资本利得是以"当地货币"（即外国股票的计价货币，如欧元或日元）表示的，我们可以将总收益公式缩短为：

$$总收益（美元）＝\frac{来自当期收入和资本}{利得的收益（当地货币）}±\frac{来自货币汇率}{变化的收益} \quad (6-5)$$

因此，总收益的两个基本组成部分是由股票本身（股利加上股价的变化）产生的部分和来自货币汇率变化的部分。

度量全球收益

利用式（6-5）中指出的两个基本组成部分，我们可以利用下面的对货币汇率的变化做了修正的持有期收益率公式来计算总收益：

$$\frac{总收益率}{（美元）}＝\frac{外币表示的股票最终价值＋外币表示的股利}{外币表示的股票初始价值}×\frac{持有期末的汇率}{持有期初的汇率}－1.00 \quad (6-6)$$

在式（6-6）中，"汇率"代表用美元表示的外币价值，即一单位外国货币价值多少美国货币。

这一修正的持有期收益率公式适用于投资期为1年或短于1年。本质上，式（6-6）的第一部分提供了以当地货币表示的收益，第二部分考虑了货币汇率变化的影响。

为了理解这个公式的使用，考虑一位美国投资者购买了几百股西门子（Siemens AG）的股票，该公司是一家在法兰克福股票交易所上市的电子工程和电气公司。由于德国是欧洲共同体的成员，所以德国货币是欧元。假定在美元与欧元之间的汇率是1欧元兑换0.945美元的时候，也就是1欧元几乎价值95美分，投资者为该股票支付了每股90.48欧元的价格。该股票每股支付5欧元的年股利。12个月之后，该股票的价格为94.00欧元，此时的美元/欧元汇率是1.083。显然，股票价格上涨了，欧元价格也上涨了，因此，投资者一定很满意。要得到这项投资所产生的总收益（以美元计价），我们必须利用式（6-6）。

$$总收益率（美元）＝\frac{94.00欧元＋5欧元}{90.48欧元}×\frac{1.083美元}{0.945美元}－1.00$$

$$=1.094\ 2\times1.146\ 0-1.00$$
$$=1.2540-1.00$$
$$=25.4\%$$

有了 25.4% 的收益率，投资者显然做得相当不错。然而，这一收益的大部分是来源于货币价值的变动，而不是股价行情。只要看看式子的第一部分，这一部分显示了从股票上获得的股利和资本利得收益（用当地货币表示）：$1.094\ 2-1.00=9.42\%$。因此，股票本身产出的收益小于 9.5%。所有余下的收益——大约 16%（$=25.40\%-9.42\%$）——来自货币价值的变化。在这个例子中，美元相对于欧元的价值下降，从而提高了收益。

货币汇率

正如我们刚才所看到的，汇率会对投资者的收益产生巨大的影响。汇率可以把中等水平的收益甚至损失转换为非常吸引人的收益，反之亦然。只有一件事决定着所谓的货币效应会是正的还是负的：美元相对于证券的计价货币的行情。本质上，更强势的美元对美国投资者的收益会产生不利的影响，更弱势的美元会产生有利的影响。因此，在其他方面相同时，投资外国证券的最佳时间是美元下跌的时候。

当然，货币汇率的变动越大，对总收益的影响就越大。全球性投资者面临的挑战不仅是找到表现最好的外国股票，而且是找到表现最好的外国货币。你希望在投资期限内，外国股票和外国货币的价值都会上升。需要注意的是，这一规则既适用于直接投资外国股票，也适用于购买 ADR。（即使 ADR 是以美元计价的，它们的报价也随着汇率的不断变化而变化。）

另类投资策略

总体来说，普通股可以被用作价值的"储藏所"、积累资本的方法以及收入的来源。价值储藏对所有投资都很重要，因为没有人喜欢亏钱。然而，一些投资者比其他人更关注损失。他们将本金的安全性列为最重要的选股标准。这些投资者更在乎质量，往往会被吸引到蓝筹股和其他非投机性股票上去。

相反，对那些有长期投资打算的投资者来说，积累资本通常是一个重要的目标。这些投资者利用股票提供的资本利得或股利来积累财富。一些人为此目的而利用成长股，而其他人则利用收入股来实现此种目的，还有一些人同时利用这两种股票。

最后，一些投资者利用股票作为一种收入来源。对他们来说，可依赖的股利流是必不可少的。高收益率的优质收入股通常是他们首选的投资工具。

个人投资者可以利用各自的投资策略来达到其投资目标。这些投资策略包括买入并持有、当期收入、高质量长期增长、积极股票管理以及投机和短期交易。前三种策略对那些认为价值储藏重要的投资者是有吸引力的。这些策略中的任何一种都可以用于积累资本，具体取决于投资者的性格以及他必须投入到投资计划中的时间。相反，当期收入策略对那些将股票作为收入来源的投资者是一个理性选择。

下面我们更详细地讨论这些策略。你应该理解这些策略，从而可以选择出哪一种适合你的需要。

买入并持有

买入并持有策略是所有投资策略中最基本的，无疑也是最保守的一种。其目标是将资金投入到安全的投资中（本金的安全性是至关重要的），并看着所投入的资金随着时间的推移而增长。在这种策略中，投资者选择那些能提供吸引人的当期收入或资本利得的高质量股票，并持有相当长的时间——也许长达 10 至 15 年。这一策略经常用于积累退休资金、满足孩子的教育需要或者只为在长期内积累资本。投资者一般挑选一个好的股票组合，并在一定规则的基础上对其投资很长的时间——直到投资环境或公司情况发生很大的变化。

买入并持有的投资者定期向其投资组合中增加新资金（很多人对其像储蓄计划一样）。大部分人还将年股利收入返回到投资组合中，并再投资于新的股份（通常是通过股利再投资计划）。这一策略长期受到所谓的价值型投资者的欢迎，这一方法被那些追求长期内有竞争力的回报的、在乎质量的个人所使用。

当期收入

某些投资者利用普通股来追求高的当期收入。普通股之所以适合这一目标，并不仅仅是因为高的股利收益率，还因为股利往往随着时间的推移而增长。在这一策略中，本金的安全性和收入的稳定性是至关重要的，而资本利得是次要的。高质量收入股是这一策略的不二选择。一些投资者只是将其作为一种从投资资本中赚取高（且相对安全）的投资收益的工具。然而，当期收入策略更多地被那些旨在补充收入的投资者所使用。事实上，很多这类投资者计划利用增加的收入服务于消费目的，如退休夫妇补充自己的退休金。

高质量长期增长

这一策略的保守程度比前两种策略中的任何一种都要低，因为这一策略追求资本利得作为主要的收入来源。相当数量的交易都是基于这一策略的。大部分交易被限定于高质量成长股（包括一些比较好的科技股，也包括小蓝筹和其他中盘股）。这些股票提供有吸引力的增长前景和不错的价格增值机会。虽然很多成长股也支付股利，但这一策略强调资本利得作为主要的获取高收益的方式。

这一策略包含更高的风险，因为该策略高度依赖于资本利得。因此，它经常使用大量的分散化。长期积累资本是使用这一策略的最常见的原因，但是与买入并持有策略相比，投资者通过做明显更多的交易并承担更高的市场风险激进地追求更多的回报。

这一投资策略的一个变体是将高质量长期增长与高收入结合起来。这就是投资的整体收益策略。虽然坚实地锚定在长期增长上，但这一策略也将股利作为一项收入来源进行考虑。使用整体收益策略的投资者，通过在其投资组合中同时持有收入股和成长股来同时从股利和资本利得中寻求可观的长期收益。或许，他们会持有同时提高股利和资本利得的股票。在后一种情形中，投资者不一定要寻找高收益的股票，而是寻找股利有高增长潜力的股票。

整体收益策略的投资者非常关心股票的质量。事实上，他们唯一区别于当期收入策略的投资者和高质量长期增长策略的投资者的地方是：比起收益来源，整体收益策略的投资者更关心收益数量。正因为如此,整体收益策略的投资者尽其所能地寻找最有吸引力的收益,不管是来自股利流的增长,还是来自股票价格的增值。

积极股票管理

积极股票管理也是通过一个充分管理的投资组合来追求有吸引力的收益。采用这一策略的投资者积极买卖股票来实现引人注目的收益,这主要来自资本利得。蓝筹股、成长股、著名科技股、中盘股和周期股是主要的投资对象。更积极的投资者甚至会考虑小盘股,包括一些更具投机性的股票、外国股票和 ADR。

这一策略类似于高质量长期增长策略。然而,该策略包含了明显更多的交易,投资期则通常要短得多。例如,不是为了一只股票的价格变动等上 2 年或 3 年,积极的股票交易者会在 6 到 12 个月内追求相同的投资回报。寻找证券交易时机和相当快地转换投资资本都是这一策略的特点。这些投资者在牛市时试图满仓操作。当市场走弱时,他们把大量的钱投入到防守股或者现金和短期债务工具上。

这一积极策略有巨大的风险和交易成本,也对投资者的时间和投资能力提出要求,但回报会是巨大的。

投机和短期交易

投机和短期交易是所有投资策略中最不保守的。这一策略的唯一目的就是资本利得。实现目标的时间越短越好。虽然采用这一策略的投资者将其大部分注意力集中在投机股或小盘股和科技股上,但他们也不排斥外国股票(尤其是那些所谓的新兴市场国家的股票)或其他形式的普通股,只要它们能提供有吸引力的短期机会。很多投机者感到,关于行业或公司的信息的重要性不及市场心理或市场的一般基调。这是一个随着新机会的出现不断地从一个头寸向另一个头寸切换的过程。

由于该策略包含如此高的风险,以至很多交易产生很少或不产生利润,甚至还产生很大的损失。当然,投机者的愿望是当抓住机会时会是一个大机会,并且回报远不止于弥补损失。这一策略显然需要相当多的知识和时间。也许最重要的是,还需要能经受财务损失冲击的心理和财务上的坚忍。

概念复习

答案参见 www. pearsonhighered. com/smart。

6.14 定义并简要讨论下列各类股票的投资优点。

a. 蓝筹股;

b. 收入股;

c. 中盘股;

d. 美国存托凭证;

e. IPO;

f. 科技股。

6.15 为什么大部分收入股只提供有限的资本利得潜力?这意味着其持续盈利能力的前景也是有限的吗?请解释。

6.16　在美国的所有股票都可供投资的情况下，为什么美国投资者还会想要外国股票？简要描述美国投资者可以购买外国公司股票的两种方式。作为一名美国投资者，你更喜欢哪一种方式？请解释。

6.17　你认为哪种投资策略（或策略组合）最适合于一个在乎质量的投资者。你认为哪种投资策略最适合你？请解释。

我的金融实验室

下面是学完本章之后你应该知道的内容。**我的金融实验室**会在你需要练习的时候帮助你识别你知道什么以及去哪里练习。

你应该知道的	重要术语	去哪里练习
目标 1：解释普通股的投资吸引力以及为什么个人喜欢投资普通股。普通股一直是一种流行的投资工具，主要是因其提供的有吸引力的收益机会。从当前收入到资本利得，都有可得的普通股来满足任何投资需要	剩余所有者	我的金融实验室学习计划 6.1
目标 2：从历史的视角描述股票收益，并理解当前的股票收益与股票的历史表现相比如何。股票收益由股利和资本利得组成，但是价格增值是关键的组成部分。从长期来看，股票为投资者提供了 10% 到 12% 的年收益。20 世纪 90 年代的那 10 年的收益尤其高，股票产生的收益率从大约 20%（道琼斯指数）到科技股云集的纳斯达克市场的大约 30%。这种情形在 21 世纪初改变了，当时，历史上最大的牛市之一突然结束了。从 2000 年到 2002 年末，DJIA 下跌了大概 38%，标准普尔 500 指数下跌了将近 50%，纳斯达克下跌了让人瞠目结舌的 77%		我的金融实验室学习计划 6.2
目标 3：讨论普通股的基本特征，包括发行特征、股票报价和交易成本。普通股是一种形式的权益资本，每股代表公司的部分所有权。上市股票可以借助公开发行或通过向现有股东的配股发行来发行。公司也可以通过股票分割来增加发行在外的股份数。要减少流通的股份数，公司可以回购股票，回购的股票被作为库存股持有。公司有时候会发行不同类别的普通股，也就是分类普通股	分类普通股 权益资本 公开发行 上市公司 配股发行 股票分拆 股票分割 库存股	我的金融实验室学习计划 6.3 问题 P6.1 的视频学习帮助

你应该知道的	重要术语	去哪里练习
目标 4：理解不同种类的普通股的价值。 计算一股股票的价值有几种方法。账面价值代表会计价值。市场价值是一只股票的现行市场价格。投资价值是投资者认为股票应该有的价值	账面价值 投资价值 市场价值 票面价值	我的金融实验室学习计划 6.4
目标 5：讨论普通股股利、股利的类型和股利再投资计划。 公司经常通过向股东支付现金股利来分享利润。只有在仔细考虑了一系列公司和市场因素之后，公司才会支付股利。有时候，公司宣布发放股票股利而不是现金股利或在发放现金股利之外再发放股票股利。发放现金股利的很多公司有股利再投资计划，股东借此可以自动将现金股利再投资于公司股票	现金股利 登记日 股利收益率 股利支付率 股利再投资计划（DRIP） 每股收益（EPS） 除息日 支付日 股票股利	我的金融实验室学习计划 6.5
目标 6：描述各种类型的普通股，包括外国普通股，并说明股票是如何被用作投资工具的。 投资者可以选择蓝筹股、收入股、成长股、科技股、投机股、周期股、防守股、中盘股、小盘股以及首次公开发行，具体取决于投资者的需要和偏好。美国投资者还可以选择外国公司的普通股，要么直接在外国股票交易所购买，要么通过购买美国市场上的美国存托股份（ADS）完成。一般来说，普通股可被用作一种价值"储藏所"、一种积累资本的方法或者是一种收入的来源。投资者可以遵循不同的投资策略（买入并持有、当期收入、高质量长期增长、积极股票管理以及投机和短期交易）来实现这些目标	蓝筹股 周期股 防守股 成长股 收入股 中盘股 小盘股 投机股 科技股	我的金融实验室学习计划 6.6 问题 P6.14 的视频学习帮助

登录**我的金融实验室**，做一个章节测试，取得一个个性化的学习计划，该学习计划会告诉你，你理解哪些概念，你需要复习哪些。在那儿，**我的金融实验室**会提供给你进一步的练习、指导、动画、视频和指引性解决方法。登录 www.myfinancelab.com

讨论题

Q6.1　看一下表 6 - 1 中的股票收益记录，尤其是在 20 世纪 70 年代、20 世纪 80 年代、20 世纪 90 年代以及从 2000 年到 2010 年的收益表现。

a. 你会如何比较 20 世纪 70 年代的收益率和 20 世纪 80 年代的收益率？你会如何描述 20 世纪 90 年代的市场收益率？这段时间的市场有什么特别之处？这跟 2000 年初到 2010 年的市场相比怎么样？

b. 考虑 5 年或更长时间的持有期所产生的年均收益率，你认为一般来说股票市场通常的收益率是多少？平均来说，预期在未来有这种收益是不合理的吗？请解释。

Q6.2 给定图 6-4 中的信息，关于 Abercrombie & Fitch 公司回答下列问题：

a. 交易活动是在哪一天发生的？

b. 当市场在 2012 年 8 月 23 日下午 4:00 收盘时，该股票的收盘价是多少？

c. 公司的市盈率是多少？其含义是什么？

d. 该股票在这个报价日的第一个交易价格是多少？

e. 前一年每股发放的股利是多少？

f. 在最近的 52 周里，股票交易的最低和最高价格是多少？

g. 在这个报价日，有多少股股票在交易？

h. 如果有的话，在这个报价日与前一天之间发生的价格变化是多少？该股票前一天的收盘价是多少？

Q6.3 下面列出的是 3 对股票。考虑每一对并选择你愿意拥有的股票，假定你想选择每对中价值更高的那一只。接下来，在你做了所有 3 个选择之后，利用《华尔街日报》或其他一些信息源找出每对中的股票的最新市场价值。

a. 50 股伯克希尔·哈撒韦（股票代号 BRKA）或 150 股可口可乐（股票代号 KO）（都在纽约证券交易所上市）。

b. 100 股武迪（股票代号 WDFC，在纳斯达克全国市场发行）或 100 股耐克（股票代号 NKE，纽约证券交易所的股票）。

c. 150 股沃尔玛（股票代号 WMT）或 50 股斯普林特（Sprint Nextel Corp.，股票代号 S）（都在纽约证券交易所上市）。

你有多少次选出了更值钱的股票？这些股票中有哪只股票的价格让你大吃一惊吗？如果让你大吃一惊，那么是哪只？股票的价格代表其价值吗？请解释。

Q6.4 假定一位富有的妇女来找你征求一些投资建议。她 40 岁出头，有 250 000 美元要投入股市。她希望能在 15 年的时间里积累尽可能多的资本，并愿意承担"相当量"的风险。

a. 你认为什么类型的股票最适合于这位投资者？至少提出 3 种类型的股票，并简要解释选择每种的理由。

b. 如果你遇到的是较少的钱，比如说 50 000 美元，你的投资建议会有所变化吗？要是投资者更厌恶风险会怎么样？请解释。

Q6.5 识别并简要描述美国投资者在外国股票上的 3 个收益来源。货币的汇率有多重要？关于货币汇率，什么时候是投资外国证券的最佳时间？

a. 下面列示的是英镑、澳大利亚元和墨西哥比索的汇率（假设的 1 年投资期的开始和结束时的汇率）。

	货币汇率	
货币	投资期的开始	1 年投资期结束时
英镑	1.55 美元/英镑	1.75 美元/英镑
澳元	1.35 澳元/美元	1.25 澳元/美元
比索	0.10 美元/比索	0.08 美元/比索

从一位持有外国（英国、澳大利亚或墨西哥）股票的美国投资者的角度看，上述货币汇率变化中的哪一个会对收益（用美元表示）产生正面的影响？哪一个会产生负面的影响？

b. ADR 是用美元计价的。它们的收益会受到货币汇率的影响吗？请解释。

Q6.6 简要定义下列各种类型的投资计划，并指出最适合于每种计划的股票类型（蓝筹股、投机股等）。

a. 买入并持有策略；

b. 当期收入投资组合；

c. 长期整体收益；

d. 积极股票管理。

问题

P6.1 一位投资者拥有 Harry's Pottery 公司的一些股票。该股票最近经历了一次比例为 5∶4 的股票分割。如果股票在分割之前的交易价格是每股 50 美元，那么在分割之后每股最可能的售价是多少？如果投资者在股票分割之前拥有 200 股股票，那么分割后他会有多少股？

P6.2 一位投资者在一个新的经纪账户中存入了 20 000 美元。该投资者以每股 19 美元的价格买了 1 000 股 Tipco 公司的股票。两周后，投资者按每股 20 美元的价格卖掉了 Tipco 公司的股票。当投资者收到他的经纪账户报表时，他看到在他的账户里有 20 900 美元的余额：

项目	股份数	每股价格（美元）	总交易额（美元）	账户余额（美元）
1. 存入			20 000	20 000
2. 买入 Tipco	1 000	19	(19 000)	20 000
3. 卖出 Tipco	1 000	20	20 000	21 000
4.				
5. 余额				20 900

这个报表上的项目 4 是什么？

P6.3 Ron's Rodents 公司有 500 万美元的总资产、总共 280 万美元的短期和长期债务以及价值 40 万美元的 8% 的发行在外的优先股。公司的总账面价值是多少？如果公司有 5 万股普通股发行在外，那么每股的账面价值会是多少？

P6.4 Lockhart's Bookstores 的股票的交易价格是每股 35 美元。公司发行在外的股票有 2.8 亿股。这家公司的市值是多少？

P6.5 MedTech 公司最近报告的税后净利润是 1 580 万美元。公司有 250 万股股票发行在外，每年支付 100 万美元的优先股股利。

a. 计算公司的每股收益（EPS）。

b. 假定股票当前的交易价格是每股 60 美元，如果公司向普通股股东每股支付 2 美元，确定公司的股利收益率是多少。

c. 如果公司每股支付 2 美元的股利，那么公司的股利支付率是多少？

P6.6 2010 年 1 月 1 日，一位投资者按每股 50 美元的价格购买了 200 股的 Gottahavit 公司的股票。2011 年 1 月 3 日，该投资者按每股 55 美元的价格卖掉股票。该股票支付每股 0.25 美元的季度股利。投资者在这项投资上赚了多少钱（用美元表示）？假定该投资者处于 33% 的税级，那么他在这项交易上要支付多少所得税？

P6.7 考虑下面关于 Truly Good Coffee 公司的信息。

总资产	240 000 000 美元
总债务	115 000 000 美元
优先股	25 000 000 美元
普通股股东权益	100 000 000 美元
税后净利润	22 500 000 美元
发行在外的优先股数	1 000 000 股
发行在外的普通股数	10 000 000 股
支付的优先股股息	2 美元/股
支付的普通股股利	0.75 美元/股
优先股的市场价格	30.75 美元/股
普通股的市场价格	25.00 美元/股

利用上面的信息来计算下面各项：

    a. 公司的账面价值；

    b. 公司的每股账面价值；

    c. 股票的每股收益（EPS）；

    d. 股利支付率；

    e. 普通股的股利收益率；

    f. 优先股的股息收益率。

    P6.8　East Coast Utilities 公司当前的股价是每股 28 美元。公司支付每股 0.28 美元的季度股利。股利收益率是多少？

    P6.9　West Coast Utilities 公司有 9 亿美元的净利润。公司有 9 亿股发行在外的股份，并支付每股 0.9 美元的年股利。股利支付率是多少？

    P6.10　威尔弗雷德·纳多（Wilfred Nadeau）拥有 Consolidated Glue 公司的 200 股股票。该公司的董事会最近宣布将于 4 月 18 日（星期三）向已于 3 月 22 日（星期四）登记的股东支付每股 50 美分的现金股利。

    a. 如果威尔弗雷德在 3 月 20 日出售股票，如果有股利，他会收到多少股利？

    b. 假定威尔弗雷德决定持有股票而不是卖掉股票。如果他参与了公司的股利再投资计划，若股票当前的交易价格是 40 美元且该计划在股票价格上提供 5% 的折扣，那么他会收到多少新股票？（假定威尔弗雷德的所有股利都投入该计划。）给定威尔弗雷德是以股票而不是现金的形式取得股利，那么，他还必须为这些股利纳税吗？

    P6.11　Southern Cities Trucking 公司有如下的 5 年的每股收益记录。

年份	每股收益（美元）
2009	1.40
2010	2.10
2011	1.00
2012	3.25
2013	0.80

下列哪种方法在这 5 年里会为股东产生更多的股利？

a. 按照占每股收益的 40% 的固定比率支付股利。

b. 按照固定的每股 1 美元来支付股利。

P6.12　利用你的校园或公共图书馆，或者在互联网上的资源，选择你喜欢的任意 3 只普通股，并为每只股票确定其最新的每股账面价值、每股收益、股利支付率和股利收益率。（写出所有的计算。）

P6.13　一位投资者在 2009 年 1 月购买了 800 股 Engulf & Devour 公司的股票，该公司是一家发展迅速的高科技公司。从 2009 年到 2013 年，该股票的股利和股价表现如下。

年份	年初股价（美元）	该年支付的股利（美元）	年末股价（美元）
2009	42.50*	0.82	54.00
2010	54.00	1.28	74.25
2011	74.25	1.64	81.00
2012	81.00	1.91	91.25
2013	91.25	2.30	128.75

* 投资者在 2009 年按这一价格购买的股票。

根据这一信息，计算从 2009 年到 2013 年的年持有期收益率。（提示：见第 4 章的 HPR 公式。）

P6.14　乔治·罗宾斯（George Robbins）认为自己是一位积极的投资者。他正在考虑投资于一些外国证券，并正在研究两家公司的股票：(1) 拜尔（Bayer AG），德国的大型化工和保健企业；(2) 瑞士电信（Swisscom AG），一家瑞士通信公司。

拜尔的股票在法兰克福交易所交易，当前的股价为每股 53.25 欧元。公司支付每股 1.50 欧元的年股利。罗宾斯预期该股票在接下来的 12 个月里会攀升至每股 60 欧元。当前的汇率是 0.902 5 欧元/美元，但预期会升至 1.015 欧元/美元。另一家公司，瑞士电信在苏黎世交易所交易，当前的每股价格是 71.5 瑞士法郎。该股票支付每股 1.5 瑞士法郎的年股利。预期其股价在一年内会升至 76.0 瑞士法郎。按当前的汇率，一单位瑞士法郎价值 0.75 美元，但预期该汇率到 1 年的持有期结束时会升至 0.85 美元。

a. 忽略货币效应，两只股票中的哪一只预示着更高的总收益（以当地货币计价）？根据这一信息，哪一只看起来像是更好的投资对象？

b. 两只股票中的哪一只有以美元计价的更好的总收益？货币汇率以某种方式影响了它们的收益吗？你还想继续持有在 a 部分选择的那只股票吗？请解释。

P6.15　布鲁斯（Bruce）购买了 25 000 美元的 UH-OH 公司的股票。不幸的是，就在第二天，一份重点报纸报道称，该公司因会计欺诈正在接受调查，股价随即下跌了 50%。布鲁斯现在要想让股票回到 25 000 美元的价值需要多少的百分比增长？

访问 www.myfinancelab.com 来获得网络练习、电子表格和其他在线资源。

案例题 6-1

萨拉决定冒险试一试

萨拉·托马斯（Sara Thomas）是一位儿童心理学家，她在自己的家乡爱达荷的博伊西建立起了蒸蒸日上的事业。在过去的几年里，她已经积累了一大笔钱。为了成功，她一直勤奋努力地工作，从未想过任何其他事情。即使这样，成功也没有让萨拉感到洋洋得意。她仍然单身，还保持着原有的朋友圈。她的一位最亲密的朋友是特里·詹金斯（Terry Jenkins），特里碰巧是股票经纪人并担任萨拉的财务顾问。

不久前，萨拉参加了一次股票投资的研讨会，自那以后，她一直在阅读关于股市的书。她的结论是，把自己的所有钱都放在低收益的储蓄账户里是不合适的。结果萨拉决定把一部分钱转到股市。一天晚上，萨拉告诉了特里她的决定并解释说，她发现了她认为看起来"有点儿意思"的几只股票。她把这几只股票描述如下：

(1) 北大西洋泳装公司（North Atlantic Swim Suit Company）。这只高度投机股不支付股利。虽然它的盈利有点儿反复无常，但萨拉感到公司的成长前景十分光明——"去海边的人肯定会更多。"她说。

(2) 城乡电脑公司（Town and Country Computer）。这是一家历史悠久的计算机公司，支付中等水平的股利收益率（约 1.5%）。公司被视为质量型成长股。从她看过的一份股票报告中，她了解到，这家公司提供出色的长期成长和资本利得潜力。

(3) 东南公用事业公司（Southeastern Public Utility Company）。这只收入股支付 5% 左右的股利收益率。虽然这是一家稳健的公司，但由于其地点，其成长前景有限。

(4) 国际金矿公司（International Gold Mines, Inc）。这只股票在过去表现得相当好，尤其是在通货膨胀率高的时候。萨拉认为，如果公司在通货膨胀率高的时期可以做得那么好，那么在经济强劲的时候只会做得更好。不幸的是，该股票过去曾经历过巨大的价格波动。公司几乎不支付股利。

问题

a. 你对萨拉把"大笔的"钱存在储蓄账户有什么看法？对她来说普通股是比储蓄账户更好的投资吗？请解释。

b. 你对萨拉描述的 4 只股票有什么看法？你认为这些股票适合她的投资需求吗？请解释。

c. 你会给萨拉建议什么类型的普通股投资计划？你认为她应该为自己设定什么样的投资目标？普通股将如何帮助她实现目标？

案例题 6-2

沃利想知道是否有股利

沃利·威尔逊（Wally Wilson）是一位商业艺术家，他靠着给当地的广告机构和重要的机构客户（如大型百货商店）干私活过得很不错——基本上都是版面设计和图案插图。沃利在股市投资已有一段时间了，主要是把购买高质量成长股作为其实现长期增长和资本增值的一种方式。他认为，考虑到自己只有有限的时间投入到所持有的证券中，高质量股票是最适合自己的。后来他变得对市场有点儿迷茫，让他烦恼的是，他的一些成长股的表现还不如很多优质收入股。因此，他决定跟经纪人阿尔·弗里德（Al Fried）谈谈。

在交谈中，很明显的是，阿尔和沃利的思路完全相同。阿尔指出，收入股的股利收益率实际上很不错，由于经济状况不佳，成长股的前景不是特别明朗。他建议沃利认真考虑将他的一部分钱投入到收入股中以便获得高的股利收益率。毕竟，如阿尔所说，"归根结底不是收益从何而来，而是收益到底等于多少！"他们接着讨论了一下只高收益公用事业股票 Hydro-Electric Light and Power。阿尔挖掘了一些关于该公司的预测信息并拿来供沃利考虑：

年份	预期每股收益（美元）	预期股利支付率（%）
2013	3.25	40
2014	3.40	40
2015	3.90	45
2016	4.40	45
2017	5.00	45

该股票当前的市场价格是每股 60 美元。阿尔认为，在 5 年内，该股票会上涨到 75 至 80 美元。沃利认识到，要买 Hydro-Electric 的股票，他就不得不卖掉他持有的 CapCo Industries 股票——沃利不再着迷的一只公认的成长股，因为该股票最近表现不佳。

问题

a. 你会如何描述沃利现在的投资计划？你认为该计划适合他和他的投资目标吗？

b. 考虑 Hydro-Electric 的股票。

（1）确定 Hydro-Electric 公司从 2013 年到 2017 年预期会发放的年股利数量。

（2）如果他在该股票上投资 6 000 美元且所有的股利和价格预期均被实现，计算沃利从 Hydro-Electric 的股票中能赚到的总的美元收益。

（3）如果沃利参与了该公司的股利再投资计划，那么到 2017 年的年末他会拥有多少股股票？如果该股票在 2017 年 12 月 31 日的价格是每股 80 美元，那么这些股票值多少钱？假定可以通过股利再投资计划购买该股票，购买价格为每股净价 2013 年 50 美元、2014 年 55 美元、2015 年 60 美元、2016 年 65 美元、2017 年 70 美元。在你的计算中保留小数点后两位数。再假定沃利起初有 100 股股票且所有的股利预期均被实现，在（2）部分的结果会是多少？

c. 如果他决定购买 Hydro-Electric 的股票，沃利是在采取一个不同的投资策略吗？如果做了转变，你会如何描述他的新投资计划？你对这个新的投资策略有什么看法？这有可能导致沃利要进行更多的交易吗？如果是这样，你能协调好更多的交易与他只有有限的时间投入到股票组合中这二者间的矛盾吗？

Excel 电子表格

建立一个包含如下报价信息的电子表格。根据给出的信息，公司当前的市值是多少？公司的净收入是多少？

City National Corp. (CYN) — NYSE

Comprehensive Quote: 11/16/09 04:00 PM EST

Last	Change	% Change	Volume
37.95	0.66	1.77%	658,323

Open	High	Low	Prior Day's Volume
37.57	38.40	37.57	394,981

52-Week High	52-Week Low	Prior Day's Close
48.99	22.59	37.29
(12/31/2008)	(03/05/2009)	

Snapshot quotes reflect real-time trades reported through Nasdaq only: comprehensive quotes reflect trading in all markets and are delayed at least 15 minutes. Volume updates from 4:00 a.m. - 8:00 p.m. ET. (More Info)

Other Prices

U.S. Germany Xetra

Historical Quotes

Closing prices since 1/2/1970.

date: [   ] [Go]

Stock Data

Market Cap(Mil)	1920.56
P/E Ratio	151.96
Dividend Yield	1.07%
Latest Dividend	$0.1
Pay Date of Latest Dividend	11/18/09
Last Stock Split	5 for 4 or 25% stock div.
Date of Last Split	10/17/89
Shares Outstanding (Mil)	51.5
Public Float (Mil)	43.44

All data updated daily before market opens
Source: Reuters

本章开放问题

注：2012 年 4 月，埃克森美孚宣布计划将其季度股利削减 21％，至每股 0.57 美元。

a. 如果埃克森美孚有 47 亿股发行在外的股份，那么公司 1 年内将要发放多少股利形式的现金？

b. 在埃克森美孚的公告发布后的 2 天内，其股价从每股 85.72 美元下跌到每股 85.48 美元。埃克森美孚的总市值在这段时间下降了多少？

c. 给定问题 a 的答案，问题 b 的答案看起来是否合理？为什么？

第 7 章 分析普通股

学习目标

学完本章之后，你应该能够：

目标1：讨论证券分析过程，包括其目标和功能。

目标2：理解经济分析的目的和贡献。

目标3：描述行业分析并指出如何使用行业分析。

目标4：展示一个基本面分析的基本评价以及为什么要使用基本面分析。

目标5：计算一系列的财务比率并描述财务报表分析是如何用于衡量公司的财务持久性的。

目标6：利用各种财务指标来评估公司的绩效，并解释如何从估值过程的基本投入中形成见解。

　　来自扎克斯投资研究公司的一份2012年6月的分析报告关注了食品杂货连锁公司克罗格公司的发展前景。在报告中，扎克斯指出，虚弱的宏观经济环境已经改变了顾客购买食品的方式，促使他们努力寻找更便宜的产品。这意味着，克罗格公司面临来自诸如沃尔玛和好市多之类的公司更激烈的竞争。扎克斯发现，克罗格公司的规模使其在食品杂货业中居于主导地位，而且公司正在明智地进行投资，更多地集中于改造现有的商店而不是开设新的商店。然而，该研究报告也对克罗格不断上升的债务水平表示担忧，这会使得公司更易受到宏观经济衰退和竞争压力的影响。最终，扎克斯将其对克罗格公司股票的评级从"优异"下调到"中性"。

　　扎克斯发布的报告就是一份典型的专业证券分析师每天发布的报告。在形成给客户的建议时，股票分析师必须考虑广泛的宏观经济趋势、行业因素和个别企业的具体属性。这一章，也就是本书关于证券分析的两章中的第一章，将介绍可用于评估经济、行业和特定企业的未来的一些方法和步骤。

资料来源：（1）http：//www. zacks. com/stock/news/77172/kroger-treads-neutral-path；（2）http：//community. nasdaq. com/News/2012-06/kroger-treads-neutral-path-analyst-blog. aspx？storyid＝149050；（3）http：//zolmax. com/kroger-rating-lowered-to-neutral-at-zacks-kr/12287/.

证券分析

投资股票的明确动机是希望看到自己的钱不断增加。例如，谷歌是一家无比成功的搜索引擎和软件公司。如果你在谷歌公司 2004 年 8 月 19 日的首次公开发行（IPO）时购买了价值 10 000 美元该公司的股票，那么，7 年后，也就是 2011 年 8 月 19 日，这些股票的市值达到了 54 482 美元。这相当于 27.4％的年均收益率，与同一时期标准普尔 500 指数的 1.4％的年均收益率形成鲜明对比。不幸的是，相对于市场上每个伟大的成功典型，还有为数不少的最终结果并不怎么样的例子。

通常，大部分失败的投资可以归结为错误的时机、糟糕的规划或者在做出投资决策时未能利用常识。虽然关于股票投资的这些章节不能提供一夜暴富的魔法钥匙，但确实提供了形成一个成功的长期投资计划的基本原则。这里描述的方法是已经被无数成功的投资者使用过的成熟方法。

证券分析原理

证券分析（security analysis）包括搜集信息、将信息组织成一个逻辑框架以及利用信息确定普通股的内在价值几个部分。也就是说，给定与计划好的交易所包含的风险量相匹配的收益率，**内在价值**（intrinsic value）提供了对一只股票的潜在价值的度量。这为帮助你判断一只特定的股票是被低估、公平定价还是高估提供了一个标准。整个股票估值概念都是建立在一个思想之上：任何证券都有一个内在价值，市场价值会随着时间的推移趋向于内在价值。

在投资学中，价值问题是以收益为中心的。也就是说，一项合意投资是提供一定水平的、与所承担的风险量成比例的期望收益。因此，一项投资不仅必须是有利可图的，而且还必须足够有利可图——你期望该投资会产生一个高到足以抵消感受到的风险敞口的收益。

当然，问题是证券的收益很难预测。一种方法是买入让你动心的证券。更理性的方法是利用证券分析来寻找有前景的股票。证券分析是通过确定一只股票应该值多少来解决买什么的问题。粗略说来，只有当一只股票的现行市场价格不超过其价值（内在价值）的时候，投资者才会购买这只股票。最终，内在价值取决于几个因素：

（1）对股票未来现金流的估计（例如，你预期在持有期内会收到的股利数量以及估计的出售时的股票价格）。

（2）用于将未来的现金流转换为现值的折现率。

（3）与股票的未来表现有关的风险，这帮助确定合适的折现率。

证券分析的自上而下分析法

传统证券分析通常采用自上而下的分析法：从经济分析开始，再转到行业分析，接着得到一个对特定公司的基本面分析。经济分析评估经济的一般状态及其对公司的潜在影响。例如，扎克斯关于克罗格的研究报告指出，疲软的经济导致消费者在购物时对价格更为敏感。行业分析是研究一家特定公司所属的行业。考察的是整个行业的状况以及该行业公司之间是如何相互竞争的。就食品杂货店行业而言，扎克斯指出，相对于像克罗格那样的更传统的连锁店，消费者不断增强的价格敏感性更有利于像沃尔玛和好市多那样的公司。基本面分析考察一家特定公司的财务状况和经营结果。基本面包括公司的投资决策、资产的流动性、债务的使用、利润率及其盈利增长。在其对克罗格的基本面分析中，扎克斯的报告突出了克罗格利用投资资金改造现有商店的战略以及公司不断上升的债务水平。一旦分析师或投资者综合了来自经济、行业和基本面的所有信息，分析师就利用这些信息来估计公司股票的内在价值，接着将该内在价值与实际的市场价值进行比较。当内在价值高于市场价格时，分析师就会建议客户购买该股票，当反过来成立时，分析师会发出卖出建议。如果市场价格与内在价值大体一致，分析师会发出"中性"或"持有"建议，正如扎克斯在 2012 年对克罗格所做的那样。

基本面分析与内在价值观念联系紧密，因为基本面分析为预测一只股票的未来现金流提供了基础。这一分析过程的一个关键部分是公司分析，就是深入考察公司的实际财务表现。这种分析并不是简单地意味着提供关于公司过去表现的奇闻逸事。不要犯这样的错误：在投资学中，重要的是未来。但是，要理解公司的未来前景，你应该对公司的当前状况及其盈利能力有很好的把握。这就是公司分析所要做的：公司分析通过考察过去并确定公司应对前方挑战的准备情况来帮助投资者预测未来。

在有效市场中谁需要证券分析？

一般意义上的证券分析概念以及特定意义上的基本面分析都基于如下假定前提：至少有一些投资者有能力识别出内在价值不同于市场价值的股票。基本面分析所基于的广义前提是一些证券至少在一段时间里在市场上会被错误定价。如果证券有时候会被错误定价且如果投资者可以识别出被错误定价的证券，那么进行基本面分析就是有价值和有利可图的做法。

对很多人来说，这两个前提看起来是合理的。然而，有一些人并不接受基本面分析的假定。这些所谓的有效市场的倡导者认为，市场处理新信息是如此有效，以至证券始终是在接近于或等于其价值的价格上交易的，即使是在证券被错误定价时，对投资者来说也几乎不可能确定哪只股票被高估，哪只股票被低估。因此，他们认为，经常战胜市场实际上是不可能的。在其最强的形式上，有效市场假说认为：

（1）即便有的话，证券在市场上也极少明显地被错误定价。

（2）无论多么细致，证券分析都无法比只是通过随机运气更容易识别出错误定价的证券。

有效市场假说正确吗？基本面分析在现代投资理论中有一席之地吗？有趣的是，大部分金融理论家和实践者对这两个问题的回答都是"是"。

对这个明显的悖论的解决方法是相当简单的。从根本上说，基本面分析因两个重要的原因在对备选投资的选择中有价值。首先，金融市场本身是有效的，因为很多人和金融机构都投入大量的时间和金钱来分析最广泛持有的投资的基本面。换言之，市场往往是有效的，证券往往是在正好等于或接近于内在价值的价格上交易只是因为很多人曾做过研究来确定证券的内在价值应该是多少。

其次，虽然金融市场通常是相当有效的，但它绝不是完全有效的。定价错误是不可避免的。当定价错误的确发生时，对一只给定证券的基本面曾做过最仔细研究的那些人是最有可能从中获利的。我们将在第 9 章中详细地学习有效市场的思想和含义。然而，就目前而言，我们接受传统证券分析对识别有吸引力的股权投资是有用的这一观点。

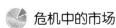 **危机中的市场**

拉德赚了 1 000% 并退休了

虽然大部分投资者在 2007 年和 2008 年都在亏钱，但对冲基金拉德资本（Lahde Capital）的投资组合经理安德鲁·拉德（Andrew Lahde）通过下注美国住房抵押贷款市场的崩溃，赚取了令人瞠目结舌的收益。在 2007 年获得接近 1 000% 的收益之后，拉德在 2008 年 9 月突然将基金清盘，声称与美国金融机构做交易的风险已经变得非常高了。在他给投资者的告别信中，拉德撩拨了 AIG、雷曼兄弟和贝尔斯登这类公司的领导者，称他们"白痴……对不起他们受过的教育。"给拉德带来令人难以置信的投资成功的是对复杂的金融证券背后的资产的理解，尤其是居民房地产。拉德对房地产业的基本面分析让他相信，美国会遭遇房地产价值的崩溃以及基于居民房地产的证券价值的崩溃。基于这一分析的交易，使得拉德在他极为短暂的职业生涯中成为有史以来最成功的基金经理之一。

概念复习

答案参见 www. pearsonhighered. com/smart。

7.1 识别证券分析的三个主要部分并解释为什么证券分析对选股过程很重要。

7.2 什么是内在价值？内在价值是如何嵌入证券分析过程的？

7.3 你会怎样描述一项合意投资？证券分析在识别投资选项中如何发挥作用？

7.4 如果我们是在一个有效市场环境中操作，那么还有必要进行证券分析吗？请解释。

经济分析

股票价格深受经济状态和经济事件的影响。一般来说，股价在经济强劲时往往是上涨的，而在经济开始走弱时股价就会下跌。这虽不是一个完全如此的关系，但却是一个相当可靠的关系。

为什么经济对股市如此重要？原因很简单：经济的整体表现对大部分公司的表现和盈利能力都有显著的影响。因为企业的财富随着经济条件的变化而变化，从而它们的股票价格也会如此。当然，不是所有的股票都以相同的方式或在相同的程度上受到影响。经济中的一些部门，如食品零售，也许只是受到经济波动的轻微影响。其他部门，如建筑和汽车业，在经济恶化时，经常受到沉重打击。

经济分析（economic analysis）包括对现行经济环境的广泛研究——通常既包括全球的也包括国内的研究（但在这里，基本上我们将集中于国内经济）。这类分析旨在帮助投资者洞悉经济的基本状况及其对股票价格可能产生的潜在影响。这可以包括对经济的每个部门的细致考察，也可以只是极为非正式的考察。然而，从证券分析的角度看，其目的总是相同的：为普通股估值打下一个坚实的基础。

经济分析和经济周期

在自上而下分析法中，经济分析是第一步。经济分析为整个证券分析过程定下了基调。因此，如果经济前景看起来不明朗，你很可能可以预期，大部分股票的收益都会同样低迷。如果经济看起来强劲，股票应该会表现得很好。**经济周期**（business cycle）刻画了经济行情，反映了总体经济活动随时间推移的变化情况。

两个被广泛跟踪的经济周期指标是国内生产总值和工业生产（指数）。国内生产总值是一国在给定时期内生产的所有产品和服务的市场价值。工业生产（指数）是一个衡量工业公司产出的指标。通常，国内生产总值和工业生产指数随着经济周期上升和下降。

关键经济因素

经济状况受一系列广泛因素的影响，从无数家庭独立做出的消费、储蓄和投资决策到重大的政府政策决策。分析师在进行广泛的经济分析时所考察的一些最重要的因素包括：（1）政府财政政策，如税收、政府支出和债务管理；（2）货币政策，如货币供给和利率；（3）其他因素，如通货膨胀、消费者支出、商业投资和对外贸易及汇率。

政府财政政策会通过一系列渠道影响经济增长的速度。当政府增加支出或减少税收时，是在追求扩张性的财政政策。这类政策的例子有2009年的《美国复苏与再投资法》，这是一项高达7 870亿美元的刺激计划，还有2010年的《税收减免、失业保险再授权与就业创造法案》，这是一项高达8 580亿美元的刺激计划，是由国会通过并由奥巴马总统签署的。类似地，当利率相对较低、货币随处可得的时候，货币政策就是扩张的。扩张的经济还依赖于消费者和公司可观的支出水平。相同的这些变量向相反的方向变动会对经济产生紧缩性（衰退性）影响，例如，当税收和利率上升或消费者和公司支出下降的时候。

这些主要力量的影响是通过系统以及影响经济的几个关键维度来实现的。这其中最重要的是工业生产、公司利润、零售额、个人收入、失业率和通货膨胀。例如，当工业生产、公司利润、零售额、个人收入上升且失业率下降时，经济强劲。

因此，当进行经济分析时，你应该密切关注财政和货币政策、消费者和公司支出以及对外贸易，以便了解它们会对经济产生的影响。同时，为了评估当前的经济周期状态，你还必须保持对工业生产水平、公司利润、零售额、个人收入、失业和通货膨胀的了解。

为了帮助你跟踪经济状况，表7-1对一些关键经济指标给出了简要的描述。这些经济统计数据是由各个政府机构汇编的，并且在财经媒体上被广泛报道。大部分报告是按月发布的。花点儿时间来仔细读一下表7-1中提到的各种经济指标和报告，假以时日，你就会明白每个统计序列在经济周期中是如何表现的，以及股票市场是如何对这些序列的变化做出反应的。

表7-1 跟踪经济

为了帮助你辨析几乎每天都会从华盛顿产生的令人困惑的大量数字，以及跟踪经济中正在发生的事情，下面是一些需要注意的最重要的经济指标和报告。

指标和报告	具体描述
国内生产总值（GDP）	这是关于经济表现的最宽泛的指标。GDP由商务部每隔3个月发布一次，是一个对美国生产的所有产品和服务的总的美元价值的估计。很多经济领域的变动都与GDP的变化紧密相关，因此，这是一个很好的分析工具。特别是要关注以"实际"或"不变"美元衡量的年增长或下降的速率。这个数字去除了通货膨胀的影响，从而度量了实际生产量。但是要记住，对于GDP数字的频繁修正有时候会改变经济图景
工业生产（指数）	这个指数每月由联邦储备委员会发布，该指数展示美国工厂、矿山以及电力和燃气公用事业的物质产出变化。该指数往往与经济同方向变动，因此，这是一个在两次GDP报告之间的一个关于经济情况的很好的指引。对指数的详细分解可得出关于个别行业的进展情况
领先指标指数	这归结为一个数字，该数字概括了一些往往能预测——或"引领"——GDP变化的统计指标的变化。这是由商务部每月发布的指数，包括工人的离职、制造业的新订单、货币供给的变化、新原材料的价格等内容。如果该指数几个月都是同向变动，这就是一个非常好的迹象：总产出在不久的将来会以相同的方式变动
个人收入	这个来自商务部的月度报告显示以工资和薪金、利息和股利、租金以及其他支付（如社会保障、失业补贴和养老金）的形式获得的税前收入。作为一个度量个人支出能力的指标，报告有助于解释消费者购买习惯的趋势，是GDP的一个重要组成部分。当个人收入提高时，人们通常会增加购买量。但要注意一个漏洞：在所谓的地下经济中转手的数十亿美元——从未向税务或其他官员报告过的现金交易，是被排除在外的
零售额	商务部每月都估计零售层次的总销售额，包括从汽车到食品的所有行业。基于一个零售企业的样本，该数字给出一个关于消费者态度的大致线索。这个数字也可以显示未来情况：长期的销售放缓会导致生产的削减

指标和报告	具体描述
货币供给	联邦储备每周报告的流通中的货币数量就是货币供给。实际上，对货币供给有三种度量指标：M1 基本就是通货、活期存款和 NOW 账户；被最广泛跟踪的度量指标 M2 等于 M1 加上储蓄存款、货币市场存款账户和货币市场共同基金；M3 等于 M2 加上大额 CD 和其他少数不太重要的存款或交易类型。由 M2 度量的货币供给的合理增长被认为对经济扩张是必不可少的。然而，太快的货币增长率被认为会带来通货膨胀。相反，货币增长率的急剧放缓被视为是紧缩性的
消费者价格	这个指数由劳工部每月发布，该指数显示固定的一篮子产品和服务的价格变化。最广泛发布的一个数字是针对所有城市居民的。另一个数字被用于劳动合同和一些政府项目中，涵盖城市工薪阶层和办公室职员。这两个数字都被作为通货膨胀指标受到关注，但很多经济学家认为一些缺陷导致其不够准确
生产者价格	这个来自劳工部的月度指标显示在各个生产阶段的产品的价格变化，包括从像棉花这样的原材料到像衣服和家具这样的产成品。该指标向上飙升可能意味着随后有更高的消费者价格。然而，该指数会漏掉折扣并会夸大不断上升的价格趋势。该指标特别关注产成品的价格变化。这些产成品的价格不像原材料价格波动那么大，从而是一个更好的通货膨胀压力度量指标
就业	非自愿离开岗位（失业）的劳动力的百分比是一个广泛使用的经济健康指标。但劳工部发布的另一个月度数字——正式工作的数量——对于确定经济的变化会更好些。不断下降的岗位数量是一家公司正在削减生产的信号
住房开工量	住房开工量通常随着资金可得性增加和成本的减少而增加，是一个经济健康状况改善的指标。来自商务部的这个月度报告也包括全国范围内新发放的建筑许可证的数量，这是一个比未来建设量更早的指标

形成经济展望

进行经济分析包括研究财政和货币政策、通货膨胀预期、消费者和企业支出以及经济周期的状态。投资者所做的经济分析通常是相当非正式的。在形成他们的经济判断时，很多人会依靠一种或多种流行的出版物（如《华尔街日报》《巴伦周刊》《财富》《商业周刊》）以及来自主要的经纪公司的定期报告。这些来源为经济活动提供了概括，方便阅读，并给予投资者一个关于经济状况的一般性感受。

一旦你已经形成了一般性的经济观点，你就可以以两种方式中的一种来使用信息。一种方式是利用包含在经济前景展望中的信息来确定进一步分析的可能领域有哪些。例如，假定你发现的信息强烈预示着企业的支出情况会非常正面。根据这一分析，你也许想更深入地考察资产类产品生产商，比如办公设备生产商。类似地，如果你感到由于世界政治的根本变化，美国政府的国防支出会下降，那么你会想远离主要的国防承包商的股票。

使用经济信息的另一种方式是考虑特定的行业或公司，并考虑它们会如何受到预期经济变动的影响。例如，假设你对企业设备类股票感兴趣。这个行业包括生产从商业机器和电子系统到工作柜和非常流行的办公室陈设的那些公司。在这个行业中，你会发现一些像必能宝（Pitney Bowes）、迪宝（Diebold）、赫曼米勒（Herman Miller）和世楷家具（Steelcase）这样的公司。这些股票非常容易受到经济状况变化的影响。那是因为当经济开始放缓时，公司会延缓对耐用设备和固定装置的采购。因此，对这个行业尤为重要的是公司利润和商业投资的前景。只要这些经济因素看起来很好，商业设备类股票的前景就应该不错。

评估对股价的潜在影响

在这个情形中，我们设想的那位投资者首先会想要评估当前的经济周期状态。利用这一观点，接下来他会形成一些关于未来经济及其对股票市场和商业设备类股票的潜在影响的预期。表 7-2 说明了一些较为重要的经济变量会如何影响股票市场。

表 7-2　　　　　　　　　　　　　经济变量和股票市场

经济变量	对股票市场的潜在影响
实际 GDP 增长	正面影响——对股票市场有利
工业生产	持续上升是经济强劲的信号，这对股票市场有利
通货膨胀率	对股票价格有害。较高的通货膨胀率导致较高的利率和较低的市盈率倍数，通常会使权益证券的吸引力下降
公司利润	强劲的公司盈利对股票市场有利
失业率	令人沮丧的事——失业率上升意味着经济开始放缓
联邦预算盈余	预算盈余对利率和股票价格有利。相反，预算赤字虽然在萧条的经济中也许对市场是个正面的信号，但在较强劲的经济环境中会带来通货膨胀，从而对市场有负面影响
弱势美元	通常是巨大贸易失衡的结果，弱势美元对股票市场有不利影响。弱势美元令我们的股票市场对外国投资者缺乏吸引力。然而，弱势美元也会让我们的产品在国外市场更受欢迎，从而会对我们的经济产生正面影响
利率	另一件令人沮丧的事——上升的利率往往对股票市场有不利影响
货币供给	适度增长会对经济和股票市场产生正面影响。然而，货币供给的快速增长会带来通货膨胀，从而对股票市场有害

为了明白该如何做，让我们假定经济刚刚经历了一年时间的衰退，并且现在正处于经济周期的复苏阶段：就业正在开始回升。通货膨胀率和利率较低。GDP 和工业生产（指数）在过去的两个季度都经历了大幅上升。同时，国会正在最后审议将带来减税的重大立法修正。更重要的是，虽然经济目前处于复苏的早期阶段，但预期经济状况在未来会变得更好。毫无疑问，经济正要扬帆起航，所有迹象都表明公司利润和商业支出都会经历大幅上升。所有这些预测对商业设备和办公用品的生产商来说都应该是好消息，因为它们的很多销售收入以及更大比例的利润都取决于公司利润和商业支出水平。简言之，我们的投资

者看到一个处境很好且开始变得更强的经济——其结果不仅有利于整个股票市场，而且有利于商业设备类股票。

需要说明的是，借助于像《巴伦周刊》或《商业周刊》这样的渠道也可以得出这些结论。事实上，大概这位投资者不得不做的唯一"特别的事情"，就是密切关注对商业设备行业特别重要的那些经济力量（例如，公司利润和商业支出）。证券分析的经济分析部分通过搞清楚在不久的未来会出现的经济环境类型，为进一步的评估奠定了基调。下一步就是将关注点再缩小一点儿并进行行业阶段的分析。

作为领先指标的市场

在继续研究之前，澄清股票市场与经济之间通常存在的关系是至关重要的。正如我们刚才看到的，投资者利用经济观点和展望来把握市场并识别出发展中的产业部门。然而，重要的是要注意，股票价格变化通常发生在经济中实际预测的变化成为现实之前。事实上，当前的股票价格趋势经常被用于预测经济过程本身。

注意，因为存在上述相互冲突的关系，所以，得到可靠的经济观点并对可能意味着当前的观点正在变得过时的潜在经济变化保持敏感就变得更为重要，而这里存在的明显冲突在一定程度上可以得到解决。股票市场中的投资者往往通过展望未来来决定股票的买卖。因此，同时关注股票价格和一般经济状况有助于做出更准确的投资预测。

概念复习

答案参见 www. pearsonhighered. com/smart。

7.5 描述经济分析的一般概念。这类分析有必要吗？它对个人投资者做出关于股票的决策真的有帮助吗？请解释。

7.6 为什么经济周期对经济分析非常重要？经济周期对股票市场有什么影响吗？

7.7 简要描述下列各项：

a. 国内生产总值；

b. 领先指标；

c. 货币供给；

d. 生产者价格。

7.8 如果有的话，通货膨胀对普通股有什么影响？

行业分析

你曾经考虑过购买石油类股票、汽车类股票或者化工类股票吗？计算机类股票或通信类股票怎么样？按行业分类来研究股票被个人和机构投资者广泛使用。由于股票价格在某种程度上受到行业状况的影响，因此，这一分析方法很有道理。事实上，各种行业性力量，包括行业内的需求水平，都会对个别公司产生实质性的影响。

实际上，行业分析为更详细的个别公司和证券分析定下了基调。显然，如果一个行业的前景很好，那么未来很可能对构成该行业的很多公司都有利。此外，行业分析也有助于投资者评估一家公司的风险，从而定义合适的风险调整后的收益率来设定公司股票的价值。毫无疑问，构成一个行业的公司在风险方面至少总有一些相似性，因此，如果你能获得对一个行业内在风险的理解，那么你就会获得关于个别公司及其证券内在风险的有价值的观点。

关键问题

由于不同行业的表现会有所不同，因此，**行业分析**（industry analysis）的第一步是确立一个行业相对于其他行业的竞争优势。第二步是识别有特定前景的行业内的公司。分析一个行业意味着考察诸如此类的事情：行业构成和基本特征、驱动行业表现的关键经济和经营变量以及行业前景。你还需要关注那些看起来非常适合于利用行业优势的具体公司。有强大市场优势的公司优于那些优势不大的公司。这种主导力量意味着公司保持定价领导权，并且表明该公司所处的地位拥有可以利用规模经济和低成本生产的好处。市场主导性还使得一家公司可以支撑强大的研究和发展能力，从而有助于其在未来获得领导地位。

通常，通过寻找下列问题的答案，你可以获得关于一个行业的有价值的观点：

（1）行业的性质是什么？是垄断竞争的还是有很多竞争者？行业中是少数几家公司为其他公司引领方向吗？如果是这样，那么谁是那些少数公司？

（2）行业受规制的情况怎样？如果受到规制，那么监管部门有多"友好"？

（3）劳动力在行业中发挥什么作用？工会有多重要？行业内有好的劳工关系吗？下一轮的工资谈判是什么时候？

（4）技术进步有多重要？有什么新的技术进步正在发生吗？潜在的技术突破可能产生什么影响？

（5）何种经济力量对该行业尤其重要？对该行业的产品和服务的需求与关键经济变量有关吗？如果有关，那么这些变量将来会是什么情况？国外的竞争对行业健康有多重要？

（6）重要的财务和经营考量是什么？劳动、原材料和资本有充足的供给吗？行业的资本支出计划和资本支出需求的情况怎么样？

行业增长周期

上面的那些问题有时候可以从行业**增长周期**（growth cycle）的角度给出答案，增长周期反映了行业随时间推移的生命力。在第一阶段——初始发展——通常大部分投资者是没有投资机会的。行业是新的、未尝试过的，风险非常高。第二阶段是快速扩张阶段，在此阶段，产品接受度开始扩展，投资者可以更清晰地看到行业的未来。在这一阶段，经济和金融变量与行业的整体表现几乎没有关系。投资者几乎不管经济环境而只对投资感兴趣。这是投资者极为感兴趣的阶段，并努力寻找此类机会。

不幸的是，大部分行业都不会长时间地经历快速扩张阶段。相反，它们最终会滑入增长周期的下一个阶段——成熟增长阶段，这是受经济状况影响最大的阶段。在这个阶段，扩张来自经济增长。相比于在第二阶段所经历的增长，这个阶段的整体增长较慢。在第三阶段，行业的长期性质开始显现。这一类别中的行业包括防守行业，如食品和服装，以及周期性行业，如汽车和重型设备。

最后一个阶段是稳定或衰退阶段。在衰退阶段，对行业产品的需求下降，公司在离开行业。在这一阶段投资机会几乎不存在，除非你只想获得股利收入。当然，追求增长的投资者会想要远离处于衰退阶段的行业。其他投资者也许能找到一些投资机会，尤其是如果行业（如烟草业）被锁定在成熟稳定阶段。然而，事实是，几乎没有真正好的公司曾达到这个最后的阶段，因为它们持续地向市场推出新产品，当它们这样做的时候，就至少保持在成熟增长阶段。

形成行业展望

个人投资者可以自己进行行业分析，或者通常可以在公开的行业报告的帮助下来进行，如流行的《标准普尔行业调研》。这些调研涵盖了一个行业所有重要的经济、市场和财务内容，既提供行业评论，也有统计数据和指标。其他广泛使用的行业信息来源包括经纪公司的研究报告和流行性财经媒体上的文章，同时，行业信息也会来自知名的金融分析机构，如晨星、价值线和默根。也有一些提供关于各个行业和子行业的全方位有用信息的很有价值的网站（如 yahoo. com、zacks. com、businessweek. com 和 bigcharts. com）。

回到我们设想中的投资者的例子，该投资者正在考虑购买商业设备类股票。回忆我们之前的讨论，证券分析的经济分析阶段的讨论表明，在可预见的未来有强劲的经济，即公司利润和商业支出会扩张的经济。现在，投资者准备聚焦于该行业。逻辑起点是评估一下预期行业会对预测的经济变动的反应。对产品的需求和行业销售额尤为重要。该行业是由很多大的和小的竞争者共同构成的，虽然该行业是劳动密集型的，但工会并不是一股强大的力量。因此，我们的投资者会想仔细考察这些因素对行业的成本结构的潜在影响。还值得考察的是，行业内部在研发及工业设计方面所做的工作。我们的投资者还会想知道，哪些公司正在推出新产品和产生新想法，因为这些公司很可能会是行业领导者。

行业分析形成对一个行业的性质和经营特征的理解，接下来这可被用于形成关于行业增长前景的判断。让我们假定，我们的投资者通过利用各种类型的公开和在线报告，已经考察了办公室设备行业的重要方面并得出结论：该行业，尤其是办公室装饰，正处于可利用快速改善的经济环境的有利地位。在过去的几年里，该行业已经推出很多新的和令人兴奋的产品，还有更多的产品正处于研发阶段。更有说服力的是当前对有助于提升长期公司生产力的新产品的重视。因此，对办公家具和设备的需求会上升，虽然利润空间会收紧一点儿，但利润水平会迅速上升，展现出欣欣向荣的增长前景。

在研究该行业的过程中，我们设想中的投资者已经注意到几家表现突出的公司，但其中一家看起来尤其吸引人：宇宙办公家具公司（一家设想中的公司，简称宇宙公司）。该公司长期被视为该行业的顶级设计公司之一，宇宙公司设计、生产和销售全系列的高端办公家具和设备（桌子、椅子、书柜、模块化工作站、文件归档系统等）。此外，该公司还生产和分销当下流行的电脑家具以及针对酒店、保健和教育市场的一类特殊的机构用家具。公司创建于 50 多年前，其股票（代码为 UVRS）于 20 世纪 70 年代末在纽约证券交易所上市交易。宇宙公司股票被认为是一只中盘股，总市值大约 20 亿或 30 亿美元。随着公司扩张其产品线，公司在过去 10 年中经历了快速发展。由于其机构分工，在最近的熊市中，公司没有像其他公司那样受到重创。展望未来，普遍的共识是公司会极大地受益于近在眼前的强劲经济环境。关于经济和行业的一切看起来都对该股票有利，因此，我们的投资者决定认真研究一下宇宙办公家具公司。

📖❓ **概念复习**

答案参见 www. pearsonhighered. com/smart。

7.9 什么是行业分析？行业分析为什么重要？

7.10 识别并简要讨论对行业的行情和经营特征非常重要的几个方面，尤其要指出经济问题是如何被纳入行业分析的。

7.11 行业增长周期的四个阶段是什么？哪个阶段为投资者提供了最多的回报？哪个阶段受经济力量的影响最大？

基本面分析

基本面分析（fundamental analysis）是为了了解发行普通股的公司而对其财务状况进行的研究。在本章的这一部分中，我们会涉及基本面分析的几个方面。我们将考察基本面分析的一般概念，并介绍为这种类型的分析提供原始资料的几种财务报表。接下来，我们将描述一些在公司分析中被广泛使用的重要财务比率，最后再对这些财务比率加以解释。要知道这是更传统的证券分析方法，这一点很重要。这种方法经常被用于投资者依赖财务报表和数据库来形成投资决策的各种情形。

概念

基本面分析建立在股票价值受发行股票的公司的绩效影响这一基础上。如果一家公司的前景看起来不错，其股票的市场价格很可能会对此加以反映并被推高。然而，证券的价值不仅取决于其承诺的收益，而且取决于其风险敞口的大小。基本面分析捕捉这些维度（风险和收益）并将其纳入估值过程。基本面分析从对公司财务强度的历史分析开始，即公司分析阶段。利用得到的观点，再结合经济和行业分析，投资者就可以形成对公司的增长和盈利能力的预期。

在公司分析阶段，投资者通过研究公司的财务报表来了解其实力，识别所有的潜在趋势和变动，评估经营效率，并对公司的性质和经营特征获得整体的了解。下面几点尤为重要：

（1）公司的竞争优势；

（2）公司拥有的资产类型和销售增长率；

（3）利润率和公司盈利的动态变化；

（4）公司资源（即公司的资产组合）的构成和流动性；

（5）公司的资本结构（即其融资组合）。

这个阶段在很多方面都是最必要的，也是最耗时的。由于大部分投资者既没有时间、也没有意愿来进行这样的广泛研究，他们依靠公开报告获取背景资料。幸运的是，有一系列来源可供个人投资者选择。这些来源包括主要经纪公司的报告和建议、流行的财经媒体以及像标准普尔和价值线那样的金融订阅服务。还有一系列的在线金融资源：finance. yahoo. com、morningstar. com、money. msn. com、wsj. com、money. cnn. com 和 smartmoney. com。这些都是有价值的信息来源。然而，要想成为一个聪明的投资者，你至少应该对财务报告和财务报表分析有基本的了解，因为最终你要得出关于公司及其股票的结论。

财务报表

财务报表是公司分析的一个至关重要的部分。财务报表使得投资者可以形成关于公司的经营成就和财务状况的看法。在公司分析中，投资者使用三张财务报表：资产负债表、利润表和现金流量表。前两张财务报表对进行基本的财务分析是必不可少的，因为它们包含计算很多财务比率所需的数据。现金流量表主要用于评估公司的现金或流动性头寸的状况。

公司在每个季度（为每 3 个月的经营期汇编的简化报表）和每个日历年度或财年的年末都要准备财务报表。（财年是公司为其经营年度定义的 12 个月的时间，可以在也可以不在 12 月 31 日结束。）年度财务报告必须被独立的注册会计师充分核实。接着，它们必须被美国证券交易委员会批准，并以年报的形式及时地分发给所有股东。

公司财务报表本身对投资者来说是一种重要的信息来源。当它被用于计算财务比率并与基本面分析相结合时，它们变得更加强大。但是，要充分理解财务比率，你还必须对财务报表本身的用处和局限性有很好的理解。

资产负债表

资产负债表（balance sheet）是一张关于公司在某一个特定时点有什么和欠什么的报表。资产负债表列示了公司的资产、负债和所有者权益。资产代表公司的资源（公司拥有的东西）。负债是欠曾经借钱给公司的各种债权人的债务。公司的债权人有供应商、银行或债券持有人。所有者权益是公司资产与其负债之间的差额，从而代表公司股东持有的要求权。总资产必须等于负债和所有者权益的总和。

表 7-3 展示了一张典型的资产负债表。该表显示了我们的投资者正在分析的宇宙办公家具公司 2012 年和 2013 年的数据的对比。表 7-3、表 7-4 和表 7-5 准确地描绘了被用于财务报表分析的公司财务报表。

表 7-3　　　　　　　　　　　公司资产负债表

宇宙办公家具公司资产负债表数据对比，发布于 12 月 31 日（单位：百万美元）。

	2013 年	2012 年
资产		
流动资产		
现金和现金等价物	95.8	80.0
应收账款	227.2	192.4
存货	103.7	107.5

	2013 年	2012 年
其他流动资产	73.6	45.2
总流动资产	500.3	425.1
非流动资产		
总土地、厂房和设备	771.2	696.6
累计折旧	(372.5)	(379.9)
净土地、厂房和设备	398.7	316.7
其他非流动资产	42.2	19.7
总非流动资产	440.9	336.4
总资产	**941.2**	**761.5**
负债和所有者权益		
流动负债		
应付账款	114.2	82.4
短期债务	174.3	79.3
其他流动负债	85.5	89.6
总流动负债	374.0	251.3
非流动负债		
长期债务	177.8	190.9
其他非流动负债	94.9	110.2
总非流动负债	272.7	301.1
总负债	**646.7**	**552.4**
所有者权益		
普通股	92.6	137.6
留存收益	201.9	71.5
总所有者权益	**294.5**	**209.1**
总负债和所有者权益	**941.2**	**761.5**

表 7-4   **公司利润表**

宇宙办公家具公司的损益表，财年结束于 12 月 31 日（单位：百万美元）。

	2013 年	2012 年
销售收入	1 938.0	1 766.2
产品销售成本	1 128.5	1 034.5
总利润	**809.5**	**731.7**
销售、一般和管理费用及其他经营费用	496.7	419.5
折旧和摊销	77.1	62.1

	2013 年	2012 年
其他费用	0.5	12.9
总经营费用	**574.3**	**494.5**
息税前利润（EBIT）	**235.2**	**237.2**
利息费用	13.4	7.3
税前利润	221.8	229.9
所得税	82.1	88.1
税后净利润	**139.7**	**141.8**
每股股利	0.15	0.13
每股收益（EPS）	2.26	2.17
发行在外的普通股数（百万）	61.8	65.3

表 7 - 5 　　　　　　　　　　　　现金流量表

宇宙办公家具公司的现金流量表，财年截至 12 月 31 日（单位：百万美元）。

	2013 年	2012 年
经营活动产生的现金流量		
净收益	139.7	141.8
折旧和摊销	77.1	62.1
其他非现金费用	5.2	16.7
流动资产的增加（减少）	(41.7)	14.1
流动负债的增加（减少）	21.8	(29.1)
经营活动产生的净现金流量	**202.1**	**205.6**
投资活动产生的现金		
净土地、厂房和设备	(150.9)	(90.6)
投资活动产生的净现金流量	**(150.9)**	**(90.6)**
融资活动产生的现金		
长期借款所得	749.8	79.1
长期债务减少，包括当前到期和提前偿还	(728.7)	(211.1)
股票净回购	(47.2)	(9.8)
普通股的股利支付	(9.3)	(8.5)
投资活动产生的净现金流量	**(35.4)**	**(150.3)**
现金的净增加（减少）	**15.8**	**(35.3)**
期初的现金和现金等价物	80.0	115.3
期末的现金和现金等价物	95.8	80.0

利润表

利润表（income statement）给出企业一段时间内的经营业绩的财务概览，如一个季度或一年。利润表展示了在该时期产生的收入数量、带来的成本和费用以及公司的利润（收入与成本之间的差额）。利润表通常首先列示收入（即销售收入），随后是各类支出，最后是利润或净收入。你可以把公司的资产负债表想象为一张快照，因为该表显示了公司在一个单一时点的财务状况。利润表描述了在一段时间内所发生的事情。

表 7-4 展示了宇宙办公家具公司 2012年和 2013 年的利润表。需要说明的是，这些年度报表涵盖结束于 12 月 31 日的 12 个月时间的经营情况，12 月 31 日对应资产负债表的日期。利润表说明了公司在使用资产负债表中列示的资产方面有多成功。也就是说，管理者经营公司的成就反映在公司该年产生的盈利或亏损中。

现金流量表

现金流量表（statement of cash flows）是一个对公司现金流以及引起公司现金头寸变化的其他事件的概括。本质上，这张报表将来自资产负债表和利润表的项目结合在一起来说明公司如何获得现金和公司如何使用这一有价值的流动资源。

令人遗憾的是，由于某些会计惯例（获利概念是首要原因），一家公司报告的收益可能会与其现金流相差甚远。也就是说，虽然利润不过是收入与对应于收入而产生的会计成本之间的差额，但是现金流量是一家公司因从事业务活动而实际取得的现金数量。例如，如果一家公司花费 10 亿美元的现金来建造一座新工厂，现金流量表对这项支出会显示一笔 10 亿美元的现金流出。然而，在利润表上不会有对应的 10 亿美元的费用。会计准则规定，当公司投资于一项会在很多年里提供收益的资产时，这项资产的成本必须分摊在很多年里。即使一家公司今年花费了 10 亿美元的现金来建造工厂，但这只会在今年的利润表上扣除这笔钱的一部分来作为折旧费用（也许是 1 亿美元）。其他的折旧扣减会在随后的若干年里出现在利润表中，直到全部的 10 亿美元的成本都被摊销完为止。换句话说，即使公司在建造工厂的那一年为工厂支付了现金，但在若干年过去之前，新工厂的成本都不会全部体现在公司的利润表中。

这说明，现金流量表受到高度重视是因为该表有助于投资者确定公司在某一特定年份实际支出和收入了多少现金。这很重要，因为在利润表上显示有正的利润的公司也许实际支出了比其取得的现金更多的现金，这又会带来财务困境。此外，对于如何报告某些收入和费用项目，会计准则给予管理者很大的灵活性。例如，花费 10 亿美元来建造一座新工厂的一家公司可以使用几种方法来计算折旧费用。工厂的成本可以平均分散在很多年里，或者在公司的利润表上可以显示折旧费用在开始时很高，但随时间的推移而递减，具体取决于管理者所选择的折旧方法。现金流量表上的项目在某种程度上也会受到这类会计选择的影响，但受影响的程度与利润表不同。在这里，我们应该强调，在到目前为止的讨论中，我们是在强调会计准则赋予管理者在报告收入和费用时的法定自由裁量权。（然而，会计欺诈会发生，如在"投资中的道德规范"专栏中所讨论的。正如其中所指出的，审计是公司财务报表的一个重要方面。）

 投资中的道德规范

篡改账簿：他们在想什么？

不仅在美国，而且在全世界，最近牵涉到欺诈性会计处理的丑闻都引发了公众的愤怒。2012 年 2 月，位于旧金山的 Kettle Chips 和 Pop Secret Popcorn 的制造商戴蒙德食品公司（Diamond Foods）在发现了支付给胡桃种植人不能恰当解释的 8 000 万美元之后，便解雇了公司的 CEO 和 CFO。戴蒙德公司的股票在会计欺诈丑闻传出之后，仅在一天时间里就下跌了近 40%。2009 年 1 月，印度科技公司 Satyam Computer Services 的总裁拉玛林伽·劳（Ramalinga Rau）承认公司的账簿被篡改，在多报了公司的收入和资产的同时少报了费用。随着丑闻被揭开，Satyam 公司的股票价格在 2008—2009 年损失了超过 90%。

这些并不是会计造假导致财务灾难的个案。伪造账目和不道德的会计处理将实际成本和债务移出账簿，这些曾发生在安然（Enron）、世通（WorldCom）、施乐（Xerox）、奎斯特通信（Qwest Communications）、康赛可（Conseco）和其他很多上市公司。当真相最终戏剧性地大白于天下之时，数以万计的投资者和公司雇员失去了一生的储蓄。

不择手段的管理者利用很多会计把戏来欺骗公众，包括在资产负债表上资本化经营费用、确认虚构或尚未实现的收入、创造表外负债、利用表外衍生品交易少报风险，将商誉作为意外损失予以注销而不是随着时间的推移来摊销以操纵未来的盈利增长。

思辨题

强化公司报告的一种方法是通过禁止审计员向同一位客户同时提供内部和外部审计，将公司的内部和外部审计予以分离。这一规制措施能消除利益冲突吗？讨论一下。

表 7 - 5 呈现了宇宙办公家具公司 2012—2013 年的现金流量表。报表被分为三个部分。最重要的是第一部分，标记为"经营活动产生的现金流量"。这一部分反映了经营活动产生的净现金流量——报表上突出强调的那一行。这就是当人们说"现金流量"的时候通常所指的——公司产生的、可用于投资和融资活动的现金数量。

需要注意的是，宇宙公司 2013 年经营活动产生的现金流量是 20 210 万美元，比上一年下

> **投资者事实**
>
> 收益与现金流量的差别不仅是一个学术概念，也是投资者应该细心注意的东西。最近的研究表明，识别一只价值被高估的股票的最好方法之一是寻找现金流量相对于资产的比例非常低的公司。

降了一点儿。这一数量足够应付公司的投资活动（15 090 万美元）和融资活动（3 540 万美元）。因此，宇宙公司的实际现金头寸——见接近报表底部的那一行，被标记为"现金的净增加（减少）"——增加了 1 580 万美元。这一结果是相对于上一年的一个巨大进步，当时公司的现金头寸下降了超过 3 500 万美元。高（最好是递增的）现金流量意味着公司有足够的资金来偿还债务、增加融资和支付股利。此外，由于其对公司流动性所具有的正面影响以及以一种迅速及时的方式满足经营需要的能力，你会喜欢看到公司的现金头寸随时间而增长。

财务比率

要明白会计报表实际上是如何反映公司的财务状况和经营成果的，我们必须依靠财务比率。此类比率对公司的财务情况提供了不同的视角——尤其是就资产负债表和损益表而言——从而扩展了公司财务报表的信息内涵。简单地说，**比率分析**（ratio analysis）是对各种财务报表账户之间的关系的研究。每个度量指标都将资产负债表（或损益表）上的一个科目与另一个科目联系起来，或者也经常将资产负债表账户与经营（损益表）科目联系起来。以这种方式，我们可以不用过于关注财务报表账户的绝对（数值）大小，而是关注它们代表的公司流动性、业务或盈利性的含义。

比率必须提供什么

投资者利用财务比率来评估公司的财务状况和经营成果，并将这些结果与历史或行业标准进行对比。在使用历史标准的时候，投资者将公司一年的比率与另一年的比率进行比较。在使用行业标准的时候，投资者将一家特定公司的比率与另一家同类的公司的比率进行对比。

记住，我们使用财务比率的原因是为了挖掘可被用于把握未来的历史信息。只有从对一家公司过去绩效的了解中，你才能在有一定置信度的条件下来预测其未来。例如，即使销售收入在过去的几年里一直在快速扩张，你也必须仔细评估增长的原因，而不是天真地认为过去的增长率趋势一直会持续到未来。此类观点是从财务比率和财务报表分析中获得的。

财务比率可被分为 5 组：（1）流动性；（2）业务活动；（3）杠杆；（4）盈利能力；（5）普通股或市场比率。利用 2013 年宇宙公司财务报表的数字（表 7-3 和表 7-4），现在我们将识别并简要讨论每一类中的一些被广泛使用的指标。

度量流动性

流动性度量指标关注的是公司满足其日常业务支出并在到期时满足其短期偿债要求的能力。主要的关注点是公司手头是否有充足的现金和其他流动资产以迅速而及时的方式偿还债务并满足业务需要。关于公司流动性的大致情况可以从两个简单的度量指标中获得：流动比率和净营运资本。一般而言，在其他方面相同的情况下，你会喜欢看到这两个比率高或者上升。

流动比率。所有财务比率中最常使用的一个是流动比率。流动比率度量一家公司用其短期资产来偿还短期负债的能力，是公司财务健康状况最好的度量指标之一。

$$流动比率 = \frac{流动资产}{流动负债} \qquad\qquad (7-1)$$

$$宇宙公司的流动比率 = \frac{500.3}{374.0} = \underline{1.34}$$

这个数字表明，宇宙公司的股票有 1.34 美元的短期资金来偿还每 1 美元的流动债务。根据当前的大部分标准，这都是一个相当好的数字，并表明公司持有充足水平的流动资产来满足当期负债。

净营运资本。虽然从技术上说这不是一个比率，但净营运资本经常被视为一个比率。实际上，净营运资本是一个绝对度量指标，表示在公司的营运资本头寸中权益的美元表示量。净营运资本是流动资产与流动负债之间的差额。宇宙公司股票在 2013 年的净营运资本头寸等于：

$$净营运资本 = 流动资产 - 流动负债 \qquad\qquad (7-2)$$

$$宇宙公司的净营运资本 = 500.3 - 374.0 = \underline{126.3 \text{ 百万美元}}$$

超过 1.25 亿美元的净营运资本数字实际上是非常大的（尤其是对该规模的公司）。这强化了我们的观点，这家公司的流动性头寸是好的——只要它不是由周转缓慢的过时的存货和过期的应收账款构成的。

业务活动比率

度量总体流动性只是分析的开始。我们还必须评价关键性流动资产的构成和潜在流动性，并评估公司管理这些资源的有效性。为了度量公司利用资产的情况，**业务活动比率**（activity ratio）将公司的销售收入与各种资产类别进行比较。三个使用最广泛的业务活动比率与应收账款、存货和总资产有关。同样，在其他方面相同的情况下，你会喜欢看到所有这三个比率高或者上升。

应收账款周转率。对大多数资产负债表稍加观察就不难发现，资产负债表的资产端是由占总资源 80% 到 90% 甚至更大比例的少数几个账户主导的。当然，宇宙办公家具公司的情况也是如此，其中，正如你在表 7-3 中可以看到的，三个科目（应收账款、存货和净长期资产）在 2013 年占到总资产的将近 80%。像宇宙公司一样，大部分公司保有可观的应收账款余额，因为这个原因，公司要密切关注其应收账款。记住，应收账款代表公司授予其顾客的信用。在其他方面相同的情况下，公司会喜欢尽可能快地从客户处收到钱，公司的客户付款的时间越短，应收账款余额就会越少。此外，如果公司给予其客户很长的付款时间，应收账款余额就会相对较多。应收账款周转率反映了公司的应收账款余额与其销售收入之间的关系。计算如下：

$$应收账款周转率 = \frac{销售收入}{应收账款} \qquad\qquad (7-3)$$

$$宇宙公司的应收账款周转率 = \frac{1\,938.0}{227.2} = \underline{8.53}$$

应收账款周转率高的公司会在无须长时间向客户提供信贷的情况下产生销售收入。在其他方面相同的情况下，周转率越高越好。宇宙公司在 2013 年将其应收账款在 1 年内周转了大概 8.5 次。这一出色的周转率反映了非常强的信用和良好的收款政策。这也意味着，投资于应收账款的每 1 美元支持或产生 8.53 美元的销售收入。

存货周转率。另一项重要的公司资源——需要管理者密切关注的公司资源——是存货。存货控制对公司效益很重要，经常用存货周转率来度量。

$$存货周转率 = \frac{销售收入}{存货} \tag{7-4}$$

$$宇宙公司的存货周转率 = \frac{1\,938.0}{103.7} = \underline{18.69}$$

在大部分情况下，公司宁可迅速地出售产品也不愿意将其作为存货。一些物品，如易腐品和消费电子产品在货架上存放的时间越长，价值损失就越大。此外，在物品出售之前，公司无法从其生产的产品中获利。所有这些都意味着公司有很大的动机来提高存货周转率。宇宙公司 2013 年几乎 1 年 19 次的周转率意味着，该公司持有存货的时间不到 1 个月——实际上，大概是 20 天（365÷18.69＝19.5）。周转率高表明公司的存货管理非常好。

需要注意的是，一些分析师在式（7-4）的分子中不是用销售收入，而是更喜欢用产品的销售成本，其前提是资产负债表上的存货账户与利润表上的产品销售成本的联系更为直接。由于产品销售成本小于销售收入，使用产品销售成本当然会导致更低的存货周转率数字——例如，宇宙公司在 2013 年使用销售成本时存货周转率为 1\,128.5÷103.7＝10.88，与使用销售收入时的 18.69 形成鲜明对比。不管你是使用销售收入（我们在本章中将继续使用）还是产品销售成本，从分析的目的看，你还是在以相同的方式使用指标。

总资产周转率。总资产周转率说明资产被用于支持销售的效率性如何。计算如下：

$$总资产周转率 = \frac{销售收入}{总资产} \tag{7-5}$$

$$宇宙公司的总资产周转率 = \frac{1\,938.0}{941.2} = \underline{2.06}$$

注意，在这个例子中，宇宙公司从投资于资产的每 1 美元中产生超过 2 美元的收入。这个数字相当高且很重要，因为这对公司的盈利能力会有直接的影响。这里起作用的原理非常像个人投资者的收益：从 1\,000 美元的投资中赚取 100 美元比从 2\,000 美元的投资中赚取相同的量更受欢迎。高的总资产周转率数字表明，公司的资源得到了很好的管理，公司能从其资产的投资中实现高水平的销售收入（和最终的利润）。

杠杆指标

杠杆指标（leverage measure）考察公司的财务结构。杠杆指标说明被用于支撑公司资源和经营的债务数量。金融结构内的负债数量和公司偿还债务的能力是潜在的投资者的主要关注点。有两个被广泛使用的杠杆比率。第一个是债务-股权比率，用来度量公司使用的债务数量。第二个是利息保障倍数，用来评估公司偿还债务的能力。

债务-股权比率。债务-股权比率度量贷款人和所有者提供的资金的相对数量。计算如下：

$$债务\text{-}股权比率 = \frac{长期债务}{所有者权益} \qquad (7-6)$$

$$宇宙公司的债务\text{-}股权比率 = \frac{177.8}{294.5} = \underline{0.60}$$

由于高度杠杆化的公司（使用大量债务的那些公司）在贷款上有增加的违约风险，在评估一只股票的风险敞口时，这个比率尤为有用。宇宙公司在 2013 年的债务-股权比率是相当低的（0.6），这说明公司的大部分资本都来自所有者。换句话说，对于每 1 美元的股权，资本结构中只有价值 60 美分的债务。与我们到目前为止所考察的其他指标不同，低或下降的债务-股权比率更受欢迎，因为这表明公司有更合理的债务负担，从而财务风险敞口较小。

利息保障倍数。利息保障倍数是一个所谓的保障比率。该比率度量公司满足（"覆盖"）其固定的利息支付的能力。计算如下：

$$利息保障倍数 = \frac{息税前利润}{利息费用} \qquad (7-7)$$

$$宇宙公司的利息保障倍数 = \frac{235.2}{13.4} = \underline{17.55}$$

公司以某种及时的方式来满足其利息支付（就债券而言是固定的合约负债）的能力，在评估风险敞口中是一项重要的考量。宇宙公司的利息保障倍数比率表明，公司有大概 17.50 美元可用于保障每 1 美元的利息费用。这是一个出色的保障比率——远高于平均水平。通常，8 到 9 的保障倍数就被视为是强健的。为了正确地看待这个数字，直到利息保障倍数下降到小于 2 或 3 倍之前，基本上是无须担心的。显然，低或下降的指标一定不是你想看到的。

最近，在利息保障倍数的分子中使用一个替代的利润数字变得日渐流行。尤其是一些分析师将折旧和摊销费用加回利润中，并使用所谓的息税折摊前利润（earnings before interest, taxes, depreciation, and amortization, EBITDA）。他们的依据是，由于折旧和摊销都是非现金支出（只不过是簿记账户），所以它们应被加回利润中以提供一个更现实的"基于现金的"数字。问题是，使用 EBITDA 这个数字，最终一定会让指标看起来更好。（事实上，很多人认为这是他们使用这个数字的首要动机。）因此，EBITDA 往往大幅提高像利息保障倍数这样的数字。例如，就宇宙公司而言，将折旧和摊销（2013 为 77.1 百万美元）加入 EBIT 会导致保障比率变为 $312.3 \div 13.4 = 23.31$——而按传统方法（使用 EBIT）计算时这一比率仅为 17.55。

危机中的市场

信贷约束趋紧

2009 年 6 月开展的一项对全世界 1 309 位首席财务官的调研发现，信贷受到约束的公司，即无法获得信贷的公司或只能以比金融危机爆发前高得多的成本获得信贷的公司，从 2008 年到 2009 年遭遇流动性下降和债务上升。现金持有量占总资产的百分比从 16% 下降到 13%，此外，受到信贷约束的公司还报告称，它们对信贷额度的利用达到所允许的最高额度的 41%。这些公司中的六成报告称它们尝试与贷款人商量更好的贷款条件，但这些公司中的 2/3 并没有获得更好的条件。

度量盈利能力

盈利能力（profitability）是对经营成就的相对度量。各种盈利能力指标都是将公司的收益（利润）与其销售收入、资产或权益联系起来。有三个广泛使用的盈利指标：净利润率、资产收益率和权益收益率。显然，公司的盈利能力越强越好——因此，在其他方面相同的情况下，更高或上升的盈利性指标正是你希望看到的。

净利润率。这是经营的"底线"。净利润率反映从销售和其他收入中获得的利润率。计算如下：

$$净利润率 = \frac{税后净利润}{销售收入} \qquad (7-8)$$

$$宇宙公司的净利润率 = \frac{139.7}{1\,938.0} = \underline{7.2\%}$$

净利润率从占销售收入（和其他收入）的百分比的角度来考察利润。宇宙公司在 2013 年的净利润率是 7.2%。也就是说，对于宇宙公司产生的每 1 美元的收入，其获得的利润稍高于 7 美分。这大概是美国大型公司的平均数，但远高于商业设备行业公司的平均值。

资产收益率。作为一个盈利能力的度量指标，资产收益率（return on asset，ROA）考察支撑经营所需的资源数量。资产收益率反映了管理者从现有资产中产生利润的效率，也许是最重要的收益度量指标。ROA 计算如下：

$$ROA = \frac{税后净利润}{总资产} \qquad (7-9)$$

$$宇宙公司的 ROA = \frac{139.7}{941.2} = \underline{14.8\%}$$

就宇宙办公家具公司而言，公司 2013 年在资产投资上获得了约 15% 的收益率。这是一个非常健康的收益率，远高于平均水平。通常，你会希望看到公司尽可能地保持高的 ROA。ROA 越高，公司的盈利能力越强。

权益收益率。权益收益率（return on equity，ROE）是投资者密切关注的一家公司整体盈利能力的度量指标，因为该指标与公司的利润、增长和股利直接联系。权益收益率——有时被叫作投资收益率（return on investment，ROI）——通过将利润与股东权益相联系来度量公司股东的收益率。

$$ROE = \frac{税后净利润}{所有者权益} \qquad (7-10)$$

$$宇宙公司的 ROE = \frac{139.7}{294.5} = \underline{47.4\%}$$

ROE 说明的是公司赚取的年利润占股东投入公司的权益的百分比。对宇宙公司来说，这就相当于每 1 美元所有者权益大概赚取 47 美分。这也是一个出色的绩效表现，表明公司正在全力以赴地最大化股东价值。一般而言，要当心下降的 ROE，因为这随后会带来麻烦。

分解 ROA 和 ROE

ROA 和 ROE 都是重要的公司盈利性的度量指标。但是，为了深入理解这两个指标，我们必须将其分解为它们的组成部分。例如，ROA 是由两个关键部分构成：公司的净利润率及其总资产周转率。因此，不是通过式（7－9）来求出 ROA，我们可以利用我们之前计算过的净利润率和总资产周转率的数字［分别在式（7－8）和式（7－5）中］。利用这一扩展形式，我们可以求得宇宙公司 2013 年的 ROA：

$$ROA＝净利润率×总资产周转率 \tag{7-11}$$
$$宇宙公司的\ ROA＝7.2\%×2.06＝\underline{14.8\%}$$

注意，我们得到了与用式（7－9）所求得的数字完全相同的数字。那么，为什么你会想要使用 ROA 的扩展版本？主要原因是该公式向你展示了是什么东西在驱动着公司的利润。作为一名投资者，你想知道 ROA 是否正因公司利润率和公司总资产周转率的改善（或恶化）而上升（或下降）。理论上，你会希望看到 ROA 因公司在管理利润和资产方面表现不错而上升（或保持在较高水平）。

从 ROA 到 ROE。正如 ROA 可以分解为其组成部分，权益收益率（ROE）指标也是如此。实际上，ROE 不过是 ROA 的扩展版本。ROE 将公司的融资决策融入对公司盈利能力的评价中。也就是说，扩展的 ROE 度量指标要说明的是财务杠杆（或者说"股权交易"）在何种程度上可以提高股东收益。实际上，资本结构中债务的使用意味着 ROE 总是会大于 ROA，问题是会大多少。不使用式（7－10）中的简化版本，我们可以计算 ROE 如下：

$$ROE＝ROA×权益乘数 \tag{7-12}$$

其中，

$$权益乘数＝\frac{总资产}{总所有者权益}$$

要根据式（7－12）求得 ROE，我们首先必须求出权益乘数：

$$宇宙公司的权益乘数＝\frac{941.2}{294.5}＝\underline{3.20}$$

现在，我们可以求得宇宙公司 2013 年的 ROE 如下：

$$ROE＝14.8×3.20＝\underline{47.4\%}$$

我们在此可以看到，使用债务（权益乘数）放大了——在这个例子中是 3 倍——股东收益。

一个扩展的 ROE 公式。另外，我们还可以通过将 ROA 分解为其组成部分进一步扩展式（7－12）。在这个例子中，我们可以将 ROE 计算为：

$$\text{ROE} = \text{ROA} \times \text{权益乘数} = (\text{净利润率} \times \text{总资产周转率}) \times \text{权益乘数} \qquad (7-13)$$

$$\text{宇宙公司的 ROE} = 7.2\% \times 2.06 \times 3.20 = \underline{\underline{47.4\%}}$$

这个 ROE 的扩展版本尤其有用，因为该公式使得投资者可以从三个组成部分来评价公司的盈利能力：净利润率、总资产周转率和财务杠杆。以这种方式，你可以确定 ROE 上升只是因为公司在采用更多的债务，这不一定有利；还是因为公司在管理其资产和经营，这当然有正面的长期影响。对股东来说，ROE 是一个关于绩效的关键指标。高的 ROE 意味着公司当前的盈利能力非常强，而且如果利润中的一部分被再投资于公司业务中，那么公司会快速成长。

普通股比率

最后，还有一些比率将公司的关键信息点转换为以每股为基础的**普通股比率**（common-stock ratio），也被称为**市场比率**（market ratio）。它们准确地告诉投资者何种比例的总利润、股利和权益是被分配给每股股票的。常见的普通股比率包括每股收益、市盈率、每股股利、股利收益率、支付比率和每股账面价值。我们在第 6 章考察了这些指标中的两个（每股收益和股利收益率）。现在我们考察另外四个。

市盈率。这个指标是对每股收益率的扩展，被用于确定市场是如何给公司的普通股定价的。市盈率（P/E）将公司的每股收益（EPS）与股票的市场价格联系起来。要计算市盈率，有必要首先了解股票的 EPS。利用 EPS 的公式，我们发现宇宙公司在 2013 年的 EPS 是：

$$\text{EPS} = \frac{\text{税后净利润} - \text{优先股股利}}{\text{发行在外的普通股数}}$$

$$\text{宇宙公司的 EPS} = \frac{139.7 - 0}{61.8} = \underline{\underline{2.26 \text{ 美元}}}$$

在这个例子中，公司共 1.397 亿美元的利润转换为每股发行在外的普通股 2.26 美元的收益。（在这个例子中需要注意的是优先股股利显示为 0，因为公司没有发行在外的优先股。）给定这个 EPS 值和股票当前的市场价格（假定当前的交易价格是 41.50 美元），我们就可以利用式（7-14）来确定宇宙公司的市盈率：

$$\text{P/E} = \frac{\text{普通股的净价格}}{\text{EPS}} \qquad (7-14)$$

$$\text{宇宙公司的 P/E} = \frac{41.50}{2.26} = \underline{\underline{18.4}}$$

实际上，股票当前的售价大概是 18 乘以其 2013 年的每股收益后所得到的乘积。

市盈率在财经媒体上被广泛引用，是很多股票估值模型必不可少的组成部分。在其他方面相同的情况下，你会喜欢发现市盈率上升的股票，因为更高的市盈率通常转换为更高的未来股票价格和更好的股东收益。但是，即使你愿意看到市盈率上升，你还是应该对市盈率（要么相对于整个市场，要么相对于股票过去的表现）变得太高保持警惕。当这个数值变得太高时，这也许是该股票正被高估（且迟早要下跌）的一个信号。

评价市盈率的一种方法是将其与公司的收益增长率进行比较。市场已经开发了一个叫作 **PEG 比率**（PEG ratio）的比较指标。从根本上说，该指标是相对于 3～5 年的盈利增长率来审视最新的市盈率的。（收益增长率可以都是历史的——最近 3～5 年的——也可以部分是历史的，部分是预测的。）PEG 比率计算如下：

$$PEG\ 比率 = \frac{股票的市盈率}{3～5\ 年的收益增长率} \qquad (7-15)$$

正如我们之前所看到的，宇宙办公家具公司 2013 年有一个 18.4 的市盈率。如果过去 5 年的公司收益按照每年 15％的速度增长，那么其 PEG 比率就是：

$$宇宙公司的\ PEG\ 比率 = \frac{18.4}{15.0} = \underline{1.21}$$

这个接近于 1.0 的 PEG 比率当然是合理的。这表明，公司的市盈率并没有与公司的收益增长脱节。事实上，其思想是寻找 PEG 比率等于或小于 1 的股票。相反，一个高的 PEG 比率意味着股票的市盈率已经超过其收益增长，更可能的是，股票很可能被"高估"了。事实上，甚至有一些投资者在股票的 PEG 比率过高时根本不看这些股票——也就是超过 1.5 或 2 时。至少，PEG 比率很可能是你想要关注的某个东西，因为预期一只股票的市盈率与其收益增长率之间有一些相关性是理所当然的。

每股股利。此处的原理与 EPS 的原理相同：将公司支付的全部普通股股利转换为一个每股的数字。（注：如果没有显示在利润表上，支付给普通股股东的股利数量通常可以在现金流量表上找到——见表 7-5。）每股股利计算如下：

$$每股股利 = \frac{支付给普通股的年股利}{发行在外的普通股数} \qquad (7-16)$$

$$宇宙公司的每股股利 = \frac{9.3}{61.8} = \underline{0.15\ 美元}$$

对于 2013 财年，宇宙公司支付了每股 0.15 美元的股利——大约每股 3.75 美分的季度股利。

正如我们在前一章所看到的，我们可以将每股股利与股票的市场价格相联系以确定其股利收益率：0.15÷41.50＝0.4。显然，你在股票市场的收入股中不会发现宇宙办公家具公司。该公司支付非常少的年股利，其股利收益率还不到 1％的一半。

支付率。另一个重要的股利指标是股利支付率。该比率说明了公司将收益中的多少以股利的形式支付给了股东。管理优良的公司努力维持目标支付率。如果收益随时间推移而增长，公司的股利也会如此。支付率计算如下：

$$支付率 = \frac{每股股利}{每股收益} \qquad (7-17)$$

$$宇宙公司的支付率 = \frac{0.15}{2.26} = \underline{0.07}$$

对于 2013 年的宇宙公司来说，股利占到收益的约 7％。传统上，支付股利的大部分公司往往支付收益的 40％到 60％。根据这一标准，宇宙公司的支付如其股利收益率一样，是非常低的。但这并不一定是坏事，因为这说明公司至少是部分地通过留存大部分的盈利来内源地为公司的快速成长融资。事实上，成长型公司有低的支付率是相当常见的。一些著名的成长型公司，如基因泰克（Genetech）、波士顿科学（Boston Scientific）、回声之星通信（EchoStar Communications）和星巴克，都是留存收益的100%。（换言之，它们的股利支付率等于0。）

虽然低的股利支付率不是一个受关注的原因，但高的股利支付率也许是。尤其是一旦支付率达到收益的70%到80%，你就需要加倍小心了。高的支付率通常是公司无法维持当前的股利水平的信号。这通常意味着，股利会不得不被削减到更合理的水平。如果有一件市场不喜欢的事，那就是股利的削减，这通常伴随着股价的大幅下挫。

每股账面价值。最后一个普通股比率是每股账面价值，它是与股东权益有关的一个指标。实际上，账面价值只不过是权益（或净值）的另一种表述，表示的是总资产与总负债之间的差额。需要注意的是，在这种情形下，我们是将权益定义为普通股股东的权益，这就排除了优先股。也就是说，普通股股东的权益＝总权益－优先股。（宇宙公司没有发行在外的优先股，因此，其总权益等于普通股股东的权益。）每股账面价值计算如下：

$$每股账面价值 = \frac{普通股股东的所有者权益}{发行在外的普通股数} \qquad (7-18)$$

$$宇宙公司的每股账面价值 = \frac{294.5}{61.8} = \underline{4.76\ 美元}$$

一般来说，股票的售价应该高于其账面价值（如宇宙公司）。如果不是，这就是一家公司的前景和盈利能力出现严重问题的信号。

将公司的账面价值与其股票的市场价格相联系的一种方便的方法是计算价格账面价值比。

$$价格账面价值比 = \frac{普通股的市场价格}{每股账面价值} \qquad (7-19)$$

$$宇宙公司的价格账面价值比 = \frac{41.50}{4.76} = \underline{8.72}$$

这个比率被投资者广泛使用，说明的是股票被定价的激进程度有多大。大部分股票都有一个超过1.0的价格账面价值比——这不过是指股票的售价高于其账面价值。事实上，在强牛市，股票的市场价格等于其账面价值的4或5倍甚至更高，都是很常见的。宇宙公司8.7倍的价格账面价值比无疑是很高的，这是需要认真评估的。这也许说明该股票已经被充分定价了，甚至被过度定价了。或许，这不过是源于相对低的每股账面价值。

解释数字

大部分投资者不是自己计算所有的财务比率，而是依靠公开报告获取此类信息。很多大型经纪公司和一系列的金融服务公司发布此类报告。图7-1给出了一个例子。这些报告以一种方便且易于阅读的格式提供了大量至关重要的信息。最重要的是，它们把投资者从自己计算财务比率的繁重而乏味的工作中解脱出来。（类似的信息也可以从很多在线服务中获得，同样也可以从各种软件提供商处获得信息。）即使如此，作为一名投资者，你也必须能评估这些信息。要做到这一点，你不仅需要对财务比率，而且需要对你在评估公司绩效的趋势时可供参考的一些绩效标准，即基准，有基本的了解。

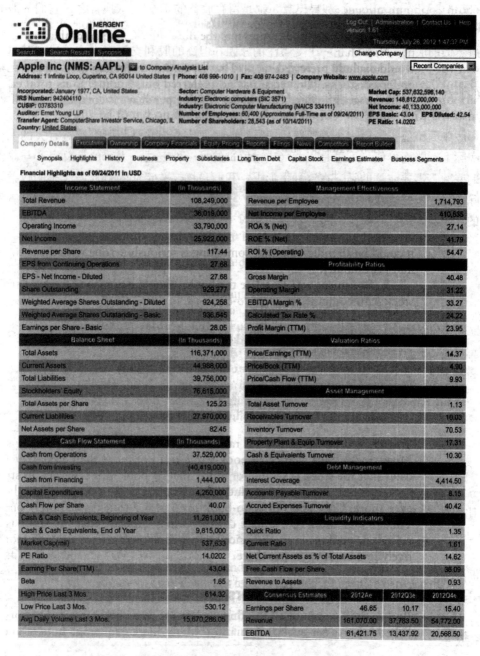

图7-1 一份有财务统计指标和数字的公开报告的例子

这份报告和类似的报告对投资者来说非常容易得到，它在证券分析过程中发挥着重要作用。

资料来源：Mergent，July 25，2012. © 2012.

基本上，财务报表分析使用两类绩效标准：历史的和行业的。就历史标准而言，各种财务比率和指标都是基于公司3年到5年（或更长）的一段时期的情况。你可以使用这些来评估公司的经营和财务状况的发展趋势。也就是它们正在改善还是恶化，以及公司的优势和劣势在哪里。相反，行业标准使得你可以将公司的财务比率与可比公司或行业平均水平进行比较。这里，我们聚焦于确定公司相比于其竞争对手的相对优势。利用宇宙办公家具公司的例子，我们会明白如何使用这两个绩效标准来评估和解释财务比率。

使用历史和行业标准

请看表7-6。该表概括了我们已经讨论过的大部分比率的历史数据和行业平均数字（最近1年）。（表7-6中所用的行业平均值可以很容易地从诸如标准普尔、穆迪或很多特定行业出版物中获得。）通过仔细地评估这些比率，我们应该能够就宇宙公司的财务状况、经营成果和一般财务健康状况得出一些基本的结论。通过比较表7-6中包含的财务比率，我们可以对公司做出如下结论：

（1）宇宙公司的流动性头寸略低于平均值。然而，这看起来不值得过分担心，尤其是在你考虑其应收账款和存货头寸的时候。也就是说，基于其各个周转率［见第（2）点］，这两种流动资产看起来都控制得很好，这可以解释这家公司相对低的流动比率。也就是说，流动比率略低于平均值，不是因为公司有很多流动负债，而是因为其在控制流动资产方面做得非常出色。

（2）宇宙公司的业务指标均高于平均值。这家公司一直有非常高的周转率指标，这进而不仅对公司的流动性头寸，而且对其盈利能力都做出了重要贡献。显然，该公司比整个行业能从其资产上赚到更多。

（3）宇宙公司的杠杆头寸看起来控制得很好。公司往往比办公设备行业的一般公司在其财务结构上使用少得多的债务。对这种审慎使用债务的回报，是以远高于平均值的备付率表现出来的。

（4）宇宙公司的盈利能力情况也一样有吸引力。利润率、资产收益率和ROE都远高于行业标准。显然，公司在管理利润方面做得相当出色，并从其销售、资产和权益中获益良多。

表7-6		历史比较的比率和行业比率			Excel电子表格
	宇宙办公家具公司的历史数据				办公设备行业2013年的行业平均值
	2010年	2011年	2012年	2013年	
流动性指标					
流动比率	1.55	1.29	1.69	1.34	1.45
业务指标					
应收账款周转率	9.22	8.87	9.18	8.53	5.70
存货周转率	15.25	17.17	16.43	18.69	7.80
总资产周转率	1.96	2.12	2.32	2.06	0.85
杠杆指标					
债务权益比	0.70	0.79	0.91	0.60	1.58
利息保障倍数	15.37	26.22	32.49	17.55	5.60

	宇宙办公家具公司的历史数据				办公设备行业2013年的行业平均值
	2010年	2011年	2012年	2013年	
盈利能力指标					
净利率	6.6%	7.5%	8.0%	7.2%	4.6%
资产收益率	9.8%	16.4%	18.6%	14.8%	3.9%
权益收益率	25.9%	55.5%	67.8%	47.4%	17.3%
普通股指标					
每股收益（美元）	1.92	2.00	2.17	2.26	N/A
市盈率	16.2	13.9	15.8	18.4	16.2
股利收益率	0.3%	0.4%	0.4%	0.4%	1.1%
支付率	5.2%	5.5%	6.0%	6.6%	24.8%
价格账面价值比	7.73	10.73	10.71	8.72	3.54

总之，我们的分析表明，这家公司管理精良、盈利能力出色。其结果反映在一直等于或优于行业平均值的普通股指标上。宇宙公司没有支付很多股利，但这只是因为公司使用那些有价值的资源来为自身的成长提供资金并用一直很高的 ROE 来回馈投资者。

考察竞争

除了从历史上和从相对于行业平均角度来分析一家公司之外，考察 2 至 3 个主要竞争对手来评估公司也是很有用的。考察公司与其竞争对手相比较的情况以及确定公司是否准备好应对不断出现的变化，都可以加深我们的认识。表 7-7 提供了宇宙公司及其 3 个主要竞争对手财务统计指标和数据的比较。一家是规模相同的公司（Cascade Industries），一家是小得多的公司（Colwyn Furniture），一家是大得多的公司（High Design，Inc.）。

> **投资者事实**
>
> **发现欺诈**
>
> 研究者发现，财务报表上发布的信息在预测哪家公司更可能从事会计欺诈方面会有帮助。最有可能犯欺诈罪的公司包括有下列特征的那些公司：
>
> （1）应收账款周转率不断下降；
>
> （2）毛利率持续下降；
>
> （3）销售收入快速增长（因为快速成长的公司为筹集更多的资本，会面临很大的诱惑来造假）；
>
> （4）债务比率不断上升；
>
> （5）净收入超过经营活动产生的现金流量。

表 7-7　　　　　财务统计比较：宇宙办公家具公司及其主要竞争对手

所有数据都是 2013 年末的，或者是结束于 2013 年的 5 年期的。

财务指标	宇宙办公家具公司	Cascade Industries	Colwyn Furniture	High Design，Inc.
总资产（百万美元）	**941.2**	906.7	342.7	3 037.6
长期债务（百万美元）	**177.8**	124.2	73.9	257.8

续前表

财务指标	宇宙办公 家具公司	Cascade Industries	Colwyn Furniture	High Design, Inc.
股东权益（百万美元）	**294.5**	501.3	183.9	1 562.2
股东权益占总资产的百分比	**31.3%**	55.3%	53.7%	51.4%
总收入（百万美元）	**1 938.0**	1 789.3	642.2	3 316.1
净收益（百万美元）	**139.7**	87.4	38.5	184.2
净利率	**7.2%**	4.9%	6.0%	5.5%
5 年增长率：				
总资产	**14.36%**	19.44%	17.25%	17.73%
总收入	**18.84%**	17.76%	15.91%	15.84%
EPS	**56.75%**	38.90%	21.10%	24.66%
股利	**1.48%**	11.12%	N/A	12.02%
总资产周转率	**2.063**	1.973	1.883	1.093
债务-股权比率	**0.60**	0.43	1.46	0.17
利息保障倍数	**17.553**	13.383	8.353	14.363
ROA	**14.8%**	9.5%	6.7%	6.7%
ROE	**47.4%**	18.8%	21.8%	13.0%
市盈率	**18.43**	14.43	13.33	12.43
PEG 比率	**1.21**	2.42	1.98	1.09
支付率	**6.6%**	26.2%	N/A	32.4%
股利收益率	**0.4%**	1.8%	N/A	2.6%
价格账面价值比	**8.72**	2.71	2.93	1.59

如表 7-7 中的数据所显示的，宇宙公司相对于行业内其他领先厂商还能保持竞争力。宇宙公司的指标数值大体上等于或优于其 3 个主要竞争对手的数值。公司也许不是最大的（或最小的），但公司在利润率和增长率方面（在收入和盈利方面）比另外 3 家都要好。同等重要的是，公司有最高的资产周转率、ROE 和市盈率。表 7-6 和表 7-7 清晰地显示出，宇宙公司是一家能够在一个高度竞争的行业中占有一席之地的坚实和生机勃勃的公司。公司过去表现得不错，现在也管理精良。目前我们最担心的（以及第 8 章讨论的主题）是：宇宙公司是否能继续为投资者创造出高于平均值的收益。

概念复习

答案参见 www.pearsonhighered.com/smart。

7.12 什么是基本面分析？公司的绩效对其股票的价值有什么影响？请解释。

7.13 为什么当未来表现真正重要的时候投资者不愿意关注公司的历史表现？请解释。

7.14 什么是比率分析？描述比率分析对于研究公司的财务状况和经营成果的意义。

7.15 比较绩效的历史标准与行业标准。简要说明每种标准在分析公司财务状况和经营成果时的作用。

我的金融实验室

下面是学完本章之后你应该知道的内容。**我的金融实验室**会在你需要练习的时候帮助你识别你知道什么以及去哪里练习。

你应该知道的	重要术语	去哪里练习
目标 1：讨论证券分析过程，包括其目标和功能。成功购买普通股基本上就是一个仔细的证券选择和投资时机的问题。证券分析通过衡量股票的内在价值（潜在价值）帮助投资者做出决策	内在价值 证券分析	我的金融实验室学习计划 7.1
目标 2：理解经济分析的目的和贡献。经济分析评估经济的一般状况及其对证券收益的潜在影响。其目的是刻画投资者可能面临的未来经济环境，并为证券分析过程定下基调	经济周期 经济分析	我的金融实验室学习计划 7.2
目标 3：描述行业分析并指出如何使用行业分析。在行业分析中，投资者关注的是一个或多个行业的经营活动。尤其重要的是一个特定行业相较于其他行业的竞争优势如何，以及一个行业内的哪家公司有特别优势	成长周期 行业分析	我的金融实验室学习计划 7.3
目标 4：展示一个基本面分析的基本评价以及为什么要使用基本面分析。基本面分析深入分析公司的财务和经营特征——竞争优势、销售收入和利润率、资产构成、资本结构以及未来前景。这一分析过程的关键是公司分析，包括对公司的财务状况和经营成果进行深入研究	资产负债表 基本面分析 利润表 现金流量表	我的金融实验室学习计划 7.4
目标 5：计算一系列的财务比率并描述财务报表分析是如何用于衡量公司的财务持久性的。公司的资产负债表、利润表和现金流量表均被用于公司分析。这一分析的一个必不可少的部分是财务比率，财务比率扩展了财务报表的视野和信息内容。有 5 类广义的财务比率——流动性、业务活动、杠杆、盈利能力和普通股（市场）比率。所有这些都涉及对财务报表账户之间关系的研究	业务活动比率 普通股（市场）比率 杠杆指标 流动性指标 PEG 比率 盈利能力 比率分析	我的金融实验室学习计划 7.5 问题 P7.7、P7.15 的视频学习辅导

你应该知道的	重要术语	去哪里练习
目标 6：利用各种财务指标来评估公司的绩效，并解释如何从估值过程的基本投入中形成见解。 为了恰当地评估财务比率，有必要将分析建立在绩效的历史和行业标准之上。历史标准被用于研究公司的发展趋势。行业基准使得投资者可以了解公司较之于其竞争对手如何。二者一起提供了关于公司是如何准备好利用不断出现的市场状况和机会的观点		我的金融实验室学习计划 7.6 Excel 表格 7 - 6

登录**我的金融实验室**，做一个章节测试，取得一个个性化的学习计划，该学习计划会告诉你，你理解哪些概念，你需要复习哪些。在那儿，**我的金融实验室**会提供给你进一步的练习、指导、动画、视频和指引性解决方法。登录 www.myfinancelab.com

讨论题

Q7.1　经济分析通常被视为自上而下的证券分析法的不可分割的部分。在这一背景下，识别下列各项并指出在一个强健的经济中每一项很可能会如何表现。

　　a. 财政政策；

　　b. 利率；

　　c. 工业生产；

　　d. 零售额；

　　e. 生产者价格。

Q7.2　作为一名投资者，如果你在考虑投资于下列股票时，你会寻找哪种经济信息？

　　a. 一只航空股票；

　　b. 一只周期性股票；

　　c. 一只电力公用事业股票；

　　d. 一只建筑材料股票；

　　e. 一只航天公司股票，业务高度集中于国防工业。

Q7.3　将左列中的特定比率与其所属的右列中的类别相匹配。

a. 存货周转率；	（1）盈利能力比率；
b. 债务权益比率；	（2）业务比率；
c. 流动比率；	（3）流动性比率；
d. 净利率；	（4）杠杆比率；
e. 资产收益率；	（5）普通股比率。
f. 总资产周转率；	
g. 市盈率；	
h. 利息保障倍数；	
i. 价格账面价值比；	
g. 支付率。	

问题

P7.1 假定给了你下面的简化的财务报表。表中除发行在外的普通股数量外，其他数据单位均为百万美元。

	150.0
固定和其他资产	200.0
总资产	350.0
流动负债	100.0
长期债务	50.0
所有者权益	200.0
总负债和权益	350.0
发行在外的普通股	1 000 万股
总收入	500.0
总经营成本和费用	435.0
利息费用	10.0
所得税	20.0
净利润	35.0
向普通股东支付的股利	10.0

根据这一信息，尽可能多地计算流动性、业务活动、杠杆、盈利性和普通股指标。（注：假设普通股当前的市场价格是每股 75 美元。）

P7.2 一家公司有 100 万股发行在外的普通股，每股账面价值是 5 美元。该公司还有账面价值为 1 000 万美元的总资产，没有优先股。公司的总负债是多少？

P7.3 BOOKV 公司有 7.5 亿美元的总资产，没有优先股，总负债是 3 亿美元。有 3 亿股发行在外的普通股。股票的价格是每股 5.25 美元。价格账面价值比是多少？

P7.4 Amherst 公司有 1 000 万美元的净利润、1.5 亿美元的销售收入以及 250 万股发行在外的普通股。公司有 7 500 万美元的总资产和 4 500 万美元的总所有者权益。公司支付每股 1 美元的普通股股利，股票的交易价格是每股 20 美元。给定这一信息，确定如下各项：

a. Amherst 的 EPS；

b. Amherst 的每股账面价值和价格账面价值比；

c. 公司的市盈率；

d. 公司的净利率；

e. 股票的股利支付率及其股利收益率；

f. 股票的 PEG 比率，给定公司的盈利一直以平均 7.5% 的年增长率在增长。

P7.5 普通股 ZAPIT 的市场价格是 15 倍的 P/E 乘以过去的每股收益。股价是 25 美元，公司的每股收益是多少？

P7.6 PEGCOR 的市盈率是 15，每股收益是 2 美元，从现在开始 5 年后的预期 EPS 是 3.22 美元。计算 PEG 比率。（如有必要可参见第 4 章。）

P7.7 Highgate 计算机公司从 2 800 万美元的销售额中产生了 200 万美元的利润。公司有 1 500 万美元的总资产。

　　a. 计算 Highgate 的总资产周转率及其净利率。

　　b. 求出公司的 ROA、ROE 和每股账面价值，给定公司有 600 万美元的总净值和 50 万股发行在外的普通股。

　　P7.8　下面的数据是从 HiFly 公司的财务报表中搜集到的：

单位：美元

	2012 年	2013 年
经营利润	550 000 000	600 000 000
利息费用	200 000 000	250 000 000
税收	126 000 000	126 000 000
净利润	224 000 000	224 000 000

计算 2012 年和 2013 年的利息保障倍数。若以这种方式来衡量，公司在 2013 年满足其利息支付的能力是更强了还是更弱了？

　　P7.9　Financial Learning Systems 公司有 250 万股发行在外的普通股和 10 万股优先股。（优先股支付每股 5 美元的年现金股利，普通股支付每股 25 美分的年现金股利。）去年，公司产生了 685 万美元的（税后）净利润。公司的资产负债表显示，总资产是 7 800 万美元，总负债是 3 200 万美元，优先股是 500 万美元。公司的普通股当前在市场上的交易价格是每股 45 美元。

　　a. 给定上述信息，计算 EPS、市盈率和每股账面价值。

　　b. 如果 EPS 增加到 3.75 美元而市盈率保持不变，那么股价会发生什么变化？如果 EPS 减少到 1.50 美元而市盈率保持不变，那么股价会发生什么变化？

　　c. 如果 EPS 增加到 3.75 美元，市盈率跳升到 25，那么股价会发生什么变化？

　　d. 如果 EPS 和市盈率都下降——分别下降到 1.50 美元和 10，那么股价会发生什么变化？

　　e. 就 EPS 和市盈率对股票市场价格的影响加以评述。

　　P7.10　Buffalo 制造公司有 1 000 万美元的总资产、2.0 的总资产周转率和 15% 的净利率。

　　a. Buffalo 的资产收益率是多少？

　　b. 给定 40% 的资产来自股东融资，求出 Buffalo 的 ROE。

　　P7.11　一家公司有 500 万股发行在外的普通股（股票在市场上的交易价格是 25 美元），从 1.5 亿美元的年销售收入中赚取 10% 的税后利润，股利支付率是 35%，求出 EPS、市盈率和股利收益率。如果该股票的 PEG 比率为 2.0，公司的净利润会以何种速度增长？

　　P7.12　P. Deen Enterprises 公司有 3.0 的总资产周转率和 9% 的净利率。公司的资产收益率等于多少？

　　P7.13　Stroud Sporting Gear 公司有 6% 的净利率、2.5 的总资产周转率、2.5 亿美元的总资产以及 1.25 亿美元的总权益。公司的权益收益率等于多少？

　　P7.14　Figure It Out 公司有 8% 的净利率、2 的总资产周转率、10 亿美元的总资产和 5 亿美元的总权益。公司的销售收入和净利润等于多少？

　　P7.15　利用你的学校或公共图书馆（或互联网）的可得资源，选择你喜欢的任意股票，并尽可能多地确定其在本章和前一章涵盖的盈利能力、业务活动、流动性、杠杆和市场的比率。计算最近可得的财年的比率。（注：展示你所有的计算工作。）

　　P7.16　下面列示的是 6 对股票。首先选取一对股票，接下来利用你的学校或公共图书馆（或互联网）的可得资源来比较分析这两只股票。哪只股票的基本面更强？未来更有希望？计算（或得到）你认为有必要的尽可能多的比率。作为你的分析的一部分，获取最新的标准普尔或价值线关于这两只股票的报告，利用这些报告来得到更多关于公司及其股票的观点。

    a. 沃尔玛和塔吉特；

    b. 莎莉和金宝汤；

    c. IBM 和英特尔；

    d. 万豪国际和洲际酒店；

    e. 丽资克莱本和安德玛；

    f. 通用动力和波音。

    P7.17　下面列示的是 Otago Bay Marine Motors 公司 2012 年和 2013 年的财务报表，公司是一家顶级舷外马达的主要制造商。

Otago Bay Marine Motors 的资产负债表

	截至 12 月 31 日	
	2013 年	2012 年
资产（千美元）		
流动资产		
现金和现金等价物	56 203	88 942
应收账款（减折扣）	20 656	12 889
存货	29 294	24 845
预付费用	5 761	6 536
总流动资产	111 914	133 212
土地、厂房和设备（按成本）	137 273	85 024
减：累计折旧和摊销	(50 574)	(44 767)
净固定资产	86 699	40 257
其他资产	105 327	51 001
总资产	303 940	224 470
负债和所有者权益（千美元）		
流动负债		
应付票据和账款	28 860	4 927
应付股利	1 026	791
应计负债	20 976	16 780
总流动负债	50 862	22 498
非流动负债		
长期债务	40 735	20 268
所有者权益		
普通股	7 315	7 103
资本公积	111 108	86 162
留存收益	93 920	88 439
总所有者权益	212 343	181 704
总负债和权益	303 940	224 470
发行在外的普通股平均数（股）	10 848 000	10 848 000

Otago Bay Marine Motors 的利润表

	该年结束于 12 月 31 日	
	2013 年	2012 年
销售收入（千美元）	259 593	245 424
产品销售成本（千美元）	133 978	127 123
毛利润（千美元）	125 615	118 301
经营费用（千美元）	72 098	70 368
经营收益（千美元）	53 517	47 933
其他净收入（费用）（千美元）	4 193	3 989
所得税前利润（千美元）	57 710	51 922
所得税（千美元）	22 268	19 890
净利润（千美元）	35 442	32 032
现金股利（每股 0.35 美元和 0.27 美元）（千美元）	3 769	2 947
每股普通股的平均价格（该年的第四季度）（美元）	74.25	80.75

a. 根据提供的信息，计算 2012 年和 2013 年的下列财务比率。

	Otago Bay Marine Motors 公司		行业平均值
	2013 年	2012 年	（2013 年）
流动比率			2.36
总资产周转率			1.27
债务权益比率			10.00
净利率			9.30
ROA			15.87
ROE			19.21
EPS			1.59
市盈率			19.87
股利收益率			0.44
股利支付率			0.26
价格账面价值比			6.65

b. 考虑你计算出来的财务比率，再结合行业平均值，你会如何描述 Otago Bay Marine Motors 公司的财务状况？请解释。

P7.18 下列概括性的财务统计指标和数据是从 Otago Bay Marine Motors（OBMM）公司 2012 年的年报中得到的。

单位：百万美元

	2012 年
销售收入	179.3
总资产	136.3
净收益	20.2
所有者权益	109.6

a. 利用利润率和资产周转率来计算 OBMM 公司 2012 年的 ROA。现在，引入权益乘数来求 ROE。

b. 利用来自 OBMM 公司 2013 年财务报表的概括性财务信息（见 P7.17）来计算 2013 年的 ROA 和 ROE。利用与你在 a 部分所做的相同的步骤计算这些指标。

c. 根据你的计算，描述 3 个组成部分（利润率、资产周转率、杠杆率）中的每个如何影响 OBMM 公司从 2012 年到 2013 年的 ROA 和 ROE 的变化。

d. 一般而言，你认为这些变化从根本上说是对公司有益的吗?

访问 www.myfinancelab.com 来获得网络练习、电子表格和其他在线资源。

案例题 7-1

一些财务比率的确让人大开眼界

杰克·阿诺德（Jack Arnold）是得克萨斯州拉伯克的一位居民。在当地，他是一个富裕的牧场主和商人。他还积累起一个有相当规模的普通股投资组合，他认为这是因为他仔细评估所投资的每一只股票。正如杰克所说的，"对这些事情再怎么仔细都不为过。我任何时候准备投资于一只股票时，都会尽我所能地来了解这家公司。"即使杰克可以从他的经纪人那儿毫无成本地轻松获得分析报告，他还是宁可自己计算财务比率。[事实上，他的经纪人比利·鲍勃·史密斯（Billy Bob Smith）多年来一直自愿提供此类服务。]

最近，杰克一直在关注一家小型化工公司。这家名叫 South Plains 化学公司的公司的主要产品是化肥——这是杰克非常了解的东西。不久前，他获得了一份公司最新的财务报表（概括在下表中）的复印件，并决定仔细研究一下这家公司。

South Plains 化学公司的资产负债表　　　　　　　　　　单位：千美元

现金	1 250		
应收账款	8 000		
存货	12 000	流动负债	10 000
流动资产	21 250	长期债务	8 000
固定资产和其他资产	8 750	所有者权益	12 000
总资产	30 000	总负债和所有者权益	30 000

South Plains 化学公司的利润表

销售收入（千美元）	50 000
产品销售成本（千美元）	25 000
经营费用（千美元）	15 000
经营利润（千美元）	10 000
利息费用（千美元）	2 500
税（千美元）	2 500
净利润（千美元）	5 000
支付给普通股股东的股利（千美元）	1 250
发行在外的普通股数（股）	5 000 000
普通股的最新市场价格（美元）	25

问题

a. 利用 South Plains 化学公司的数据，计算下列比率。

	最新的行业平均值			最新的行业平均值
流动性			盈利性	
a. 净营运资本	N/A		h. 净利率	8.5%
b. 流动比率	1.95		i. 资产收益率	22.5%
经营活动			j. ROE	32.2%
c. 应收账款周转率	5.95		普通股比率	
d. 存货周转率	4.50		k. 每股收益（美元）	2.00
e. 总资产周转率	2.65		l. 市盈率	20.0
杠杆			m. 每股股利（美元）	1.00
f. 债务权益比	0.45		n. 股利收益率	2.5%
g. 利息保障倍数	6.75		o. 股利支付率	50.0%
			p. 每股账面价值（美元）	6.25
			q. 价格账面价值比	6.4

b. 将你得到的公司比率与 a 部分中给出的行业比率进行比较。公司的优势是什么？劣势是什么？

c. 你对 South Plains 化学公司的总体评价是什么？你认为杰克应该继续评估该股票吗？请解释。

案例题 7-2

多里斯评判一只汽车股票

多里斯·维斯（Doris Wise）是一位年轻的职业女性。她住在亚利桑那州的菲尼克斯，在那儿，她拥有并经营着一家非常成功的模特经纪公司。多里斯还管理着自己中等规模但增长迅速的投资组合，该组合主要由高等级的普通股构成。由于她目前还年轻并单身，没有急迫的家庭需要，所以多里斯主要投资于有可能提供有吸引力的资本利得的股票。她的经纪人最近推荐了一只汽车公司的股票，并发给她一些资料和分析报告供她研究。一份报告是由跟她打交道的经纪公司准备的，这份报告提供了对经济的最新评判、对汽车行业的深入研究以及对几家汽车公司同样深入的评述（包括她的经纪人推荐的那一家）。她强烈地感受到证券分析的优点，并认为在做出投资决策之前花点时间研究一只股票是很重要的。

问题

a. 多里斯尝试着经常关注经济。目前，大部分经济学家认为现在经济进入了复苏的第三年，经济是健康的，产业活动保持强劲。你认为还有哪些关于经济的其他信息有助于多里斯来评估汽车股票？准备一份清单——具体点儿。你觉得（你的清单里的）经济信息中的哪 3 项是最重要的？请解释。

b. 就对于汽车行业的研究而言，简要说明下列各项的重要性。

(1) 汽车进口；

(2) 美国汽车工人工会；

(3) 利率；

(4) 一加仑汽油的价格。

c. 下面是一家汽车公司及其股票的一系列财务比率和指标。然而这些并不全面，因此，还必须计算一些额外的信息。我们知道下列具体信息：

净利率	15%
总资产（亿美元）	250
每股收益（美元）	3.00
总资产周转率	1.5
净营运资本（亿美元）	34
股利支付率	40%
流动负债（亿美元）	50
市盈率	12.5

给定这一信息，计算下列各项：

(1) 销售收入；

(2) 税后净利润；

(3) 流动比率；

(4) 股票的市场价格；

(5) 股利收益率。

Excel 电子表格

你被要求分析 Dayton 公司 2012 年和 2013 年这 2 年末的财务报表。（表中 4～24 行单位为百万美元。）

	A	B	C	D	E
1		Dayton公司			
2		财务数据			
3		2012年	2013年		
4	净销售收入	47,715	40,363		
5	销售成本	27,842	21,485		
6	销售、一般和管理费用	8,090	7,708		
7	折旧费用	628	555		
8	利息费用	754	792		
9	税收费用	3,120	3,002		
10	现金和现金等价物	2,144	2,536		
11	应收账款	5,215	5,017		
12	存货	3,579	3,021		
13	其他流动资产	2,022	2,777		
14	厂房和设备	18,956	16,707		
15	累计折旧	5,853	5,225		
16	无形资产	7,746	7,374		
17	其他非流动资产	10,465	7,700		
18	应付款	5,108	4,361		
19	短期应付票据	4,066	3,319		
20	其他流动负债	2,369	2,029		
21	长期债务	4,798	3,600		
22	其他非流动负债	4,837	5,020		
23	普通股	6,776	6,746		
24	留存收益	16,050	14,832		
25	发行在外的普通股（百万股）	2,300	2,300		
26	股票当前的市场价格（美元）	45	45		

问题

a. 创建一个 2013 年和 2012 年的比较资产负债表，类似于表 7-3 中的电子表格，这可以在 www. myfinancelab. com 中找到。

b. 创建一个 2013 年和 2012 年的比较利润表，类似于表 7-4 中的电子表格，这可以在 www. myfinancelab. com 中找到。

c. 创建一个电子表格来计算 2013 年和 2012 年的下列财务比率，类似于表 7-6 的电子表格，这可以在 www. myfinancelab. com 中找到。

比率	2012 年	2013 年
流动比率		
速动比率		
应收账款周转率		
存货周转率		
总资产周转率		
债务-股权比率		
利息保障倍数		
净利率		
权益收益率（ROE）		
每股收益		
市盈率		
每股账面价值		
价格账面价值比		

本章开放问题

在本章开始的时候，你读过一份关于克罗格公司的分析师报告。利用在线资源查阅公司结束于 2013 年初的财年的利润表，如雅虎财经或克罗格公司自己的网站。克罗格公司 2012 年和 2013 年的净利率分别是多少？在面临来自诸如好市多和沃尔玛之类的低价竞争对手更多竞争的情况下，公司的利润率是改善了还是恶化了？

第 8 章　股票估值

学习目标

学完本章之后，你应该能够：

目标 1：解释公司的未来在股票估值过程中的作用。

目标 2：形成对一只股票的预期现金流的预测，从公司的销售收入和盈利开始，再到预期股利和股票价格。

目标 3：讨论内在价值和必要收益率的概念，并说明如何使用这些概念。

目标 4：利用零增长、不变增长和可变增长的股利估值模型来确定股票的内在价值。

目标 5：利用其他类型的基于现值的模型以及各种备选的相对价格方法来推导股票价值。

目标 6：基本理解对不同类型股票估值所用的方法，从传统付息股票到更注重增长的股票。

　　什么决定着一只股票的价值？很多因素都在起作用，包括公司赚了多少利润，公司的新产品在市场上的受欢迎程度如何，以及经济的整体状态。但是最重要的是投资者对公司未来的看法。

　　没有什么能比 Bed Bath & Beyond 公司（股票代码 BBBY）的股票在 2012 年 6 月 20 日公司发布盈利公告前后的行情更好地说明这一原理了。在那一天收盘之后，公司发布了季度盈利数据。Bed Bath & Beyond 公司每股赚取了 0.89 美元的利润，这明显高于 2011 年同一季度每股 0.72 美元的盈利，也高于分析师预期的每股 0.82 美元。这是个好消息，但第二天 BBBY 下跌了近 17%。股价下滑的原因在于其季度报告，公司预计其在下一个季度会获得每股 0.97 到 1.03 美元的盈利，但分析师曾预测在接下来的一个季度会更好，达到每股 1.08 美元的盈利。投资者似乎认为 BBBY 的盈利会继续让人失望，而不止是一个季度，因此，投资者卖掉股票，导致股价急剧下跌。

你如何确定一只股票的真实价值？这一章通过利用股利、股利和盈利、市盈率以及其他估值模型来解释如何确定一只股票的内在价值。

资料来源："Bed Bath & Beyond (BBBY) Is Sharply Lower on Weak Q2 Forecast," RTT News, http：//www.rttnews. com/1910352/bed-bath-beyond-bbby-is-sharply-lower-on-weak-q2-forecast.aspx？utm＿source＝google&utm＿campaign ＝sitemap, accessed on July 8，2012.

估值：获得一个业绩标准

基于业绩估计的股票内在价值可用于判断一股股票的投资价值，这是**股票估值**（stock valuation）的根本目的。通过将股票当前的市场价格与其内在价值相比较，投资者试图解决的问题是股票是否被高估或低估以及被高估或低估的程度。在任意给定时间里，一股普通股的价格取决于投资者对发行股票的公司未来业绩的预期。如果对公司的看法改观，股票价格很可能会上涨。如果投资者的预期变得不怎么乐观，股票的价格很可能会下跌。我们现在来考察股票估值过程中最重要的问题：未来。

估量一家公司及其未来

迄今为止，我们已经考察了证券分析的几个方面：宏观经济因素、行业因素和公司特定因素。考察既往业绩的主要原因是为了获得关于公司未来方向的预见。虽然过去的业绩没有为未来的收益提供保证，但其有助于我们理解公司的优势和劣势。例如，历史可以告诉我们公司的产品在市场上的表现有多好，公司的财务健康状况怎么样，以及公司的管理者往往是如何对不同的情形做出反应的。简言之，过去可以显示出公司是否准备好了应对未来可能发生的事情。

由于一股股票的价值取决于公司的未来业绩，你的任务就是利用历史数据来将关键的财务变量推演到未来。以这种方式，你可以判断一只股票的市场价格是否与公司的前景基本一致。

预测的销售收入和利润

当然，对你的预测来说关键的东西是公司的未来行为，对此要考虑的最重要的方面是对销售收入和利润的展望。形成销售收入预测的一种方法是假定公司的业绩会一如既往，并简单地扩展历史趋势。例如，如果一家公司的销售收入一直以每年 10％的速度增长，那么你就会假定其继续按该速度增长。当然，如果有一些关于经济、行业或公司的证据表明会有更快或更慢的增长率，你就要相应地调整预测。通常，这一"幼稚的"方法几乎会与更复杂的方法一样有效。

一旦你已经做出销售预测，你就可以把注意力转移到净利率。我们想知道公司在其实现的销售收入上会获得多少利润。对此最好的方法之一是使用**共同比利润表**（common-size income statement）。从根本上说，共同比报表是提取普通利润表或资产负债表上的每个科目并将其转换为一个百分比。要创建一张共同比利润表，你要把报表上的每一个项目都除以净销售收入——事实上，这是一个共同的分母。见表 8 - 1 中的例子，该表显示了宇宙办公家具公司 2013 年的绝对额和共同比利润表。（这是我们第一次在表 7 - 4 中看到的同一个利润表。）

表 8 - 1	2013 年宇宙办公家具公司的绝对额和共同比利润表	Excel 电子表格
	绝对额（百万美元）	共同比*（%）
净销售收入	1 938.0	100.0
产品销售成本	1 128.5	58.2
总利润	**809.5**	**41.8**
销售、一般管理及其他经营费用	496.7	25.6
折旧和摊销	77.1	4.0
其他费用	0.5	0.1
总经营费用	**574.3**	**29.7**
息税前利润（EBIT）	235.2	12.1
利息费用	13.4	0.7
所得税	82.1	4.2
税后净利润	**139.7**	**7.2**

* 共同比数字是通过先用净销售收入作为共同的分母，再用每个科目去除净销售收入而得到的。例如，产品销售成本 = 1 128.5 ÷ 1 938.0 = 58.2%；EBIT = 235.20 ÷ 1 938.0 = 12.1%。

【例 8 - 1】

要理解如何构建这些报表，我们用 41.8% 的毛利率作为一个例子。在这个例子中，用 809.5 百万美元的总经营利润去除 1 938.0 百万美元的净销售收入：

$$809.5 ÷ 1 938.0 = 0.417\ 7 = 41.8\%$$

利用 1 938.0 百万美元的净销售收入，对利润表上的每一个其他科目都使用相同的方法。需要指出的是，共同比报表像其对应的绝对额报表一样是累加的。例如，100% 的净销售收入减去 58.2% 的产品销售成本等于 41.8% 的毛利率。（用总资产作为共同的分母，你也可以得到共同比资产负债表。）

证券分析师和投资者使用共同比利润表来比较从一年到下一年的经营成果。共同比形式帮助投资者识别利润率的变化并突出这些变化的可能原因。例如，共同比利润表可以快速显示公司净利润率的下降是由毛利润率的下降还是由其他费用的上升引起的。这一信息还有助于分析师对未来的利润做出预测。例如，分析师会用最新的共同比报表（或许用过去几年报表的平均），再结合销售收入预测，来创建一个向前一年或前两年的预测利润表。分析师可以对特定行的项目做出调整来进行精确化预测。例如，如果分析师知道一家公司今年积累了巨大数量的存货，那么该公司下一年可能会降低价格来减少其存货持有量，这又会产生利润率下降的压力。像这样的调整（很可能）会改进对未来利润预测的准确性。

给定一个令人满意的销售收入预测和对未来净利润率的预测，我们可以结合这两部分信息来得到未来的盈利（即利润）。

$$年份 \ t \ 的未来税后利润＝估计的年份 \ t \ 的销售收入 \times 预期年份 \ t \ 的净利润率 \qquad (8-1)$$

这个公式中的年份 t 不过是表示一个未来的日历年或财年。假定在刚刚过去的一年里，一家公司报告了 1 亿美元的销售收入。基于公司过去的增长率和行业趋势，你估计收入会以每年 8％ 的速率增长，你认为净利润率会是大概 6％。因此，你对明年销售收入的预测是 1.08（＝1×1.08）亿美元，明年的利润会是 650 万美元：

$$明年的未来税后利润＝108 \times 0.06＝\underline{6.5 \ 百万美元}$$

利用相同的步骤，你可以估计在预测期内其他年份的销售收入和利润。

预测的股利和价格

至此，你已经知道了公司未来的盈利表现。下一步是评估这些结果会怎样影响公司的股票价格。给定公司的盈利预测，你还需要另外三个信息：

（1）未来股利支付率的预测；
（2）预测期内发行在外的普通股数；
（3）未来的市盈率。

对于前两个信息，除非你有相反的证据，否则的话，你就可以简单地用公司最近的情况预测未来。支付率通常是相当稳定的，因此，最近的情况是关于未来会怎么样的一个相当好的指标。类似地，发行在外的股份数从一年到下一年通常不会变化很大，因此，在预测中使用当前的数字通常不会导致显著的错误。

掌握市盈率。在这个步骤中最难的问题是得到一个对未来市盈率的估计——与股票的未来价格变化有重大关系的一个数字。一般而言，市盈率是包含下列若干个变量的一个函数：

（1）盈利增长率；
（2）市场的一般状态；
（3）公司资本结构中的债务量；
（4）当前和预期的通货膨胀率；
（5）股利水平。

通常，较高的市盈率伴随着较高的盈利增长率、乐观的市场前景和较低的债务水平（较少的债务意味着较低的财务风险）。

然而，通货膨胀率与市盈率之间的联系较为复杂。一般而言，随着通货膨胀率的上升，债券提供的利率也会上升。随着债券收益率的上升，投资者会对股票要求更高的收益率，因为股票的风险比债券高。如果公司赚取更高的利润并支付更高的股利，那么股票未来的收益率会上升，但是，如果盈利和利润保持不变，那么只有在当前的股价比较低的情况下投资者才会获得较高的未来收益率。因此，通货膨胀通常会对股票价格和市盈率产生下降的压力。此外，不断下降的通货膨胀率和利率通常会对经济和商业环境产生正面影响，这会转变为更高的市盈率和股票价格。在保持所有其他因素不变的情况下，较高的股利支付率会带来较高的市盈率。然而，在现实中，市盈率高的大部分公司有低的股利支付率，因为有快速成长机会的公司往往将其大部分的盈利进行再投资。在这种情况下，盈利增长前景在抵消较低的股利支付率之后还能推升市盈率。

一个相对的市盈率倍数。一个对评估市盈率来说有用的起点是平均市场倍数。这不过是在一个给定的市场指数中的所有股票的平均市盈率，如标准普尔500指数或DJIA。平均市场倍数表明市场的一般状态。平均市场倍数告诉我们的是市场整体上对股票定价有多激进。在其他方面相同的情况下，市盈率越高，市场越乐观，但也有例外。图8-1描绘了标准普尔500指数从1940年到2012年的市盈率倍数。这个图形通过用年初的价格除以过去12个月的盈利来计算市场的市盈率。图形表明，市场倍数的变动范围相当大。例如，2009年的市场市盈率处于超过70的前所未有的水平，但仅仅一年之后，市盈率就下降到了不到21。有必要指出，2009年极高的市盈率并不是股价达到前所未有的高水平的结果。相反，当时的高市盈率是因为过去12个月的盈利因为严重的衰退而非常低。这说明，在将市盈率解释为一个关于个别股票或整体市场健康状况的信号的时候，你必须保持谨慎。

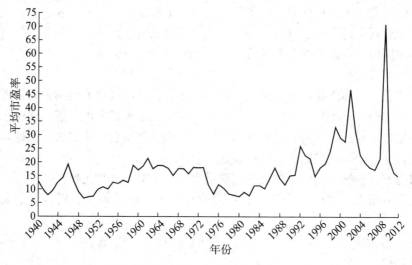

图8-1 标准普尔500指数中股票的平均市盈率

在开始向上攀升之前的1940—1990年，标准普尔500指数中的股票的平均市盈率围绕13的平均值波动。市盈率的上升不一定是牛市的标志。市盈率在2009年出现飙升，不是因为股价高，而是因为公司盈利因经济衰退而非常低。

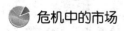 **危机中的市场**

市盈率会有误导性

标准普尔500指数市盈率最近的飙升不能用繁荣的经济或上涨的股市解释。回想到股价在2008年大幅下跌，整个市场下跌了超过30%。然而，随着2009年的开始，平均市盈率处于非常高的水平。原因在于，在2008年深度衰退的情况下，公司盈利的下降比股票价格的下降甚至更为剧烈。因此，就市场市盈率而言，分母（上一年的盈利）的下降比分子（价格）的下降更为迅速，从而整体市盈率出现跳升。事实上，到2009年中期的时候，平均标准普尔500市盈率达到了144倍的前所未有的水平。

观察图8-1，你会发现，市场的市盈率近年来出现上升。从1940年到1990年，市场的市盈率平均值大约为13，但自此之后，其平均值一直高于24（或者高于22，如果排除2009年的峰值）。至少在20世纪90年代，这一上升趋势可以轻松地用有利的经济状态解释：商业繁荣，新技术层出不穷。从1991年到2000年没有出现衰退。如果投资者认为美好时光会永恒地继续下去，那么这就不难理解为什么随着时间的推移人们愿意支付越来越高的市盈率。

在以市场倍数为基准的情况下，你可以相对于市场来评估一只股票的市盈率表现。例如，如果一只股票目前有35倍的市盈率，标准普尔500指数的市场（市盈率）倍数是25，那么该股票的相对市盈率就是35÷25＝1.4。审视相对市盈率，你立刻可以感知股票在市场上被定价的激进程度是怎么样的以及何种相对市盈率对股票而言是正常的。

在其他方面相同的情况下，高的相对市盈率是受欢迎的——至少，在某种程度上。因为正如异常高的市盈率会带来麻烦（即股票被高估并会走向下跌），异常高的相对市盈率也会如此。给定这一警告，就会得到相对市盈率指标越高，股票在市场上被定价就会越高。但是对下跌也要保持警惕：高的相对市盈率倍数还会意味着大的价格波动性，这意味着大的利得和大的损失都是可能的。（类似地，你可以用平均行业倍数来感受对一个给定行业而言标准的市盈率倍数。接下来，你可以用这一信息再结合市场倍数来评估或预测一只特定股票的市盈率。）

接下来，你可以得到在预期的投资时限（你预期会持有股票的时期）中对股票未来市盈率的预测。例如，在现有的市盈率倍数作为基础的情况下，即使你预期相对市盈率不会变化，如果你认为市场倍数会上升（市场变得更牛），那么相对市盈率上升也是合理的。当然，如果你认为股票的相对市盈率也会上升，甚至会导致牛市更牛的预测。

估计每股收益。迄今为止，你已经能够得到对股利支付率、发行在外的股份数和市盈率倍数的估计。你现在准备预测股票的未来每股收益（EPS），如下所示：

$$\text{估计的年份 } t \text{ 的 EPS} = \frac{\text{年份 } t \text{ 的未来税后利润}}{\text{年份 } t \text{ 的发行在外的普通股数}} \qquad (8-2)$$

每股收益是估值过程的一个关键部分，因为一旦你得到了每股收益，你就可以将其与获得（未来）每股股利的股利支付率以及预测的股票（未来）价格的市盈率倍数结合起来。

式（8-2）不过是通过把预测的公司利润与预期发行在外的股份数联系起来，从而把总的公司盈利转变为以每股为基础。虽然这种方法用起来相当有效，但一些投资者宁可绕开对总销售收入和盈利的预测，而是从一开始就考察每股收益。用到的方法是审视驱动每股收益的主要力量：ROE和账面价值。通过使用这两个变量，每股收益可以被非常简单地表示如下：

$$\text{EPS} = \frac{\text{税后利润}}{\text{权益的账面价值}} \times \frac{\text{权益的账面价值}}{\text{发行在外的股份数}} = \text{ROE} \times \text{每股账面价值} \qquad (8-3)$$

这个公式与在第6章中的式（6-1）首次提出的并在第7章中应用的标准EPS公式带来相

同的结果。这种形式的公式的主要好处是让你可以评估 EPS 受到公司账面价值和 ROE 影响的程度。正如我们在前一章所看到的，ROE 是一个关键的财务指标，因为该指标反映了公司在管理其资产、业务和资本结构上的成功程度。正如我们所看到的，ROE 不仅在定义整体公司的盈利能力方面是重要的，而且在定义股票的 EPS 方面也发挥着至关重要的作用。

要用式（8-3）来得到一个估计的 EPS，要根据该公式的两个基本组成部分努力掌握其未来表现。特别地，预期公司的每股账面价值的增长模式是什么，以及公司的 ROE 可能会怎么样。在绝大部分情形中，ROE 实际上是驱动因素，因此，得到对该变量一个好的估计是非常重要的。投资者经常将 ROE 分解为其组成部分——净利润率、总资产周转率和权益乘数［见式（7-12）］。

一旦你有了预期的 ROE 和每股账面价值，你就可以将这些数字代入式（8-3）来得到估计的 EPS。总之，不管是用这一种还是那一种方法［使用式（8-2）或式（8-3）的方法］，你都必须得到一个你要用到的预测的 EPS 值。当你已经完成时，使用预测的股利支付率来估计每股股利就是一件很简单的事情了。

$$\text{估计的年份 } t \text{ 的每股股利} = \text{估计的年份 } t \text{ 的 EPS} \times \text{估计的股利支付率} \qquad (8-4)$$

接下来就是股票的未来价格，该价格可被确定为：

$$\text{估计的 } t \text{ 年末的股票价格} = \text{估计的年份 } t \text{ 的 EPS} \times \text{估计的市盈率} \qquad (8-5)$$

综合。 你已经看到对未来股利和股票价格的估计中的各个组成部分。现在，要理解它们是如何结合在一起的，我们继续上面的例子。用总销售收入和盈利的方法，如果公司有 200 万股发行在外的股份，而且你预期这会保持不变，那么给定你之前计算的 650 万美元的利润，公司明年应该产生的每股收益是：

$$\text{估计的明年的 EPS} = \frac{650 \text{ 万美元}}{200 \text{ 万股}} = \underline{3.25 \text{ 美元}}$$

如果你有公司的 ROE 及其每股账面价值的预测，你就会获得相同的数字。例如，假如你估计公司会有 15% 的 ROE 和 21.67 美元的每股账面价值。根据式（8-3），这些条件也会得到 3.25（=0.15×21.67）美元的估计的 EPS。利用这个 EPS 值，再结合 40% 的估计的支付率，明年的每股股利应该等于：

$$\text{估计的明年的每股股利} = 3.25 \times 0.40 = \underline{1.30 \text{ 美元}}$$

如果公司坚持固定股利政策，那么你就不得不调整这个估计值来反映稳定的股利支付。例如，如果公司一直按照每股 1.25 美元来支付年股利，而且你预期公司还会继续这样做，那么你就会相应地调整估计的股利（即使用每股 1.25 美元）。最后，如果据估计股票应该以 17.5 倍于盈利的价格来出售，那么这家公司的一股股票到明年末的交易价格应为 56.88 美元。

$$\text{估计的明年末的股票价格} = 3.25 \times 17.5 = \underline{56.88 \text{ 美元}}$$

实际上，你关心的是预期的投资时限末的股票价格。因此，如果你有 1 年的投资时限，那么 56.88 美元这个数字就是合适的。然而，如果你有一个 3 年的持有期，你就必须将 EPS 数字额外扩展 2 年，并用新的数据来重复你的计算。归根结底，估计的股票价格很重要，因其已经将股票总收益中的资本利得部分纳入其中了。

形成对未来行情的估计

利用从宇宙办公家具公司（UVRS）获得的信息，我们可以演示上面讨论的预测步骤。回忆第 7 章，对整体经济和办公设备行业的评价是正面的，不管是从历史来看，还是相对于行业标准来看，公司的经营成果和财务状况看起来都不错。由于一切看起来都有利于宇宙公司，我们决定考察一下公司及其股票的未来前景。

假定我们已经选定一个 3 年的投资时限，因为我们（通过之前对经济和行业因素的研究）认为，整体经济和办公设备类股票的市场在 2016 年末或 2017 年初会开始陷入低迷。（一些投资者更喜

欢使用 1 年的投资时限，因为他们认为试图预测更远会牵涉到太多的不确定性。我们在此使用 3 年的投资时限主要是为了演示——因为我们有信心预测这么远的数字。如果确实如此，那么决不要使用较短的投资时限。）

表 8－2 提供了公司选取的历史财务数据，涵盖 5 年的时间（结束于最新的财年）并为我们的很多预测提供了基础。数据显示，除了一两次例外之外，公司都表现得相当稳定，一直保持一个非常吸引人的增长率。我们的经济分析表明经济就要复苏了，（第 7 章的）研究表明行业和公司在利用经济复苏的机遇方面占据优势。因此，我的结论是销售收入增长率会从 2013 年异常低的水平上显著上升，在 2014 年获得超过 20％ 的增长率——与公司的 5 年平均值更为接近。在一定数量被压抑的需求得以释放之后，销售收入增长率会下降到大概 2015 年的 19％ 和 2016 年的 15％。

表 8－2	选取的宇宙办公家具公司的历史财务数据				
	2009 年	2010 年	2011 年	2012 年	2013 年
总资产（百万美元）	554.2	694.9	755.6	761.5	941.2
总资产周转率	1.72×	1.96×	2.12×	2.32×	2.06×
净销售收入（百万美元）	953.2	1 283.9	1 495.9	1 766.2	1 938.0
销售收入的年增长率*	11.5％	34.7％	16.5％	18.1％	9.7％
净利润率	4.2％	6.6％	7.5％	8.0％	7.2％
股利支付率	6.8％	5.2％	5.5％	6.0％	6.6％

	2009 年	2010 年	2011 年	2012 年	2013 年
市盈率	13.5×	16.2×	13.9×	15.8×	18.4×
发行在外的普通股数（百万股）	77.7	78.0	72.8	65.3	61.8

* 销售收入的年增长率＝从今年到明年的销售收入变化÷基期（或最早年份）的销售水平。就 2010 年而言，销售收入的年增长率等于 34.7%＝（2010 年的销售收入－2009 年的销售收入）÷2009 年的销售收入＝（1 283.9－953.2）÷953.2＝0.346 9。

表 8-3 提供了从 2014 年到 2016 年的财务预测的基本元素。对关键假设的强调及其背后的推理如下：

(1) 净利率。各种发布的行业和公司报告都表明盈利出现令人满意的改善，因此，我们决定在 2014 年使用 8.0% 的利润率（从最近的 2013 年的 7.2% 的利润率上升一点儿）。因为一些成本改进开始起作用，所以我们预测 2015 年和 2016 年会有更好的利润率（8.5%）。

(2) 发行在外的普通股数。我们认为公司会继续执行其股票回购计划，但会以比 2010—2013 年这段时期明显低得多的节奏。从 6 180 万股的当前水平，我们预测发行在外的股份数到 2014 年会下降到 6 150 万股，到 2015 年会下降到 6 050 万股，到 2016 年会下降到 5 900 万股。

(3) 股利支付率。我们假定股利支付率会像大部分的最近年份那样，维持在占盈利的 6% 的稳定水平。

(4) 市盈率。主要基于对收入和盈利增长改善的预期，我们预测市盈率倍数会从其当前 18.4 倍于盈利的水平上升到 2014 年大约 20 倍于盈利的水平。虽然这是市盈率一个相当保守的增长，但净效应会是预测的宇宙公司股票价格一个巨大的跳跃。

表 8-3 预测的宇宙办公家具公司的统计指标和数据概要　　Excel 电子表格

	最新的实际数字 （2013 财年）	过去 5 年的平均值 （2009—2013 年）	预测的数字		
			2014 年	2015 年	2016 年
销售收入的年增长率	9.7%	18.1%	22%	19%	15%
净销售收入（百万美元）	1 938.0	N/A*	2 364.4**	2 813.6**	3 235.6**
×净利率	7.2%	5.6%	8.0%	8.5%	8.5%
＝净税后利润（百万美元）	139.7	N/A	189.2	239.2	275.0
÷发行在外的普通股数（百万股）	61.8	71.1	61.5	60.5	59.0
＝每股收益（美元）	2.26	N/A	3.08	3.95	4.66
×股利支付率	6.6%	6.2%	6.0%	6.0%	6.0%
＝每股股利（美元）	0.15	0.08	0.18	0.24	0.28
每股收益（美元）	2.26	N/A	3.08	3.95	4.66

续前表

	最新的实际数字 （2013 财年）	过去 5 年的平均值 （2009—2013 年）	预测的数字		
			2014 年	2015 年	2016 年
×市盈率	18.4	16.8	20.0	19.0	20.0
＝年末的股票价格（美元）	41.58	N/A	61.60	75.05	93.20

＊N/A：不可用。

＊＊ 预测的销售收入数字：前一年的销售收入×销售收入增长率＝销售收入的增长；接下来，销售收入的增长＋前一年的销售收入＝预测的该年的销售收入。例如，对 2014 年而言，1 938.0×0.22＝426.4＋1 938.0＝2 364.4 美元。

表 8-3 还显示了在得到预测的股利和股票价格行为时所涉及的顺序，也就是：

（1）公司维度的预测是第一步。这包括销售收入和收入估计、净利润率、净利润和发行在外的普通股数。需要注意的是我们是根据本章之前描述的步骤来得到税后利润的。

（2）接下来，遵循之前建立的步骤，我们估计了每股收益。

（3）当然，预测的最终目标是给定关于净销售收入、利润率、每股收益等的假定成立，得到来自一股宇宙公司股票的股利和资本利得两种形式的预期收益。我们从表 8-3 中看到，股利应该上升到每股 28 美分，这是相对于其当前水平（每股 15 美分）的巨大跳跃。即便如此，在每股略高于 25 美分的年股利的情况下，显然股利仍然不会在股票收益中占比很大。事实上，我们的预测表明，股利收益率在 2016 年会下降到只有 0.3％。显然，这只股票的收益将来自资本利得，而不是股利。当我们考察年末的股票价格时，这是显而易见的，我们预期股价在随后的 3 年里会超过初始价格 1 倍。也就是说，如果我们的预测是合理的，那么一股股票的价格应该会从 41.50 美元左右上涨到 2016 年末的超过 93.00 美元。

我们现在知道了该投资的未来现金流很可能会是什么样的。现在，我们可以利用这一信息来确定宇宙办公家具公司股票的内在价值。

估值过程

估值（valuation）是一个过程，通过这一过程，投资者利用第 4 章和第 5 章中介绍的风险和收益的概念来确定证券的价值。这一过程可被应用于产生一笔现金流的任何资产——一股股票、一只债券、一块土地或一眼油井。要确定资产的价值，投资者就必须决定某些关键的输入，包括未来现金流的数量、这些现金流的时机以及投资所要求的收益率。

就普通股而言，估值的本质是在给定预期股东得到的收益（未来的股利和价格行情）和潜在风险量的情况下确定股票应该价值多少。为了此目的，我们采用各种类型的股票估值模型，模型的最终结果表示我们一直在寻找的飘忽不定的内在价值。也就是说，股票估值模型要么确定期望收益率，要么确定一股股票的内在价值，这事实上代表了股票的"正确价格"。以这种方式，基于预测的股票行情，我们获得一个业绩标准，可以由此来判断一只特定证券的投资价值。

下列两个条件中的任何一个都会让我们将股票视为一个有价值的投资选项：（1）计算的收益率等于或大于我们感到有保证的收益率；（2）正确的价格（内在价值）等于或小于当前的市场价格。需要指出的是，即使一只股票的收益率只是等于必要收益率，或者即使股票的内在价值只是等于股票当前的市场价格，该证券也被视为是可接受的。在这种情况下购买证券没有非理性成分。在任何一种情况下，该证券都会给予你想要的收益率以满足你的最低标准。

然而，要记住关于估值过程的这一点：虽然估值在投资过程中发挥着重要的作用，但是哪怕是要求实际结果与预测的吻合程度很低也不能绝对保证。股票还受到经济、行业、公司和市场风险的影响，任何一种风险都可以让你关于未来的所有假定变得无效。证券分析和股票估值模型不是被用于保证成功，而是被用于帮助你更好地理解潜在交易的收益和风险维度。

必要收益率

股票估值过程中的一个关键因素是**必要收益率**（required rate of return）。一般而言，投资者要求的收益数量应该与产生这一收益所必须承担的风险水平有关。本质上，要求的收益确立了与包含的风险量相容的补偿水平。这一标准帮助你确定一只股票（或任何其他证券）的期望收益率是否令人满意。由于你并不确切地知道投资的现金流会是多少，因此，你就会期待获得一个能反映这一不确定性的收益率。因此，感受的风险越大，你期待获得的就越多。正如我们在第 5 章所看到的，从根本上说，这是资本资产定价模型（CAPM）背后的理念。

回忆一下，利用 CAPM，我们可以将股票的必要收益率定义为：

$$必要收益率＝无风险利率＋[股票的贝塔×（市场收益率－无风险利率）] \qquad (8-6)$$

这个公式所需的输入变量很容易得到。你可以从很多不同的在线网站或纸质出版物上获得股票的贝塔。从根本上说，无风险利率是国库券的收益率，市场收益率的一个很好的代表是股票市场的长期平均收益率。当然，这个平均收益率也许必须基于你预期市场下一年的情况而被向上或向下调整一点儿。

在 CAPM 中，股票的风险是由其贝塔刻画的。由于这一原因，股票的必要收益率随着其贝塔的增大（或减小）而上升（或下降）。作为应用 CAPM 的演示，考虑宇宙公司的股票，我们会假定其贝塔为 1.30。如果无风险利率是 5.5%，市场期望收益率是 15%，根据 CAPM，这只股票的必要收益率是：

$$必要收益率＝5.5\%＋[1.30×（15.0\%－5.5\%）]＝\underline{17.85\%}$$

这个收益率——让我们将其近似为 18%——现在可被用于股票估值模型来评估一股股票的投资价值。

作为一个备选，或者甚至可以与 CAPM 相结合，你可以采取一种更主观的方法来找出必要收益率。例如，如果你在对公司历史表现的评估中发现了销售收入和盈利有一些波动性，那么你就可以得出股票受到很多经营风险影响的结论。市场风险也是重要的，是由股票的贝塔来度量的。一个有价值的风险度量参考点是在风险较低但竞争较小的投资上可以得到的收益率。因此，在定义你的意愿收益率时，你可以利用长期国债或高等级公司债的收益率作为起点。也就是说，从长期债券的收益率开始，你可以针对你认可的普通股的经营风险和市场风险敞口的大小来调整这些收益率。

为了理解这些元素如何构成意愿收益率，让我们回到宇宙办公家具公司的例子中。假定现在是 2014 年初，高等级公司债的收益率约为 9%。我们到目前为止的分析已经指出，整个办公设备行业和宇宙公司个体都受到"相当"量的经营风险的影响，给定这一现状，我们就会想要向上调整收益率——可能是 2 个或 3 个百分点。此外，在其贝塔等于 1.30 的情况下，我们可以得到股票有很多市场风险的结论。因此，我们应该进一步提高基准收益率——比如再提高 4 个或 5 个百分点。也就是说，从 9% 的基准（高等级公司债）收益率开始，我们对公司额外的经营风险附加如 3% 的收益率，再对股票的市场风险附加另外 4.5% 或 5% 的收益率。把所有这些加总起来，我们发现宇宙公司股票合适的必要收益率是大约 17% 或 17.5%。这个数字相当接近于用 1.30 的贝塔、5.5% 的无风险利率和 15% 的市场期望收益率［见式（8-6）］的 CAPM 所能得到的数字。对这两个数字很接近这一事实不应感到惊讶。如果是仔细（且诚实地）完成这项工作，那么 CAPM 和主观分析法应该得到相似的结果。不管你用哪种方法，必要收益率都规定了你会期待从一项投资中获得的最低收益率。接受任何小于必要收益率的收益率都意味着你没有因你必须承担的风险而获得全部的补偿。

> **投资者事实**
> **如何发现高估（或低估）的市场？**
>
> 正如普通股会被高估或低估一样，整个市场也会如此。你如何才能判断市场是否被高估呢？一些市场观察者建议你考察比较收益率。也就是说，将所谓的股票的收益率与 10 年期国债的收益率进行比较。股票的收益率是市场市盈率的倒数——如果市场市盈率是 18，那么收益率就是 5.56%（=1÷18）。如果收益率高于 10 年期国债的收益率，那么股票是被低估的（便宜的），尤其是相对于债券而言。相反，你通常会预期股票的收益率低于 10 年期国债的收益率，随着该利差的继续扩大，市场正变得越来越被高估——这绝对不是一件好事情。

概念复习

答案参见 www.pearsonhighered.com/smart。

8.1 股票估值的目的是什么？内在价值在股票估值过程中所发挥的作用是什么？

8.2 公司的预期未来收益在确定一只股票是否适合投资时重要吗？这些以及其他未来估计值是如何纳入股票估值框架的？

8.3 公司的成长前景会影响其市盈率倍数吗？请解释。公司使用的债务数量呢？还有其他变量会影响公司的市盈率水平吗？

8.4 什么是市场倍数？其在评估一只股票的市盈率时有何帮助？一只股票的相对市盈率与市场倍数是同一种东西吗？请解释。

8.5 在股票估值框架中，你如何判断一只特定的证券是否为一个有价值的投资选项？必要收益率在这一过程中发挥着什么作用？如果你能赚到的收益率正好等于你的必要收益率，你还会投资于该股票吗？请解释。

股票估值模型

投资者采用几种不同的股票估值模型。虽然他们都追求证券未来的现金收益，但是他们所用的估值方法非常不同。例如，一些投资者从一家公司的财务报表中寻找价值——通过把重点放在诸如账面价值、债务负担、权益收益率和现金流量之类的因素上。这些所谓的价值型投资者既依赖于历史业绩也依赖于盈利预测来识别被低估的股票。也有主要关注盈利增长的成长型投资者。对他们来说，虽然过去的成长是重要的，但真正重要的是预测的盈利——找到会产生大量盈利以及高市盈率的公司。

被使用的还有其他股票估值模型——采用诸如股利收益率、异常低的市盈率、随时间而变的相对价格表现，甚至公司规模或市值之类的变量作为决策过程的关键要素的模型。出于讨论的目的，我们将聚焦于从公司的基本面表现中导出价值的几种股票估值模型。我们将首先考察支付股利的股票，并考察被称为股利估值模型的方法。其次，我们将考察几个可被用于很少支付或不支付股利的公司的估值方法。最后，我们转到根据股票相对于盈利、现金流、销售收入或账面价值的表现来确定股票价格的分析方法。我们在本章将要考察的股票估值方法与很多专业的证券分析师所使用的方法都是相同的，事实上，这在 CFA 考试的整个"股权投资"部分，尤其是一级考试中都可以找到。当然，正如下面的专栏中所更全面讨论到的，对这些估值模型的理解会让你能更好地评估分析师的建议。

投资中的道德规范

股票分析师：不要总是相信天花乱坠的广告宣传

买进、卖出还是持有？遗憾的是，很多投资者还是相信这些建议。

想想 20 世纪 90 年代末的股市泡沫吧。随着股票市场在 2000 年开始下跌，根据投资研究公司扎克斯的报告，95% 的上市股票都未被给予买入建议，的确被给予卖出评级的 5% 的股票的情况是：只有一位分析师给出卖出评级。当市场开始重新攀升时，分析师再次错失良机：从 2000 年到 2004 年，分析师建议投资者卖出的股票平均每年上涨了 19%，而他们建议"买入"和"持有"的股票仅上涨了 7%。

为什么全明星分析师也会频繁出错呢？利益冲突是一种解释。分析师因提供投资银行服务而获得可观的回报。他们经常乐于做出正面的评价来取悦当前或未来的投资银行客户。分析师还通过做出买入和卖出建议来为自己的公司带来经纪费。

分析师天花乱坠般的广告宣传对金融和实体公司确实都是个问题，证券行业已经开始采取措施来纠正这些行为。证券交易委员会的《公平披露法》（Regulation Fair Disclosure）要求所有的公司信息都必须向公众发布而不是暗地里向分析师透露。一些经纪公司禁止分析师持有自己研究的股票。证券交易委员会在 2003 年规定，分析师研究的报酬必须从投资银行业务收费中分离出来，从而分析师的工作是研究股票而不是取悦客户。

最重要的是，投资者必须学会如何领会分析师研究报告字里行间的言外之意。2012年初标准普尔 500 指数里的股票被评定为"买入"的股票数量是"卖出"股票的 10 倍。

如果分析师的确是不偏不倚的，那么他们的建议如此侧重于买入一边似乎是非常不可能的。投资者该做什么呢？从一开始，他们很可能就应该将分析师的评级降低一级。强烈买入评级可以被解读为买入，买入可以被解读为持有，持有或中性可以被解读为卖出。投资者还应该对负面评级相对于正面评级给予更多的重视。降级和那些很少有卖出建议的股票也许是未来有问题的信号。投资者还应该注意那些评级变化伴随着相同方向的盈利预测修正的预测。也就是说，如果分析师将股票从卖出评级移到买入评级的同时提高了该股票的盈利预测，那么这比那些只是将评级变为"买入"的报告更可信。最后，如果有所怀疑，投资者应该利用本书所教的方法自己动手分析股票。

思辨题

你赞同禁止分析师持有其研究的公司的股票的政策吗？

资料来源：Jack Hough, "How to Make Money off Analysts' Stock Recommendations," *Smart Money*, January 19, 2012, http://www.smartmoney.com/invest/stocks/how-to-make-money-off-analysts-stock-recommendations-132675949 1635/; Rich Smith, "Analysts Running Scared," *The Motley Fool*, April 5, 2006, www.fool.com.

股利估值模型

在估值过程中，任何投资的内在价值都等于其期望现金收益的现值。就普通股而言，这就相当于每年收到的现金股利加上未来的股票出售价格。看待来自普通股的现金流收益的一种方法是假定在无穷的时限内都会收到股利——只要将公司视为"持续经营主体"，这一假定就是合适的。从这个角度看，一股股票的价值等于预期在无穷时限内会提供的所有未来股利的现值。

当投资者出售股票时，从严格的理论视角看，他实际上是在出售对所有未来股利的权利。因此，正如一股股票的当前价值是未来股利的一个函数，股票的未来价格也是未来股利的一个函数。在这个框架中，股票的未来价格会随着对股利（或必要收益率）变动看法的变化而上涨或下跌。这种认为一股股票的价值是未来股利的函数的方法就叫作**股利估值模型**（dividend valuation model，DVM）。

股利估值模型有三种，每一种都基于对未来股利增长率不同的假定：

（1）零增长模型假定股利不会随时间而增长。

（2）不变增长模型是股利估值模型的基本版本，该模型假定股利会随时间按不变的速率增长。

（3）可变增长模型假定股利增长率会随时间而变化。

DVM在实践中以不同形式被广泛应用于对很多较成熟的大型公司的估值。

零增长

最简单的介绍股利估值模型的方式是假定股票有固定不变的股利流。换句话说，股利年复一年地保持不变，而且预期股利在未来也会如此。在这种情况下，一只零增长股票的价值不过是其年股利的资本化价值。要得到资本化价值，用年股利除以必要收益率即可，必要收益率实际上充当了资本化率。也就是：

$$一股股票的价值 = \frac{年股利}{必要收益率} \qquad (8-7)$$

【例 8 - 2】

假定一只股票每年支付每股 3 美元的股利，而且你预期股利会保持不变。如果你希望在你的投资上得到 10% 的收益率，那么你愿意为该股票支付多少呢？

$$股票的价值 = 3 \div 0.10 = 30 \ 美元$$

如果你付出了更高的价格，你会获得低于 10% 的收益率，同样，如果你可以以低价获得股票，那么你的收益率会超过 10%。

如你所见，在这个模型中用到的唯一的现金流变量是固定不变的年股利。给定这只股票的年股利从不改变，这意味着该股票的价格也不会改变吗？当然不是！因为随着必要收益率（资本化率）的变化，股票的价格也会变化。因此，如果必要收益率上升到 15%，股票的价格就会下降到 20（= 3 ÷ 0.15）美元。虽然这也许是对估值模型的高度简化，但实际上并不像看起来那么遥不可及，因为这基本上就是市场对优先股定价所用的方法。

不变增长

零增长模型是一个很好的起点，但该模型没有考虑不断增长的股利流。标准且受到更广泛认可的股利估值模型会假定股利以一个规定的速率随时间而增长。在这个版本中，一股股票的价值仍然被视为其未来股利的一个函数，但预期这些股利会按不变的增长率 g 永远增长下去。相应地，我们可以将一股股票的价值求解如下：

$$一股股票的价值 = \frac{下一年的股利}{必要收益率 - 不变的股利增长率} \qquad (8-8)$$

$$V = \frac{D_1}{r-g} \qquad (8-8a)$$

其中，

D_1 = 预期下一年的年股利（预测期的第一年）；

r = 资本化率或折现率（这定义了投资上的必要收益率）；

g = 股利的年增长率。

即使这种模型中假定股利会按不变的速率永恒增长，这也并不意味着我们认为投资者会永远持有股票，理解这一点是很重要的。事实上，出于投资时限与计算的股票价值无关这一简单原因，DVM 对投资者持有股票的时间长短未做任何假定。因此，就不变增长的 DVM 而言，预期投资者有 1 年、5 年还是 10 年

> **投资者事实**
>
> **稳定的股利流**
>
> 位于阿肯色州的 Windstream 公司在从 2006 年 12 月到 2012 年 6 月的连续 23 个季度中都支付了每股 0.25 美元的股利。在如此长的时间里都获得相同的股利之后，投资者是基于公司会永远支付每年 1 美元的股利这一假定来给股票定价的吗？如果我们假定投资者在股票上要求 10% 的收益率，那么在不变股利的假定之下，Windstream 的股票应该按每股 10（= 1.00 ÷ 0.10）美元的价格出售。事实上，该股票在 2012 年 6 月的交易价格是 9 美元左右。因此，我们可以猜出，要么投资者要求高于 10% 的收益率，要么投资者预期股利会下降。时间会回答对之后的预期是否会成真。

的持有期都是无关紧要的。在所有情形下，计算的股票价值都是相等的。只要对输入变量（r、g 和 D_1）的假定是相同的，那么不管计划持有期的长短如何，股票的价值都是相等的。

你还会注意到，虽然这个模型很简单，但模型简洁地捕捉到了股票估值的本质。提高现金流（通过 D 或 g）或降低必要收益率（r），股票价值会上升。还可以注意到，在 DVM 中，r 定义了股票持有者的总收益，g 代表投资上的预期资本利得。实践中，我们知道，可能有两个部分构成了股票持有者的总收益：股利和资本利得。事实上，来自股利和资本利得的收益都反映在 DVM 中。也就是说，由于 r 表示总收益率，g 定义了嵌入 r 中的资本利得数量，自然地，如果你从 r 中减去 g，你就会得到股票的预期股利收益率（$r-g$）。因此，股票的预期总收益率（r）等于来自资本利得的收益率（g）加上来自股利的收益率（$r-g$）。

不变增长的 DVM 并不适用于所有股票。相反，该模型最适合于成熟的、支付股利的公司的估值。这是指有明显迹象已经达到"成熟"成长阶段的公司。它们很可能是那些展现出有能力年复一年地产生稳定的——但可能并不显眼的——增长率的大盘股（甚至是一些成熟的中盘股）公司。增长率也许并不是每年都一样，但往往是在一个相对窄的范围内变动。这些都是已经确立了股利政策与相当可预测的盈利和股利增长率的公司。

【例 8-3】

在从 1992 到 2012 年的 20 年间，食品公司通用磨坊（General Mills）每年将股利支付提高了约 6%。食品行业不是我们会预期出现爆发性增长的行业。食品消费与人口增长密切相关，因此，随着时间的推移这个行业的利润应该是增长相对缓慢的。传统上，通用磨坊每年夏天提高股利，因此，在 2012 年夏天，投资者预期通用磨坊的股利在来年会适度增长到每股 1.34 美元。如果通用磨坊股票的必要收益率是 10%，那么投资者应该愿意为该股票支付 33.50［＝1.34÷（0.10－0.06）］美元。事实上，2012 年 6 月通用磨坊的股票的交易价格在 38 美元到 39 美元之间，因此，不变增长模型看起来对该公司非常适用。

除了用于对成熟的、支付股利的公司进行估值之外，不变增长的 DVM 也被广泛用于对市场整体进行估值。也就是说，对于 DJIA 或标准普尔 500 指数等，分析师通常采用 DVM 来确定市场来年的期望收益率——换言之，他们会用 DVM 来找出资本资产定价模型中的 r_m。

不变增长的 DVM 的应用。 不变增长的 DVM 的应用需要一些关于股票的必要收益率、当前的股利水平和预期的股利增长率的基本信息。找到股利增长率 g 的一种虽然简单但相当方便的方法是考察股利的历史行情。如果股利按相对不变的速度增长，你可以认为其在未来会继续按照（或接近于）这一平均速度来增长。你可以从公司的年报、各种在线资源或者《价值线投资调查》之类的出版物中得到历史股利数据。

在计算器或电子表格的帮助下，我们可以利用基本的现值计算来得到一系列的股利流中隐含的增长率。下面看一下计算的方法：取比如 10 年前的股利水平，以及现在支付的股利水平。一般来说，现在的股利会高于 10 年前的股利，因此，利用你的计算器，找到使得现在的股利的现值与 10 年前支付的股利的现值相等的贴现率。当你找到这个贴现率的时候，你就找到了增长率。在这个例子中，贴现率就是股利的平均增长率。（见第 4 章中对如何计算增长率的详细讨论。）找到合适的增长率 g 是 DVM 中的一个关键要素。相应地，我们在本章后面将考察另一种找出增长率的方法。就目前而言，我们将假定（前面的）简单方法足以定义增长率，因此，让我们继续对DVM的演示。

一旦你已经确定了股利增长率，你就可以找出下一年的股利 D_1 为 $D_0 \times (1+g)$，其中，D_0 等于当前的股利。假定在最近的一年，Amalgamated Anything 公司支付了每股 2.50 美元的股利。如果你预期股利会以每年 6% 的速度增长，你就能找到下一年的股利：$D_1 = D_0(1+g) = 2.50 \times (1+0.06) = 2.50 \times 1.06 = 2.65$ 美元。你需要的唯一的其他信息就是必要收益率（资本化率）r。（需要指出的是，要让不变增长模型在数学上可行，r 必须大于 g。）

【例 8-4】

考虑一只当前支付每股 1.75 美元的年股利的股票。假定通过使用上面描述的现值分析方法，你发现股利正以每年 8% 的速度增长，而且你预期股利还会继续如此。此外，根据 CAPM，你确定这项投资应该提供 12% 的必要收益率。给定这一信息，你可以用式（8-8）对股票进行估值。也就是说，给定 $D_0 = 1.75$，$g = 0.08$ 和 $r = 0.12$，可以得到：

$$\text{一股股票的价值} = \frac{D_0(1+g)}{r-g} = \frac{1.75 \times 1.08}{0.12 - 0.08} = \frac{1.89}{0.04} = 47.25 \text{ 美元}$$

因此，如果你想在这项投资上获得 12% 的收益率——由 8% 的资本利得（g）加上 4%（即 $1.89 \div 47.25 = 0.04$）的股利收益率构成——那么根据不变增长的 DVM，你应该为这只股票支付每股不超过 47.25 美元的价格。

根据这种 DVM，只要 r 和 g 不变，股票的价格就会随时间推移而上涨。事实上，如我们之前所指出的，增长率（g）定义了嵌入到股票未来价格中的（预期）资本利得的数量。因此，如果 $g = 8\%$，那么我们可以预期股票的未来价格每年会上涨 8% 左右。这会发生的原因是来自投资的现金流会随着股利的增长而增长。为了理解这是如何发生的，让我们把例子再引申一下。回忆一下，在给定下一年的股利是 1.89 美元、股利按 8% 的速度增长、必要收益率等于 12% 的情况下，我们确定了股票现在合适的价格是 47.25 美元。我们可以扩展式（8-8a）来估计股票从现在开始一年后的价格。要做到这一点，我们首先必须估计第二年的股利。如果下一年的股利是 1.89 美元，那么在该年之后，股利应该增长 8%，至 2.04 美元。把这个值代入到式（8-8a）中，我们发现下一年的股票价格应该等于 51 美元：

$$\frac{2.04}{0.12 - 0.08} = 51 \text{ 美元}$$

注意到下一年 51 美元的价格比今年 47.25 美元的价格高出大概 8%。如前所述，在 DVM 中，g 不仅表示股利增长率，而且代表股票的预期资本利得。下表显示，只要 r 和 g 保持不变，股票价格就年复一年地增长 8%。

年份	股利（美元）	股票价格*（美元）
（今年）0	1.75	47.25
1	1.89	51.00
2	2.04	55.00
3	2.20	59.50

年份	股利（美元）	股票价格*（美元）
4	2.38	64.25
5	2.57	69.50

* 根据 DVM，给定 $g=0.08$，$r=0.12$。

正如我们可以应用这种 DVM 对现在的股票进行估值，我们也可以通过利用相同的模型来得到预期股票在未来的价格。为此，我们只需重新定义合适的股利水平。例如，要找到股票在第三年的价格，我们利用第三年的预期股利 2.20 美元，用因子 $(1+g)$ 来乘以股利。因此，第三年的股票价格应该是 $D_3 \times (1+g) \div (r-g) = 2.20 \times (1+0.08) \div (0.12 - 0.08) = 2.38 \div 0.04 = 59.50$ 美元。当然，如果关于 r 或 g 的未来预期确实发生变化了，未来的股票价格也会相应地改变。如果预期发生变化，那么你可以用新的信息来决定是否继续持有股票。

可变增长

虽然不变增长的股利估值模型是对零增长模型的改进，但仍然有一些缺点。最明显的是，该模型不考虑预期增长率的变化。为了克服这个问题，我们可以使用考虑了随时间可变的增长率的一种形式的 DVM。本质上，可变增长的股利估值模型用两个阶段计算股票价格。第一阶段，股利快速增长，但不一定按单一的速率增长。在初始阶段之后（即第二阶段），公司日渐成熟，股利增长稳定到某一长期可持续的速度。在那个时点，利用不变增长的 DVM 来对股票进行估值成为可能。可变增长的模型求得一股股票的价值如下：

$$一股股票的价值 = \frac{初始可变增长时期}{的未来股利的现值} + \frac{可变增长时期}{末的股价的现值} \tag{8-9}$$

$$V = \frac{D_1}{(1+r)^1} + \frac{D_2}{(1+r)^2} + \cdots + \frac{D_v}{(1+r)^v} + \frac{\dfrac{D_v(1+g)}{r-g}}{(1+r)^v} \tag{8-9a}$$

其中，

D_1，D_2，$\cdots$ = 未来的年股利；

v = 初始可变增长时期的年数。

需要注意的是，这个公式中最后一项是标准的不变增长 DVM，被用于找出初始可变增长时期末的股票价格，再贴现 v 个时期回到当前时点。

这种形式的 DVM 适合于预期会经历一段时间——也许是前三至五年——的快速或可变增长率，接着又趋向于更稳当增长速度的公司的股票价值。事实上，这是很多公司的增长模式，因此该模型在实践中应用广泛。（该模型还克服了不变增长的 DVM 的一个现实不足，在初始阶段 r 无需大于 g。也就是说，在可变增长时期，增长率 g 可以大于必要收益率 r，模型仍然是完全可行的。）

利用式（8-9）求得股票的价值实际上比看起来要容易得多。为此，遵循如下步骤：

（1）估计初始可变增长时期的年股利，接着规定不变的增长率 g，股利在初始阶段之后将按此增长率增长。

（2）求出在初始可变增长时期的预期股利的现值。

（3）利用不变增长 DVM，求出在初始可变增长时期末的股票价格。

（4）求出［由步骤（3）确定的］股票价格的现值。需要指出的是，股票价格被折现的时间长度与初始可变增长时期最后一次股利支付的时间相同，因为股票定价［步骤（3）］发生在初始可变增长时期末。

（5）加总两个现值成分［来自步骤（2）和步骤（4）］以求出股票的价值。

可变增长的 DVM 的应用。为了理解如何应用这个模型，我们将可变增长模型应用于我们最喜欢的一家公司：Sweatmore Industries。我们假定股利在前三年（2013 年、2014 年和 2015 年）会按可变的速率增长。在此之后，预期股利的年增长率会趋向于 8％并在可预见的未来保持在这一水平。从最近（2012 年）的每股 2.21 美元的年股利开始，我们估计 Sweatmore 的股利会在下一年（2013 年）增长 20％，在 2014 年增长 16％，接着在增长率下降到 8％之前的 2015 年增长 13％。

利用这些（初始）增长率，我们预测 2013 年的股利会等于每股 2.65（＝2.21×1.20）美元，在 2014 年会上升到 3.08（＝2.65×1.16）美元，在 2015 年会上升到 3.48（＝3.08×1.13）美元。此外，利用 CAPM，我们得到 Sweatmore 的股票会产生一个至少 14％的最低（必要）收益率（r）。现在我们已经有了所需的所有输入变量，并准备对 Sweatmore 进行估值。表 8-4 展示了可变增长的 DVM 的应用。根据可变增长的 DVM，Sweatmore 股票的价值是 49.34 美元。本质上，如果你想要赚取 14％的收益率，这就是你愿意为该股票支付的最高价格。

表 8-4　　利用可变增长的 DVM 为 Sweatmore 公司的股票进行估值　　Excel 电子表格

步骤

1. 预测年股利：

	2013 年	2.65 美元
	2014 年	3.08 美元
	2015 年	3.48 美元

估计的 2016 年之后的股利年增长率 g：8％

2. 利用 14％的必要收益率 r，在初始可变增长时期的股利现值：

年份	股利（美元）	现值（美元）
2013	2.65	2.32
2014	3.08	2.37
2015	3.48	2.35
	总计	7.04（代入第 5 步）

3. 初始可变增长时期末的股票价格：

$$P_{2015} = \frac{D_{2016}}{r-g} = \frac{D_{2015} \times (1+g)}{r-g} = \frac{3.48 \times 1.08}{0.14-0.08} = \frac{3.76}{0.06} = 62.67 \text{ 美元}$$

4. 按照 14％的 r 将股票价格折回其现值：

$$62.67 \div 1.14^3 = 42.30 \text{ 美元（代入第 5 步）}$$

5. 将初始股利流的现值（第 2 步）加到在初始增长时期末的股票价格的现值（第 4 步）：

Sweatmore 股票的价值：7.04＋4.30＝49.34 美元

定义预期增长率

机械地看，DVM 的应用的确是相当简单的。该模型只依赖于 3 个关键的信息：未来的股利、股利的未来增长和必要收益率。但这个模型也不是没有困难的。这种 DVM 的一个最困难的（且最重要的）方面是要在很长的时期内设定合适的增长率 g。不管你是使用 DVM 的不变增长版本，还是可变增长版本，增长率 g 都对从模型中得到的股票价值有巨大的影响。事实上，DVM 对所用的增长率是高度敏感的，因为该增长率同时影响模型的分子和分母。结果是，分析师在实践中花费大量的时间试图得到一家给定公司及其股票的增长率 g。

正如我们在本章前面所看到的，我们可以从严格的历史视角来定义增长率（通过使用现值求出过去的增长率），接着将其（或近似的东西）用于 DVM。虽然该方法在某些情形中是适用的，但的确有一些严重的缺点。我们需要一种方法来探究现实中决定增长率的关键因素。幸运的是，我们有这样一种方法，一种实践中广泛使用的方法，该方法将增长率 g 定义如下：

$$g = \text{ROE} \times \text{公司的留存率 } rr \tag{8-10}$$

其中，

$$rr = 1 - \text{股利支付率} \tag{8-10a}$$

在式（8-10）中的两个变量（ROE 和 rr）都与公司的增长率直接相关，都在定义公司的未来增长中发挥着关键作用。留存率表示公司再投资于公司的利润的百分比。因此，如果公司将其盈利的 35％ 以股利的形式发放出去（即公司有 35％ 的股利支付率），那么公司的留存率就是 65％（$=1-0.35=0.65$）。实际上，留存率表明的是回流到公司以融通增长的资本数量。在其他方面都相同的情况下，留在公司的钱越多，增长率就越高。

式（8-10）的另一个组成部分是大家所熟悉的权益收益率（ROE）。显然，公司可以在留存资本上赚取得越多，增长率就会越高。ROE 是由净利率、总资产周转率和权益乘数构成的，见式（7-13），因此，如果你想掌握 ROE 是如何影响公司的增长率的，那么就要考察这 3 个组成部分。

【例 8-5】

考虑一种情形，公司平均留存其盈利的大约 80％，并产生一个 18％ 左右的 ROE。（驱动公司 ROE 的是 7.5％ 的净利率、1.20 的总资产周转率以及 2.0 的权益乘数。）在这些情况下，我们预期公司会有 14.4％ 的增长率：

$$g = \text{ROE} \times rr = 0.18 \times 0.80 = 14.4\%$$

实际上，增长率很可能会略高于 14.4％，因为式（8-10）忽略了财务杠杆，而杠杆本身会放大增长。但至少公式让你能很好地理解要预期什么。类似地，式（8-10）在评估过去和未来的增长中可以充当起点。你可以用其计算预期增长并评估公式的两个关键组成部分（ROE 和 rr），从而了解它们是否有可能在未来发生重大变化。如果发生变化，那么 ROE 或 rr 的变化有可能对增长率 g 产生什么影响？基本思想是要花时间来研究驱动增长率的力量

（ROE 和 rr），因为 DVM 本身对所用的增长率高度敏感。若采用的增长率太高，你最终也会得到太高的内在价值。当然，不利的影响是你最终会购买一只实际上不应该买入的股票。

其他股票估值方法

除了 DVM 外，市场还开发出其他的方法来为股票估值。一些不过是 DVM 的变体，而其他一些是对 DVM 的替代。使用这些方法的一个动机是寻找使得投资者可以估计不付息股票价值的方法。此外，出于多种原因，一些投资者更喜欢使用不依赖于公司盈利作为估值基础的方法。对这些投资者来说，重要的并不是盈利，而是如现金流、销售收入或账面价值之类的东西。

受到很多投资者欢迎的一种估值方法是所谓的股利和盈利法，该方法直接使用未来的股利和未来的股票出售价格作为相关的现金流。另一种是市盈率法，该方法围绕股票的市盈率来建立股票估值过程。这些方法的一个主要优点是，它们不依赖于股利作为唯一的输入变量。相应地，投资者可以使用这些方法对增长型和很少支付或不支付股利的股票进行估值。我们将对这两种方法进行深入考察，同时，也将考察一种得到股票期望收益率（百分比形式）而不是（基于美元的）"正确价格"的方法。

股利和盈利法

如前所见，一股股票的价值是未来现金流的数量和时点以及产生该收益所必须承担的风险水平的一个函数。**股利和盈利法**（dividends-and-earnings approach，D&E approach）（也叫作贴现现金流法）轻松捕捉到预期风险和收益的基本元素并在现值背景下实现。模型如下：

$$一股股票的价值＝未来股利的现值＋售出日的股票价格的现值 \qquad (8-11)$$

$$V = \frac{D_1}{(1+r)^1} + \frac{D_2}{(1+r)^2} + \cdots + \frac{D_N}{(1+r)^N} + \frac{SP_N}{(1+r)^N} \qquad (8-11a)$$

其中，

D_t ＝年份 t 的未来年股利；

SP_N ＝估计的股票在年份 N 的售出日的价格；

N ＝投资时限的年份数。

注意该模型与可变增长 DVM 的相似性。式（8-11a）是基于现值的，其价值来自未来的股利和预期未来的股票价格。这两种方法之间的巨大差异在于股利在决定未来的股票价格中所发挥的作用。也就是说，D&E 法并不是通过计算以不变速率增长的股利流的现值来估计股票的未来价值。相反，D&E 法是通过市盈率乘以未来盈利来估计未来的股票价格。由于 D&E 法的计算不需要关于股票股利流的长期估计，既适用于很少支付或不支付股利的公司，也适用于支付很多股利的股票。因此，D&E 法比 DVM 更灵活。利用 D&E 估值方法，我们聚焦于预测确定的有限投资时限内的未来股利和股价行情，正如我们在表 8-3 中对宇宙办公家具公司所做的那样。

在 D&E 分析法中尤为重要的是找到一个你可以用来预测股票的未来价格的可行的市

盈率（P/E）。由于资本利得（从而估计股票在售出日的价格）在定义证券收益水平时发挥重要作用，因此，这是这一估值过程的关键部分。利用市场或行业的 P/E 作为基准来确立一个你认为股票在未来会以此来交易的倍数。就像 DVM 中的增长率 g 一样，在 D&E 法中，P/E 是要预测的最重要的（且最难的）变量。

利用这个输入变量，再结合估计的未来的每股收益和每股股利，就得到了一个基于估计的收益来生成合理价格的基于现值的模型。给定股票预期的股利和价格行情并假定你想得到一个大于等于必要收益率的收益率，那么，这个价值就是你愿意为股票支付的价格。

【例 8 - 6】

为了理解如何使用这种方法，再次考虑宇宙办公家具公司的例子。我们回到原来的 3 年投资时限。给定表 8 - 3 中预测的年股利和股票价格，再结合 18% 的必要收益率 [之前用式（8 - 6）所计算的]，我们可以看到宇宙公司的股票价值为：

$$V = \frac{0.18}{1.18} + \frac{0.24}{1.18^2} + \frac{0.28}{1.18^3} + \frac{93.20}{1.18^3} = 0.15 + 0.17 + 0.17 + 56.72 = 57.21 \text{ 美元}$$

根据 D&E 法，宇宙公司的股票估值为大约每股 57 美元。当然，这说明我们的预测是成立的——尤其是对于我们预测的 2016 年的 EPS 和 P/E。例如，如果 P/E 从 20 下降到 17，那么一股股票的价值会下降到不足 50 美元（每股 48.75 美元左右）。给定我们对自己的预测有信心，这里计算出的现值数字意味着，只要我们能以不超过每股 57 美元的价格购买股票，我们就会实现意愿的 18% 的收益率。由于宇宙公司股票当前的交易价格是 41.50 美元左右，所以我们可以得到股票目前是一项有吸引力的投资的结论。也就是说，由于我们可以按照低于计算出的内在价值的价格来购买股票，所以我们就能赚到我们要求的收益率。

需要注意的是，如果除了几乎所有的收益都来自资本利得这一事实之外没有其他理由，那么根据大多数标准，宇宙公司都会被视为一项高风险的投资。事实上，单独的股利只解释了股票价值的不到 1%。显然，如果我们用了错误的 EPS 或 P/E，股票在 2013 年的未来价格就会完全偏离现实，我们对收益的预测也会如此。

实际上，股票估值的 D&E 法不过是 DVM 的一个变体。也就是说，不管你在 D&E 法中所用的持有期是多长，只要输入变量 g 和 D_0 假定是相同的，那么计算出的价值就与用不变增长（甚至可变增长）的 DVM 所得到的价值是一样的。需要证明吗？考虑我们之前用过的不变增长的 DVM 的例子。回想到我们所用的股票有每股 1.75 美元的当前年股利（D_0）、8% 的增长率（g）和 12% 的必要收益率（r）。我们还是用相同的股票、相同的假定，但这次我们用 D&E 法对股票估值，假定三年的投资时限。在这些条件下，增长率为 8%，股利在下一年会增长到 1.89（= 1.75×1.08）美元，在第二年会增长到 2.04 美元，在第三年会增长到 2.20 美元。同样，按照 8% 的增值率，股票价格到第三年末会上涨到 59.50 美元。利用 D&E 模型中的这些信息，股票的价值等于：

$$\text{股票价值} = \frac{1.89}{1.12^1} + \frac{2.04}{1.12^2} + \frac{2.20}{1.12^3} + \frac{59.50}{1.12^3} = 1.69 + 1.63 + 1.56 + 42.35 = 47.23 \text{ 美元}$$

注意，此处，我们最终得到了与用 DVM 得到的相同的价值。因此，不管我们使用的持有期是多长，也不管我们用的方法是 D&E 法还是 DVM，只要关于输入变量的假定是相同的，计算的股票价值就是相等的。

求出不支付股利股票的价值

不支付股利——且预期在可预见的未来也不支付股利的股票的价值会怎么样？用 D&E 法可以轻松地予以回答。利用式（8-11），简单地将所有股利均设定为 0，从而计算出的股票价值将完全来自其预期的未来价格。换言之，股票的价值将等于其持有期末的价格的现值。

例如，考虑一位正在考察一只不支付股利股票的投资者，她估计在两年的持有期末，这只股票的交易价格会是每股 70 美元左右。利用 15% 的必要收益率，这只股票的现值为：$70 \div 1.15^2 = 52.93$ 美元。当然，这个值是股票的内在价值或正确价格。只要股票的交易价格在 53 美元左右或更低，这就是一项有价值的投资。（注意：如下图所示，你可以很容易地利用计算器算出这只股票的价值。）

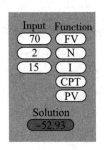

确定期望收益率

有时候，投资者觉得用期望收益率的概念比用基于美元的正确价格的概念更为方便。这不是问题，也无须牺牲股票估值的现值维度来实现这个目的。你可以利用第 4 章首次引入的（基于现值的）内部收益率（IRR）方法来求出期望收益率。这种股票估值方法使用预测的股利和价格行情，再结合当前的市场价格，从而得到你预期可以从一项既定的投资中赚取的完全复利的收益率。

为了了解股票的期望收益率如何计算，再次考察宇宙办公家具公司。利用表 8-3 中的 2014—2016 年的数据，再结合股票当前 41.58 美元的价格，你就可以确定宇宙公司股票的期望收益率。为此，你必须求出使得未来的收益流（即未来的年股利和未来的股票价格）与股票当前的市场价格相等的贴现率。换言之，求出使得未来利益的现值等于股票价格的贴现率，你就得到了 IRR，也就得到了该股票的期望收益率。

下面来看该方法如何应用。从宇宙公司的例子中，你知道股票预期在接下来的三年里会支付每股 0.18 美元、0.24 美元和 0.28 美元的股利。在第三年末，你希望以 93.20 美元的价格将股票卖掉。给定股票当前的交易价格是 41.58 美元，你是在寻找会使得（未来的年股利和股票价格）现值等于 41.58 美元的贴现率 r。也就是说，

$$\frac{0.18}{(1+r)^1} + \frac{0.24}{(1+r)^2} + \frac{0.28}{(1+r)^3} + \frac{93.20}{(1+r)^3} = 41.58 \text{ 美元}$$

你需要求解这个式子中的贴现率（现值利息因子）。通过一个"试错"过程（或者在电子表格或计算器的帮助下），你会发现在利息因子为31.3％的情况下，来自这项投资的未来现金收益的现值会正好等于41.58美元。当然，这就是你的期望收益率。因此，假定你按照41.58美元的价格购买了股票，持有三年（在此期间你收到年股利），并在三年期的期末按照93.20美元的价格将股票卖掉，那么，你可以预期宇宙公司股票会获得大约31％的完全年复利收益率。当与18％的必要收益率相比较时，31.3％的期望收益率使得宇宙公司的股票看起来像是一个非常有吸引力的投资选项。

确定不支付股利股票的收益率更简单。只要求出使得预期未来的股票价格等于其当前价格的折现率即可。例如，如果宇宙公司不支付股利，那么我们需要做的只是求出使得预期未来的股票价格93.20美元等于当前的股票价格41.58美元的折现率。利用如下图所示的计算器，我们得到期望收益率大约为30.9％。给定有股利的31.3％和无股利的30.9％，显然，来自股利的现金流在决定这只股票的潜在收益上并没有发挥很大的作用。

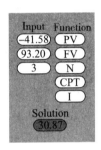

市盈率（P/E）法

到目前为止，我们所考察的股票估值方法有一个问题：它们是相当机械的。它们涉及大量的"数字运算"。虽然此类方法对一些股票来说没问题，但对其他一些股票则不适用。幸运的是，还有一种更为直观的方法。这个替代性方法就是股票估值的**市盈率法**（price-to-earnings approach，P/E法）。

P/E法是专业证券分析师最喜欢的一种方法，并在实践中被广泛应用。该方法使用相对简单，是建立在第7章第一次引入的标准P/E［式（7-14）］的基础之上的。当时，我们指出，股票的市盈率等于其市场价格除以股票的EPS。利用这个公式并求解股票的市场价格，我们有：

$$股票价格＝EPS×市盈率 \tag{8-12}$$

式（8-12）从根本上体现了股票估值的P/E法。也就是说，给定一个估计的EPS数字，选取一个你感到对该股票来说合适的市盈率。接着，你将这个数字代入式（8-12）来看得到了什么样的价格以及这个价格与当前的股票价格相比怎么样。

实际上，这种方法与每天市场上所用的方法是相同的。你可以看《华尔街日报》或雅虎财经在线的股票报价。报价中包括了股票的市盈率，并显示投资者为了1美元的盈利愿意支付多少资金。本质上，这个比率将公司过去12个月的每股收益（即四季收益）与股票的最新价格联系起来。然而，实践中，投资者购买股票不是为了其过去的盈利，而是为了其预期的未来盈利。因此，在式（8-12）中，使用预测的下一年的EPS是约定俗成的，也就是说，使用预测的一年后的盈利。

要应用 P/E 法，你必须做的第一件事情是得到预期下一年的 EPS 数字。在本章的前半部分，我已经了解应该如何预测［见式（8-2）和式（8-3）］。给定预测的 EPS，下一步是评估决定 P/E 的变量。大部分的评估都是直觉性的。例如，你会考察股票的预期盈利增长率、公司资本结构或股利的任何潜在重大变化以及任何其他因素，譬如可能影响股票的 P/E 倍数的相对的市场或行业 P/E 倍数。你可以利用这些输入变量来得到一个基准的 P/E。如有必要，接下来再调整该基准以考虑感知到的市场状态和预料到的通货膨胀率。

结合估计的 EPS，通过式（8-12）我们得到了计算股票的交易价格所需的 P/E。例如，设某只股票当前的市场价格是 37.80 美元。据估计，从现在开始一年之后，该股票会有每股 2.25 美元的 EPS。如果你觉得该股票的 P/E 应该等于 20，那么该股票就应该估值为每股 45（＝2.25×20）美元。通过将这个目标价格与股票当前的市场价格进行比较，你就可以决定该股票是否值得买。在这个例子中，你会认为该股票被低估了，从而值得买入，因为计算的股票价格 45 美元大于其市场价格 37.80 美元。

虽然这是 P/E 法的主要应用，但你会发现，这种方法的一个变体也被用于 D&E 法和 IRR 法。也就是说，通过使用 EPS 和 P/E 的估计数字，你可以得到预期的在给定的投资时限末的股票价格。代入可能收到的所有股利，把现金流（股利和未来的股票价格）贴现到当前，你要么得到像在 D&E 法中的正确价格，要么得到像在 IRR 法中的期望收益率。

其他与价格相关的方法

正如我们在 P/E 法中看到的，价格相关的方法将其估值建立在一股股票的价值与一家给定的公司业绩特征，如每股盈利，直接联系的假定基础之上。这些方法涉及大量的判断和直觉，并高度依赖于分析师的市场经验。除了 P/E 法之外，还有几种其他的相对价格方法被投资者使用。出于某种原因，投资者想用除盈利之外的一些其他指标，包括：

（1）市价现金流比率（P/CF）；

（2）市销率（P/S）或市价营收比；

（3）市净率（P/BV）或市账率，即市价账面价值比。

像 P/E 乘数一样，这些方法通过将股票价格与现金流、销售收入或账面价值相联系来确定股票价值。我们依次考察每个指标，以便理解各个指标是如何用于股票估值的。

投资者事实

自由现金流量

现金流量不仅显示公司抵消生产产品和服务成本的能力，而且显示其为股东产生额外现金流量的能力。了解公司做得怎么样的一种方法是确定其"自由现金流量"：经营活动产生的现金流量（如从现金流量表中得到的）减去公司的资本支出和股利支付。自由现金流量被视为在公司认为最有利的时候可以使用的"超额"现金流量。在有强大的自由现金流量的情况下，公司可以偿还债务、开发新产品、回购股票以及增加股利发放。显然，公司的自由现金流量越大，对股东来说就越好。

市价现金流比率法

这个指标长期以来一直受到某些投资者的欢迎，这些投资者认为与净盈利相比，现金流提供了更准确的关于公司真实价值的信息。当被用于股票估值时，该方法几乎与 P/E 法完全相同。也就是说，分析师用 P/CF 再加上预测的每股现金流一起来估计股票的价值。

虽然该方法是相当直接的，但这个方法也有一个问题——如何定义合适的现金流指标。虽然一些投资者使用从现金流量表中得到的经营活动产生的现金流量，但其他一些投资者则使用自由现金流量。专业分析师最喜欢的一个指标是息税折摊前利润 EBITDA（扣除利息、税收、折旧、摊销前的利润），我们下面就使用这个指标。EBITDA 是将主要的非现金支出（折旧和摊销）加回经营利润（EBIT）代表的"现金盈利"。

市价现金流比率计算如下：

$$P/CF = \frac{普通股的市场价格}{每股现金流量} \tag{8-13}$$

其中，每股现金流量＝EBITDA÷发行在外的普通股数。

在你可以用 P/CF 法来评估一只股票的当前市场价格之前，你首先必须得到预测的一年后的每股现金流量，其次还要定义一个要用到的合适的 P/CF。对大多数公司来说，现金流量（EBITDA）数字大于股东可得的净利润的可能性很大。因此，现金流量倍数很可能会小于 P/E。在任何情况下，一旦你（主观上在所有历史市场信息的帮助下）确定了合适的 P/CF，用它再乘以预期从现在开始一年后的每股现金流量，就可以求出股票该有的交易价格。也就是说，计算出的一股股票的价格＝每股现金流量×P/CF。

【例 8-7】

假定一家公司当前正产生 3.25 亿美元的 EBITDA，预期在未来 12 个月会增长约 12%，达到 3.64（＝3.25×1.12）亿美元。假定公司有 560 万股发行在外的股票。在每股基础上，公司的预期每股现金流量是 6.50 美元。如果我们觉得这只股票应该按照其预测的每股现金流量的大约 8 倍来交易，那么该股票应该估值为每股 52 美元左右。因此，如果该股票当前的市场交易价格是 45.50 美元（即为其预测的每股现金流量的 7 倍），我们可以再次得出该股票被低估的结论，从而该股票应被视为一个可行的投资选项。

市销率法与市净率法

一些公司，如高科技创业公司，几乎没有盈利。即使它们有一些盈利，往往波动性也相当大，从而高度不可预测。在这些情形中，基于盈利（甚至现金流量）的估值过程用处不大。因此，投资者转而寻求其他方法——例如，那些基于销售收入和账面价值的方法。虽然公司也许没有很多的利润，但它们总是有销售收入和一些账面价值的。（正如第 7 章所指出的，账面价值不过是权益或净值的另一种表述。）

投资者使用 P/S 法和 P/BV 法就像使用 P/E 法和 P/CF 法一样。回想起我们在式 (7-19) 中将 P/BV 定义如下：

$$P/BV = \frac{普通股的市场价格}{每股账面价值}$$

我们可以按类似的方式来定义 P/S：

$$P/S = \frac{普通股的市场价格}{每股销售收入}$$

(8-14)

其中，每股销售收入等于净年销售收入（或收入）除以发行在外的股份数。

很多爱捡便宜货的投资者寻找 P/S 等于或小于 2.0 的股票。他们认为这些证券提供了最大的未来价格增值潜力。对这些投资者尤其有吸引力的是等于或小于 1.0 的非常低的 P/S。想想吧：比如说在 P/S 为 0.9 的情况下，你只用 90 美分的价格就能购买 1 美元的销售收入！只要公司不是完全没有希望的，如此低的 P/S 无疑是值得拥有的。

请牢记，虽然重点放在低的 P/S 上，但高的 P/S 也不一定是坏事。要确定一个高的倍数是否合理——如超过 3.0 或 4.0，就要考察公司的净利率。一直可以得到高净利率的公司通常有高的 P/S。有一个需要记住的估值法则：高利润率与高的 P/S 相伴而生。这也讲得通，因为有高利润率的公司将更多的销售收入转化为利润形式的终极目标。

你还会期待有低的 P/BV 指标，但可能不会像 P/S 那么低。事实上，除非市场变得整体被高估（想想 1999 年和 2000 年发生的事情），否则，大部分股票很可能按照不到账面价值 3 到 5 倍的倍数来交易。在这个例子中，不像 P/S，通常没有存在异常高的 P/BV 的理由——除非对于那些在其资本结构中有异常低的股权水平的公司。除此之外，高的 P/BV 几乎总是由"过度繁荣"引起的。一般而言，当股票开始按照账面价值的 7 或 8 倍交易时，股价正被高估。

> **投资者事实**
>
> **Fender 的要约**
>
> 2012 年 7 月，一家著名的吉他制造商 Fender 乐器公司发布公告称其有上市的打算，在 IPO 中公司的估值接近 4 亿美元。当时公司的收入约为 7 亿美元，这意味着，Fender 的 P/S 是 1.75，与那些往往主导着 IPO 市场的雄心勃勃的高科技公司相比，这是一个非常低的倍数。

> **投资者错误**
>
> **短期增长**
>
> 所谓的价值型股票是有低的市净率的股票，而成长型股票有相对高的市净率。很多研究表明，价值型股票的表现优于成长型股票，也许是因为投资者高估了过去曾快速成长的公司还会继续保持快速发展的可能性。

概念复习

答案参见 www.pearsonhighered.com/smart。

8.6 简要描述股利估值模型和这种模型的三种形式。解释 CAPM 是如何被纳入 DVM 中的。

8.7 可变增长的股利估值模型与股票估值的股利和盈利（D&E）法之间的区别是什么？如果你打算对一只很少支付或完全不支付股利的成长型股票进行估值，哪种方法更好？请解释。

8.8 你会如何求出一只股票的期望收益率？说明它如何被用于股票估值过程。

8.9 简要描述股票估值的 P/E 法并说明这种方法如何不同于可变增长的 DVM。描述 P/CF 法并说明该方法是如何被用于股票估值过程的。比较 P/CF 法和 P/E 法，说明每种方法的相对优势和劣势。

8.10 简要描述 P/S 并解释它是如何用于股票估值的。为什么不能只用 P/E? P/S 与 P/BV 有何不同?

我的金融实验室

下面是学完本章之后你应该知道的内容。**我的金融实验室**会在你需要练习的时候帮助你识别你知道什么以及去哪里练习。

你应该知道的	重要术语	去哪里练习
目标 1: 解释公司的未来在股票估值过程中的作用。证券分析的最后阶段涉及对具体公司及其股票的投资价值的评估。这里的重点是形成关于公司的前景和股票的风险和收益的预期。尤其是，我们会想了解股票未来的盈利、股利和股价，这些最终都将是收益的基础	共同比利润表 相对 P/E 股票估值 目标价格	我的金融实验室学习 计划 8.1 Excel 表格 8 - 1
目标 2: 形成对一只股票的预期现金流的预测，从公司的销售收入和盈利开始，再到预期股利和股票价格。由于一股股票的价值是其未来收益的函数，因此，投资者必须努力形成关于公司的未来会怎么样的预期。首先考察公司的预期销售收入和盈利，接着将这些数据转换为预期的股利和股价。这些变量定义了一项投资的未来现金流，进而是投资收益	估值	我的金融实验室学习 计划 8.2 Excel 表格 8 - 3
目标 3: 讨论内在价值和必要收益率的概念，并说明如何使用这些概念。如展望的销售收入、预期的盈利和估计的股利这样的信息在确立内在价值时是非常重要的。内在价值是关于股票应该价值多少的一个基于期望收益和风险敞口的指标。一个关键要素是投资者的必要收益率，必要收益率被用于确定在给定股票风险敞口的情况下，股票应该获得的收益	必要收益率	我的金融实验室学习 计划 8.3 问题 P8.18 的视频学习辅导
目标 4: 利用零增长、不变增长和可变增长的股利估值模型来确定股票的内在价值。股利估值模型（DVM）从股票的未来股利增长中推导一股股票的价值。DVM 有三种形式。零增长的估值模型假定股利是固定且不会改变的。不变增长的估值模型假定股利会按照一直不变的速率增长。可变增长的估值模型假定在最终趋向于不变的增长率之前，股利一开始会按可变的（或异常高的）速率增长	股利估值模型（DVM）	我的金融实验室学习 计划 8.4 Excel 表格 8 - 4 问题 P8.9 的视频学习辅导

你应该知道的	重要术语	去哪里练习
目标 5：利用其他类型的基于现值的模型以及各种备选的相对价格方法来推导股票价值。 DVM 对某些类型的股票非常适用，但对其他股票则适用性不高。投资者会求助于其他股票估值方法，包括 D&E 法和 IRR 法，也包括某些与价格相关的方法，如 P/E 法、P/CF 法、P/S 法和 P/BV 法。D&E 法使用有限的投资时限来推导基于现值的"正确价格"。投资者也可以通过找出使得股票的未来现金流与其当前的市场价格相等的折现率来确定股票的期望收益率（借助 IRR）。还有若干种相对价格方法，如 P/E 法，该方法使用预期的 EPS 和股票的 P/E 来确定股票是否是被公平定价的	股利和盈利（D&E）法 市盈率（P/E）法	我的金融实验室学习计划 8.5 问题 P8.18 的视频学习辅导
目标 6：基本理解对不同类型股票估值所用的方法，从传统付息股票到更注重增长的股票。 各种类型的股票估值模型在市场上都被使用，本章考察了 9 种广泛使用的方法。在股票估值中显而易见的一件事是，某一种方法一定不会适用于所有情形。一些方法（如 DVM）非常适用于成熟的、支付股利的公司。其他方法（如 D&E、IRR、P/E 和 P/CF）则更适用于成长型公司，这类公司不支付股利。其他的相对价格法（如 P/S 和 P/BV）经常被用于对有很少或没有盈利或者盈利记录不稳定的公司进行估值		我的金融实验室学习计划 8.6

登录**我的金融实验室**，做一个章节测试，取得一个个性化的学习计划，该学习计划会告诉你，你理解哪些概念，你需要复习哪些。在那儿，**我的金融实验室**会提供给你进一步的练习、指导、动画、视频和指引性解决方法。登录 www.myfinancelab.com

讨论题

Q8.1　利用校园里或公共图书馆里的资源，从价值线（的报告）中选择一家你感兴趣的公司。（提示：选取一家已经上市至少 10 年的公司，不要选公用事业公司、银行和其他金融机构。）获取一份价值线中最新的关于你选择的公司的研究报告。利用价值线报告的历史和预测数据，再结合一种本章介绍的估值方法，计算你愿意为该股票支付的最大价格（即正确价格）。利用 CAPM 求出你的股票的必要收益率。（使用 12% 的市场收益率，无风险利率为最新的 3 个月期国库券利率。）

a. 你计算的正确价格与该股票最新的市场价格相比怎么样？

b. 你认为这只股票是一个有价值的投资选项吗？请解释。

Q8.2 在本章中，我们考察了9种股票估值方法：

(1) 零增长的DVM；

(2) 不变增长的DVM；

(3) 可变增长的DVM；

(4) 股利和盈利（D&E）法；

(5) 期望收益率（IRR）法；

(6) P/E法；

(7) P/CF法；

(8) P/S法；

(9) P/BV法。

a. 当试图为下列各项估值时，上述方法中的哪一种（或几种）是合适的？

(1) 支付很少或不支付股利的成长型股票；

(2) 标准普尔500指数；

(3) 一家只有短暂的盈利历史的相对新的公司；

(4) 一家大型、成熟和支付股利的公司；

(5) 支付固定股利的优先股；

(6) 一家有大量折旧和摊销的公司。

b. 对于上面列举的9种方法，你认为哪3种方法是最好的？请解释。

c. 如果你在实践中必须只选择1种方法来使用，会选择哪种？请解释。（注意：把你的选择限定在上述列表内。）

Q8.3 解释未来在股票估值过程中所发挥的作用。为什么不是把估值仅建立在历史数据基础之上？解释股票的内在价值与其必要收益率是如何联系在一起的。说明必要收益率上升对股票价值有什么影响。

Q8.4 假定一位投资者使用不变增长的DVM对一只股票进行估值。下列各种情形会影响到计算出的股票价值。分别考察这些情形中的每一种，并说明它是否会引起计算的股票价值的上升，下降或保持不变。简要解释你的答案。

a. 股利支付率上升；

b. 股票的贝塔上升；

c. 权益乘数下降；

d. 国库券利率下降；

e. 净利率上升；

f. 总资产周转率下降；

g. 市场收益率上升。

自始至终假定当前的股利（D_0）保持不变，模型中的所有其他变量也都不变。

问题

P8.1 一位投资者估计Dursley's Hotels公司明年的销售收入会是1亿美元左右。公司有500万股的发行在外股票，产生10%左右的净利润率，股利支付率是50%。预期所有数字在下一年也成立。给定这些信息，计算下列各项：

a. 估计的下一年的净盈利；

b. 下一年的每股股利；

c. 预期的股票价格（假定市盈率是 24.5）；

d. 预期的持有期收益率（最新的股票价格为每股 40 美元）。

P8.2　Growth 公司在 2011 年有 5 500 万美元的销售收入，预期在 2014 年会有 8 365 万美元的销售收入。公司在 2011 年的净利润率是 5%，预期到 2014 年会上升到 8%。请估计公司 2014 年的净利润。

P8.3　Granger Toothpaste 公司有总额 4 亿美元的股权和 1 亿股的发行在外股票。公司的 ROE 是 20%。计算公司的 EPS。

P8.4　Goodstuff 公司有总额 5 亿美元的股权和 1 亿股的发行在外股票。公司的 ROE 是 15%，股利支付率是 33.3%。计算公司的每股股利（近似到最小货币单位）。

P8.5　HighTeck 公司有 15% 的 ROE。每股收益是 2.00 美元，每股股利是 0.20 美元。请估计 HighTeck 公司的增长率。

P8.6　去年，InDebt 公司支付了 7 500 万美元的利息费用，该年的平均利率是 10%。公司的 ROE 是 15%，公司没有支付股利。假定利率会下降 25% 且公司保持 20% 的不变的权益乘数，估计下一年的利息费用。

P8.7　梅丽莎·波普（Melissa Popp）正在考虑按每股 48 美元的价格购买 R. H. Lawncare Equipment 公司的一些股票。她预期在未来的 3 年里，股价会上涨到 60 美元。她还预期在此期间会收到每股 4 美元的年股利。

a. 给定 12% 的必要收益率，这只股票的内在价值是多少？

b. 股票的期望收益率是多少？

P8.8　预期 Amalgamated 飞机零部件公司在来年会支付每股 1.50 美元的股利。它的必要收益率是 16%，预期股利会按每年 7% 的速度增长。利用股利估值模型，求出公司普通股的内在价值。

P8.9　丹尼（Danny）正在考虑购买股票。该股票支付每股 2.00 美元的不变的年股利，当前的交易价格是 20 美元。丹尼对这只股票的必要收益率是 12%。他应该购买这只股票吗？

P8.10　拉里（Larry）、莫（Moe）和柯利（Curley）是三兄弟。他们都是谨慎的投资者，但是每个人都有不同的股票估值方法。老大拉里喜欢用一年的持有期来对普通股估值。老二莫喜欢用多年的持有期。老三柯利更喜欢股利估值模型。

不出所料，三兄弟目前都在考察同一只股票——American Home Care Products 公司（AHCP）。该公司已经在纽约证券交易所上市了超过 50 年，并被广泛认为是一只成熟的、稳定的、支付股利的股票。三兄弟已经搜集了关于 AHCP 股票的如下信息：

当前的股利（D_0）＝2.50 美元/股；

期望增长率（g）＝9.0%；

必要收益率（r）＝12.0%。

三人都赞同这些变量是合适的，他们在对股票估值时会使用这些变量。拉里和莫打算用 D&E 法，柯利准备用不变增长的 DVM。拉里会用一年的持有期，他估计在 9% 的增长率下，股价到年末会上涨到 98.80 美元。莫会用三年的持有期，在相同的 9% 的增长率下，他预测到他的投资时限末的未来股票价格是 117.40 美元。柯利会用不变增长的 DVM，从而不需要考虑持有期。

a. 利用上面提供的信息对股票估值，先用拉里的方法，再用莫的方法，最后用柯利的方法。

b. 对你的结果进行评论。哪种方法看起来最合理？

P8.11　假定你已经生成关于 Bufford's Burger Barns 股票的下列信息：公司最近每股 4 美元的股利预期到明年会增长到 4.32 美元，到第二年会增长到 4.67 美元，到第三年会增长到 5.04 美元。此外，预期股价会从其当前的 56.50 美元上涨到三年后的 77.75 美元。

a. 利用股利与盈利模型以及 15% 的必要收益率，求出该股票的价值。

b. 利用 IRR 法求出股票的期望收益率。

c. 给定预期股利会以 8％ 的速度一直增长下去，利用 15％ 的必要收益率和股利估值模型求出股票的价值。

d. 假定第三年的股利确实等于 5.04 美元，股利增长率保持在 8％，必要收益率保持在 15％。利用股利估值模型求出第三年末的股票价格。[提示：在这种情况下，股票的价值将取决于第四年的股利，股利等于 $D_3 \times (1+g)$。] 你注意到在你的答案与问题中给出的预测的股票价格（77.75 美元）之间有什么相似性吗？请解释。

P8.12　让我们假定你正在考虑购买西海岸电气公司的股票。到目前为止，在你的分析中，你发现了下述信息：该股票支付每股 2.50 美元的年股利（预期在随后的几年里不会变化——任何其他变量也不会变化）。该股票按 18 倍盈利的 P/E 交易且有一个 1.15 的贝塔。此外，你打算在 CAPM 中使用 7％ 的无风险利率，再结合 14％ 的市场收益率。你想要持股三年，你认为到该时间末 EPS 会达到每股 7 美元左右的峰值。给定股票当前的交易价格是 70 美元，利用 IRR 法求出这只证券的期望收益率。现在，利用现值（股利与盈利）模型对这只股票进行估值。对你来说这看起来像是一项不错的投资吗？请解释。

P8.13　Myrtle's Plumbing Supply 公司的股价目前是 80 美元。该公司不支付股利。博萨德（Bossard）小姐预期从现在开始四年后的股价会是每股 110 美元。如果她渴望得到 10％ 的收益率，她应该购买 Myrtle's Plumbing Supply 公司的股票吗？请解释。

P8.14　今年，Shoreline Light and Gas（SL&G）向其股东支付了每股 3 美元的年股利。一家主要的经纪公司最近推出的一份关于 SL&G 的报告声称，在它看来，公司的年股利在随后五年的每一年会按每年 10％ 的速度增长，接着会稳定下来且自此之后会按每年 6％ 的速度增长。

a. 利用可变增长的 DVM 和 12％ 的必要收益率求出你愿意为这只股票支付的最高价格。

b. 重做 a 部分关于 SL&G 的问题，这次假定在第五年之后，股利完全停止增长（第六年及之后，$g=0$）。利用给出的所有信息求出股票的内在价值。

c. 比较两个结果并对你的结果进行评论。增长对这个估值模型有多重要呢？

P8.15　假定有 3 家公司，每家公司在去年都支付了正好相等的每股 2.25 美元的年股利。此外，3 家公司中各家未来的股利年增长率估计如下：

Buggies-Are-Us	Steady Freddie 公司	Gang Buster Group	
$g=0$	$g=6\%$	年份	股利（美元）
（即预期股利会保持在每股 2.25 美元）	（对可预见的未来）	1	2.53
		2	2.85
		3	3.20
		4	3.60
		第五年及之后：$g=6\%$	

再假定由于一些奇怪的事情，这 3 家公司都有相同的必要收益率（$r=10\%$）。

a. 利用合适的 DVM 对每家公司进行估值。

b. 简要评述这 3 家公司的比较价值。这 3 家公司估值上的差别的主要原因是什么？

P8.16　新世纪公司的股票按 21 倍盈利的市盈率出售。预期在随后五年的每一年，公司都会支付每股 2 美元的股利，并在第五年产生 5 美元的 EPS。利用股利与盈利模型以及 12％ 的折现率，计算该股票的正确价格。

P8.17　一家特定的公司目前有 2.5 亿美元的销售收入，预期销售收入明年会增长 20％（年份 1）。对明年之后的年份（年份 2），预期销售收入增长率等于 10％。在随后两年的每一年，预期该公司都有 8％ 的净利率和 50％ 的股利支付率，并保持发行在外的普通股为 1 500 万股。股票总是按 15 倍盈利的市

盈率来交易，投资者的必要收益率是 20%。给定这些信息，

    a. 求出股票的内在价值（其合理的价值）；

    b. 利用 IRR 法来确定股票的期望收益率，给定当前的交易价格是每股 15 美元。

    c. 对年份 1 和年份 2，求出这只股票的持有期收益率。

    P8.18 假定一家主要的投资服务公司刚刚给予 Oasis Electronics 公司最高的投资评级，以及一个强烈的买入建议。因此，你决定自己了解一下并对公司股票进行估值。下面是你发现的东西：Oasis 今年向其股东支付了每股 3 美元的年股利，但是，由于其高的盈利增长率，预期其股利在随后的四年里会按每年 12% 的速度增长，接着稳定到每年 9%。到目前为止，你已经了解到该股票的贝塔等于 1.80，无风险收益率是 6%，市场的期望收益率是 11%。利用 CAPM 求出必要收益率并对这只股票进行估值。

    P8.19 Consolidated 软件公司目前不支付任何股利，但预期四年后开始支付股利。也就是说，Consolidated 公司将有三年多的时间不支付股利，接下来，预期会在第四年支付其首次股利（每股 3 美元）。一旦公司开始支付股利，预期就会一直持续下去。预期公司会有 40% 的股利支付率且会保持 20% 的权益收益率。根据 DVM，再给定 15% 的必要收益率，你现在愿意为这只股票支付的最高价格是多少？

    P8.20 假定你得到的关于某家公司的如下信息：

总资产	50 000 000 美元
总权益	25 000 000 美元
净收入	3 750 000 美元
EPS	5.00 美元/股
股利支付率	40%
必要收益率	12%

利用不变增长的 DVM 来给出这家公司股票的价值。

    P8.21 你正在考虑购买 Affiliated 电脑公司的一些股票，并想用 P/E 法来为股票估值。你已经估计出明年的盈利会是每股 4 美元左右。此外，虽然该股票通常是按相对于市场 1.15 倍的 P/E 来交易，但是你认为相对 P/E 会上升到 1.25，而市场的 P/E 会是大约 18.5 倍的盈利。给定这些信息，你愿意为这只股票支付的最高价格是多少？如果你今天按 87.50 美元的价格买了这只股票，如果股票价格到年末上涨到 110.00 美元，你在随后的 12 个月里能赚取多少收益率呢？

    P8.22 AviBank Plastics 公司在过去的 12 个月里产生了 2.75 美元的 EPS。预期公司的盈利在下一年会增长 25%，由于发行在外的股份数不会有大的变化，EPS 会以大致相同的速度增长。你认为该股票应该按大概 30 倍盈利的市盈率来交易。利用 P/E 法来为这只股票估值。

    P8.23 Newco 是一家尚未获利的新公司。你正在尝试对该股票进行估值，但股票不支付股利，你显然无法计算市盈率。因此，你决定考察与 Newco 公司处于同一行业的其他公司来看看能否找到一种对这个公司进行估值的方法。你发现如下信息：

	每股数据（美元）			
	Newco	Adolescentco	Middle-Ageco	Oldco
销售收入	10	200	800	800
利润	−10	10	60	80
账面价值	−2	2	5	8
市场价值	?	20	80	75

估计 Newco 的市场价格。讨论在预期 Newco 的增长会比其他公司快得多的情况下你的估计会如何

变化。

P8.24　World Wide Web Wares（简称4W）是一家在线的小型厨房器具零售商。该公司业已存在若干年并为自己建立了不错的市场地位。事实上，虽然数量相当少，但公司去年确实产生了利润。在对该公司做了一些基础性的研究工作之后，你决定再深入考察。你打算用P/S为股票估值，你已经搜集了如下网上零售商的股票的P/S值：

公司	P/S
Amazing.com	4.5
ReallyCooking.com	4.1
Fixtures & Appliances Online	3.8

求出这3家公司的平均P/S。如果预期4W公司明年会产生4 000万美元的销售收入，会有1 000万股发行在外的股票，利用你前面计算的平均P/S给出4W公司股票的价值。

访问www.myfinancelab.com来获得网络练习、电子表格和其他在线资源。

案例题8-1

克里斯为新得到的财富寻找投资方式

克里斯·诺顿（Chris Norton）是一位年轻的好莱坞编剧，正在进入电视超级明星的行列。在写了几部成功的电视剧之后，最近他被任命为一部电视顶级情景喜剧的首席编剧。克里斯清醒地认识到自己的事业是变化无常的，在父亲和经理的建议下，他决定建立一个投资计划。克里斯今年能赚到50万美元。考虑到自己的年龄、收入水平以及想从投资资金中尽量大赚一笔的愿望，他决定投资于投机性高的成长股。

克里斯目前正在与一位比佛利山的著名经纪人合作，正准备建立一个分散化的投机股的股票组合。经纪人最近给克里斯发来关于一只热门的新股票的信息。她建议克里斯研究一下财务数字，如果他喜欢的话，就买1 000股。公司随后三年的销售收入预测如下：

年份	销售收入（百万美元）
1	22.5
2	35.0
3	50.0

公司有250股普通股发行在外。该股票当前的交易价格是每股70美元且不支付股利。公司有20%的净利率，其股票一直按大约40倍盈利的市盈率在交易。预期所有这些经营特征在未来还会保持下去。

问题

a. 首先考察股票：

（1）对随后三年的每一年，计算公司的净利润和EPS。

（2）计算从现在开始三年后的股票价格。

（3）假定所有预期都成立且克里斯按70美元的价格买了股票，确定他在这项投资上的期望收益率。

（4）他买这只股票面临哪些风险？说得具体些。

（5）他应该把这只股票视为一个有价值的投资选项吗？请解释。

b. 从整体上考察克里斯的投资计划：

（1）你如何看待他的投资计划？你如何看待该投资的优点和缺点？

（2）你有什么建议吗？

（3）你认为克里斯应该考虑在其投资组合中加入外国股票吗？请解释。

分析一只潜力股

马克·多迪耶（Marc Dodier）是一位刚从大学毕业的研究生，并在位于堪萨斯城的证券公司 Lippman, Brickbats and Shaft 担任证券分析师。马克一直在跟踪一只华尔街最热门的股票 C&I Medical Supplies，这家公司最近提交了一份不错的业绩，更重要的是，公司已经展现出出色的增长潜力。公司有 500 万股发行在外股票并支付每股 5 美分的名义年股利。马克决定认真考察一下 C&I 来看看它是否还有一些未挖掘的投资价值。假定公司过去五年的销售收入如下：

年份	销售收入（百万美元）
2009	10.0
2010	12.5
2011	16.2
2012	22.0
2013	28.5

马克关心的是公司的未来前景，而不是过去。因此，他钻研数字并生成如下未来业绩估计：

预期净利润率	12%
预期每股年股利	5 美分
发行在外的普通股数	没有变化
2014 年末的市盈率	35
2015 年末的市盈率	50

问题

a. 确定过去五年的年均增长率。（假定 2008 年的销售收入等于 750 万美元。）

（1）利用这个年均增长率预测下一年（2014 年）的收入和再下一年（2015 年）的收入。

（2）现在在随后两年的每一年（2014 年和 2015 年）确定公司的净利润和 EPS。

（3）最后，确定预期股票在这个两年期的期末的未来价格。

b. 由于几种内在因素和市场因素，马克觉得合意收益率的一个可行的数字是 25%。

（1）利用 25% 的收益率和你在问题 a 中得到的预测数字，计算股票的正确价格。

（2）如果 C&I 当前的交易价格是每股 32.50 美元，那么马克应该把该股票视为一个有价值的投资选项吗？请解释。

Excel 电子表格

估值过程的本质是确定证券的内在价值，其中，投资者会计算预期投资的未来现金收益的现值。具体就普通股而言，这些未来现金流是由预期未来的股利支付和未来的潜在价格增值来定义的。一种看待股票价值的简单但有用的方式是：股票价值等于预期股票在未来无穷时限内会提供的所有股利的现值。

基于这个概念，股利估值模型（DVM）历经演变。该模型可以表现为三种形式中的任何一种——零增长模型、不变增长模型和可变增长模型。

创建一个将可变增长模型用于预测 Rhyhorn 公司普通股内在价值的电子表格。假定股利在随后的三年里（2013 年、2014 年和 2015 年）会按可变的速度增长。在此之后，预期股利的年增长率会是 7％并在可预见的未来保持不变。从最新（2012 年）的每股 2 美元的年股利开始，估计 Rhyhorn 的盈利和股利在2013 年会增长 18％，在 2014 年会增长 14％，在下降到 7％之前的 2015 年会增长 9％。给定公司的风险特征，假定必要收益率至少为 12％。你在 www.myfinance.lab.com 上可以看到电子表格表 8 - 4 对解决这个问题是一个很好的参考。

问题

a. 计算 2013 年、2014 年和 2015 年的预测年股利。

b. 确定在初始可变增长时期的股利的现值。

c. 你认为 Rhyhorn 股票在初始成长时期末（2015 年）的价格会是多少？

d. 已经在 c 部分确定了 Rhyhorn 股票的预期未来价格，将该股票价格折现得到现值。

e. 根据上面的计算，确定 Rhyhorn 股票总的内在价值。

本章开放问题

在本章开始的时候，你读到一份 Bed Bath & Beyond（BBBY）公司 2012 年的盈利公告，在公告中，该季度的每股盈利为 0.89 美元。我们做一个简单的假定，即该年的盈利是季度的 4 倍，也就是每股 3.56 美元。在公告发布的时候，股票在美国的平均 P/E 接近于 15。

a. 如果你用市场 P/E 和 BBBY 的当前盈利来估计股票的内在价值，得到的价值是多少？

b. 在盈利公告之后 BBBY 的实际股价是 69 美元左右。对于你在 a 部分的答案，这告诉了你什么？

c. 假定 BBBY 公司将其所有盈利都作为股利发放出去并假定投资者预期公司会永远这样做。由于该公司没有将任何盈利进行再投资，投资者预期股利不会增长。如果 BBBY 股票的必要收益率是 9％，那么股票价格是多少？

d. 根据 BBBY 公司当时的市场价格，评论你在 c 部分得到的答案。

第 9 章　市场有效性与行为金融学

学习目标

学完本章之后，你应该能够：

目标 1：描述有效市场的特征，解释市场异常现象是什么，说明在市场有效时投资者面临的一些挑战。

目标 2：概括表明股票市场有效的证据。

目标 3：列举四个会导致投资者在其投资决策中犯系统性错误的"决策陷阱"。

目标 4：解释行为金融学如何将市场异象与投资者的认知偏差联系起来。

目标 5：描述一些技术分析方法。

目标 6：对个股和整体市场计算并使用技术交易规则。

在电视节目《谁想成为百万富翁?》中，参赛者为了 100 万美元的奖金要回答一系列无价值的问题。一个错误答案就会让参赛者带着小小的安慰奖遗憾地回家，但是，当参赛者对一个问题的答案感到不确定时，他们可以使用几种"求助热线"之一。在节目的一个早期版本中，一种求助热线允许给朋友打电话寻求帮助。这些"打给朋友的"电话的成功率大约是 65%。

与节目的另一种求助热线——对观众的简单调查——91% 的成功率相比，这一成功率显得黯然失色。观众调查之所以管用是因为不知道答案的那些观众只是猜测一下，将其选择随机地分散在答案的四个选项中。知道答案的观众的反馈则集中在正确的答案上，这导致正确的反馈获得最大的票数。因此，忽视观众的智慧又能在节目中坚持下去的参赛者是罕见的。

这与投资有什么关系？估计一家公司股票的价值比回答无价值的问题要难得多。很多变量都会影响一只股票的价值，关于这些变量的相关信息在不同时间对不同投资者是可得的。此外，数以万计的专业投资者在跟踪股票市场，刺探信息以获得相对于其他投资者的优势。根据一个著名的理论，即有效市场假说，所有这些分析的最终结果是市场价格是正确的，正如观众调查在大部分时间里都是正确的一样。一只股票的市场价格反映了投资者关于该证券所知的一切信息，市场所知的全部信息大于任何单个投资者所知的信息。因此，若投资者购买一只股票，并认为市场价格没有反映股票的真实价值，这就相当于《谁想成为百万富翁？》中的参赛者拒绝观众调查的结果。有明显的证据表明这种策略是极少成功的，如果市场是有效的，那么投资者在下注市场高估或低估某只特定股票之前，明智的做法是三思而后行。

资料来源：James Surowiecki，*The Wisdom of Crowds*，www.randomhouse.com.

有效市场

在一些观察者看来，股票市场不过是某种形式的合法赌场。他们认为，股票价格几乎是随机变动的，与经济中正在发生的事情或具体公司实现的财务成果没有实际联系。在秉持这种观点的那些人看来，市场的大幅波动是由像贪婪和恐惧之类的情绪驱动的，而不是由经济基本面驱动的。在本章中，我们将研究股票市场（和其他金融市场）价格与实际经济状况之间的联系，我们要问的是，股票价格是否受到以及如何受到人类情绪的影响。

先来看图9-1，该图显示了沃尔玛报告的从2000年到2012年的季度收入。快速扫一眼这张图就会发现两个明显的模式。首先，沃尔玛的收入随着时间的推移在增长。2012年初，该公司报告的第一季度的收入是1 130亿美元，超过了2000年同一季度产生的收入的两倍。也许更显著的模式是，每年都明显有一个季度，在这个季度中，沃尔玛获得的销售收入高于其他任何季度。这些季度收入峰值在图9-1中用黑点标示，对应于沃尔玛第四个季度的收入。换言之，在自2000年之后的每一年中，沃尔玛在该年的最后三个月比其他季度出售的产品更多，这是一个显著而稳定的模式。当你稍微思考一下这个模式的时候，不应该感到大惊小怪。几乎美国的每个零售公司都会因为圣诞节的缘故而在该年的最后三个月销售更多，沃尔玛也不例外。虽然图9-1画出的是沃尔玛的销售收入情况，但是对该公司的净收入作图也会显示出类似的模式。

沃尔玛是一家大型公司，美国将近10%的零售额（不计汽车销售额）是由沃尔玛的连锁店产生的。部分由于沃尔玛是如此之大，部分由于其很多业务都集中于生活必需品，因此沃尔玛的财务结果并不是很难预测。这是来自图9-1的另一个结论。沃尔玛销售收入的模式在很长时间内的持久性表明，至少在不太久远的未来，对沃尔玛未来业绩的预测很可能是相当准确的。那么，沃尔玛的股价也像这样可预测吗？

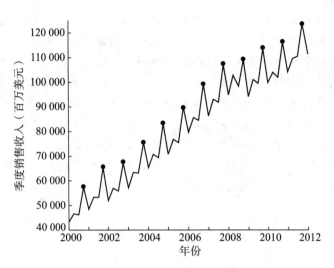

图 9-1　沃尔玛的季度收入

从 2000 年到 2012 年，沃尔玛将其销售收入稳步地从 430 亿美元提高到了超过 1 130 亿美元。长期向上的趋势有一个明显的季节性模式，沃尔玛的销售收入在每年的第四季度达到最高，由图中的黑点来标示。销售收入在第四个季度的峰值是由于圣诞节购物季，而且在零售公司中很常见。

图 9-2 描绘了从 2000 年到 2012 年的每个季度末的沃尔玛股票的价格，也就是图 9-1 覆盖的同一时期。像公司的销售收入一样，沃尔玛 2012 年的股票价格高于 2000 年的股票价格，但是几乎没有遵循像销售额那样的相对平稳的上升趋势。图 9-1 和图 9-2 的显著差异是沃尔玛股票价格表面上的随机变动，这与沃尔玛销售收入可预测的变动形成鲜明的对比。显然，并没有在沃尔玛的销售收入达到顶峰的同时股价也达到顶峰这样的趋势（每年末由图 9-2 中的黑点标示）。这意味着沃尔玛的财务绩效与其股票行情之间没有联系吗？

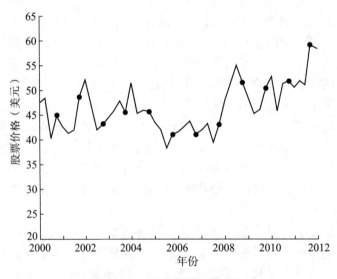

图 9-2　沃尔玛的股票价格

从 2000 年到 2012 年，沃尔玛的股票价格上涨了，但并没有遵循一个可预测的上升趋势。此外，沃尔玛销售收入的季节性模式并没有出现在其股票价格中。每年第四季度的股票价格是由一个黑点来标示的，这些黑点并没有显示出股价在过去 12 年中有可识别的模式。

自然地，我们对这个问题的回答断然是否定的。要想理解为什么，不妨想想如果沃尔玛的股票价格与其销售收入同步变动并在每年末显示出季节性峰值的话会出现什么情况，这样会有所帮助。假设在很多年中，沃尔玛的股票价格在每年的第四季度展示出一种有规律的、可预测的上升趋势。如果该模式一直持续且投资者开始预期该模式会持续下去，那么他们会怎么做呢？聪明的投资者会在每年的第三季度购买沃尔玛的股票，希望从第四季度的上涨中获利。但是，如果投资者在每年的第三季度争先恐后地购买沃尔玛的股票，那么这会对第三季度而不是第四季度的股票价格产生向上的压力。换言之，股价在第四季度出现峰值的模式会转变为在第三季度出现峰值。投资者会很快发现这一模式并开始更早地购买股票，也许是在每年的第二季度。投资者试图在股价达到峰值之前购买股票的行为最终会导致季节性模式的消失。因此，这里的结论是：即使一家公司的财务成果遵循一种高度可预测的模式，其股票价格也不会遵循相同的模式（甚至也许是任何模式）。即使股票价格确实展现出可预测的模式，随着时间的推移，投资者的行为也往往会消除这些模式。

　　另一种推理逻辑有助于解释为什么沃尔玛股票价格（或任何股票价格）表面上的随机行为并不意味着股票市场与沃尔玛的财务绩效之间没有联系。记得你在第8章学习过股票的价格取决于投资者对发行该股票的公司的未来业绩的预期。股价在投资者的预期变得乐观时上涨，反之股票价格则下跌。在2000年很早就购买了沃尔玛股票的投资者很可能预期在随后的12年里，公司的销售收入会增长且在每年的第四季度达到峰值。毕竟，到2000年的时候，沃尔玛就已经有了很长时间的成长史，其销售收入的季节性模式在投资界也是众所周知的。换言之，图9-1展示的很多表现不会让投资者感到惊讶，从而也不会让沃尔玛的股价变动很多。会引起沃尔玛股票价格出现突然且可能很大变动的是公司未来的财务绩效会偏离投资者预期的任何迹象。例如，假定沃尔玛在2008年的销售收入不仅在第四季度是高的（如往常一样），甚至高于投资者的预期。在这种情况下，投资者很可能会提高其对沃尔玛未来表现的预期，结果是公司的股价会上升。如果沃尔玛报告的财务结果未达到投资者的预期，那么其股票价格很可能会随着投资者修正对公司未来表现的看法而下跌。

　　这里的要点是：股票价格对新信息做出反应。根据定义，新信息是投资者还不知道和还没有预料到的事情。沃尔玛的销售收入在每年末达到峰值不是新信息，因此，当每年的销售峰值出现时，往往不会推高公司的股价。只有当第四季度的销售收入出人意料时（不管比预期好还是坏），沃尔玛的股票价格才会做出反应。由于新信息是不可预测的，因此股票价格变动基本上也是不可预测的。这是**随机游走假说**（random walk hypothesis）的核心观点，该假说认为预测股票价格变动即使不是不可能，也是非常困难的。我们在这里必须强调，即使股票价格是随机变动的，也不意味着股票市场是与实际商业世界没有任何关系的赌场。事实正好相反。股票价格表面上看来的随机行为，正是股票市场在迅速且有效地处理信息的表现。事实上，经济学家认为迅速且完全体现所有新信息的市场是**有效市场**（efficient market）。

有效市场假说

　　关于股票价格（和其他金融市场的价格）迅速吸纳新信息的观点被称为**有效市场假说**

（efficient markets hypothesis，EMH）。这种观念的含义是：对投资者甚至专业投资者来说，通过识别低估的股票并买入股票（或者识别高估的股票并卖出股票）来获得异常高的收益是非常困难的。在股票市场上捡到便宜货是非常困难的，因为如果市场确实是有效的，那么到你处理完会导致你认为一只股票值得买的信息的时候，市场已经吸纳了该信息并已将该信息反映在股票价格中了。

EMH认为，投资者不应该期望一直获得异常收益。在第4章和第5章中，你已了解到风险和收益之间存在正向关系。能获得较高收益的投资，往往也是风险较高的。因此，一项投资的期望收益与其风险是直接相关的。**异常收益**（abnormal return）是一项投资的实际收益与其期望收益（即在给定其风险的情况下所应赚取的收益）之间的差额。

$$异常收益＝实际收益－期望收益 \tag{9-1}$$

在第5章你已经了解到，投资者估计一只股票的期望收益率的一种方法是使用资本资产定价模型，即CAPM。该模型认为，股票的期望收益率［$E(r_j)$］等于无风险利率（r_{rf}）加上股票的贝塔（b_j）与整个市场的风险溢价（$r_m - r_{rf}$）的乘积。

$$E(r_j) = r_{rf} + b_j(r_m - r_{rf}) \tag{9-2}$$

【例9-1】

假定一只特定股票的贝塔是1.0。这意味着，该股票有平均风险水平，应该赚取等于整个市场平均收益率的收益率。假定在一个特定年份的无风险利率是2%，整个股票市场的收益率是10%。上面的公式告诉我们，我们在这只股票上应该期望的收益率是10%：

$$E(r) = 2\% + 1.0 \times (10\% - 2\%) = 10\%$$

假定该股票实际上获得了12%的收益率。在这个例子中，股票获得了2%的异常正收益：

$$异常收益率＝实际收益率－期望收益率＝12\% - 10\% = 2\%$$

EMH认为，随着时间的推移一直找到这样的股票（即获得正的异常收益的股票）几乎是不可能的，即使对于受过广泛训练的极为老练的投资者也是不可能的。

有效市场假说聚焦于市场在何种程度上将信息纳入价格。纳入股票价格的信息越多，信息被纳入股票价格的速度越快，市场越有效。刻画市场有效程度的一种方法是，对应于价格反映的不同类型的信息来定义不同水平的效率性。这些市场效率性水平被称为弱式、半强式和强式。

弱式

弱式有效市场假说（weak form of the EMH）认为，股票价格完全反映了从分析过去的价格变动中能够得到的所有相关信息。如果投资者研究股票价格的历史记录并发现看似在重复的某种模式，他们通过交易从该模式中获利的企图会引起该模式随着时间的推移而消失。我们已经描述过这一思想以解释为什么沃尔玛的股票价格没有展现出可预测的模式，即使其销售收入显示出不同的季节性峰值。简言之，弱式有效市场假说认为，过去关于股票价格的数据对预测未来的价格变化没有用处。根据这一假说，价格服从随机游走，这意味着明天的价格变化与今天的、昨天的或任何其他日期的价格变化是无关的。

最早的关于弱式市场效率性的研究似乎证实了关于价格随机变动的预测。利用包含美国上市股票的历史价格的数据库，研究者构造了一系列的"交易规则"，如购买一只达到52周低点的股票，接着利用历史信息来检验这些规则，来看看遵循这些规则的投资者获得了何种收益。其结果让理论家而不是交易者备受鼓舞——没有哪种规则获得了异常收益，但的确产生了显著的交易成本。研究者的结论是通过购买并持有一个分散化的投资组合，投资者会做得更好。

半强式

半强式有效市场假说（semi-strong form of the EMH）称，股票价格完全反映了投资者可以从任何公开来源中获取的所有相关信息。这意味着利用公开可得信息，如年报和其他法定文件、分析师建议、产品评论等，投资者无法一直获得异常高的收益。为了说明这一思想，假设你看到一家特定公司刚刚在线发布了其最新的财务结果。你阅读报告并发现公司报告了一项未预期到的最近一个季度的利润飙升。你应该给经纪人打电话并买入一些股票吗？半强式有效市场假说认为，在你下载年报、阅读年报并给经纪人打电话的时候，股票的市场价格早已上涨了，并已经反映了公司最近的好消息。

图 9-3 来自一个检验这种形式的有效市场假说的最新研究。研究者搜集了大量不同公司发布的盈利数据并跟踪在盈利发布之前和之后的股价行情。所有这些报告的共同因素是，公司发布了其盈利高于分析师预期的好消息。从某种意义上说，研究者要问的问题是：购买发布这种好消息的公司的股票是明智的吗？

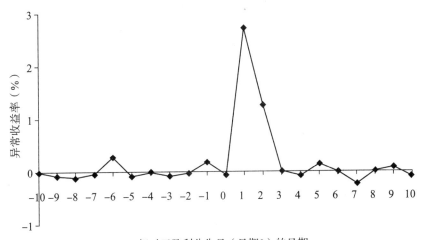

图 9-3 正面的盈利消息前后的每日股价反应

图形显示，对于报告可喜的盈利消息的一组公司来说，直到公告日和在超过公告日2天之后的异常收益接近于0。市场在1天或者最多2天内对新信息做出了充分的反应。

资料来源：Andreas Neuhierl, Anna Scherbina, and Bernd Schlusche. "Market Reaction to Corporate Press Releases," forthcoming in the *Journal of Financial and Quantitative Analysis*.

图 9-3 的横轴度量了相对于盈利公告日的时间。盈利公告日是日期0，从而日期—1是公告之前的1天，日期1是公告之后的1天。要牢记的是，很多公司是在市场收盘的时候发布其财务信息的。这意味着，股票市场纳入新信息的第一次机会发生在公告日之后的

1天，即日期1。图中的纵轴度量了样本中的公司所表现出的异常收益。图9-3展现的股价行情非常接近于半强式有效市场假说所预测的。注意，直到盈利公告日之前，样本中的公司获得基本正常的收益（即异常收益是0，从而实际收益等于期望收益）。然而，从日期0到日期1，样本中的公司平均获得2.5%左右的异常收益，另外1%的异常收益发生在日期1到日期2。然而，在该点之后，异常收益迅速回归到0。换言之，市场迅速地（在1天内或至多2天内）反映了来自盈利公告的好消息。

对于半强式效率性的很多检验，考察了股票价格在特定新闻事件发生之前和之后如何做出反应。一项研究考察了宇宙飞船项目的主要承包商中的4家公司。在挑战者号宇宙飞船于1986年在起飞之后不久就爆炸之后，所有4家公司的股票价格都下跌了，但下跌最大的公司是Morton Thiokol。该公司制造了将飞船送入轨道的推进火箭，在事故发生之后数月，一项调查的结论是这些火箭中的O环的问题导致事故的发生。换言之，市场在事故发生数分钟内的初始反应似乎与随后的调查一样指向相同的结论。

无数的研究都曾考察过像共同基金经理这样的专业投资者的投资业绩。一些人认为，虽然股票市场的有效性也许足以排除个人投资者获得异常高的收益的可能，但具备投资方面的高级训练并耗费了整个职业生涯来思考投资问题的专业投资者肯定可以做得更好。这个领域的研究结论并不一致，但大部分研究发现，即使专业投资者也很难一直获得异常收益。平均而言，在充分扣除他们向投资者收取的管理费之后，共同基金经理并没有获得击败市场平均水平的收益。此外，共同基金的收益没有持久性。换言之，某一年获得高于平均收益的基金经理，并没有非常高的可能性在下一年还能获得高于平均收益的收益。

压倒一切的证据表明，股票价格对任何重要的新信息都非常迅速地做出反应，这使得对（个人或专业）投资者来说"击败市场"是非常困难的。除非你在一个事件发生的当时就获悉了该事件，否则在你交易股票之前，股价就会对消息做出调整。

强式

强式有效市场假说（strong form of the EMH）认为，即使信息不是通过公开渠道散布的，股票市场也可以迅速地纳入新信息。该假说认为，即使信息不是对每位投资者都是可得的，股票价格也会迅速地对所有信息做出调整。

一类私人信息由公司内部人获得，如公司的长官和董事。他们可以获取关于公司所做的重要战略和战术决策的信息。他们还拥有其他股东难以获得的关于公司的财务现状的详细信息。内部人通常被禁止在重大新闻发布之前交易其雇主的股份。然而，在其他时候，如果他们向证券交易委员会报告交易情况的话，公司内部人就可以合法地交易公司的股份。当内部人向证券交易委员会提交必要形式的文件时，这些文件会通过互联网迅速地被告知公众。对公司内部人的一些研究发现，他们的交易时机相当好，这意味着，他们往往在明显的价格上涨之前买入，在大幅的价格下跌之前卖出。当然，这与强式有效市场假说成立时你会预期的情形是相悖的。

内部人和其他市场参与者有时候会拥有非法获得或交易的内幕——非公开——信息。在有这种信息的情况下，他们可以得到一种使其能赚取异常收益的不公平的优势。显然，在交易时违反法律的那些人拥有不公平的优势。经验研究已经证实，拥有此类内幕信息的那些人的确有机会赚取异常收益——但也有非常高的代价，例如被抓到时，他们就要在监狱里度日了。

市场异象

虽然有明显的证据支持 EMH，但研究者也发现了一些看起来与理论不一致的模式。总的来说，这些令人困惑的证据被称为**市场异象**（market anomaly），这个名称本身就表明否定 EMH 的证据要少于支持 EMH 的证据。所有这些异象共同拥有的特征是：至少在事后看来，它们表现出能获得比在有效市场中更高收益的模式或交易策略。

日历效应

一个被广泛引用的异象是所谓的日历效应，该效应表现为股票收益与一年的某些月份或一周的某些天密切相关。也就是说，某些月份或一周的某些天比其他时间会产生更好的投资结果。最著名的日历异象是"一月效应"，该效应是指小盘股往往在 1 月份的时候比大盘股的表现要好得多。对这种模式的一种可能的解释与税收有关。在某些条件下，投资者在计算联邦所得税的时候可以用投资损失抵扣。因此，投资者有动机出售在该年价值下跌的股票，受此激励的投资者尤其可能在 12 月出售股票，因为纳税年度即将结束。想想当其股票的价格在该年下跌时公司的市值会怎么样——市值变小。因此，如果投资者出于避税动机而在 12 月出售其表现糟糕的股票，如果这些股票根据定义往往差于平均水平，那么它们的价格会因 12 月的避税出售而暂时受挫，而在 1 月则会反弹。虽然这种解释听起来有其合理之处，但至多只有模糊的证据表明其可以解释小盘股在 1 月令人困惑的行情。

小公司效应

另一种异象是小公司效应，或者叫规模效应。该效应认为，小公司往往会获得正的异常收益。事实上，一些研究已经表明，即使在考虑了大部分小公司较高的贝塔之后，小公司（或小盘股）也比大盘股（不只是在 1 月）获得了更高的收益。这种趋势在美国和全世界的很多股票市场均被证实。

盈利公告后的趋势（或动量）

另一种市场异象与股票价格如何对盈利公告做出反应有关。在图 9-3 中我们显示了一份跟踪盈利公告前后的股票收益的研究结果。在该研究中，发布好的盈利的股票在一两天内表现出异常收益，但这些异常收益会迅速消失。然而，一些较早的研究发现，股票往往在盈利公告发布之后，还会在与初始反应相同的方向上"漂移"。换言之，当公司发布了好于预期的盈利公告时，其股票价格立即跳升并获得正的异常收益。但是，令人惊奇的是，在盈利公告之后，这些公司的股票价格在几周甚至几个月内继续获得正的异常收益。类似地，报告了差的盈利的公司在初始公告之后持续数月内都获得负的异常收益。这似乎表明，投资者对盈利公告中的信息反应不足。当公司发布好消息时，投资者一开始并没有意识到消息有多好，类似地，当坏消息来临时，投资者并没有完全意识到消息有多坏，从而股票价格花费很长的时间来调整到一个新的水平。这个模式似乎为投资者创造了一个获得异常收益的机会，即购买最近发布过好的盈利消息的股票或卖空最近发布过糟糕的盈利结果的股票。

图 9-4 展示了盈利公告发布后的趋势。横轴表示时间，用相对于一次盈利公告发布的周数来度量，纵轴度量了从盈利公告发布之前的 52 周到盈利公告发布之后的 52 周的累积异常收益率。盈利公告发生在第 0 周。图形跟踪了两类公司——发布了好于预期的盈利的公司和发布了差于预期的盈利的公司。图中的黑色线描绘了"好消息"股票样本所获得的累积异常收益率（即在整个时期内的异常收益率），灰色线跟踪了"坏消息"股票的异常收益率。注意，当公司发布好消息时，其股票价格迅速反应，如黑色线在第 0 周的跳跃所示。类似地，当公司发布了低于投资者预期的盈利时，其股票价格几乎立刻下跌，如灰色线在第 0 周的下降所示。这种迅速的初始反应正是一个有效市场会产生的模式。

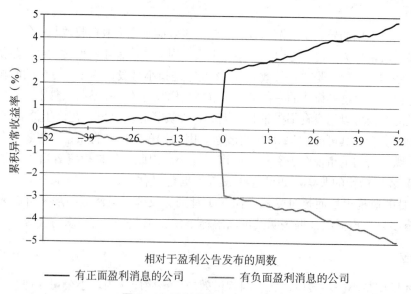

相对于盈利公告发布的周数

—— 有正面盈利消息的公司　　　　　—— 有负面盈利消息的公司

图 9-4　盈利公告发布后的趋势

当公司发布好于预期的盈利时，其股票价格会像 EMH 所预测的那样迅速跳升，但与 EMH 相悖的是，股票价格在随后的一年左右的时间里还会以一种异常快速的步伐继续向上漂移。当公司发布糟糕的盈利时，则会发生相反的事情。

然而，仿佛是投资者对盈利公告中所包含的消息反应不足。可以注意到在盈利公告的初始反应之后，黑色线和灰色线均表现出趋势，黑色线缓慢上升，灰色线缓慢下降。这意味着，对盈利公告的初始反应并不是足够大，股票价格对盈利公告中所包含的信息做出缓慢调整。缓慢的调整过程为投资者创造了机会。例如，在公司发布了正面的盈利消息之后（投资者无须预料公告的内容会是什么），购买了股票的投资者获得了明显的异常收益。看看图 9-4 中的黑色线，你可以发现，变化的幅度在盈利公告之后的 52 周里大致是 2%。换言之，图 9-4 表明，密切关注盈利公告并在公司发布好于预期的收益时购买股票的投资者会获得高于正常水平 2% 左右的收益率（即比给定所购买的股票风险时会预期的收益率高出 2%）。通过卖空发布糟糕的盈利结果的公司股票，投资者也可以赚钱。盈利公告之后的股票价格漂移是与 EMH 的预测不一致的。

关于这种现象的一个微小的变异被称为动量异象。在物理学中，动量是指运动中的物体有继续运动的趋势，或者静止中的物体有继续保持静止状态的趋势。将其应用到股票上，动量指的是最近已经上涨的股票有继续上涨的趋势，或者最近已经下跌的股票有继续下跌的趋势。这与盈利公告后漂移的联系很容易看出来。当一家公司有一个表现特别好的季度时，一些好消息在官方的盈利公告之前泄露到市场上是很常见的。因此，直到盈利发布之前，看到股票价格上升是很普遍的，正如图 9-4 中的黑色线在盈利消息公布之前的上涨。正如我们已经讨论过的，当公司发布消息称其有一个非常不错的季度时，价格上涨得更多，但是接着股价还会继续向上漂移数周。当考虑整个模式时，我们发现，在公司发布非常好的盈利消息之前，其股价就已经上涨了，接着股价在盈利公告发布之后继续上涨。因此，这些股票表现出正的动量。对于那些有表现特别糟糕的季度的公司来说，则会发生相反的事情。一些坏消息很早就被泄露出来了，股价下跌（见图 9-4 中的浅色线），但是接下来，股价在公告发布之后继续下跌。

价值效应

根据价值效应，在市场上最好的赚钱方式是购买相对于账面价值和盈利之类的一些基本面价值指标来说具有相对低的价格的股票。遵循价值策略的投资者会计算很多股票的市盈率或市值账面价值比，接着会购买有最低比率的股票（也许是卖空有高的市盈率或市账比的股票）。研究表明，平均而言，价值型股票的表现优于有高的市盈率或市账比的股票（所谓的成长型股票）。这种模式数十年来在美国以及全世界大部分的股票市场上反复出现。

可能的解释

每一个新发现的看似是违背 EMH 的异象，都会成为给观察到的模式提供理性解释的热门研究。对市场异象最常见的解释是：获得异常高收益的股票只不过是比其他股票的风险更高，从而这些股票上的较高的收益反映了风险溢价而不是市场的错误定价。例如，大部分学者和从业者都会同意小公司比大公司的风险更高，因此，小盘股赚取更高的收益就不足为奇了。实际的问题是：小公司的风险高出多少？其证券上的风险溢价应该多大？根据 CAPM，如果小盘股有一个 2.0 的贝塔，大盘股有一个 1.0 的贝塔，那么小盘股赚取的风险溢价（超过国库券）应该大致等于大盘股的 2 倍。小公司效应被称为异象的原因是小公司似乎赚取了比其贝塔所隐含的收益更高的收益。EMH 的信仰者认为，贝塔是一个不完美的风险指标，如果有一个更好的风险指标，小公司和大公司之间的收益率差异就可以完全归结为风险的差异。

对市场异象的另一种解释是，即使在一个股票价格基本上随机变动的有效市场上，一些交易方法也偶尔能获得异常高的收益，但只不过是因为偶然的幸运而已。例如，一个更有趣的市场异象被称为超级碗异象。这种异象说的是，如果在一个特定年份赢得超级碗的球队是最初的全国橄榄球联盟的球队（在与原美国橄榄球联盟合并之前）之一，那么股票市场就会上涨。否则的话，股票市场就会下跌。这种"交易策略"在过去 40 年里有超过 80% 的时间都正确地预测了市场走向。那么，投资者未来还应该依靠它来交易吗？大部分人都会同意超级碗冠军与股票市场之间的联系纯属偶然，在今后 40 年里不太可能表现出类似的模式。一些 EMH 的倡导者认为，大部分市场异象不过是类似于随机产生的作品。然而，当面对异象出现在全世界大部分市场的证据时，如小公司效应、动量和价值效应等，这个解释是缺乏说服力的。

这些和其他异象的发现，导致出现了一种被称为**行为金融学**（behavioral finance）的全新的考察金融市场运作方式的方法。传统金融学的逻辑起点是金融市场中的投资者、经理人和其他参与者都是理性的，与之相反，行为金融学认为，市场参与者会犯系统性的错误，这些错误不可避免地与人性中固有的认知偏差相联系。我们接下来会讨论行为金融学的基本信条及其如何有助于解释市场异象。

概念复习

答案参见 www. pearsonhighered. com/smart。

9.1 什么是随机游走假说？它如何应用于股票分析？什么是有效市场？如果市场的价格以随机的方式行为，那么市场怎么能是有效的呢？

9.2 解释即便有可能，一直战胜有效市场为什么也是非常困难的。

a. 这意味着高的收益率在股票市场上是不可得的吗？

b. 在有效市场上投资者怎样才能获得高的收益率？

9.3 什么是市场异象？它们如何表现出来？它们支持还是驳斥了 EMH？简要描述下列各项：

a. 一月效应；

b. 规模效应；

c. 价值效应。

行为金融学：对有效市场假说的挑战

在超过 30 年的时间里，有效市场假说在金融市场中一直很有影响力。资产价格完全反映了所有可得信息的观念得到大量学术研究的支持。在业界，市场效率性的支持者包括先锋集团的约翰·博格尔（John Bogle），他开创了一类被称为指数基金的特殊类型的共同基金。指数基金的经理人并不努力挑选个别股票和债券，因为他们认为市场是有效的。他们认为，花费在研究个别证券上的任何时间和精力都只会增加基金的费用，而这又会拖累投资者的收益。

尽管相当多的证据都支持市场有效性的概念，但日渐增多的学术研究已经开始质疑 EMH。这种研究证明各种异象并利用关于认知心理学的研究来为异象提供解释。承认这个领域的重要性的一个引人注目的事件是 2002 年的诺贝尔经济学奖被授予丹尼尔·卡尼曼（Daniel Kahneman），他的研究综合了来自心理学和经济学的观点。除了学术研究之外，一些专业的基金经理人也将来自行为金融学的概念纳入他们的投资组合的构建和管理中去。

投资者行为与证券价格

行为金融学的研究者们认为，投资者的决策受到很多会导致投资者在某些决策环境中做出系统性的、可预测的错误的心理偏差的影响。接下来，这些错误又会带来资产价格可预测的模式，而这些模式可以为其他投资者创造在不用接受异常高的风险的情况下获取异常高的收益的机会。我们现在来看看会影响投资者行为的一些行为因素。

过度自信和自我归因偏差

心理学研究提供了强有力的证据来表明，一般而言，人们往往表现出**过度自信**（overconfidence），严重高估自己执行复杂任务的能力。试试这个实验：下次你在有很多人的时候，要求他们说说他们是否认为自己在驾车方面具备高于平均、平均或是低于平均水平的能力。你很可能会发现大多数人认为他们具备高于平均水平的能力，几乎没有人会认为自己具备低于平均水平的能力。但是，仅仅根据平均的定义就能知道，一些人必定具有高于平均水平的能力，一些人必定具有低于平均水平的能力。因此，至少人群中的一部分人在自己的驾驶能力方面是过于自信的。

与过度自信联系密切的是一个被称为**自我归因偏差**（self-attribution bias）的现象。自我归因偏差大致的意思是，当好事发生时，个人将该结果归因于自己曾经采取的行动，但是当坏事发生时，他们将其归因于坏运气或他们无法控制的外在因素。这与过度自信的联系是显而易见的。个人为了带来有利结果而采取行动或做出决策。自我归因偏差导致个人低估机会在决定结果中所发挥的作用，并过于强调自己行为的重要性。这导致个人变得过度自信。

过度自信和自我归因偏差在投资领域会有什么影响？考虑一位个人投资者，甚至一位专业资金经理人，他们通过分析股票来判断哪些被高估，哪些是便宜货？假定在一个特定的年份里，投资者的投资组合获得了非常高的收益。高收益基本上可能是因为繁荣的股票市场，也可能是因为投资者的选股比整体市场表现得更好。这是好运气还是好的股票分析的结果？分离技能和运气的作用并不容易，但是，大部分投资者很可能会将有利的结果归因于自己的投资能力。如果投资者错误地将投资的成功归因于自己的能力的结果会是什么？一项研究发现，其投资组合

> **投资者事实**
> **过度自信与公司收购**
>
> 沃伦·巴菲特在一封给股东的著名的信中概括了过度自信在收购中的作用："显然，很多管理者在敏感的孩童时代过度沉迷于那个被监禁的英俊王子因美丽公主的一吻而从青蛙的身体里被释放出来的故事。结果是，他们迷信自己的管理能力会对被收购公司的盈利能力产生奇迹……我们见过很多收购，但鲜有奇迹。但是，很多管理者还是对他们未来的管理能力充满信心——甚至在他们自己的公司深陷泥潭之后。"

在过去的表现优于市场的投资者，随后增加了交易活动。在每年超过市场平均2%的数年之后，这些投资者的交易活动增加了70%。交易的增加带来高得多的交易成本和低得多的收益。在增加了交易活动之后，同一组投资者每年落后于市场3%。

这种倾向并不限于个人投资者。一项最新的研究发现，当CEO进行对其他公司的收购活动时，他们会表现出类似的行为。当一位CEO收购另一家公司且收购目标表现得不错时，该CEO很可能又会去收购另一家公司。该CEO还更可能在下次收购之前购买更多自己所在公司的股票。但是，这项第二次的收购平均而言实际上损害了股东价值。换言之，该CEO显然对自己收购其他公司并成功经营的能力变得过度自信。

损失厌恶

下面是一系列有趣的问题。假设你刚刚在一项赌运气游戏中赢了8 500美元。你可以带着自己的胜利成果离开，也可以拿着去冒险。如果你冒险，那么有90%的可能性你会赢得另外的1 500美元，但是也有10%的可能性你会输掉一切。你会走开还是继续赌博？被问到这个问题的大部分人都回答说他们会带走8 500美元——确定无疑的东西。即使来自额外赌博的期望值是500美元的时候，他们也会这样回答。也就是说，

$$期望值＝赢钱的概率×赢钱的数量－输钱的概率×输钱的数量$$
$$＝0.90×1\ 500－0.10×8\ 500＝\underline{500\ 美元}$$

在这个例子中，带走8 500美元的决策表明，做出该决策的个人是风险厌恶的。输掉8 500美元的风险相对于500美元的赢钱期望值的代价太高。

然而，如果我们重新设计这个问题，大部分人会做出不同的反应。假设你在一项赌运气的游戏中已经输了8 500美元。你可以走开并减少自己的损失，你也可以再赌一次。如果你再赌一次，有90%的可能性你会再输掉1 500美元，但也有10%的可能性你会赢得8 500美元，从而彻底翻本。当面临这个选择时，大部分人回答说他们会冒险来试试"翻本"，即使这个赌局的期望值是－500美元。

$$期望值＝0.10×8\ 500－0.90×1\ 500＝\underline{－500\ 美元}$$

在这个例子中，人们表现出风险偏好行为。他们接受了不必承担的风险，这是一个会产生负的期望值的风险。

在行为金融学中，面对获利时表现出风险厌恶行为、面对损失时表现出风险偏好行为的倾向被称为**损失厌恶**（loss aversion）。损失厌恶只不过意味着人们感到损失的痛苦比获利的快乐更强烈。在投资领域，损失厌恶会导致人们一直持有那些损失资金时间很长的投资。事实上，无数的研究已经证明，当投资者想要出售其投资组合中的一只股票时，他们更有可能出售价格已经上涨的股票，而不是价格已经下跌的股票。

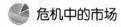 **危机中的市场**

损失厌恶与交易量

如果人们是损失厌恶的，他们就不愿意卖掉已经损失价值的投资，因为这样做会迫使他们实现损失。但是，如果投资者在价格下跌时不愿意出售股票，交易活动就会干涸。这

来自一项对波士顿地区跨越若干个市场周期的房地产市场活动的研究。研究者发现，当市场价格在上涨时，房屋拥有者通常愿意按照市场价格卖掉他们的房子。但是，当价格下跌导致住房的市场价格低于购买价格时，房屋拥有者往往会将售价设定为高于真实的市场价值。结果是，住房一个月又一个月地待在市场上，几乎没有交易发生。

资料来源：David Genesove and Christopher Mayer. 2001. "Loss Aversion and Seller Behavior: Evidence from the Housing Market." *Quarterly Journal of Economics.*

代表性

过度反应。 在一个有趣的实验中，6个人被要求抛硬币20次并数一数出现正面的次数。另外6个人被要求设想抛硬币20次并写下发生的正面和背面的顺序。下面的表格显示了每一组报告的结果。

小组	实验对象	正面的次数	小组	实验对象	正面的次数
A	1	10	B	1	6
	2	10		2	13
	3	8		3	7
	4	10		4	11
	5	10		5	8
	6	10		6	14

看看来自每一组中个人的反应，你认为哪一组是实际抛硬币的？哪一组是设想抛硬币的？

答案是小组 A 只是设想抛硬币的。注意到几乎该组的每个人都说他们预期在20次的抛掷中得到了10次正面，但是在实际抛硬币的小组中，出现正面的次数差别很大，从6到14。如何解释这两组之间的差异？

代表性（representativeness）是指因人们在思考结果的随机性方面有困难而发生的认知偏差。小组 A 中的实验对象（正确地）认为在任何一次抛硬币中获得正面的概率都是50%，但他们也（不正确地）认为这意味着在20次的抛硬币中，正面正好出现10次是非常有可能的。换言之，当人们已知一个特定事件发生的概率时，他们认为一系列事件会反映这一概率。正如小组 B 的抛硬币的结果所清晰地显示的，在20次抛掷中正好得到10次正面是相当不同寻常的。出现很多其他结果是非常有可能的。

当人们不知道随机性是否会影响以及在何种程度上影响一系列事件的结果时，类似的问题就会出现。也就是说，当人们发现在一系列的数字或结果中有什么东西似乎是一个系统性的模式时，他们会低估这个模式可能是随机可能性的结果的概率，他们会高估一些潜在的导致该模式重复的可能性的力量。换言之，他们对一系列类似事件反应过度。例如，假定一只特定的共同基金连续3年表现优于标准普尔500指数。根据 EMH，获得高于平均的收益率更多的是运气而不是技能，因此，任何特定投资者（个人或专业的）在一个特定的年份里都有大致50%的机会战胜市场。在有如此众多的共同基金的情况下，即使出现这样的结果也是如 EMH 所言纯粹是因为好运气，看到一些基金连续 3 年战胜市场也没有什么好大惊小怪的。事实上，有很多证据表明，大部分的职业共同基金经理人在长期内的表现并没有好于市场平均水平。

即便如此，你认为当一只基金连续 3 年表现不错会怎样？研究表明，投资者会过度反应并把钱大量投入成功的基金中去，这会让基金经理人发财致富但不一定是基金的投资人。显然，很多投资者看到一连串的业绩优良并高估趋势会继续的可能性。即使几乎没有客观的证据表明过去的业绩是未来成功的好的预测指标，投资者也会对基金过去的表现反应过度。

这一逻辑可为之前提到的价值现象提供一个行为解释。回顾一下，价值型股票是相对于盈利或账面价值来说有低的价格的股票。这些股票通常表现出相当糟糕的过往业绩——几年的价格下跌将这些股票划入价值型股票之列。类似地，成长型股票，即相对于盈利或账面价值来说有高的价格的股票，通常有非常不错的过往业绩。对价值效应最早的研究之一研究了一种非常简单的交易策略的结果。研究者每年根据股票在过去 3 年中的累积表现来将所有股票进行分组。交易策略是买入表现最差的股票（价值型股票），卖空表现最好的股票（成长型股票）。研究者发现，这种策略每年获得了高出市场 8% 的收益率。为什么任何人都可以执行的如此简单的交易策略会表现得如此之好？

研究者认为，这是因为代表性。具体而言，他们指出，观察到特定股票价值连续 3 年下跌的投资者最终会认为这一趋势会无限地持续下去，于是，他们对这些股票的出价低于其真实价值。类似地，在观察到其他股票连续若干年都表现得非常好之后，投资者天真地认为这种出色的表现还会继续，他们将这些股票的价格推高到其真实价值之上。随着时间的推移，一直表现糟糕的股票通过反弹让投资者感到惊讶，一直赚取耀眼的收益的股票却无法继续保持这种表现。结果是，过去的价格趋势自身发生逆转，价值投资者就赚钱了。

如前所述，个人投资者并不是唯一有可能受到代表性影响的市场参与者。考虑一家正在进行收购的公司。是什么让一个收购目标有吸引力？一条标准可能是该公司最近有销售收入和盈利增长。收购者支付溢价来收购一家近年来一直比其竞争对手增长快的公司是明智的吗？研究的回答是否定的。公司过去的增长有多快与其未来会增长多快之间几乎没有关系。事实上，这是基础经济理论的基本预测。当一家公司在一个特定市场上取得巨大成功时，其他公司就会进入。竞争使得公司要维持那种在一开始时能吸引新进入者的高增长变得更加困难。然而，有充分的证据表明，管理者在收购那些在被收购之前经历过快速增长的公司时，的确支付了较大的溢价，即使这些公司维持增长的前景并不乐观。

反应不足。 在某些情形下，代表性会导致投资者对新信息反应不足。从统计学的角度来考虑这个问题。一张桌子上有 100 个袋子，每个袋子装有 1 000 个扑克筹码。其中 45 个袋子中装有 70% 的黑色筹码和 30% 的红色筹码，另外 55 个袋子中装有 70% 的红色筹码和 30% 的黑色筹码。如果你随机选择 1 个袋子，所装的大部分是黑色筹码的概率是多大？

大部分人能得到正确的答案。如果 100 个袋子中的 45 个所装的大部分是黑色筹码，那么随机选取 1 个袋子装有的大部分是黑色筹码的概率是 45%。下面是一个要难得多的问题：假设你随机选择了 1 个袋子，接着取出 12 个筹码，不看其他的。在你取出的 12 个筹码中，8 个是黑色的，4 个是红色的。你挑选的袋子所装的大部分是黑色筹码的概率是多大呢？

直观上，人们知道，如果从袋子里所取出的 12 个筹码的样本中黑色筹码占大多数，那么这意味着袋子所装的大部分是黑色筹码的概率高于第一个问题中的概率。在第一个问题中，我们只是随机地选择 1 个袋子。但是会高出多少呢？几乎没有人猜出或接近这个概率——超过 95%！换言之，人们往往对他们从第二个问题中获得的新信息反应不足。

让我们在从袋子中抽取扑克筹码与阅读公司的盈利公告之间做一个类比。盈利公告包含随时间而变的好消息和坏消息的混合。当一家公司发布了特别好的（或坏的）消息之后，代表性会导致投资者对新信息反应不足。很可能下个季度股价就上涨了（反之对这个季度的坏消息也是如此）。这可以解释之前讨论过的盈利公告发布后的趋势（或动量）现象。

细心的读者会发现我们声称代表性既会导致过度反应（就价值型股票而言），也会导致反应不足（就动量而言）。记住，在每种情形中，投资者对其做出反应的信息的性质有重要的差别。在价值现象中，投资者看到常见的一连串信息——连续几个好年头或几个坏年头。这导致他们低估偶然性对结果的影响并对事件的序列做出过度反应。在盈利公告趋势的情形中，投资者是对一个单一的特别好或特别坏的新信息做出反应。在这种情形中，代表性会导致投资者对其收到的新信息反应不足。

视野狭隘

许多人往往会孤立地分析一种情形而忽视了更大的背景，这种行为被称为**视野狭隘**（narrow framing）。投资中一个常见的例子是关于投资者在其退休计划中所做的资产配置决策。下表概括了 2 家企业为员工提供的退休储蓄计划。公司 A 就退休储蓄的投资为员工提供了 2 个选项——一只股票型基金和一只债券型基金。公司 B 也提供了 2 个选项——一只股票型基金和一只由 50% 的股票及 50% 的债券构成的混合型基金。

提供的基金	公司 A	公司 B
股票型基金（100% 的股票）	有	有
债券型基金（100% 的债券）	有	无
混合型基金（50% 的股票和 50% 的债券）	无	有

研究表明，很多投资者通过 2 个选择的狭隘视野来看待这个决策，他们遵循一个简单

的指导原则——50％的资金投入一只基金，50％的资金投入另一只基金。投资者似乎知道他们应该分散化，于是他们在可得选项中平均分配投资。然而，投资者看起来未能认识到个人基金的资产配置如何影响相应的整体投资组合的构成。狭隘的视野（在2只基金上平均分配资金）与每家公司提供的选项相结合产生了奇怪的结果。将资金在股票型基金与债券型基金之间分配的公司A的雇员最终会有一个包含50％的股票和50％的债券的投资组合。公司B的雇员也在2只基金之间平均分配资金，但是，在这种情况下，2只基金是股票型基金和混合型基金。在这些选项之间平均分配资金导致整体的投资组合配置是75％的股票和25％的债券。公司B的员工持有的退休投资组合比公司A的员工持有的组合的风险更高，但不一定是因为公司B的员工喜欢冒更大的风险。相反，他们的投资组合的风险受到视野效应的影响。

信念固执

人们通常会忽视与其现有信念相冲突的信息，这种现象被称为**信念固执**（belief perseverance）。例如，如果他们认为一只股票很好并购买了该股票，随后往往会轻视任何不利的信号。在很多情形中，他们甚至避免搜集新信息，因为害怕新信息会与其初始观点相冲突。最好在定期审视投资组合的时候把所拥有的每只股票都视为一只"新"股票，并问问自己此时可得的信息是否会让你买入或卖出该股票。

熟悉性偏差

在这本书中，我们已经讨论过投资者可用于决定他们是否要购买一项特定投资的很多分析方法。事实上，在很多情况下，人们只是投资于他们熟悉的东西，这种行为被称为**熟悉性偏差**（familiarity bias）。研究表明，投资者往往投资于位于自己家附近的公司的股票。即使专业投资者也不能免疫于这种偏差。一项最新的研究发现，共同基金经理往往更多地投资于家庭所在州的公司的股票。

投资于熟悉的东西不一定是坏事。也许更熟悉一家公司有助于投资者确定这家公司的股票是否值得买。然而，如果熟悉性给予投资者一种信息优势，那么投资者在他们基于熟悉性（如在附近的公司股票上的投资）所做的投资上就应该获得更高的收益。即使在专业投资者中，关于这个问题的证据也是模棱两可的。一项研究发现，共同基金经理人从其投资于附近的公司中获得了非同寻常的高收益，但是其他研究发现，投资于熟悉的公司导致基金经理形成没有充分分散化的投资组合。结果是这些基金并没有赚取更高的收益，但却承担了更高的风险。

行为金融学对证券分析的含义

我们对影响金融决策的心理因素的讨论表明，行为金融学在投资中可以发挥重要作用。自然地，关于市场效率性的争论处于白热化，并在很多年里还会如此。行为金融学的贡献是识别会导致投资者犯系统性错误的特定心理因素，并确定这些错误是否会造成股票价格出现可预测的模式。如果情况是这样的，那么一些投资者的错误就会是其他投资者的获利机会。表9-1是我们就如何将你的错误降至最低的建议。

表 9 - 1　　　　　　　　　　　　　利用行为金融学来改善投资结果

　　研究已经证实了很多明显影响投资者的决策并会对其投资收益产生不利影响的行为因素。通过遵循一些简单的指导原则，你就可以避免错误发生，并改善你的投资组合的绩效。一点儿常识在金融市场中会大有帮助！

建议	具体说明
(1) 卖掉亏钱的股票时不要犹豫	如果你在价格为 20 美元的时候买了一只股票，股价现在跌到了 10 美元，问问你自己，如果你现在带着 10 美元的现金进入市场，你是否还会买这只股票。如果答案是肯定的，那么就继续持有原来的股票。如果不是，卖掉这只股票，买些其他股票
(2) 不要追逐业绩	有证据表明，投资管理中不存在"业绩持续性"。如果不合适你，不要购买去年最热门的共同基金。始终坚持自己的个人投资目标，并将约束牢记在心
(3) 保持虚心和开明	很多投资专业人士，其中一些的待遇异常优厚，经常会在预测中犯错。承认自己的错误，不要害怕改正错误。事实是，反思自己的错误是一项回报丰厚的训练——任何投资者都会犯错，但聪明的投资者能吸取教训。在市场中赚钱经常就是不亏钱，避免损失的一种方法就是从错误中学习
(4) 定期检查你的投资业绩	记住那句古老的谚语，"眼不见，心不烦"。不要害怕面对现实，不要害怕随着情况的变化而做出调整。没有什么是一成不变的——包括投资组合
(5) 不要频繁交易	投资收益是不确定的，但交易成本是确定无疑的。相当多的证据都表明频繁交易的投资者业绩不佳

概念复习

答案参见 www. pearsonhighered. com/smart。

9.4　行为金融学如何对投资者的收益产生影响？行为金融学的支持者信奉有效市场吗？请解释。

9.5　简要解释行为金融学如何影响下列各项：

a. 投资者的交易活动；

b. 价值型股票的表现往往优于成长型股票；

c. 不同寻常好的（坏的）盈利消息发布之后股票价格往往会向上（向下）漂移。

技术分析

　　在本章的第一节，我们介绍了市场效率性的思想并指出，有很多好的理由可以认为股票价格（和其他金融市场中的价格）本质上是不可预测的。第二节介绍了行为金融学对市场效率性的挑战，并讨论了股票收益至少有一定的可预测性的证据。这一节我们介绍**技术分析**（technical analysis），技术分析是从股票价格和收益的历史记录中寻找模式的做法。

如果这些模式会重复，那么了解模式并能及早利用模式的投资者就有机会赚取高于平均水平的收益。

由于技术分析聚焦于利用过去的价格变动来预测未来的收益，因此，技术分析本质上甚至与弱式市场效率性也是相悖的。由于这一原因，技术分析的做法一直充满争议。对一些投资者来说，在决定是否购买、持有或出售一只股票时，技术分析是另一部分可用的信息。对另一些投资者来说，技术分析是他们投资决策的唯一输入变量。还有一些人认为技术分析纯粹是浪费时间。

分析市场行为可以追溯到19世纪初，当时还没有行业分析或公司分析。关于个别公司的详细财务信息甚至对股东都是不可得的，更不用说一般公众了。也许投资者可以研究的唯一的东西就是市场本身了。一些投资者使用详细的图形来观察大型市场参与者在做什么。这些图形旨在说明主要的买者是什么时候进入或退出特定股票的，以便为有利可图的买卖决策提供有用的信息。图形围绕着股票价格变动。这些变动被解释为产生了一定的"模式"，表明什么时候买入或卖出一只特定的股票是正确的。相同的原理现在仍在被使用：技术分析认为内部市场因素，如交易量和价格变动，经常在金融统计学的结果变得明白无误之前很久就已经显示了市场的未来方向。

度量市场

如果利用技术分析来评估整体市场是值得付出的努力，那么我们需要一些工具或指标来进行技术分析。图形受到很多投资者的欢迎，因为图形提供了关于市场行为和个别股票价格变动的可视化概括。作为一种对作图的替代或补充，一些投资者更喜欢研究各种市场统计量。他们会观察市场指数的趋势或其他方面的市场行为，如交易量、卖空或小额投资者的交易行为（如零星交易）。

技术分析研究可以（或可能）对整体股票的价格变动产生影响的那些市场因素。其思想是把握市场的一般情况（或"基调"），并获得一些关于市场在随后几个月里的走向的观点。有几种方法试图来完成这项任务，我们把一些较为常见的分析方法进行了如下概括。

信心指数

试图捕捉市场氛围的一个指标是**信心指数**（confidence index），这不是关于股票市场的，而是关于债券市场的。由《巴伦周刊》计算和发布的信心指数是一个反映高等级公司债券平均收益率与中等级公司债券平均收益率之间的比率。从技术上看，该指数的计算是通过将10只高等级公司债券的平均收益率与10只中等级公司债券的收益率联系起来进行的。公式如下：

$$信心指数 = \frac{10\,只高等级公司债券的平均收益率}{10\,只中等级公司债券的平均收益率} \tag{9-3}$$

因此，该指数度量了高等级债券与中等级债券之间的利差。由于一只高等级公司债券的收益率应该总是低于一只中等级公司债券样本的平均收益率，因此，信心指数应该永远不会超过 1.0。事实上，随着该指标趋向于 1.0（或 100%），2 组债券之间的利差会变得越来越小，并且根据理论，该指标的符号为正。其中的思想是，随着投资者对经济变得更有信心，他们会愿意投资于风险更高的债券，压低了债券的收益率并推升了信心指数。跟踪信心指数的那些人将该指数的上升解读为一个未来股票市场的积极信号。

例如，考虑一个高等级债券的收益率是 4.50%，而中等级债券平均的收益率是 5.15% 的时点。这就相当于 65 个 "基点" 或 0.65% 的利差（即 5.15%－4.50%＝0.65%），以及 4.50÷5.15＝87.38% 的信心指数。现在，看看当收益率（或收益率利差）上升或下降时会怎么样：

	收益率（收益率利差,%）	
	下降	上升
高等级债券的收益率	4.25	5.25
平均债券的收益率	4.50	6.35
收益率利差	0.25	1.10
信心指数	94.44	82.68

实际上，较低的收益率利差会导致更高的信心指数。这又表明，投资者对较低等级（风险更高）的债券的收益率要求较低的溢价，这正显示出对经济更大的信心。这一理论意味着，"聪明的钱" 的动向在出现在股票市场上之前，通常先表现在债券市场上，其意思就是现在的信心指数上升是未来的股市上涨的预兆。

市场交易量

市场交易量是投资者对股票兴趣大小的反映。因此，跟踪市场交易量的技术分析师认为，一方面，在市场上涨时期的交易量上升，是一个股价会继续上涨的正面信号。另一方面，在股价下跌时，交易量下降意味着股价下跌正接近尾声。类似地，当股票价格一直在上涨且交易量开始下降时，这也许是牛市终结的信号。无数的财经媒体和网站都会报告每天的市场总交易量，因此，这是一个很容易跟踪的统计指标。

市场宽度

在每个交易日，一些股票的价格会上升，另一些则会下降。用市场的术语来说，一些股票是上涨的，另一些是下跌的。这个指标背后的原理是：上涨和下跌的股票数目反映了潜在的投资者情绪。

利用市场宽度来指导其投资决策的分析师如此解释这些数字：只要在给定的一天里价格上涨的股票数超过价格下跌的股票数，市场就是走强的。强度的大小取决于上涨数与下跌数之间的差额。例如，如果差额缩小（下跌的股票数开始趋近于上涨的股票数），那么市场强度是恶化的。类似地，如果下跌的股票数总是大于上涨的股票数，那么市场就是弱的。当情绪乐观时，上涨数超过下跌数。同样，关于上涨和下跌的股票数的数据也是很容易得到的。图 9-5 演示了取自雅虎财经的关于市场交易量、上涨股票数和下跌股票数的数据。

Advances & Declines

	NYSE	AMEX	NASDAQ	BB
Advancing Issues	1,659 (52%)	688 (49%)	1,093 (42%)	206 (41%)
Declining Issues	1,392 (44%)	658 (47%)	1,366 (53%)	176 (35%)
Unchanged Issues	125 (4%)	50 (4%)	124 (5%)	122 (24%)
Total Issues	**3,176**	**1,396**	**2,583**	**504**
New Highs	**109**	**26**	**48**	**10**
New Lows	**7**	**29**	**38**	**51**
Up Volume	1,680,443,020 (61%)	123,480,477 (42%)	808,471,279 (51%)	40,718,961 (20%)
Down Volume	1,036,423,723 (38%)	167,711,649 (57%)	723,518,165 (45%)	145,902,309 (70%)
Unchanged Volume	24,923,884 (1%)	3,055,557 (1%)	62,973,654 (4%)	20,497,090 (10%)
Total Volume	**2,741,790,627[1]**	**294,247,683[1]**	**1,594,963,098[1]**	**207,118,360[1]**

图 9 - 5　基本的市场统计量

上面是关于市场交易量、上涨的股票数和下跌的股票数这类信息的一个例子，这些信息很容易从网站上得到。

资料来源：http：//finance. yahoo. com/advances，accessed August 12，2012.

空头净额

当投资者预期市场会下跌时，他们有时候会卖空股票。也就是说，他们卖出借来的股票。在任何时点市场上被卖空的股份数被称为**空头净额**（short interest）。被卖空的股票越多，空头净额就越高。由于所有的卖空最终都必须被"平仓"（借入的股票必须被归还），所以卖空实际上保证了未来对股票的需求。因此，当根据历史标准发现空头净额水平变得相对高时，市场被认为存在乐观情绪。其中的逻辑是，随着股票被买回来平仓，增加的需求会推动股票价格上涨。NYSE、Amex 和 Nasdaq 全国市场的空头净额会在《华尔街日报》、《巴伦周刊》和其他渠道上发布。

保持跟踪空头净额水平可以了解未来的市场需求，同时，也会显示出当前的市场乐观和悲观情绪。卖空通常是由知识丰富的投资者做出的，空头净额水平显著上升或下降暗示着老练的投资者对于当前市场或公司情况的情绪。例如，空头净额显著上升意味着关于当前市场状态的悲观情绪，即使这是关于未来需求水平的乐观信号。

零星交易

华尔街有一个非常愤世嫉俗的说法：最好去做与散户正在做的事情刚好相反的事情。其背后的原因是，作为一个群体，散户总是明显踏错时机。投资大众通常是在牛市经历了相当长的旅程之后才开始大规模入市，而且直到熊市末才开始离场。虽然对其真实性还有争议，但这是一个被广泛跟踪的技术指标背后的假设前提以及**反向观点理论**（theory of contrary opinion）的基础。这一理论利用零星交易的数量和类型作为一个当前的市场状态和即将到来的变化的指标。

由于很多个人投资者从事不到 100 股的交易，他们的联合情绪被认为反映在零星交易中。其思想是看零星投资者"总体上"在做什么。只要零星购买和出售量之间的差额几乎没有或者根本没有差别，反向观点理论就认为市场极有可能会继续沿着当前的路线（要么上涨，要么下跌）。零星购买和出售余额的显著变化也许是牛市或熊市即将结束的信号。例如，如果零星购买量超过零星出售量的幅度开始不断扩大，那么来自散户的投机就开始失控——一个牛市即将结束的不祥之兆。

交易规则和指标

市场技术派——那些认为股票价格是主要（或唯一）由供给和需求决定的分析师——利用一系列的数学方程和指标来评估市场的潜在状况。这些分析师经常利用计算机生成指标并每天都画出来。接着，他们利用这些指标作为何时进入或退出市场或者特定股票的指示器。本质上，他们是开发了基于这些市场指标的交易规则。技术分析师几乎总是利用若干个这样的市场指标，而不是仅仅1个（或2个）指标，因为1个指标很少对所有股票都同样适用。此外，他们通常寻找1个指标被另1个指标证实。换言之，市场分析师喜欢看到3个或4个这类比率和指标同时指向相同的方向。

虽然存在很多这类市场指标和交易规则，但我们会将下面的讨论限定在一些更广泛使用的技术指标：（1）腾落线；（2）新高和新低；（3）阿姆氏指数；（4）共同基金现金比率；（5）平衡交易量指标；（6）相对强度指数（RSI）。

腾落线

在每个交易日，NYSE、Amex 和 Nasdaq 都会发布关于收盘时上市股票有多少上涨（即价格上涨）和收盘时有多少下跌（即价格下跌）的统计指标。腾落线［advance-decline (A/D) line］不过是这2个数字之间的差额。要计算腾落线（指数），取价格上涨的股票数，再减去价格下跌的股票数，这通常是针对前一天的情况。例如，如果在某一天有1 000只股票上涨，而有450只股票下跌，那么这一天的净数目就是550（＝1 000－450）。如果450只股票上涨，有1 000只股票下跌，那么净数目就是－550（＝450－1 000）。然后，让连续累计的总数目加上（或减去）每一天的净数目，结果被画在一幅图中。

如果图形是上升的，则上涨的股票数超过下跌的股票数，技术分析师会认为市场是强势的。当下跌的股票数开始占优，图形会随着市场开始弱化而掉头向下。技术派利用腾落线来作为何时买入或卖出股票的信号。

新高-新低

这个指标类似于腾落线，但是在一个更长的时期上审视价格变动。如果股票的当前价格处于过去一年以来的最高水平（有时候被称为"52周高点"），那么股票就被定义为达到"新高"。相反，如果股票的当前价格正处于过去一年以来的最低水平，那么股票就被定义为达到"新低"。

新高-新低指标［new highs-new lows (NH-NL) indicator］等于创出新的52周高点的股票数减去创出新低的股票数。因此，你最终得到的是一个净数值，这既可能是正的（当创新高的股票数占优时），也可能是负的（当创新低的股票数超过创新高的股票数时），正如腾落线的情形。为了平滑化每日的波动，净数值经常被加进10日的移动平均数，或者从10日的移动平均数中减去，然后在图中画出来。

正如你可能已经猜测到的，随着时间的推移而上升的图形表示强势的市场，其中，创新高的股票数占主导。下降的图形表示弱势的市场，其中，创新低的股票比创新高的股票更常见。遵循基于动量的交易策略的技术派会在创新高数占优时买入股票，在创新低的股票数比创新高的股票数多时卖出股票。另外，他们会利用该指标在市场看起来强势时将资金投入股票，而在市场看起来弱势时将资金从股票中转出并投入到现金或债券中。

阿姆氏指数

该指标也被称为 TRIN（trading index），是建立在腾落线基础之上的，除了考虑上涨和下跌的股票数之外，还考虑上涨和下跌股票的交易量。公式是：

$$\text{TRIN} = \frac{\text{上涨的股票数}}{\text{下跌的股票数}} \div \frac{\text{上涨股票的交易量}}{\text{下跌股票的交易量}} \tag{9-4}$$

例如，假定我们正在分析标准普尔 500 指数。假定在给定的某一天，这些股票中的 300 只股票的价格是上升的，200 只股票的价格是下降的。还假定上涨股票的总交易量是 4 亿股，下跌股票的总交易量是 8 亿股。这一天的 TRIN 值就是：

$$\text{TRIN} = \frac{300}{200} \div \frac{4}{8} = 3.0$$

另外，假设上涨股票的交易量是 7 亿股，下跌股票的交易量是 3 亿股。TRIN 值就会是：

$$\text{TRIN} = \frac{300}{200} \div \frac{7}{3} = 0.64$$

较高的 TRIN 值被解读为对市场不利，因为即使上涨的股票比下跌的股票多，但下跌股票的交易量要大得多。潜在的思想是，强势市场的特征是股价上涨的股票比下跌的股票多，而且价格上涨股票的交易量比价格下跌股票的交易量大，就像第二个例子中所示的那样。

共同基金现金比率

该指标将共同基金的现金头寸看作一个未来市场表现的指标。共同基金现金比率（mutual fund cash ratio ，MFCR）度量的是以现金形式持有的共同基金资产所占的百分比。计算如下：

$$\text{MFCR} = \text{共同基金现金头寸} \div \text{管理的总资产} \tag{9-5}$$

其假定是，MFCR 越高，市场越强。事实上，当该比率上升到异常高的水平时（即当共同基金的现金超过其资产的 10% 到 12% 时），就被视为是非常强的牛市信号。当该比率下降到非常低的水平时（如不到资产的 5%），就被视为是熊市信号。逻辑如下：当基金经理持有大量现金时（当 MFCR 高的时候），这对市场是好消息，因为基金经理最终将不得不把现金进行投资，购买股票并导致股价上涨。如果基金经理持有非常少的现金，那么投资者会因两种原因而感到担忧。首先，如果大部分现金已经被投资，那么对股票的需求就会较少。其次，如果市场下行，那么投资者就会想要抽回资金。基金经理随后将不得不卖出一些股票来满足投资者的赎回，这就对价格形成额外的下行压力。

平衡交易量

技术分析师通常将股票价格看作是对市场活动的关键度量指标。然而，他们也将交易量看作是次要的指标。平衡交易量（on-balance volume，OBV）是一个将交易量与价格变化联系起来的动量指标。该指标使用除了价格之外的交易量，并跟踪累积的交易量。通过这种方法，OBV 表示交易量是否流入或流出一只证券。当证券今天的交易量高于昨天的交易量时，全天的交易量被视为"上涨交易量"，所有交易量被加到累积交易量中。相反，当今天的交易量低于昨天的交易量时，全天的交易量被视为"下跌交易量"，接着，从累积交易量中减去这一交易量。

OBV 指标被用于确认价格趋势。根据这一指标，当一只股票的价格正在上涨时，你希望看到很多的交易量，因为这就表示股价会上涨到更高。然而，如果股价在上涨而 OBV 在下跌，技术分析师会将这种情形描述为一种分歧，并将其解读为一个市场可能弱势的信号。

在分析 OBV 的时候，重要的是方向或趋势，而不是实际值。计算 OBV，你可以从一个任意的数字开始，如 50 000。假定你正在计算一只股票的 OBV，该股票昨天的收盘价是每股 50 美元，并且你从 50 000 的 OBV 值开始。假定该股票今天交易了 80 000 股，并收于每股 49 美元。因为股价下跌了，我们将从之前的余额（50 000 的起点）中减去全部的 80 000 股，现在的 OBV 是 50 000－80 000＝－30 000。（需要说明的是，OBV 不过是累积交易量。）如果该股票在接下来的一天里的交易量是 120 000 股，并收于每股 52 美元的价格，我们接着会将所有 120 000 股加到前一天的 OBV 上：－30 000 ＋120 000＝90 000。这一过程会逐日继续下去。通常的做法是将每日的 OBV 画在一幅图上。只要图形是向上的，就是牛市；当图形开始向下时，就是熊市。

相对强弱指标

使用最广泛的技术指标是相对强弱指标（relative strength index，RSI），这是一个度量一只证券的价格随着时间的推移而上涨和下跌的强弱的指标。这个指标也有助于识别市场极端情形，反映一只证券正趋近于其价格顶部或底部，并在不久之后会出现趋势逆转。RSI 指标是在同一时期的"上涨日"的平均价格变化与"下跌日"的平均价格变化之间的比率。该指标的公式是：

$$\text{RSI}=100-\left[100\div\left(1+\frac{\text{上涨日的平均价格变化}}{\text{下跌日的平均价格变化}}\right)\right] \tag{9-6}$$

RSI 指标可以涵盖各种各样的时间段（天、周或月）。最常见的 RSI 指标是 9 天、14 天和 25 天这些时间段。

RSI 的范围在 0 和 100 之间，大部分 RSI 位于 30 和 70 之间。通常，高于 70 或 80 的值表示超买情形（相对于基本面而言有更多更强的买入）。低于 30 的 RSI 值表示可能的超卖情形（相对于基本面而言有更多的卖出）。当 RSI 穿过这些点的时候，就发出趋势可能逆转的信号。更宽的范围 20～80 通常被用于 9 天的 RSI，这往往比更长时间段的 RSI 的波动性更高。在牛市的时候，80 可能是一个比 70 更好的上限指标；在熊市的时候，20 是一个更准确的下限指标。不同的部门和行业会有不同的 RSI 界限水平。

要在自己的交易中使用 RSI 指标，投资者设定买入和卖出范围——如在 RSI 超过 70 的时候卖出，在 RSI 降到 30 之下的时候买入。另一种策略是将 RSI 与股价图进行比较。

在大部分时间里，两者的变动方向是相同的，但是 RSI 与股价图之间的分歧会是一个趋势改变的强烈信号。

作图

作图（charting）也许是最众所周知的技术分析师的工作。实际上，技术分析师使用各类图形画出各种行情，从道琼斯工业平均指数和个股的股价变动，到移动平均（见下文）和腾落线。事实上，正如上文所指出的，几乎每种类型的技术指标都被画成某种形式的图形。

图形之所以流行的原因是其提供了一个关于随时间而改变的动态的可视化概括。也许更重要的是（至少在技术分析师看来），图形包含着关于不断变化的趋势以及市场和个股未来行情的有价值的信息。图形分析师认为，价格模式演变为图形，提供了关于市场和个股未来行情的信号。

图形

图形本身只不过告诉你市场或个股所处的位置。但对图形分析师来说，那些价格模式产生了告诉他们未来会怎么样的图形。图形分析师认为历史本身会重演，于是他们研究股票或（市场）对各种图形的历史反应，并基于这些观察来设计交易规则。对图形分析师来说，他们是在跟踪市场还是个股并无差异。重要的是图形，而不是被画出的那些问题。如果你知道如何解释图形（这并不容易），那么你就能明白图形构成并识别出买入和卖出信号。这些图形通常被赋予奇怪的名字，如头肩形、下降楔形、扇形圆底、上升三角形以及岛形反转。

图 9-6 显示了 6 幅这样的图形。当形成"支撑线"和"压力线"的模式与基本图形相结合时，就发出了买卖的信号。图 A 是一个买入信号的例子，是当价格在一个特定模式中突破压力线时发生的。相反，当价格跌破支撑位时，如图 B 的图形末端所显示的，就是发出了卖出信号。据说，卖出信号意味着市场（或一股股票的价格）将要发生重大下跌。买入信号表示相反的情形会发生。

不幸的是，图形的主要问题是它很少会像图 9-6 中出现的那些一样整洁。相反，识别和解释图形通常需要相当程度的想象力。

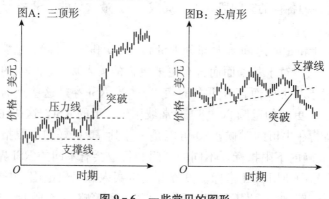

图 9-6　一些常见的图形

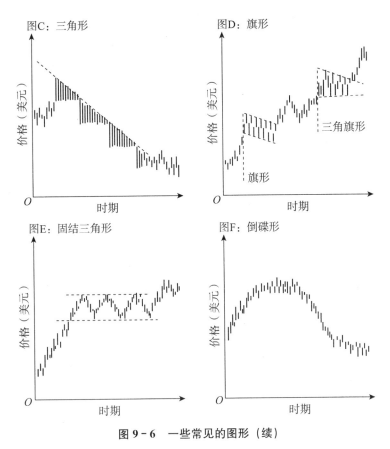

图 9-6　一些常见的图形（续）

对图形分析师来说，每幅图都有包含了事件的未来趋势的意义。

移动平均

　　每日的价格图形的一个问题是，它们会包含很多掩盖了总体价格趋势的通常毫无意义的短期价格波动。因此，技术分析师经常利用移动平均方法来消除这些微小干扰，而且可以突出潜在趋势。**移动平均**（moving average，MA）是一种记录一系列价格或其他数据随时间推移的平均值的数学方法。因为它们包含一系列平均值，所以 MA 会让一个数据序列更平滑并使其更易于确定趋势。移动平均是最古老和最流行的技术指标之一。事实上，该方法不仅可用于股价，而且可用于市场指数甚至是其他技术度量指标。

　　移动平均是在 10 到 200 天的时间范围内计算的——意味着在每次计算中使用从 10 到 200 个数据点。例如，一个 15 个数据点的序列被用于计算 15 天的移动平均。所选的时期的长度对 MA 的表现有影响。较短的时期数（10 到 30 天）更敏感，并往往更紧密地跟踪了实际的日常行为。较长的时期（如 100 到 200 天）更平滑，并在提取重要的趋势方面做得更好。移动平均有几类，最常见的（我们这里将使用的）是简单平均，其赋予每个观察值相同的权重。相反，还有其他一些对最近的数据点赋予更大权重（如"指数"和"加权"平均）或对时期中间赋予更大权重的方法。

　　利用收盘股价作为讨论的基础，我们可以通过先加总在一个给定时期（如 10 天）的收盘价，再用时期的长度来除这个总数来计算简单移动平均。因此，简单平均不过是算术平均。为了对此进行说明，考虑如下的收盘股价：

天	1	2	3	4	5	6	7	8	9	10	11	12	13	…
价格（美元）	4	5	6	6	7	5	3	5	8	9	6	2	4	…

利用一个10天的移动平均，我们加总从第1天直到第10天的收盘价（4＋5＋…＋8＋9＝58美元）后再除以10，即58÷10＝5.8美元。因此，这个10天的时期的平均收盘价是5.80美元。到第2天，对第2天到第11天再次重复这一计算过程，这会得到60÷10＝6.00美元。每天重复这一步骤，随着时间的推移，我们就有了一系列这样的个别平均数，当联系在一起的时候，就形成了一条移动平均线。接着，把这条线本身或者与其他市场信息一起画在图形上。

图9-7显示了针对埃克森美孚股票的每日收盘价（黑色的线）所画出的一条100天的移动平均线（灰色的线）。与实际收盘价相比，移动平均线提供了一条更平滑的线，没有任何的短期波动，这就清晰地展示了这只股票的价格的一般走势。

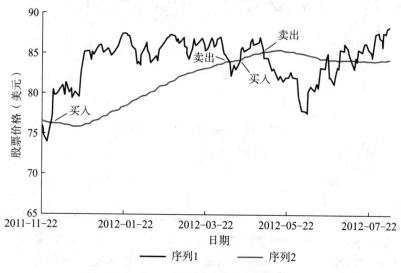

图 9-7 一条 100 天的移动平均线

通常人们根据一只股票实际的每日（或每周）的收盘价来画出移动平均线。它们也被广泛用于市场指数，如标准普尔500指数以及各种技术指标，包括腾落线。

技术分析师经常会利用如图9-7中那样的图形来帮助他们做出关于一只股票的买卖决定。具体地，如果证券的价格开始超过移动平均值，他们就将这种情形解读为一个好的买入时机，因为价格应该会上行（见图形中的买入信号）。相反，如果该证券的价格下跌到移动平均线之下时（见图中的卖出信号），就发出了卖出的信号。当股票价格波动导致反复的买入和卖出信号时，问题就出现了，这在图9-7中出现过多次。根据每次的买入和卖出信号来行动，不一定会产生可观的收益，但带来了高的交易成本。

概念复习

答案参见 www.pearsonhighered.com/smart。

9.6 技术分析的目的是什么？解释技术分析师如何以及为何使用技术分析，说明技术分析在确定投资决定的时机方面有何帮助。

9.7 市场真的会对个别证券的价格行为有显著的影响吗？请解释。

9.8 描述信心指数并说明使其独一无二的特征。

9.9 简要描述下列各项并解释它们是如何被用于技术分析的。

a. 市场宽度；

b. 卖空比例；

c. 零散交易。

9.10 简要描述下列各项并说明它们是如何被计算出的，以及如何被技术分析师使用的。

a. 腾落线；

b. 阿姆氏指数；

c. 平衡交易量；

d. 相对强弱指标；

e. 移动平均。

9.11 股票图形是什么？哪类信息可以放在图形上？画图的目的是什么？

我的金融实验室

下面是学完本章之后你应该知道的内容。**我的金融实验室**会在你需要练习的时候帮助你识别你知道什么以及去哪里练习。

你应该知道的	重要术语	去哪里练习
目标 1：描述有效市场的特征，解释市场异象是什么，说明在市场有效时投资者面临的一些挑战。有效市场是价格充分反映所有可得信息的市场。在有效市场中，价格变动几乎是随机的。如果市场是有效的，那么投资者不应期望通过技术或基本面分析来获得高于平均收益的回报	异常收益 行为金融学 有效市场 有效市场假说（EMH） 市场异象 随机游走假说 半强式（EMH） 强式（EMH） 弱式（EMH）	我的金融实验室学习计划 9.1
目标 2：概括表明股市有效的证据。早期关于市场有效性的研究发现，股票价格基本上是不可预测且随机变动的。其他研究发现，即使职业投资者也没有一直获得战胜市场平均水平的收益		我的金融实验室学习计划 9.2

你应该知道的	重要术语	去哪里练习
目标3：列举四个会导致投资者在其投资决策中犯系统性错误的"决策陷阱"。行为金融学称，投资者受制于多种决策陷阱，包括过度自信、损失厌恶、代表性、狭隘视野和信念固执。如果投资者确实在其投资决策中犯系统性错误，那么这些错误就会影响金融市场的价格	信念固执 熟悉性偏差 损失厌恶 视野狭隘 过度自信 代表性 自我归因偏差	我的金融实验室学习计划9.3
目标4：解释行为金融学是如何将市场异象与投资者的认知偏差联系起来的。市场异象表示一种股价模式，该模式会给投资者提供在无须承担高于平均水平的风险的情况下获得高于平均水平的收益的机会。行为金融学认为，一些市场异象之所以存在是因为投资者犯了系统性错误，如低估近年来表现不佳的股票的价值		我的金融实验室学习计划9.4
目标5：描述技术分析的一些方法，尤其是移动平均、作图和反映市场技术状况的各种指标。市场分析师考察市场上那些一般会影响股票价格行为的因素。这一分析是通过评估市场的整体状况、正式或非正式地研究各种内部市场统计量（如卖空比例或腾落线）或者对市场的各个方面作图（包括利用移动平均）来完成的	信心指数 市场技术分析师 空头净额 技术分析 反向观点理论	我的金融实验室学习计划9.5 问题P9.2、P9.6的视频学习辅导
目标6：对个股和整体市场计算并使用技术交易规则。技术分析师利用很多数学公式和指标来度量市场的走向，包括腾落线、新高和新低、交易指数、共同基金现金比率、平衡交易量以及相对强弱指标。他们使用历史价格数据来检验不同的指标以便发现能产生有利可图的交易策略的那些指标，这些指标接下来被放入用于指导买卖决策的交易规则中	作图 移动平均（MA）	我的金融实验室学习计划9.6

登录**我的金融实验室**，做一个章节测试，取得一个个性化的学习计划，该学习计划会告诉你，你理解哪些概念，你需要复习哪些。在那儿，**我的金融实验室**会提供给你进一步的练习、指导、动画、视频和指引性解决方法。登录 www.myfinancelab.com

讨论题

Q9.1　关于有效市场的概念已有众多研究。可以这么说，你的一些同班同学相信市场是有效的，而另一些则相信市场是无效的。举行一场辩论来看看是否可以解决这个问题（至少在你和你的同班同学中）。选择一方，支持或反对有效市场，接着准备好你的"弹药"。准备好讨论这三个方面：

a. 什么是有效市场？这类市场真的存在吗？

b. 市场总是（或接近于总是）正确地设定了股票价格吗？如果是这样，这是否意味着几乎没有机会找到价值被低估的股票？

c. 你能说出一些在选股过程中使用基本面分析或技术分析的理由吗？如果不能，你又是如何选股的？

Q9.2　像《华尔街日报》和《金钱》杂志之类的金融期刊每份都会发布一份表现最好的共同基金经理的名单。每年都有一些基金经理获得远高于市场平均水平的收益，他们有时候是在没有承担高于平均水平的风险的情况下获得的。这与有效市场假说相悖吗？

Q9.3　简要解释下列术语，并描述它们是如何影响投资者的决策的。

a. 损失厌恶；

b. 代表性；

c. 视野狭隘；

d. 过度自信；

e. 自我归因偏差。

Q9.4　描述代表性会如何导致股票估值中的偏差。

Q9.5　简要描述技术分析是如何被用作股票估值的组成部分的。技术分析在投资者的买卖股票决策中发挥着什么作用？

Q9.6　描述下列每种技术分析方法，并说明投资者如何使用这些方法。

a. 信心指数；

b. 阿姆氏指数；

c. 交易行为；

d. 零散交易；

e. 作图；

f. 移动平均；

g. 平衡交易量指标。

以上哪些方法有可能涉及某些类型的数学公式或比率？

Q9.7　简要定义下列各项，并说明那些表明市场存在技术错误的条件。

a. 市场宽度；

b. 空头净额；

c. 相对强弱指标；

d. 反向观点理论；

e. 头肩形。

问题

P9.1　计算标准普尔 500 指数在下列 3 个日子中的阿姆氏指数：

日	价格上涨的股票数	价格下跌的股票数	价格上涨股票的交易量（百万股）	价格下跌股票的交易量（百万股）
1	350	150	850	420
2	275	225	450	725
3	260	240	850	420

这 3 日中的哪一日会被认为是最大牛市？请解释。

P9.2 下表中的数据是公司债券市场的数据。（注：下面的每个"时期"涵盖 6 个月的时间跨度。）

	时期 1	时期 2	时期 3	时期 4
10 只高等级公司债券的平均收益率	5.30%	5.70%	5.10%	?
道琼斯 40 只公司债券的平均收益率	6.50%	?	6.00%	4.90%
收益率的利差（以基点表示）	?	155	?	25
信心指数				

a. 计算上面列出的 4 个时期中的每个时期的信心指数。

b. 假定最新的信心指数（实际上是时期 0）等于 86.83%，而高质量等级与平均质量等级的公司债券之间的利差是 85 个基点。根据你的计算，在上面的问题所涵盖的时期中（即从时期 0 到时期 4）债券的收益率利差和信心指数发生了怎样的变化？

c. 根据你计算的信心指数指标，你对股票市场的总体评价是什么？在哪个或哪几个时期（1 到 4）信心指数是牛市的？在哪个或哪几个时期信心指数是熊市的？

P9.3 计算一只股票在随后 3 日的平衡交易量（OBV）水平。假设初始的 OBV 水平是 50 000，而该股票昨日的收盘价是 25 美元。

日	收盘价（美元）	交易量（股）
1	27	70 000
2	26	45 000
3	29	120 000

OBV 的变动能确认价格的上涨趋势吗？请解释。

P9.4 下面用数字表示了在 6 个月的时期中每个月创出新高和新低的股票数：

月份	新高	新低
7	117	22
8	95	34
9	84	41
10	64	79
11	53	98
12	19	101

技术分析师会认为在这段时期的趋势是牛市的还是熊市的？请解释。

P9.5　你在电视上听到一位市场分析师说这段时间的腾落线的值是1.2。这是什么意思？

P9.6　在一个交易日结束的时候，在NYSE中有2 200只股票上涨，有1 000只股票下跌。这一日的腾落线的值是多少？

P9.7　给你如下信息：

日	新高	新低
1（昨日）	117	22
2	95	34
3	84	41
4	64	79
5	53	98
6	19	101
7	19	105
8	18	110
9	19	90
10	22	88

a. 计算10日的新高-新低（NH-NL）指标的移动平均。

b. 如果今日有120个新高和20个新低，那么，新的10日的新高-新低（NH-NL）指标的移动平均是多少？

P9.8　你已经搜集了如下的新高-新低（NH-NL）指标数据：

日	NH-NL 指标
1（昨日）	100
2	95
3	61
4	43
5	−15
6	−45
7	−82
8	−86
9	−92
10	−71

如果你是一位遵循基于动量的策略的技术分析师，那么你今日是买进还是卖出？

P9.9　给你如下数据：

周	共同基金现金比率（美元）	共同基金总资产（美元）
最近	281 478 000.00	2 345 650 000.00
2	258 500 000.00	2 350 000 000.00
3	234 800 000.00	2 348 000 000.00
4	211 950 000.00	2 355 000 000.00
5	188 480 000.00	2 356 000 000.00

计算每周的 MFCR。根据计算结果，你是看多还是看空？

P9.10　你找到你持有的一只股票的收盘价。你想用一个 10 日的移动平均来监控股票。计算 11 日到 20 日的 10 日移动平均。根据下表中的数据，有你应该采取行动的什么信号吗？请解释。

日	收盘价（美元）	日	收盘价（美元）
1	25.25	11	30.00
2	26.00	12	30.00
3	27.00	13	31.00
4	28.00	14	31.50
5	27.00	15	31.00
6	28.00	16	32.00
7	27.50	17	29.00
8	29.00	18	29.00
9	27.00	19	28.00
10	28.00	20	27.00

访问 www.myfinancelab.com 来获得网络练习、电子表格和其他在线资源。

案例题 9-1

布雷特计算了一只股票的一些技术指标

布雷特·戴利（Bretty Daly）是一位积极型股票交易者和狂热的股市技术分析师。他是大约 10 年前开始接触技术分析的，虽然他现在利用互联网来完成大部分的分析工作，但他仍然喜欢自己动手来计算一些数字和制作一些技术图形。布雷特喜欢把自己描述成一个严肃的依赖于用于做投资决策的一些——当然不是全部的——信息的股票交易者。不像某些股市技术分析师，他并不会完全忽视一只股票的基本面。现在，他看中一只过去三四个月一直关注的股票。

这只股票的发行公司叫鹦鹉螺导航（Nautilus Navigation），是一家中等规模的高科技公司，该公司已成立数年并表现出有年复一年地产生利润的能力。问题是公司的盈利有点儿飘忽不定，往往一年年地上下波动，这导致该股票的价格也有点儿飘忽不定。这正好就是布雷特喜欢这只股票的原因——作为交易者，波动大的股价使得他可以在相对短（3 到 6 个月）的时间段内买进卖出股票。

布雷特已经确定该股票拥有"相当好"的基本面，因此，他并不担心股票的基础稳健性。从而，他可以将注意力集中于股票的技术面。尤其是，他想计算关于该股票的市场价格行情的一些技术指标。他已经获得了该股票最近的收盘价，数据显示在下表中。

鹦鹉螺导航股票最近的每日收盘价

14（2013 - 08 - 15）	18.55	20	17.50
14.25	17.50	20.21	18.55
14.79	17.50	20.25	19.80
15.50	17.25	20.16	19.50
16	17	20	19.25
16	16.75	20.25	20
16.50	16.50	20.50	20.90
17	16.55	20.80	21
17.25	16.15	20	21.75
17.20	16.80	20	22.50
18	17.15	20.25	23.25
18（2013 - 09 - 30）	17.22	20	24
18.55	17.31（2013 - 10 - 31）	19.45	24.25
18.65	17.77	19.20	24.15
18.80	18.23	18.25（2013 - 11 - 30）	24.75
19	19.22	17.50	25
19.10	20.51	16.75	25.50
18.92	20.15	17	25.55（2013 - 12 - 31）

鹦鹉螺导航的股票在纳斯达克全球市场上交易活跃，并受到市场的广泛关注。

问题

a. 利用上表中的收盘股价计算该股票的下列时期相对强弱指标（RSI）：从 2013 年 9 月 30 日到 2013 年 10 月 31 日的 20 天时期；从 2013 年 11 月 30 日到 2013 年 12 月 31 日的 22 天时期。〔提示：利用简单（非加权）平均来计算 RSI 公式中的分子（上涨日的平均价格变化）和分母（下跌日的平均价格变化）。〕

（1）对比你计算的两个 RSI，是变大了还是变小了？是好事还是坏事？

（2）最新的 RSI 给出的是买入还是卖出信号？请解释。

b. 根据上面的收盘股价，准备一条涵盖表中显示的时期的移动平均线，用 10 天的时间窗口来计算个别平均值。

（1）将该股票从 2013 年 8 月 15 日到 2013 年 12 月 31 日的每日收盘价画在一幅图上。

（2）在同一幅图上，利用之前计算的个别平均值画出一条移动平均线。识别出买入或卖出信号。

（3）到 2013 年 12 月 31 日为止，移动平均线给出的是买入、持有还是卖出信号？请解释。该结果与你在 a 部分中用 RSI 所得到的结果相比怎么样？请解释。

c. 根据你已经准备好的技术指标和图形，你会建议布雷特对鹦鹉螺导航公司的股票采取什么行动？请解释。

德布计算股市的技术指标

几个月前，德布·福里斯特（Deb Forrester）从她已故的姑姑的房地产中得到一大笔钱。德布一开始把钱存在一个储蓄账户中，因为她还不确定该如何处理这些钱。然而，自那时之后，她在当地的大学中修了一门投资学课程。实际上，该课程所用的教材正是本书，而且正好刚学完本章。德布对课堂上所学的知识感到异常兴奋，并认为自己无疑应该投资于股票。但是，在进行投资之前，她想利用刚学的技术分析知识来决定现在是否是入市的好时机。

德布决定用所有下列指标来帮助她确定现在是不是把钱投入股市的好时机：

（1）腾落线；

（2）新高-新低（假定当前的 10 天移动平均等于 0，并且最近的 10 个时期都是 0）；

（3）阿姆氏指数；

（4）共同基金现金比率。

德布上网并经过不懈努力之后终于可以将相应的数据表整合在一起。

问题

a. 根据表中的数据，对上面列举的 4 个指标中的每一个计算从时期 1 到 5 的值。画出你的可应用的结果。

b. 分别讨论每个指标并说明其现在所代表的市场含义。综合起来，这 4 个指标所暗含的当前市场状态是什么？根据这些指标，对德布考虑入市来说，这是一个好时机吗？还是她应该等一段时间？请解释。

c. 对表中所用的时期进行评论，此处对这些时期并没有定义。如果它们是相对长的时间段会怎么样？如果它们是相对短的时间段又会怎么样？解释一下时期的长度会如何影响指标。

	时期 1	时期 2	时期 3	时期 4	时期 5
道琼斯工业平均指数	8 300	7 250	8 000	9 000	9 400
道琼斯交通业平均指数	2 375	2 000	2 000	2 850	3 250
新高	68	85	85	120	200
新低	75	60	80	75	20
上涨交易量	600 000 000	836 254 123	275 637 497	875 365 980	1 159 534 297
下跌交易量	600 000 000	263 745 877	824 362 503	424 634 020	313 365 599
共同基金现金（万亿美元）	0.31	0.32	0.47	0.61	0.74
管理的总资产（万亿美元）	6.94	6.40	6.78	6.73	7.42
上涨股票数（NYSE）	1 120	1 278	1 270	1 916	1 929
下跌股票数（NYSE）	2 130	1 972	1 980	1 334	1 321

Excel 电子表格

技术分析根据对交易量和价格的研究来考察对证券的需求和供给。作图是一种用于识别和预测证券的价格趋势的常见方法。一个广为流传的技术指标是布林线指标（Bollinger Band）。该方法创建了两条线，一条高于股票的价格表现，一条低于股票的价格表现。上面的线是一条压力线，表示股票不太可能上涨到该线之上。下面的线形成支撑线，表示股票不太可能下跌到该线之下。

根据技术分析师的看法，如果你看到一个对上面一条线的明显"突破"，那么可以预期股价很快会回落。对下面一条线的"突破"表示股价即将上涨。这两种情形中的任何一种都表示一个唯一的投资策略。

进行下面对亚马逊公司（AMZN）的技术分析

（1）访问 money. msn. com；

（2）选择代码：AMZN；

（3）在左侧栏，单击交互图"Interactive Chart"；

（4）选择一个 5 年期的图；

（5）单击技术指标"Technical Indicator"；

（6）选择布林线"Bollinger Band"；

（7）亚马逊公司股票的有上下红色的布林线的价格表现图就会出现；

（8）确保该图至少涵盖了 2012 年前 6 个月。

问题

a. 在 2012 年 4 月 27 日前后，亚马逊公司股票的上线（压力线）怎样了？

b. 在随后的 9 天里，该股票的价格是如何变动的？

c. 这与技术分析师的看法一致吗？

d. 技术分析师在 4 月 27 日会采取什么策略？

e. 在大约相同的时间，亚马逊公司股票的下线（支撑线）怎样了？

f. 股票在 2012 年 5 月的表现怎么样？

CFA 考试题

普通股投资

下面是 11 道 CFA 一级的考试题，涉及本书第 6、7、8、9 章涵盖的很多主题，包括财务比率的使用、各种股票估值模型以及有效市场的概念。（注意：在回答一些问题的时候，记住"远期市盈率（Forward P/E）"与根据估计的 1 年后的盈利所计算的 P/E 相同。）在回答问题的时候，每道题给自己 1.5 分钟的时间，目标是在 16.5 分钟的时间里正确地回答出 11 个问题中的 8 个。

1. 保持所有其他变量不变，并排除（市盈率的）值的决定因素之间的任何相互影响，下列哪一个最有可能提高一家公司的市盈率倍数？

a. 风险溢价上升；

b. 留存比率上升；

c. 股票的贝塔上升。

2. 使用市销率分析法的依据是：

a. 销售收入比盈利的波动性更大；

b. 市销率准确地评估成本结构；

c. 收入比盈利较不易受到会计操纵的影响。

3. 一家周期性公司往往：

a. 有与整体经济情况相关的盈利；

b. 有一个高的市盈率；

c. 有比整体市场波动更小的盈利。

4. 考虑一家公司去年每股赚取 4.00 美元并支付 1 美元的股利。该公司多年来一直维持不变的支付比率，分析师预期这一比率会继续下去。预期公司下一年会获得每股 4.40 美元的盈利，预期股票的售价会是 30 美元。必要收益率是 12%。对股票当前价值的最佳估计是多少？

a. 44.00 美元；

b. 22.67 美元；

c. 27.77 美元。

5. 一只股票当前的股利是 1 美元，预期其下一年的股利是 1.10 美元。如果投资者要求的收益率是 15%，股票当前的交易价格是 20.00 美元，隐含的 1 年后的预期价格是多少？

a. 21.90 美元；

b. 22.00 美元；

c. 23.00 美元。

6. 一家公司有 187 500 美元的总收入和 15 000 美元的净利润，总流动负债是 50 000 美元，总普通股是 75 000 美元，总资产是 150 000 美元。公司的 ROE 是多少？

a. 15%；

b. 20%；

c. 24%。

7. 一只股票当前支付每股 1 美元的股利。预期随后 3 年的股利增长率是 20%，预期在此之后会永远变为 7%。该股票的必要收益率是 15%。该股票当前的内在价值是：

a. 6.54 美元；

b. 165.63 美元；

c. 36.93 美元。

8. 股票估值中所用的必要收益率受到下列哪项的影响最大？

a. 预期通货膨胀；

b. 实际通货膨胀；

c. 卖空能力。

9. 确认偏差是指投资者倾向于：

a. 聚焦于能确认之前的看法和行动的信息；

b. 对预测未来增长过于自信；

c. 感到对糟糕的投资有责任并做得更糟糕。

10. 下列哪项能提供违背半强式有效市场假说的最有说服力的证据？

a. 交易成本高；

b. 低市盈率股票有正的长期异常收益率；

c. 大概一半的专业化管理的基金比整体市场的表现要好。

11. 强式有效市场假说：

a. 认为没有人拥有信息优势；

b. 认为某些人群能得到内幕信息；

c. 直接挑战技术分析方法。

答案： 1. b；2. c；3. a；4. c；5. a；6. b；7. c；8. a；9. a；10. b；11. a。

第四部分

固定收益证券投资

第10章 固定收益证券

学习目标

学完本章之后，你应该能够：

目标 1：解释债券的基本投资属性及其作为投资工具的用途。

目标 2：描述债券的本质特征，说明债券评级在市场上所发挥的作用，区别不同类型的赎回、再融资和偿债基金条款。

目标 3：解释债券在市场上是如何被定价的以及为什么一些债券比其他债券的波动性更大。

目标 4：识别不同类型的债券以及这些债券可以完成的投资目标的类型。

目标 5：讨论全球债券市场的性质以及美元计价和外币计价的债券之间的差异。

目标 6：描述可转换证券的基本特征和性质，并衡量可转换证券的价值。

预感到全球经济衰退的严重性，标准普尔评级服务公司于 2009 年 3 月取消了通用电气公司梦寐以求的 AAA 债券评级。这标志着 50 多年来通用电气公司的债券首次降至最高的投资级评级之下。就在同一天的晚些时候，另一家评级公司惠誉将沃伦·巴菲特的公司伯克希尔·哈撒韦的债务评级从 AAA 评级降为 AA。评级公司的这些行动使得仅有 5 家美国公司拥有 AAA 评级的债务（自动数据处理公司、埃克森美孚公司、强生公司、微软公司和辉瑞公司），而且到 2012 年的时候辉瑞公司也被降级。

不只是公司受到降级处理，标准普尔于 2011 年 8 月 5 日还将美国的长期主权信用评级从 AAA 降至 AA＋。标准普尔指出，对美国的降级是因为对其不断攀升的公共债务负担的负面看法，以及感知到的其更大的政策不确定性。

全球衰退导致不计其数的公司和若干国家遭到降级，在衰退结束 3 年之后，降级仍然是一个问题。2012 年 1 月 13 日星期五，9 个欧洲国家的主权信用被降级。除了法国失去其引以为傲的 AAA 信用评级之外，奥地利、马耳他、斯洛伐克和斯洛文尼亚的评级也被调低一级，更糟糕的是，塞浦路斯、意大利、葡萄牙和西班牙的评级被调低两级。对塞浦路斯和葡萄牙来说，降级意味着其国债现在变为"垃圾"债券。

在你投资债务证券之前，不管是公司还是国家发行的，你都要考虑信用质量、利率、期限和其他有关因素。第 10 章和第 11 章将为你提供在债券市场上做出英明决策所需的背景知识。

资料来源："And Then There Were Six," Seeking Alpha, March 12, 2009, seekingalpha. com/article/125625-aaa-rated-companies-and-then-there-were-six; "GE, Berkshire Lose AAA Ratings; Ranks of Top Firms Thinning," *The China Post*, March 14, 2009, www. chinapost. com. tw/business/americas/2009/03/14/200120/GE-Berkshire. htm; Standard & Poor's, Global Credit Portal Ratings Direct, August 5, 2011, S&P | RatingsDirect © on the GlobalCredit Portal | Americas, www. standardandpoors. com/ratingsdirect; "S&P Downgrades the Credit of Nine European Countries, Including France," January 13, 2012, www. npr. org/blogs/thetwo-way/2012/01/13/145178453/s-p-downgrades-france-deals-a-blow-to-eurozone.

为什么要投资债券？

不同于股票，债券是负债——公开交易的借条让债券持有人实际上是在借钱给债券发行人。专业一点儿说，**债券**（bond）是可协商的、公开交易的长期债务证券。债券有各种不同的面值，有各种不同的借款组织，包括美国财政部、美国政府机构、州和地方政府以及公司。债券经常被称为固定收益证券，因为发行人的债务偿还通常是固定的。也就是说，在大部分情况下，发行组织同意定期支付固定金额的利息并在到期日偿还固定金额的本金。

像股票一样，债券也可以提供两种收入：当期收入和资本利得。当期收入来自在债券的生命期内支付的定期利息收入。资本利得部分稍有不同。由于发行债券的公司承诺在债券到期时偿还固定的金额，所以债券的价格通常并不像股票那样随公司利润的上升而上升。然而，债券价格却是随市场利率的变化而涨跌。你必须牢记在心的一个基本关系是，利率与债券价格是反向变动的。当利率上升时，债券价格下跌；当利率下降时，债券价格上涨。在本章后面我们将详细说明这一关系，在此先说明其背后的直觉。假设你买了一只全新的债券，该债券是由像通用电气那样的公司发行的，支付 6% 的利息。假设市场利率在 1 个月之后上升了，新的债券给投资者支付 7% 的利息。如果你想卖掉你的通用电气债券，你很可能要遭受资本损失，因为在市场通行利率为 7% 的情况下投资者不会想买一只支付 6% 的利息的债券。在较少的买家对该债券感兴趣的情况下，通用电气债券的价值就会下降。令人欣慰的是，如果市场利率下降，那么就会出现相反的结果。如果债券的通行利率是 5%，你的支付 6% 的利率的通用电气债券就会在市场上要求一个溢价。整体考虑的话，当期收入和从债券上赚取的资本利得会带来可观的收益。

市场上有各种各样的债券，从保守投资者喜欢的相对安全的债券（如通用电气债券）到适合于能忍受巨大风险的投资者的高度投机性债券（如天狼星 XM 债券）。此外，所有类型的债券提供的收益和风险均部分地取决于利率的波动性。由于利率变动引起债券价格的变动，所以较高的利率波动性使得债券的收益不易被预测。

其他一些债券具有为吸引某些类型的投资者而设计的特殊性质。想要避税的处于高税负等级的投资者发现免税债券很有吸引力。例如，市政债券支付的利息免缴联邦所得税，国债支付的利息免缴州所得税。虽然名称中有固定收益，但一些债券是根据公式来支付随时间而变的利息。从某种意义上说，固定收益的称呼对这些债券仍然是适用的，因为决定利息支付的公式是通过合约固定下来的。例如，美国和很多其他国家的政府发行利息支付随通胀而上升的通货膨胀指数化债券。随着通货膨胀率的变化，这些债券的支付也会变化，但投资者事前已经准确地知道利息支付在通胀发生时会如何调整。这类债券对于那些想要免于通胀上升风险的投资者颇有吸引力。

正确看待债券市场表现

利率驱动债券市场。事实上，利率变化对债券收益的影响最大。利率不仅决定着投资者会收到的当期收入，而且决定着其会引起的资本利得（或损失）。因而，毫不奇怪，债券市场参与者密切跟踪利率。当新闻媒体上的评论员描述债券市场在某一特定日期的表现情况时，他们通常是从债券收益率的角度来说明那一天的情况，而不是从债券价格的角度。

图 10-1 显示公司和政府债券的利率往往一起变动，但公司债券的利率更高。公司债券较高的利率为公司可能对其债务违约的风险提供了补偿。公司债券的利率与政府债券的利率之差被称为收益率利差或信用利差。当经济情况不景气、公司债券的违约风险上升时，收益率利差就会变大，就像 2008 年那样。

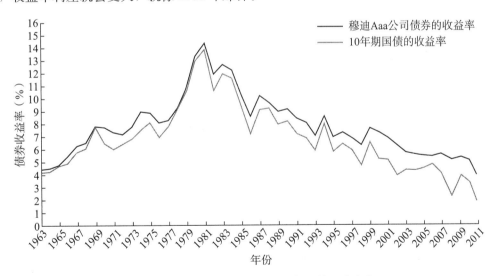

图 10-1　1963—2011 年随时间推移的利率变化

在一直持续到 2012 年的长期下跌之前，利率从 1963 年到 20 世纪 80 年代初经历了大幅上升。公司债券的利率往往紧跟政府债券的利率，但公司债券的利率因发行公司的违约风险而较高。要注意的是，美国公司债券的收益率与美国国债的收益率之间的差距，或者叫作"利差"，在 2008 年的金融危机期间相当大。

资料来源：Aswath Damodaran, The Data Page, http://pages.stern.nyu.edu/~adamodar.

图 10-1 提供了从 1963 年到 2011 年的美国公司和美国政府发行的债券的利率情况。该图表明,利率在整个 20 世纪 60 年代和 20 世纪 70 年代是稳步上升的,到 20 世纪 80 年代初达到顶峰,超过 1963 年水平的 3 倍。随后,利率开始经历长期下滑,到 2011 年末利率达到历史最低水平(这一趋势持续到本书的原版书即将出版印刷的 2012 年 10 月)。牢记利率上升会导致债券价格下跌,因此,在 20 世纪 70 年代,持有 20 世纪 60 年代发行的债券的投资者遭受了资本损失。依此类推,在 20 世纪 80 年代初利率非常高的时候购买了债券的投资者因随后的市场利率下降而赚取了可观的资本利得。

历史收益率

就像股票一样,债券市场的总收益是由来自债券的利息支付的当期收入和来自债券价值变动的资本利得(或损失)共同构成的。表 10-1 列示了美国国债从 1963 年到 2011 年的年末债券收益率和年度总收益率。需要注意的是年末收益率与总收益率有何不同。这一差别可以归因为市场利率变化与债券价值之间的反向关系。当市场利率上升时,债券价值下降。在利率上升时期,债券的总收益包括了有时候会超过债券的当期收入的资本损失,进而导致负的总收益率。美国国债的总收益率在 50 年中有 8 年是负的,正如你在表 10-1 中可以看到的,债券总收益率为负的年份正是债券收益率上升的年份。相反,债券收益率在利率下降的年份相当高,如 1982 年、1984—1986 年以及最近的 2008 年。

表 10-1   国债的历史年收益率和总收益率

年份	年末国债收益率(%)	国债年度总收益率(%)	年份	年末国债收益率(%)	国债年度总收益率(%)
1962	3.9	5.7	1977	7.7	1.3
1963	4.1	1.7	1978	9.0	−0.8
1964	4.2	3.7	1979	10.4	0.7
1965	4.6	0.7	1980	12.8	−3.0
1966	4.8	2.9	1981	13.7	8.2
1967	5.7	−1.6	1982	10.5	32.8
1968	6.0	3.3	1983	11.8	3.2
1969	7.7	−5.0	1984	11.5	13.7
1970	6.4	16.8	1985	9.3	25.7
1971	5.9	9.8	1986	7.1	24.3
1972	6.4	2.8	1987	9.0	−5.0
1973	6.7	3.7	1988	9.1	8.2
1974	7.4	2.0	1989	7.8	17.7
1975	8.0	3.6	1990	8.1	6.2
1976	6.9	16.0	1991	7.1	15.0

续前表

年份	年末国债收益率（%）	国债年度总收益率（%）	年份	年末国债收益率（%）	国债年度总收益率（%）
1992	6.8	9.4	2002	3.8	15.1
1993	5.8	14.2	2003	4.3	0.4
1994	7.8	−8.0	2004	4.2	4.5
1995	5.7	23.5	2005	4.4	2.9
1996	6.3	1.4	2006	4.7	2.0
1997	5.8	9.9	2007	4.0	10.2
1998	4.7	14.9	2008	2.2	20.1
1999	6.4	−8.3	2009	3.8	−11.1
2000	5.1	16.7	2010	3.3	8.5
2001	5.1	5.6	2011	1.9	16.0

资料来源：Aswath Damodaran，The Data Page，http：//pages. stern. nyu. edu/~adamodar/.

我们可以利用表 10-1 中的收益率数据来计算不同投资时长的债券平均收益率，如下表所示：

持有期	年均收益率（%）
5 年：2007—2011 年	8.7
10 年：2002—2011 年	6.9
20 年：1992—2011 年	7.4
30 年：1982—2011 年	9.7

这些数字表明，最近 30 年总体上对于债券投资者来说是不错的。这主要是因为美国经济一直处于利率持续下降的时期，这就产生了可观的资本利得和高于平均水平的收益率。事实上，债券在过去的 30 年中有 14 年获得了两位数的总收益率。当然，市场利率是否会（或者说还会）继续下降是个大问题。在当前创纪录的低收益率的情况下，大部分市场观察者预期在随后的若干年中债券只能获得低于平均水平的收益率。

债券与股票的对比

与股票相比，债券的风险通常较小并提供较高的当期收入。像股票一样，债券是由范围广泛的公司以及各种政府实体发行的，因此，投资者可以用债券构建广泛分散的投资组合，就像用股票一样。此外，与股票相比，债券获得非常高的收益的可能性要小得多，即使对债券来说比较特殊的最近 20 年也是如此。

图 10-2 通过展示一笔 10 000 美元的资金在投资于股票或债券时从 1992 年到 2011 年的增值情况来说明股票和债券之间的一些收益上的差异。虽然债券投资在 20 世纪 90 年代初小幅超过了股票投资，但股票投资者因股市繁荣而在 20 世纪 90 年代末获益良多。股票

投资在 2000 年 8 月达到顶峰，随即大幅下跌。股票价值在 2001 年 9 月 11 日的恐怖主义袭击之后下降了很多，并最终在 2002 年 9 月触底。到 2002 年的时候，债券投资再次超过股票投资，但仅维持了短暂的一段时间。股票投资在 2007 年 10 月再次达到顶峰，直到美国房地产泡沫破灭和金融危机爆发。随着股票市场在 2008 年的自由落体，股票投资在 2009 年 2 月再次触底。随着金融危机开始缓和，股票投资开始强劲反弹，到 2011 年末的时候比债券投资的价值低几千美元。

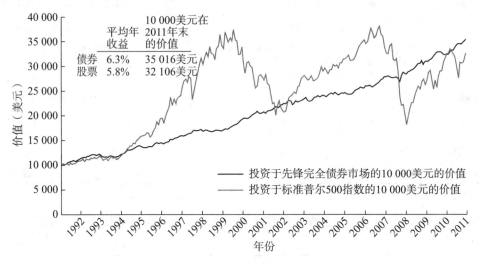

图 10-2　1992—2011 年股票和债券的相对表现

这幅图展示了投资于债券的 10 000 美元和投资于股票的 10 000 美元在从 1992 年 1 月到 2011 年 12 月这 20 年时间里的变动情况。显然，虽然股票在整个 20 世纪 90 年代后半期遥遥领先，但随后的熊市让这种优势荡然无存。随着股票从 2003 年到 2007 年末的表现优于债券，这一模式又再次重现，直到 2008 年末的急剧下跌。从 2009 年初到 2011 年末，股票开始在震荡中反弹。

注：反映投资表现的数字和图形是基于完全复合收益率并包含当期收入（股利和利息）的再投资以及资本利得（或损失），并且所有计算中都忽略了税收。

图 10-2 展示了股票收益比债券收益的波动性要大得多。如果股票的风险较高，那么一般来说投资者应该在股票上比在债券上获得更高的收益。我们从第 4 章呈现的历史证据中知道，股票在非常长的时期中的表现要好于债券。图 10-2 还说明了债券可以在长达一二十年的时间里表现优于股票。事实上，我们从图 10-2 中看到，虽然风险较小，但债券投资的年均收益率是 6.3%，而股票只有 5.8%。股票和债券收益率之间最大的区别通常出现在股票收益为负的熊市期间。这部分地反映了一种被叫作"择优而栖"的现象，即投资者从股市中撤出资金并投资于诸如债券之类的低风险证券。例如，图 10-2 显示股票投资者在 2008 年大概损失了 40% 的资金，而表 10-1 显示政府债券投资者在这一年赚了 20%。

很多投资者认为，即使平均看来债券比股票赚取更低的收益，但把债券放入投资组合中带来的稳定性所付出的代价较低。事实是，债券收益比股票收益要稳定得多，再加上债券具有出色的组合分散化性质。一般而言，将债券加入投资组合在一定程度上会在不显著降低组合收益的情况下降低组合风险。投资者并不是为了债券的高收益而购买债券，除非当他们认为利率会下降的时候才如此。相反，投资者购买债券的目的是为了债券的当期收入以及债券给投资组合带来的稳定性。

风险敞口

就像所有其他投资一样，债券也有各种风险。一般而言，债券有 5 种主要风险：利率风险、购买力风险、商业/财务风险、流动性风险和赎回风险。

利率风险。利率风险是固定收益证券投资者面临的最重要的风险，因为利率风险是债券市场中价格波动的主要原因。对债券来说，利率风险转化为市场风险，也就是说，利率变动几乎影响所有债券并涉及市场所有部门，甚至美国国债市场。当市场利率上升时，债券价格下跌，反之亦然。当利率波动变得更大时，债券价格的波动也会变得更大。

购买力风险。通货膨胀会侵蚀货币的购买力，这就带来购买力风险。投资者通常意识到这一点，因此，债券的市场利率会为投资者预期的债券生命期内的通货膨胀率提供补偿。当通货膨胀低且可预测时，债券的表现相当不错，因为债券的收益率超过通货膨胀率的幅度足以为投资者提供正的收益率，即使在考虑了通货膨胀对购买力的影响之后也是如此。当通货膨胀在未预期到的情况下爆发时，如 20 世纪 70 年代末那样，债券的收益率就开始落后于通货膨胀率，债券的利息支付未能跟上通货膨胀。最后的结果是，债券投资者收到的货币的购买物品的能力的下降速度比他们预期的下降速度更快。这正是购买力风险这一术语的含义。当然，风险有弊亦有利，因此，当通货膨胀率意外下降时，债券的表现会相当好。

商业/财务风险。这基本上是指发行人对利息或本金支付违约的风险。也叫作信用风险或违约风险，商业/财务风险与发行人的质量和财务状况有关。发行人的财务状况越强，越是不用担心商业/财务风险。某些证券的违约风险是可忽略的。从历史上看，投资者一直将美国国债视为是无违约风险的，但美国不断增长的债务也使得投资者对其违约的可能性产生了一些担忧。对其他类型的债券而言，如公司债券和市政债券，违约风险是需要认真考虑的。

流动性风险。流动性风险是指当投资者想要出售债券时，难以按合理的价格出售的风险。在债券市场的某些领域，这会是个大问题。即使债券市场是巨大的，很多债券在发行之后也并不是交易活跃的。美国国债是个例外，但是大部分公司和市政债券是相对缺乏流动性的。

赎回风险。赎回风险，或者叫提前偿还风险，是指债券在距离其计划的到期日之前很久就被"赎回"（偿还）的风险。当利率下降时，债券发行人经常提前偿还债券。（我们将在本章后面考察赎回特征。）当发行人赎回债券时，债券持有人拿回自己的现金，并且不得不为资金寻找新的出路——这就是问题。由于债券几乎总是在利率下降之后被提前赎回，此时正好也找不到类似的投资，因此，投资者不得不用收益率低得多的债券来替换高收益率的债券。

投资者错误

巴菲特的债券炸弹

即使最睿智的投资者也会犯错。沃伦·巴菲特最近承认他最大的错误就是购买了 20 亿美元的能源期货控股公司发行的债券。天然气价格的长期下跌损害了公司的发展前景，导致巴菲特持有的债券的价值在 2012 年还不到 9 亿美元。

债券的收益率无疑与风险有关——在其他条件相同的情况下，债券包含的风险越多，期望收益就越高。投资于债券的风险取决于债券的特征和债券的发行主体。例如，如我们在本章后面将会看到的，长期债券比短期债券的利率风险大。此外，对特定债券而言，影响风险的属性会有抵消性效应，这就使得比较债券的风险变得困难。也就是说，一只债券可能比另一只债券有更高的利率风险和赎回风险，但有更低的信用风险和流动性风险。随着本章的逐步展开，我们将考察影响债券风险敞口的各种特征。

概念复习

答案参见 www. pearsonhighered. com/smart。

10.1 持有债券对投资者有什么吸引力？给出使得债券成为有吸引力的投资选项的几个原因。

10.2 你会如何描述过去 30 年的市场利率波动和债券收益率？市场利率波动对债券收益率有什么影响？请解释。

10.3 识别并简要描述债券所受到的 5 类风险。一般来说债券最重要的风险来源是什么？请解释。

债券的基本特征

债券是一种发行人负有一定义务（支付利息和偿还本金）的可协商的长期债务工具。如果你购买了一只债券，你不过是在借钱给债券发行人，因此，你并没有被赋予与普通股有关的任何权利和特权，如在股东大会上投票的权利。但是，作为债券持有人，你确实拥有一些明确规定的权利和义务，这同时也定义了债券的基本特征。正如你将会看到的，就债券而言，知道你得到的是什么尤为重要，因为很多看似不重要的特征会对价格和投资收益产生重大影响。

债券的利息和本金

债券定期支付利息和本金。大部分债券每 6 个月支付一次利息，但也有一些债券每月支付一次利息，也有一些债券 1 年支付一次利息。债券的**息票**（coupon）规定了发行人每年将向债券持有人支付的利息收入。例如，如果一只本金（或面值）为 1 000 美元的债券每年支付 80 美元的利息，那么我们就说 80 美元是息票，8%（＝80÷1 000）是息票率。如果债券半年支付一次，那么每 6 个月就会有 40 美元的利息支付。同样，如果债券每月支付一次，那么 80 美元的息票会以总额为 80 美元的 12 笔等额月利息的形式来支付。债券的**当期收益率**（current yield）衡量债券收益的利息部分相对于债券市场价格的情况。当期收益率等于年息票除以债券的市场价格。

【例 10-1】

假设一只面值为 1 000 美元、息票率为 8% 的债券当前的市场价格为 875 美元。你可以计算债券的当期收益率如下：

$$\frac{1\ 000 \times 0.08}{875} = 0.091\ 4$$

注意到 9.14% 的当期收益率高于债券的息票率。这是因为债券的市场价格低于面值。

债券的本金，也叫作债券的面值，规定了债券发行人在到期日必须偿还的资本数额。债券的本金通常也被称为面值或到期值。需要注意的是，债券的市场价格不必，通常也不会等于其面值。正如我们已经讨论过的，债券价格随利率变动而波动，但债券的面值在整个生命期内保持不变。

到期日

不像普通股那样，所有的债务证券都有有限的生命期，并在某一未来日期，即债券的**到期日**（maturity date），会到期。尽管债券发行人在债券的生命期内每年或每半年会支付利息，但他们只在到期日偿还本金。债券的到期日是固定不变的。到期日不仅规定了一只新债券的生命期，而且表示一只已发行在外的债券的剩余时间数。这样一个生命跨度叫作债券的到期期限。例如，一只新债券也许是一只 25 年期的债券，5 年后，债券距到期还剩下 20 年。

我们可以根据发行人给债务到期制订的计划来区分两类债券发行：定期债券发行和序列债券发行。**定期债券**（term bond）发行对发行的所有债券都有一个单一的、相当长的到期日，也是最常见的债券发行类型。相反，**序列债券**（serial bond）发行有一系列具有不同到期日的债券，也许在一次单一的债券发行中多达 15 个或 20 个。例如，一只 2010 年发行的 20 年期的定期债券有一个单一的到期日，即 2030 年。序列债券发行也许有 20 个年到期日，从 2010 年一直延伸到 2030 年。在每年的到期日里，一定比例的债券（即一定数量的债券）会到期。

具有不同到期日的债务工具有不同的名字。初始发行时的到期期限为 2 到 10 年的债务证券被称为**票据**（note），严格来说，债券的初始到期期限超过 10 年。在现实中，票据发行的到期期限通常是 5 到 7 年，而债券通常有 20 到 30 年甚至更长的到期期限。

债券价格行为原理

债券的价格是其息票、到期期限和市场利率水平的函数。图 10-3 描绘了债券价格与市场利率的关系。总的来说，该图强调了债券价格与市场利率之间存在的反向关系：较低的利率导致较高的债券价格。

图 10-3 还说明了溢价债券和折价债券之间的区别。**溢价债券**（premium bond）是售价高于面值的债券。当市场利率下降到债券的息票率之下时就会出现溢价。相反，**折价债券**（discount bond）的售价低于面值。折价是因为市场利率高于债券的息票率。因此，图 10-3 中的息票率为 10% 的债券在市场要求 8% 的收益率时溢价交易，而在市场利率为 12% 时折价交易。

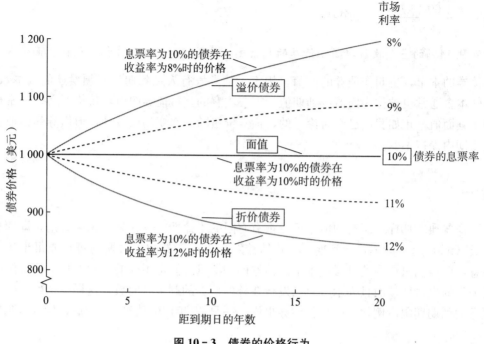

图 10 - 3　债券的价格行为

只要通行的市场利率保持与债券的息票率相同——这个例子中的 10%，债券就会按面值出售。然而，即使在市场利率不等于息票率的时候，随着债券接近于到期日，债券的价格也会趋向于其面值。

　　当一只债券首次发行时，其发行价格通常等于或非常接近于面值，因为债券发行人通常将息票率设定为等于或接近于债券发行时市场所要求的利率。同样，当债券到期时——15 年、20 年或 30 年之后——债券价格会再次等于面值。发行日和到期日之间的债券价格情况是大部分债券投资者非常关心的。从这点上，债券价格变动情况不仅取决于市场利率变化的方向，而且取决于这种变化的大小。利率变动越大，债券价格波动就越大。

　　然而，债券价格的波动性也与债券的息票和到期日有关。也就是说，有较低的息票或较长的到期期限的债券有更高的价格波动性，并且对市场利率的变化更敏感。（注意：在图 10 - 3 中，对既定的利率变动——如从 10% 到 8%——当债券有最大的到期年份数的时候债券的价格变化最大。）因此，如果你预期利率要下跌，那么你就应该购买有较低的息票和较长的到期期限的债券来最大化资本利得。当利率上升时，你正好应该反过来：购买高息票且有短的到期期限的债券。这一选择会最小化价格变动并发挥保存尽可能多的资本的作用。

　　实际上，债券的到期期限比息票对债券价格波动性的影响更大。例如，假设有两只都支付 8% 的息票率的不同债券，一只债券 5 年后到期，而另一只 25 年后到期。看看当市场利率上升或下降时这些债券的价格会怎么样：

债券到期期限（年）	息票率为 8% 的债券在市场利率为 5% 到 10% 时的价格百分比变化（%）					
利率	5	6	7	9	10	11
5	13.0	8.4	4.1	−3.9	−7.6	−11.1
25	42.3	25.6	11.7	−9.8	−18.2	−25.3

当市场利率下降时，两只债券的价格都会上升，但对 25 年期债券的影响要大得多。类似地，当利率上升时，两只债券的价格都会下降，但 25 年期债券比 5 年期债券的价格下降要大得多。这种现象在所有固定收益证券中普遍存在，也是非常重要的。这意味着如果投资者想要降低其对资本损失的敞口，或者说得更明白点，想要降低其持有的债券的价格波动性，那么他们应该购买到期期限较短的债券。

债券报价

不像股票那样，绝大部分债券——尤其是公司债券和市政债券——很少在二级市场上换手。结果是，除了美国国债和一些政府机构债券之外，债券并不是在财经媒体上广泛报价的，甚至在《华尔街日报》上都没有。所有类型的债券的价格通常都是以面值的百分比的形式来表示，例如，85 的报价转换为债券面值的 85％，或者面值 1 000 美元的债券的价格是 850 美元（大多数公司债券和市政债券的面值都是 1 000 美元）。同时，任何债券的价格都取决于其息票和到期期限，因此，这两个特征也总是任何报价的一部分。

在公司债券和市政债券市场上，债券价格是以小数的形式表示，取到小数点后面三位数。因此，87.562 的报价，作为面值为 1 000 美元的债券的一个百分比，转换为 875.62 美元的价格。类似地，121.683 的报价转换为 1 216.83 美元的价格。相反，美国国债和政府机构债券是以一个点的三十二分之几来报价（其中，一个点等于 10 美元）。例如，你可能会看到一只国债的报价为 94：16。转换之后，这意味着债券价格是面值的 $94\frac{16}{32}$，或者说 94.5％——换言之，是 945 美元。就政府债券而言，冒号右边的数字表示价格内含的三十二分之一的倍数。考虑另一只交易价格为 141：08 的债券。这只债券的价格是 $141\frac{8}{32}$，或者说面值的 141.25％。因此，这只债券的价格是 1 412.50 美元。

赎回条款——让买方小心吧！

考虑如下情形：你刚刚投资了高收益的 25 年期债券。现在你可以袖手旁观并静待赚钱了，对吗？嗯，也许吧。无疑，在开始的几年里是这样的。但是，如果市场利率下降，那么你就有可能收到来自债券发行人的债券要被赎回的通知——债券在到期日之前被提前偿还。你除了交出债券再做投资之外别无他法。每只债券在发行时都有**赎回条款**（call feature），该条款规定了债券是否以及在何种条件下可以被赎回以便在到期前予以偿还。

总的来说，有 3 种类型的赎回条款：

（1）债券是可自由赎回的，这意味着发行人可以在任何时间提前偿还债券。

（2）债券是不可赎回的，这意味着发行人被禁止在到期日之前偿还债券。

（3）债券附有延期赎回条款，这意味着债券在发行日之后经过一定长度的时间之后才可以被赎回。本质上，债券在延迟期内是不可赎回的，而在此之后则变为可自由赎回的。

赎回条款使得债券发行人可以利用市场利率下降的好处。公司通常会赎回发行在外的支付高利率的债券，然后重新以较低的利率发行债券。换言之，赎回条款对发行人有利。当债券被赎回时，净结果是投资者只能得到比债券在不能被赎回的情况下要低得多的收益。

发现自己的债券被赎回的投资者确实收到一笔少量的叫作**赎回溢价**（call premium）的额外补偿。如果债券被赎回，那么发行人会连同债券面值一起向投资者支付赎回溢价。面值加上赎回溢价之和就是债券的**赎回价格**（call price）。这是发行人提前赎回债券必须支付的金额。一般而言，赎回溢价在最早的赎回日通常等于 8 到 12 个月的利息，接下来随着债券临近到期日而逐步变小。利用这一规则，息票率为 9％的债券的初始赎回价格可以高达 1 090 美元，其中的 90 美元是赎回溢价。

除了赎回条款之外，一些债券也附有**再融资条款**（refunding provision）。这些条款很像赎回条款，除了它们只禁止一件事，即禁止通过发行息票率较低的债券获得收入来提前偿还债券。例如，一只债券可以是自由赎回的，但在 5 年内不可再融资。在这个例子中，该债券很可能会被经纪人作为延期再融资债券来出售，几乎不提及债券的赎回条款。然而，还是有必要做出区别：这意味着，一只不可再融资或延期再融资债券还是可以因为除了再融资之外的任何其他原因而被赎回和提前偿还的。因此，只要发行人拥有"净现金"来提前偿还债券，那么投资者还是会面临对高收益不可再融资债券的赎回。

偿债基金

对投资者而言比较重要的另一个条款是**偿债基金**（sinking fund）条款，该条款规定了发行人随着时间的推移会如何偿还债券。当然，这一条款仅适用于定期债券，因为序列债券已经有了提前确定好的偿还计划。不是所有的（定期）债券都有偿债基金要求，但对于那些确实有偿债基金要求的债券来说，偿债基金条款规定了将被用于偿还债券的年还款计划。该条款预示着每年会有多少本金被偿还。

偿债基金要求通常在发行日之后的 1 到 5 年开始，自此之后每年持续，直到全部或大部分债券被偿还为止。未偿还的（可能等于债券的 10％到 25％）任意金额接着会被一笔单一的、在到期日的一次性付款予以偿还。不像赎回或再融资条款那样，发行人通常并不是必须用赎回性偿债基金来支付赎回溢价。相反，就偿债基金的作用来说，债券通常是按面值被赎回的。

在偿债基金条款与赎回或再融资条款之间还有另一个区别。也就是说，虽然赎回或再融资条款赋予发行人提前偿还债券的权利，但偿债基金条款让发行人承担随着时间的推移来系统性地偿债的义务。发行人别无选择，必须准时向偿债基金付款，否则就会有违约风险。

担保或未担保债务

一个单一发行人在任何给定时点都可能有很多不同的发行在外的债券。除了息票率和到期期限不同之外，一只债券可以通过债券背后的抵押品类型不同来区别于另一只债券。债券既可以是优先的，也可以是次级的。**优先债券**（senior bond）是有担保的负债，是由对发行人的一些特定财产的法定要求权来担保的。这类债券包括如下类型：

（1）**抵押债券**（mortgage bond），是由房地产来担保的。

（2）**抵押信托债券**（collateral trust bond），是由发行人拥有但被第三方受托持有的金融资产来担保的债券。

（3）**设备信托凭证**（equipment trust certificate），是用特定的设备来担保的（如货车车厢和飞机），在铁路和航空业非常流行。

（4）**第一和再融资债券**（first and refunding bond），这基本上是第一抵押权和次级抵押权债券的组合（即债券部分由对发行人的某些财产的第一抵押权来担保，部分由对发行人的其他财产的第二或第三抵押权来担保）。

需要注意的是，第一和再融资债券的安全性不如且不应混淆于直接第一抵押权债券。

此外，**次级债券**（junior bond）只由发行人及时支付利息和本金的承诺来担保。有几种类型的未担保债券，其中最流行的是**信用债券**（debenture）。例如，一家像惠普那样的大公司可以发行价值 50 亿美元的 20 年期信用债券。作为信用债券，债券可以是完全没有担保的，这意味着除了发行人的名声之外，没有抵押物来为负债提供担保。在最终的分析中，重要的是发行人的品质。由于这个原因，信誉卓著的公司以高度竞争性的利率来出售以十亿计的债券都不是问题。

市场上也有**次级信用债券**（subordinated debenture）。这类债券对收益的要求权次于其他信用债券。所有债券中最低级的**收入债券**（income bond）是发行人在赚到一定数量的收入之后才支付利息的未担保债务。就这类债券而言，只要还没有赚到规定数量的收入，就没有及时或定期支付利息的法律上有约束力的要求。这类债券在很多方面都类似于市政债券市场上的收益债券。

债券评级

对于很多投资者来说，一个债券的机构评级在定义债券的特征时是与债券的息票率、到期期限和赎回条款同等重要的。这些评级表明债券中包含的信用风险量，并被固定收益投资者广泛使用。**债券评级**（bond rating）就像评分：表明投资质量的字母评分是基于深入的财务分析而赋予债券的。评级是公司债券和市政债券市场的重要组成部分，其中，债券被一家或多家评级机构定期评估和评级。甚至一些政府机构债券，如田纳西河谷管理局，也被评级，但它们总是获得明显该有的等级——最高等级。两家最大和最知名的评级机构是穆迪和标准普尔，另一家不太知名但依然很重要的债券评级机构是惠誉投资者服务公司。

如何评级

每当一笔大金额的新债券来到市场的时候，一些专业信用分析师就会对其进行分析，信用分析师要估计发行人会对其还本付息的义务违约的可能性。评级机构研究发行机构的财务记录并评估其前景。正如你会想到的，公司的财务实力和稳定性在确定合适的债券评级过程中是非常重要的。虽然设定评级比构造几个财务比率涉及的事情要多得多，但是，在公司的经营成果和财务状况与其债券所获得的评级之间的确存在很强的联系。一般而言，较少依赖债务作为融资来源、流动性较高、现金流更充裕、能及时偿还债务的公司的盈利能力越强，其债券的评级就越高。

表 10-2 列示了两家主要的评级机构赋予债券的各种评级。除了表中说明的标准评级类别之外，穆迪还对评级为 Aa 到 Caa 的债券使用数字（1、2 或 3）予以修正，而标准普

尔对同一评级类别使用正号（＋）和负号（－）来说明在一个主要的评级类别内部的相对地位。例如，A＋（或A1）的意思是一个强的、高的A级，而A－（或A3）说明该债券处于A评级范围的低端。

表 10-2 债券评级

穆迪	标准普尔	说明
Aaa	AAA	高级投资债券。最高的信用评级，表示极其强大的还本付息能力。经常被叫作"金边"证券
Aa	AA	高级投资债券。虽然高质量但评级较低，主要是因为安全性不完全像AAA债券那么强
A	A	中级投资债券。虽然有很多可取的投资属性，但也会有易于受到不利经济变化影响的因素
Baa	BBB	中级投资债券。虽然有充足的还本付息能力，但有可能缺乏应对不利经济状况的某些保护性因素
Ba	BB	投机性债券。在变化不定的经济时期只对本金和利息提供适度的保障（这是垃圾债券评级中的一种）
B	B	投机性债券。一般来说缺乏投资级债券的那些合意属性。对本金和利息的保障有限，这也是另一种垃圾债券评级
Caa	CCC	违约。正处于违约中或正处于违约危险中的劣质债券
Ca	CC	违约。高度投机性债券，经常处于违约中或有其他市场缺陷
C		违约。这类债券可被视为在投资质量方面极差
	C	违约。对没有支付利息的收入债券的评级
	D	违约。实际中处于违约的债券，拖欠利息或本金

资料来源：穆迪投资者服务公司和标准普尔评级服务公司。

需要注意的是，最高的4个评级（Aaa到Baa，或AAA到BBB）指明为投资级债券。发行人对这些评级是梦寐以求的，因为它们代表了财务强健、管理优秀的公司。想要通过发行债券来筹集资金的公司和政府机构，如果获得投资级评级就可以省钱，因为较之于评级较低的债券而言，投资者会接受这类债券较低的息票率。低于投资级评级的债券被称为高收益债券或垃圾债券。这些债券的发行人通常缺乏支持投资级债券的财务实力。在大部分时间里，当穆迪和标准普尔对一只特定的债券给予评级时，它们的评级都是一致的。然而，有时候一只债券会有不同的评级。例如，一只债券也许被穆迪评级为Aa，但被标普评级为A或A＋。这些**分歧评级**（split rating）被看作只不过是"模

投资者事实
一些大名鼎鼎的垃圾债券

垃圾债券是有相对较高的违约风险的低评级债务证券。你一定会认为能找到很多不知名的发行垃圾债券的公司，但事情并不总是这样。下面是一些熟悉的公司（及其穆迪评级）的列表，这些公司的债券在2012年夏天被评为垃圾债券：

惠好公司（Ba1）；
杰西潘尼（Ba1）；
斯普林特（B3）；
玩具反斗城（B3）；
温迪国际（Caa1）；
分明频道通信公司（Ca）。

这些堕落的天使还在及时地偿还债务。它们被给予低评级的原因是其经营利润缺乏质量及与高级债券所要求的一致性。那么为什么要投资于这类债券呢？为了它们的高收益！

糊"了债券的质量。

同样，债券在发行时获得一定的评级并不意味着在生命期的剩余时间里也会保持这一评级。评级随发行人的财务状况的变化而变化。事实上，所有评级过的债券都会定期被重新审视以确保被授予的评级依然有效。很多债券确实是直到到期之前一直是同一个评级，但是评级被向上或向下修正也是很常见的。如你所料，市场通过相应地调整债券收益率来对评级修正做出反应。例如，向上的修正（如从 A 到 AA）会引起债券的市场收益率下降，并作为对债券质量改善的反映。出于同样的原因，如果一家公司的财务状况恶化，公司债券的评级就会被降级。事实上，对于曾经拥有投资级评级的垃圾债券有一个特别的名称——堕落的天使。虽然看似好像是公司在获得评级，但实际上是债券在获得评级。因此，一家公司的不同债券会有不同的评级。例如，优质债券也许有一种评级，而次级债券则有另一种较低的评级。

评级意味着什么

投资者密切关注机构评级，因为评级不仅会影响市场行为，而且会影响可比的市场收益率。具体地，在其他条件相同的情况下，评级越高，收益率越低。例如，当评级为 A 的债券提供 7.5% 的收益率的时候，可比的 AAA 评级的债券很可能会提供比如 7% 的收益率。此外，投资级债券的利率敏感性要高得多，往往比垃圾债券和其他较低评级的债券在价格上表现出更多的一致性。

也许最重要的是债券评级的作用是将个人投资者从自己评估债券的苦差事中解放出来。大型机构投资者通常拥有自己的信用分析人员，这些人独立地评估各种公司债券和市政债券的信用度。相反，个人投资者从自己进行信用分析中收获寥寥。毕竟，信用分析耗时耗力，而且其所要求的专业技能比一般个人投资者所拥有的要高得多。然而，下面有两句话需要提醒注意。首先，请牢记，债券评级的目的只是度量一只债券的违约风险，并没有涉及债券的利率风险敞口。因此，如果利率上升，即使最高质量的债券的价格也会下降，使得投资者遭受资本损失和市场风险。其次，评级机构也会犯错，在最近的金融危机期间，他们的错误广为人知。

危机中的市场

利差破纪录

一个有趣的经济状况指标是低风险的政府债券与高风险的公司债券（有时候叫作垃圾债券）之间的利差。在 1990—1991 年的经济衰退期间，这一利差创造了 10.5% 的纪录。这意味着，如果投资者对政府债券要求 5% 的利率，那么他们会对风险最高的公司债券要求 15.5% 的利率。2008 年，垃圾债券的信用利差再次扩大，创出 14.68% 的新高，打破了 20 世纪 90 年代的纪录。有趣的是，这两个时期都对应着一次重大的投资银行业危机。在 1990 年的时候，是德崇证券（Drexel Burnham Lambert）的破产和垃圾债券大王迈克尔·米尔肯（Michael Milken）的陨落导致垃圾债券的巨大利差。在 2008 年的时候，利差反映了投资者在 2007 年雷曼兄弟破产和政府对其他几家大型金融机构进行救助之后的担忧和不安。部分源于欧洲危机的蔓延，垃圾债券的信用利差在 2011 年再次攀升。虽然利差在 2011 年 10 月达到 7% 的高点，但其在 2011 年的剩余时间里及 2012 年又逐渐下降。

资料来源：New York University Salomon Center and FRED Economic Data, St. Louis Fed.

概念复习

答案参见 www.pearsonhighered.com/smart。

10.4 债券的特征（如息票和赎回条款）会影响债券的收益率和价格行情吗？请解释。

10.5 赎回条款与偿债基金条款之间的区别是什么？简要描述三类赎回条款。一只债券可以是可自由赎回但不可再融资的吗？

10.6 溢价债券与折价债券之间的区别是什么？在决定债券的价格波动性方面哪三个属性是最重要的？

10.7 我们说债券是"按面值的百分比"来报价的。这是什么意思？债券市场中的 1 个点值多少钱？

10.8 什么是债券评级？债券评级是如何影响投资者的收益的？什么是分歧评级？

10.9 从个人投资者的角度看，债券评级有什么好处？债券评级指明了债券内包含的市场风险量吗？请解释。

债务市场

到目前为止，我们已经讨论了债券的基本性质。我们现在转向对这些证券的交易市场的讨论。首先，由于上市债券只代表全部发行在外的债券的一部分，债券市场本质上主要是场外市场。此外，债券市场比股票市场要稳定得多。事实上，当从每天的角度来度量债券价格时，虽然利率——从而影响债券价格——确实随着时间的推移而上涨和下跌，但却是相当稳定的。关于债券市场的另外两件重要的事情是其规模和增长率。债券市场已经从 1950 年的 2 500 亿美元的市场增长到 2012 年 3 月美国发行在外的债券总额达 36.9 万亿美元的市场！这使得美国债券市场的规模超过美国股票市场 2 倍。

下表中是美国债券市场在 2012 年的情况：

	发行在外的金额（万亿美元）
美国国债	10.1
机构债券	2.3
市政债券	3.7
公司债券	8.1
其他	12.7
总计	36.9

资料来源：*Securities Industry and Financial Markets Association*，"U. S. Bond Market Outstanding—Quarterly Data to Q1 2012," June 2012.

主要的债券市场

当前的债券市场上有几乎能满足任何投资目标和任何投资者类型的债券。为方便起见，根据发行人的类型，国内债券市场通常被分为4个主要部分：国债市场、机构债券市场、市政债券市场和公司债券市场。正如我们将会看到的，每个市场都有自己的属性和自己的交易特征。

国债

"国债"（或者有时被称作"政府债券"）是固定收益市场上的一种主要力量。即使不是最受欢迎的债券类型，也的确是最知名的债券类型。除了短期国库券（一种流行的短期债务证券），美国财政部还发行中期国库券和长期国库券。财政部还发行通货膨胀指数化证券。

所有的财政负债都有最高的质量等级，因为它们是由美国政府的"充分的信誉和信用"来担保的。这一担保连同其流动性，使其受到美国国内和国外的个人及机构投资者的欢迎。事实上，美国国债在全世界所有的主要市场上交易，从纽约到伦敦、悉尼和东京。

中期国库券（Treasury note）的到期期限是2、3、5、7和10年，而**长期国库券**（Treasury bond）的到期期限是30年。所有的中期国库券和长期国库券都是每半年付息一次。来自这些证券的利息收入需要缴纳正常的联邦所得税，但免缴州和地方所得税。财政部当前只发行不可赎回的债券，其最后一次发行可赎回的债券是在1984年。财政部在定期安排的拍卖中发行证券，发行结果被财经媒体（见图10-4）广泛报道。财政部通过这一拍卖过程来确定其发行的证券的初始收益率和息票率。

参与拍卖的投资者有2个投标选项——竞争性的和非竞争性的。采取竞争性投标的投资者指定他们愿意接受的收益率（从而得到他们愿意支付的价格）。提交竞争性投标的投资者在任意给定的拍卖中也许会被分配证券，这取决于他们的投标与其他人提交的投标的比较情况。在非竞争性投标中，投资者同意按照拍卖中确定的收益率来接受证券。要执行拍卖，财政部首先接受所有的非竞争性投标，然后按照以收益率衡量的升序（即以价格衡量的降序）来接受竞争性投标，直到所接受的投标的数量达到全部发行量为止。所有投标人都得到相同的收益率。

2012年2月15日美国国债拍卖结果	
证券类型	30年期债券
息票率	3.125%
拍卖价格（美元）*	97.803 94
收益率	3.24%
提交的全部投标（十亿美元）	41.45
接受的竞争性投标（十亿美元）	15.96
接受的非竞争性投标（十亿美元）	0.36

*97.803 94的拍卖价格相当于每100 000美元面值的价格是97 803.94美元。

图10-4　一只30年期的国债的拍卖结果

财经媒体密切关注和跟踪国债拍卖。投标的数量通常远远超过发行的规模，因此，最高和最低出价之间的价差是非常小的——有时候小到2个基点，或者说1%的$\frac{2}{100}$。

资料来源：Department of the Treasury—Bureau of Public Debt—Washington，DC 20239，February 9，2012.

评级机构犯了大错

抵押贷款支持证券，本质上是一种收益取决于以住房抵押贷款为标的的资产池的债务工具，在爆发于 2007 年的金融危机和随后的大衰退中扮演了主角。穆迪和标准普尔为这些债务工具提供评级服务，就如它们为公司债券提供评级一样。由于诸多原因，这些证券的评级比公司债券的评级要复杂得多，其中，评级机构对其住房抵押贷款在资产池中的那些个人住房所有者的信用状况所知甚少。评级机构给予很多抵押贷款支持证券投资级的评级，这些评级鼓励了包括大型金融机构在内的各类投资者将钱投入这类资产。随着房地产价格开始下跌，"有毒的"抵押贷款支持证券的价值随之暴跌。这导致雷曼兄弟的破产和其他大型金融机构接受救助。

通货膨胀保护证券。最新形式的国库券（1997 年首次发行）是**通货膨胀保护国库券**（Treasury Inflation-Protected Security），也叫作 TIPS。这些证券的到期期限是 5 年、10 年和 30 年且每半年支付一次利息。它们通过定期针对已经发生的通货膨胀来调整债券收益的方式为投资者提供跑赢通货膨胀的机会。调整是借助债券的本金或面值来实现的。也就是说，随着时间的推移，面值以匹配通货膨胀率的速度增长。息票支付也会增长，因为息票率是根据通胀调整后的本金来支付的。

【例 10-2】

假设你购买了一只面值为 1 000 美元、息票率为 2%的 30 年期 TIPS。你预期每年会得到 20（=1 000×0.020）美元的利息，以 2 笔 10 美元的半年期分期付款的形式支付。然而，在你买了该债券 1 年后，通货膨胀导致产品和服务的价格上涨了 3%。你的债券的面值会增长 3%，达到 1 030 美元，你的利息收入会增长到每年 20.60（=1 030×0.020）美元。注意，你的利息收入增长了 3%，从而为你持有债券期间发生的通货膨胀提供了补偿。

由于这种债券提供随通货膨胀自动调整的收入，所以投资者不必猜测在债券的生命期内通货膨胀率会是多少。换言之，TIPS 消除了购买力风险。由于 TIPS 比普通债券的风险要小，所以 TIPS 通常比普通国债提供的息票率要低。

机构债券

机构债券（agency bond）是由美国政府的各类机构和组织发行的债务证券，如联邦住房贷款银行、联邦农场信用系统、小企业管理局、学生贷款市场协会和联邦国民抵押贷款协会。虽然这类债券与国债最为接近，但它们并不是美国财政部的负债，严格来说不应被视为与国债相同。即使这样，它们也是几乎没有任何违约风险的质量非常高的债券。然而，虽然与国债的违约风险类似，但这些债券通常提供比国债的市场利率稍高的收益率。因而，它们提供了一种在风险上几乎或完全没有差异的情况下提高收益的方式。

隐性担保变为显性

像联邦国民抵押贷款协会（房利美）和联邦住房贷款抵押公司（房地美）这样的机构发行的债务证券，通常拥有来自联邦政府的隐性担保，这意味着，即使它们并不像短期国库券、中期国库券和长期国库券那样由美国政府的全部信誉和信用来"正式地"予以担保，投资者也认为政府不会让这些债务工具的任何一种发生违约。在2007年的时候，随着住房抵押贷款违约开始增加，房利美和房地美陷入了严重的财务困境。2008年9月7日，联邦政府正式接管了这些机构，向每家机构注入了1 000亿美元的新资本来稳定这些机构，并让投资者相信这些持有或担保了大约5.5万亿美元的住房贷款债务的抵押贷款业巨人不会消失。虽然资本注入在一开始的时候起到作用，但是，当它们的评级在2011年8月8日被下调之后，投资者对这两家政府担保机构的信心再次动摇。标准普尔称，评级下调反映了它们"对美国政府的直接依赖"，而就在3天前美国政府自身的信用评级已被下调。

基本上有两类机构债券：政府担保的和联邦机构的。有6家政府担保组织和超过24家联邦机构提供机构债券。为了克服很多相对小的联邦机构证券在销售中遇到的问题，国会设立了联邦融资银行来统一所有联邦机构的融资活动。（通常，专业术语"机构"同时被用于表示政府担保的负债和联邦机构的负债。）

表10-3呈现了一些较为流行的机构债券的部分特征。如债券发行人这一列所示，大部分政府机构要么支持农业，要么支持住房。虽然机构债券并不是美国政府的直接负债，但其中的一些的确拥有政府担保，从而代表美国财政部全部的信誉和信用。即使那些没有此类担保的债券也被视为美国政府的道德负债，这意味着国会几乎不可能让其中的任何一家违约。机构债券通常是不可赎回的，或附有延期赎回的延迟时间较长这样的条款。最后一点：自1986年开始，所有的新的机构债券（和国库券）都是以账簿记录的形式来发行。当然，买方收到一个交易确认，他的名字被记录在一个计算机化的日志里，只要投资者还拥有该证券，就会一直保存在那里。

表 10-3 一些流行的机构债券的特征

债券发行人	最小面值（美元）	初始到期期限	税收待遇*		
			联邦	州	地方
联邦农场信贷系统	1 000	13个月到15年	T	E	E
联邦住房贷款银行	10 000	1到20年	T	E	E
联邦土地银行	1 000	1到10年	T	E	E
农民住房管理局	25 000	1到25年	T	T	T
联邦住房管理局	50 000	1到40年	T	T	T
联邦住房贷款抵押公司** （"房地美"）	25 000	18到30年	T	T	T

债券发行人	最小面值 （美元）	初始到期期限	税收待遇*		
			联邦	州	地方
联邦国民抵押贷款 协会** （"房利美"）	25 000	1 到 30 年	T	T	T
政府国民抵押贷款协会** （GNMA，"吉利美"）	25 000	12 到 40 年	T	T	T
学生贷款市场协会 （"萨利美"）	1 000	3 到 10 年	T	E	E
田纳西河谷管理局 （TVA）	1 000	5 到 50 年	T	E	E
美国邮政服务	10 000	25 年	T	E	E
联邦金融公司	1 000	1 到 20 年	T	E	E

* T＝缴税；E＝免税。

** 抵押贷款支持证券。

市政债券

市政债券（municipal bond）是由州、县、市和其他行政区域（如学区、给排水区）发行的债券。当前这是一个 2.7 万亿美元的市场，是唯一的个人投资者发挥主要作用的债券市场：大约 40% 的市政债券是由个人直接持有的。这类债券通常是作为序列债券来发行的，这意味着债券被分解为一系列的较小债券，有其自己的到期日和息票率。

市政债券（"munis"）是作为一般责任债券或收益债券进入市场的。**一般责任债券**（general obligation bond）是由发行人全部的信誉、信用和征税权来担保的。相反，**收益债券**（revenue bond）是由来源于特定的产生收入的项目（如收费公路）的收入来偿还的。目前绝大部分市政债券都是收益债券，占新债券数量的 70% 到 75%。市政债券的面值通常是 5 000 美元。

有必要区别一般责任债券和收益债券，因为收益债券的发行人只有在产生了足够水平的收入之后才有还本付息的义务。如果没有资金，发行人不必对债券进行支付。然而，不管市政当局产生的税收收入水平怎么样，都要及时偿还一般责任债券。显然，收益债券比一般责任债券的风险高，因此，它们也提供较高的收益率。

市政债券的一个有些不同寻常的地方是**市政债券担保**（municipal bond guarantee）的广泛使用。在有这类担保的情况下，除了发行人之外，还有一方可以确保向债券持有人及时支付本金和利息。本质上，第三方以保险的形式在发行日为债券提供了一个额外的抵押来源且在债券的生命期内是不可撤回的。这一额外的抵押物改善了债券的质量。两家主要的保险人是市政债券投资者保险公司（MBIA）和美国市政债券保险公司（AMBAC）。只要其拥有 BBB 或更好的标准普尔评级，这些担保人通常就会为任何一般责任债券或收益债券提供保险。市政债券保险为这些债券带来了较高的评级（通常是 AAA）和流动性的改善，这些债券通常在二级市场交易活跃。有保险的债券在收益债券市场上尤为常见，保险显著地提高了债券的吸引力。也就是说，虽然未保险的收益债券的收入是不确定的，但担保债券非常像一般责任债券，因为投资者知道利息和本金会按时支付。

税收优势。毫无疑问，使得市政债券独一无二的原因是，在大部分情况下，它们的利息收入都是免缴联邦所得税的。这就是这些债券被叫作免税债券的原因。通常，这些债券在其发行的州还免缴州和地方所得税。例如，如果债券持有人住在加利福尼亚州，那么在加利福尼亚州发行的债券免缴加利福尼亚州的所得税，但是，如果投资者住在亚利桑那州，那么其利息收入要缴纳州所得税。需要注意的是，市政债券的资本利得是不免税的。

个人投资者是市政债券的最大买家，这些债券提供的免税收益是一个主要的吸引力。当你考虑购买市政债券的时候，你应该计算市政债券提供的免税收益率并将其与你在类似的应税债券上可以获得的税后收益率进行比较。

【例 10 - 3】

假设你处于 25% 的纳税等级，于是你赚取的每 1 美元的利息就需要缴纳 0.25 美元的税，使得你只剩下 0.75 美元。假设一只免税的市政债券提供 9% 的收益率。应税债券必须为你提供多少的收益率才能使其与你从市政债券上可以赚取的 9% 的税后收益率相同？应税债券的税后收益率不过是一定的收益率乘以 1 减去税率的值：

债券的税后收益率＝应税债券的收益率×(1－税率)

如果你要求 9% 的税后收益率（因为这是市政债券提供的）且你的纳税税率是 25%，那么我们可以将你在应税债券上需要赚取的收益率计算如下：

0.09＝应税债券的收益率×(1－0.25)
应税债券的收益率＝0.09÷(1－0.25)＝0.12

如果应税债券提供 12% 的收益率，市政债券提供 9% 的收益率，那么只要它们在风险方面（且不考虑在州所得税上的任何税收好处）是类似的，这两只证券对于你来说在本质上就是无差异的。

表 10 - 4 说明了应税债券要保持对市政债券的竞争力所必须提供的收益率是如何取决于投资者的边际税率的。直观上，市政债券提供的税收优惠对面临较高边际税率的处于较高纳税等级的投资者来说更有吸引力。对这些投资者来说，应税债券不是很有吸引力，除非它们的收益率比市政债券的收益率高得多。换句话说，即使它们提供的收益率多少有些低于应税债券的收益率，面临高税率的投资者还是会乐于购买市政债券。如表 10 - 4 所示，处于 10% 的税级的投资者在提供 6% 的收益率的市政债券与提供略高的 6.67% 的收益率的应税债券之间会感到无差异。相反，处于 35% 的税级的投资者会更喜欢 6% 的市政债券，除非应税债券的收益率高达 9.23%。毫不奇怪，适用高税率的投资者是市政债券的主要买家。处于较低税级的个人通常在市政债券上的投资不会那么多，因为对他们来说应税债券较高的收益率早已抵消了免税的好处。赋予市政债券有利的税收待遇使得州和地方政府可以以较低的利率借钱，这一利率比在没有税收优惠情况下从市场上借钱所需支付的利率要低。

表 10 - 4 　　　　　　　　　　　　各种免税收益率的应税等价收益率

应税收入 *		联邦税级 (%)	免税收益率 （%）					
联合收入 （千美元）	个人收入 （千美元）		5%	6%	7%	8%	9%	10%
0～16.7	0～8.35	10	5.56	6.67	7.78	8.89	10.00	11.11
16.7～67.9	8.35～33.95	15	5.88	7.06	8.24	9.41	10.59	11.76
67.9～137.05	33.95～82.25	25	6.67	8.00	9.33	10.67	12.00	13.33
137.05～208.85	82.25～171.55	28	6.94	8.33	9.72	11.11	12.50	13.89
208.85～372.95	171.55～372.95	33	7.46	8.96	10.45	11.94	13.43	14.93
372.95 及以上	372.95 及以上	35	7.69	9.23	10.77	12.31	13.85	15.38

* 2009 年 1 月 1 日生效的应税收入和联邦税率。浪纹线连接号连接的范围包含前数，不包含后数。

　　应税等价收益率。正如你从前面的例子和表 10 - 4 中可以看到的，确定完全应税债券要匹配免税债券提供的收益率所必须提供的收益率是可能的。与市政债券较低的免税收益率等价的应税收益率被称为市政债券的**应税等价收益率**（taxable equivalent yield）。应税等价收益率让你可以快速地将市政债券的收益率与任意的应税债券的收益率进行比较。下面的公式说明了在给定市政债券的收益率和投资者税级的情况下如何计算应税等价收益率：

$$\text{应税等价收益率} = \frac{\text{市政债券的收益率}}{1 - \text{边际联邦税率}} \tag{10-1}$$

例如，如果一只市政债券提供 6.5% 的收益率，那么处于 35% 的税级的个人必须找到一只有 10%（= 6.5% ÷ 0.65）的收益率的完全应税债券才能得到与市政债券相等的税后收益率。

　　然而需要注意的是，式（10 - 1）只考虑了联邦所得税。因此，计算的应税等价收益率只适用于某些情形：（1）没有州所得税的州；（2）正在考虑投资于州外债券的投资者（根据投资者所居住的州来征税）；（3）正在比较市政债券和国库券（或机构债券）的投资者——在这种情况下，国库券和市政债券都免缴州所得税。在以上任意一个条件下，唯一有关的税收都是联邦所得税，因此，使用式（10 - 1）是合适的。

　　但是，如果比较州内债券和公司债券会怎么样？在这种情况下，州内债券同时免缴联邦和州所得税，但公司债券不能。因此，式（10 - 1）就不能计算正确的应税等价收益率。相反，你应该使用一个同时考虑联邦和州所得税的等价收益率公式：

$$\begin{array}{l}\text{同时考虑联邦和州所得} \\ \text{税的应税等价收益率}\end{array} = \frac{\text{市政债券的收益率}}{1 - \left[\begin{array}{c}\text{联邦所得} \\ \text{税税率}\end{array} + \begin{array}{c}\text{州所得} \\ \text{税税率}\end{array} \times \left(1 - \begin{array}{c}\text{联邦所得} \\ \text{税税率}\end{array}\right)\right]} \tag{10-2}$$

需要注意的是，包含州所得税意味着式（10 - 2）中的分母略小于式（10 - 1）中的分母，这又意味着在把州所得税纳入分析时，应税等价收益率会更高。这在直观上是说得通的，因为如果市政债券在联邦和州层面都有税收优势，那么应税收益率就必须更高才能保持竞争力。

【例 10 - 4】

假设你的边际联邦所得税税率是 35%，你的州所得税税率是 3%。有一只你所在州发行的市政债券提供 6.305% 的收益率。根据式（10 - 2），应税等价收益率是 10%：

$$\frac{0.063\,05}{1-[0.35+0.03\times(1-0.35)]}=0.10$$

我们来确认一下这个结果是否正确，假设你购买了一只面值为 1 000 美元、息票率为 10% 的债券。在第 1 年，你会收到在州和联邦层面都需要纳税的 100 美元的利息收入。记住，向州政府缴纳的税收在你缴纳联邦所得税之前是可以从收入中扣除的。你必须为 100 美元的利息收入支付的联邦和州所得税总计是多少？

收入（美元）	100.00
州所得税（3%）	3.00
应税收入（联邦）	97.00
联邦所得税（35%）	33.95
净收入（美元）	63.05

在支付了 3 美元的州所得税和 33.95 美元的联邦所得税之后，你得到债券 100 美元的利息收入中的 63.05 美元。既然你为该债券支付了 1 000 美元，那么你的收益率就是 6.305%。换言之，正如你通过使用式（10 - 2）所发现的，免税债券 6.305% 的收益率等价于应税债券 10% 的收益率。

要注意的是，如果在这个例子中没有州所得税，那么应税等价收益率就是 9.7%。这并没有很大的差别，但是，州所得税税率越高，差别就会越大，美国一些州的所得税税率高达 11%。

公司债券

公司是主要的非政府的债券发行人。公司债券市场通常分为 4 个部分：工业公司债券（最分散的一组）、公用事业债券（从新债券发行量的角度看占主导地位的一组）、铁路和交通债券以及金融债券（如银行、金融公司）。在公司债券市场上，投资者可以找到从高质量的 AAA 评级的债券到处于或接近于违约的垃圾债券的各种各样的债券，市场上也有广泛的债券分类。从第一抵押贷款债券到可转换债券（我们将在本章后面进行考察）、信用债券、次级信用债券、优先次级债券、资本票据（一种由银行和其他

投资者事实

一列非常长的火车

美国第四大铁路公司诺福克南方公司通过在 2011 年 5 月出售债券以充分利用创纪录的低利率的好处。诺福克的债券承诺 6% 的收益率，这在当时并不显眼。它的债券受人瞩目的是债券的到期期限。诺福克债券的到期日定为 2111 年，即发行日的 100 年之后。

资料来源：Sapna Maheshwari, "Norfolk Southern Follows MIT with $400 Million of 100 Year Bonds," May 18, 2011, Bloomberg.com.

金融机构发行的非担保债务）和收入债券。公司债券的利息每半年支付一次，偿债基金也是很常见的。债券的面值通常是 1 000 美元且有单一到期期限。到期期限通常是从 25 到 40 年或者更长。很多公司债券，尤其是较长期的债券，附有延期赎回条款，禁止在前 5 到 10 年提前偿还。公司债券因其相对有吸引力的收益率而受到个人投资者的青睐。

虽然大部分公司债券都满足上面的一般描述，但一种不满足上述描述的债券是设备信托凭证——由铁路公司、航空公司和其他交通类单位发行的债券。发行设备信托凭证所得资金被用于购买充当债券抵押物的设备（如大型喷气式客机和铁路机车）。这些债券通常以序列债券的形式发行，并附有自始至终统一按年分期付款的规定。它们的到期期限通常是从 1 年到最大的 17 年。虽然有可以追溯到大萧条之前的几乎完美的还款记录，但这些债券通常向投资者支付高于平均水平的到期收益率。

特种债券

除了上面描述的基本债券之外，投资者还可以选择很多特种债券——拥有不常见的债券特征的债券。这些债券有与众不同的息票或提前偿还条款。虽然这些债券也日益被其他发行人所使用，但发行主体大部分都是公司。目前交易最活跃的 4 种特种债券是零息债券、抵押贷款支持债券、资产支持债券和垃圾债券。这些都是在华尔街非常受欢迎的债券。

零息债券

顾名思义，**零息债券**（zero-coupon bond）是没有息票（利息）的。当然，这些债券是按面值的一定折扣出售的，随后，其价值随着时间的推移按复合收益率增长。因此，在到期的时候，它们的价值大于初始投资额，这一差额代表该债券的收益率。在其他条件相同的情况下，零息债券越便宜，投资者赚到的收益就越大。例如，一只有 6％的收益率的债券可能要花费 420 美元，而一只有 10％的收益率的债券可能只需要花费 240 美元。

因为零息债券没有息票，所以这些债券不是每半年付息一次。事实上，直到债券到期之前是完全没有任何支付的。虽然看起来可能有些奇怪，但这一特征却是零息债券的主要优势。因为没有息票支付，所以也就没有必要担心每年两次的利息收入的再投资问题。相反，只要投资者将零息债券持有至到期，那么实际上零息债券的收益率就一定是在购买时存在的收益率。例如，2012 年中期，10 年期的美国政府零息债券的收益率大约等于 1.66％。用大概 848 美元你就可以买到 10 年后到期的价值 1 000 美元的债券。这个 1.66％的收益率是在债券的生命期内锁定的完全复合收益率。

虽然有前面提到的优点，但零息债券也有一些严重的缺点。其一个缺点是如果市场利率上升，就不能获得更高的利率。（你没有利息收入来进行再投资。）此外，零息债券还有巨大的价格波动性。如果市场利率攀升，那么你会因零息债券价格的下跌而遭受资本损失。（当然，如果利率下降，那么你持有长期零息债券就会获得大量的资本利得。事实上，这类债券在获得资本利得的可能性上是非常卓越的。）最后一个缺点是国家规定，零息债券的持有人必须对其累积的利息纳税，即使实际上并没有收到利息。

零息债券是由公司、市政当局和联邦机构发行的。实际上，财政部并不发行零息债券。相反，财政部允许政府债券交易商以一种叫作**本息分离国债**（Treasury strips）的零息证券的形式出售合格的附息中期国库券和长期国库券。本质上，是将利息支付从国债上剥离出来并作为零息债券来单独出售。例如，一只 10 年期的中期国库券有 20 次半年的利息支付，加上 1 次本金支付。这 21 笔现金流可以作为 21 只不同的零息证券来出售，到期期限从 6 个月到 10 年不等。剥离一只中期国库券和长期国库券所需的最小面值是 100 美元，任何超过 100 美元的要被剥离的面值必须是以 100 美元的倍数的形式。有相同到期日的本息分离国债经常被打包并以 10 000 美元的最小面值被出售。由于本息分离国债有一个活跃的二级市场，投资者可以在任何时间方便地买卖这些证券。本息分离国债提供了最高的债券质量、广泛的到期期限和活跃的二级市场——这一切正是其广为流行的原因。

抵押贷款支持债券

简言之，**抵押贷款支持债券**（mortgage-backed bond）是由住房抵押贷款资产池担保的债务证券。诸如政府国民抵押贷款协会之类的发行人首先将住房抵押贷款形成资产池，然后再发行金额等于整个抵押贷款资产池的证券。这些证券也叫作转手证券或参与凭证，通常是以 25 000 美元的最小面值来出售的。虽然其到期期限可以长达 30 年，但其平均生命期通常要短得多（也许短至 8 年），因为很多抵押贷款都被提前偿还了。

作为某种这类债券的投资者，你持有抵押贷款资产池的一份不可分割的利益。当房屋所有人每个月偿还抵押贷款时，还款实际上是转给你这样的债券持有人了，以便支付你持有的抵押贷款支持债券。虽然这些债券有正常的息票，但利息每月支付一次，而不是每半年支付一次。实际上，债券持有人收到的每月还款就像抵押贷款的还款一样，是由本金和利息构成的。因为还款的本金部分代表了资本收益率，所以被视为免税的。然而，利息部分则要缴纳通常的州和联邦所得税。

抵押贷款支持债券主要是由 3 家联邦机构发行的。虽然也有一些州和私人发行人（主要是大银行和储贷协会），但政府机构债券占据着市场主导地位并占整个市场的 90% 到 95%。抵押贷款支持债券的主要机构发行人是：

（1）政府国民抵押贷款协会（GNMA）。也叫作吉利美，是最大和最古老的抵押贷款支持债券发行人。

（2）联邦住房贷款抵押公司（FHLMC）。也叫作房地美，是第一家包含传统抵押贷款的资产池的证券发行公司。

（3）联邦国民抵押贷款协会（FNMA）。也叫作房利美，它在销售以往的抵押贷款方面处于领军地位。

抵押贷款支持债券的一个特征是它们是自我清算的投资，也就是说，每月付给投资者的现金流中的一部分是对本金的偿还。因此，你一直在收回部分的初始投资资本，从而在到期日的时候，就没有了大额的本金偿还。为了抵消这一效应，很多共同基金投资于抵押贷款支持债券但自动对现金流中的资本或本金部分进行再投资。进而，共同基金投资者只收到投资的利息，其资本仍然是被全部投资的。

抵押担保债券。贷款的提前偿还是抵押贷款支持债券面临的另一个问题。事实上，部分是为了缓解标准抵押贷款支持债券的一些提前还款的不确定性，导致了**抵押担保债券**（collateralized mortgage obligation，CMO）的诞生。通常，随着资产池中的抵押贷款被提前偿还，所有债券持有人都收到按比例分配的提前还款的份额。净效应是大幅缩短了债券的生命。相反，CMO 是根据投资者想要短期、中期还是长期投资来将投资者分类的〔叫作份额（tranche），是"slice"的法语〕。虽然利息是付给所有债券持有人的，但所有本金还款全部付给最短期的份额，直到其被全部还清为止。接下来，偿还序列中的下一类变成唯一的本金接收者，如此，一直到最后的份额被还清为止。

从根本上说，CMO 是由传统抵押贷款支持债券创造的衍生证券，以信托的形式运作。信托的参与权接着被以 CMO 的形式出售给了投资大众。这一转换的净效应是 CMO 看起来和行为上都非常像所有其他债券：它们提供可预测的利息支付并有（相对）可预测的期限。然而，虽然其背后也像抵押贷款支持债券一样有 AAA 评级和隐性的美国政府担保，但 CMO 却代表了复杂性的剧增。有一些类型的 CMO 就像国债一样简单安全。另一些则比创建它们的标准抵押贷款支持债券的波动性——风险性——要大得多。这是因为当把 CMO 放在一起的时候，华尔街做的是类似于基金剪接的事情：投资银行家分离来自标的的抵押贷款支持债券的利息和本金支付，并将其重新分配给不同的投资份额。这里的问题并不是债券的质量或违约风险，而是提前偿还风险或者叫赎回风险。所有的债券都会得到偿还，问题是何时。不同类型的 CMO 份额有不同水平的提前偿还风险。当然，CMO 的整体风险不会超过标的抵押贷款支持债券的风险，因此，为了让一些份额有非常低的（或没有）提前偿还风险，其他份额就必须承担更多的风险。净效应是，虽然一些 CMO 份额的风险很低，但其他份额的风险很高。

随着 2007 年和 2008 年金融危机的爆发，投资者才发现这些证券有多复杂和多危险。随着房主对住房抵押贷款的违约开始上升，CMO 的价值出现暴跌。二级市场上的交易消失了，于是很难知道一些 CMO 的标的的真实价值是多少。随着对其偿付能力的质疑发展到接近恐慌的程度，那些大量投资于这类债券的投资银行和商业银行遭遇到巨大的压力。每个人都想知道哪些金融机构在其资产负债表上持有这些"有毒资产"以及它们在这些工具上的损失有多大。雷曼兄弟、贝尔斯登、美林证券和其他很多金融机构都走向破产或者在困境之下被其他金融机构收购，联邦政府向银行体系注入数千亿美元来试图阻止全面的崩溃。

资产支持债券

抵押贷款支持债券和 CMO 的发明迅速带来一种新的市场技术的发展——**证券化**（securitization）过程，各种贷款实体都借助证券化被转换为可流通证券，很像抵押贷款支持债券。近年来，投资银行家出售了价值数十亿美元的叫作**资产支持债券**（asset-backed security，ABS）的转手证券，ABS 是由汽车贷款、信用卡应收款、房屋净值信用额度（3 种主要的抵押物类型）以及电脑租赁、医院应收款、小企业贷款、卡车租赁甚至特许权使用费构成的资产池来担保的。

这类证券是在 20 世纪 80 年代中期首次引入的，当投资银行将某些类型的债务联结资产（如贷款或应收账款）打包起来，并通过资产支持债券收到该笔债务全部的或部分的未来还款的权利出售给投资者的时候，这类证券就被创造出来了。例如，通用汽车的金融部门 GMAC 就是一个合格的汽车贷款抵押债券的发行人。当 GMAC 想将它的一些汽车贷款从账簿上剥离出去的时候，GMAC 取得来自一个汽车贷款资产池每月的现金流并将其抵押给一只新发行的债券，这些债券接下来被出售给投资者。类似地，信用卡应收款也经常被用作这类债券的抵押物（实际上，信用卡应收款是 ABS 市场最大的组成部分），而房屋净值贷款是第二大 ABS 类型。

投资者因为很多原因被吸引到 ABS 市场。第一个原因是 ABS 提供相对高的收益率。第二个原因是它们短的到期期限，通常不超过 5 年。第三个原因是伴随很多这些证券的是每月而非半年的本金或利息偿付。对投资者来说还有个重要原因是它们高的信用质量。这是因为大部分这类证券都有慷慨的信用保护担保。例如，这些证券通常是过度抵押的：为债券提供担保的资产池的价值比债券本身的价值大 25% 到 50%。不管是出于什么原因，绝大多数 ABS 都获得来自顶尖评级机构的最高信用评级（AAA）。

垃圾债券

垃圾债券（junk bond，也叫作高收益债券）是获得低的、次于投资级评级（通常是 Ba 或 B）的高度投机性证券。这些债券主要是由公司发行的，也有由市政发行的。垃圾债券通常采取次级信用债券的形式，这意味着债务是未担保的，对资产有低的要求权。这些债券之所以被称为"垃圾债券"是因为其很高的违约风险。发行这些债券的公司通常在其资本结构中有过量的债务，且其偿还债务的能力受到相当大的怀疑。

可能最不常见的垃圾债券类型是一种叫作 **PIK 债券**（PIK bond）的债券。PIK 代表实物支付，意思是不以现金的形式支付债务的利息，而是发行人可以用新债券的形式来支付每年的利息。这种"金融印刷机"通常持续 5 到 6 年，在此之后，发行人就应该开始用真实的钱来支付利息。

为什么理性的投资者会对垃圾债券感兴趣呢？答案很简单：它们提供非常高的收益率。事实上，在一个典型的市场上，相对于投资级债券而言，你一定可以得到 2.5 到 5 个百分点的额外收益。例如，就在不久前，相对于投资级公司债券 7% 或 8% 的收益率而言，投资者在垃圾债券上得到的收益率是 10% 或 20%。显然，这样的收益率只是因为有相应的较高的风险敞口才得到的。

然而，债券回报率不能只考虑收益率：实际上你最终得到的回报率并不总是等于购买债券时的收益率。垃圾债券有很多风险，价格是不稳定的。事实上，不像价格与市场利率行为联系紧密的投资级债券，垃圾债券的行为往往更像股票。因此，回报是高度不可预测的。相应地，只有那些完全理解所包含的风险且愿意接受此类风险敞口的投资者才应该使用这些证券。

全球视角的债券市场

债券市场像股票市场一样，也进入了全球化时代。外国债券因其高收益率和有吸引力的回报而受到美国投资者的追捧。当然，外国债券也有很多风险，但高的违约风险并不一定是风险之一。相反，外国债券的巨大风险与货币价值波动对以美元衡量的收益率的影响有关。

美国有世界上最大的债券市场，大约占到全球一半的规模。美国之后是欧洲大陆（主要是德国、意大利和法国），紧接着是日本，然后是英国，再之后是加拿大。这些国家一起占到全球债券市场的 90% 以上。从全球来看，各种形式的政府债券（如国债、机构债券和市政债券）占主导地位。

美元计价与外币计价债券的对比

投资于外国债券（不包括外国债券共同基金，我们将在第 12 章考察）有多种方式。从美国投资者的角度看，我们可以根据债券的计价货币来将外国债券分为两大类：美元支付（或者说美元计价）的债券和外币支付（或者说外币计价）的债券。来自美元计价的外国债券的所有现金流——包括购买价格、到期价值和息票收入——都是以美元计价的。来自外币计价的债券的现金流是以一种外币来支付的，如欧元、英镑或瑞士法郎。

美元计价的债券。美元计价的债券有两种：扬基债券和欧洲美元债券。**扬基债券**（Yankee bond）是由外国政府、公司或者像世界银行和美洲开发银行那样的所谓超国家机构发行的。这些债券在美国发行和交易，在 SEC 登记，所有交易均以美元进行。毫不奇怪，加拿大发行人在扬基债券市场上占主导地位。购买扬基债券实际上与购买任何其他美国债券没有什么不同：这些债券在美国的交易所和 OTC 市场交易，而且由于所有的东西都是以美元计价的，也没有需要应对的货币汇兑风险。这些债券通常质量非常高（考虑到发行人的质量，这并不奇怪）并为投资者提供非常有竞争力的收益率。

相反，**欧洲美元债券**（Eurodollar bond）是在美国之外发行和交易的。它们是用美元计价的，但并不在 SEC 登记，这意味着法律上禁止承销商将新债券出售给美国公众。（只有"久经考验"的欧洲美元债券才可以在美国销售。）当前，欧洲美元市场是外国投资者在主导（但也在改变），主要面向机构投资者。

外币计价的债券。从美国投资者的角度看，外币计价的国际债券包括所有用除美元之外的另一种货币来计价的债券。这些债券是在海外发行和交易的，不在 SEC 登记。例如：德国政府债券，用欧元偿还；日本债券，以日元发行；等等。当投资者谈及外国债券的时候，他们大部分人考虑的就是市场中的这类债券。

外币计价的债券受到货币汇率变动的影响，这会显著影响美国投资者的总收益。外币计价债券的收益是三个变量的函数：(1) 在债券上赚取的息票（利息）收入水平；(2) 市场利率的变化，这决定了资本利得（或损失）水平；(3) 货币汇率变化。前两个变量与驱动本国债券收益率的因素相同。当然，它们对外国债券的重要性与对本国债券的重要性相同。因此，如果你正在进行海外投资，你还要知道当前的收益率是多少以及收益率会向哪个方向变化。正是第三个变量将美元计价债券的收益与外币计价债券的收益区分开来。

我们可以通过采用如下方程来评估来自外币计价债券的收益率：

$$\text{总收益率（美元计价）} = \left[\frac{\text{外币计价债券的最终价值} + \text{收到的外币计价的利息金额}}{\text{外币计价债券的初始价值}} \times \frac{\text{持有期末的汇率}}{\text{持有期初的汇率}} \right] - 1.00$$

$$(10-3)$$

例如，假设一位美国投资者购买了一只瑞典政府债券，这在很大程度上因为其提供了诱人的 7.5% 的息票率。如果该债券是按面值购买的，市场利率在整个 1 年里下降了，证券本身会提供超过 7.5% 的收益率（因为利率下降会提供一些资本利得）。然而，如果瑞典克朗（SEK）的价值相对于美元下跌了，那么实际上（用美元计价的）总收益率最终会比 7.5%

小很多，这取决于美元/瑞典克朗的汇率发生了怎样的变化。要准确算出这项投资最终怎么样，你可以使用上面的公式。像外国股票一样，外币计价债券的收益也取决于证券的价值变化和货币的汇率变化这两者。在很多情况下，这两者的结合都意味着对美国投资者很可观的收益。精明的投资者发现这些债券有吸引力，不仅是因为它们有诱人的收益率，而且是因为它们对债券组合有正的分散化效应。

概念复习

答案参见 www.pearsonhighered.com/smart。

10.10 简要描述下列每种债券：(a) 国债；(b) 机构债券；(c) 市政债券；(d) 公司债券。指出每种债券的一些主要优点和缺点。

10.11 简要定义下列各项并指出它们如何被固定收益投资者所使用：(a) 零息债券；(b) CMO；(c) 垃圾债券；(d) 扬基债券。

10.12 国债、机构债券和市政债券的特殊税收特征是什么？

10.13 描述资产支持债券（ABS）并识别这些证券所使用的一些不同形式的抵押品。简要说明 ABS 与 MBS 有何不同。证券化背后的中心思想是什么？

10.14 美元计价债券与非美元计价（外币计价）债券之间的区别是什么？简要描述两种主要类型的美元计价债券。货币汇率会影响美元计价债券的总收益率吗？会影响外币计价债券的总收益率吗？解释一下。

可转换证券

除了前面内容中提到的很多债券类型之外，现在还有另一种固定收益证券值得讨论——**可转换债券**（convertible bond）。可转换债券只由公司发行且不同于大部分其他类型的公司债券，因为即使可转换债券可以被理解为债券，它们最终也表现为普通股的份额数。也就是说，虽然这类证券最初是作为债券（或优先股）发行的，但它们包含一个赋予投资者将债券转换为发行公司的股票份额的选择权条款。可转换债券是混合证券，因为它们同时包含债务和股权的属性。但是，即使它们同时拥有固定收益证券和股权证券的性质和收益特征，可转换债券也应被视为一种股权。这是因为大部分投资者将其资本投资于此类负债并不是为了它们提供的收益，而是为了可转换债券的股票方面的潜在价格表现。事实上，无论何时当你考虑进行普通股投资时，看看公司是否有可转换债券发行在外，都是一个很好的想法。在某些情形下，可转换债券可能是比公司的普通股更好的投资。（优先股代表另一种混合证券，因为它们也同时拥有股权证券和固定收益证券的性质和特征。）

作为投资对象的可转换证券

可转换证券之所以受到投资者的欢迎是因为它们的**股权投注**（equity kicker）——将债券转换为公司普通股份额的权利。因为这个特征，可转换证券的市场价格变化往往非常像其标的普通股的价格。可转换证券被所有类型的公司所使用，并且要么作为可转换债券

（最常见的类型）来发行，要么作为可转换优先股发行。可转换证券使得公司可以以相当有吸引力的价格来筹集股权资本。也就是说，当一家公司按照常见的方式发行股票时（通过出售更多的公司股票），公司是通过设定一个稍微低于通行的市场价格的价格来实现的。例如，有可能以每股25美元的价格得到当前的市场价格为每股27美元的股票。相反，当公司通过可转换证券间接发行股票时，公司可以设定一个高于当前市场价格的价格——比如说，公司可以将相同的股票价格设定为每股35美元。在这个例子中，如果股票的市场价格随后上涨到每股35美元之上，可转换证券的投资者才会选择将其债券转换为股票。结果是，公司可以通过发行少得多的股票来筹集到相同数量的资金。因此，公司发行可转换证券并不是作为一种筹集债务资本的方法，而是作为一种筹集股权资本的方法。由于可转换证券最终被转换为发行公司的普通股份额，所以可转换债券通常被视为一种**递延股票**（deferred equity）。

由于可转换债券和可转换优先股都与公司的股权头寸相联系，因此，它们通常被视为在满足投资目的方面是可以相互替代的。除了少数例外（例如，优先股支付股利而不是利息，并且是按季度支付而不是每半年支付一次），可转换债券和可转换优先股基本上是以相同的方式来估价的。因其相似性，后面的讨论基本上都是从债券的角度来进行，但信息和含义同样完全适用于可转换优先股。

可转换票据和债券

可转换债券通常是作为次级信用债券来发行的，并附有债券在规定的时期内可以被转换为一定数量的发行公司的普通股份额的条款。（作为票据发行的可转换证券就像可转换债券一样，除了证券的债务部分的到期日更短一些——通常是5到10年。除了债务的生命期之外，这两类证券之间并没有实质差别：它们都是未担保的债务性负债，且它们的优先级通常低于其他形式的债务。）

一般而言，在转换的时候很少或者完全不会牵扯到现金。你只是将可转换债券（或票据）交换为指定数量的普通股份额。例如，假定最近市场上发行了某一只可转换证券，该证券的条款规定：每份价值1 000美元的票据可以按照每股62.55美元的价格转换为发行公司的股票份额。因此，不管股票的市场价格是多少，你都可以将每份票据兑换为15.98（＝1 000÷62.55）股的公司股票。于是，如果公司股票在转换的时候的市场价格是每股125美元，那么你就是把1 000美元的债务性负债转换成了价值1 997.50（＝15.98×125）美元的股票。毫不奇怪，这一转换权是有代价的：可转换证券的息票（或股利）通常比较低。也就是说，当市场上出现新的可转换证券时，它们的息票通常只有可比的直接（非可转换）债券的息票的一部分那么多。事实上，转换条款越是有吸引力，息票就会越低。

实际上，虽然债券持有人有权在任何时间来转换债券，但通常的情况是发行公司通过赎回债券来启动转换——这叫作**强制转换**（forced conversion）。为了向公司提供偿还债务和强制转换的灵活性，大部分可转换证券都是以自由可赎回债券的形式出现的，或者只有非常短的延迟赎回期。为执行强制转换，公司会要求偿还债券并提供给债券持有人2个选项：要么将债券转换为股票，要么按规定的赎回价格（就可转换证券而言，赎回价格包含非常小的赎回溢价）将债券兑换为现金。可转换证券只有在股票的市场价格超过债券的赎回价格的时候才会被赎回（几乎总是这样的），精明的投资者永远不会选择第 2 个选项。相反，他们会像公司所希望的那样将债券予以转换。于是，如果想的话他们可以持有股票，也可以在市场上将他们的新股票卖掉。（最后得到的现金比他们接受赎回价格时可以得到的现金要多。）在转换完成之后，债券就消失了，取而代之的是更多的普通股。

转换权

任何可转换证券的关键元素都是其**转换权**（conversion privilege），转换权规定了转换特征的条件和具体内容。首先是明确说明该信用债券何时可以被转换。就一些债券而言，在发行日之后会有 6 个月到 2 年的初始等待期，在此期间该证券不能被转换。接下来是**转换期**（conversion period），债券可以在任何时间被转换。转换期通常一直延伸到债券的剩余生命期，但在某些情形中会只存在若干年。这是为了给发行公司对其资本结构更大的控制权。如果债券到转换期结束的时候还没有被转换，那么债券就回归到没有转换权的直接债务证券。

从投资者的角度看，最重要的信息是转换价格或转换比率。这些术语被交换使用并直接或间接地规定了债券可以被转换的股份数。**转换比率**（conversion ratio）表示债券可以被转换成的普通股数量。**转换价格**（conversion price）指明了普通股交付投资者以交换债券时的每股的明确价值。如果你考虑这 2 个指标，那么不难发现一定的转换比率意味着一定的转换价格，反之亦然。

【例 10 - 5】

假设某只 1 000 美元的可转换债券规定的转换比率为 20，这意味着该债券可以被转换为 20 股普通股。实际上，如果你放弃你的 1 000 美元的债券来交换 20 股的股票，你本质上是在用 1 000 美元购买 20 股股票，或者说每股 50 美元。换言之，转换比率为 20 等价于转换价格为 50 美元。（可转换债券与可转换优先股之间的一个根本不同与转换比率有关：债券的转换比率通常牵涉到大的普通股股数，如 15、20 或 30 股。相反，优先股的转换比率通常非常小，通常不到 1 股普通股，很少超过 3 股或 4 股。）

转换比率通常要对股票拆股和大额的股票股利做出调整。因此，如果一家公司宣布了一个 2：1 的股票拆股比例，那么其发行在外的任何可转换证券的转换比率也要翻倍。当转换比率包含一个小数的时候，如 33.5 股普通股，转换权规定了小数股份数应该如何处理。通常，投资者既可以提供按转换价格购买另外一股整股股票所需的额外资金，也可以（按转换价格）获得小数股份数所对应的现金。

LYON

把取得一项基本的投资产品并将其转变为一个复杂的投资工具的事情交给华尔街吧。这就是 LYON 背后的故事，有人称之为"零息债券的兴奋剂"。从零息债券开始，加入转换条款和看跌期权，你就得到**流动收益期权票据**（liquid yield option note，LYON）。LYON 是在债券的生命期内可以按固定的转换比率进行转换的零息可转换债券。因此，它提供了内置的伴随任何零息债券的随时间推移的价值增值（因其在到期日趋近于其面值），再加上借助股权投注对证券股权方面的完全参与。不像大部分可转换债券那样，LYON 没有当期收入（因其是一只零息债券）。然而，LYON 确实带有让你可以将证券（按规定的价值）"卖回"发行人的期权特征。也就是说，看跌期权赋予你定期按事先确定的价格兑现证券的权利。因此，如果事情对你不利，你就可以按照设定的价格摆脱这只证券。

虽然 LYON 看起来好像是完美无缺的，但它还是有一些缺点。LYON 的确（通过看跌期权特征）提供了防止下跌的保护和对股权投注的完全参与。但是，像所有零息债券一样，它不产生当期收入。而且，你必须对看跌期权保持警觉。支付不一定是以现金的形式——可以是以股票或债券的形式，具体取决于看跌期权的类型。要注意的另一个重要的问题是，由于 LYON 的转换比率是固定的，股票上的转换价格是随时间推移而上升的。之所以这样是因为零息债券的价值随着其趋近于到期日而上升。因此，股票的市场价格最好是比债券的升值率上涨更多，否则你永远也不会转换你的 LYON。

价值来源

由于可转换证券是与公司的股权头寸相联系的固定收益证券，所以它们通常是同时从证券的股票和债券这 2 个维度来估值。因此，在考虑将可转换证券作为投资工具的时候，有必要同时分析标的普通股和形成利率预期。我们先来考察股票维度。

当股票的市场价格开始接近于（或超过）规定的转换价格时，可转换证券的交易非常像普通股。当出现这种情况时，可转换证券就会表现出非常接近于标的普通股的价格行为。如果股价上涨，那么可转换证券的价格也上涨，反之亦然。事实上，可转换证券的绝对价格变化会因转换比率而超过普通股的价格变化，转换比率会定义可转换证券的价格变化率。例如，如果一只可转换证券的转换比率是 20，那么对于每个点的普通股价格上涨（或下跌），可转换证券的价格会以变化倍数大约等于转换比率（这个例子中为 20）向与股票相同的方向变化。本质上，当可转换证券是作为股票来交易时，其市场价格会接近普通股股价的倍数，而倍数的大小是由转换比率来决定的。

当股票的市场价格显著低于转换价格时，可转换证券就失去其与标的普通股的关系，并开始作为债券来交易。当发生这种情况时，可转换证券变得与通行的债券收益率相联系，投资者将其注意力转移到市场利率上。然而，由于有股票酬金及其相对低的信用机构评级，可转换证券通常并没有高的利率敏感性。精确获知可转换证券的通行收益率通常是很困难的。例如，如果可转换证券被评级为 Baa，且这一质量等级的债券市场利率是 9%，那么可转换证券应该被定价为能产生 9% 左右的收益率，也许是 9% 加上或减去半个百

> **投资者事实**
> ### 降级的可转债
> 投资者选择可转债是因为其提供的上涨的可能性。可转债在股市上涨时很受欢迎，此时它们的价格变动更像股票而不是债券。当股票价格急转直下时会怎么样呢？如果可转债的标的股票价格下降到明显低于债券的转换价格，那么转换特征基本上变得无关紧要了，你成为自豪的降级可转债的拥有者——更像是债券而不是股票。

分点。因其提供利息和本金支付，可转换证券从本质上说会有一个价格下限，这意味着可转换证券的价值一般不会像标的股票下降得那么多。如果一家公司遭遇使其股票价格大幅下跌的财务问题，那么公司的可转换债券还是会保持大部分的价值，因为投资者仍然有收取利息和本金支付的权利。也就是说，可转换证券的价格不会跌到其价格下限之下很多，因为在下限这一点上，证券的债券价值开始生效。（后面会详细讨论。）

度量可转换证券的价值

为了评估可转换证券的投资优点，你必须同时考虑证券的债券维度和股票维度。当然，鉴于股权投注在定义可转换证券的价格行为方面所发挥的关键作用，对股权头寸的基本面分析尤为重要。相反，市场收益率和信用机构评级被用于评估证券的债券面值。但还有很多：除了分析证券的债券和股票维度之外，评估转换条款本身也是必不可少的。这方面的两个关键点是转换价值和投资价值。这两个指标对一只可转换证券的价格有至关重要的影响，从而对一只证券的持有期收益率会有显著的影响。

转换价值

本质上，**转换价值**（conversion value）预示着如果一只可转换证券根据其股票价值来定价并出售时的交易价格是多少。转换价值很容易计算：

$$转换价值＝转换比率×股票当前的市场价格 \qquad (10-4)$$

【例 10-6】

假设一只特定的可转换债券的转换比率为 20。如果公司的股票价格是每股 60 美元，那么该债券的转换价值为 1 200（＝20×60）美元。

分析师有时候会使用一种替代的方法来计算**转换等价**（conversion equivalent），也叫作**转换平价**（conversion parity）。转换等价说明了使得可转换证券的价值相当于其当前的市场价格的普通股的交易价格应该是多少。转换等价的计算如下：

$$转换等价＝\frac{可转换债券当前的市场价格}{转换比率} \qquad (10-5)$$

【例 10-7】

如果一只可转换债券当前的市场价格为 1 400 美元，转换比率为 20，普通股的转换等价将是每股 70（＝1 400÷20）美元。虽然可转换债券的价格只因为利率的下降就可以高于面值，但实际上，一只债券的价格只因为利率的下跌就高达 1 400 美元是不常见的。相应地，你会预期这个例子中的普通股当前市场价格为每股 70 美元或接近 70 美元，以此来支撑 1 400 美元的可转换债券价格。

转换溢价。可转换证券的交易价格很少正好等于其转换价值。相反，其交易价格通常会超过债券的潜在转换价值。可转换证券的市场价格超过其转换价值的程度被称为转换溢价。一只证券的转换溢价的绝对大小是通过取可转换证券的市场价格与其转换价值［如式（10-4）所示］的差额来计算的。如果想要得到相对溢价，只需用证券的转换价值去除转

换溢价的美元数额即可。也就是说，

$$转换溢价（美元）＝可转换债券当前的市场价格－转换价值 \qquad (10-6)$$

其中，转换价值是根据式（10-4）计算得来的。于是，

$$转换溢价（\%）＝\frac{转换溢价（美元）}{转换价值} \qquad (10-7)$$

【例 10-8】

假设一只可转换债券的市场价格是 1 400 美元，其转换价值等于 1 200 美元。这只债券的转换溢价为 200（＝1 400－1 200）美元。这里的 200 美元表示相对于该债券转换价值的 16.7%（＝200÷1 200）的转换溢价。

转换溢价在市场上是很常见的，通常可以等于证券的转换价值的 30% 到 40%（或更多）。投资者之所以愿意支付溢价，是因为可转换证券相对于标的普通股提供额外的当期收入以及可转换证券价值增值的可能性。要么通过增加的当期收入，要么通过以溢价大于或等于购买时已存在的溢价来出售证券，投资者都可以回收所支付的溢价。不幸的是，后一种回收方式难以实现，因为转换溢价往往会随着可转换证券价格的上涨而消失。这意味着，如果你是为了其潜在的价格上涨而购买一只可转换证券，那么你必须接受的事实是：因为可转换证券随时间推移而增值并趋近于其真实的转换价值，价格溢价的全部或大部分很可能会消失。因此，如果你想要回收一些转换溢价，那么很可能必须来自可转换证券提供的额外的当期收入。

回收期。显然，转换溢价的大小会对投资者的收益产生重大的影响。在挑选可转换证券的时候，你应该询问的一个重要问题是溢价是否正当合理。评估转换溢价的一种方法是计算证券的**回收期**（payback period）。回收期是一个指标，该指标等于通过在可转换证券上赚取的额外利息收入来回收转换溢价需要花费的时间长度。由于这一额外收入是转换溢价存在的主要原因，因此，利用它来评估溢价是合理的。回收期可以计算如下：

$$回收期＝\frac{转换溢价（美元）}{来自可转换债券的年利息收入－来自标的普通股的年股利收入}$$

$$(10-8)$$

在这个方程中，年股利是用股票最近的每股年股利乘以债券的转换比率来计算的。

【例 10-9】

在前面的例子中，债券有 200 美元的转换溢价。假设这只债券（转换比率为 20）有 8.5% 的息票率（每年 85 美元），标的股票在刚过去的一年支付了每股 50 美分的股利。给定这一信息，你可以使用式（10-8）来计算回收期。

$$回收期＝\frac{200}{85－20×0.50}＝\frac{200}{85－10}＝2.7 \text{ 年}$$

本质上，你会在 2.7 年里收回溢价（一个相当短的回收期）。

通常，在其他条件相同时，回收期越短越好。同时，要注意过高的溢价（50% 或更

高）。你在回收这样一个天文数字般的溢价时会有前所未有的困难。事实上，要避免这样的溢价，大部分专家的建议是你应该寻找那些回收期为 5 到 7 年或更短的可转换证券。然而，在利用这个指标时要小心，一些可转换证券有非常高的回收期不过是因为它们有非常低的息票率（1% 到 2% 或更低）。

投资价值

可转换证券的价格下限是由其债券属性定义的，是投资价值指标的核心。重要的是在估值过程中要关注当前和预期的市场利率。**投资价值**（investment value）等于如果债券不可转换且按等于或接近于可比不可转换债券通行的市场收益率来定价时所得到的债券交易价格。

我们将在第 11 章更详细地讨论债券定价机制，但是目前只要了解这些就足够了：可转换债券的投资价值是，用一个等于可比不可转换债券通行的收益率的折现率将债券的息票流及其面值折现到当前所得到的价值。换言之，利用可比不可转换债券的收益率作为折现率计算可转换债券的息票流的现值，再将其加到面值的现值上，你就得到了该债券的投资价值。实践中，由于可转换债券的息票和到期期限是已知的，唯一需要的额外信息是可比信用评级债券的市场收益率。

例如，如果可比不可转换债券的市场收益率是 9%，我们在计算可转换债券的现值（即"投资价值"）时可以用 9% 的收益率作为折现率。因此，如果一只特定的 20 年期 1 000 美元面值的可转换债券附有每年付息一次的 6% 的息票率，其投资价值（用 9% 的折现率）可以用金融计算器来计算（见下图），得到相应的可转换债券价值是大约 726 美元。这个数字指明了在达到其价格下限并开始作为直接债务工具交易之前可转换债券会下跌的程度。

在其他条件相同时，可转换债券当前的市场价格与其投资价值之间的差距越大，该债券价格可以下跌的幅度就越大，结果是下跌风险敞口就越大。

概念复习

答案参见 www.pearsonhighered.com/smart。

10.15 什么是可转换债券？可转换债券与可转换优先股有何不同？

10.16 识别可转换证券的股权投注，并解释它是如何影响可转换证券的价值和价格行情的。

10.17 解释一下为什么在确定其投资吸引力时，同时考察一只可转换证券的债券和股票属性是必不可少的。

10.18 转换平价与转换价值之间的区别是什么？你会如何描述可转换证券的回收期？可转换证券的投资价值是什么？它说明的是什么？

我的金融实验室

下面是学完本章之后你应该知道的内容。**我的金融实验室**会在你需要练习的时候帮助你识别你知道什么以及去哪里练习。

你应该知道的	重要术语	去哪里练习
目标1：解释债券的基本投资属性及其作为投资工具的用途。 债券是为投资者提供2种基本收入来源的公开交易的债务性证券：(1) 当期收入；(2) 资本利得。当期收入来源于在债券的生命期内收到的息票（利息）支付。在市场利率下降的时候则可以获得资本利得。债券还可以用于为收入避税以及资本的保存和长期积累。债券的分散化性质使其可以大大提高组合的稳定性	债券	我的金融实验室学习计划10.1
目标2：描述债券本质特征，说明债券评级在市场中所发挥的作用，区别不同类型的赎回、再融资和偿债基金条款。 所有的债券都附有一定类型的息票，息票规定了发行人将要支付的年利率。债券还有事先确定的到期日：定期债券有一个单一的到期日，序列债券有一系列的到期日。市政和公司债券由独立的评级机构根据债券质量来给予评级。这些评级说明了债券的违约风险：评级越低，风险越高，期望收益率越高。 每只债券都有一定类型的赎回特征，可以是自由赎回的、不可赎回的或者延期赎回的。赎回特征规定了债券是否可以在到期前被偿还，如果可以则规定何时可以。一些债券通过包含一个再融资条款来（暂时）禁止发行人利用来自另一只债券的发债收入来偿还债券。另一些债券则附有偿债基金条款，该条款规定了债券随着时间的推移是如何被偿还的	债券评级 赎回条款 赎回溢价 赎回价格 抵押信托债券 息票 当期收益率 信用债券 贴现债券 设备信托凭证 第一和再融资债券 收入债券 次级债券 到期日 抵押债券 票据 溢价债券 本金 再融资条款 优质债券 序列债券 偿债基金 分歧评级 次级信用债券 定期债券	我的金融实验室学习计划10.2 问题 P10.8 的视频学习辅导

你应该知道的	重要术语	去哪里练习
目标 3：解释债券在市场上是如何被定价的以及为什么一些债券比其他债券的波动性更大。 债券在市场上被定价为面值的一个百分比，并由债券的息票和到期日以及通行的市场利率所决定。当利率下降时，债券价格上升，反之亦然。债券价格上涨或下跌的程度取决于债券的息票和到期日。有较低的息票或较长的到期期限的债券有较大的价格波动		我的金融实验室学习计划 10.3
目标 4：识别不同类型的债券以及这些债券可以完成的投资目标的类型。 债券市场被分为 4 个主要部分：国债、政府机构债券、市政债券和公司债券。国债是由美国财政部发行的，而且实际上是无违约风险的。政府机构债券是由美国政府的各种分支机构发行的，并成为债券市场日益重要的部分。市政债券是由州和地方政府以一般责任债券或收益债券的形式发行的。公司债券构成非政府债券市场的主体，并由发行公司的资产和盈利能力来担保。一般而言，国债的吸引力在于其高质量，机构债券和公司债券的吸引力在于其提供的额外收益，市政债券的吸引力在于其发挥的避税作用	政府机构债券 资产支持债券（ABS） 抵押担保债券（CMO） 欧洲美元债券 一般责任债券 垃圾债券 抵押贷款支持债券 市政债券担保 市政债券 PIK 债券 收益债券 证券化 应税等价收益率 国债 通货膨胀保护国库券（TIPS） 中期国库券 本息分离国债 扬基债券 零息债券	我的金融实验室学习计划 10.4
目标 5：讨论全球债券市场的特征以及美元计价和外币计价的债券之间的差异。 外国债券，尤其是外币支付的证券，提供高度有竞争力的收益率和回报。外币支付的债券涵盖了用除了美元之外某一货币来计价的所有债券。这类债券有一种额外的收益来源：货币汇率。此外，还有美元计价的外国债券，如扬基债券和欧洲美元债券，这些债券没有货币汇率风险，因为它们是用美元发行的		我的金融实验室学习计划 10.5
目标 6：描述可转换证券的基本特征和性质，并衡量可转换证券的价值。 可转换证券最初是作为债券（或优先股）发行的，但随后可以被转换为普通份额。这些证券为投资者提供一笔固定收入（年息票支付）流，加上一笔股权投注（转换特征）。可转换证券的价值由标的普通股的价格（当股票价格大于或等于转换价格时）决定的，或者由市场利率和债券价格（当股票价格明显低于转换价格时）决定的。可转换证券的核心价值包括转换（股票）的值	转换等价（转换平价） 转换期 转换价格 转换权 转换比率 转换价值 可转换债券 递延股票	我的金融实验室学习计划 10.6 问题 P10.20 的视频学习辅导

你应该知道的	重要术语	去哪里练习
和投资（债券）价值	股权投注 强制转换 投资价值 LYON（流动收益 期权票据） 回收期	

登录我的金融实验室，做一个章节测试，取得一个个性化的学习计划，该学习计划告诉你，你理解哪些概念，你需要复习哪些。在那儿，**我的金融实验室**会提供给你进一步的练习、指导、动画、视频和指引性解决方法。登录 www. myfinancelab. com

讨论题

Q10.1 利用表 10-1 中的债券收益率作为讨论的基础。

a. 比较 20 世纪 70 年代的收益率和 20 世纪 80 年代的收益率。你如何解释这些差异？

b. 债券市场在 20 世纪 90 年代表现如何？这 10 年的表现与 20 世纪 80 年代相比较怎么样？请解释。

c. 你预期未来从债券上能获得的合理收益率怎么样？请解释。

d. 假设你就要离开学校并得到一份有前途的高薪工作。你希望你的投资组合中持有的债券的比例（以百分比形式）是多少？解释一下。你认为债券在你的投资组合中发挥着什么作用，尤其是随着你一步步走向未来的时候？

Q10.2 识别并简要描述下列各种债券。

a. 机构债券；

b. 市政债券；

c. 零息债券；

d. 垃圾债券；

e. 外国债券；

f. 抵押担保债券（CMO）。

你认为对每种债券来说何种类型的投资者会对其最感兴趣？

Q10.3 "国债是由美国政府担保的。因此，这一类债券的所有权是没有风险的。"简要讨论这一陈述的对错。

Q10.4 选择最符合右侧中描述的投资者意愿的左侧的证券。

a. 5 年期中期国库券；	（1）锁定高息票收益率；
b. 有低息票和长到期期限的债券；	（2）在很长的时间内积累资本；
c. 扬基债券；	（3）产生月度收入；
d. 有保险的收益债券；	（4）避免很大的价格波动性；
e. 长期本息分离国债；	（5）产生免税收入；
f. 不可赎回债券；	（6）投资外国债券；
g. CMO；	（7）追求尽可能高的收益率；
h. 垃圾债券；	（8）投资于信用卡应收款的资产池；
i. ABS 应收款。	（9）追求最大的价值增值。

Q10.5　为什么公司喜欢发行可转换证券？对它们有什么好处？

Q10.6　描述 LYON 并指出其与常规可转换证券有何不同。LYON 与常规可转换证券之间有什么相似之处吗？请解释。

Q10.7　利用校园或公共图书馆的资源或在互联网上找到下面要求的信息。

a. 选择任意 2 只可转换证券（票据或债券），并对每只确定其转换比率、转换平价、转换价值、转换溢价和回收期。

b. 选择任意 2 只可转换优先股，并对每只确定其转换比率、转换平价、转换价值、转换溢价和回收期。

c. 你选择的 2 只可转换债券和 2 只可转换优先股在哪些方面是相似的？有什么不同吗？请解释。

问题

P10.1　一只息票率为 8% 的 10 年期债券在 2 年后可以按照 1 080 美元的赎回价格予以赎回。债券当前的市场价格是 888.89 美元。债券的当期收益率是多少？

P10.2　某债券有 6.5% 的当期收益率和 846.15 美元的市场价格。债券的息票率是多少？

P10.3　扎克（Zack）购买了一只当期收益率为 6%、息票率为 10% 的公司债券。他为债券支付了多少钱？

P10.4　一位投资者处于 28% 的税级并居住在没有所得税的一个州。他正在试图决定购买两只债券中的哪一只。一只是按面值出售的息票率为 7.5% 的公司债券。另一只是按面值出售的息票率为 5.25% 的市政债券。如果这两只债券的所有其他特征都是类似的，那么投资者应选择哪一只？为什么？如果这是一只州内债券且投资者居住在有高的州所得税的地方，那么你的答案会有所变化吗？请解释。

P10.5　一位投资者居住在税率为 3% 的一个州。她的联邦所得税级是 35%。她打算投资于风险方面类似的两只债券中的一只（两只债券当前都按面值出售）。第一只债券是完全应税的并提供 10% 的收益率。第二只债券免缴州和联邦所得税并提供 7% 的收益率。她应该投资于哪只债券？

P10.6　玛利亚·洛佩兹（Maria Lopez）是一位正在想方设法避税的富有的投资者。玛利亚处于最高（35%）的联邦税级，并居住在一个有非常高的州所得税的州。（她支付最高 11.5% 的州所得税。）玛利亚现在正在研究两只市政债券，这两只债券都按面值出售。一只是附有 6.375% 的息票率的 AA 评级的州内债券。另一只是附有 7.125% 的息票率的 AA 评级的州外债券。她的经纪人通知她可比的完全应税公司债券当前的收益率为 9.75%。另外，长期国债当前的收益率是 9%。她有 100 000 美元可供投资，由于所有债券都是高质量债券，她想选一只能给她带来最大税后收益率的债券。

a. 她应该购买四只债券中的哪一只？

b. 根据应税等价收益率来对四只债券进行排列（从最好到最差）。

P10.7　韦斯利·詹金斯（Wesley Jenkins）正在寻找一个固定收益投资对象。他正在考虑两只债券：

a. 有 5% 的收益率的国债；

b. 有 4% 的收益率的州内市政债券。

韦斯利处于 33% 的联邦税级和 8% 的州税级。哪只债券会为韦斯利提供一个较高的纳税调整收益率？

P10.8　下列哪只债券提供最高的当期收益率？

a. 一只息票率为 9.5% 的 20 年期债券报价为 97.75；

b. 一只息票率为 16% 的 15 年期债券报价为 164.625；

c. 一只息票率为 5.25% 的 18 年期债券报价为 54。

P10.9　假设你为一只附有 7.5% 的息票率的长期债券支付了 850 美元。在随后的 12 个月里，利率急剧下跌。结果是你以 962.50 美元的价格卖掉了债券。

　　a. 求出年初这只债券的当期收益率。到 1 年的持有期末时的当期收益率是多少?

　　b. 求出这项投资的持有期收益率。(见第 5 章的 HPR 公式。)

　　P10.10　科尔文(Colwin)购买了一只当期收益率为 6%、息票率为 10% 的公司债券。当他 1 年后出售债券时,债券的当期收益率是 7%。科尔文在这项投资上投入了多少?

　　P10.11　在 2007 年 1 月初,你购买了价值 30 000 美元的一些高等级公司债券。债券附有 8.125% 的息票率并于 2021 年到期。你购买债券时支付了 94.125 美元。在从 2007 年到 2011 年的 5 年里,债券的市场价格如下:

年份	报价(美元)		年末的债券收益率(%)
	年初	年末	
2007	94.125	100.625	8.82
2008	100.625	102.000	8.70
2009	102.000	104.625	8.48
2010	104.625	110.125	8.05
2011	110.125	121.250	7.33

在整个 5 年的时间里,息票都是按计划支付的。

　　a. 求出从 2007 年到 2011 年的年持有期收益率。(见第 5 章的 HPR 公式。)

　　b. 利用表 10-1 中的收益率信息来评估这只债券的投资绩效。你认为其相对于市场的表现怎么样?请解释。

　　P10.12　瑞特(Rhett)在 15 年前购买了一只有 15 年的到期期限和 20 000 美元面值的收益率为 13% 的零息债券。债券明天到期。假设这些债券的所有支付都像预期的那样,瑞特从这项投资上总共会得到多少?

　　P10.13　内特(Nate)去年购买了一只附息证券,打算一直持有至到期。他收到了利息支付,让他惊讶的是,第 1 年还偿还了相当数量的本金。这在第 2 年再次发生。内特购买的是哪种类型的债券?

　　P10.14　莱蒂西娅·加西亚(Letticia Garcia),一位激进的债券投资者,正在考虑投资于一只外国(外币计价)政府债券。尤其是她正在了解一只 15 年后到期并附有 9.5% 的息票率的瑞士政府债券。该债券的面值是 10 000 瑞士法郎(CHF)且当前的交易价格为 110(即按面值的 110% 交易)。

　　莱蒂西娅打算将债券持有 1 年,她认为到那时候的交易价格将是 117.5——她预期瑞士利率会大幅下降,这解释了她为什么预期债券价格会上涨。当前的汇率是 1.58 瑞士法郎/美元,但她预期汇率会下跌到 1.25 瑞士法郎/美元。利用外国投资的总收益公式——式(10-3)求出如下信息:

　　a. 忽略货币效应,求出债券的总收益率(以当地货币衡量)。

　　b. 现在求出这只债券用美元衡量的总收益率。货币汇率以某种方式影响收益率吗?你认为这只债券会是一项好的投资吗?请解释。

　　P10.15　Red Electrica Espana SA(E. REE)正在通过向投资者发行欧洲债券来为其银行贷款进行再融资。你在考虑购买 10 000 美元的这些债券,债券的收益率为 6%。你还在了解一只有类似风险和 5% 的收益率的美国债券。你预期利率在下一年中不会变化,在此之后,你会卖掉你购买的债券。

　　a. 如果你购买债券持有一年,并以 10 000 美元(或欧洲美元的等价金额)的价格卖掉债券,那么你在每只债券上分别可以赚到多少钱?

　　b. 假设美元/欧元汇率从 1.11 变为 0.98。这一货币汇率变动对欧洲债券的收益的影响有多大?(假设在你出售欧洲债券的同时收到年利息。)

P10.16 某一可转债的转换比率是 21，转换溢价是 20%。标的普通股当前的市场价格是 40 美元。该债券的转换等价是多少？

P10.17 你正在考虑将 800 美元投资于希格斯科技公司。你可以按每股 25 美元的价格购买普通股。你也可以购买当前的交易价格为 790 美元且转换比率为 30 的可转债（面值为 1 000 美元）。该债券每年支付 40 美元的利息。如果你预期 1 年后股票价格会上涨到每股 33 美元，那么你应该购买哪种金融工具？

P10.18 某只每年支付 6% 的利息的可转债（20 年后到期）赋予持有者转换为 20 股股票的权利。债券当前的交易价格为 800 美元。股票（每股支付 75 美分的年股利）当前的市场价格为每股 35 美元。

    a. 债券的转换价格是多少？

    b. 债券的转换比率是多少？

    c. 债券的转换价值是多少？转换平价又是多少？

    d. 以美元计量和以百分比计量的转换溢价是多少？

    e. 债券的回收期是多少？

    f. 如果类似评级的不可转换债券的收益率是 8%，那么可转债的投资价值是多少？

P10.19 一只息票率为 8% 的可转债的面值是 1 000 美元，转换比率为 20。假设一个投资者有 5 000 美元要投资，可转债的价格是 1 000 美元（这包括 25% 的转换溢价）。如果在随后的 12 个月里，股票价格上涨到每股 75 美元且可转债按包含 10% 的转换溢价的价格来交易，那么这一投资提供的总收益会是多少（息票加上资本利得）？这一投资的持有期收益率是多少？最后，给定问题中的信息，计算标的普通股当前的交易价格。

P10.20 假设你刚刚为息票率为 7.5% 且到期期限为 15 年的一只可转债支付了 1 200 美元。该债券可以被转换为 24 股普通股，股票当前的市场价格是每股 50 美元。给定类似的不可转换债券当前的收益率是 9%，求这只证券的债券投资价值。

P10.21 给定标的普通股的市场价格是每股 40 美元，求转换比率为 1.8 的可转换优先股的转换价值。如果可转换优先股的售价为每股 90 美元，那么有转换溢价吗？如果有，是多少（用美元数量和百分比衡量）？另外，解释转换平价的概念，然后在给定该优先股的价格为 90 美元的情况下，求出这只证券的转换平价。

访问 www.myfinancelab.com 来获得网络练习、电子表格和其他在线资源。

案例题 10-1

马克斯和维罗妮卡开发了一个债券投资程序

马克斯·舒曼（Max Shuman）和维罗妮卡·舒曼（Veronica Shuman）以及他们十几岁的儿子特里（Terry）和托马斯（Thomas），住在俄勒冈州的波特兰。马克斯是一家大型制药公司的销售代表，维罗妮卡是当地一家银行的个人业务经理。他们两人每年赚取的收入是大约 100 000 美元。马克斯刚刚获悉，他最近去世的富有的叔叔在遗嘱中留给他大约 250 000 美元的税后遗产。毋庸置疑，全家人非常高兴。马克斯打算将遗产中的 50 000 美元用于很多拖了很久的家用项目上（如厨房和房间急需的装修、一辆新的保时捷博克斯特轿车的首付款以及矫正托马斯的牙齿覆咬合的牙箍）。马克斯想把剩下的 200 000 美元投资于各种类型的固定收益证券。

马克斯和维罗妮卡没有什么特别的收入需求和健康问题。他们唯一的投资目标是要实现一些资本增值，而且他们想把资金全部投资至少 20 年。他们不打算依靠他们的投资作为一项当期收入来源，但想要保持投资组合一定的流动性以防万一。

问题

a. 描述你认为舒曼一家应该遵循的债券投资计划的类型。在回答这个问题的时候，对收益和风险因素都要给予适当的考虑。

b. 列举你会建议在他们的投资组合中持有的几种类型的债券,并简要说明为什么你会建议持有这些债券。

c. 利用最新一期的《华尔街日报》或《巴伦周刊》,为舒曼一家构造一个 200 000 美元的债券组合。给定下面的基本要求,利用真实的债券并选择你喜欢的任何债券(或票据):

(1) 组合必须包含至少 1 种国债、1 种机构债券和 1 种公司债券,同时,组合总共必须持有至少 5 种但不超过 8 种债券或票据。

(2) 投资组合不超过 5%可以是短期美国国库券(但要注意的是,如果你持有 1 只国库券,就把你的选择限制到只有 7 只其他种类的债券/票据)。

(3) 忽略所有的交易成本(即 200 000 美元全部用于投资)并假定所有的证券都有 1 000 美元的面值(但它们在市场上的交易价格可以不等于面值)。

(4) 利用最新的可得报价来求出你可以购买多少短期、中期和长期国库券。

d. 准备一份明细表来列示在你建议的组合中的所有证券。用一个如下所示的表格,并包含其对组合中每只证券所要求的信息。

e. 用一段简洁的话来说明你建议的投资组合的关键投资属性以及你想利用它来实现的投资目标。

证券 发行人-息票-到期期限	最新报价	购买的债券数目	投资金额(美元)	年息票收入(美元)	当期收益率
例:美国财政部—8.5%—'18	146.25	15	21 937.50	1 275	5.81%
1.					
2.					
3.					
4.					
5.					
6.					
7.					
8.					
总计	—		200 000.00		%

案例题 10-2

遗失的债券评级

可以说,在确定债券的评级时,没有什么比债券发行公司潜在的财务状况和经营成果更重要的了。正如财务比率可以被用于对普通股的分析,它们也可以被用于对债券的分析——一个我们称之为信用分析的过程。在信用分析中,关注点指向公司基本的流动性和盈利性、公司利用债务的程度以及公司偿还债务的能力。

财务比率表

所有比率都是真实的且是关于真实的公司的。

财务比率	公司 1	公司 2	公司 3	公司 4	公司 5	公司 6
1. 流动比率	1.13 ×	1.39×	1.78×	1.32×	1.03×	1.41×
2. 速动比率	0.48×	0.84×	0.93×	0.33×	0.50×	0.75×
3. 净利率	4.6%	12.9%	14.5%	2.8%	5.9%	10.0%
4. 总资本收益率	15.0%	25.9%	29.4%	11.5%	16.8%	28.4%
5. 长期债务总资本比率	63.3%	52.7%	23.9%	97.0%	88.6%	42.1%
6. 所有者权益比率	18.6%	18.9%	44.1%	1.5%	5.1%	21.2%
7. 税前利息保障倍数	2.3×	4.5×	8.9×	1.7×	2.4×	6.4×
8. 现金流与总债务比率	34.7%	48.8%	71.2%	20.4%	30.2%	42.7%

注：

1. 流动比率＝流动资产/流动负债；

2. 速动比率＝（流动资产－存货）/流动负债；

3. 净利率＝净利润/销售额；

4. 总资本收益率＝税前利润/（股权＋长期债务）；

5. 长期债务总资本比率＝长期债务/（长期债务＋股权）；

6. 所有者权益比率＝股东权益/总资产；

7. 税前利息保障倍数＝息税前利润/利息费用；

8. 现金流与总债务比率＝（净利润＋折旧）/总负债。

上述财务比率在开展此类分析时通常是很有用的。前 2 个比率度量公司的流动性，接下来的 2 个度量盈利性，随后的 2 个度量债务负担，最后 2 个度量公司偿还债务负担的能力。（对于比率 5，比率越低越好。对于所有其他比率，比率越高越好。）上表对 6 家公司列示了每一个比率。

问题：

a. 这些公司中有 3 家的债券是投资级评级的，另外 3 家的债券是垃圾债券评级。根据表中的信息判断？哪 3 家公司有投资级债券？哪 3 家有垃圾债券？简要解释一下你的选择。

b. 这 6 家公司中有一家是 AAA 评级的公司，有 1 家是 B 评级的。识别出这些公司。简要解释一下你的选择。

c. 在剩下的 4 家公司中，1 家有 AA 评级，1 家有 A 评级，2 家有 BB 评级。它们分别是哪些公司？

Excel 电子表格

债券投资的现金流组成部分是由每年的利息支付和未来的赎回价值或面值构成的。就像其他对货币的时间价值的考虑一样，要确定债券的现值，就要把债券的现金流折现回来。

在将债券与股票进行对比时，很多投资者考虑各自的收益率。债券市场的总收益是由当期收入和资本利得构成的。债券投资分析应该包括计算当期收益率和特定的持有期收益率。

2013 年 1 月 13 日，你搜集了 General Pineapple Corporation（GPC）发行的 3 只公司债券的如下信息。记住，公司债券是按其面值的百分比来报价的。假设每种债券的面值是 1 000 美元。这些债券的报价单位是八分之一个点。创建一个电子表格来建模并回答如下债券投资问题。

债券	当期收益率	交易量	收盘价
GPC 5.3 13	?	25	105.875
GPC 6.65s 20	?	45	103
GPC 7.4 22	?	37	104.75

问题：

a. 计算这 3 只 GPC 公司债券的当期收益率。

b. 在下列情形下计算持有期收益率：

(1) 2012 年 1 月 13 日用 990 美元购买了 5.3 债券；

(2) 2012 年 1 月 13 日用 988 美元购买了 6.65s 债券；

(3) 2010 年 1 月 13 日用 985 美元购买了 7.4 债券。

c. 到 2013 年 1 月 13 日为止，GPC 的普通股的收盘价是 26.20 美元。2010 年 1 月 GPC 的股票价格为 25.25 美元。该股票 2010 年、2011 年和 2012 年支付的股利都是 0.46 美元。

(1) 计算这只证券的当期（2013 年 1 月 13 日）股利收益率。

(2) 假设你在 2010 年 1 月购买了该股票，那么到 2012 年 1 月的持有期收益率是多少？

本章开放问题

下图显示了从 1981 年到 2011 年每年标准普尔发布的评级上调或下调的债券数目。

a. 随着时间的推移，评级变化（上调和下调）的数目的趋势是怎样的？为什么？

b. 在大部分年份里，哪种类型的评级变化（上调还是下调）是最常见的？为什么？

c. 哪些年份里的上调或下调比率看起来特别高？为什么？

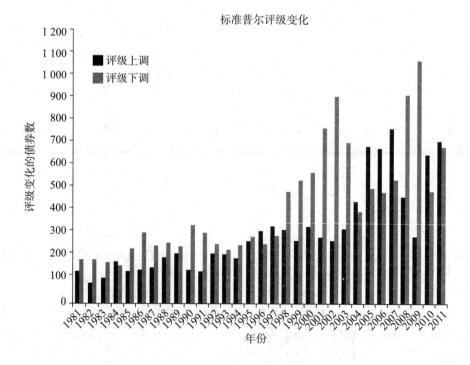

第11章　债券估值

学完本章之后，你应该能够：

目标1：解释市场利率行为并识别出引起利率变化的因素。

目标2：描述利率的期限结构并说明投资者应如何使用收益率曲线。

目标3：理解债券在市场上是如何被估值的。

目标4：描述各种度量收益率的指标并解释这些绩效标准是如何用于债券估值的。

目标5：理解久期的基本概念、如何度量久期及久期在债券投资组合管理中的应用。

目标6：讨论各种债券投资策略以及投资者使用这些证券的不同方式。

由于构成美国货币市场的短期债务证券出现了创纪录的低利率，货币市场投资者在大衰退期间几乎一无所获。美国国库券占货币市场证券的大部分，2007年初，到期期限为6个月期国库券的收益率略高于5%。在随后的2年里，国库券的收益率陷入创纪录的低点。到2009年末的时候，在国债拍卖中购买了6个月期国库券的投资者预期只能在其投资中赚到1%的五分之一（即0.20%）。更糟糕的是，到2012年初的时候，投资者在6个月期的国库券上预期只能赚到6个基点的收益率（0.06%）。

其他货币市场证券的利率也下降了，这在很大程度上是由不断下降的国债利率所导致的。这对美国货币市场投资者的净影响是，从2010年到2012年的平均年收益率还不到1个百分点的十分之一（即0.10%）。在该收益率下，一笔100万美元的货币市场投资在1年里只能赚到1 000美元的利息。

低利率的原因在于试图刺激经济来帮助美国走出衰退的美联储所采取的行动。其他国家的中央银行也在做着基本相同的事情，在欧洲，公司债券极低的利率激起了借贷狂欢。

在本章中我们将了解导致市场利率上下变动的因素，以及这些变化如何影响债券和购买债券的投资者。

资料来源：Paul Armstrong and Esteban Duarte, "Corporate Bond Market on Fire in Europe as New Issues Jump," September 8, 2009, Bloomberg.com; Forbes, "Low Interest Rates Are Killing Money Market Funds," July 9, 2012, www.forbes.com/sites/kenkam/2012/07/09/low-interest-rates-are-killing-money-market-funds-2/; U.S. Department of the Treasury, Data and Charts Center, July 18, 2012, www.treasury.gov/.

市场利率行为

从第4章中你可以回忆起，理性的投资者试图赚取能完全补偿风险的收益。就债券持有人而言，这一必要收益率（r_i）有3个组成部分：实际收益率（r^*）、预期通货膨胀溢价（IP）和风险溢价（RP）。从而，债券的必要收益率可由如下方程来表示：

$$r_i = r^* + IP + RP \qquad (11-1)$$

实际收益率和通货膨胀溢价是外部经济因素，这两者之和等于无风险利率（r_f）。若要求出必要收益率，我们需要考虑影响其风险的债券本身独一无二的特征和性质。在此之后，我们再将风险溢价加到无风险利率上以获得必要收益率。债券的风险溢价（RP）会考虑关键的债券和债券发行人特征，包括债券的类型、债券的到期期限、债券的赎回特征和债券的评级这样的一些变量。

式（11-1）中的3个组成部分（r^*、IP和RP）一起决定了债券的必要收益率。回忆我们在前一章中识别出债券有5类风险。所有这些风险都内嵌于债券的必要收益率之中。也就是说，债券的风险溢价考虑了除了其他风险之外的债券的经营和财务（信用）风险特征及其流动性和赎回风险，而无风险利率（r_f）则考虑了利率和购买力风险。

由于这些利率对债券的价格和收益率有重要的影响，所以投资者会密切关注它们。例如，较为保守的投资者关注利率是因为他们的主要目标之一是锁定高收益。激进的交易者也会关注利率，因为他们的投资计划通常是建立在伴随利率大幅变动的资本利得机会上。

关注市场利率

债券市场不是一个单一的市场。相反，债券市场是由很多不同的部分组成的。类似地，也没有单一的适用于债券市场所有部分的利率。相反，不同的利率适用于不同的部分。的确，各种利率随着时间的推移往往按相同的方向变动，但各个债券市场部分之间存在**利差**（yield spread）也是很常见的。当你思考债券的利率时必须牢记在心的一些重要因素如下：

（1）市政债券因其免税特征通常提供最低的利率。一般而言，它们的市场收益率比公司债券的收益率要低20%到30%。

（2）在市政债券市场上，收益债券支付的利率要高于一般责任债券。

（3）在应税债券市场上，国债的收益率最低（因为它们的风险最小），其次是政府机构债券，然后是提供最高收益率的公司债券。

（4）带有评级的债券（如市政债券和公司债券）通常表现出相同的行为：评级越低，收益越高。

（5）一般而言，到期期限长的债券往往比到期期限短的债券收益更高。但是，这一法则并不总是成立，短期债券收益率等于或高于长期债券收益率也许是衰退即将来临的预警信号，如 2006 年 2 月出现的那种情形。

（6）可自由赎回债券通常支付最高的利率，至少在发行日的时候是这样的。其次是延期赎回债券，再接下来是收益最低的不可赎回债券。

上述结论可用作较高收益的债券市场的一般性指导原则。

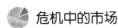 **危机中的市场**

衰退的信号

当国库券的短期利率超过长期国债的利率时，就要当心了。这通常是衰退的前兆。短期利率与长期利率之间关系的这一"逆转"在美国最近的 5 次经济衰退之前都发生过。尤为重要的是，这一指标几乎从未发送过错误的信号。

作为投资者，你应该密切关注利率和利差。尽量与市场的当前状态和市场利率的未来方向保持同步。因此，如果你是一位保守的（追求收入的）投资者，并认为利率就要见顶了，那么这就是一个应该努力用某种形式的赎回保护来锁定目前的高收益的信号。（例如，购买债券如国债、不可赎回或仍有很长时期的赎回条款的 AA 评级的债券。）相反，如果你是一位认为利率已经到顶（且即将下跌）的激进的债券交易者，那么这就是购买能提供最大的价值增值潜力的债券（距到期日仍有很长时间的低息票债券）的信号。

但是，你怎样形成此类预期？除非你接受过相当多的经济学训练，否则，你很可能需要依靠各种公开资源。幸运的是，可以找到大量的此类信息。你的经纪人就是一个出色的此类报告的来源，比如穆迪和标准普尔那样的投资者服务公司。当然，也有很多网上资源。最后，还有广泛发行的商业和金融出版物（如《华尔街日报》《福布斯》《商业周刊》

> **投资者错误**
>
> ### 货币幻觉
>
> 一项提供高利率的投资也许看起来很诱人，但要记住重要的是考虑了通货膨胀之后的实际收益。虽然利率在 20 世纪 70 年代末非常高，但通货膨胀率也非常高，很多债券投资者在这个时期赚到的是负的实际收益。

《财富》）来定期报道市场利率的当前状态和未来方向。预测利率的方向并不容易。然而，定期花点儿时间来仔细读一读一些此类出版物和报告，至少对于专家所预测的不久的将来可能会发生什么，你能有所了解。

引起利率变动的原因

虽然利率的决定是一个复杂的经济问题，但是我们确实知道某些因素在影响利率的变动方面尤为重要。认真的债券投资者应该下定决心尽量熟悉利率的主要决定因素，并努力监控这些变量，至少是非正式的。

鉴于此，也许没有比通货膨胀更重要的变量了。通货膨胀率的变化，或者更准确地说，预期通货膨胀率的变化，对市场利率有直接和重要的影响。当投资者预期通货膨胀要放缓时，市场利率通常也会下降。要理解利率与通货膨胀联系的密切程度，见图 11-1。该图描绘了 10 年期国债利率和通货膨胀率从 1963 年到 2011 年的行为。图中的灰色线描绘了随时间推移的实际通货膨胀率，但是，如我们已经指出的，预期通货膨胀率对利率有更直接的影响。即便如此，实际通货膨胀率与利率之间也存在清晰的联系。需要注意的是，一般而言，通货膨胀率上升，利率也会上升。反之，通货膨胀率下降也伴随着类似的利率下降。在大部分时间里，10 年期债券的利率都超过了通货膨胀率，正如你所料。当情况并非如此时，如 20 世纪 70 年代中期以及最近的 2011 年，10 年期国债的投资者赚到的利率并没有跟上通货膨胀率。平均来看，10 年期国债的收益率每年超过通货膨胀率大约 2.4 个百分点。

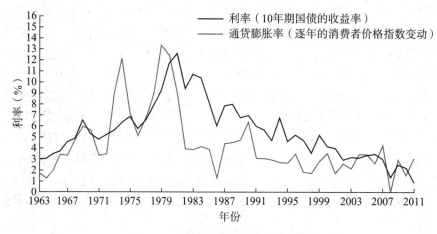

图 11-1　通货膨胀对利率行为的影响

利率的变动总是紧跟通货膨胀率的变动。自 1963 年以来，美国 10 年期国债利率与通货膨胀率之间的平均利差是 2.4 个百分点。随着时间的推移，这一利差的波动相当大。一些极端的例子发生在彼时通货膨胀率超过 10 年期国债利率 4.7 个百分点的 1974 年，以及 10 年期国债利率低于通货膨胀率 8 个百分点的 1983 年。

除了通货膨胀之外，另外 5 个重要的经济变量也会显著影响利率水平：

（1）货币供给的变化。货币供给增加会压低利率（因其使得可供贷款的资金更多），反之亦然。然而，这只在某种程度上是对的。如果货币供给过度增长，就会引起通货膨胀，这当然又会导致更高的利率。

（2）联邦预算赤字的规模。当美国财政部不得不借入大量的资金来弥补财政赤字时，增加的资金需求会对利率产生向上的压力。这就是当预算赤字变得越来越大的时候债券市场参与者会变得忧心忡忡的原因——在其他条件相同的情况下，这意味着对市场利率更大的向上压力。

（3）经济活动水平。当经济扩张时，企业需要更多的资本。企业对资本的需要增加了资金需求，利率往往开始上升。在经济衰退期间，经济活动收缩，利率通常下降。

（4）联储的政策。联储控制通货膨胀的行动对市场利率也有重要影响。当联储想要降低实际的（或预期的）通货膨胀时，通常是通过推高利率来实现的，如其在 20 世纪 70 年代中后期所反复做的那样。遗憾的是，这样的行动有时候也有放缓企业活动水平的副作用。同样，当联储想要刺激经济的时候，就采取行动压低利率，如其在 2008—2009 年的经济衰退期间和之后所反复做的那样。

（5）主要外国市场的利率水平。当前，投资者超越国界来寻找投资机会。重要外国市场的利率上升也会对美国的利率施加上升的压力，如果美国的利率不随之上升，那么外国投资者就有动力抛售美元来买入收益率更高的外国证券。

利率和收益率曲线的期限结构

到期日不同的债券通常有不同的利率。任何类型的有类似风险的证券的利率（收益率）与到期时间之间的关系叫作**利率的期限结构**（term structure of interest rate）。这一关系可以在图形上用一条**收益率曲线**（yield curve）来描绘，收益率曲线将某一给定时点的债券的到期期限与到期收益率联系起来。收益率曲线随着市场力量推动不同到期日的债券收益率的上升和下降而不断变化。

收益率曲线的类型

图 11－2 中显示了两类收益率曲线。到目前为止，最常见的类型是曲线 1，即向上倾斜的曲线。该曲线表明，收益率往往随着到期期限的延长而上升。这是因为债券的到期期限越长，价格波动的潜力就越大，从而投资者要求更高的风险溢价来引诱他们购买期限较长的、风险更高的债券。如果投资者认为短期利率会上升，那么长期利率也会超过短期利率。在这种情况下，长期债券的利率将不得不高于短期利率以吸引投资者。也就是说，如果投资者认为短期利率将上升，那么他们就不想按照当前较低的利率把自己的资金投入长期债券。相反，他们宁可投入短期证券，从而可以在利率上升之后迅速地再投资这笔钱。要引诱投资者购买长期债券，该债券就必须提供比短期债券更高的利率。

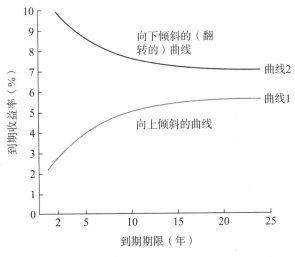

图 11－2　两种收益率曲线

收益率曲线描绘了在风险方面类似的一系列债券的到期期限与到期收益率之间的关系。虽然收益率曲线呈现出很多形状和形式，但是最常见的还是向上倾斜的曲线，其表明投资者的回报率（收益）随到期期限的延长而上升。

偶尔，收益率曲线也会变成翻转的或者向下倾斜的，如曲线2所示，这发生在短期利率高于长期利率的时候。这种曲线有时候源于联储通过推高短期利率来控制通货膨胀所采取的行动。当企业对借入长期资金感到非常犹豫时（例如，当企业预期会出现经济衰退时），翻转的收益率曲线也会出现。在对长期贷款的需求非常低的情况下，长期利率会下降。除了这两种常见的收益率曲线之外，另外两种曲线也时常出现：平坦的收益率曲线，此时短期和长期债券的利率基本相同；驼峰状收益率曲线，此时中期利率是最高的。

画出你自己的收益率曲线

收益率曲线是通过画出除了到期期限不同之外其他方面均相同的一组债券的收益率来构造的。国库债券（短期国库券、中期国库券和长期国库券）通常被用于构造收益率曲线。对此有几个原因：它们的收益率很容易在财经出版物上找到；它们没有违约风险；它们在质量和其他债券属性方面是同质的。投资者也可以构造其他类别的债务证券的收益率曲线，如A评级的市政债券，Aa评级的公司债券甚至存单。

图11-3显示了2009年7月17日和2012年7月17日国库券的收益率曲线。要画出这些曲线，你需要来自美国财政部或者一些其他类似来源的国库券报价信息。（注意：曲线2的实际报价收益率是由图中的表格中的信息提供的。）给定必需的报价，选择约1个月、3个月、6个月后到期以及1、2、3、5、7、10、20、30年后到期的国库券、国库票据和国库债券的收益率。曲线2所用的收益率显示在图11-3中。接着在图上画点，图的横轴（x）用年来表示到期时间，纵轴（y）表示到期收益率。现在，联结各点来创建图11-3中所示的曲线。你会注意到，2条曲线都是向上倾斜的，但是，对每个到期时间，曲线1的收益率高于曲线2的收益率。曲线2反映了美国经济正在艰难地走出深度衰退的时候所出现的历史性低利率。

解释利率的期限结构

正如我们之前所指出的，收益率曲线的形状会随着时间的推移而变化。3种经常引用的理论——预期假说、流动性偏好理论和市场分割理论——较为充分地解释了收益率曲线一般形状的原因。

预期假说。预期假说（expectations hypothesis）认为，收益率曲线反映了投资者对未来的利率行为的预期。该理论认为，当前短期利率与长期利率之间的关系反映了投资者对利率在未来会如何变化的预期。当收益率曲线向上倾斜时，长期利率高于短期利率，预期假说将其解释为这是投资者预期短期利率在未来会上升的一个信号。这就是长期债券相对于短期债券支付溢价的原因。当人们认为利率会上升时，人们不会将其资金投入长期债券，除非长期投资的利率高于当前短期投资的利率。

例如，假定1年期短期国库券当前的利率是5％，2年期中期国库券当前的利率是6％。预期假说认为，利率的这一模式表明投资者认为1年期国库券的利率明年会上升到7％。为什么？因为该利率是使得投资者对以下2种投资策略感到无差异的利率：（1）把资金投资2年并在2年期中期国库券上赚取6％的利率；（2）现在以5％的利率投资于1年期短期国库券并在明年将来自该证券的资金再投资于支付7％的利率的另一只短期国库券。

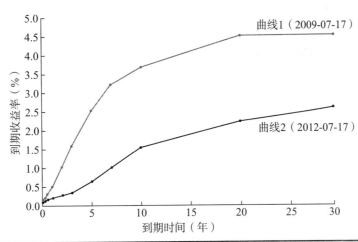

日期	1个月	3个月	6个月	1年	2年	3年	5年	7年	10年	20年	30年
2012 - 07 - 02	0.06	0.10	0.15	0.21	0.30	0.39	0.67	1.04	1.61	2.30	2.69
2012 - 07 - 03	0.08	0.09	0.15	0.21	0.30	0.39	0.69	1.08	1.65	2.36	2.74
2012 - 07 - 05	0.07	0.08	0.15	0.19	0.28	0.39	0.68	1.05	1.62	2.34	2.72
2012 - 07 - 06	0.06	0.08	0.15	0.20	0.27	0.37	0.64	1.01	1.57	2.28	2.66
2012 - 07 - 09	0.06	0.09	0.14	0.20	0.27	0.36	0.63	0.98	1.53	2.24	2.62
2012 - 07 - 10	0.07	0.09	0.15	0.20	0.27	0.37	0.63	0.98	1.53	2.22	2.60
2012 - 07 - 11	0.07	0.10	0.15	0.20	0.27	0.36	0.64	0.99	1.54	2.22	2.60
2012 - 07 - 12	0.08	0.10	0.15	0.20	0.25	0.35	0.63	0.98	1.50	2.18	2.57
2012 - 07 - 13	0.08	0.10	0.15	0.20	0.25	0.34	0.63	0.99	1.52	2.20	2.58
2012 - 07 - 16	0.04	0.10	0.14	0.18	0.24	0.31	0.60	0.97	1.50	2.18	2.56
2012 - 07 - 17	0.08	0.10	0.14	0.18	0.25	0.32	0.62	0.99	1.53	2.22	2.59

图 11 - 3　美国国债的收益率曲线

我们看到由实际的市场数据（报价）构造的 2 条收益率曲线。虽然 2 条收益率曲线都是向上倾斜的，但它们都是建立在明显不同的收益率之上的。曲线 2 包含的收益率比曲线 1 包含的收益率平均低大约 60%。事实上，构成曲线 2 的收益率非常接近于美国创纪录的低水平。

资料来源：美国财政部，2012 年 7 月 17 日。

投资策略	(1) 今年赚到的收益率 (%)	(2) 明年赚到的收益率 (%)	(3) 2 年的收益率［(1)＋(2)］ (%)
现在购买 2 年期中期国库券	6	6	12
购买 1 年期短期国库券，接着明年再投资于另一只短期国库券	5	7	12

只有当 1 年期短期国库券的利率从今年的 5% 上涨到明年的 7% 时，投资者才会在这 2 种策略之间感到无差异。因此，根据预期假说，向上倾斜的收益率曲线意味着投资者预期利率会上升，向下倾斜的收益率曲线意味着投资者预期利率会下降。

【例 11 - 1】

假设收益率曲线是翻转的，1 年期债券提供 5% 的收益率，而 2 年期债券支付 4.5% 的收益率。根据预期假说，投资者预期的 1 年后的 1 年期债券的收益率是多少？记得预期假说认为，给定投资者相信的利率变动方向，当前的短期和长期利率被设定在使得投资者对短期和长期债券感到无差异的水平上。因此，要确定预期明年的 1 年期债券的收益率，你必须确定第 2 年什么样的收益率才会使得投资者对购买 2 只 1 年期债券和购买 1 只 2 年期债券感到无差异。

2 年期债券的收益率   4.5%＋4.5%

2 只 1 年期债券的收益率   5.0%＋x

第二个式子中的 x 表示预期明年的 1 年期债券的利率。上面的式子显示，投资者通过购买 1 只 2 年期债券在 2 年里赚取 9% 的收益率，于是，要在一系列 2 只 1 年期债券上实现相同的收益，第 2 年的收益率必须是 4%。

流动性偏好理论。 在大部分时间里，收益率曲线都有一个向上的斜率。预期假说会将此解释为投资者通常预期利率会上升。这看起来多少有些不合逻辑。为什么投资者会在大部分时间里预期利率会上升而不是下降？换句话说，投资者为什么会预期利率会随着时间的推移而上升？显然并没有历史模式导致人们持有这样的观点。对向上倾斜的收益率曲线出现频率的一种解释是**流动性偏好理论**（liquidity preference theory）。该理论认为，因为较长的到期时间包含额外的风险，所以长期债券的利率应该高于短期债券的利率。换言之，由于长期和短期债务之间的风险差异，理性的投资者会更喜欢风险较小的短期债券，而只有较高的利率才能吸引投资者持有较长期限的债券。

实际上，关于为什么理性的投资者会更喜欢短期债券有很多原因。首先，它们的流动性更高（更容易转化为现金）且对不断变化的市场利率的敏感性较低，这意味着只有较小的价格波动性。对于一个给定的市场利率变化，较长期限债券的价格比短期债券的价格会表现出明显更大的变动。此外，正如投资者对将资金投资较长期限往往会要求溢价一样，借款人为了获得长期资金也会支付溢价。借款人由此确保了自己可以得到资金，而且他们也避免了不得不按照未知且有可能不利的利率来对短期债务进行展期。所有这些偏好解释了为什么较高的利率应该伴随着较长的到期期限，以及为什么预期收益率曲线向上倾斜是完全理性的。

市场分割理论。 另一种经常被引用的理论是**市场分割理论**（market segmentation theory），该理论认为，债券市场是根据不同金融机构和投资者对到期期限的偏好分割开来的。根据该理论，收益率曲线随着每个到期期限的债券市场上的资金供给和需求所确定的通行利率的变化而变化。供给短期资金的金融机构（如银行）与这些短期资金的借款人（如有季节性贷款需求的公司）之间的均衡确定了短期市场的利率。类似地，在诸如人寿保险和房地产之类的长期市场上的供给方和需求方之间的均衡确定了通行的长期利率。

收益率曲线的形状既可以是向上倾斜的，也可以是向下倾斜的，这是由每种债券市场上的利率之间的一般关系所决定的。当短期贷款的供给超过需求时，短期利率就相对低。与此同时，如果对长期贷款的需求高于可得的资金供给，长期利率就会上升，收益率曲线就会有一个向上的斜率。如果供给和需求条件发生逆转——短期市场上有过多的借款需求，长期市场上有过多的资金供给——那么收益率曲线会向下倾斜。

哪一种理论是正确的？ 所有3种期限结构理论在解释收益率曲线的形状时至少都有一些优点。这些理论告诉我们，收益率曲线的斜率在任何时候都受下面3项之间的相互作用的影响：(1) 关于未来利率的预期；(2) 流动性偏好；(3) 短期和长期债券市场的供求状况。向上倾斜的收益率曲线来源于对利率上升的预期、贷款人对较短期限贷款的偏好以及在每种债券市场上相对于各自的需求来说短期贷款比长期贷款的供给更多。相反的条件会导致向下倾斜的收益率曲线。

在投资决策中使用收益率曲线

债券投资者在做投资决策时经常使用收益率曲线。分析收益率曲线的变化为投资者提供了关于未来利率变动的信息，这反过来又会影响不同类型债券的价格和收益率。例如，如果整条收益率曲线开始向上移动，这通常意味着通货膨胀开始加剧或者预期通货膨胀在不久的将来会加剧。在这种情况下，投资者可以预期利率也会上升。在这些条件下，大部分老练的投资者都会转向短期或中期（3到5年）的到期期限，这既提供了合理的收益率，同时也最小化了当利率上升时对资本损失的敞口。向下倾斜的收益率曲线表明，利率已经见顶并开始下降且经济正在放缓。

另一个要考虑的因素是不同到期期限的收益率的差异——曲线的"陡度"。例如，陡峭的收益率曲线表示长期利率比短期利率要高得多。这种形状经常被看作是长期利率与短期利率之间的利差将要缩小的标志，因为长期利率将要下降，或者短期利率将要上升。陡峭的收益率曲线通常被视为牛市的信号。对激进的债券投资者来说，这就是开始进入长期证券的信号。相反，较平坦的收益率曲线极大地降低了进入长期证券的激励，因为5年期和30年期之间的利差会相当小。在这种情况下，投资者会被建议只持有5到10年期的债券，这会带来跟长期债券差不多的收益率但却没有风险。

概念复习

答案参见 www.pearsonhighered.com/smart。

11.1 存在适用于所有不同债券市场的单一市场利率还是有一系列的市场收益率？解释并说明这种市场环境的投资含义。

11.2 解释为什么利率对保守型和激进型投资者都很重要。什么因素引起利率的变动？你会怎样监视这些变动？

11.3 什么是利率的期限结构？其与收益率曲线的关系是什么？要描绘一条收益率曲线需要什么信息？描述向上倾斜的收益率曲线，并解释其关于利率变动的含义。对平坦的收益率曲线再回答该问题。

11.4 作为一位债券投资者，你在做投资决策时会如何使用关于利率的期限结构和收益率曲线的信息？

债券定价

不管发行人是谁，债券是何种类型，也不管债券是完全应税还是免税，任何债券的定价原理都大致相同。也就是说，所有债券（包括到期期限超过 1 年的票据）都是根据其未来现金流的现值来定价的。事实上，一旦已知现行的或期望的市场收益率，整个定价过程就变得相当机械了。

市场收益率基本上决定着债券价格。这是因为在市场上，投资者首先决定在给定其风险的情况下，何种收益率对一只特定的债券是合适的，接着用该收益率来求出债券价格（或市场价值）。如我们之前所看到的，对一只债券来说，合适的收益率是某些市场和经济因素的函数（如无风险收益率和通货膨胀），同时

> **投资者事实**
> ## 价格上涨，价格下跌
>
> 我们都知道，当市场利率上升时，债券价格下跌（反之亦然）。但债券价格不是以相同的速度涨跌的，因为它们并不是以直线的方式变动的。相反，市场收益率与债券价格之间的关系曲线是凸的，这意味着当收益率下降时，债券价格会以递增的速度上涨，当收益率上升时，债券价格会以递减的速度下降。也就是说，债券价格上涨比下跌的速度更快。这叫作正凸性，是所有不可赎回债券的性质。因此，对于一个给定的收益率变化，你在价格上涨时赚到的钱比在价格下跌时亏掉的钱要多！

也是关键的债券和发行人特征的函数（如距到期日的年数和债券的信用评级）。这些因素结合起来形成必要收益率，该收益率是投资者投资于一只给定的固定收益证券所想要赚取的收益率。必要收益率定义了债券交易所适用的收益率，并作为债券估值过程中的折现率。

基本的债券估值模型

一般而言，当你购买一只债券时，你会收到 2 种不同类型的现金流：（1）定期的利息收入（即息票支付）；（2）该债券生命期末的本金（或面值）。因此，在对债券估值时，你会涉及规定好时期数的息票支付的年金，再加上到期日的一笔大额的单一现金流。你可以利用这些现金流，以及投资的必要收益率，在一个基于现值的债券估值模型中求出一只债券的美元价值或价格。按年复利，你可以用如下公式计算一只特定债券的价格（BP_i）：

$$BP_i = \sum_{t=1}^{N} \frac{C}{(1+r_i)^t} + \frac{PV_N}{(1+r_i)^N} = \text{息票支付的现值} + \text{债券面值的现值} \quad (11-2)$$

其中，

$BP_i =$ 一只特定债券 i 的当前价格（或价值）；

$C =$ 年息票（利息）支付；

$PV_N =$ 债券在到期日的面值；

N ＝距到期日的年数；

r_i ＝当前的市场收益率，或者对类似于债券 i 的债券所要求的年收益率。

以这种形式，你可以计算债券的当前价值，或者给定你想得到的由 r_i 定义的某一收益率，你愿意为其支付的价格。另外，如果你已经知道了债券的价格，你也可以从公式中求解 r_i，在这种情况下，你是在寻找内嵌于债券当前市场价格的收益率。

在随后的讨论中，我们将以 2 种方式来展示债券估值过程。首先，我们会使用按年复利，也就是说，因其计算的简洁性，我们会假定遇到的息票是 1 年支付 1 次的。其次，我们还会在按半年复利的条件下考察债券估值，这正是大部分债券实际上支付利息的方式。

按年复利

你需要如下信息来对一只债券进行估值：（1）年息票支付；（2）面值（通常是 1 000 美元）；（3）距到期日的年数（即时期数）。你再使用当前的市场收益率作为折现率来计算债券的价格如下：

债券价格＝年金形式的年息票支付的现值＋债券面值的现值 　　　　　（11-3）

$$BP_i = \frac{C}{(1+r_i)^1} + \frac{C}{(1+r_i)^2} + \cdots + \frac{C}{(1+r_i)^N} + \frac{1\,000 \text{ 美元}}{(1+r_i)^N} \qquad (11\text{-}3\text{a})$$

其中，

C ＝年息票支付；

N ＝距到期日的年数。

【例 11-2】

为了演示这个债券价格公式的具体使用方法，假设有一只 20 年期、息票率为 9.5％ 的债券，其价格使收益率为 10％。也就是说，该债券支付 9.5％ 的年息票（或者说 95 美元），距到期日还有 20 年，应被定价为可以提供 10％ 的市场收益率。我们现在可以用式（11-3）来求出债券的价格。

$$BP_i = \frac{95}{(1+0.10)^1} + \frac{95}{(1+0.10)^2} + \cdots + \frac{95}{(1+0.10)^{20}} + \frac{1\,000}{(1+0.10)^{20}}$$

$$= 957.43 \text{ 美元}$$

需要注意的是，因为这是一只附息债券，我们用一笔共 20 年的每年 95 美元的息票支付形式的年金，再加上发生在 20 年末的一笔单一的 1 000 美元的现金流。因此，我们求出息票年金的现值，并将该金额加到在到期日回收的本金的现值上。在这个特定的例子中，只要你对在你的资金上赚到 10％ 的收益率感到满意，你应该愿意为该债券支付大约 958 美元。

注意到这只债券以 42.57（＝1 000－957.43）美元的折价进行交易。之所以折价交易，是因为其息票率（9.5％）低于市场要求的收益率（10％）。对于该债券支付的息票（95 美元）与如果该债券要匹配市场 10％ 的必要收益率所要求的息票（100 美元）之间的差额的现值，你可以直接将其与该债券折价的多少联系起来。换言之，这只债券的息票支付比市场要求的少 5 美元，于是，如果你对该差额在债券的生命期内取现值，你就会算出债券的折价额：

$$\frac{5}{(1+0.10)^1}+\frac{5}{(1+0.10)^2}+\cdots+\frac{5}{(1+0.10)^{20}}=42.57\ \text{美元}$$

根据类似的推理，对一只溢价交易的债券来说，溢价的多少等于债券支付的息票与市场要求的（较低的）息票之间的差额的现值。

债券在一开始的时候是按接近于面值的价格出售的，因为债券发行人通常将债券的息票率设定为等于或接近于债券发行时的市场必要收益率。如果市场利率在债券生命期内发生变化，那么债券价格会向上或向下调整，以反映债券规定的利率与市场利率之间的差异。虽然债券在其生命期内可以溢价或折价销售，但是，随着到期日的来临，债券价格会收敛至面值。之所以这样是因为随着时间的流逝和债券到期日的临近，剩余的利息支付越来越少（从而任何的溢价或折价都是递减的），而在到期日要偿还的本金则变成债券价格中越来越大的部分，其被折现的时期数正逐渐消失。

使用计算器。 对于按年复利来说，要对一个 20 年期、息票率为 9.5％、收益率为 10％的债券进行定价，使用下图所示的计算器中的按键。

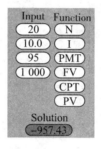

其中，

$N=$ 距到期日的年数；

$I=$ 债券要求的年收益率（债券价格所带来的收益率）；

$PMT=$ 年息票支付；

$FV=$ 债券的面值；

$PV=$ 计算出的债券价格。

计算器结果将债券价格表示为一个负值，这表示购买债券时，该价格对投资者来说是一笔现金流出。

按半年复利

虽然使用按年复利对估值过程有所简化，但这并不是市场上大部分债券实际上被估值的方式。现实中，大部分债券每 6 个月支付一次利息，因此，按半年复利对债券进行估值是合适的。幸运的是，从按年复利转换为按半年复利是相对简单的。你需要做的不过是将年息票收入和必要收益率减半，将直至到期日的时期数加倍。换言之，不是每年 1 个复利和支付区间，而是每年 2 个（即 2 个 6 个月期）。给定这些变化，在按半年复利的条件下求出债券价格很像用按年复利来对债券进行定价。也就是说，

$$\begin{array}{ccc} 债券价格 \\ (按半年复利) \end{array} = \begin{array}{c} 年金形式的半年 \\ 息票支付的现值 \end{array} + \begin{array}{c} 债券面 \\ 值的现值 \end{array} \qquad (11-4)$$

$$BP_i = \frac{C/2}{\left(1+\dfrac{r_i}{2}\right)^1} + \frac{C/2}{\left(1+\dfrac{r_i}{2}\right)^2} + \cdots + \frac{C/2}{\left(1+\dfrac{r_i}{2}\right)^{2N}} + \frac{1\,000}{\left(1+\dfrac{r_i}{2}\right)^{2N}} \qquad (11-4a)$$

其中,

$C/2$＝半年息票支付, 或者说每 6 个月支付的利息数量;

$r_i/2$＝每 6 个月的必要收益率。

【例 11-3】

在前面的债券定价的例子中, 你是在假定年利息支付为 95 美元的情况下对一只收益率为 10％的 20 年期债券进行定价的。相反, 假定该债券的利息是半年一次支付的。在半年支付 47.50 美元的情况下, 就把半年收益率调整为 5％, 时期数调整为 40。利用式 (11-4), 你会有:

$$BP_i = \frac{95/2}{\left(1+\dfrac{0.10}{2}\right)^1} + \frac{95/2}{\left(1+\dfrac{0.10}{2}\right)^2} + \cdots + \frac{95/2}{\left(1+\dfrac{0.10}{2}\right)^{40}} + \frac{1\,000}{\left(1+\dfrac{0.10}{2}\right)^{40}}$$

$$= 957.10\ 美元$$

这个例子中的债券价格（957.10 美元）稍稍小于我们用按年复利所获得的价格（957.43 美元）。

使用计算器。对于按半年复利来说, 要对一只 20 年期、息票率为 9.5％且按半年付息、收益率为 10％的债券进行定价, 使用下图所示的计算器中的按键。

其中,

N＝距到期日的 6 个月期的数目（20×2＝40）;

I＝按半年复利调整过的债券的收益率（10％÷2＝5％）;

PMT＝半年的息票支付（95.00÷2＝47.50 美元）;

FV＝债券的面值;

PV＝计算出的债券价格。

累计利息

大部分债券每 6 个月付息一次，但是你可以在市场开盘的任何时候交易债券。假设你有一只在每年的 1 月 15 日和 7 月 15 日付息的债券。如果你在预定的息票支付日之间的某个时间出售这只债券会怎么样？例如，假设你在 10 月 15 日出售了该债券，这是一个大概在两个支付日中间的一个日期。幸运的是，息票支付之间的利息可以累积到债券上，因此，在息票支付之前出售债券并不意味着你要牺牲你赚到的利息。**累计利息**（accrued interest）是自最后一次利息支付之后在债券上赚到的利息数量。当你在息票支付日之间出售债券时，债券的买方将累计利息加到债券的价格上〔用式（11-3）或式（11-4）算出的价格取决于息票是按年支付还是按半年支付的〕。

【例 11-4】

假设你购买了一只面值 1 000 美元的债券，该债券的息票率为 6%，每半年支付 30 美元。你在 2 个月前收到一笔息票支付，现在你准备卖掉债券。在联系经纪人之后，你了解到该债券当前的市场价格是 1 010 美元。如果你出售债券，你不仅会收到市场价格，而且有累计利息。由于你大概是在距离上一次息票支付共三分之一支付时间间隔的时间处，你收到累计利息 10 （$=\dfrac{1}{3} \times 30$）美元，因此，你收到的交换你的债券的总现金是 1 020 美元。

债券市场交易者有时候把债券价格叫作清洁的或肮脏的价格。债券的**清洁价格**（clean price）等于其现金流的现值，如式（11-3）和式（11-4）中那样。实际上，你在财经媒体或网络上可以找到的债券报价几乎总是清洁价格。债券的**肮脏价格**（dirty price）是清洁价格加上累计利息。在上面的例子中，清洁价格是 1 010 美元，肮脏价格是 1 020 美元。

概念复习

答案参见 www.pearsonhighered.com/smart。

11.5 解释市场收益率如何影响债券价格。你能在不知道其市场收益率的情况下对一只债券定价吗？请解释。

11.6 为什么通常用按半年复利来给债券定价？如果你用按年复利会有很大的不同吗？

度量收益率

在债券市场上，投资者对债券的收益率和债券的价格的关注是同等的。如你已经看到的，收益率不仅帮助确定债券交易的价格，而且度量了债券的收益率。当你可以观察到在市场上交易的债券价格时，你就可以简单地通过反向利用上面描述的债券定价过程来求解债券的收益率而不是价格。这让你可以很好地理解如果你按当前的市场价格购买债券你会赚到的收益率。实际上，有 3 个广泛应用的指标来度量债券的收益率：当期收益率、到期收益率和赎回收益率（对可赎回债券而言）。我们在此将考察这 3 个指标以及期望收益率，期望收益率度量了在一段具体的持有期内赚到的期望（或实际）收益率。

当期收益率

当期收益率（current yield）是所有债券收益率指标中最简单的一个，同时也是应用最有限的一个。这个指标只考虑一个收益来源：债券的年利息收入。特别地，该指标反映出债券提供的当期收入相对于其当前市场价格的比。当期收益率计算如下：

$$当期收益率 = \frac{年利息收入}{债券当前的市场价格} \tag{11-5}$$

【例 11-5】
一只息票率为 8% 的债券对每 1 000 美元的本金每年会支付 80 美元的利息。如果债券当前的价格是 800 美元，那么就会有 10%（＝80÷800）的当期收益率。当期收益率度量了债券的年利息收入，因此，对其感兴趣的主要是追求高的当期收入水平的投资者，如捐赠基金和退休基金。

到期收益率

到期收益率（yield to maturity，YTM）是最重要和应用最广泛的债券收益率度量指标。该指标评价债券的利息收入以及投资者为债券支付的价格与投资者在到期时收到的面值之间的差额带来的所有利得或损失。到期收益率考虑了在债券生命期内收到的所有现金流。YTM 也叫**承诺收益率**（promised yield），它显示在给定债券被持有至到期且所有本金和利息都及时偿还的情况下，投资者赚取的完全复利收益率。此外，YTM 的计算隐含地假定了投资者可以按照等于债券的到期收益率的利率对所有的利息收入进行再投资。这个"再投资假设"在 YTM 中发挥着至关重要的作用，我们在本章后面将更详细地予以讨论（参见收益率的性质）。

到期收益率不仅被用于度量单只债券的收益率，而且被用于跟踪整个市场的行情。换言之，市场利率基本上是对给定的债券市场上的平均承诺收益率的反映。到期收益率提供了关于债券投资属性的有价值的观点，可用于投资者评估不同债券的吸引力。在其他条件相同的情况下，债券的承诺收益率越高，吸引力越大。

虽然计算 YTM 的方法有很多，但最好和最准确的方法是直接从上面描述的债券估值模型中推导。也就是说，你可以用式（11-3）和式（11-4）来确定一只债券的 YTM。现在的差别在于，不是试图确定债券的价格，而是你已经知道了债券的价格，并试图求出使得债券的现金流（息票和本金支付）的现值与其当前的市场价格相等的折现率。这个方法听起来很熟悉。它就像第 4 章中描述过的内部收益率指标。事实上，YTM 本质上就是债券的内部收益率。当你求出内部收益率时，你就得到了债券的到期收益率。

使用按年复利

求到期收益率是一个试错的过程。换言之，你尝试不同的 YTM 值，直到你得到能求出为方程的解的那一个。比如说，你想求出一只息票率为 7.5%（面值为 1 000 美元）、按年付息、距到期还有 15 年、当前的市场交易价格为 809.50 美元的债券。根据式（11-3），我们知道，

$$BP_i = 809.50 \text{ 美元} = \frac{75}{(1+r_i)^1} + \frac{75}{(1+r_i)^2} + \cdots + \frac{75}{(1+r_i)^{15}} + \frac{1\,000}{(1+r_i)^{15}}$$

注意到，这只债券的售价低于面值（即债券折价出售）。当债券折价出售时，关于债券的必要收益率与其息票率之间的关系，我们可以知道什么？当必要收益率（或到期收益率）高于息票率时，债券折价销售，因此，这只债券的到期收益率必须高于 7.5%。

通过试错，我们一开始会尝试 8% 或 9% 的折现率（或者说，由于债券折价销售，所以要尝试高于债券息票率的任何值）。迟早我们会求出折现率为 10%。看看会发生什么：用式（11-3）和折现率 10% 计算债券的定价，我们发现价格等于 809.85 美元。

计算出的价格 809.85 美元相当接近于债券当前的市场价格 809.50 美元。因此，10% 的利率就代表这只债券的到期收益率。也就是说，10% 是使得算出的债券价格等于（或非常接近于）债券当前的市场价格的折现率。在这个例子中，如果你打算为该债券支付 809.50 美元并持有至到期，那么你会预期赚到 10% 的 YTM。手动试错会很耗时，因此，你可以使用便携计算器或计算机软件来计算 YTM。

使用计算器。对于按年复利来说，要求出一只 15 年期、息票率为 7.5%、当前的市场价格是 809.50 美元的债券的 YTM，使用下图所示的计算器中的按键。"现值"（PV）按键表示债券当前的市场价格，所有其他按键与前面的定义是相同的。

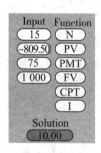

使用按半年复利

给定一些相当简单的修正，按半年复利求出 YTM 也是可能的。为此，我们将年息票和折现率减半，把距到期日的时期数加倍。再回到息票率为 7.5% 的 15 年期债券的例子中，看看当你使用式（11-4）并尝试一个初始的 10% 的折现率时会发生什么。

$$BP_i = \frac{75.00/2}{\left(1+\frac{0.10}{2}\right)^1} + \frac{75.00/2}{\left(1+\frac{0.10}{2}\right)^2} + \cdots + \frac{75.00/2}{\left(1+\frac{0.10}{2}\right)^{30}} + \frac{1\,000}{\left(1+\frac{0.10}{2}\right)^{30}} = 807.85 \text{ 美元}$$

正如你可以看到的，5% 的半年折现率导致算出的债券价值低于 809.50 美元的市场价格。给定价格与收益率之间的反向关系，自然地，如果你需要一个较高的价格，你必须尝试一个较低的 YTM（折现率）。因此，你知道这只债券的半年收益率一定会比 5% 小。通过试错，你会确定出这只债券的到期收益率只是比每半年 5% 略小——准确地说是

4.987%。然而，记住这是一个 6 个月期的收益率。市场惯例是简单地把年收益率说成是半年收益率的 2 倍。这种实务惯例产生了市场所称的**债券等价收益率**（bond-equivalent yield）的概念。回到上面开始的 YTM 的问题，债券有 4.987% 的半年收益率。根据债券等价收益率的惯例，把半年利率加倍来获得这只债券的年收益率。这样做的结果是得到一个 4.987%×2＝9.97% 的年化到期收益率（或承诺收益率）。这就是如果持有至到期，你在债券上会得到的年收益率。

使用计算器。对于按半年复利来说，要求出一只 15 年期、息票率为 7.5%、当前的市场价格为 809.50 美元的债券的 YTM，使用下图所示的计算器中的按键。如前，"PV"键是债券当前的市场价格，所有其他按键的定义与前面是一样的。记得为了求出债券等价收益率，你必须把算出的 I 值加倍。也就是说，4.987%×2＝9.974%。

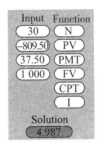

收益率的性质

实际上，除了将债券持有至到期之外，还有几个其他关键性假定内嵌于任何到期收益率的数字中。承诺收益率指标——不管是按年复利还是按半年复利计算的——都是基于现值概念，从而包含重要的再投资假定。具体而言，计算 YTM 时假定，当每笔息票支付到来时，你都可以按照等于 YTM 的利率在债券的剩余生命期内将利息进行再投资。当这个假定成立时，你在债券的生命期内赚取的收益事实上等于 YTM。本质上，计算出的到期收益率数字是"承诺的"收益率，只有当发行人及时地履行所有的利息和本金偿还义务且投资者按照等于计算的承诺收益率的利率将所有利息收入进行再投资时才实现。在我们前面的例子中，你需要再投资每笔息票支付，并在这些再投资资金上赚取 10% 的收益率。如果不能这样，就会导致实现的收益率小于 10% 的到期收益率。如果你不对息票进行再投资，你在 15 年的投资期内只能赚到刚刚超过 6.5% 的现实收益率——远小于 10% 的承诺收益率。相反，如果你能按照超过 10% 的利率对息票进行再投资，那么你的债券在 15 年里实际的收益率就会高于 10% 的 YTM。最重要的一点是，除非涉及的是零息债券，否则，随着时间的推移，债券总收益中相当大的比例来自息票再投资。

这个再投资假定在第 4 章首次被引入，当时我们讨论了"利息的利息"在度量投资收益时所发挥的作用。正如我们在那一章所指出的，当我们使用基于现值的收益指标时，如 YTM，实际上收益有 3 个部分：息票/利息收入、资本利得（或损失）和利息的利息。虽然当期收入和资本利得构成了来自一项投资的利润，但利息的利息是对你如何处置这些利润的度量。就债券的到期收益率而言，计算出的 YTM 定义了必要的或最小的再投资利率。将你的投资利润（如利息收入）按这一利率进行投资，你就会赚取等于 YTM 的收益率。这一规则适用于任何附息债券——只要有年度或半年度的利息收入，这笔收入的再投资和利息的利息是你必须处理的问题。同时，记住息票率越大或到期期限越长，再投资假定就越重要。事实上，对很多长期限、高息票率的债券投资而言，仅利息的利息就会占到超过一半的现金流。

求零息债券的收益率

你也可以用上面描述的相同方法［按年复利的式（11-3）或按半年复利的式（11-4）］来求出零息债券的到期收益率。唯一的差别是，你可以忽略式中的息票率部分，因为无疑这部分是等于 0 的。若要求出零息债券的承诺收益率，你需要做的不过是求解下面的表达式：

$$\text{收益率} = \left(\frac{1\,000}{\text{价格}}\right)^{\frac{1}{N}} - 1$$

【例 11-6】

假定现在你可以用 315 美元购买一只 15 年期的零息债券。如果你以该价格购买了这只债券并持有至到期，那么你的 YTM 是多少？

$$\text{收益率} = \left(\frac{1\,000}{315}\right)^{\frac{1}{N}} - 1 = 0.08 = 8\%$$

该零息债券支付 8% 的年复合收益率。如果一直按半年复利，我们就使用相同的式子，除了用 30 替换 15 之外（因为 15 年里有 30 个半年期）。收益率会变到每半年 3.926% 或每年 7.85%。

使用计算器。 对于按半年复利来说，若要求出当前市场价格为 315 美元的 15 年期的零息债券的 YTM，使用图中所示的计算器中的按键，*PV* 是债券当前的市场价格，所有其他按键与之前的定义相同。要求出债券等价收益率，将算出的 *I* 值加倍，也就是 3.926%×2=7.85%。

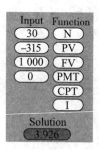

赎回收益率

债券既可以是不可赎回的，也可以是可赎回的。回忆第 10 章可知，不可赎回债券禁止发行人在到期日之前赎回债券。由于此类债券在到期前会一直在外流通，你可以用标准的到期收益率方法对其估值。相反，可赎回债券赋予发行人提前偿还债务的权利，从而在到期前不一定会流通在外。因此，如果你购买一只可赎回债券，YTM 并不总是能成为你期望的收益率的一个好的度量指标。相反，你应该考虑债券在到期日之前被赎回的影响。一种常见的做法是使用一个叫作**赎回收益率**（yield to call，YTC）的指标，该指标说明的是如果债券不是在其到期日之前，而是在其首次（或其他一些特定的）赎回日之前仍然流通在外，该债券的收益率情况。

YTC 通常被用于附有延期赎回条款的债券。记得这种债券开始时是作为不可赎回债券的，在赎回延迟期（5 到 10 年）之后变为可自由赎回的。在这些条件下，如果假定债券在赎回延迟期末（也就是当债券首次变为可自由赎回时）被偿还，那么 YTC 就度量了延期赎回债券的期望收益率。通过对标准的 YTM 式子［式（11-3）和式（11-4）］做两个简单的修正，你就可以求出 YTC。首先，将投资期限的长度（N）定义为距首次赎回日的年数，而不是距到期日的年数。其次，不是用债券的票面价值（1 000 美元），而是用债券的赎回价格（该价格在债券中有说明，并且几乎总是大于债券的面值）。

例如，假设你想求出一只 20 年期、息票率为 10.5%、当前的市场交易价格为 1 204 美元、距离首次赎回（也就是在其变成可自由赎回之前）还有 5 年的延期赎回债券的 YTC，在赎回的时候债券可以按 1 085 美元的价格被赎回。不是在估值公式［式（11-3）或式（11-4）］中使用债券的 20 年的到期期限，你应该使用到首次赎回的年数（5 年）；不是使用债券的面值 1 000 美元，你应该使用债券的赎回价格 1 085 美元。然而，需要注意的是，你还是用债券的息票率（10.5%）及其当前的市场价格（1 204 美元）。因此，对于按年复利来说，你会得到：

$$BP_i = 1\ 204\ \text{美元}$$
$$= \frac{105}{(1+r_i)^1} + \frac{105}{(1+r_i)^2} + \frac{105}{(1+r_i)^3} + \frac{105}{(1+r_i)^4} + \frac{105}{(1+r_i)^5} + \frac{1\ 085}{(1+r_i)^5}$$

$$(11-6)$$

通过试错，你可以确定按照 7% 的折现率，未来现金流（随后 5 年的息票加上赎回价格）的现值会正好（或非常近似）等于债券当前 1 204 美元的市场价格。

因此，这只债券的 YTC 是 7%。相反，债券的 YTM 是 8.37%。现实中，债券投资者通常同时计算溢价交易的延期赎回债券的 YTM 和 YTC。他们这样做是为了求出哪个收益率更低，市场惯例是用较低的、更保守的收益率指标（YTM 或 YTC）作为合适的债券收益率指标。因此，我们的例子中的溢价债券会根据其赎回收益率来定价。假定条件中因为利率已经下降如此之多（YTM 比息票率低 2 个百分点），所以在发行人得到第一次机会时债券就会被赎回。然而，当这只债券或任何债券是折价交易时，情况会完全不同。为什么？因为任何折价债券的 YTM，不管是可赎回的还是不可赎回的，总是小于 YTC。因此，对于折价债券来说，YTC 是个完全无关的指标——YTC 只用于溢价债券。

使用计算器。对于按年复利来说，若要求出一只 20 年期、息票率为 10.5%、当前的市场价格为 1 204 美元、可以在 5 年后按 1 085 美元的赎回价格被赎回的债券的 YTC，使用下图所示的计算器中的按键。在这个计算中，N 是距首次赎回日的年数，FV 表示债券的赎回价格。所有其他按键的定义都与前面的相同。

期望收益率

相比于仅仅买入并持有债券，一些投资者更喜欢在相当短的投资期内积极地买进和卖出这些证券。因此，除了作为用于对债券进行定价的收益率指标之外，诸如到期收益率和赎回收益率之类的指标相对来说意义不大。显然，这些投资者需要一个替代的可用于评估他们打算交易的那些证券的投资吸引力的收益率指标。这个替代的指标就是**期望收益率**（expected return）。该指标说明的是，投资者在一段小于债券生命期的时间内持有债券期望可以赚取的收益率。[期望收益率也叫作**实现的收益率**（realized return），因为该指标说明的是投资者通过在短的持有期内买进和卖出债券可以实现的收益率。]

期望收益率缺少到期收益率（以及 YTC）的精确性，因为重要的现金流变量基本上都是投资者估计的结果。特别地，对于从事投资来说，不管是持有期的长度，还是债券未来的出售价格，都纯粹是估计值，从而有不确定性。即便如此，你基本上还是可以使用与求承诺收益率相同的方法来求债券的实现的收益率。也就是说，在对标准的债券定价公式做一些简单的修正之后，你可以用如下公式来求出债券的期望收益率：

$$债券价格 = \frac{持有期内债券}{年息票支付的现值} + \frac{债券在持有期末}{的未来价格的现值} \qquad (11-7)$$

$$BP_i = \frac{C}{(1+r_i)^1} + \frac{C}{(1+r_i)^2} + \cdots + \frac{C}{(1+r_i)^N} + \frac{FV}{(1+r_i)^N} \qquad (11-7a)$$

其中，时间 N 表示持有期的长度（不是距到期的年数），FV 是预期债券的未来价格。

如上面所指出的，在计算债券的期望收益率时，你必须确定债券的未来价格。如前所述，这是通过使用标准的债券定价公式来完成的。当然，推导出一个可靠的未来价格最困难的是得到你认为在债券被出售时会存在的未来的市场利率。通过评估当前和预期的市场利率情况，你就可以估计债券在出售日会提供的 YTM，接着用该收益率来计算债券的未来价格。

为了说明，再次考虑息票率为 7.5% 的 15 年期债券。这次我们假定你认为现在正在折价交易的债券的价格会随着利率在随后几年的下降而大幅上涨。特别地，假定债券当前的交易价格是 809.50 美元（10% 的收益率）且你打算持有债券 3 年。在这段时间里，你预期市场利率会下跌到 8%。在该假定之下且认识到从现在开始的 3 年里该债券还有 12 次息票支付，你可以用式（11-3）来估计出债券价格在 3 年后会是 960 美元。因此，你是在假定现在会按 809.50 美元的市场价格购买债券，并在 3 年之后按 960 美元的价格出售债券——在利率下降到 8% 之后。给定这些假定，这只债券的期望收益率（实现的收益率）是 14.6%，是在下面的等式中能得到 809.50 美元的当前市场价格的折现率。

$$BP_i = 809.50 \text{ 美元} = \frac{75}{(1+r_i)^1} + \frac{75}{(1+r_i)^2} + \frac{75}{(1+r_i)^3} + \frac{960}{(1+r_i)^3}$$

其中，$r_i = 0.146 = 14.6\%$。

　　这项投资中超过 14.5% 的收益率是相当可观的，但要牢记在心的是，这只是一个期望收益率指标。当然，如果未来的实际情况并不像预料的那样，尤其是如果预期的持有期末的市场收益率不像预料的那样，那么该指标就会有所变化。这个例子使用的是按年复利，但如果你使用的是按半年复利也一样简单，在所有其他条件相同时，会得到 14.4% 的期望收益率，而不是在按年复利情况下得到的 14.6%。

　　使用计算器。对于按半年复利来说，若要求出一只当前的市场价格是 809.50 美元但预期在 3 年的持有期内会上涨到 960 美元的息票率为 7.5% 的债券的期望收益率，使用下图所示的计算器中的按键。在这个计算中，PV 是债券当前的价格，FV 是在（3 年）持有期末期望的债券价格。所有其他按键的定义与之前的定义都是相同的。若要求出债券等价收益率，把算出的 I 值加倍：$7.217\% \times 2 = 14.43\%$。

债券估值

　　投资者既可以通过计算到期收益率，也可以通过计算期望收益率来估计其在债券投资上会赚取的收益率，这取决于他们的目的。保守的、追求收入的投资者关注 YTM。他们的主要目的是在很长的时期内赚取利息收入，而不是在利率下跌时赚取一笔短期的资本利得。因为这些投资者打算将他们购买的大部分债券持有至到期，所以 YTM（或 YTC）就是他们可以预期的收益率的可靠指标——当然，采取内嵌于收益率指标中的再投资假定是合理的。更激进的债券交易者希望从市场利率的波动中赚钱，他们计算期望收益率来估计他们在债券上会赚到的收益率。通过在相对短的持有期内购买和出售债券来赚取资本利得是他们的主要目的，从而对于他们来说，期望收益率比 YTM 更重要。

　　在任何一种情况下，承诺或预期的收益率都提供了一个可被用于确定固定收益证券的相对吸引力的收益率指标。但是，要评价不同债券的优点，我们必须评估其收益和风险。债券与股票的相同之处在于，它们提供的收益率（承诺的或期望的）应该足以补偿投资者所承担的风险。因此，风险越大，债券应产生的收益就越大。

答案参见 www. pearsonhighered. com/smart。

11.7 当期收益率与到期收益率之间的差别是什么？承诺的收益率与实现的收益率之间的差别又是什么？YTC 与 YTM 有何不同？

11.8 简要描述债券等价收益率（bond-equivalent yield）。承诺收益率与债券等价收益率之间有什么不同？请解释。

11.9 为什么利息收入的再投资对债券投资者如此重要？

久期和免疫

关于到期收益率的一个问题是要假定随着时间推移你可以将债券定期的息票支付按相同的利率进行再投资。如果你以较低的利率对这笔利息收入进行再投资（或者如果你花了它），那么你实际的收益率就会低于 YTM。另一个问题是，YTM 假定投资者会将债券持有至到期。如果你在其到期之前卖掉了债券，那么收到的价格就会反映出当前的利率，这意味着你将赚到的收益率很可能会不同于 YTM。自从你购买了债券之后，如果利率上升了，那么债券就会折价出售，你的收益率就会低于 YTM；如果利率下跌了，那么就会出现相反的情况。

于是，到期收益率的问题在于其未能考虑再投资风险和价格（或市场）风险的影响。要理解再投资和价格风险之间的相互关系，考虑一个市场利率经历了大幅下跌的情形。在这种情形下，债券价格会上涨。你可能会受到引诱变现你持有的债券并获得一些资本利得（即进行"获利回吐"）。事实上，在到期日之前出售债券是唯一的利用利率下降好处的方法，因为不管市场利率多大，债券在到期日都只会支付面值。利率下降是个好消息，但也有坏处：当利率下降时，按高利率进行再投资的机会也会减少。因此，虽然你在价格方面获得好处，但你在再投资方面则有所损失。即使你不出售债券，你也面临增加的再投资风险。要赚到你的债券承诺的 YTM，你必须按照相同的 YTM 来对每一笔息票支付进行再投资。显然，随着利率的下降，你会发现，按照该收益率来对息票支付流进行再投资的难度日渐上升。当市场利率上升时，情况正好相反：虽然债券价格下跌，但你的再投资机会改善。

债券投资者需要一个指标来帮助他们正确地判断这些风险对一只特定的债券有多重要。这样的一个参考指标是**久期**（duration）。久期用一个单一的指标反映了债券价格对不同利率环境的反应程度。由于久期度量的是一只债券的价格波动性，所以这个指标就让你可以更好地理解赚取你的期望收益率（YTM）的可能性有多大。这接下来又会帮助你调整债券持有情况以适应你对利率变动的预期。

久期的概念

久期的概念是由精算师弗雷德里克·麦考利（Frederick Macaulay）于 1938 年首先提

出的，用以帮助保险公司来将其现金支付与现金流入匹配起来。当被应用于债券时，可以认识到，利息支付的数量和频率、到期收益率和到期期限都会影响一只特定债券的利率风险。到期期限很重要，因其影响到债券价格会随着利率的变化而上涨或下跌的程度。一般而言，当利率变化时，到期期限较长的债券比到期期限较短的债券的波动性更大。另一方面，虽然债券中内嵌的价格风险的高低与债券的到期期限有关，但再投资风险的高低则与债券息票率的高低直接相关。支付高息票率的债券之所以有较高的再投资风险，不过是因为有更多的利息需要进行再投资。

因此，价格风险和再投资风险都以一种方式或另一种方式与利率相关，从而会产生冲突。利率的任何变化（不管是上升还是下降）都会引发价格风险和再投资风险，并从不同的方向推拉债券。利率上升会导致价格下跌，但会减少再投资风险。相反，利率下跌会推高价格，但增加再投资风险。在某个时点上，这两种力量应该正好相互抵消。这个时点就是债券的久期。

一般而言，债券的久期有如下性质：

（1）较高的息票导致较短的久期。

（2）较长的到期期限意味着较长的久期。

（3）较高的收益率导致较短的久期。

这些变量——息票、到期期限和收益率——相互影响来决定一只债券的久期。知道一只债券的久期是有益的，因为久期捕捉到债券的潜在价格波动性。也就是说，既然债券的久期和波动性是直接相关的，那么久期越短，债券价格的波动性就越小——当然，反之亦然。

度量久期

久期是对固定收益证券的平均到期期限的度量。其中的平均到期期限也许令人感到困惑，因为债券只有一个最终的到期日。平均到期期限的一个替代性定义也许在于其反映了债券现金流的平均时机。对于只在最终的到期日有一次现金支付的零息债券来说，债券的久期等于到期期限。但是，由于附息债券定期支付利息，这些支付的平均时机（即平均到期期限）不同于实际的到期日。例如，一只每年支付5%的息票的10年期债券，在年份1、年份2等分配小笔的现金流，直到年份10分配最后和最大的一笔现金流。久期是对这些中间支付赋予一定权重的一个指标，从而"平均到期期限"略小于10年。

你可以将久期视为债券的加权平均生命期，其中，权重是债券在其生命期内所做的每笔现金支付占债券总价值的比例。数学上，我们求出债券的久期如下：

$$久期 = \sum_{t=1}^{N}\left[\frac{PV(C_t)}{BP} \times t\right] \qquad (11-8)$$

其中，

$PV(C_t)$ = 未来的息票或本金支付的现值；

BP = 债券当前的市场价格；

t = 收到现金流（息票或本金）支付的年份；

$N=$ 距到期的年数。

从式（11-8）中得到的久期指标通常被称为麦考利久期——以提出这一概念的精算师的名字来命名。

虽然久期通常是按半年复利来计算的，但式（11-8）是使用年息票和按年复利的，以便保持随后的讨论和计算尽可能简单。即使如此，公式看起来也比实际情况更令人畏惧。如果你遵循下面指出的基本步骤，你就会发现久期的计算并不困难。

步骤1：求出每笔年息票支付或本金支付的现值 $[PV(C_t)]$。用债券通行的 YTM 作为折现率。

步骤2：用债券当前的市场价格（BP）除现值。这就是权重，或者说每笔支付占债券总价值的比例。由于债券的价值正好是其现金支付的现值之和，所以这些权重之和必须等于1.0。

步骤3：用收到现金流的年份（t）乘以这个权重。

步骤4：对债券生命期内的每一年重复步骤1到步骤3，接着将步骤3算出的值加起来。

单只债券的久期

表11-1展示了计算一只息票率为7.5%、价格为957.20美元、到期收益率为8%的15年期债券的久期的4个步骤。

表11-1		一只息票率为7.5%、到期收益率为8%的15年期债券的久期计算		Excel 电子表格
(1)	(2)	(3)	(4)	(5)
年份（t）	年现金流（C_t）（美元）	年现金流按8%折现的现值 $[PV(C_t)]$ (2) $\times$ [1÷(1.08)^t]（美元）	用当前的市场价格除 $PV(C_t)$ * (3) ÷957.20	时间加权的相对现金流 (1) $\times$ (4)
1	75	69.44	0.072 5	0.072 5
2	75	64.30	0.067 2	0.134 4
3	75	59.54	0.062 2	0.186 6
4	75	55.13	0.057 6	0.230 4
5	75	51.04	0.053 3	0.266 6
6	75	47.26	0.049 4	0.296 3
7	75	43.76	0.045 7	0.320 0
8	75	40.52	0.042 3	0.338 7
9	75	37.52	0.039 2	0.352 8
10	75	34.74	0.036 3	0.362 9
11	75	32.17	0.033 6	0.369 6
12	75	29.78	0.031 1	0.373 4

年份 (t)	年现金流 (C_t) (美元)	年现金流按8% 折现的现值 $[PV(C_t)]$ (2) × $[1 \div (1.08)^t]$ (美元)	用当前的市场价 格除 $PV(C_t)$ * (3) ÷957.20	时间加权的相对 现金流 (1) × (4)
(1)	(2)	(3)	(4)	(5)
13	75	27.58	0.028 8	0.374 5
14	75	25.53	0.026 7	0.373 5
15	1 075	338.88	0.354 0	5.310 6
				久期：**9.36 年**

* 如果这只债券的价格使其收益率为8%，那么其在市场上的报价将是957.20美元。

表11-1提供了基本的输入数据：列（1）显示了每笔现金支付的年份（t）。列（2）提供了债券每笔现金支付（息票和本金）的美元数量。列（3）在给定8%的折现率（等于债券通行的YTM）下列示了每笔现金流的现值。例如，在表11-1的行1，我们看到，在年份1，债券有一笔75美元的息票支付，将其按8%的利率折现到当前，表明第一笔息票支付有69.44美元的现值。

接着在列（4）中，我们用债券当前的市场价格去除列（3）中的现值。如果这只债券的首笔息票支付的现值是69.44美元，债券的总价格是957.20美元，那么该笔首次支付占债券总价值的7.25%（＝69.44÷957.20）。因此，7.25%是赋予年份1的现金支付的"权

投资者事实

不同的债券，相同的久期

有时候，你确实无法通过封面判断一本书——债券也如此。这里有三只从表面上看完全不同的债券：

• 一只8年期的零息债券的价格使其到期收益率为6%；

• 一只12年期、息票率为8.5%的债券的价格使其到期收益率为8%；

• 一只18年期、息票率为10.5%的债券的价格使其到期收益率为13%。

虽然这些债券有不同的息票率和不同的到期期限，但它们有一件事是相同的：它们都有相同的8年的久期。因此，如果利率上升或下降50至100个基点，那么这些债券市场价格的变化方式都会大致相同。

重"。如果你把列（4）中的权重加总，你会发现它们之和等于1.0。用现金流到达的年份（t）乘以列（4）的权重就得到列（5）显示的每笔年现金流的时间加权值。将列（5）中的所有值加总起来就得到了债券的久期。正如你可以看到的，这只债券的久期比其到期期限要小很多。此外，需要牢记的是，任何债券的久期都会因YTM和到期期限的变化而随时间变化。例如，这只息票率为7.5%的15年期债券的久期会随着债券临近到期或债券市场收益率（YTM）的上升而下降。

债券组合的久期

久期的概念并不局限于单只债券，也可以应用于整个固定收益证券投资组合。整个投资组合的久期的计算也是相当简单的。我们需要的不过是组合中个别证券的久期及其权重。

（即每只证券对整个投资组合价值贡献的比例。）给定这些，投资组合的久期等于投资组合中个别证券的久期的加权平均。实际上，这种加权平均法对久期仅提供了近似的度量。但是，它是一个相当接近的近似值，从而在实践中被广泛应用——因此，我们也将使用它。

要明白如何用这种方法来度量久期，考虑如下的 5 只债券的投资组合：

债券	投资金额*（美元）	权重	×	债券久期	=	投资组合久期
政府债券	270 000	0.15		6.25		0.937 5
Aaa 公司债券	180 000	0.10		8.90		0.890 0
Aa 公用事业债券	450 000	0.25		10.61		2.652 5
政府机构债券	360 000	0.20		11.03		2.206 0
Baa 工业公司债券	540 000	0.30		12.55		3.765 0
	1 800 000	1.00				10.451 0

*投资金额＝当前的市场价格×债券的面值。也就是说，如果政府债券的报价是 90 且投资者持有 300 000 美元面值的这种债券，那么投资金额为 0.90×300 000＝270 000 美元。

在这个例子中，这个 180 万美元的债券投资组合有大约 10.5 年的平均久期。

如果你想改变投资组合的久期，那么你可以通过下列方法来实现：（1）改变投资组合的资产构成（调整较长或较短久期债券的权重以达到意愿的久期）；（2）向有意愿的久期特征的投资组合中添加新债券。如我们后面将会看到的，这种方法经常被用于一种叫作债券免疫的债券投资组合策略。

债券久期和价格波动性

债券的价格波动性部分地与其到期期限相关，部分地与其息票相关。然而，债券的到期期限与债券关于利率变动的价格波动性之间并没有准确的关系。然而，在债券久期和价格波动性之间却有相当密切的关系——只要市场不出现利率的大幅变动。只要收益率的变动相对小（大概不超过 50 至 100 个基点），债券的久期就可以用作其价格波动性的可行的指标。这是因为，随着利率的变化，债券价格以一种非线性（凸的）的方式变化。例如，当利率下降时，债券价格以递增的速率上涨。当利率上升时，债券价格以递减的速率下跌。从根本上说，久期指标预言了随着利率的变化，债券价格会以非线性方式向相反的方向变化。这意味着，当利率下降时，债券价格会比久期指标所预测的上涨得更快一些；当利率上升时，债券价格会比久期指标所预测的下跌得稍慢一些。最重要的是，只要这些变化不是太大，久期指标就可以帮助投资者理解债券价格会如何对利率变化做出反应。

利率变化与债券价格变化之间的数学联系涉及修正久期的概念。要得到修正久期，我们只要取债券的久期［如式（11-8）求出的］并根据债券的到期收益率来对其进行调整。

$$修正久期 = \frac{以年表示的(麦考利)久期}{1 + 到期收益率} \tag{11-9}$$

因此，上面讨论的 15 年期债券的修正久期是

$$修正久期 = \frac{9.36}{1 + 0.08} = \underline{8.67}$$

需要注意的是，此处我们使用算出来的债券 9.36 年的久期，以及我们在式（11 - 8）中用于计算久期的相同的 YTM。在这个例子中，债券的价格使其到期收益率为 8%，因此，我们使用 8% 的到期收益率。

要以百分比形式来确定这只债券的价格会随着市场利率从 8% 变为 8.5% 即增加 50 个基点而变化多少，我们首先用 -1 来乘以上面算出的修正久期值（因债券价格与利率之间存在反向关系）。接着，再将该数乘以市场利率的变化。也就是说，

$$
\begin{aligned}
债券价格的百分比变化 &= （-1）\times 修正久期 \times 利率的变化 \\
&= （-1）\times 8.67 \times 0.5 = \underline{-4.33}
\end{aligned}
\tag{11 - 10}
$$

因此，市场利率 50 个基点 $\left(或 1\% 的 \dfrac{1}{2}\right)$ 的上升会导致这只 15 年期债券的价格大致下跌 4.33%。此类信息对追求——或试图规避——价格波动性的债券投资者来说是很有用的。

实际久期

我们到目前为止所研究的久期指标的一个问题是，它对诸如可赎回债券之类的有内置期权的债券并不总是适合。也就是说，我们一直在用的久期指标假定债券未来的现金流直到到期之前都是按照事前安排的那样支付，但这并不适用于可赎回债券（或者可转换债券以及附有其他类型期权的债券）。一个被用于这类债券的替代性久期指标是实际久期。要计算实际久期（ED），你需要使用式（11 - 11）：

$$
ED = \frac{BP(r_i \downarrow) - BP(r_i \uparrow)}{2 \times BP \times \Delta r_i}
\tag{11 - 11}
$$

其中，

$BP(r_i \uparrow)$ = 当市场利率上升时的债券新价格；

$BP(r_i \downarrow)$ = 当市场利率下降时的债券新价格；

BP = 债券的初始价格；

Δr_i = 市场利率的变化。

【例 11 - 7】

假设你想知道一只按半年支付的息票率为 6% 的 25 年期债券的实际久期。债券当前的市场价格 882.72 美元使其有 7% 的收益率。现在，假设债券的收益率上升 0.5%，升至 7.5%。在该收益率下，债券的新价格将是 831.74 美元（使用计算器，$N = 50$，$I = 3.75$，$PMT = 30$，$PV = 1\,000$）。如果收益率下降 0.5% 降至 6.5% 会怎么样？在这种情况下，价格上升到 938.62 美元（$N = 50$，$I = 3.25$，$PMT = 30$，$PV = 1\,000$）。现在，我们可以用式（11 - 11）来计算债券的实际久期。

$$
实际久期 = （938.62 - 831.74）\div （2 \times 882.72 \times 0.005）= 12.11
$$

这意味着，如果利率上升或下降一个百分点，那么债券价格会下跌或上涨大约 12.11%。需要指出的是，你可以用实际久期替代式（11 - 10）中的修正久期来求出债券价格在利率变动大于或小于 1.0% 时的百分比变化。当计算可赎回债券的实际久期时，有

必要做出修正。如果当利率下降时算出的债券价格大于债券的赎回价格，那么就要在方程中使用赎回价格，而不是 $BP(r_i\downarrow)$，并像之前那样继续计算下去。

债券久期指标的应用

你可以以很多方式应用久期分析来指导你的关于债券投资的决策。例如，如我们之前所看到的，你可以用修正久期或实际久期来度量一只特定债券的潜在价格波动性。另一个同等重要的久期应用是债券投资组合的构造。也就是说，如果你认为利率将要上升，你可以通过卖出久期较长的债券、买进久期较短的债券来降低组合的整体久期。这样一个策略会被证明是有用的，因为久期较短的债券的价值下跌程度并不是与久期较长的债券一样大。相反，如果你认为利率将要下降，相反的策略就是合适的。

积极的短期投资者在其日常操作中频繁地使用久期分析。较长期的投资者在制定其投资决策时也会使用久期分析。事实上，一个叫作债券投资组合免疫的策略就是久期最重要的应用之一。

债券免疫

一些投资者之所以持有债券投资组合，不是出于"战胜市场"的目的，而是在给定的投资期末积累一定水平的财富。对这些投资者而言，债券投资组合**免疫**（immunization）经常被证明是很有价值的。免疫让你可以在给定的投资时间区间上从债券投资中实现一定的收益率，而不管市场利率在整个持有期内发生怎样的变化。本质上，你可以在给定的投资时限上根据市场利率变化的影响来"免疫"你的债券。

要理解如何进行债券组合免疫以及为什么债券投资组合免疫是可能的，从我们之前的讨论中你可以回想起，市场利率变化会带来两种不同且相反的债券估值变化。第一种效应叫作价格效应，第二种效应叫作再投资效应。虽然利率下降对债券价格有负效应，但其对息票的再投资却有正效应。因此，当利率变化确实发生时，从投资者财富的角度看，价格效应和再投资效应相互发生反向作用。

当债券投资组合的平均久期正好等于投资的时间长度时，这些抵消性效应相互抵消，你的头寸不变。对此不应感到特别惊讶，因为这个性质已经内嵌于久期指标本身。如果这个关系适用于单只债券的久期，那么也应该适用于整个债券投资组合的加权平均久期。当这个条件（抵消价格效应和再投资效应）存在时，债券投资组合就被称为被免疫的。更具体地说，当债券投资组合的加权平均久期正好等于你意愿的投资时长时，你的财富免疫于利率变化的影响。表 11-2 用一只有 8 年久期的 10 年期、息票率为 8% 的债券给出了一个债券免疫的例子。此处，我们假定你意愿的投资时长也是 8 年。

表 11-2		债券免疫				Excel 电子表格
年份	来自债券的 现金流（美元）					再投资的现金流 的终值（美元）
1	80	×	$(1.08)^4$	×	$(1.06)^3$ =	129.63

年份	来自债券的 现金流（美元）						再投资的现金流 的终值（美元）
2	80	×	$(1.08)^3$	×	$(1.06)^3$	=	120.03
3	80	×	$(1.08)^2$	×	$(1.06)^3$	=	111.14
4	80	×	(1.08)	×	$(1.06)^3$	=	102.90
5	80	×	$(1.06)^3$			=	95.28
6	80	×	$(1.06)^2$			=	89.89
7	80	×	(1.06)			=	84.80
8	80					=	80.00
8	1 036.64*						1 036.64
			总计				1 850.31
			投资者按8%的利率所要求的财富				1 850.93
			差额				0.62

* 该债券可以按照1 036.64美元的市场价格出售，这是一只息票率为8%、还有2年到期且价格使得收益率为6% 的债券的价值。

注：假定债券的息票在年末支付。因此，对于第一年80美元的息票，有4年的再投资是按8%的利率，有3年是按6%的利率。

表11-2中的例子假定你一开始按面值购买了息票率为8%的债券。例子进一步假定这种质量的债券的市场利率在第5年末从8%下降到6%。由于你正好有8年的投资时长，并想锁定正好8%的利率回报，因此，不管中间时期的利率怎么变化，你都期望有1 850.93美元的终值［即1 000美元按8%的利率投资8年：$1\,000 \times (1.08)^8 = 1\,850.93$美元］。正如从表11-2的结果中可以看出的，免疫策略让你净赚1 850.31美元——正好比你意愿的目标少62美分。注意在这个例子中，虽然再投资机会在年份5、6、7时下降了（当市场利率下降到6%时），但这一相同的较低的利率导致债券较高的市场价格。这一较高的价格又提供了足够多的资本利得来抵消收入再投资上的损失。显然，这一非常好的结果展现了债券免疫的力量以及债券久期的广泛应用性。需要指出的是，即使该表为了演示只使用了单只债券，但是，从维持在适当的加权平均久期上的债券投资组合中也可以得到相同的结果。

保持完全免疫的投资组合（超过一只债券）需要持续的投资组合再平衡。事实上，每当利率变化的时候，投资组合的久期也会变化。因为有效的免疫要求投资组合的久期值在长度上等于剩余的投资时长，所以，每当利率变化的时候，投资组合的构成都必须进行再平衡。此外，即使在没有利率变化的时候，债券的久期也比其到期期限的下降要慢一些。无疑，这意味着，仅时间的流逝就决定了投资组合构成的变化。这些变化会确保投资组合的久期继续匹配投资时长的剩余时间。概言之，投资组合免疫策略可以极为有效，但免疫并不是一个被动的策略，并不是没有潜在的问题，最明显的问题与投资组合再平衡有关。

概念复习

答案参见 www.pearsonhighered.com/smart。

11.10 术语久期对债券投资者的意义是什么？债券的久期与其到期期限有何不同？什么是修正久期？如何使用修正久期？什么是实际久期？其与修正久期有何不同？

11.11 描述债券投资组合免疫的过程，并解释为什么投资者会想要对债券投资组合进行免疫。你会把投资组合免疫视为一种类似于买入并持有方法的消极投资策略吗？请解释。

债券投资策略

一般而言，债券投资者通常遵循3种投资计划中的1种。首先，有一些以收入为主的人。他们是保守的、关心质量的、以收入为目标的、追求当期收入最大化的投资者。其次，有一些投机者（债券交易者），他们的投资目标通常是在短的时间跨度内最大化资本利得。最后，有一些严肃的长期投资者。他们的目标是在相当长的持有期上最大化总收益——来自当期收入和资本利得。

为了实现任何一个投资计划的目标，你需要采用一种与你的目标兼容的策略。专业的资金管理人利用一系列技术在其指导下管理数百万（或数十亿）美元的债券投资组合。这些技术包括消极策略、半积极策略以及使用利率预测和利差分析的积极充分管理策略。大部分策略都是相当复杂的，并需要许多计算机支持。即使这样，我们还是可以简要地考察一些较基本的策略，以便让你可以对用固定收益证券来实现不同投资目标的不同方法有所理解。

消极策略

我们之前讨论过的债券免疫策略被视为本质上基本是消极的。使用这些工具的投资者通常并不是想要战胜市场，而是要在给定所包含的风险的情况下，锁住他们认为可接受的既定的收益率（或终值）。通常，消极投资策略的特征是：缺少关于利率或债券价格变化的投资者预期作为输入变量。此外，这些策略通常不产生显著的交易成本。买入并持有策略也许是所有投资策略中最消极的。投资者唯一需要做的是替换信用评级出现恶化、已经到期或者已经被赎回的债券。虽然买入并持有的投资者限制了自己获得高于平均水平的收益率的能力，但他们也最小化了交易成本带来的损失。

比买入并持有策略稍微积极一点儿的一种流行的策略是**债券阶梯**（bond ladders）。在这种策略中，等量的资金被投资于一系列有交错的到期期限的债券中。下面介绍债券阶梯的原理。假设你打算将你的投资限制在到期期限小于等于10年的固定收益证券上。给定这一到期期限的约束，你可以通过将资金（大致地）等额投资于（比如）3年、5年、7年和10年期债券中来建立一个阶梯。当3年期债券到期时，你就把来自该债券的资金（以及任何新增资本）投入一只新的10年期债券。继续这一展期过程，从而最终你会持有由交错的10年期债券构成的一个完整的阶梯。通过每2年或3年转入新的10年期债券，你就可以实现成本平均化，从而减轻市场利率波动的影响。阶梯法是一种安全、简单和几乎自动的长远投资方法。当然，这种策略或任何其他消极策略的关键之处在于对具有吸引力的条款、期限和收益率的高质量投资工具的使用。

基于预测的利率表现的交易

与消极策略相反，一种风险更高的债券投资方法是预测利率法。当预期利率要下跌时，投资者追求诱人的资本利得；当预期利率要上涨时，投资者则追求资本保值。这种方法之所以有风险，是因为其依赖于对未来利率不完美的预测。这其中的想法是，在预期到利率变化时采取策略性行动来增加债券投资组合的收益。这样的策略本质上是市场择时。这种策略不同寻常的特征是，大部分交易是用投资级债券来完成的，因为这些证券对利率波动最敏感，而这一敏感性正是积极交易者希望从中获利的。

这一策略基本上是建立在技术面上的。例如，当预期到利率要下跌时，激进的债券投资者通常寻求延长债券（或债券投资组合）的到期期限（或久期），因为较长期的债券比较短期的债券的价格会上涨得更多。与此同时，投资者寻找低息票或适度折价的债券，因为这些债券有较高的久期，而且它们的价格在利率下降时会上涨得更多。这些利率波动通常都是短期的，于是，债券交易者试图在尽可能短的时间里赚取尽可能多的利润。当利率开始稳定下来并

> **投资者事实**
>
> **预测债券价格**
>
> 如果你能正确地预测未来，你就能赚很多钱。就债券而言，债券发行人的增级或降级会影响债券的价格，预测评级的这种变化可以产生大量利润。投资者开发模型来预测此类变化就不足为奇了。销售额增长、未来的盈利和公司的债务负担等这些因素都被包括在这些模型中。

开始上涨时，这些投资者开始将其资金从长期折价债券中转移出来，并投入到期限短的高收益债券上。换言之，他们做了完全的反向操作。在债券价格正在下跌的那些时期，投资者更关心资本的保值，于是，他们采取措施来保护自己的资金免于资本损失。因此，他们通常会使用如短期国库券、货币基金、短期（2～5年期）票据甚至可变利率票据等短期债券。

债券互换

在**债券互换**（bond swap）中，投资者在清算一笔头寸的同时买入一只不同的债券来取代其位置。可以通过执行互换来提高当期收益率或到期收益率、利用有利的利率变动的好处、改进债券投资组合的质量或用于避税的目的。虽然一些互换是高度复杂的，但大部分都是相当简单的交易。它们有一系列丰富多彩的名字，如"利润提取""替代互换""税收互换"，但它们都被用于一个基本的目的：组合改进。我们将简要考察两类相当简单且颇有吸引力的债券：收益获取互换和税收互换。

在**收益获取互换**（yield pickup swap）中，投资者从低息债券转入类似的高息债券，以便实现当期收益率和到期收益率的即时获取。例如，如果你出售20年期、评级为A、息票率为6.5%的债券（该债券当时的收益率为8%），并用等额的20年期、评级为A、息票率为7%、收益率为8.5%的债券来替换，那么你就是在执行一个收益获取互换。通过执行互换，你会改善你的当期收益率（你的利息收入会从每年65美元上升到每年70美元）和你的到期收益率（从8%提高到8.5%）。之所以会出现这种互换机会，是因为不同类型的债券之间通

常存在利差。只要通过寻找互换对象并要求你的经纪人来完成交易，你就可以执行这样的互换。事实上，你唯一必须注意的是交易成本不要"吃掉"所有的利润。

另一种常见的互换类型是**税收互换**（tax swap），这种互换相对简单且几乎没有风险。无论什么时候你因为出售一些持有的证券获利而需要承担大量的税收负担，你都可以使用这种技术。其目的是执行互换来消除或显著降低伴随着资本利得的税收负担。这是通过出售遭遇资本损失的债券并用类似的证券予以替代来完成的。

例如，假定你有价值 10 000 美元的公司债券（在当年）按 15 000 美元卖掉，从而带来 5 000 美元的资本利得。你可以通过出售有 5 000 美元的资本损失的证券来消除伴随资本利得的税收负担。假定你发现你持有的 20 年期、息票率为 4.75% 的市政债券遭受了 5 000 美元的价值下降，那么，在你的投资组合里你就有了必要的税盾。现在，你需要找到一只可行的互换候选债券。假设你找到一只类似的 20 年期、息票率为 5% 的市政债券，其当前的交易价格与被出售的债券大致相同。通过出售息票率为 4.75% 的债券并同时买入类似金额的息票率为 5% 的债券，你不仅能增加你的免税收益率（从 4.75% 到 5%），还能消除资本利得的税收负担。

在进行税收互换时，唯一要注意的是你不能在互换交易中使用相同的债券。美国国内收入署（IRS）会将其认定为"虚售"且不承认损失。此外，资本损失必须发生在与资本利得相同的纳税年份。通常，在年末的时候，由于精明的投资者急于确立资本损失，税损卖盘和税收互换就会同时并存。

概念复习

答案参见 www.pearsonhighered.com/smart。

11.12　简要描述债券阶梯并说明投资者为什么以及如何使用这种投资策略。什么是税收互换？为什么税收互换会被使用？

11.13　你认为激进的债券投资者（追求资本利得的一些人）会采用什么策略？

11.14　为什么利率敏感性对债券投机者很重要？对利率敏感性的需要能解释为什么积极的债券交易者通常使用高等级证券吗？请解释。

我的金融实验室

下面是学完本章之后你应该知道的内容。**我的金融实验室**会在你需要练习的时候帮助你识别你知道什么以及去哪里练习。

你应该知道的	重要术语	去哪里练习
目标1：解释市场利率行为并识别出引起利率变化的因素。 利率行为是债券市场上最重要的力量。利率行为不仅决定着投资者会收到的当期收入的金额，而且决定着投资者的资本利得（或损失）。随着时间的推移，市场利率变化会对从债券上获得的总收益产生巨大的影响	利差	我的金融实验室学习计划 11.1

你应该知道的	重要术语	去哪里练习
目标 2：描述利率的期限结构并说明投资者应如何使用收益率曲线。很多因素决定着利率随时间而变的行为，包括通货膨胀、资金的成本和可得性，以及主要外汇市场上的利率水平。一个特别重要的因素是利率的期限结构，其将到期收益率与到期期限联系起来。收益率曲线本质上描绘了期限结构，经常被投资者用来理解未来的利率行为	预期假说 流动性偏好理论 市场分割理论 利率的期限结构 收益率曲线	我的金融实验室学习计划 11.2
目标 3：理解债券在市场上是如何被估值的。债券在市场上是根据其必要收益率（或市场收益率）来估值（定价）的。对一只债券定价的过程始于其应该提供的收益率。一旦该信息已知（或被估计出），一个标准的基于现值的模型就被用于求出债券的以美元表示的价格	累计利息 清洁价格 肮脏价格	我的金融实验室学习计划 11.3 问题 P11.1 和 P11.2 的视频学习辅导
目标 4：描述各种度量收益率的指标并解释这些绩效标准是如何被用于债券估值的。四类收益率对投资者来说是重要的：当期收益率、到期收益率、赎回收益率和期望收益率。到期收益率（承诺收益率）是应用最广泛的债券估值指标。该指标同时反映了债券的当期收入和价格增值。赎回收益率假定债券在其首个（或其他一些）赎回日之前一直发行在外，也同时反映了债券的当期收入和价格增值。相反，期望收益率是一个被激进的债券交易者使用的估值指标，用以说明远在到期之前买进或卖出债券可以赚到的总收益率	债券等价收益率 当期收益率 期望收益率 承诺收益率 实现的收益率 赎回收益率（YTC） 到期收益率（YTM）	我的金融实验室学习计划 11.4
目标 5：理解久期的基本概念、如何度量久期及久期在债券投资组合管理中的应用。债券的久期同时考虑了再投资风险和价格（或市场）风险。该指标在一个单一的指标中反映了债券价格对不同的利率环境的反应程度。同样重要的是，久期可用于让整个债券投资组合免疫于由市场利率变化所带来的通常是破坏性的力量	久期 免疫	我的金融实验室学习计划 11.5 Excel 表格 11-1、11-2
目标 6：讨论各种债券投资策略以及投资者使用这些证券的不同方式。债券可以用作收入来源、用作通过投机利率波动赚取资本利得的方法或者用作赚取长期收益的方法。投资者通常采用如下策略中的一种或几种：买入并持有、债券阶梯、组合免疫等消极策略；基于预测的利率表现的交易；债券互换	债券阶梯 债券互换 税收互换 收益获取互换	我的金融实验室学习计划 11.6

登录**我的金融实验室**，做一个章节测试，取得一个个性化的学习计划，该学习计划会告诉你，你理解哪些概念，你需要复习哪些。在那儿，**我的金融实验室**会提供给你进一步的练习、指导、动画、视频和指引性解决方法。登录 www.myfinancelab.com

讨论题

Q11.1 简要描述下列每种利率期限结构理论。

a. 预期假说；

b. 流动性偏好理论；

c. 市场分割理论。

根据这些理论，什么条件会造成向下倾斜的收益率曲线？什么条件会造成向上倾斜的收益率曲线？你认为哪种理论是最合理的？为什么？

Q11.2 利用《华尔街日报》或《巴伦周刊》，找到有下列到期期限的国债的收益率：3 个月、6 个月、1 年、3 年、5 年、10 年、15 年和 20 年。根据这些收益率构造一条收益率曲线，将到期期限置于横 (x) 轴，将到期收益率置于纵 (y) 轴。简要讨论你的收益率曲线的一般形状。从这条收益率曲线中你能得到关于未来利率变动的什么结论？

Q11.3 简要解释如果下列事件发生，债券的久期指标会如何变化。

a. 债券的到期收益率从 8.5% 下降到 8%；

b. 债券距离到期日近了 1 年；

c. 市场利率从 8% 上涨到 9%；

d. 债券的修正久期下降了半年。

Q11.4 假设一位投资者找你要一些建议。她有 200 000 美元要投资，并想全部投入到债券中。

a. 如果她认为自己是一位相当激进的投资者，愿意承担必要的风险以便产生高收益，那么你会建议她哪种投资策略？具体一些。

b. 如果你的客户是一位非常保守的投资者，无法容忍市场损失，那么你会建议其采用哪种投资策略？

c. 你认为以下哪种投资者最可能使用？

(1) 免疫的债券投资组合；

(2) 收益获取互换；

(3) 债券阶梯；

(4) 当利率下降时的长期零息债券。

Q11.5 利用校园或公共图书馆（或互联网）的资源，选择任何 6 只你喜欢的债券，包括 2 只国债、2 只公司债券和 2 只机构债券。确定每只债券最新的当期收益率和承诺收益率。（对承诺收益率，使用按年复利计算方式。）此外，求出每只债券的久期和修正久期。

a. 假定你向你选择的 6 只债券投入等额的资金，求出这 6 只债券组成的投资组合的久期。

b. 如果市场利率下降 100 个基点，那么你的债券投资组合会怎么样？

c. 假设你有 10 万美元要投资，使用至少 4 只债券来构造一个债券投资组合，可以看重潜在的资本利得，也可以看重资本保值。简要解释你的逻辑。

问题

P11.1 一位投资者正在考虑购买面值 1 000 美元、息票率为 8%（利息每半年支付一次）、5 年后到期的债券。如果债券的价格使其到期收益率为 6%，那么债券当前的价格是多少？

P11.2 两只债券都有 1 000 美元的面值。一只债券息票率为 5%、15 年后到期且其到期收益率为

8％。另一只债券息票率为 7.5％、20 年后到期且其到期收益率为 6％。哪只债券的价格较低？（假定在两种情况下都是按年复利计算。）

P11.3　采用按半年复利计算方式，求下列债券的价格。

a. 一只息票率为 10.5％、15 年后到期且其到期收益率为 8％的债券。

b. 一只息票率为 7％、10 年后到期且其到期收益率为 8％的债券。

c. 一只息票率为 12％、20 年后到期且其到期收益率为 10％的债券。

按年复利重复上述问题。接着，对你发现的债券价格的不同做出评论。

P11.4　一只 15 年期债券有按年支付的 7.5％的息票率且其到期收益率为 9％。计算每 1 000 美元面值债券的价格。

P11.5　一只面值 1 000 美元的债券的当前价格是 800 美元，到期值是 1 000 美元，5 年后到期。如果利息是按半年支付的且债券收益率为 8％，那么债券的年息票率是多少？

P11.6　一只 20 年期债券有 10％的息票率且其到期收益率为 8％。用按半年复利来计算每 1 000 美元面值债券的价格。如果一位投资者在预定的息票支付之前 2 个月购买了这只债券，那么必须支付给卖方的累计利息是多少？

P11.7　一位投资者用 900 美元购买了一只息票率为 10％的债券，并在 1 年后按 950 美元卖出。投资者的持有期收益率是多少？

P11.8　一只债券的市场价格是 1 150 美元且有 8％的息票率。计算债券的当期收益率。

P11.9　一只 1 000 美元面值的债券有 8％的息票率（半年付息一次），5 年后到期，当前的售价是 1 200 美元。债券的到期收益率是多少？

P11.10　一只面值 1 000 美元的债券按半年付息，还有 9 年到期，当前的市场价格是 937 美元，债券等价收益率是 12％。当期收益率是多少？

P11.11　一位投资者正在考虑购买一只息票率为 8％、还有 18 年到期且到期收益率为 10％的债券。她认为该债券一年后的市场价格会使其到期收益率为 9％。使用按年复利计算方式，求债券当前的价格和一年后的价格。接下来，假定投资者的预期得以实现，求这项投资的持有期收益率。（如有必要，参考第 4 章的持有期收益率公式。）

P11.12　一只债券当前的市场价格是 1 170.68 美元。该债券的息票率为 12％且 20 年后到期。使用按年复利计算方式，计算这只债券的承诺收益率。

P11.13　一只债券当前的市场价格是 1 098.62 美元。该债券的息票率为 9％且 20 年后到期。使用按年复利计算方式，计算这只债券的到期收益率。

P11.14　计算一只息票率为 10％、当前市场价格为 1 200 美元的 25 年期的债券的当期收益率。使用按年复利计算方式求出这只债券的承诺收益率。重复对承诺收益率的计算，但这次按半年复利来计算到期收益率。

P11.15　你正在评估一只发行在外的债券，该债券的面值是 1 000 美元，息票率是 12％，30 年后到期并按季支付利息。如果债券当前的市场价格是 1 065 美元，那么该债券的年到期收益率是多少？

P11.16　一只息票率为 10％的 25 年期债券有 1 000 美元的面值和 1 075 美元的赎回价格。（债券的首次赎回日是在 5 年后。）息票每半年支付一次（从而用按半年复利计算方式是合适的）。

a. 给定债券当前的市场价格为 1 200 美元，求这只债券的当期收益率、YTM 和 YTC。这 3 个收益率中哪个是最高的？哪个是最低的？你会用哪个收益率对这只债券进行估值？解释一下。

b. 假设债券的价格是 850 美元，重复以上 3 项计算。现在哪个收益率最高？哪个最低？你会用哪个收益率对这只债券进行估值？请解释。

P11.17　假定一位投资者正在考虑两只债券：债券 A 是一只 20 年期、息票率为 9％（按半年支付）的债券，其到期收益率为 10.5％。债券 B 是一只 20 年期、息票率为 8％（按年支付）的债券，其到期收益率为 7.5％。两只债券都附有 5 年的延期赎回条款和 1 050 美元的赎回价格（5 年后）。

a. 哪只债券的当期收益率较高？

b. 哪只债券的 YTM 较高？

c. 哪只债券的 YTC 较高？

P11.18 一只 15 年后到期的零息债券当期每 1 000 美元面值的售价为 209 美元。这只债券的承诺收益率是多少？

P11.19 一只 10 年后到期的零息债券（面值 1 000 美元）的承诺收益率为 9％。债券价格是多少？

P11.20 一只 25 年期的零息债券最新的报价是面值的 11.625％。给定债券的面值为 1 000 美元，求该债券的当期收益率和承诺收益率。如果按半年复利，那么如果其价格使得到期收益率为 12％，确定投资者必须为该债券支付多少。

P11.21 假定一位投资者为一只附有 8％的息票率的长期债券支付了 800 美元。他希望 3 年后以 950 美元的价格卖掉债券。如果他的预期成真，那么这位投资者实现的收益率是多少？（按年复利。）如果只需 9 个月之后他就能（以 950 美元的价格）出售债券，那么持有期收益率是多少？

P11.22 使用按年复利计算方式，求下列每只债券的到期收益率。

a. 一只息票率为 9.5％的 20 年期债券的价格为 957.43 美元；

b. 一只息票率为 16％的 15 年期债券的价格为 1 684.76 美元；

c. 一只息票率为 5.5％的 18 年期债券的价格为 510.65 美元。

现在假定上面的每只债券都是可赎回的，如下：债券 a 可在 7 年后按 1 095 美元的赎回价格予以赎回；债券 b 可在 5 年后按 1 250 美元的赎回价格予以赎回；债券 c 可在 3 年后按 1 050 美元的赎回价格予以赎回。用按年复利计算方式求出每只债券的赎回收益率。

P11.23 一只债券的麦考利久期为 9.5 年，到期收益率为 7.5％。这只债券的修正久期是多少？

P11.24 一只债券的麦考利久期为 8.62 年，其价格使得到期收益率为 8％。如果利率上升从而收益率上升到 8.5％，债券价格的百分比变化会是多少？现在，如果这只债券的收益率下降到 7.5％，债券价格的百分比变化会是多少？

P11.25 一位投资者想求出一只 25 年期、6％的息票率且按半年支付、当前的市场价格是 882.72 美元、到期收益率为 7％的不可赎回债券的久期。利用收益率 50 个基点的变化，求这只债券的实际久期。[提示：用式（11-11）。]

P11.26 求一只期限为 20 年、息票率为 10％、到期收益率为 8％的公司债券的麦考利久期和修正久期。根据这只债券的修正久期，如果市场收益率上升到 9％，那么这只债券引起的价格变化是多少？按年复利，计算如果一年后利率确实上升到 9％这只债券的价格。这一价格变化与修正久期所预测的价格变化相比怎么样？解释这一差异。

P11.27 如果你认为市场利率在随后的 6 个月里会下降 50 个基点，那么你会选择下列哪只债券？

a. 一只麦考利久期等于 8.46 年且当前的市场价格使其到期收益率等于 7.5％的债券；

b. 一只麦考利久期等于 9.30 年且当前的市场价格使其到期收益率等于 10％的债券；

c. 一只麦考利久期等于 8.75 年且当前的市场价格使其到期收益率等于 5.75％的债券。

P11.28 斯泰西·皮科内（Stacy Picone）是一位喜欢投机利率波动的激进型债券交易者。当前的市场利率是 9％，但她预期利率在一年内会下降到 7％。因此，斯泰西在考虑要么买入一只 25 年期的零息债券，要么买入一只 20 年期的 7.5％的息票债券。（两只债券都有 1 000 美元的面值，并附有相同的机构评级。）假设斯泰西想要最大化资本利得，那么她应该选择两只债券中的哪一只？如果她想要最大化投资的总收益（利息收入和资本利得），又会怎么样？为什么一只债券比另一只债券提供了更好的资本利得？根据每只债券的久期，哪只债券的价格波动性更大？

P11.29 埃利奥特·卡琳（Elliot Karlin）是一位刚刚继承了一大笔钱的 35 岁的银行经理。由于已经在银行的投资部门工作了数年，他非常熟悉久期的概念，并决定将其应用到自己的债券投资组合上。特别地，埃利奥特打算用 100 万美元的遗产来购买 4 只美国长期国库券：

a. 一只息票率为 8.5％、期限为 13 年、价格为 1 045 美元、到期收益率为 7.47％的债券；

b. 一只息票率为 7.875％、期限为 15 年、价格为 1 020 美元、到期收益率为 7.60％的债券；

c. 一只期限为 20 年的本息分离国债的价格为 202 美元，到期收益率为 8.22％；

d. 一只 24 年期、息票率为 7.5％的债券，当前的价格为 955 美元，到期收益率为 7.90％。

（1）求每只债券的久期和修正久期。

（2）如果埃利奥特在 4 只美国长期国库券上分别投入 25 万美元，求整个债券投资组合的久期。

（3）如果埃利奥特在债券 a 和债券 c 上分别投入 36 万美元，在债券 b 和债券 d 上分别投入 14 万美元，求投资组合的久期。

（4）如果他认为利率即将上升且他想尽量避免价格波动，那么埃利奥特应该选择哪个投资组合——（2）还是（3）？请解释。他准备在哪个投资组合上赚取更多的年利息收入？你会建议哪个投资组合？为什么？

访问 www.myfinancelab.com 来获得网络练习、电子表格和其他在线资源。

戴夫·卡特和玛琳·卡特的债券投资决策

戴夫·卡特（Dave Carter）和玛琳·卡特（Marlene Carter）住在波士顿地区，戴夫在这里拥有成功的牙齿整形业务。戴夫和玛琳已经构建了一个规模相当大的投资组合，而且固定收益证券在其投资中总是占主要部分。他们遵循相当激进的投资风格，积极地追求有吸引力的当期收入和资本利得。假设现在是 2013 年，玛琳现在正在评估 2 个投资决策：一个是增加投资组合，另一个是调整投资组合。

卡特一家的第一个投资决策涉及一个短期交易机会。特别地，玛琳有机会购买一只息票率为 7.5％的 25 年期债券，该债券当前的交易价格是 852 美元，到期收益率是 9％，她认为 2 年后债券的承诺收益率会下降到 8％。

第二个投资决策是一个债券互换。卡特一家持有一些 Beta 公司的息票率为 7％、2016 年到期的公司债券，债券的价格是 785 美元。他们想同时改进当期收入和到期收益率，并正在考虑 3 只债券中的 1 只作为可能的互换候选对象：（a）Dental Floss 公司的息票率为 7.5％、2038 年到期、当前价格为 780 美元的债券；（b）Root Canal Products of America 公司的息票率为 6.5％、2026 年到期、市场价格为 885 美元的公司债券；（c）Kansas City Dental Insurance 公司的息票率为 8％、2027 年到期、市场价格为 950 美元的公司债券。所有的互换对象都有类似的质量并有类似的债券属性。

问题

a. 关于短期交易机会：

（1）这种情形中涉及何种基本的交易原则？

（2）如果玛琳的预期是正确的，这只债券 2 年后的价格会是多少？

（3）这项投资的期望收益率是多少？

（4）应该做这项投资吗？为什么？

b. 关于债券互换机会：

（1）对卡特一家现在持有的债券以及 3 只债券互换对象中的每只，（按半年复利）计算当期收益率和承诺收益率。

（2）有哪个互换对象比卡特一家现在持有的 Beta 公司债券提供了更好的当期收入或当期收益率吗？如果有的话，是哪个？

（3）玛琳有理由从当前的债券持有转换到其他债券中的一只吗？如果有的话，哪个互换对象是最佳选择？为什么？

格蕾丝决定对她的组合进行免疫

格蕾丝·赫斯基思（Grace Hesketh）在芝加哥的市中心商业区拥有一家极为成功的时装店。虽然高级时装是格蕾丝的最爱，但她也对投资感兴趣，尤其是债券和其他固定收益证券。她积极地管理着自己的投资，随着时间的推移，已经积累起可观的证券投资组合。她很精通最新的投资方法，并敢于将这些投资方法应用于自己的投资中。

格蕾丝一直打算对其巨大的债券投资组合进行免疫。她想要在 7 年后卖掉投资组合中的这一部分，并用所得在她的家乡俄勒冈州购买一个度假别墅。为了实现这个目标，她打算利用她现在已经投资于下列 4 只债券的 20 万美元（她现在投资于每种债券的资金是 5 万美元）。

（1）一只 12 年期、息票率为 7.5%、当前价格为 895 美元的债券；

（2）一只 10 年期的零息债券，当前的价格是 405 美元；

（3）一只 10 年期、息票率为 10%、当前价格为 1 080 美元的债券；

（4）一只 15 年期、息票率为 9.25%、当前价格为 980 美元的债券。

（注：这些都是不可赎回、投资级、不可转换债券。）

问题

a. 给定提供的信息，求组合中每只债券的当期收益率和承诺收益率。（用按年复利计算方法。）

b. 计算投资组合中每只债券的麦考利久期和修正久期，并说明当利率上升 75 个基点时每只债券的价格会如何变化。如果利率下降 75 个基点，价格会如何变化？

c. 求当期的 4 只债券的投资组合的久期。给定格蕾丝已经设定的 7 年目标，你会把这看作是一个免疫的投资组合吗？请解释。

d. 你如何延长或缩短这个投资组合的久期。你可以实现的最短投资组合的久期是多少？最长的呢？

e. 利用上面描述的 4 只债券中的 1 只或多只，有可能得到一个能表现出格蕾丝正在追求的久期特征的 20 万美元的债券投资组合吗？请解释。

f. 利用上面描述的 4 只债券中的 1 只或多只，放在一起为格蕾丝构造一个 20 万美元的免疫投资组合。由于这个投资组合现在将被免疫，格蕾丝能将其作为一个买入并持有的投资组合——她可以放好并忘掉——来对待吗？请解释。

Excel 电子表格

所有债券都是根据其未来现金流的现值来定价的。债券估值的关键因素是面值、息票率、到期期限和市场收益率。市场收益率驱动着债券价格。在债券市场上，出售债券的合适的收益率被首先确定，接着该收益率被用于求出债券的市场价值。市场收益率也可以被称为必要收益率。这意味着，这是理性投资者在他或她将要投资于一只给定的固定收益证券之前所要求的收益率。

创建一个电子表格来对如下债券估值问题进行建模和回答。

问题

a. H&W 公司发行在外的一只债券拥有按年支付的 5.625% 的息票率，加上在到期日 1 000 美元的面值。这只债券有 23 年的剩余到期时间。类似风险等级的证券的必要收益率是 6.76%。这只公司债券现在的价值是多少？

b. H&W 债券的当期收益率是多少？

c. 就问题 a 中的 H&W 债券而言，如果息票利息支付是按半年复利的，那么这只债券现在的价值是多少？

d. H&W 债券的价格会如何对变化的市场利率做出反应？要回答这个问题，就要确定债券价格如何对债券到期收益率的变化做出反应。当 YTM 是 5.625%、8.0% 和 4.5% 时，试求证券的价值。将你的发现归类为溢价债券、平价债券或折价债券，对你的发现予以评论。

e. Jay&Austin 公司有一只发行在外的债券，其特征如下：面值 1 000 美元，按半年支付息票率为 6.5%，有 22 年的剩余到期时间，当前价格为 878.74 美元。该债券的 YTM 是多少？

CFA 考试题

固定收益证券投资

下面是涉及本书第 10 章和第 11 章的涵盖了很多主题的 10 道 CFA 一级考题，包括债券价格和收益率、利率和风险、债券价格波动性和债券赎回条款。（在回答问题的时候，每道题给自己 1.5 分钟的时间，目标是在 15 分钟内正确地回答出 10 道题中的 7 道。）

1. 偿债基金最有可能

a. 降低信用风险（违约风险）；

b. 永远都不允许发行人偿还多于偿债基金要求的债务；

c. 总是在到期日之前将发行在外的债券余额降至 0。

2. 一位分析师声称，可赎回债券比其他方面都相同的无期权（选择权）债券有较低的再投资风险和较大的价格增值潜力。该分析师的说法最可能是

a. 关于再投资风险和价格增值潜力都是不正确的；

b. 关于再投资风险是不正确的，但关于价格增值潜力是正确的；

c. 关于再投资风险是正确的，但关于价格增值潜力是不正确的。

3. 一位债券投资组合经理搜集了关于一只债券的如下信息：

面值	10 000 000 美元
当前的市场价值	9 850 000 美元
久期	4.8

如果预期收益率会下降 75 个基点，下列哪种债券价格变化的估计最合适？

a. 9 850 000 美元的 3.6%；

b. 10 000 000 美元的 3.6%；

c. 9 850 000 美元的 4.8%。

4. 一只正好还有 4 年到期的美国中期国库券最有可能被分解为

a. 4 只国债 STRIPS；

b. 8 只国债 STRIPS；

c. 9 只国债 STRIPS。

5. 弗里达·沃纳梅克（Frieda Wannamaker）是一位纳税投资者，目前处于 28% 的所得税税级。她

正在考虑购买一只收益率为 3.75% 的免税债券。这只债券的应税等价收益率最接近于

a. 1.46%；

b. 5.21%；

c. 7.47%。

6. 一只面值 1 000 美元、到期期限为 3 年的零息债券采用 6% 的年折现率按半年复利的现值最接近于

a. 837.48 美元；

b. 839.62 美元；

c. 943.40 美元。

7. 一只到期期限为 14 年、息票率为 6.375% 的债券有 4.5% 的到期收益率。假定该债券的 YTM 保持不变，随着债券接近于到期日，债券的价值最有可能

a. 增加；

b. 减少；

c. 保持不变。

8. 在按面值发行时购买的附息债券被持有至到期，而利率在该时期上升了。债券投资实现的收益率最有可能

a. 在发行时高于 YTM；

b. 在发行时低于 YTM；

c. 在发行时等于 YTM，因为债券被一直持有至到期。

9. 一位分析师准确地计算出，当市场收益率上升 100 个基点时，息票率为 9% 的无期权债券的价格会有 12% 的变化。如果市场收益率降低 100 个基点，那么债券价格最有可能

a. 增加 12%；

b. 增加不到 12%；

c. 增加超过 12%。

10. 一只面值 1 000 美元的债券有 6.2 年的久期。如果该债券的收益率预期会从 8.80% 变到 8.95%，随预期的收益率变化而来的估计的债券新价格可被描述为

a. 比债券的当前价格低 0.93%；

b. 比债券的当前价格低 1.70%；

c. 比债券的当前价格低 10.57%。

答案：1. a；2. a；3. a；4. c；5. b；6. a；7. b；8. a；9. c；10. a。

第五部分

投资组合管理

第 12 章　共同基金和交易所交易基金

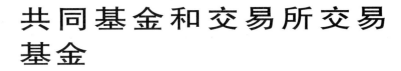

学习目标

学完本章之后，你应该能够：

目标 1：描述共同基金的基本特征，并指出投资必须提供什么。

目标 2：区分开放式基金、封闭式基金、交易所交易基金和其他类型的专业管理投资公司，并讨论各种类型的基金销售费、管理费和收费。

目标 3：讨论可用基金的类型和这些基金寻求实现的投资目标的多样性。

目标 4：讨论共同基金提供的投资者服务，以及这些服务如何适应投资计划。

目标 5：描述共同基金对投资者的用途以及因投资目的而评估和选择基金时要考虑的变量。

目标 6：确定收益的来源，并计算在共同基金投资上获得的收益率。

1976 年，先锋（Vanguard）集团的创始人约翰·博格尔（John Bogle）有一个激进的想法：创建一只只持有在标准普尔 500 指数中的股票的共同基金，并将其提供给个人投资者。与其他共同基金不同，先锋 500 指数基金——最初被称为第一指数投资信托——的目标不是超过股票市场，而是跟上标准普尔 500 指数的收益。先锋指数基金以两种方式降低成本。首先，由于基金只是购买标准普尔 500 指数中包含的所有股票，所以先锋没有必要向员工支付报酬来进行分析以确定他们应该买卖哪些股票。其次，由于标准普尔 500 指数的组成随时间相对稳定，模拟指数不需要先锋进行过度交易，因此基金的交易成本低。

现在，先锋 500 指数基金是世界上最大的共同基金之一，净资产超过 1 120 亿美元。先锋为投资者提供低成本基金的理念使其成为美国最大的共同基金公司，并且其流行度没有表现出放缓的迹象。仅在 2012 年上半年，先锋就从投资者手中吸引了 580 亿美元的新资金，占所有新的基金投资的三分之一以上。正如博格尔所预测的那样，基金强调有限的股票换手率，这使其经营费用保持在较低水平。对投资者投入先锋基金的每 1 000 美元，先锋每年提取的运营成本仅为 2 美元，而行业平均是每 1 000 美元的投资每年 11.20 美元。先锋的关于标准普尔 500 指数的基金在过去 36 年的年均收益率约为 10.5%，在该时期的表现优于许多（如果不是大多数）其他股票共同基金。

鉴于先锋的指数基金实验的成功，道富金融集团在 1993 年接受了这一理念并予以改进，创建了第一只交易所交易基金（ETF）。ETF 是通过首先将一个大型证券投资组合放在信托中，然后出售代表对该信托的要求权的份额而创建的。第一只 ETF 被称为标准普尔存托凭证（SPDR），更常见的是它的昵称"蜘蛛"。像先锋指数基金一样，"蜘蛛"跟踪标准普尔 500 指数的变动。然而，"蜘蛛"有一个重要的优势。想要购买或出售先锋基金（或几乎任何共同基金）的份额的投资者必须等股票市场每天收盘才能执行交易，但"蜘蛛"的投资者可以在交易日的任何时候买卖份额。

资料来源：Fund data from www.vanguard.com, accessed August 18, 2012; www.icifactbook.org/, accessed August 18, 2012; and http://online.wsj.com/ad/focusonetfs/history.html, accessed August 18, 2012.

共同基金的概念

关于选择哪种股票或债券、何时购买以及何时出售的问题，自从有组织的证券市场诞生以来就一直是投资者面临的挑战。这些问题是共同基金概念的核心，并在很大程度上解释了共同基金所经历的增长。许多投资者都缺乏管理自己的投资组合的技术、时间或敬业精神。此外，许多投资者没有足够的资金来创建一个多元化的投资组合，所以他们求助于专业的资金管理者，让他们来决定买卖哪些证券。通常，当投资者寻求专业性的帮助时，他们选择共同基金。

基本上，共同基金（mutual fund）（也称投资公司）是一种从一组投资者收到资金并用这些资金来购买证券组合的金融服务组织。当投资者向共同基金投入资金时，他们收到基金的份额，并成为证券组合的部分所有者。也就是说，投资公司建立和管理证券组合，并通过被称为共同基金的媒介来销售该组合的所有者权益——份额。

组合管理涉及资产配置和证券选择决策。通过投资共同基金，投资者将一些（如果不是全部）证券选择的决策权委托给专业资金管理者。因此，他们可以集中精力于关键的资产配置决策——当然，这在决定长期投资组合收益中起着至关重要的作用。事实上，正是由于这个原因，许多投资者将共同基金视为终极的资产配置工具。投资者必须做的只是决定他们想要投资的基金，然后让共同基金的专业资金管理人员来完成剩下的工作。

共同基金概述

共同基金在美国成为一种投资对象已有超过 85 年的历史了。第一只共同基金（MFS）于 1924 年创立于波士顿并仍在运作。到了 1940 年，共同基金的数量已经增长到 68 只，并且到 2011 年超过了 8 600 只。从数字上看，当前的共同基金数量超过在纽约和美国证券交易所上市的股票总数。随着基金发行数量的增加，这些基金管理的资产也从 1980 年的约 1 350 亿美元增加到 2011 年底的 11.6 万亿美元。与 1980 年的不到 6% 相比，44% 的美国家庭（9 000 万人）在 2011 年拥有共同基金。事实上，共同基金行业增长了如此之多，以至它现在成为美国最大的金融中介，甚至超过了银行。

共同基金在美国，事实上在全世界，都是大生意。2011 年全球共有 72 000 多只共同基金在运营，共持有 23.8 万亿美元的资产。美国的共同基金大约持有这些资产的一半。通过基金数量或管理资产来衡量，美国的股票基金占共同基金资产的份额最大。图 12 - 1 显示了主要的共同基金类型及其管理的总资产所占的比例。主要投资于美国股票（国内股票）的基金在 2011 年管理着共同基金持有的所有资产的 33%。但是要注意的是，国内和世界股票基金（45%）管理的资产的占比几乎等于主要投资于固定收益工具（如债券和货币市场投资）的基金的占比（48%）。

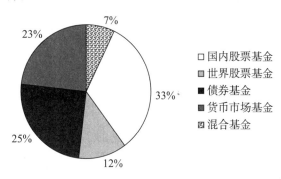

图 12 - 1　不同类型的美国共同基金管理下的资产

图中显示了按基金类型来看的管理的共同基金资产的分布情况。投资于国内或世界股票的基金管理着行业资产的 45%，而投资于固定收益资产（如债券和货币市场工具）的基金管理了行业资产的 48%。

资料来源：数据来自 2012 年投资公司协会概况，http：//www.icifactbook.org/2012_factbook.pdf。

共同基金吸引各行各业和各种收入水平的投资者。缺乏经验和经验丰富的投资者都在他们的投资组合中持有共同基金。所有这些投资者都有一个共同的观点：由于这样或那样的原因，每个人都决定将他的至少一部分投资管理活动交给专业人士。

汇集多元化

共同基金的概念基于一个简单的想法，即将一群有类似投资目标的人的钱汇集起来并将其投资于多元化的投资组合。这个想法被称为**汇集多元化**（pooled diversification）。即使投资者可用于投资的金额相对较小，共同基金也使得他们易于持有充分多元化的投资组合。一只单一的共同基金持有数百种不同的股票或债券并不罕见。例如，截至 2012 年年中，富达 Contrafund 持有 364 种不同的证券，而德雷福斯（Dreyfus）GNMA 基金持有 925 种证券。这比大多数个人投资者自己所能实现的结果要更加多元化。然而，每位拥有基金份额的投资者实际上是该基金的多元化证券组合的部分所有者。

无论基金的规模多大，随着其持有的证券价格的上涨和下跌，共同基金份额的市场价值也随之变动。当基金收到股利和利息支付时，它们也被转交给共同基金的股东，并根据所有权比例进行分配。因此，如果你在共同基金中拥有 1 000 份额且占已发行份额的 1%，那么你将收到基金支付的股利的 1%。当基金出售证券并获利时，也是按比例将资本利得转交给基金股东的。

共同基金的脆弱性

共同基金行业不能免于危机。2008 年金融危机和相伴而来的经济衰退给共同基金行业带来了巨大的打击。美国共同基金的净资产总值在 2008 年下降了 2.4 万亿美元。投资者对共同基金的需求在 2008 年放缓，流入行业的新的净现金流总额从 2007 年 8 780 亿美元的水平下降超过 50％，至 2008 年下降为约 4 110 亿美元。主要由于快速下跌的股票价格和市场不确定性的上升，投资者 2008 年从美国股票共同基金中抽回 2 340 亿美元，而更安全的货币市场基金达到新增投资流入超过 6 360 亿美元的创纪录水平。仅在 2008 年 1 月，投资者就在美国货币市场基金中投入 1 590 亿美元。随着投资者对他们的资金使用变得更加谨慎，共同基金行业多年来第一次开始萎缩。2009 年，市场上存在的共同基金数目减少了 365 只。在最近的 2011 年，创建新基金的步伐处于自 2004 年以来的最慢水平。

积极与消极管理

从广义上来说，根据共同基金如何决定购买哪些证券可以将其划分为两类。在**积极管理基金**（actively managed fund）中，专业的投资组合管理人进行分析来确定哪些证券可能出现高于平均水平的未来表现。投资组合经理会通过结合公司的财务报表和开发复杂的估值模型来进行基本面分析以便估计许多不同证券的内在价值。然后经理会投资于那些内在价值大于市场价格的证券。另外，经理也会使用技术分析来试图预测证券价格近期变动的方向。在任何一种情况下，经理的目标都是发现并投资于会有卓越表现的证券。

经理在该任务上是成功还是失败是通过将投资组合的业绩与基准相比较来评估的。与一只特定基金相比较的基准应该与基金有相似的风险特征。例如，如果一只特定基金的目标是投资于大型的蓝筹公司，那么该基金的基准可能就是标准普尔 500 指数。基金经理的目标是在扣除费用后赚取比标准普尔 500 指数更高的回报。相反，如果特定基金专注于投资小盘股，那么标准普尔 500 指数就是一个糟糕的基准。相反，像罗素 2 000 指数这样的指数就是一个合适的基准。

> **投资者错误**
>
> **打败基准**
>
> 基金的投资公司常常宣传它们的大部分基金表现超过了基准。投资者应警惕这些说法。共同基金家族经常会关闭跟踪其基准的基金（或将它们合并到其他基金中），这使得基金的表现仍然看起来比实际上更好。

对于消极管理的基金，管理人员并不试图选择一个表现优于基准的投资组合。相反，消极管理的基金被设计为模仿特定基准或股票指数的表现。本章开头描述的先锋 500 指数基金是消极管理基金的完美示例。在这些基金中，经理的目标是尽可能地跟踪指数的表现，同时尽可能地降低费用。事实上，消极管理基金收取的管理费平均只是积极管理基金收取的费用的一小部分。消极管理基金的提供者吸引投资者是通过提出理由证明积极管理基金只是提供了高回报的可能性，但其较高的费用却是确定无疑的。

共同基金所有权的优点和缺点

在拥有共同基金的诸多原因中，一个最重要的原因是它们可以提供的投资组合多样化。正如我们上面所看到的，基金份额的持有人可以通过将基金持有的资产分散到范围广泛的各种行业和公司来实现多元化的好处，从而降低风险。共同基金的另一个有吸引力的地方是全职的专业管理，这减轻了共同基金投资者的许多日常管理和记账的繁重工作。此外，无论基金是积极主动地还是消极被动地管理，都可能提供比个人投资者可以为自己提供的更好的专业投资。还有一个好处是，大多数共同基金投资用不多的投资资本就可以开始。共同基金提供的服务也使它们受到许多投资者的欢迎。这些服务包括股利自动再投资、提款计划和交换权利。同时，共同基金还提供了方便。它们相对容易取得、负责处理文书和记账、有广泛的报价并且可以处理零星股。

当然，也有一些与共同基金所有权有关的费用。共同基金收取各种费用，在某些情况下，可能收取的费用还相当多。一些基金附带"销售费用"，这是投资者付款以获得基金份额的前期费用（像佣金一样）。基金还收取**管理费**（management fee），这包括买卖股票的成本以及运营基金的管理费用（如记账和员工薪酬）。无论基金处于好年还是坏年，投资者每年都必须支付管理费。管理费会因基金的不同而大为不同。积极管理基金收取平均约 1.5% 的管理费。这意味着，如果你将 10 000 美元投资于一只基金，那么不管基金的投资绩效怎么

> **投资者事实**
>
> **基金和税收**
>
> 当你拥有共同基金份额时，是你而不是基金要承担所得税。这是因为，共同基金是免税组织，这样就不会有收入的双重征税。为了符合免税资格，基金必须分配其所有已实现的资本利得之和至少 90% 的全部利息和股利收入。你要对这些分配项目缴纳税款——除非你是在一个免税账户中持有基金，如 IRA 或 401 (k)。在这种情况下，税款缴纳会延迟到你开始从账户中提取资金时。

样，你每年都要支付 150 美元的费用。一些共同基金通过声称其经理能赚取优异的回报来证明其收取较高费用的合理性，但是，投资者应对这些说法保持警惕。没有多少证据表明共同基金一般能赚取高于平均水平的回报。消极管理基金收取的管理费要低得多，平均约0.25%。当然，也有一些明显的例外，但大多数基金做的只是跟上市场。在很多情况下，它们甚至不追求跟上市场。

共同基金的表现

对于积极管理基金来说，其目标是获得超过基金基准的回报。但是，专业基金经理在实现这一目标方面有多成功？图 12-2 提供了关于这个问题的一些证据。该图显示了从2006 年到 2011 年的 5 年间，各种类别共同基金中表现不如基准的基金的百分比。该图重点关注了 5 年的投资期，部分原因是为了平滑逐年绩效的波动率，还因为投资者想知道积极管理基金是否能够持续提供卓越的业绩。不幸的是，图 12-2 中的消息对于投资组合经理来说是不利的。在各种基金中，大多数投资组合经理的业绩都落后于基准。考察全部美

国股票基金的情况，近62%的经理没有赚到比基准更高的5年回报。债券基金经理的情况更糟，84%的垃圾债券基金和70%的长期及短期债券基金落后于基准。这传递了一个清晰的信息：即使对专业的资金管理者来说，持续地战胜市场也是不容易的任务。虽然少数基金给予投资者高于平均水平甚至惊人的回报率，但大多数共同基金根本不能达到这种绩效水平。这并不是说共同基金的长期回报是不达标的，也不是说它们还不如你把钱投入储蓄账户或其他一些无风险的投资渠道中所能获得的回报。恰恰相反：共同基金的长期回报是巨大的（也许比许多个人投资者自己能取得的更好），但很多回报可归因于好的市场条件或股利和资本利得的再投资。

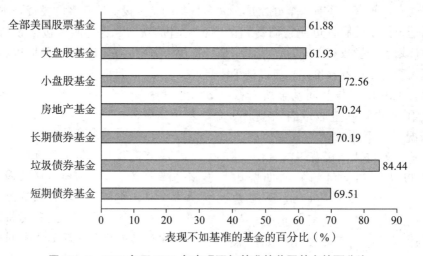

图 12-2　2006 年至 2011 年表现不如基准的共同基金的百分比

即使有专业的资金管理人的服务，也很难超越市场。在这个例子中，在 2006 年至 2011 年的 5 年期间，还没有一个基金类别能够实现大多数的基金成功战胜市场。

如何组织和运营共同基金

虽然难免会将共同基金视为一个单一的大型实体，但这种观点实际上并不准确。基金将其各种职能放在两家或多家公司中——投资、记录、保管和其他职能。首先，基金本身是一家独立的公司或信托。其次，基金由份额持有人拥有，而不是由经营基金的公司拥有。此外，还有其他几个主要的参与人：

（1）管理公司负责基金的日常运营。管理公司就是我们熟知的如富达、先锋、普信（T. Rowe Price）、美国世纪（American Century）和德雷福斯那样的公司。它们是首先创建资金的公司。通常，管理公司也担任投资顾问。

（2）投资顾问购买和出售股票或债券，并监控投资组合。通常，有三方参与这个阶段的运营：①资金管理者，实际管理投资组合并做出买入和卖出决定；②证券分析师，分析证券和寻找可行的投资候选对象；③交易员，以尽可能好的价格买卖大量证券。

（3）分销商直接向公众或通过授权经销商（如主要经纪公司和商业银行）出售基金份额。当你想要招股说明书和销售文件时，你就要与分销商打交道。

（4）保管人实际负责保管基金的证券和其他资产，而不在投资决策中发挥作用。为阻止基金违规，一个独立方（通常是一家银行）以这种身份提供服务。

（5）转让代理人记录基金份额持有人的购买和赎回请求，并维护持有人的其他记录。

这种职责分离旨在保护共同基金持有人。作为共同基金投资者，你可能会亏钱（如果你的基金持有的股票或债券价值下跌），但这是共同基金面临的唯一的损失风险。原因是：除了上述职责分离之外，共同基金与管理基金的公司之间的合同条款之一是，基金的资产——投资组合中的股票、债券、现金或其他证券——永远不会掌握在管理公司手中。还有另一重保障，每只基金都必须有一个由股东选举并负责密切关注管理公司的董事会或受托人。然而，正如"投资中的道德规范"专栏所指出的那样，有些共同基金从事了一些不正当的交易。

 投资中的道德规范

当共同基金行为不端时

对拥有共同基金的近9 500万个美国人来说，共同基金是一个方便和相对安全的投入资金之处。因此，当2003年9月纽约总检察长埃利奥特·斯皮策（Eliot Spitzer）因非法的收盘后交易、为大型机构投资者安排特别交易、实施公然违反基金的书面政策的市场择时和其他不当行为而被指控并冲击到基金业时，这对投资者产生了巨大的冲击。包括几家大型经纪公司在内的近20家公司被卷入丑闻。

一些不当行为来源于市场择时，即短期交易者试图利用全球各个市场的营业时间之间的差异来获利。例如，当美国股市因利好的经济新闻而上扬时，短期交易者在美国东部时间下午4:00市场收盘前大量购买那些位于美国并持有亚洲证券的国际基金的份额。这些基金的价格通常在下午4:00到6:00之间计算，反映了美国证券的收盘价，但对通常直到凌晨2:00才收盘的亚洲股票来说是前一日的价格。当东京和其他亚洲市场第二天在美国市场的引领下上涨时，市场择时者以更高的价格卖掉那些持有亚洲证券的基金的份额，并实现获利。大多数基金禁止这种活动，但交易价值数百万美元的基金份额的大型机构投资者不受这种限制。在监管机构看来，这种做法类似于在赛马结束后投注一匹成功的马。虽然延后交易是非法的，但许多共同基金没有对某些特权客户执行这一规则。

不当行为并没有停止。全国证券交易商协会和证券交易委员会也打击了共同基金向投资者过度收取销售费的做法。此外，已对新投资者关闭的几只基金向现有股东收取数百万美元的营销和销售费。

一些估计认为，共同基金的不当行为对股东造成的财务损失在当时投入共同基金的超过7万亿美元中约占0.1%。这其中大多数已经退还，因为与监管机构达成的解决方案，许多共同基金支付了大量的结算金额，削减了费用并降低了基金支出。然而，一个奇怪的转折发生在2009年夏天，几家犯罪的共同基金公司从公平基金（Fair Fund）处收到了一张大额支票，该基金是为补偿受到市场择时损害的人们设立的。事实证明，市场择时的解决方案是这样的：在评估了损害且受害的股东获得赔偿后，剩余的钱在数量上按照与所造成的损害成比例的方式归还给基金。

在某些情况下，支票额度足够大，从而可以为一度不择手段的基金带来明显的收益，如Old Mutual Growth基金的情形（正式的叫法是PBHG基金），该基金的价值在收到支票后增加了9个百分点。

开放式基金

一些被称为**开放式基金**（open-end fund）的共同基金定期从投资者那里获得新的现金投入，基金使用这些资金购买证券组合。当投资者向开放式基金投入资金时，他们会收到基金的新份额。共同基金可以发行的份额数量没有限制，只要有来自投资者的新资金流入，证券组合就会增长。当然，投资者可以自由地从基金中提取资金，当这种情况发生时，基金经理用现金支付投资者的赎回份额。有时候，基金股东的提款请求可能迫使基金经理出售证券（从而减小投资组合的规模）以获得现金来分配给投资者。所有开放式共同基金都是其份额的后盾，并在投资者决定出售时买回份额。个人之间从不进行任何份额交易。美国绝大多数共同基金都是开放式基金。

开放式共同基金的买卖交易均以基金组合中持有的所有证券的当前市场价格为基础来进行。这些交易是以被称为基金的**净资产价值**（net asset value，NAV）的价格来完成的。净资产价值等于基金持有的证券的总市值除以基金发行在外的份额。开放式基金通常在每天结束时计算其净资产价值，并且按该价格从基金中提取资金或购买基金。当然，基金的净资产价值在整个一天里都随着基金持有的证券的价格的变化而变化。然而，开放式基金与其客户之间通常按照当天结束时的净资产价值来进行交易。

【例 12-1】

如果 XYZ 共同基金在某一天结束时持有的所有资产的市场价值等于 1 000 万美元，而且 XYZ 在该日有 50 万份发行在外的份额，那么该基金每个份额的净资产价值为 20（= 10 000 000÷500 000）美元。想要向基金投入新资金的投资者，就其投入的每 20 美元即可获得 1 个新的份额。同样，想要清算其在基金中的投资的投资者就其拥有的每一个基金份额可以获得 20 美元。

封闭式基金

另一种共同基金是封闭式基金。**封闭式基金**（closed-end fund）发行在外的份额数是固定不变的且不会定期发行新的份额。封闭式是指基金对新投资者是封闭的。在基金成立时，基金通过向投资者发行份额来筹集资金，然后将该资金池投资于证券。基金既不接受新的投资，也不允许提取资金。那么，投资者如何获得封闭式基金的份额？他们如何清算对封闭式基金的投资？封闭式基金的份额，就像任何其他普通股的份额一样，在二级市场上交易活跃。与开放式基金不同，封闭式基金的所有交易都是在公开市场的投资者之间进行的，而不是在投资者和基金之间进行的。换句话说，当封闭式基金的投资者想要赎回份额时，他不会像开放式基金那样将其返还给基金公司来获得现金。相反，投资者只需在公开市场上将份额卖给另一个想要投资基金的个人。就此而言，买卖封闭式基金份额就像交易苹果或埃克森美孚股票一样。想要购买特定基金的份额的投资者必须从已经拥有该基金的其他投资者那里购买。

封闭式基金和开放式基金之间的一个重要区别在于，封闭式基金的投资者在二级市场上买卖他们的份额。对于开放式和封闭式基金，NAV 都等于基金持有的资产的市场价值除以基金的份额数。然而，开放式基金的投资者可以在每天结束时以 NAV 购买或出售股票，而封闭式基金投资者在交易日期间按基金的当前市场价格交易份额。重要的是，在封闭式基金中，二级市场的份额价格可能（或通常不会）等于基金的 NAV。当封闭式基金的份额价格低于其 NAV 时，该基金被折价交易；当份额价格超过基金的 NAV 时，该基金被溢价交易。稍后我们会谈到封闭式基金折价和溢价如何影响投资者的收益。

由于封闭式基金不需要处理来自投资者的每日的现金流入和流出，所以它们可以使用的资本是固定的。这些基金的经理不需要持有现金来满足投资者的赎回要求，也不必因为更多的投资者想成为基金的一部分而不断寻找新的投资机会。

大多数封闭式基金在纽约证券交易所交易，少数在美国交易所交易，偶尔也有些在纳斯达克市场交易。截至 2011 年，在美国运作的 634 只封闭式基金管理着 2 390 亿美元的资产，其中的三分之二是债券基金。

交易所交易基金

一种形式相对较新的被称为交易所交易基金的投资公司，将开放式基金的某些运营特征与封闭式基金的某些交易特征相结合。交易所交易基金（ETF）是作为在一个证券交易所的上市证券来交易的一种开放式基金。交易所交易基金有时也被称为交易所交易组合（exchange-traded portfolio，ETP）。正如本章开始所描述的那样，第一只 ETF 是在 1993年创建的，目的是跟踪标准普尔 500 指数的变动。直到 2008 年 SEC 为积极管理的 ETF 开绿灯之前，几乎所有的 ETF 都被构建为指数基金，积极管理的 ETF 就像积极管理的共同基金一样，通过创建独特的投资组合来满足特定的投资目标。

在份额是如何创建和赎回的方面，ETF 的功能基本上与共同基金相反。共同基金从投资者处获得现金，然后将这些现金投资于证券组合。当购买证券组合并将其置于信托中时，ETF 就被创建出来了，然后发行代表对该信托的求偿权的份额。

举例说明，假设一家名为聪明投资者的公司想要创建一只 ETF。ETF 的发起人聪明投资者公司决定让其 ETF 跟踪标准普尔 500 指数。聪明投资者公司联系被称为受权参与者（authorized participant，AP）的实体机构，该实体机构通常是某种大型机构投资者。AP 的主要特点是其具有相对快速获得大量股票的能力。AP 购买标准普尔 500 指数中所有公司所代表的股票组合（且其比例与指数中的比例相匹配），并将这些股票交给聪明投资者公司，然后聪明投资者公司将股票放在信托中。作为交换，聪明投资者公司给予 AP 一笔同样价值的 ETF 份额。这笔份额被称为创设单位。一个创设单位中的 ETF 份额数可能不同，但每个创设单位有 50 000 个份额较为常见。因此，每个 ETF 份额代表对聪明投资者公司以信托形式持有的股票的 1/50 000 的要求权。AP 将收到的份额卖给投资者，从而份额可以在二级市场上开始自由交易。图 12-3 说明了 ETF 发起人、AP 和投资者之间的关系。

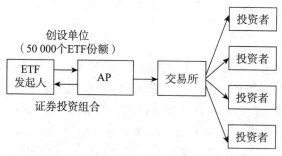

图 12-3 ETF 如何运作

当受权参与者向 ETF 发起人交付证券投资组合时，ETF 就被创建出来了。ETF 发起人再将 ETF 份额交付给 AP。然后，这些份额被卖给投资者，并在交易所交易。

【例 12-2】

受权参与者（AP）已经购买了包括在标准普尔 500 指数中的所有股票并构成了股票投资组合。这些股票的总市值是 1 亿美元。AP 将这些股票转交给聪明投资者公司，聪明投资者公司又向 AP 发行每个包含 50 000 个 ETF 份额的 100 个创建单位。因此，AP 共持有 5 000 000 个 ETF 份额。AP 以每个份额 20 美元的价格卖给投资者，从而发行在外的 ETF 份额的总价值等于信托持有的股票的价值。ETF 份额的价格每天会与信托中持有的证券价值的变化保持同步。

ETF 就像封闭式基金一样向投资者提供流动性。也就是说，ETF 的投资者可以在交易时段的任何时间买入或卖出份额。但与封闭式基金不同，ETF 不一定有固定数量的份额。回到跟踪标准普尔 500 指数的聪明投资者公司的 ETF 的例子，如果投资者对这只 ETF 的需求强劲，那么聪明投资者公司可以与 AP 一起购买更多的股票，创建额外的创设单位和发行新的 ETF 份额。该过程也可以反向操作。如果对标准普尔 500 ETF 的兴趣在某一时点下降，那么 AP 可以在公开市场上购买 50 000 个 ETF 份额，然后将这些份额卖给聪明投资者公司，以换取一些以信托形式持有的股票（50 000 个 ETF 份额等于 1 创设单位）。因此，与封闭式基金固定数量的份额不同，流通的 ETF 份额数可能随时间推移而增加和减少。

由于 AP 可以创建新的 ETF 份额或赎回已发行的份额，所以 ETF 份额价格通常与信托中持有的股票的资产净值相符。换句话说，ETF 一般不会像封闭式基金那样溢价或折价交易。例如，假设在一个特定的时点，标准普尔 500 ETF 份额的交易价格低于 NAV（即低于信托持有的股票的价值）。在这种情况下，AP 可以在公开市场上购买 ETF 份额，将其交回创建 ETF 的发起人（如聪明投资者公司），并从信托中要回股票。AP 会在此交易中获利，因为其购买的 ETF 份额的价值小于收到的股票的价值。当然，随着 AP 开始购买 ETF 份额来执行这笔交易，AP 将对 ETF 价格施加上行压力。简言之，AP 的行动有助于确保 ETF 价格与信托中持有的证券的资产 NAV 相匹配（即使不是完全匹配）。

投资者似乎对 ETF 提供的优势感到高兴。图 12-4 记录了自 1995 年以来 ETF 的爆炸式增长。从 1995 年的仅 10 亿美元到 2011 年投资于 ETF 的资产总值超过 1 万亿美元，其复合年增长率超过 54%！如你所料，ETF 的种类也大幅增加。1995 年美国市场上只有 2 只 ETF，但到 2011 年，激增到 1 166 只 ETF。其中，绝大多数（1 134 只 ETF）是指数

ETF。有了这么多指数 ETF，就不奇怪投资者可以找到一只 ETF 来跟踪股票市场中几乎所有可想象的部门，包括科技股、公用事业股和许多其他股票。还有一些 ETF 专注于其他资产类别的 ETF，如债券、商品、房地产和货币。到目前为止，最常见的 ETF 类型是专注于美国大盘股的。

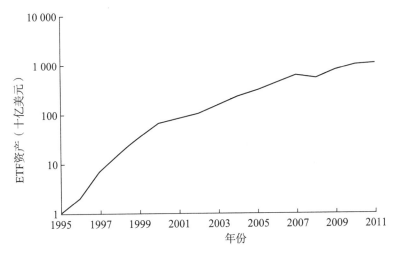

图 12 - 4　投资于交易所交易基金的资产

投资于交易所交易基金的资产 1995—2011 年从大约 10 亿美元增长到了 1 万亿美元。

资料来源：Data from *2012 Investment Company Institute Factbook*，p. 10，http：//www. icifactbook. org/2012_factbook. pdf.

ETF 将封闭式基金的许多优点与传统（开放式）基金的优势相结合。与封闭式基金一样，你可以通过你的经纪人下订单，在一天的任何时间买卖 ETF（并支付标准佣金，就像你买卖任何其他股票一样）。相反，你不能在日内交易传统的开放式基金，所有买入和卖出这些基金的订单在交易日结束时按收盘价完成。可以用保证金买入 ETF，也可以卖空 ETF。此外，由于指数 ETF 的消极管理，它们提供任何指数基金的所有优势：低成本、低的投资组合换手率和低税率。事实上，基金的税务负担非常低，因为 ETF 很少向股东分配任何资本利得。

因此，你可以持有指数 ETF 几十年，而不必支付一毛钱的资本利得税（至少直到你出售份额之前不必支付）。

一些重要的考虑

正如你买卖任何其他上市或 OTC 股票要支付佣金一样，当你买入或卖出封闭式基金（或 ETF）的份额时，你也要支付佣金。然而，开放式共同基金并不是这样。投资开放式基金的成本取决于基金向投资者收取的费用和销售费用。

付佣和免佣基金

开放式基金的销售费用是你在购买基金份额时所支付的佣金。一般来说，**付佣基金**（load fund）是指在购买份额时收取销售费用的共同基金。（这种费用也被称为认购费。）

免佣基金（no-load fund）不收取销售费用。虽然随着时间的推移销售费用已经下降了，但仍然可能相当可观。投资者在股票基金的投资金额上可能支付的平均前端费用已经从 1980 年的 7.9％下降到 2011 年的 5％左右。然而，很少有基金收取最高金额的费用。相反，许多基金目前只收取 2％或 3％的佣金。这些基金被称为**低佣基金**（low-load fund）。

有时候，基金会有**赎回费**（back-end load）。这意味着基金在份额出售后收取佣金。这些收费可能高达所售份额价值的 7.25％，但赎回费一般随着时间的推移而下降，通常在购买之日起 5 年或 6 年后消失。被声称的赎回费收取目的是通过阻止投资者在短的投资期间内买卖基金以提高基金的稳定性。

虽然付佣和免佣基金的表现差异可能很小或根本没有，但免佣基金的成本节省往往会让投资者在实现优异的收益率方面领先。不幸的是，真正的免佣基金正变得越来越难找到，因为越来越多的免佣基金变为了 12(b)-1 基金。这些基金在购买时不直接收取佣金。相反，它们每年评估所谓的 12(b)-1 费用，以弥补任何失去的佣金。（将在下面更详细地描述这些费用。）总的来说，目前出售的基金不到一半是纯粹的免佣基金，其余的收取某种类型的销售费用或管理费。

12(b)-1 费用［12(b)-1 fee］可被称为隐藏的销售费用，旨在帮助基金（特别是免佣基金）覆盖其分销和营销成本。它们每年可以高达所管理资产的 1％。不管在好的还是差的市场下，投资者都要支付这些费用，这会造成损失。例如，考虑将 1 万美元投资在一只基金里，收取 1％的 12(b)-1 费用。这意味着每年收费 100 美元——当然这并不是微不足道的钱。

> **投资者事实**
> **下降的基金佣金和费用**
> 　　共同基金向投资者收取的佣金和费用自 1980 年以来大幅下降。投资者在 1980 年向股票基金支付的佣金和费用的平均值等于基金资产的 2.32％。到 2011 年底，这一数字下降了约 60％，达到 0.79％。债券基金的佣金和费用也经历了类似的下降。

为了为基金的佣金和费用提供一些标准，SEC 设立了一系列的共同基金佣金和费用上限。根据最新规定，共同基金收取的佣金和费用总计不能超过 8.5％，包括认购费和赎回费以及 12(b)-1 费用。因此，如果基金收取 5％的认购费和 1％的 12(b)-1 费用，那么赎回费最多只能收取 2.5％，从而不违反 8.5％的上限。此外，SEC 对年度 12(b)-1 费用规定了 1％的上限，也许更重要的是，真正的免佣基金不能收取超过 0.25％的 12(b)-1 费用。如果它们的收费超过这一标准，就必须在其销售和宣传材料中放弃免佣的标签。就在本书将要出版之时，SEC 正在积极审查其关于共同基金费用的指导方针，特别是 12(b)-1 费用。这些费用似乎很可能在不久的将来下降。

其他费用和成本

拥有共同基金的另一项成本是管理费。这是向管理基金投资组合的专业经理人支付的薪酬。不管基金有销售费还是无销售费，并且不管基金是开放式、封闭式还是交易所交易基金，你都必须支付这笔费用。与销售费（一次性费用）不同，不管基金的表现如何，投资公司每年都收取管理费和12(b)-1费用。此外，还有基金的运营管理费。这些费用相当有限，代表业务的正常成本（如当基金买卖证券时支付的佣金）。基金收取的各种费用通常从管理的平均资产的不到0.5%到高达4%。除了这些管理费之外，当你在同一基金系列中将资金从一只基金转移到另一只基金时，一些基金还收取一笔交换费或者一笔年度维护费，以帮助推迟为低余额账户提供服务的费用。

SEC要求共同基金自己以标准化、易于理解的格式充分披露所有的佣金和费用。每只基金简介或招股说明书必须包含一个相当详细的费用表，非常类似于表12-1中所示的费用表。这个表有三个部分。第一部分规定了所有股东的交易成本，告诉你买卖共同基金份额会花费多少。下一部分列出基金的年运营费用，以占到平均净资产的百分比来显示了这些费用，基金必须区分开管理费、12(b)-1费用和任何其他费用。第三部分提供了购买、销售和拥有基金的总成本随时间的变化。表的这一部分包含交易和运营费用，并显示了在假设的1年、3年、5年和10年期间的总成本。为了确保一致性和可比性，在建立说明性的成本时，基金必须遵循一套严格的准则。

表 12-1　　　　　　　　　　　**共同基金费用表（联邦法律规定）**

下表描述了你购买、持有或出售基金份额时产生的佣金和费用。

份额持有人费用（由投资者直接支付）	
购买时的最高销售费（佣金）（作为售价的百分比）	3%
对分配进行再投资的销售费（佣金）	无
对赎回的递延的销售费（佣金）	无
交换费	无
年度账户维持费（2 500美元以下的账户）	12美元
基金年运营费用（从基金资产中支付）	
管理费	0.45%
分配和服务12(b)-1费用	无
其他支出	0.20%
年度基金总运营费用	0.65%

例子

此示例旨在帮助投资者比较投资不同基金的成本。该示例假设对基金进行10 000美元的投资，期限为1年、3年、5年和10年，然后在这些期限结束时赎回所有基金份额。该示例还假设每年的投资收益率为5%，基金的运营费用保持不变。虽然实际成本可能更高或更低，但基于这些假设，投资者的成本将是：

1年	364美元
3年	502美元
5年	651美元
10年	1 086美元

其他类型的投资公司

除了开放式、封闭式和交易所交易基金外，其他类型的投资公司还包括房地产投资信托、对冲基金、单位投资信托和年金。从它们也主要投资于有价证券，如股票和债券的角度看，单位投资信托、年金和对冲基金类似于共同基金。相比之下，房地产投资信托主要投资于各种类型的房地产相关投资，如住房抵押贷款。我们在本节讨论房地产投资信托和对冲基金。

房地产投资信托

房地产投资信托（real estate investment trust，REIT）是一种将资金投资于抵押贷款和各种类型的房地产投资的封闭式基金。REIT 之所以像一只共同基金，是因为其向投资大众销售股份，并利用所得款项以及借入的资金来投资于房地产投资对象构成的组合。因此，投资者拥有房地产投资信托持有的房地产组合的一部分。房地产投资信托基金的基本吸引力在于，它们使投资者在无需管理物业的情况下，既可以获得资本增值，又可以获得房地产所有权的当期收入。REIT 也因其提供的非常有吸引力的股利收益率而受到收入型投资者的欢迎。

REIT 的基本类型是物业或权益型 REIT——投资于物业的那些 REIT，如购物中心、酒店、公寓和办公楼；抵押型 REIT——那些投资于抵押贷款的 REIT；混合型 REIT——投资于房地产和抵押贷款的 REIT。抵押型 REIT 往往更以收入为导向，强调高的当期收益率（这是基本上用债务来投资的证券都期待的）。相比之下，虽然权益型 REIT 也推销其有吸引力的当前收益率，但它们中的大多数还提供了获得不同数额资本利得（因其持有的物业的价值增值）的潜力。到 2011 年底，有 160 只房地产投资信托基金，持有共计超过 4 500 亿美元的各种房地产资产。权益型 REIT 是最主要的：有 130 只权益型 REIT，其管理下的资产约 4 080 亿美元，约占市场的 90%。有 30 家抵押型 REIT，但混合型 REIT 已全部从市场上消失了。

REIT 必须遵守 1960 年《房地产投资信托法》，该法案规定了形成 REIT 的要求，以及投资和收入分配的规则和程序。因为它们需要向业主支付几乎所有的收入，REIT 需要进行相当多的借贷来获取投资资金。许多保险公司、抵押贷款银行家和商业银行已经设立了 REIT，其中许多是在主要的证券交易所交易。房地产投资信托基金所赚取的收入不征税，但分配给业主的收入被认定为普通收入，并作为普通收入征税。REIT 在过去 5 至 10 年变得非常受欢迎，在很大程度上是因为它们提供非常有吸引力的收益。其年均收益率如下表所示。显然，房地产投资信托基金随着时间的推移已经战胜了普通股。

时期	REIT* （%）	标准普尔 500 （%）	纳斯达克综合（%）
5 年（2007—2012 年）	4.4	−2.6	1.5
10 年（2002—2012 年）	10.4	3.4	7.5

* REIT 数据来自 National Association of Real Estate Investment Trusts，www. reit. com，and Yahoo! Finance, finance. yahoo. com，August 2012。REIT 收益率由 NAREIT 综合指数衡量，并且为年中数据，即为前一年 7 月到当年 7 月的数据。

除了极具竞争力的收益外，REIT 还提供合意的投资组合多元化特性和非常吸引人的股利率（接近 4.0%），这一般远高于普通股的股利率。

对冲基金

首先，尽管名称相似，但很重要的是，对冲基金不是共同基金。它们是完全不同类型的投资产品！**对冲基金**（hedge fund）设立为私人实体，通常以有限合伙的形式组成，因此基本上不受管制。普通合伙人运营基金，并直接分享基金的利润，除了收取其管理资产的 1% 至 2% 的基本费用外，通常还要拿走占利润 10% 至 20% 的"绩效费"。有限合伙人是投资者，主要由养老基金、捐赠基金和私人银行等机构投资者以及高收入的个人投资者组成。由于对冲基金不受监管，它们只能销售给"合格的投资者"，这意味着个人投资者必须拥有超过 100 万美元的净值和/或至少 20 万美元合法来源的年收入。许多对冲基金的选择更加严格，并且将其投资者限制在只有非常高净值的个人。此外，一些对冲基金限制其将接受的投资者的数量（通常不超过 100 位投资者）。

当然，这些做法与共同基金的运作方式形成鲜明的对比。虽然对冲基金基本上不受监管，但共同基金受到非常高度的监管。个人不需要资格或被认可就能投资共同基金。虽然一些共同基金的确有最低投资额为 5 万美元至 10 万美元或更多的要求，但它们是例外而不是一般情形。对冲基金并不是这样——它们中的很多要求数百万美元的最低投资额。此外，共同基金的表现是公开的，供所有人查询，而对冲基金根本不透露这些信息，至少不向公众透露。法律要求共同基金向投资者以及普通公众提供某些定期和标准化的定价与估值信息，而对冲基金完全没有这种要求。对冲基金的世界是非常秘密的，是不透明的。

然而，对冲基金和共同基金有一个方面是类似的：两者都是接受投资者的资金再一起投资这些资金的联合投资工具。换句话说，两者都出售专业化管理的证券组合的份额（或参与权）。大多数对冲基金通过构建投资组合来减少波动性和风险，努力保存资本（即"对冲"市场下跌），并在不同的市场条件下仍然提供正的收益。它们这样做是通过采取涉及多头和空头头寸的非常复杂的市场头寸，使用各种套利策略（锁定利润）

> **投资者事实**
> ### 对冲基金捏造数字
> 最近的一项研究发现，对冲基金在它们亏损时会误报其收益。该研究发现在自我报告的对冲基金收益中有异常低频率的小损失和异常高频率的小利得。这种模式表明，当对冲基金亏钱时，只要损失不是太大，它们就会捏造结果并反过来报告一个小利得。

以及使用期权、期货和其他衍生证券。事实上，对冲基金将投资于几乎任何市场的任何机会，只要可观的收益被认为具有合理的风险水平。因此，这些基金绝不是低风险和相当稳定的投资工具。

📖❓ 概念复习

答案参考 www.pearsonhighered.com/smart。

12.1 什么是共同基金？讨论共同基金的概念，包括多元化和专业管理的重要性。

12.2 共同基金所有权的优点和缺点是什么？

12.3 简要描述共同基金的组织方式。在典型的共同基金组织中，谁是主要参与者？

12.4 定义下列各项：

a. 开放式基金；

b. 封闭式基金；

c. 交易所交易基金；

d. 房地产投资信托；

e. 对冲基金。

12.5 付佣基金和免佣基金有什么区别？每种类型基金的优点是什么？什么是12(b)-1基金？这样的基金可以作为免佣基金运作吗？

12.6 描述赎回费、低佣和隐藏的销售费。你能说出一只基金有哪些费用吗？

基金和服务的类型

一些共同基金专注于股票，另一些则专注于债券。一些人将资本利得最大化作为投资目标，一些人则将高的当期收入作为投资目标。一些基金对投机者有吸引力，其他一些基金则对以收入为目标的投资者有吸引力。每一只基金都有一个特定的投资目标，每只基金都被期待能符合其所声明的投资政策和目标。根据其投资政策和目标对基金进行分类是共同基金行业的一种常见做法。这些类别说明了基金在如何管理其资金以及风险和收益方面的相似性。一些较受欢迎的共同基金类型有增长基金、积极增长基金、价值基金、股权收入基金、平衡基金、增长和收入基金、债券基金、货币市场共同基金、指数基金、部门基金、社会责任基金、资产配置基金和国际基金。

当然，也可以根据除了声明的投资目标之外的其他因素来定义基金类别。例如，行业领先的研究和报告服务公司晨星已经开发了一个基于基金的实际投资组合头寸的分类系统。基本上，该系统仔细评估基金投资组合的构成以确定其持有的证券的集中情况。然后，该系统利用这些信息并根据投资风格（增长、价值或混合）、市场细分（小盘、中盘和大盘）或其他因素来对基金进行分类。此类信息有助于共同基金投资者在构建或重新平衡自己的投资组合时做出明智的资产分配决策。尽管有这种好处，我们还是继续使用上面提到的投资—目标分类系统，并检查各种类型的共同基金来看看它们是什么类型的及其如何运作。

共同基金的类型

增长基金

增长基金（growth fund）的目标很简单：资本增值。它们主要投资于拥有高于平均的增长潜力的成熟的大型或中型公司。它们提供很少的股利（如果有的话），因为它们所购买的股票的公司对盈利进行再投资，而不是支付盈利。增长基金投资于风险高于平均水平的股票。

积极增长基金

积极增长基金是在市场升温时受欢迎程度上升的绩效基金。**积极增长基金**（aggressive-growth fund）是其投资组合主要由"定价高的"普通股构成的高度投机性基金。这些基金通常购买小型的新公司的股票，以及价格/收益倍数相对较高的股票。它们经常投资于那些正在从非常差的财务表现中恢复的公司，甚至可以在其投资组合中使用杠杆（即以保证金购买股票）。积极增长基金是所有共同基金中最不稳定的。当市场好时，积极增长基金表现得不错，相反，当市场不好时，这些基金经常遭受重大损失。

价值基金

价值基金（value fund）将它们的投资限制在其认为被市场低估的股票上。也就是说，基金寻找价格低于内在价值的股票。与增长基金形成鲜明对比的是，价值基金寻找具有相对低的市盈率、高股利率和财务杠杆适度的股票。

价值投资并不容易。它涉及对公司财务报表和任何有助于基金经理估计股票内在价值的其他文件的广泛评估。价值投资的历史记录是相当不错的。即使价值投资通常被认为比增长投资风险更小，但价值基金投资者的长期收益率却比增长基金甚至是积极增长基金更具竞争力。因此，对正在寻求无须承担太多风险的情况下获得普通股提供的有吸引力的收益的相对保守的投资者来说，价值基金通常被视为一个可行的替代投资方案。

股权收入基金

股权收入基金（equity-income fund）购买股利收益率高的股票。资本保值也是这些基金的重要目标，它们大量投资于高等级普通股、一些可转换证券和优先股，偶尔甚至投资于垃圾债券或某些类型的高等级外国债券。就它们的股票持有情况而言，它们非常倾向于蓝筹股、公用事业股和金融股。一般来说，由于它们对股利和当前收入的重视，这些基金倾向于持有价格波动性小于整体市场的较高质量的证券。它们通常被视为一种风险相当低的投资于股票的方式。

平衡基金

平衡基金（balanced fund）倾向于持有包含股票和债券的平衡投资组合，目的是能产生当前收入和长期资本利得的平衡收益。它们很像股本收益基金，但平衡基金通常更多地投入固定收益证券。这些债券主要用于提供当前收入，而股票的选择主要是为了其长期增长潜力。平衡基金的风险要低于只投资于普通股的基金。

增长和收入基金

增长和收入基金（growth-and-income fund）也寻求由当前收入和长期资本利得组成的平衡收益，但它们更加强调资本的增长。与平衡基金不同，增长和收入基金将其大部分资金投入股票。事实上，这些基金的资本持有 80％至 90％的普通股并不罕见。它们往往将大部分投资限定在高质量证券上，因此，增长型蓝筹股以及相当数量的高质量收益型股票会出现在它们的投资组合中。这些基金的部分吸引力在于许多基金长期以来所产生的相当可观的收益。这些基金有相当高的风险，原因是它们重视股票和资本利得。因此，增长和收入基金最适合那些能够容忍风险及价格波动的投资者。

债券基金

顾名思义，**债券基金**（bond fund）只投资于各种类型和等级的债券——从国债和政府机构债券到公司和市政债券以及其他债务证券，如抵押贷款支持证券。获得来自债券的利息支付的收入是其主要的投资目标。

购买债券基金的份额而不是直接投资债券有 3 个重要的优势。第一，债券基金通常比直接投资债券的流动性更高。第二，为债券这种可能成为成本高昂的资产类别提供了一种让成本有效高度分散化的方式。（大多数债券的最低面额高达 1 000 至 5 000 美元。）第三，债券基金会自动再投资于利息和其他收入，从而让你可以获得完全复利的收益率。

债券基金通常被认为是相当保守的投资形式。但它们也不是没有风险。基金投资组合中持有的债券的价格随着利率的变化而波动。在今天的市场中，投资者可以找到从高等级政府债券基金到只投资于垃圾债券，甚至是高度波动的衍生证券的高度投机性基金。下面是一些投资者可以购买的不同类型的国内债券基金及其主要的投资类型。

（1）政府债券基金投资于美国国库券和政府机构债券。

（2）高等级公司债券基金主要投资于评级为 BBB 或更高的投资级证券。

（3）高收益公司债券基金是为其提供的高收益率而购买垃圾债券的高风险投资。

（4）市政债券基金投资于免税证券。这些基金适合于追求免税收入的投资者。像公司债券基金一样，市政债券基金也可以分为高等级和高收益的基金。

（5）抵押贷款支持债券基金将资金投入美国政府的各类抵押贷款支持证券（如 GNMA 债券）。这些基金对投资者的吸引力在于：提供分散化；是一种可负担的进入抵押贷款支持证券市场的方式；使得投资者可以再投资每月的现金流的本金部分，从而使投资者可以实现资本保值。

（6）可转换债券基金主要投资于可转换或交换为普通股的证券。这些基金为投资者提供一定的债券价格稳定性，以及股票的资本增值潜力。

（7）中期债券基金投资于到期期限为 10 年或更短的债券，不仅提供有吸引力的收益率，而且价格波动性也较低。还有较短的（2 至 5 年）债券基金。这些较短期的基金通常被为其资金寻找较高收益的投资者用作货币市场投资的替代品，尤其是当短期利率下调时。

显然，无论你在固定收益证券中追求什么，你都可能找到一只适合购买的债券基金。根据《2012 年美国基金业年鉴》，债券基金约占美国共同基金资产的 25%。

货币市场共同基金

货币市场共同基金（money market mutual fund）简称为**货币基金**（money fund），将共同基金的理念应用于买卖短期货币市场工具——银行存单和美国国库券等。这些基金为资本量不多的投资者提供了进入高收益的货币市场的机会，其中的许多工具需要最低 100 000 美元或更多的投资。截至 2011 年底，货币基金持有美国共同基金资产的约 23%，但由于当时短期证券极低的利率，这一数字正在萎缩。

有几种类型的货币市场共同基金：

（1）通用货币基金投资于所有类型的货币市场投资工具，从国库券和银行 CD 到公司的商业票据。绝大多数货币资金都是这种类型的。

（2）政府证券货币基金通过将其投资限于国库券和美国政府或其机构的其他短期证券，实际上消除了任何违约风险。

（3）免税货币基金将它们的投资限制在非常短的（30 到 90 天）免税市政证券上。由于这些证券的收入免缴联邦所得税，它们对处于高纳税等级的投资者非常有吸引力。

主要的经纪公司几乎每家都至少有 4 只或 5 只自己的货币基金，而另外的几百只由独立的基金分销商销售。由于其持有的证券的最大平均到期期限不能超过 90 天，所以货币资金是高流动性的投资工具，但它们的收益率随利率情况的变化而上下波动。它们实际上也几乎不受资本损失的影响，因为至少 95％ 的基

金资产必须投资于评级最高或优质级的证券。事实上，凭借它们提供的签发支票的特权，货币基金的流动性与支票或储蓄账户相同。许多投资者将这些基金视为一种方便、安全和（相当）有利可图的积累资本和暂时存储闲置资金的方式。

指数基金

"如果你不能打败它们，那么就加入它们吧。"这句话大致描述了指数基金背后的想法。基本上，**指数基金**（index fund）购买并持有与例如标准普尔 500 那样的市场指数中的股票相同的股票（或债券）的投资组合。不是像大多数积极管理的基金那样试图战胜市场，指数基金不过是想与市场表现一样。它们通过低成本的投资管理来实现这一目标。事实上，在大多数情况下，整个投资组合几乎完全是由一台将基金与目标指数持有的证券相匹配的计算机来管理的。

指数基金的方法是严格买入和持有。事实上，指数基金投资组合变化的唯一时间是目标市场指数改变其证券的"市场篮子"的时候。这种买入并持有的方法的一个令人愉悦的副产品是基金的组合换手率非常低，从而几乎没有已实现的资本利得。结果是，除了少量的股利收入之外，这些基金每年产生的应税收入很少，导致许多高收入投资者认为它们是一种税收保护型投资。

部门基金

部门基金（sector fund）是一种将其投资限制在市场的特定部门（或部分）的共同基金。例如，卫生保健部门基金会重点关注来自制药公司、医院管理公司、医疗供应商和生物技术公司等行业的股票。较受欢迎的部门基金是专注于技术、金融服务、房地产（REIT）、

自然资源、电信和保健的基金。部门基金的首要投资目标通常是资本利得。部门基金一般与增长基金类似，特别是因为它没有很好地分散化，所以应该被视为投机性基金。

社会责任基金

对于一些人来说，投资远远不只是发掘财务比率和计算投资收益。对这些投资者来说，证券选择过程还包括积极、明确地考虑道德、伦理和环境问题。其想法是，社会关怀在投资决策中应起到与金融事务一样大的作用。毫不奇怪，一些基金迎合这些投资者。被称为**社会责任基金**（socially responsible fund）的基金积极直接地将伦理和道德纳入投资决策。它们的投资决定实际上同时考虑了道德和盈利能力。

社会责任基金只考虑将某些公司纳入其投资组合中。如果公司不满足基金的道德、伦理或环境测试，那么无论公司的盈利能力有多好，基金经理都不会购买该公司的股票。一般来说，这些基金避免投资于经营烟草、酒精、赌博或武器的公司以及经营核电厂的公司。此外，基金往往更喜欢那些生产"负责任"的产品或服务、有稳固的员工关系和正面的环境记录、对所在社区承担社会责任的公司。

资产配置基金

研究表明，投资者可以做出的最重要的决定是将他的投资资产配置到哪里。资产配置就是决定你打算如何在不同类型的证券上分配你的投资。例如，你想将你的资金的多大比例投入货币市场证券？将多大比例投入股票？将多大比例投入债券？资产配置考虑的是广义的证券（证券类型），并不是专注于个别证券的选择。

> **投资者事实**
> **年龄和资产配置**
>
> 虽然在确定正确的资产配置时需要考虑几个重要的因素，如投资目标和市场条件，但古老的指导原则是将决策建立在你的年龄基础上。该方法则认为，你的投资组合中投资于股票的百分比应该等于100减去你的年龄。例如，如果你25岁，那么你的投资组合中将有75%投资于股票——随着你的年龄的增长，该规则将你的投资组合从风险较高的股票转移到风险较低的债券或货币市场工具。然而，由于现在人们的寿命更长，许多财务规划师建议从110或120中减去你的年龄以确定你的股票配置比例。使用这个更大的数字反映了你需要让你的钱在退休后能维持更长的时间，以及你需要依靠股票在一个较长的投资时限内提供额外的增长。

因为许多个人投资者在做出资产配置决策时有困难，共同基金行业已经创造了一种产品来为他们做这项工作。被称为**资产配置基金**（asset allocation fund）的基金将投资者的资金分散在不同类型的资产类别上。虽然大多数共同基金集中于一种类型的投资——股票、债券或货币市场证券——资产配置基金将资金投入所有这些资产中。其中的许多还包括了外国证券，有些甚至包括了通货膨胀保护投资，如黄金或房地产。

这些基金是为那些想聘请基金经理选择个别证券并在各个市场之间分配资金的人设计的。这里介绍典型的资产配置基金的运作原理。资金管理者为基金建立了一个合意的配置组合，可能如：50%的国内股票，30%的债券，10%的外国证券，10%的货币市场证券。

然后按照比例为基金购买证券，整个投资组合保持合意的比例。实际上，基金的每个部分几乎是作为一个单独的投资组合来管理的。例如，股票部分内的证券根据市场状况被买入、卖出和持有。然而，随着市场条件随时间而变化，资产配置组合也发生变化。例如，如果美国的股票市场开始走弱，基金可以将投资组合的（国内）股票部分减少至如 35%，同时，将外国证券部分增加至如 25%。当然，并不能保证资金管理者一定会在正确的时间采取正确的行动。

国际基金

在寻求更加多样化和更高收益的过程中，美国投资者对外国证券的兴趣日渐强烈。察觉到这一机会之后，共同基金行业迅速地用**国际基金**（international fund）做出反应——全部或大部分投资于外国证券的共同基金。很多人愿意投资于外国证券，但根本没有这样做的专业知识。国际基金正好成为这些投资者的工具，只要他们至少对国际经济问题及其会如何影响基金收益有基本的了解就可以了。

从技术上讲，国际基金这一术语是指一种专门投资于外国证券的基金。这种基金通常将其活动限于特定的地理区域（如墨西哥、澳大利亚、欧洲或太平洋沿岸）。相比之下，全球基金既投资于外国证券，也投资于美国公司——通常是跨国公司。无论是全球基金还是国际基金（我们将对这两者都使用国际基金这一术语），你都能找到想要的任何类型的基金。有国际股票基金、国际债券基金甚至国际货币市场基金。有积极增长基金、平衡基金、长期增长基金和高等级债券基金。有些基金将其投资限制在大型成熟市场（如日本、德国和澳大利亚），其他一些基金则专注于新兴市场（如泰国、墨西哥、智利、波兰）。

投资者服务

显然，投资者购买共同基金份额的目的是赚钱，但投资共同基金还有其他重要的原因，其中最重要的是它们可以提供的有价值的服务。一些最受欢迎的共同基金服务包括自动投资计划、自动再投资计划、定期收入计划、转换特权和退休计划。

自动投资计划

该计划旨在让钱赚钱。对投资者来说，这意味着能够积累资本来投入市场。共同基金提出一个让储蓄和资本积累尽可能无痛苦的方案，该方案就是**自动投资计划**（automatic investment plan）。这项服务使得基金投资者可以自动地将固定金额的资金从他们的支票或银行账户转入共同基金，这很像工资扣除计划。

这种基金服务已经变得非常受欢迎，因为它使投资者可以在无需考虑的情况下定期投资。几乎每个基金组织都为其所有的股票和债券基金提供某种自动投资计划。要参加的话，你只需填写一份表格，授权基金定期从你的银行账户中提取一定金额（通常每期最少 25 美元到 100 美元）。一旦参加，你就会定期购买更多的份额。当然，如果是一只付佣基金的话，你还必须为你的定期投资支付正常的销售费用。你只需拨打基金的电话就可以随时退出计划，没有罚款。虽然便利性也许是自动投资计划的主要优势，但它们也有实实在在的投资意义。积累大量资本的最佳方法之一是，随着时间的推移，系统地向你的投资计划增加资金。定期向你的投资组合投入资金的重要性是毋庸置疑的，其中最有价值的是复利。

自动再投资计划

自动再投资计划是共同基金的另一个真正吸引人的地方，几乎每只开放式基金都提供。虽然自动投资计划处理你投入基金的资金，但自动再投资计划处理基金支付给股东的股利。共同基金的**自动再投资计划**（automatic reinvestment plan）通过用股利或资本利得收入来购买基金的额外股份使你的资本可以得到充分利用。大多数基金不对使用再投资资金进行的购买收取佣金。但是，请记住，虽然你可以再投资所分配的全部股利和资本利得，但美国国内收入署仍将其视为现金收入，并将其作为你收到收入的年份的投资收入来征税。

自动再投资计划让你可以赚取完全复合收益率。通过利润的再投资，你可以让这些利润产生更多的收入。事实上，这些计划对积累的总资本的长期影响是巨大的。图 12 - 5 显示了标准普尔 500 指数的股利和资本利得收入再投资的长期影响。在图中，我们假设投资者在 1987 年底以 10 000 美元起步。黑色线显示了如果投资者在收到股利时一直将其再投资所能积累的资金数量，灰色线显示了如果投资者不这么做会怎么样。随着时间的推移，这两种方法之间的差异变得非常大。在股利再投资的情况下，投资者将在 2011 年底的时候拥有价值 87 379 美元的投资组合，但是，如果投资者不对股利进行再投资，那么投资组合价值只能达到 50 898 美元。

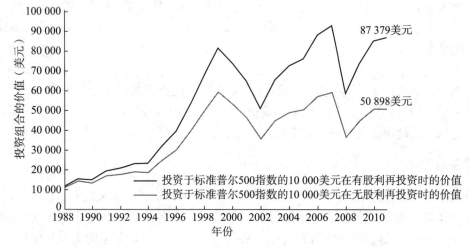

图 12 - 5　股利再投资的影响

再投资股利会对一个人的投资头寸产生巨大的影响。本图显示了在 1987 年底将 10 000 美元投资于标准普尔 500 指数，在有股利再投资和无股利再投资时的结果。

资料来源：Data from Standard & Poor's Index Services，August 17，2012.

定期收入计划

自动投资和再投资计划对长期投资者是有利的。但是对寻求稳定的收入流的投资者呢？共同基金再次为满足这种需要提供服务。大多数开放式基金都提供被称为**系统性提款**

计划（systematic withdrawal plan）的服务。一旦加入，投资者每月或每季度自动收到预定量的资金。大多数基金需要 5 000 美元或更多的最低投资额才能参加，最低付款的规模通常必须是每期 50 美元或更多（没有最高限额）。基金将首先从股利和已实现的资本利得中支付每月或每季度的收入。如果资金来源不够且份额持有者如此授权，那么基金可以利用本金或原始的实收资本来满足所要求的定期支付。

转换特权

有时投资者认为有必要从一只基金转换到另一只基金。例如，你的目标或投资环境本身可能已经改变。设计**转换（或交换）特权**［conversion（or exchange）privilege］是为了方便和经济地满足这些需求。提供多种不同基金［称为**基金家族**（fund family）］的投资管理公司通常提供转换特权，让股东可以通过电话或借助互联网将资金从一只基金转移到另一只基金。唯一的约束是转换必须被限制在同一基金家族内。例如，你可以从德雷福斯增长基金转换到德雷福斯货币基金或德雷福斯管理的任何其他基金。

转换特权通常被认为是有益的，因为它们让你可以满足不断变化的长期目标，并且它们还允许你在投资环境变化时通过转入和转出基金来更积极地管理你持有的共同基金。不幸的是，有一个重大缺陷：从税务角度看，从一只基金到另一只基金的份额转换被视为随后购买新证券的销售交易。因此，如果在转换时有任何资本利得，那么虽然证券持有并不是被真正地"清算"，但是你仍在该利润上负有纳税义务。

退休计划

根据政府立法规定，自雇人士被允许将其税前收入的一部分转入自我安排的退休计划（SEP）。此外，美国工人还可以建立个人退休安排（IRA）。事实上，随着 1997 年通过的立法，合格的投资者现在可以选择可扣减的和不可扣减的（Roth）IRA。即使那些因赚钱很多而不符合这些计划中任何一个的人也可以设立特殊的不可扣减的 IRA。如今，所有的共同基金都提供一项服务：允许个人将税收递延退休计划设立为 IRA 或基奥（Keogh）账户——或者，通过他们的就业地点参与税收保护的退休计划，如 401（k）。基金制订计划并处理所有的管理细节，从而份额持有者可以轻松地充分利用现有的税收减免。

概念复习

答案参见 www.pearsonhighered.com/smart。

12.7 简要描述下列共同基金类型：

a. 积极增长基金；

b. 股权收入基金；

c. 增长和收入基金；

d. 债券基金；

e. 部门基金；

f. 社会责任基金。

12.8 什么是资产配置基金？它与其他类型的共同基金有什么不同？

12.9 如果增长、收入和资本保值是共同基金的首要目标，那么我们为什么要按类型分类资金？你认为这种分类在基金选择过程中有帮助吗？请解释。

12.10 什么是基金家族？基金家族为投资者提供了什么好处？有什么坏处吗？

12.11 简要介绍共同基金提供的一些投资者服务。什么是自动再投资计划？它与自动投资计划有什么不同？

投资共同基金

假设你面临以下情况：你有钱要投资，并试图选择正确的地方来存放这些钱。你显然希望选择一种能够符合你的可接受风险并产生有吸引力的收益率的投资。问题是，你必须从包含数千只证券的列表中进行选择。这基本上是你在选择合适的共同基金时所面临的情况。然而，如果你系统地处理这个问题，那么可能就不那么骇人了。首先，更仔细地研究共同基金的各种投资者用途可能有所帮助。在这一背景下，我们可以考察选择过程和几个你可以用来评估绩效的收益率。正如我们将会看到的，通过将你的投资需求与基金的投资目标相匹配，可以缩短替代方案列表。

共同基金对投资者的用途

可以用各种方式来使用共同基金。例如，绩效基金可以作为资本增值的工具，而债券基金可以提供当前收入。无论共同基金提供何种收入，投资者都倾向于使用这些证券作为积累财富的方式、价值的储藏所或实现高收益率的投机工具。

积累财富

这可能是使用共同基金最常见的原因。基本上，投资者在长期内使用共同基金来积累投资资本。根据你的目标，适量的风险可能是可接受的，但通常资本保值和资本稳定被认为是重要的。整体的想法是，在积累尽可能大的资本池时，与共同基金形成一个"伙伴关系"：你通过系统地投资和再投资基金提供资本，基金通过尽量明智地投资你的资金提供收益。

储藏价值

投资者也使用共同基金作为价值仓库。其想法是找到一个投资资本可以相当安全且相对不会减值但又能产生相对有吸引力的收益率的地方。短期和中期债券基金是这种用途的合理选择，货币基金也是合理的选择。长期的资本保值和收入对一些投资者非常重要。其他人可能只是在短期内寻求价值的储藏，例如，使用货币基金作为"资金暂存"的地方，直到更有吸引力的机会出现。

投机和短期交易

虽然投机变得越来越普遍，但仍然没有被大多数共同基金投资者所使用。当然，其原因是大多数共同基金本质上都是长期的，从而不意味着被用作积极交易的工具。然而，现在越来越多的基金（如部门基金）开始迎合投机者。一些投资者发现，实际上，共同基金对投机和短期交易者有吸引力。

实现投机和短期交易的一个方法是：随着投资环境的变化，积极地进行基金交易。可以通过交易提供低成本的转换特权的基金家族或只交易免佣基金来避免（或减少）销售费用。其他投资者可能会选择共同基金作为长期投资，但通过投资于遵循非常积极的交易策略的基金来寻求高收益率。这些基金通常是相当专业化的小型基金，如杠杆基金、期权基金、新兴市场基金、小盘股积极增长基金和部门基金。从本质上说，这些基金的投资者只是让专业资金管理人以投资者想要的方式来处理他们的账户，那就是：积极。

选择过程

就共同基金而言，有一个问题是每个投资者都必须首先要回答的。为什么要从投资共同基金开始——为什么不通过直接购买股票和债券来"单干"？对于初始投资者和资本很少的投资者来说，答案很简单：利用共同基金，你可以实现比你自己可以获得的程度更高的多元化。此外，你还可以以非常合理的成本获得专业资金管理人的帮助。对经验更丰富的投资者来说，答案可能较为复杂。当然，多元化和专业的资金管理是一个方面，但也有其他原因。共同基金提供的有竞争力的收益是一个因素，它们提供的服务也是一个因素。许多经验丰富的投资者认为，通过仔细选择共同基金而不是通过自己投资可以获得更好的收益。其中一些投资者使用部分资本自行购买和出售个别证券，并用余下的钱购买那些投资于他们不完全理解或不了解的领域的共同基金。例如，他们会利用共同基金来进入外国市场或购买抵押贷款支持证券。

一旦你决定了使用共同基金，你就必须决定购买哪些基金。为了在可接受的风险水平上获得尽可能多的收益，选择过程包括对所有你知道的共同基金采取行动。首先要评估你的投资需求。显然，你想从成千上万只基金中选择最能满足你的全部投资目的的1只或2只（或者6只或8只）基金。

使用基金的目标和动机

从你的投资目标开始。为什么你想要投资共同基金？你从基金中追求什么？显然，有吸引力的收益率是可取的，但也存在可承受的风险敞口问题。也许，当你看看自己与各种类型的共同基金有关的风险时，你会发现，某些类型的基金比其他基金对你更有吸引力。例如，积极增长基金或部门基金通常对希望避免大的风险敞口的个人没有吸引力。

另一个重要因素是共同基金的预期用途。你投资共同基金是希望作为积累财富的手段、作为价值储藏的场所还是追求高收益率而进行投机？这一信息让你可以更加聚焦于你想要如何处理你的投资资金问题。最后，还有基金提供的服务问题。如果你对某些服务特别感兴趣，那么请务必在你选择的基金中找到它们。

基金提供什么

正如每个人都有一套投资需求一样，每只基金都有自己的投资目标、经营方式和服务范围。这些元素对帮助你评估投资选项是有用的。你从哪里找到这样的信息呢？一个显而易见的地方是基金的简介或招股说明书。诸如《华尔街日报》《巴伦周刊》《金钱》《财富》和《福布斯》之类的出版物也提供了丰富的基金运营和绩效统计。

还有一些报告服务提供背景资料和对资金的评估。这类报告服务中最好的是《晨星共同基金》（*Morningstar Mutual Funds*）和《价值线共同基金调查》（*Value Line Mutual Fund Survey*）（提供类似于其股票报告的共同基金报告）。互联网上还有各种绩效统计信息。例如，有大量的免费金融网站，如雅虎财经，你可以在此获得关于基金表现、证券持有情况、风险状况、销售费用和购买信息的历史资料。

逐渐缩减替代品的数目

到这个时候，基金选择就成为一个排除的过程。你可以排除大量的基金，因为它们不能满足你的特定需求。一些基金可能风险太高，其他一些基金可能不适合作为价值储藏的场所。因此，不用试图评估数千种不同的基金，你可以将列表缩小到符合你的投资需求的两三种类型的基金。从这里开始，你可以通过引入其他的约束来进一步缩减列表。例如，出于对成本的考虑，你可能只想考虑免佣或低佣的基金（下面有更多的关于这一主题的讨论）。或者你可能寻求对你的投资目标很重要的某些服务。

你可能想要考虑的基金的另一个属性是其税收效率。通常，股利低和资产换手率低的基金不会使股东承担高额税收，因此具有较高的税收效率评级。在你考察绩效时，要查看基金的费用结构。对那些收取异常高的管理费的基金要保持警惕。

另一个重要的考虑因素是特定基金如何适合你的投资组合。如果你正在试图遵循某种资产分配策略，那么在考虑将基金添加到你的投资组合时，请务必考虑这一点。换句话说，要在你的整个投资组合的背景下评估任何特定基金。

最后，在决定是否想投资时，你应该给予一只基金过去的表现多大的权重？虽然好像直观上过去表现良好的基金应该能够做出更好的投资，但是记住优秀的历史表现并不能保证未来的成功。事实上，我们会做出更强烈的论断，过去的表现几乎与未来的表现没有相关性。因此，我们建议你在做出投资决策时更多地考虑其他因素，例如，基金的投资目标和成本。

选择免佣或低佣基金

在共同基金行业存在关于免佣基金和付佣基金的长期"辩论"。付佣基金是否增值？如果否，为什么要支付销售费用呢？事实证明，实证结果通常不支持付佣基金提供附加值的想法。平均来说，付佣基金的收益似乎没有比免佣基金的收益更好。事实上，在许多情况下，具有异常高销售费用和12(b)-1费用的基金通常产生的收益远远低于从免佣基金中所能获得的收益。此外，由于复合因素，收益率的差异往往在持有期较长的情况下会被放大。对这些结果不应感到惊讶，因为高的销售费用或12(b)-1费用会减少你的可投资资本——为你产生收益的资金的数量。事实上，一只付佣基金能够克服这一缺点的唯一办法是产生卓越的收益，但要年复一年地做到并不是容易的事情。可以肯定的是，少数付佣基金已经在很长一段时间内产生了非常有吸引力的收益，但它们只是例外而不是常规。

显然，密切关注销售费用（和其他费用）符合你的最大利益。通常，为了最大化收益，你应该认真考虑选择免佣基金或低佣基金〔指总销售费用，包括12(b)-1费用在内，为 3%或更低的基金]。可能有时候，更高的成本是合理的，但更多的时候，你最好尽量减少销售费用。这并不难做到，因为有成千上万只免佣和低佣的基金可供选择。更重要的是，大多数表现最好的基金都是免佣或低佣的基金。那么你为什么还想去别的地方看呢？

投资封闭式基金

封闭式基金（CEF）的资产仅占投资于开放式共同基金的 11.6 万亿美元的 2%多一点。像开放式基金一样，CEF 有各种类型和风格，包括专门投资于市政债券、应税债券、各类股权证券和国际证券的基金，以及地区和单一国家基金。历史上，与在开放式市场中不同，债券基金占封闭式基金资产的较大比例。2011 年，债券 CEF 资产价值 1 450 亿美元，占 CEF 资产的 61%。2011 年股权 CEF 的资产总额为 940 亿美元。

封闭式和开放式基金的一些重要区别

由于封闭式基金像股票一样交易，所以你必须与一个经纪人打交道来买卖 CEF，适用通常的经纪佣金。相反，开放式基金是从基金经营者那儿购买和出售的。开放式基金和封闭式基金之间的另一个区别是其流动性。你可以按照净资产价值（NAV）买入和卖出相对较大数额的开放式共同基金，而不必担心影响价格。然而，CEF 的相对较大的买入或卖出订单很容易使其价格上涨或下跌。像开放式基金一样，大多数 CEF 提供股利再投资计划，但在很多情况下，CEF 根本不提供共同基金投资者习惯的全方位服务。

考虑到所有方面的可能最重要的区别是这些基金在市场上的定价方式。正如我们在本章前面所讨论的，CEF 有两个价值——市场价值（或股票价格）和 NAV。它们很少是相同的，因为 CEF 通常溢价或折价交易。当基金的份额价格超过其 NAV 时，溢价发生；当基金的份额价格低于其 NAV 时，折价发生。一般来说，CEF 折价交易。为什么 CEF 折价交易并没有得到完全解释，金融专家有时将这种现象称为封闭式基金之谜。谜题是 CEF 的份额价格低于相应的 NAV。这就好像是当你购买 CEF 的份额时，你在以折扣价购买基金中的标的股票。CEF 折价交易的一些可能原因包括以下几个：

（1）投资者预计该基金的未来表现可能较差，因此，他们预先为基金的份额支付较少。

（2）基金持有的股票是流动性不足的，所以如果它们被出售，它们的销售价格会低于目前的市场价格。

（3）基金持有的股票具有内在的未实现资本收益，并且由于投资者最终将被要求对这些收益纳税，他们不愿意在购买基金份额时支付全部 NAV。

（4）投资者情绪可能导致基金价格偏离 NAV。当情绪积极时，基金份额溢价交易；当投资者更悲观时，基金份额折价交易。

纸质和网络资源提供广泛的关于 CEF 的信息。图 12 - 6 展示了你在晨星网站上可以找到的一些免费的 CEF 信息。除了每只基金的名称外，你还可以快速地确定其当前是否相对于 NAV 折价或溢价交易。晨星还根据基金份额价格的表现来提供年初至今的收益以及基于基金的 NAV 的收益率。

Fund Name	Premiums/ Discounts	Market Return YTD	NAV Return YTD	3 Year Avg Standard Deviation	Morningstar Star Rating	Avg Daily Volume Shares	Net Assets $mil	Manager Tenure
Turkish Investment (TKF)	-10.30	33.00	31.52	31.33	Not Rated	29,103	104	10.8
Thai Fund (TTF)	-12.38	33.35	30.43	24.07	★★★★	39,993	279	4.0
Western Asset Mortgage Defined Opp (DMO)	2.42	29.16	30.09	---	Not Rated	36,563	244	1.3
RMR Real Estate Income Fund (RIF)	-14.85	29.14	29.10	22.03	★★	20,702	158	6.1
PIMCO Global StocksPLUS & Income (PGP)	77.62	25.70	28.24	21.93	★★★	42,985	127	7.3
Singapore Fund (SGF)	-10.17	25.48	27.53	21.71	★★★	27,011	114	1.0
Mexico Equity & Income (MXE)	-12.63	23.02	26.78	21.68	★★★	8,815	93	11.3
PIMCO Corporate & Income Strgy (PCN)	18.19	17.98	26.58	13.63	★★★★	104,897	571	5.1
PIMCO Corporate & Income Opportunity Fds (PTY)	22.87	22.24	26.30	14.47	★★★★★	192,922	1,120	6.2
H&Q Life Sciences Investors (HQL)	-0.85	38.95	25.80	15.53	Not Rated	60,430	221	9.6
PIMCO High Income (PHK)	75.22	25.28	24.00	15.08	★★★	500,104	973	5.3
H&Q Healthcare Investors (HQH)	-5.61	30.54	23.88	13.50	Not Rated	80,817	492	6.5
Nuveen Mortgage Opportunity Term 2 (JMT)	2.96	35.47	23.19	---	Not Rated	17,848	122	2.5
PIMCO Income Strategy (PFL)	10.04	28.62	23.06	12.06	★★★	103,917	286	2.7
Neuberger Real Estate Securities Income (NRO)	-9.60	30.42	22.33	18.81	★★	218,714	291	7.2
Alpine Global Premier Properties (AWP)	-7.42	36.83	22.20	22.24	Not Rated	423,559	653	5.3
Cohen & Steers REIT & Preferred Income (RNP)	-3.21	28.26	22.00	19.70	★★★	98,498	869	8.2
Mexico Fund (MXF)	-8.29	22.55	21.99	21.57	★★★	29,320	372	22.8
PIMCO Income Strategy II (PFN)	8.16	29.15	21.98	11.41	★★★	202,644	602	2.7
Nuveen Mortgage Opportunity Term (JLS)	3.35	35.09	21.51	---	Not Rated	48,064	398	2.8

图 12-6　部分 CEF 的绩效

本图显示了晨星网站免费提供的封闭式基金的信息。

资料来源：http://news.morningstar.com/CELists/CEReturns.html，accessed August 17，2012.

CEF 的溢价或折价计算如下：

$$\text{溢价（或折价）} = \text{（份额价格} - \text{NAV）} \div \text{NAV} \tag{12-1}$$

【例 12-3】

假设基金 A 的 NAV 为 10 美元。假设其份额价格为 8 美元，并且按 20% 的折扣出售。也就是说，

$$\text{溢价（或折价）} = (8-10) \div 10 = (-2) \div 10 = -0.20 = -20\%$$

该负值表示基金是折价交易（或者说低于其 NAV）。相反，如果这只基金的定价是每个份额 12 美元，那么它就是按 20% 的溢价交易——（12-10）÷10=2÷10=0.20。

在封闭式基金中寻找什么

如果你知道要找什么且你的时机和选择是对的，你就会发现，一些深度折价的 CEF 提供了一种很好的方法来获得有吸引力的收益。例如，如果一只基金以 20% 的折扣交易，那么你为每一美元的资产只需支付 80 美分。如果你能以一个异常高的折扣（比如超过

10%）来购买基金，然后在折扣缩小或变成溢价时卖出，那么你就可以提高你的总收益。事实上，即使折扣不缩小，你的收益也会提高，因为你的投资收益率高于其他类似的开放式基金。其原因是：你投入的钱少。

【例 12 - 4】

假设一只 CEF 的交易价为 8 美元，为 10 美元的净资产价值的 20%。如果基金在当年分配了 1 美元的股利，那么其收益率为 12.5%（1 美元除以其 8 美元的价格）。然而，如果这是一只免佣的开放式基金，那么将按其较高的净资产价值来交易，因此，将只有 10%（1 美元除以其 10 美元的净资产价值）的收益率。

因此，当投资于 CEF 时，要特别注意溢价和折价的多少。特别是要密切关注深度折价交易的基金，因为这个特征本身可以提高收益。关于 CEF 要记住的最后一点是：避开 CEF 的新基金发行（IPO）和大幅溢价出售的基金。当新的 CEF 作为 IPO 上市时，千万不要购买新的 CEF。为什么？因为 IPO 几乎总是以高溢价进入市场，这是为弥补承销商价差所必须具备的。因此，随着份额价格在一两个月内降至折价或最低至其净资产价值，你面临几乎不可避免的亏钱的命运。

在大多数情况下，除了溢价或折价外，你应该像任何其他共同基金一样分析 CEF。也就是说，查看基金的费用率、投资组合周转率、过去表现、现金头寸等。另外，研究折价的历史。同时，请记住，对 CEF 而言，你可能不会收到（开放式基金那样的）招股说明书，因为它们不会持续向投资者提供新的份额。

度量绩效

与任何投资决策一样，考察收益情况是共同基金选择过程的一部分。基金支付的股利水平、资本利得和资本增长都是收益的重要方面。这样的收益信息使你能够判断基金的投资行为，并评估其与其他基金和投资相比的表现。在这里，我们将探讨投资者可以用来评估共同基金收益的不同指标。此外，由于风险在界定基金的投资行为方面如此重要，我们也会考察共同基金风险。

收益的来源

开放式共同基金有 3 个潜在的收益来源：股利收入，资本利得的分配和基金价格（或净资产价值）的变化。根据基金类型，一些共同基金从一个来源比从另一个来源获得更多的收入。例如，我们通常期望收入基金的股利收入高于资本利得的分配。

开放式共同基金定期发布概括投资业绩的报告。这样一个报告是收入和资本变化的摘要，其示例见表 12 - 2。该基金的简介或招股说明书中的这份报告简要概述了基金的投资活动，包括费用率和投资组合周转率。这里我们感兴趣的是报告的顶部（从"期初净资产价值"到"期末净资产价值"——第 1 至 10 行）。这部分显示了股利收入和分配给股东的资本利得的金额，以及基金净资产价值的任何变化。

表 12 - 2　　　　　共同基金的收入和资本变化报告（就一个份额一整年变化而言）

	2013 年	2012 年	2011 年
1. 期初净资产价值（美元）	**24.47**	**27.03**	**24.26**
2. 来自投资运作的收入（美元）			
3. 净投资收入（美元）	0.60	0.66	0.50
4. 证券的净利得（已实现的和未实现的，美元）	6.37	(1.74)	3.79
5. 投资运作的总收入（美元）	6.97	(1.08)	4.29
6. 减去分配（美元）：			
7. 来自净投资收入的股利（美元）	(0.55)	(0.64)	(0.50)
8. 来自已实现的利得的分配（美元）	(1.75)	(0.84)	(1.02)
9. 总分配（美元）	(2.30)	(1.48)	(1.52)
10. 期末净资产价值（美元）	**29.14**	**24.47**	**27.03**
11. 总收益率（%）	28.48	(4.00)	17.68
12. 比率/补充数据			
13. 期末净资产（千美元）	**307 951**	**153 378**	**108 904**
14. 费用与平均净资产的比率（%）	1.04	0.85	0.94
15. 净投资收益与平均净资产的比率（%）	1.47	2.56	2.39
16. 投资组合周转率（%）*	85	144	74

＊投资组合周转率将基金买入和卖出的股票数量与基金的投资组合中持有的总股数挂钩。高的周转率（超过100%）意味着基金已经做了很多交易。

共同基金的**股利收入**（dividend income）（见表 12 - 2 第 7 行）来自共同基金持有的证券所得的股利和利息收入。它是从基金满足所有运营费用后剩余的净投资收入中支付的。当基金收到股利或利息支付时，它以股利支付的形式将其转给股东。基金累积当期的所有收入，然后按比例支付。因此，如果一只基金在某一年获得了 200 万美元的股利和利息，并且如果该基金有 100 万股流通股，那么每股将获得每年 2 美元的股利。因为共同基金本身是免税的，所以股利收入应付的任何税都是由个人投资者支付的。对不在〔如 IRA 或 401(k) 那样的〕递延税款账户中的资金，股利的应付税额取决于这些股利的来源。也就是说，如果这些分配来自基金的普通股持有赚取的股利，那么它们享受 15% 或更低的优惠税率。然而，如果这些分配来源于债券的利息收入、REIT 的股利或大部分类型的优先股的股利，那么这些股利就不符合税收优惠待遇的条件，而需作为普通收入纳税。

资本利得分配（capital gains distribution）（见第 8 行）的原理相同，只是这些支付来源于基金实际赚取的资本利得。其原理是这样的：假设基金在一年前按每股 50 美元买了一些股票，并在当前期间以每股 75 美元的价格卖出股票。显然，该基金已获得每股 25 美元的资本利得。如果基金持有 5 万股这只股票，那么将实现 1 250 000 美元的总资本收益（25×50 000 ＝ 1 250 000 美元）。给定基金有 100 万个流通份额，每份就能以资本利得分配的形式获得 1.25 美元。（从税收的角度来看，如果资本利得是长期的，那么它们符合

15%或更低的优惠税率；如果不是，那么将其视为普通收入。）注意，这些（资本利得）分配仅适用于已实现的资本利得（即持有证券被实际出售和资本利得被实际获得）。

未实现的资本利得（unrealized capital gain）[或**账面利润**（paper profit）]是共同基金回报的第三个也是最后一个组成部分。当基金持有的资产的价格上涨或下跌时，基金的净资产价值相应变动。假设投资者以每股（每个份额）10 美元买入基金，后来的某个时候基金的净资产价值为 12.50 美元。每股（每个份额）2.50 美元的差额就是未实现的资本利得。这代表如果基金出售其持有的资产，份额持有者将有权获得利润。（实际上，如表 12-2 所示，净资产价值的一些变化也可以由未分配收入构成。）

对于封闭式基金来说，收益来自与开放式基金相同的三个来源，还有第四个来源：价格折价或溢价的变化。但是，由于折价或溢价已经嵌入基金的价格，对封闭式基金来说，收益的第三个组成部分——份额价格的变化——不仅包括净资产价值的变化，而且包括价格折价或溢价的变化。

收益的度量

一个简单而有效的绩效衡量标准是根据上述 3 个主要来源描述共同基金收益：所得的股利、收到的资本利得分配和价格的变化。在处理 1 年或以下的投资时，我们可以使用标准的持有期收益率（HPR）公式将这些基金收益转换为一个收益率数字。这里使用表 12-2 中 2013 年的数字计算如下。在 2013 年，这个假设的免费开放式基金每份支付了 55 美分的股利和另一笔 1.75 美元的资本利得分配。年初的价格为 24.47 美元，到年底时升至 29.14 美元。因此，总结这种投资业绩，我们得到如下表所示的数据。

年初价格（NAV）（第 1 行，美元）	24.47
年末价格（NAV）（第 10 行，美元）	29.14
净增加（美元）	**4.67**
该年的收益（美元）：	
收到的股利（第 7 行）	0.55
资本利得分配（第 8 行）	1.75
价格的净增加（NAV）	4.67
总收益	6.97
持有期收益率（HPR）（总收益÷初始价格）（%）	**28.48**

这个 HPR 指标与基金行业用于报告年收益率的过程相当：这个相同的值可以在表 12-2 的第 11 行看到，该行显示了基金的"总收益率"。这不仅体现了共同基金收益的所有重要组成部分，而且提供了一个方便的收益指示。请注意，该基金的美元总收益为 6.97 美元，基于 24.47 美元的初始投资，该基金的年收益率约为 28.5%。

有股利和资本利得再投资的 HPR。 许多共同基金的投资者将其股利或资本利得分配再投资于基金。当你以额外的股份而不是现金的形式收到你的（股利或资本利得）支付时，如何衡量收益？稍作修改，你可以继续使用持有期收益率。唯一的区别是，你必须跟踪通过再投资所获得的份额数。

为说明起见，我们继续上面的例子。假设你最初购买了 200 份共同基金，再假设你能够通过基金的再投资计划以每份 26.50 美元的平均价格获得份额。因此，460 [＝(0.55＋1.75)×200] 美元的股利和资本收益分配为你提供 17.36（＝460÷26.50）个额外的基金份额。这种情况下的持有期收益率将使期初的持有量的市场价值与期末的持有量的市场价值相关联：

$$持有期收益率 = \frac{期末份额数 \times 期末价格 - 期初份额数 \times 初始价格}{期初份额数 \times 初始价格} \qquad (12-2)$$

因此，这项投资的持有期收益率为

$$持有期收益率 = \frac{217.36 \times 29.14 - 200 \times 24.47}{200 \times 24.47} = \frac{6\ 333.87 - 4\ 894.00}{4\ 894.00} = \underline{\underline{29.4\%}}$$

与之前一样，这个持有期收益率也提供了一个对收益率的测度，你可以用它来将这只基金的绩效与其他基金和投资工具的绩效进行比较。

度量长期收益。不是使用 1 年持有期，有时需要评估共同基金在较长时间内的业绩。在这些情况下，使用持有期收益率作为绩效指标是不合适的，因为它忽视了货币的时间价值。相反，当面对多年的投资期间时，我们可以使用基于现值的内部收益率（IRR）来确定基金的年均复合收益率。

为了说明，再次参考表 12-2。假设这次我们想要找到在整个 3 年期（2011—2013）的年收益率。我们看到共同基金有如下的年股利和资本利得分配：

项目	2013 年	2012 年	2011 年
支付的年股利（美元）	0.55	0.64	0.50
分配的年资本利得（美元）	1.75	0.84	1.02
总分配额（美元）	2.30	1.48	1.52

鉴于该基金在期初（2011 年 1 月 1 日）的价格为 24.26 美元，2013 年底（3 年后）的交易价格为 29.14 美元，我们有如下各时期的现金流：

初始现金流（美元）	随后的现金流（美元）		
	年份 1	年份 2	年份 3
24.26	1.52	1.48	2.30＋29.14
（初始价格）	（分配）	（分配）	（分配＋最终价格）

我们希望找到使得年股利或资本利得分配及第三年的最终价格之和等于基金的初始（2011年）价格（24.26 美元）的贴现率。

使用标准的现值计算，我们发现，表 12-2 中的共同基金在 3 年期间提供了 13.1% 的年收益率。也就是说，按照 13.1%，第一、二和三年的现金流量的现值等于基金的初始价格（24.26 美元）。这些信息有助于我们评估基金的表现，并比较各种投资的收益表现。

根据美国证券交易委员会的规定，如果共同基金报告历史收益，它们必须使用标准化格式，采用完全复合的总收益数字，类似于从上面基于现值的计算中获得的收益数字。不要求基金报告此类信息，但如果它们在促销材料中列举绩效，它们必须遵循全面披露的呈现方式，不仅考虑股利和资本利得分配，而且要考虑基金的净资产价值在过去的1、3、5和10年期里发生的任何增加或减少。

封闭式基金的收益。 传统上，CEF 的收益率是根据其资产净值计算的。也就是说，当计算收益率时，溢价和折价被忽略。然而，以实际市场价格表示的收益表现变得越来越普遍，这种做法反映了不断变化的市场溢价或折价对持有期收益率的影响。如你所料，溢价或折价越大，这些值随时间的变化越大，对报告的收益率的影响越大。CEF 有不同的基于市场和基于 NAV 的持有期收益率并不鲜见。使用 NAV，你可以求出 CEF 的收益率，与你对开放式基金的收益率所做的完全相同。相反，当使用实际的市场价格来衡量收益率时，你需要做的是，在持有期收益率或内部收益率指标中，用持有期内基金（包括其内嵌的溢价或折价）的市场价格来替代相应的 NAV。

一些 CEF 投资者喜欢同时计算基于 NAV 和基于市场的收益率指标来了解变化的溢价（或折价）如何影响其持有的共同基金的收益率。即使如此，一般来说，基于 NAV 的收益率数字通常被视为更可取的绩效指标。由于基金经理通常对溢价或折价的变化很少或根本没有控制力，所以基于 NAV 的指标可以更好地了解基金本身的业绩。

风险事项

因为大多数共同基金在投资上如此多样化，它们的投资者在很大程度上免受个别证券通常存在的非系统性风险的影响。然而，即使在广泛多元化的情况下，大多数基金仍然遭受相当数量的系统性风险或市场风险的影响。事实上，由于共同基金投资组合的多元化程度如此之高，它们往往表现得非常类似于市场——或者像基金所盯住的市场部门。虽然几种基金，如黄金基金，往往是防御性的（反周期），但市场风险仍然是影响大多数类型的共同基金的重要因素，包括开放式基金和封闭式基金。你应该意识到整体市场对共同基金投资业绩的影响。例如，如果市场趋势向下，你预期这种趋势还会继续下去，那么在市场趋势逆转之前最好将所有新的投资资本都放入像货币基金这样的产品中。

另一个重要的风险因素事关基金本身的管理实践。如果投资组合是消极管理的，那么资本损失的风险可能远低于积极管理的基金。另外，基金的投资目标越有投机性，净资产价值不稳定性的风险就越高。但是，消极管理的投资组合并不能消除所有的价格波动。投资组合中的证券仍然受通货膨胀、利率和整体市场风险的影响。然而，这些风险对投资目标和投资组合管理做法较为保守的基金的影响通常较小。

概念复习

答案参见 www. pearsonhighered. com/smart。

12. 12 整体市场行为在影响共同基金的价格表现方面有多重要？请解释。市场的未来行为在选择过程中是否重要？请解释。

12. 13 封闭式基金的主要或主导类型是什么？封闭式基金与开放式基金有什么不同？

12.14 确定共同基金投资者的三个潜在收益来源，并简要讨论每个来源如何影响股东的总收益。解释封闭式基金的折价或溢价如何被视为投资者的收益。

12.15 讨论共同基金份额持有者面临的各种类型的风险。共同基金的主要风险敞口是什么？所有基金都承担相同水平的风险吗？请解释。

我的金融实验室

下面是学完本章之后你应该知道的内容。**我的金融实验室**会在你需要练习的时候帮助你识别你知道什么以及去哪里练习。

你应该知道的	重要术语	去哪里练习
目标 1：描述共同基金的基本特征，并指出投资必须提供什么。 共同基金份额代表对多元化、专业管理的证券投资组合的所有权。许多缺乏时间、知识或承诺来管理自己的资金的投资者转向共同基金。共同基金的份额持有者受益于多元化，否则他们可能难以实现投资业绩。他们也可以用有限的资本来投资，并可以获得其他地方没有的投资服务	积极管理的基金 管理费 共同基金 消极管理的基金 汇集分散化	我的金融实验室学习计划 12.1
目标 2：区分开放式基金、封闭式基金、交易所交易基金和其他类型的专业管理投资公司，并讨论各种类型的基金销售费、管理费和收费。 开放式基金对其可能发行的份额数量没有限制。封闭式基金有固定数量的流通份额并像普通股的股份一样在二级市场交易。交易所交易基金同时具有开放式基金和封闭式基金的特征。其他类型的投资公司包括单位投资信托、对冲基金（为机构和高净值个人准备的私人不受监管的投资工具）、REIT（投资于各种类型的房地产）和可变年金。共同基金投资者面临着一系列销售费用、管理费用和收费，包括认购费、赎回费、年度 12(b)-1 费用和年度管理费。这些成本中的一些是一次性费用（如认购费）。其他的每年支付［如 12(b)-1 费用和管理费］。投资者应了解基金成本，这可能拖累基金业绩和收益	赎回费 封闭式基金 对冲基金 付佣基金 低佣基金 净资产价值（NAV） 开放式基金 房地产投资信托（REIT） 12(b)-1 费用	我的金融实验室学习计划 12.2
目标 3：讨论可用基金类型和这些基金寻求实现的投资目标的多样性。 每只基金都有明确的投资目标，确定其投资政策并将其确定为某种类型的基金。一些流行类型的基金是增长基金、积极增长基金、价值基金、股权收入基金、平衡基金、增长和收入基金、资产配置基金、指数基金、债券基金、	积极增长基金 资产配置基金 自动投资计划 平衡基金 转换（交换）权利 债券基金	我的金融实验室学习计划 12.3

你应该知道的	重要术语	去哪里练习
货币市场共同基金、部门基金、社会责任基金和国际基金。不同类型的基金有不同的风险收益特征	股权收入基金 基金家族 增长和收入基金 增长基金 指数基金 国际基金	
目标 4：讨论共同基金提供的投资服务，以及这些服务如何适应投资计划。共同基金还提供特别服务，如自动投资计划、自动再投资计划、系统性提款计划、转换特权以及退休计划	货币市场共同基金（货币基金） 部门基金 社会责任基金 系统性提款计划 价值基金	我的金融实验室学习计划 12.4
目标 5：描述共同基金对投资者的用途以及因投资目的而评估和选择基金时要考虑的变量。投资者可以使用共同基金来积累财富、作为价值贮藏所或者作为投机和短期交易的工具。基金选择一般从评估投资者的需求和期望开始。下一步是考虑就投资目标、风险敞口和投资者服务而言，基金必须提供什么。然后，投资者通过使其需求与可用基金类型相一致来缩小替代方案的范围，并且从这个短的基金列表中检测最终的选择：基金表现和成本	资本利得分配 股利收入	我的金融实验室学习计划 12.5
目标 6：确定收益的来源，并计算在共同基金投资上获得的收益率。投资于共同基金的收益包括股利收入、已实现资本利得的分配、资本增长（未实现的资本利得）以及——对封闭式基金而言——溢价或折价的变化。各种收益指标考虑到这些元素，并提供简单而有效的方法来衡量共同基金的年收益率。风险对共同基金投资者也很重要。基金的广泛多元化可以保护投资者免受商业和金融风险的影响，但仍然存在相当大的市场风险，因为大多数基金的表现非常类似于市场，或者如它们所处的细分市场一样	未实现的资本利得（账面利润）	我的金融实验室学习计划 12.6 问题 P12.11 和 P12.16 的视频学习辅导

登录**我的金融实验室**，做一个章节测试，取得一个个性化的学习计划，该学习计划会告诉你，你理解哪些概念，你需要复习哪些。在那儿，**我的金融实验室**会提供给你进一步的练习、指导、动画、视频和指引性解决方法。登录 www.myfinancelab.com

讨论题

Q12.1 对比持有共同基金和直接持有股票和债券。假设你的课程将要辩论通过共同基金投资相对于直接投资于股票和债券的优点。为辩论的每一方提出一些论据，并准备在课堂上讨论它们。如果你不得不选择一方，会是哪一方？为什么？

Q12.2 描述创建 ETF 的过程。它与开放式基金的创建过程有什么不同？

Q12.3 对于下列每对基金，选择可能风险较小的基金。简要解释你的答案。

a. 增长基金相对于增长和收入基金；

b. 股权收入基金相对于高等级公司债券基金；

c. 平衡基金相对于部门基金；

d. 国际基金相对于价值基金；

e. 中期债券基金相对于高收益市政债券基金。

Q12.4 描述一只 ETF，并解释这些基金如何结合开放式基金和封闭式基金的特点。考虑先锋基金家族。它的哪只基金最类似于"蜘蛛"（SPDR）？（你选择的）先锋基金和 SPDR 在哪方面是一样的？它们如何不同？如果你只能投资其中一只，会是哪一只？解释一下。

Q12.5 在没有任何销售费用的情况下，开放式共同基金的定价为（或非常接近于）其净资产价值，而封闭式基金很少按其净资产价值交易。解释一下为什么一种类型的基金通常会按其净资产价值交易，而另一种类型的基金（CEF）通常不。什么是价格溢价和折价？你通常会在共同基金市场的什么部门找到它们？在 WSJ.com 或其他在线来源中查找 5 只折价交易的基金和 5 只溢价交易的基金。列出所有 10 只基金，包括它们各自的折价和溢价的大小。你能找到的最大的价格折扣是多少？最大的价格溢价是多少？什么会导致基金折价交易？什么会导致基金溢价交易？

Q12.6 假设你刚刚继承了 20 000 美元。现在你面临着如何花费这笔钱的"问题"。你可以支付公寓或你一直想要的跑车的首付款，或者你可以建立一个共同基金投资组合。经过深思熟虑，你决定建立一个 20 000 美元的共同基金投资组合。使用实际的共同基金和实际报价，提出一个计划，将 20 000 美元尽可能多地投资于一个共同基金组合。（除了一只或多只开放式基金之外，至少包括一只 CEF 或 ETF。）具体一点儿！简要描述你计划的投资组合，包括你试图实现的投资目标。

问题

P12.1 1 年前，投资者以每股 8.50 美元的价格购买了 200 股共同基金。在过去的 1 年，基金已支付每股 0.90 美元的股利，并且每股的资本利得分配为 0.75 美元。

a. 给定这只免佣基金现在的净资产价值为 9.10 美元，求投资者的持有期收益率。

b. 假设所有的股利和资本利得分配都以每股 8.75 美元的平均价格再投资于新的基金股份，求持有期收益率。

P12.2 1 年前，Really Big 增长基金按 21.50 美元的净资产值报价，发行价为 23.35 美元。现在，它的报价为 23.04 美元（NAV）和 25.04 美元（发行价）。假设 1 年前购买了该基金且该年其股利和资本利得分配总额为每份 1.05 美元，那么这只付佣基金的持有期收益率是多少？（提示：作为投资者，你按发行价购买基金份额并按净资产价值卖出。）

P12.3 All-State 共同基金有以下 5 年的业绩记录：

	2013 年	2012 年	2011 年	2010 年	2009 年
净投资收入	0.98	0.85	0.84	0.75	0.64
来自净投资收入的股利	(0.95)	(0.85)	(0.85)	(0.75)	(0.60)
证券交易中净的已实现的和未实现的利得（或损失）	4.22	5.08	(2.18)	2.65	(1.05)
来自已实现的利得的分配	**(1.06)**	**(1.00)**	—	**(1.00)**	—
NAV 的净增加（减少）	3.19	4.08	(2.19)	1.65	(1.01)
年初的 NAV	**12.53**	**8.45**	**10.64**	**8.99**	**10.00**
年末的 NAV	**15.72**	**12.53**	**8.45**	**10.64**	**8.99**

求出这只免佣基金的 5 年（2009—2013 年）的年均复合收益率。再求出其 3 年（2011—2013 年）的年均复合收益率。如果一位投资者在 2009 年按每份 10.00 美元的价格买入该基金，并在 5 年后（2013年）以 15.72 美元的价格卖出，那么她在 5 年的持有期内每份赚到的总利润是多少？

P12.4　你发现以下关于某只共同基金的每个份额的信息：

单位：美元

	2012 年	2013 年	2014 年
最终的份额价格：			
报价	46.20	64.68	61.78
NAV	43.20	60.47	57.75
股利收入	2.10	2.84	2.61
资本利得分配	1.83	6.26	4.32
最初的份额价格：			
报价	55.00	46.20	64.68
NAV	51.42	43.20	60.47

根据这些信息，求出 2012 年、2013 年和 2014 年基金的持有期收益率。（在所有 3 种情况下，假设你在年初购买基金，并在每年年底卖出。）另外，求出基金在 2012—2014 年的 3 年期间的年均复合收益率。如果投资者最初购买了 500 个基金份额，并将股利和资本利得的分配按照每份 52.50 美元的平均价格再投资于额外的基金份额，那么 2013 年的持有期收益率会是多少？

P12.5　下面列出了从该基金 2014 年 5 月 30 日的招股说明书中获得的 LM&C 公司的增长基金 10 年的每个份额绩效的记录：

单位：美元

	2014 年	2013 年	2012 年	2011 年	2010 年	2009 年	2008 年	2007 年	2006 年	2005 年
1. 期初净资产价值	58.60	52.92	44.10	59.85	55.34	37.69	35.21	34.25	19.68	29.82
2. 来自投资运作的收入：										
3. 净投资收入	1.39	1.35	1.09	0.63	0.42	0.49	0.79	0.37	0.33	0.38

续前表

	2014 年	2013 年	2012 年	2011 年	2010 年	2009 年	2008 年	2007 年	2006 年	2005 年
4. 证券净利得	8.10	9.39	8.63	(6.64)	11.39	19.59	5.75	2.73	15.80	(0.02)
5. 投资总收入	9.49	10.74	9.72	(6.01)	11.81	20.08	6.54	3.10	16.13	0.36
6. 减去分配:										
7. 股利	(0.83)	(1.24)	(0.90)	(0.72)	(0.46)	(0.65)	(0.37)	(0.26)	(0.33)	(0.58)
8. 已实现利得的分配	(2.42)	(3.82)	—	(9.02)	(6.84)	(1.78)	(3.69)	(1.88)	(1.23)	(9.92)
9. 总分配	(3.25)	(5.06)	(0.90)	(9.74)	(7.30)	(2.43)	(4.06)	(2.14)	(1.56)	(10.50)
10. 期末净资产价值	64.84	58.60	52.92	44.10	59.85	55.34	37.69	35.21	34.25	19.68

利用这一信息来求出 LM&C 在 2014 年和 2011 年的持有期收益率。再求出在 2010—2014 年的 5 年内以及在 2005—2014 年的 10 年内该基金的收益率。最后，假设 LM&C 基金的认购费为（NAV）5%，重新计算这 4 个收益数字。评论一下收费对共同基金收益率变化的影响。

P12.6 使用校园或公共图书馆（或互联网）上的资源，选择 5 只你认为会做出好的投资的共同基金——一只增长基金、一只股权收入基金、一只国际（股票）基金、一只指数基金和一只高收益的公司债券基金。简要解释你为什么选择这些基金。列出过去 1 年基金的持有期收益率及其过去 3 年的年复合收益率。（使用表 12 - 2 那样的时间表来展示相关的绩效数字。）

P12.7 1 年前，超级明星封闭式基金的净资产价值为 10.40 美元，并以 18% 的折价销售。现在，其净资产价值为 11.69 美元，并按 4% 的溢价销售。超级明星该年支付的股利为 0.40 美元，资本利得的分配为 0.95 美元。根据这一信息，计算以下各项：

a. 超级明星该年的基于净资产价值的持有期收益率。

b. 超级明星该年的基于市场的持有期收益率。市场溢价或折价是增加还是减少投资者的收益？请解释。

c. 重复基于市场的持有期收益率的计算，只是这次假设基金年初的溢价为 18%，年末的折价为 4%。（假设年初和年末的净资产价值分别保持在 10.40 美元和 11.69 美元。）这个收益率指标有什么变化吗？为什么？

P12.8 Well-Managed 封闭式基金在 2013 年的表现如下。

单位：美元

项目	年初	年末
NAV	7.50	9.25
基金份额的市场价格	7.75	9.00
该年支付的股利	—	1.20
该年分配的资本利得	—	0.90

a. 基于这些信息，2013 年该基金的基于 NAV 的 HPR 是多少？

b. 求出基金在年初和年末交易时的百分比（%）溢价或折价。

c. 2013 年该基金的基于市场的 HPR 是多少？市场溢价或折价是增加还是损害了这只 CEF 的持有期收益率？解释一下。

P12.9　3 年前，你以每股 20.00 美元的净资产价值购买了 1 000 个基金份额并投资于未来投资公司共同基金。因为你不需要收入，你选择再投资所有股利和资本利得分配。现在，你以每份 22.91 美元的价格卖出你在这只基金中的 1 100 个份额。这项投资这 3 年的复合收益率是多少？

P12.10　参考上面的 P12.9。如果该基金有 3% 的销售费用，假设你购买的份额数量相同，你的收益率是多少？

P12.11　你在 1 年前以每份 25.00 美元的净资产价值购买了 1 000 个基金份额并投资于免佣的 OhYes 共同基金。基金分配了 1.50 美元的股利和 2.00 美元的资本利得。现在，NAV 是 26 美元。你的持有期收益率是多少？

P12.12　参阅 P12.11。如果 OhYes 是一只有 2% 的认购费的付佣基金，HPR 是多少？

P12.13　你正在考虑购买一只封闭式共同基金的份额。NAV 等于 22.50 美元，最近收盘价为 20.00 美元。这只基金是溢价还是折价交易？溢价或折价有多大？

P12.14　你在 1 年前以每股 20.00 美元的价格购买了 1 000 个 MutualMagic 的份额。在这 1 年中，你收到 2.00 美元的股利，其中一半来自基金持有的股票的股利，一半来自基金投资组合中持有的债券的利息。假设你的联邦边际税率是 25%，你要对你今年收到的分配支付多少联邦税？（你的答案应该是多少美元。）

访问 www.myfinancelab.com 来获得网络练习、电子表格和其他在线资源。

案例题 12 - 1

牧师马克·托马斯考虑共同基金

马克·托马斯（Mark Thomas）是圣迭戈地区教会的牧师。他结婚了，有一个小孩，并赚到"不多的收入"。由于宗教组织并没有慷慨的退休计划，所以牧师认为自己应该做一些投资。他想建立一个计划，使他能补充教会的退休计划，同时为他的孩子的大学教育（还有 12 年左右）提供一些资金。他不打算打破任何投资纪录，只是想未雨绸缪地为他的家庭的长期需求做准备。

虽然他收入不高，但马克·托马斯认为，通过仔细规划，他每个季度可以投资约 250 美元（运气好的话，随着时间的推移这笔钱也会增加）。他目前有一个 15 000 美元的储蓄账户，他愿意用它来开始这个计划。考虑到他的投资目标，他不想冒很大的风险。因为他的投资知识局限于储蓄账户、系列 EE 储蓄债券以及关于共同基金的一点儿知识，于是，他向你寻求一些投资建议。

问题

a. 根据马克的长期投资目标，你认为共同基金是适合他的投资工具吗？

b. 你认为他应该用他的 15 000 美元储蓄开始共同基金投资计划吗？

c. 你会为这名牧师建立何种共同基金投资计划？在你的答案中要包括你会考虑的资金类型、你会设定的投资目标以及你会寻求的任何投资服务（例如提款计划）的一些讨论。税收是你的投资建议的重要考虑因素吗？请解释。

案例题 12 - 2

卡尔文·雅各布斯追求美好生活

卡尔文·雅各布斯（Calvin Jacobs）是一个鳏夫，在经历长期的职业生涯后，最近刚从一个中西部的制造业公司退休。从一名熟练的工匠开始，他在公司工作了超过 30 年的时间，一直干到店铺主管。卡尔文领取社会保障福利和慷慨的公司养老金。这些钱合计每月超过 4 500 美元（其中一部分免税）。卡尔文没有孩子，所以他独自生活。卡尔文拥有一间位于他家附近的两居室出租房，租金收入能覆盖出租房和他房子的抵押贷款。

多年来，卡尔文和他已故的妻子阿莉（Allie）每个月总是尽量存一点儿钱。结果非同寻常。卡尔文的流动性投资（都以银行 CD 和储蓄账户的形式持有）的价值达到 6 位数。到目前为止，卡尔文一直让他的钱增值，并没有使用他的任何储蓄来补充他的社会保障、养老金和租金收入。但事情即将改变。卡尔文决定，"管他的，是我开始过好日子的时候了！"卡尔文想要旅行，实际上，是开始收获他工作的好处。因此，他决定将 100 000 美元从储蓄账户转到 1 只或 2 只高收益的共同基金。他希望尽可能长时间地从基金那里每月收到 1 000 至 1 500 美元，因为他打算长期四处旅行。

问题

a. 给定卡尔文的金融资源和投资目标，你认为他应该考虑什么类型的共同基金？

b. 就卡尔文而言，在基金选择过程中应考虑哪些因素？这些因素如何影响其行动？

c. 你认为他应该在共同基金中寻找什么类型的服务？

d. 假设卡尔文投资于一只共同基金，该基金每年从股利收入和资本利得中赚取约 10%。考虑到卡尔文希望从他的共同基金中每月收到 1 000 到 1 500 美元，他的投资账户在 5 年后的规模是多少？如果基金平均获得 15% 的利润，其他都保持不变，那么账户会有多少钱？基金收益对卡尔文的投资状况的重要性如何？请解释。

Excel 电子表格

在《华尔街日报》中，开放式共同基金与其他证券分开列出。它们有自己的报价系统，其中主要的数据变量是净资产价值（NAV）和年初至今的收益率。NAV 是你卖出份额时获得的价格，或者是你购买免佣基金时支付的价格。

创建类似于表 12 - 2 的电子表格模型，你可以在 www. myfinancelab. com 上看到，来分析与MoMoney 共同基金相关的以下 3 年的数据。它应该报告分配给份额持有者的股利收入和资本利得的数额，以及基金净资产价值的任何其他变化($b=0.50$)。

A	B	C	D	E
1	**2007**	**2006**	**2005**	
2 NAV beginning of period	$ 35.24	$ 37.50	$ 36.25	
3 Net investment income	$ 0.65	$ 0.75	$ 0.60	
4 Net gains on securities	$ 5.25	$ 4.75	$ (3.75)	
5 Dividends from net investment income	$ 0.61	$ 0.57	$ 0.52	
6 Distributions from realized gains	$ 1.75	$ 2.01	$ 1.55	
7				

问题

a. 投资业务的总收入是多少？

b. 投资业务的总分配是多少？

c. 计算 MoMoney 基金截至 2013 年底、2012 年底和 2011 年底的净资产价值。

d. 计算 2013 年、2012 年和 2011 年的持有期收益率。

本章开放问题

登录雅虎财经，查找关于先锋 500 指数投资者基金（代码 VFINX）和富达麦哲伦基金（代码 FMAGX）的数据。这些都属于美国较大的共同基金。选择其中一只基金，单击"基本图表"（Basic Chart）链接来看看它在过去 5 年的表现。打开该图表后，在框中输入其他基金的股票代码，使得你可以在同一图表上绘制其他基金的表现。这两只基金中的哪一只在最近几年表现更好？单击"持有情况"（Holdings）链接查看每只基金的前十大持有情况。两只基金的前十名单中有相同的股票出现吗？

第13章 管理自己的投资组合

学习目标

学完本章之后，你应该能够：

目标1：解释如何使用资产配置方案来构建一个与投资者目标相一致的投资组合。

目标2：讨论衡量和比较投资业绩所需的数据和指标。

目标3：理解用于衡量收入、资本利得和投资组合总收益率的方法。

目标4：使用夏普指标、特雷诺指标和詹森指标将投资组合的收益率与经风险调整、市场调整的收益率进行比较，并讨论投资组合的修正。

目标5：描述美元成本平均计划、恒定美元计划、恒定比率计划与可变比率计划的作用和逻辑。

目标6：解释限价订单和止损订单在投资择时、储存流动性及选择出售投资的时机中的作用。

他因其选股能力而被称为"奥马哈的先知"。2012年，他被《福布斯》杂志评为世界上第三富有的人，其净值估计为440亿美元。作为伯克希尔·哈撒韦公司（Berkshire Hathaway, Inc.）的董事长，沃伦·巴菲特（Warren Buffett）目睹了其在1962年每股7美元的初始投资增长到了每股127 000美元。这家总部位于奥马哈的公司有54家子公司，包括保险（如GEICO）、服装（如Fruit of the Loom）、建筑产品（如Acme Brick Company和Johns Manville）、能源（如MidAmerican Energy Holdings Company）、食品和美食零售商（如International Dairy Queen, The Pampered Chef和See's Candies）、航空服务（如FlightSafety International）、家居（如Star Furniture）和珠宝零售（如Ben Bridge Jeweler, Borsheims

Fine Jewelry 和 Helzberg Diamonds）。此外，伯克希尔·哈撒韦公司还是一家公共投资公司，主要持有公司的股票，而这些公司听起来像是美国的名企录：美国运通、北方伯灵顿、可口可乐、康菲、宝洁、《华盛顿邮报》、富国银行等。

巴菲特成功的秘密是什么？充满传奇色彩的是他的长期投资视野和耐心。他因为能以远低于他所称的"内在"价值（包括诸如管理质量和高级品牌的力量等无形资产在内）的价格购买公司而声名远播。巴菲特会一直等到他喜欢的投资对象达到他的目标价格（感知价值）的时候才购买。"我们是通过公司的长期发展而不是通过股票的月度变动来衡量我们的成功的。"他说。

伯克希尔·哈撒韦公司的投资者急于想知道的另一个秘密是 82 岁的巴菲特的继任者是谁。2012 年初，巴菲特透露，伯克希尔·哈撒韦的董事会已经选好了他的继任者，但还不会让这个人知道他已经被选为这家超级成功的控股公司的下一任 CEO。即使在 2012 年 4 月被诊断患有前列腺癌之后，巴菲特还是说什么都没有变，被选中的继任者仍然不知道董事会的决定。伯克希尔·哈撒韦公司的投资者希望巴菲特能像他善于选择投资一样也善于选择他的继任者。

正如你在介绍投资组合管理基础知识的这一章将会看到的，投资是一个分析过程，然后是行动，随后又是更多的分析。你可能不是下一个沃伦·巴菲特（也许就是），但为建立和评估你自己的投资组合而了解他的方法不会让你误入歧途。

资料来源：Berkshire Hathaway Corporate Website, www.berkshirehathaway.com, accessed September 2009; historical data from www.finance.yahoo.com, accessed July 2012.

使用资产配置方案来构建投资组合

首先，我们考察构建投资组合的标准。其次，使用这些标准来制订一个在各种投资类别中分配资产的计划。该计划为选择投资组合中的个别投资提供了一个基础的、有用的框架。在尝试将风险和多元化的概念纳入固定的投资组合细则时，我们将同时使用传统和现代方法（见第 5 章）。

投资者的特征和目标

在你制订计划来管理自己的投资组合的时候，你应该考虑各种各样的问题。当然，这些因素包括你可能纳入投资组合中的特定投资的风险和收益特征，但也包括个人问题。例如，你的收入的多少和你的就业的稳定性也很重要。如果你有一份稳定、高薪的工作，那么你可以在你的投资组合中承担更多的风险。

> **投资者错误**
> ### 婚姻对你的投资组合有好处
>
> 最近的一项研究发现，单身女性的投资收益率高于单身男性，部分原因是单身男性对自己的投资实力过于自信，交易过于频繁，交易成本过高。但是，已婚男士的投资表现与已婚女士的投资表现非常接近。换句话说，至少如果你是一名男性，那么婚姻似乎对你的投资组合有好处。

此外，随着时间的推移，你赚取更多的收入，可能面临更高的边际税率，从而你的投资方案产生的税收影响变得更加重要。你的婚姻状况也很重要，当然，有了孩子也会改变你的储蓄和投资目标。最后，你的投资经验也会影响你的投资策略。通常，在投资市场上最好是通过逐渐进入来"一点一点地熟悉"而不是一跃而入。一个审慎制订的投资计划可能比冲动的计划提供更好的长期结果。

现在，你应该问问自己，你想从你的投资组合中得到什么？你通常必须在高的当前收入和资本增值之间做出选择。很难做到两者兼得。拥有高的升值潜力的代价通常是低的当前收入潜力。

你的需求会决定你选择哪条路。一个收入取决于其投资组合的退休人员可能会选择一种低风险、追求当前收入的路径。年轻的投资者可能更愿意承担风险投资，希望能以更快的速度积累财富。因此，投资组合必须根据你的需求来构建，这取决于你的收入、年龄、家庭的规模和风险偏好。

投资组合目标和细则

构建投资组合是一个逻辑过程，最好是在分析了你的需求和投资选项之后进行。在规划和构建投资组合的时候，你应该考虑以下目标：
（1）产生当前收入；
（2）保存资本；
（3）资本增长；
（4）减少纳税；
（5）管理风险。

在确定最适合你的投资组合时，所有这些因素可能都发挥着有影响力的作用。它们可以像下面这样结合起来：前两项，即产生当前收入和保存资本，对应于低风险的、保守的投资策略。通常，有这种目标的投资组合包含低贝塔（低风险）的证券。第三项的资本增长目标意味着风险的增加和当前收入水平的降低。如果你很重视资本增长目标，那么高风险增长型股票、期权、期货和其他更具投机性的投资可能适合你。第四项，即你的税级，也会影响你的投资策略。如果你处于高的纳税等级，那么你会有很大的动机来延迟纳税和获得资本利得形式的投资收益。如果你处于较低的纳税等级，那么你不太会关心你的投资收入的形式，从而你会更愿意投资于当前收入较高的证券。最后也是最重要的一项因素是风险。投资者在所有的投资决策中都应该考虑风险收益的权衡取舍。

制订一个资产配置方案

一旦你已经将你的需求转换为具体的投资组合目标，你就可以构建一个旨在实现这些目标的投资组合了。然而，在购买任何投资之前，你还必须制订资产配置方案。**资产配置**（asset allocation）是将你的投资组合分成各种资产类别，如美国股票、美国债券、外国证券、短期证券及其他实物资产（如黄金）和房地产等资产。资产配置的重点是保存资本——在利用有利情况的同时避免不利情况。资产配置与多元化有点儿不同，其重点是投资各种资产类别。相比之下，多元化往往更侧重于**证券选择**（security selection）——选择在资产类别中要持有的特定证券。

资产配置是基于这样的信念：投资在资产类别上的分配情况对投资组合总收益的影响要大于每个资产类别内的实际投资对投资组合总收益的影响。事实上，研究表明，高达 90% 的投资组合收益来自资产配置。从而，不到 10% 可归因于实际的证券选择。此外，研究人员还发现，与在任何单一资产类别中选择最佳投资相比，资产配置对降低总风险的影响更大。

资产配置方法

资产配置的基本方法是固定权重法、灵活权重法和战术性资产配置。就投资组合中保持的每个资产类别的比例来看，第一种和第二种方法有所不同。第三种是机构投资组合经理使用的更奇特的技术。

固定权重。 固定权重法（fixed-weightings approach）将投资组合的固定的百分比分配给每个资产类别（大多数个人投资于 3 至 5 个资产类别）。假设 4 个类别——普通股、债券、外国证券和短期证券——的固定配置可能如下。

类别	配置（%）
普通股	30
债券	50
外国证券	15
短期证券	5
总的投资组合	100

通常，固定的权重不随时间而变。当市场价值发生变化时，你可能不得不每年或在重大市场变动之后调整投资组合来维持意愿的固定百分比配置。

固定的权重可以是也可以不是对每个类别相等的百分比配置。例如，我们可以为上述 4 个类别中的每一个分配 25%。研究表明，在很长一段时间内，对美国股票、外国股票、长期债券、现金和房地产的等比例（20%）配置的投资组合在收益率和风险方面均超越标准普尔 500 指数。这些发现进一步支持了即使是一个简单的买入并持有的资产配置策略也很重要。

灵活权重。 灵活权重法（flexible-weightings approach）是指根据市场分析对每个资产类别的权重进行周期性调整。使用灵活权重方案通常被称为战略性资产配置。例如，基于灵活权重法的初始和新的配置可能如下。

类别	初始配置（%）	新的配置（%）
普通股	30	45
债券	40	40
外国证券	15	10
短期证券	15	5
总的投资组合	100	100

市场条件或预期的变化会触发从初始配置到新的配置的变化。例如，上述新的配置可能是由于通货膨胀预期下降而导致。预计这种下降将导致国内股票和债券价格上涨，外国证券和短期证券收益率下降。因此，通过改变权重在不断变化的市场中获得更高的收益。

战术性资产配置。第三种方法为**战术性资产配置**（tactical asset allocation），是一种形式的市场择时，即使用股指期货和债券期货（见第 15 章）来改变投资组合的资产配置。当预测股票的吸引力低于债券时，这种策略涉及卖出股指期货和购买债券期货。相反，当预测债券的吸引力低于股票时，该策略导致购买股指期货和卖出债券期货。因为这种复杂的技术依赖于大额投资组合和使用定量模型来进行市场择时，所以一般只适用于大型的机构投资者。

资产配置的选择

假设使用固定权重资产配置计划并（作为示例）使用 4 个资产类别，我们可以展示 3 种资产配置。表 13-1 显示了保守的（低收益/低风险）、中性的（平均收益/平均风险）和激进的（高收益/高风险）投资组合在 4 个类别上的配置。保守的配置高度依赖于债券和短期证券来提供可预测的收益。中性配置主要由

> **投资者事实**
> ### 什么样的资产配置适合你？
> 你为选择最佳的资产配置策略而犯愁吗？不要担心——你的最佳策略取决于几个因素，包括你的风险承受力、时间范围和投资目标。例如，你可以考虑这 4 种配置策略之一：固定的、目标日期、生命周期或长期股票。对于固定的配置而言，资产的组合基于你的风险承受能力，因此，只有在你的风险承受力发生变化时才会发生变化。目标日期配置策略建议你随着年龄的增长变得更加谨慎，因此，随着时间的流逝，配置转向风险较低的资产。生命周期投资涉及在早期利用借入资金来增加对风险资产的投资，在随后的年份转向风险较低的资产时偿还债务。"长期股票"利用了这样的事实：在任何 30 年的时间范围内，股票的表现都超过债券和现金。所以，如果你有 30 年的投资期，你可以考虑全部投入股票。
>
> 资料来源：Million Dollar Journey | Top 5 Asset Allocation Strategies, February 15, 2012, downloaded from www.milliondollarjourney.com.

普通股和债券组成，比保守配置包含更多的外国证券和更少的短期证券，其温和的风险收益反映了从安全的短期证券转向更多的普通股和外国证券。最后，在激进配置中，更多美元投资于普通股，投入债券较少，投入外国证券较多，从而通常提高了投资组合的预期收益和风险。

表 13-1 资产配置的选择

类别	配置的选择（%）		
	保守的 （低收益/低风险）	中性的 （平均收益/平均风险）	激进的 （高收益/高风险）
普通股	15	30	40
债券	45	40	30
外国证券	5	15	25
短期证券	35	15	5
总的投资组合	100	100	100

应用资产配置

一项资产配置计划应考虑经济前景和你的投资、储蓄和支出模式、税务情况、收益预期和风险承受力。这些计划必须从长计议，必须强调资本保护。你还必须定期修订计划以反映不断变化的投资目标。一般来说，要决定合适的资产组合，你必须根据当前收益、增长潜力、安全性、流动性、交易成本（经纪佣金）和潜在的税收节省来评估每个资产类别。

许多投资者使用共同基金（见第12章）作为其资产配置的一部分，以此在每个资产类别内实现多元化。或者，作为构建你自己的投资组合的替代方案，你可以购买**资产配置基金**（asset allocation fund）的份额——这是一种旨在通过在正确的时间投资正确的资产来降低收益的可变性的共同基金。这些基金，像所有资产配置方案一样，强调多元化。通过放弃获得可观利得的可能性来提高可预测性，它们的表现与此相对一致。一些资产配置基金使用固定权重，而其他资产配置基金具有在规定限额内变化的灵活权重。一般来说，有超过100 000美元可供投资和足够时间的投资者应该自己进行资产配置。有25 000至100 000美元和足够时间的投资者可以使用共同基金创造可行的资产配置方案。有不到25 000美元或时间有限的人会发现资产配置基金最有吸引力。

最重要的是，你应该认识到，对资产配置方案必须从长计议才是有效的。制订一个你会坚持至少7年或更长时间的方案。一旦你已经制订了方案，就坚守到底。成功的关键是对你的资产配置保持忠诚，这意味着要抗拒胡思乱想的诱惑。

概念复习

答案参见 www.pearsonhighered.com/smart。

13.1 如果有的话，投资者的个人特征在确定投资组合政策中起到什么作用？请解释。

13.2 投资者的投资组合目标在构建投资组合中发挥什么作用？

13.3 什么是资产配置？它与多元化有何不同？资产配置在构建投资组合中有什么作用？

13.4 简要描述资产配置的基本方法：固定权重法、灵活权重法和战术性资产配置。

13.5 资产配置基金可以发挥什么作用？什么使得资产配置方案有效？

评估个人投资绩效

假设你最重要的个人目标之一是在3年后累积2万美元的储蓄以便支付你的首套住房的首付款。你预计你想买的房子将花费10万美元，并且2万美元将足以支付15%的首付和相关的房地产交易手续费。你的计算表明，你可以通过将现有的储蓄加上在随后3年里每个月额外的200美元投入到一项每年收益率为12%的投资上来实现这一目标。对3年期间你的收入的预测表明，你刚好能够每月留出所需的200美元。你咨询了一位投资顾问克里夫·欧比特（Cliff Orbit），他让你确信在他的管理下可以实现12%的收益率。

看起来很简单：把你的现有储蓄给克里夫，在接下来的 36 个月里每个月给他 200 美元，3 年之后，你就会有买房所需的 2 万美元。不幸的是，有很多不确定性。如果你每月不留出 200 美元怎么办？如果克里夫未能获得 12% 的年收益率怎么办？如果 3 年后喜欢的房子的成本超过 10 万美元怎么办？显然，你必须做的不仅仅是设计一个对实现目标而言似乎可行的计划。很难确保你计划中的投资和投资组合的结果真的会发生。因此，定期评估实现你的投资目标的进展是很重要的。

当实际结果发生时，你必须将其与计划的结果进行比较，并在你的计划或目标中进行必要的更改。因此，了解如何衡量投资业绩至关重要。我们将重点关注适于分析投资绩效的指标。我们先从数据的来源开始。

获取数据

分析投资收益的第一步是搜集反映每项投资的实际业绩的数据。正如第 3 章所指出的，许多投资信息来源都可以从线上和线下获得。例如《华尔街日报》、WSJ.com 和雅虎财经包含许多对评估证券表现有用的信息。使用与用于做出投资决策类型相同的信息来评估投资业绩。要了解的两个关键领域是自有投资的收益以及经济和市场活动。

收益数据

分析投资收益的基本要素是当前的市场信息，如股票和债券的每日报价。投资者通常保存包含每笔投资的成本以及股利、利息和其他收入来源的日志或电子表格。通过定期记录价格和收益数据，你可以创建持续的价格波动和累积收益的记录。你还应该关注公司收益和股利，这会影响公司的股价。这些投资收益的来源——当前收入和资本利得——必须被结合起来以确定总收益。在本章的后面，我们将演示使用第 4 章中介绍的技术来度量一些常见的投资工具。

经济和市场活动

经济和市场的变化影响收益——包括当前收入水平和投资的市场价值。精明的投资者了解国际、国内和地方经济和市场变动的最新情况。通过跟踪经济和市场变化，你应该能评估其对收益的潜在影响。随着经济和市场条件的变化，你必须准备好对投资组合做出修正。从本质上说，成为一个知识渊博的投资者会提高获利（或避免损失）的可能性。

 危机中的市场

婴儿潮一代延迟退休

阿默普莱斯金融（Ameriprise Financial）在 2012 年进行的一项研究发现，许多婴儿潮一代正在牺牲他们的退休目标和计划，以帮助缓解他们的成年子女和年长父母的经济困境。被调查的婴儿潮一代的 93% 指出，他们正在为成年子女提供经济支持以应对金融危机和长期衰退的影响。婴儿潮一代帮助他们的孩子的一些方式是支付大学学费或贷款

（71%），允许他们免费住在家里（55%），以及为他们购买一辆车（53%）。超过三分之一（34%）的婴儿潮一代说，帮助他们的成年子女减缓了他们进行退休储蓄的速度。除了帮助他们的成年子女外，58%的婴儿潮一代为父母提供经济援助，以支付杂货（22%）、医疗费（15%）和水电费（14%）等费用。10%的向父母提供资金支持的婴儿潮一代说这是以牺牲他们的退休储蓄为代价的。

资料来源：Ameriprise Financial—Money Across Generations II Study，March 22，2012.

投资绩效指数

在衡量投资业绩时，将你的收益率与广基市场指标进行比较通常是值得的。可用于分析普通股的指数包括道琼斯工业平均指数（DJIA）、标准普尔500股票综合指数（S&P 500）和纳斯达克综合指数。（第3章详细讨论了这些平均值和指数。）尽管DJIA被新闻媒体广泛引用，但它并不被认为是股票价格变动的最合适的比较标准，因为它的范围很窄。如果你的投资组合包含广泛的普通股，标准普尔500指数可能是一个更合适的工具。

一些指标也可用于评估债券市场的整体行为。这些指标考虑债券收益率或债券价格变化。债券收益率数据反映了人们现在购买并持有至到期的债券收益率。这些数据常见的来源包括《华尔街日报》、《巴伦周刊》、标准普尔公司、默根（Mergent）公司、雅虎财经和美联储。基于32种工业、32种金融和32种公用事业/电信债券的收盘价的道琼斯公司债券指数，是债券价格行为的常用指标，反映了债券收盘价的数学平均值。

可以获得特定类型的债券（工业、公用事业和市政）及综合基础上的债券价格指数和债券收益率信息。此外，还有股票和债券的按总收益率发布的指数。它们将股利或利息收入与价格变化（资本利得或损失）结合起来以反映总收益率。

投资者经常使用理柏指数来评估共同基金的整体行为。这些指数适用于各种类型的股票和债券基金。不幸的是，对于大多数其他类型的基金，并没有广泛发布的指数或平均值。少数其他指数包含了上市的期权和期货。

度量投资绩效

为了监控投资组合，投资者需要可靠的技术来持续度量投资组合中的每项投资的表现。特别地，第4章首先给出的持有期收益率（HPR）指标可用于确定实际的收益表现。HPR是评估实际收益情况的出色的方法，因为它反映了总收益的表现，最适合持有期或评估期为1年或以下的投资评估。这种情况下的总收益包括来自投资的定期的现金收入以及不管是否已实现的价格增值（或损失）。要计算超过1年的收益率，你可以使用考虑了货币的时间价值的收益率（内部收益率）指标。使用第4章介绍的方法可以计算收益率。由于下面讨论的重点是年度收益率评估，所以我们将使用HPR作为收益指标。

式（13-1）重新写出了第4章中式（4-4）给出并应用于本章的HPR公式。

$$\text{持有期收益率} = \frac{\text{期间的当期收入} + \text{期间的资本利得(或损失)}}{\text{初始投资价值}} \qquad (13-1)$$

$$\text{HPR} = \frac{C+CG}{V_0} \qquad (13-1a)$$

其中

$$\text{期间的资本利得(或损失)} = \text{期末的投资价值} - \text{期初的投资价值} \qquad (13-2)$$

$$CG = V_n - V_0 \qquad (13-2a)$$

股票和债券

有几个股票和债券的投资收益指标。第 6 章中讨论的股利收益率度量从股票投资中获得的当前年度股利收益，是通过将股票的年度现金股利除以其价格计算而来的。第 11 章分析的债券的当期收益率和到期收益率（承诺收益率）反映了各种收益成分，但不反映实际总收益。持有期收益率方法衡量在给定的投资期内实际获得的总收益（收入加上价值变化）。我们在下面的说明中将使用持有期约为 1 年的 HPR。

股票。 普通股及优先股的 HPR 包括收到的现金股利和持有期内的任何证券价格变动。表 13-2 说明了应用于普通股实际表现的 HPR 计算。假设你在 2013 年 5 月购买了 1 000 股达拉斯国家公司的股票，成本为 27 312 美元（包括佣金）。

在持有股票刚刚超过 1 年后，你卖掉股票，所得为 32 040 美元。除了出售股票的 4 728 美元的资本利得之外，你还收到 2 000 美元的现金股利。因此，计算得到 HPR 为 24.63%。

这个 HPR 是在不考虑股利和资本利得支付的所得税的情况下计算出来的。因为许多投资者关注税前和税后的收益率，所以计算税后 HPR 是有用的。为简单起见，我们假设你处于 30% 的普通税级（联邦和州）。我们还假设，联邦和州对持有期超过 12 个月的股利和资本收益按 15% 的税率征税。因此，你的股利和资本利得这两项收入均按 15% 的税率征税。所得税将税后股利收入减少至 1 700 [=(1−0.15)× 2 000] 美元，税后资本收益减少至 4 019 [=(1−0.15)×(32 040−27 312)] 美元。因此，税后 HPR 为 20.94% [=(1 700 ＋4 019)÷27 312]，减少了 3.69 个百分点。应该清楚的是，税前 HPR 和税后 HPR 都是对收益度量有用的指标。

表 13-2　　　　　　　　　　　计算一只普通股的税前 HPR

证券：达拉斯国家公司普通股	

购买日期：2013 年 5 月 1 日

购买成本：27 312 美元

出售日期：2014 年 5 月 7 日

出售所得：32 040 美元

收到的股利（2013 年 5 月至 2014 年 5 月）：2 000 美元

$$持有期收益率=\frac{2\,000+32\,040-27\,312}{27\,312}=\underline{24.63\%}$$

债券。债券投资的 HPR 类似于股票。这种计算适用于直接债务和可转换债券。它包括债券投资者收益的两个组成部分：利息收入和资本利得或损失。

债券投资的 HPR 计算如表 13-3 所示。假设你用 1 万美元购买了凤凰酿造公司的债券，持有刚过 1 年，然后在销售时实现了 9 704 美元的所得。此外，你在这 1 年还获得了 1 000 美元的利息。这项投资的 HPR 为 7.04%。HPR 低于债券 10%（=1 000÷10 000）的当期收益率，因为债券出售时有资本损失。假设普通税率为 30% 和资本利得税率为 15%（因为债券已持有超过 12 个月），税后 HPR 为 4.48%：{[(1-0.30)×1 000]+[(1-0.15)×(9 704-10 000)]}÷10 000。这比税前 HPR 少大约 2.6%。

表 13-3　　　　　　　　　　　计算一只债券的税前 HPR

证券：凤凰酿造公司 10% 收益率的债券	

购买日期：2013 年 6 月 2 日

购买成本：10 000 美元

出售日期：2014 年 6 月 5 日

出售所得：9 704 美元

收到的股利（2013 年 6 月至 2014 年 6 月）：1 000 美元

$$持有期收益率=\frac{1\,000+(9\,704-10\,000)}{10\,000}=\underline{7.04\%}$$

共同基金

共同基金投资收益的基本组成部分是股利收入（包括所有的资本利得分配）和价值变动。共同基金基本的 HPR 公式与股票相同。

表 13-4 列出了免佣共同基金的持有期收益率计算。假设你在 2013 年 7 月按每份 10.40 美元的净资产价值（NAV）购买了 1 000 个基金份额。因为是一只免佣基金，没有收取佣金，所以你的成本是 10 400。在持有的 1 年里，Pebble Falls 共同基金分配的股利投资收入共计 270 美元，资本利得为 320 美元。你按每份 10.79 美元的资产净值赎回（卖出）该基金，从而实现 10 790 美元的所得。如表 13-4 所示，该投资的税前持有期收益率

为 9.42%。假设普通税率为 30% 和股利和资本利得税率为 15%（因为基金已经被持有超过 12 个月），基金的税后 HPR 为 8.01%：｛ $[(1-0.15)\times(270+320)]+[(1-0.15)\times(10\ 790-10\ 400)]$ ｝÷10 400。这比税前收益低约 1.4%。

表 13 - 4 **计算一只共同基金的税前 HPR**

证券：Pebble Falls 共同基金
购买日期：2013 年 7 月 1 日
购买成本：10 400 美元
出售日期：2014 年 7 月 3 日
出售所得：10 790 美元
收到的股利（2013 年 7 月至 2014 年 7 月）
投资收入分配：270 美元
资本利得分配：320 美元

$$持有期收益率 = \frac{(270+320)-(10\ 790-10\ 400)}{10\ 400} = \underline{\underline{9.42\%}}$$

期权和期货

期权和期货的唯一收益来源是资本利得。例如，要计算看涨期权投资的持有期收益率，使用基本的 HPR 公式，但你会把当前收入设为等于 0。如果你以 325 美元的价格购买了可以购买 100 股 Facebook 股票的看涨期权，并在持有刚刚超过 12 个月后以 385 美元的价格出售了合约，那么税前持有期收益率将为 18.46%。这不过是销售收入（385 美元）减去成本（325 美元）再除以成本。假定适用 15% 的资本利得税率，则税后 HPR 为 15.69%，即税后利得 51 $[=(1-0.15)\times60]$ 美元除以成本（325 美元）。

期货的 HPR 以类似的方式计算。由于收益只有资本利得形式，所以税前和税后的 HPR 分析可以应用于任何投资。（同样的方法适用于卖空的证券。）

将绩效与投资目标相比较

在计算了一项投资的 HPR（或收益率）之后，应将其与投资目标进行比较。跟踪一项投资的表现有助于你决定应该继续持有哪些投资，以及你可能想出售哪些投资。显然，在以下任何一种情况下，投资都是出售的候选对象：投资未能达到预期，预期绩效不会有实质变化；已经完成了原投资目标；现在有更好的投资对象。

平衡风险和收益

我们经常讨论投资的风险和收益之间的基本权衡：要获得更多的收益，你就必须承担更高的风险。在分析一项投资时，关键的问题是：就我承担的投资风险而言，我是否获得了合适的收益？

非政府证券投资本质上比美国政府债券或已投保的货币市场存款账户的风险更高。这意味着，只有当预期收益率远远高于低风险投资所能获得的收益率时，理性的投资者才应该投资于这些风险更高的资产。因此，比较投资收益的基准是低风险投资的收益率。如果某些人的风险投资的表现好于低风险投资，那么他们因承担额外的风险而获得了额外的收益。如果表现不如低风险投资，那么就应该认真地重新审视投资策略了。

分离问题投资

最好定期分析投资组合中的每项投资。对每项投资，你都应该考虑两个问题：第一，其表现是否可以被合理地预期？第二，如果你目前没有拥有它，那么你今天会买它吗？如果这两个问题的答案都是否定的，那么可能应该出售该投资。对其中一个问题的否定答案让该投资进入"问题清单"。问题投资是没有达到预期的投资，可能是一种发生损失的情况或一项提供的收益低于你的预期的投资。许多投资者试图忘记问题投资，希望问题会消失或投资会好转。这是一个错误。问题投资需要立即被注意，而不是被忽视。在研究问题投资时，关键的问题是，我是应该接受损失并退出投资，还是应该坚持下去并希望投资转向？

📖 **概念复习**

答案参见 www.pearsonhighered.com/smart。

13.6 为什么持续管理和控制你的投资组合很重要？

13.7 当前的市场信息在分析投资收益中起到什么作用？经济和市场的变化如何影响投资收益？请解释。

13.8 你可以使用哪些指数来将你的投资表现与整体市场收益进行比较？简要解释这些指数。

13.9 什么是债券市场行为的指标？它们与股市指标有什么不同？列举债券收益率数据的 3 个来源。

13.10 简要讨论持有期收益率（HPR）和作为投资收益指标的收益率。它们是等价的吗？请解释。

13.11 区分共同基金的股利分配类型。这些股利是共同基金投资者的唯一收益来源吗？请说明。

13.12 在哪三个条件下应该考虑出售一项投资？与低风险投资的收益相比，要使得理性投资者愿意持有风险投资，风险投资的预期收益必须是怎么样的？请说明。

13.13 什么是问题投资？在分析投资组合中的每项投资时，我们应考虑哪些问题？

评估投资组合绩效

可以消极地或积极地构建和管理投资组合。消极的投资组合源于在给定的投资时限内购买和持有多元化的投资组合。积极的投资组合是利用在第 5 章中提出的传统和现代方法来构建的，并对其进行管理和控制以实现其既定目标。消极的投资组合可能有时候胜过同等风险的积极的投资组合。但证据表明，**积极投资组合管理**（active portfolio management）可以带来优越的收益。本书中提出的许多想法与积极的投资组合管理会提高你获得优异收益的机会的理念是一致的。

一旦你已经构建了一个投资组合，积极投资组合管理的第一步是评估业绩，也许在几个季度或 1 年后。根据你评估的信息，你可以修改投资组合，根据需要继续定期评估和修改投资组合。计算投资组合的收益可能很棘手。用于评估投资组合业绩的程序是基于本章前面介绍的许多概念。此处，我们将使用假设的证券组合在 1 年的持有期来演示如何评估投资组合绩效。我们将考察 3 个可用于将组合的收益率与经过风险调整、市场调整的收益率进行比较的指标。

度量投资组合收益率

表 13-5 显示了截至 2014 年 1 月 1 日的鲍勃·哈撒韦（Bob Hathaway）的投资组合。他是一个 50 岁的鳏夫，孩子已婚。他的收入是每年 6 万美元。他的主要投资目标是长期增长和一定的股利收益。他选择股票有 2 个标准：质量和增长潜力。2014 年 1 月 1 日，他的投资组合包括 10 只证券，都是质量好的。哈撒韦在选择过程中很幸运：他的投资组合中未实现的价格升值约有 74 000 美元。他决定在 2014 年改变投资组合。5 月 7 日，他以 32 040 美元卖出了达拉斯国家公司的 1 000 股股票。本章前面讨论了该证券的持有期收益率（见表 13-2）。利用出售达拉斯国家公司的股票的所得，他在 5 月 10 日购买了另外 1 000 股佛罗里达州南岸银行的股票，因为他喜欢该佛罗里达银行的前景。佛罗里达州南岸银行位于国内增长最快的县之一。

表 13-5　　　　　　　　　　鲍勃·哈撒韦的投资组合（2014 年 1 月 1 日）

股份数	公司	购买日期	总成本（包括佣金）（美元）	每股成本（美元）	每股当前价格（美元）	当前价值（美元）
1 000	Bancorp West，Inc.	2012-01-16	21 610	21.61	30	30 000
1 000	Dallas National Corporation	2013-05-01	27 312	27.31	29	29 000
1 000	Dator Companies，Inc.	2008-04-13	13 704	13.70	27	27 000
500	Excelsior Industries	2011-08-16	40 571	81.14	54	27 000
1 000	Florida Southcoast Banks	2011-12-16	17 460	17.46	30	30 000
1 000	Maryland-Pacific	2011-09-27	22 540	22.54	26	26 000
1 000	Moronson	2011-02-27	19 100	19.10	47	47 000
500	Northwest Mining and Mfg.	2012-04-17	25 504	51.00	62	31 000
1 000	Rawland Petroleum	2012-03-12	24 903	24.90	30	30 000
1 000	Vornox	2012-04-16	37 120	37.12	47	47 000
总计			249 824			324 000

度量投资金额

建议每位投资者都定期列出他的持股情况，如表 13-5 所示。该表显示了每只股票的股份数、购买日期、成本和当前价值。这些数据有助于不断地制定战略决策。例如，成本数据用于确定投资金额。哈撒韦的投资组合不使用保证金账户的杠杆。如果存在杠杆，所有收益计算都将基于投资者在保证金账户中的自有资金。回想第 2 章，投资者在保证金账户中的自有资金等于账户中所有证券的总价值减去所有的保证金债务。

要度量哈撒韦的投入资本的收益，我们需要计算 1 年持有期收益。他的投入资本截至 2014 年 1 月 1 日为 324 000 美元。他在 2014 年没有在投资组合中添加新的资本，但他卖出了一只股票，即达拉斯国

家公司的股票，并用销售所得购买了另一只股票，即佛罗里达州南岸银行的股票。

度量收入

普通股投资组合有 2 个收益来源：收入和资本利得。当前收入通过股利实现，或者对于债券来说，以利息的形式获得。投资者必须报告联邦和州所得税申报的应税股利和利息。公司必须向股东和债券持有人提供收入报告（股利表格 1099-DIV，利息表格 1099-INT）。许多投资者在收到股利和利息收入时都会保留日志以记录股利及利息收入。

表 13-6 列出了哈撒韦 2014 年的股利收入。他在出售达拉斯国家公司的股票之前获得了 2 次每股 0.45 美元的季度股利。他还收到他购买的佛罗里达州南岸银行的 2 次每股 0.32 美元的季度股利。他 2014 年的总股利收入为 10 935 美元。

表 13-6	哈撒韦的投资组合的股利收入（2014 年）		
股份数	公司	每股年股利（美元）	收到的股利（美元）
1 000	Bancorp West，Inc.	1.20	1 200
1 000	Dallas National Corporation*	1.80	900
1 000	Dator Companies，Inc.	1.12	1 120
500	Excelsior Industries	2.00	1 000
2 000	Florida Southcoast Banks**	1.28	1 920
1 000	Maryland-Pacific	1.10	1 100
1 000	Moronson	—	—

续前表

股份数	公司	每股年股利（美元）	收到的股利（美元）
500	Northwest Mining and Mfg.	2.05	1 025
1 000	Rawland Petroleum	1.20	1 200
1 000	Vornox	1.47	1 470
总计			10 935

* 2014 年 5 月 7 日售出。

** 2014 年 5 月 10 日买入 1 000 股。

度量资本利得

表 13-7 显示了哈撒韦的投资组合中每只证券未实现的价值增值。除了新的佛罗里达州南岸银行的股票之外，还列出了每只股票在 2014 年 1 月 1 日和 2014 年 12 月 31 日的价值。列出的佛罗里达州南岸银行的股票金额反映了这一事实，即在 2014 年 5 月 10 日购买了 1 000 股股票，成本为 32 040 美元。哈撒韦目前持有的证券的年初价值为 327 040 美元（包括购买额外的佛罗里达州南岸银行的股票），年底价值 356 000 美元。

表 13-7　哈撒韦的投资组合的价值中未实现的利得（2014 年 1 月 1 日至 2014 年 12 月 31 日）

股份数	公司	市场价值（美元）(2014-01-01)	市场价格（美元）(2014-12-31)	市场价值（美元）(2014-12-31)	未实现的利得（损失）（美元）	百分比变化（%）
1 000	Bancorp West, Inc.	30 000	27	27 000	(3 000)	−10.0
1 000	Dator Companies, Inc.	27 000	36	36 000	9 000	33.3
500	Excelsior Industries	27 000	66	33 000	6 000	22.2
2 000	Florida Southcoast Banks*	62 040	35	70 000	7 960	12.8
1 000	Maryland-Pacific	26 000	26	26 000	—	—
1 000	Moronson	47 000	55	55 000	8 000	17.0
500	Northwest Mining and Mfg.	31 000	60	30 000	(1 000)	−3.2
1 000	Rawland Petroleum	30 000	36	36 000	6 000	20.0
1 000	Vornox	47 000	43	43 000	(4 000)	−8.5
总计		327 040**		356 000	28 960	8.9

* 2014 年 5 月 10 日收购的 1 000 股额外股份的成本为 32 040 美元。所列价值为成本加上 2014 年 1 月 1 日以前拥有的股份的市场价值。

** 这一总额包括 2014 年 1 月 1 日投资组合的 324 000 美元的市场价值（来自表 13-5）加上 2014 年 5 月 7 日出售达拉斯国家公司股票已实现的 3 040 美元的利得。已实现的利得包括在这个总额中，对于计算投资组合在 2014 年间的未实现收益是必不可少的。

投资组合 2014 年的未实现资本利得增加了 8.9%，即为 28 960 美元。此外，哈撒韦在 2014 年通过出售他的达拉斯国家公司的股票实现了一笔资本收益。从 2014 年 1 月 1 日起，直到 2014 年 5 月 7 日出售，达拉斯国家公司的价值从 29 000 美元上涨到 32 040 美元。这是 2014 年的唯一出售，所以总的实现的收益为 3 040 美元。投资组合在 2014 年实现的收益为 3 040 美元，未实现的收益为 28 960 美元。总利得等于两者之和：32 000 美元。换句话说，哈撒韦过去 1 年既没有增加也没有撤回资本。因此，总的资本利得不过是年终市场价值（表 13-7 中的 356 000 美元）和 1 月 1 日的价值（表 13-5 中的 324 000 美元）之间的差额。当然，这等于 32 000 美元。就税收而言，这其中只有 3 040 美元被认为是已实现的。

度量投资组合的持有期收益率

我们使用持有期收益率来衡量哈撒韦投资组合在 2014 年的总收益率。投资组合的基本的 1 年期 HPR 公式如下所示。

$$\text{投资组合的持有期收益率} = \frac{\text{收到的股利和利息} + \text{已实现的利得} + \text{未实现的利得}}{\text{初始股票投资} + \left[\text{新的资金} \times \dfrac{\text{在组合中的月份数}}{12}\right] - \left[\text{提取的资金} \times \dfrac{\text{从组合中提取出的月份数}}{12}\right]}$$

$$\tag{13-3}$$

$$\mathrm{HPR}_P = \frac{C + RG + UG}{E_0 + \left(NF \times \dfrac{ip}{12}\right) - \left(WF \times \dfrac{wp}{12}\right)} \tag{13-3a}$$

这个公式同时包括已实现的利得（收入加资本利得）和投资组合未实现的年利得。投资组合的增减是对其在投资组合中的月份数的时间加权。

表 13-7 详细列出了投资组合的价值变化：列出了截至 2014 年 12 月 31 日投资组合中的所有证券并计算了年内未实现的收益。为了比较，表中包括了年初和年底的价值。分析的关键是年度 HPR 的计算，如表 13-8 所示。包括投资组合收益率的所有元素。股利总额为 10 935 美元（见表 13-6）。实现的 3 040 美元的收益代表达拉斯国家公司从 2011 年 1 月 1 日起至其销售的价值增量。在 2014 年期间，投资组合的未实现收益为 28 960 美元（见表 13-7），没有增加资金，没有资金撤回。使用式（13-3）计算 HPR，我们发现投资组合在 2014 年的总收益率为 13.25%。

表 13-8　哈撒韦的投资组合的持有期收益率的计算（2014 年 1 月 1 日至 2014 年 12 月 31 日，持有期）

数据	价值（美元）
投资组合价值（2014-01-01）	324 000
投资组合价值（2014-12-31）	356 000
已实现的增值（2014-01-01 至 2014-05-07，当出售达拉斯国家公司股票时）	3 040
未实现的增值（2014-01-01 至 2014-12-31）	28 960
收到的股利	10 935
投入或提取的新资金	无
投资组合的 HPR 计算	

$$\mathrm{HPR}_P = \frac{10\ 395 + 3\ 040 + 28\ 960}{324\ 000} = \underline{13.25\%}$$

回报与整体市场指标的比较

鲍勃·哈撒韦可以把他的投资组合的 HPR 与市场指标进行对比，如股票指数。这一比较会显示出他的投资组合如何与整体股票市场相关。标准普尔 500 指数和纳斯达克综合指数是代表整体股票市场的可接受的指数。假设标准普尔 500 指数 2014 年的收益率为 10.75%（包括股利和资本利得）。哈撒韦的投资组合的收益率为 13.25%，与广基指数相比非常有利。哈撒韦的投资组合的表现比广基股票市场收益指标高 23%。

这样的比较考虑了整体市场变动，但没有考虑风险。显然，粗糙的收益数字，如这个 13.25%，还需要进一步分析。一些经风险调整、市场调整后的收益率指标可用于评估投资组合的表现。此处，我们将讨论最受欢迎的夏普指标、特雷诺指标和詹森指标，并展示它们在哈撒韦的投资组合上的应用。

夏普指标

由威廉·夏普（William F. Sharpe）提出的用于衡量投资组合绩效的**夏普指标**（Sharpe's measure）比较投资组合的风险溢价与投资组合收益率的标准差。投资组合的风险溢价是投资组合的总收益率减去无风险利率。夏普指标可以表示为如下公式：

$$夏普指标 = \frac{投资组合总收益率 - 无风险利率}{投资组合收益率的标准差} \qquad (13-4)$$

$$SM = \frac{r_p - r_f}{s_p} \qquad (13-4a)$$

这个指标使得投资者可以评估每单位总风险的风险溢价，每单位总风险是由投资组合收益率的标准差来度量的。

假设无风险利率 r_f 为 7.50%，哈撒韦的投资组合的收益率的标准差 s_p 为 16%。投资组合的总收益率 r_p，即表 13-8 中计算出的哈撒韦的投资组合的 HPR，是 13.25%。将这些值代入式（13-4），我们得到夏普指标 SM_p。

$$SM_p = \frac{13.25\% - 7.50\%}{16\%} = \frac{5.75\%}{16\%} = \underline{0.36}$$

当与其他投资组合或市场进行比较时，夏普指标是有意义的。一般来说，夏普指标的值越高——每单位风险的风险溢价就越高。如果我们假设市场的收益率 r_m 目前为 10.75%，市场组合收益率的标准差 s_{pm} 为 11.25%，则市场的夏普指标 SM_m 为：

$$SM_m = \frac{10.75\% - 7.50\%}{11.25\%} = \frac{3.25\%}{11.25\%} = \underline{0.29}$$

因为哈撒韦的投资组合夏普指标 0.36 大于市场组合的 0.29，所以哈撒韦的投资组合表现出优秀的业绩。其每单位风险的风险溢价高于市场风险溢价。如果哈撒韦的投资组合的夏普指标低于市场（小于 0.29），那么投资组合的表现会被认为不如市场的表现。

特雷诺指标

杰克·特雷诺（Jack L. Treynor）提出了一个类似于夏普指标的投资组合绩效指标。**特雷诺指标**（Treynor's measure）利用投资组合的贝塔来度量投资组合的风险。因此，特雷诺只关注不可分散风险，假设投资组合的构建方式使其能分散所有的可分散风险。（相反，夏普关注的是总风险。）特雷诺指标的计算公式如式（13-5）所示。

$$特雷诺指标 = \frac{投资组合总收益率 - 无风险利率}{投资组合的贝塔} \tag{13-5}$$

$$TM = \frac{r_p - r_f}{b_p} \tag{13-5a}$$

这个指标给出了每单位不可分散风险的风险溢价，不可分散风险由组合的贝塔来度量。

使用之前提供的哈撒韦的投资组合的数据，并假设哈撒韦的投资组合的贝塔系数 b_p 为 1.20，我们可以代入式（13-5）以得到哈撒韦的投资组合的特雷诺指标 TM_p。

$$TM_p = \frac{13.25\% - 7.50\%}{1.20} = \frac{5.75\%}{1.20} = \underline{4.79\%}$$

如同夏普指标一样，当与其他投资组合或市场比较时，特雷诺指标是有用的。一般来说，特雷诺指标的值越高——每单位不可分散风险的风险溢价越高。再次假设市场收益率 r_m 为 10.75%，并认识到根据定义，市场投资组合的贝塔值 b_m 为 1.00，我们可以用式（13-5）来求出市场的特雷诺指标 TM_m。

$$TM_m = \frac{10.75\% - 7.50\%}{1.00} = \frac{3.25\%}{1.00} = \underline{3.25\%}$$

哈撒韦的投资组合的特雷诺指标 4.79% 大于市场组合的 3.25%，这表明哈撒韦的投资组合表现出卓越的绩效。每单位不可分散风险的风险溢价高于市场。如果哈撒韦的投资组合的特雷诺指标低于市场（低于 3.25%），那么该投资组合的表现会被视为不如市场。

詹森指标（詹森阿尔法）

迈克尔·詹森（Michael C. Jensen）提出了一个似乎与夏普指标和特雷诺指标非常不同的投资组合绩效指标，但理论上与特雷诺指标是一致的。**詹森指标**（Jensen's measure）也被称为**詹森阿尔法**（Jensen's alpha），是建立在第5章提出的 [参见式（5-3）]资本资产定价模型（CAPM）的基础之上的。它计算投资组合的超额收益率。超额收益率是投资组合的实际收益率偏离其必要收益率的数量，必要收益率是使用贝塔和 CAPM 来确定的。超额收益率的值可以是正的、0 或负的。像特雷诺指标一样，詹森指标通过使用贝塔和 CAPM 只关注不可分散或相关风险。它假设投资组合已经充分多元化。詹森指标的计算如式（13-6）所示。

$$\begin{matrix} 詹森 \\ 指标 \end{matrix} = \left(\begin{matrix} 投资组合 \\ 总收益率 \end{matrix} - \begin{matrix} 无风 \\ 险利率 \end{matrix} \right) - \left[\begin{matrix} 投资组合 \\ 的贝塔 \end{matrix} \times \left(\begin{matrix} 市场 \\ 收益率 \end{matrix} - \begin{matrix} 无风险 \\ 利率 \end{matrix} \right) \right] \tag{13-6}$$

$$JM = (r_p - r_f) - [b_p \times (r_m - r_f)] \tag{13-6a}$$

詹森指标指出投资组合的实际收益率与必要收益率之间的差额。正值是好的。这表明投资组合的收益率超过了经过风险调整、市场调整的必要收益率。值为 0 表示投资组合正好获得了必要收益率。负值表示投资组合未能获得必要收益率。

使用之前提供的哈撒韦的投资组合的数据，我们可以代入式（13 - 6）来得到哈撒韦的投资组合的詹森指标 JM_p。

$$JM_p = (13.25\% - 7.50\%) - [1.20 \times (10.75\% - 7.50\%)]$$
$$= 5.75\% - (1.20 \times 3.25\%) = 5.75\% - 3.90\% = \underline{1.85\%}$$

考虑到其由贝塔度量的不可分散风险，詹森指标 1.85% 的值表明，哈撒韦的投资组合获得了超过其必要收益率 1.85 个百分点的超额收益。显然，哈撒韦的投资组合在风险调整的基础上优于市场。

注意，与夏普指标和特雷诺指标不同，詹森指标通过其对 CAPM 的使用自动地对市场收益率做出调整。因此，没有必要进行单独的市场比较。一般来说，詹森指标的值越高，投资组合的表现越好。只有具备正的詹森指标的投资组合才是在风险调整的基础上超越了市场。由于其计算简单，仅依赖于不可分散风险且包括风险和市场调整，所以詹森指标（阿尔法）在评估投资组合业绩方面往往优于夏普指标和特雷诺指标。

投资组合修正

在我们一直讨论的哈撒韦的投资组合中，2014 年发生了 1 笔交易。这笔交易发生的原因是哈撒韦认为佛罗里达州南岸银行的股票比达拉斯国家公司的股票有更大的收益潜力。你应该带着一个基本的问题定期分析你的投资组合：这个投资组合还满足我的需求吗？换句话说，投资组合包含最符合你的风险-收益需求的证券吗？系统性地考察其投资组合中的证券的投资者偶尔会发现需要出售某些证券并购买新的证券来替代它们。这个过程通常被称为**投资组合修正**（portfolio revision）。随着经济的变化，某些行业和股票作为投资要么变得越来越没有吸引力，要么变得越来越有吸引力。在当今的股市中，好时机是盈利的根本。

投资者事实

是时候修正你的投资组合了吗？

随着时间的推移，你需要检查你的投资组合以确保其具备了对你的目标和需求而言正确的风险收益特征。下面是执行这个任务的 4 个很好的理由：

• 一个重大的生活事件——结婚、孩子出生、失业、疾病、失去配偶或孩子大学毕业—— 改变了你的投资目标。

• 一个资产类别的比例大幅增加或减少。

• 你期望在 2 年内完成一个特定的目标。

• 一个资产类别的百分比从你的初始配置变动了 10% 或更多。

鉴于投资世界的动态变化，定期重新配置和重新平衡投资组合是必要的。许多情况要求做出这样的改变。例如，作为一位接近退休的投资者，投资组合的重点通常应从强调增长或资本增值的策略转变为寻求资本保值的策略。改变投资组合的重点通常是将其作为一个演化的过程而不是一个突然的改变。投资组合中的个别证券经常会改变其风险-收益特征。当这种情况发生时，你最好清除那些不符合你的目标的证券。此外，对多元化的需要是不变的。随着证券价值的上升或下降，它们的多元化效应可能会下降。因此，你可能需要投资组合修正来保持多元化。

📖 概念复习

答案参见 www. pearsonhighered. com/smart。

13.14 什么是积极的投资组合管理？它会产生优越的收益吗？请说明。

13.15 描述度量投资组合收益涉及的步骤。解释投资组合的 HPR 在这个过程中的作用，并解释为什么我们必须区分已实现和未实现的利得。

13.16 为什么把投资组合的收益只与广基市场指数的收益进行比较通常是不够的？请说明。

13.17 简要描述以下用于评估投资组合表现的每个收益指标，并解释如何使用它们。

a. 夏普指标；

b. 特雷诺指标；

c. 詹森指标（詹森阿尔法）。

13.18 为什么詹森指标（詹森阿尔法）用于评估投资组合绩效通常优于夏普指标和特雷诺指标？请解释。

13.19 解释投资组合修正在管理投资组合过程中的作用。

择时交易

择时的本质是"低买高卖"。这是所有投资者的梦想。虽然还没有经证实有效的方法来实现这样的目标，但有几种方法你可以用来确定买入和卖出的时机。首先，可以用公式计划，我们接下来会讨论。投资者也可以使用限价订单和止损订单作为择时的辅助，可以遵循储藏流动性的方法，并在出售投资时考虑其他方面。关于 20 世纪一位著名投资者的故事，参阅下面的"投资中的伦理道德"专栏。

🥧 投资中的伦理道德
合乎伦理的投资的好处：约翰·邓普顿的非凡人生

一位金融投资的先驱者约翰·邓普顿（John Templeton）一生都在鼓励合乎道德的行为。邓普顿是一位居住在巴哈马拿骚的英国籍公民，因成就卓越于 1987 年被英国女王伊丽莎白二世授予爵士称号。其中一个成就是创建了 100 多万美元的邓普顿精神现实研究或发现促进奖，自 1973 年以来每年在伦敦颁奖一次。加尔各答的特蕾莎修女是首位获奖人。

约翰·邓普顿 1912 年出生在田纳西州的一个小镇上。他的商人父亲教会他保持积极的态度。在约翰 4 岁的时候，他在母亲的花园里种了豆子，卖给当地的商店，并赚到了钱。在 12 岁的时候，他偶然遇到一辆旧的、有故障的福特车，后来他从一个农民那儿花 10 美元买下了这辆车。在朋友的帮助下，他花 6 个月修好了汽车，并一直开到高中毕业。邓普顿在他的净资产超过 25 万美元之前从来没有在车上花费超过 200 美元。

年轻时形成的品质让邓普顿成为世界上最伟大的投资者之一。在大萧条期间，因为要自己支付耶鲁大学的学费，邓普顿被迫节俭度日，并以班级最优秀的成绩于 1934 年毕业。毕业后，他参加了为期 7 个月的世界旅行以直接学习全球投资机会。在离开之前，邓普顿写信告诉 100 家投资公司他的计划，并告诉它们等他回来的时候就可以来上班了。他的努力让他在华尔街找到了工作。当邓普顿结婚时，他和他的妻子设定了一个节省 50% 收入的目标。为了使节俭成为一种快乐，而不是一种负担，邓普顿成为狂热的讨价还价的购物者，并习惯于与他们的朋友比赛讨价还价。

标准的股票购买建议是"低买高卖"。当 1939 年欧洲爆发战争时，邓普顿借钱买了每股 1 美元或不到 1 美元的 104 家公司的每一家 100 股股票，包括 34 家破产公司。只有 4 只股票被证明是无价值的，在每只股票平均被持有 4 年之后，他在剩下的股票上大赚了一笔。

邓普顿在投资上独辟蹊径，在美国人还很少考虑国外投资的时候，他就开始就如何在全球范围内投资出售建议。1954 年，他推出了他的旗舰基金，即邓普顿增长基金。当时每 10 万美元的投资，在对分配进行再投资的情况下，到 2009 年增长到总计 5 400 万美元。《金钱》杂志称邓普顿为"本世纪最伟大的全球股票投资者"（1999 年 1 月）。约翰·邓普顿一直是自由竞争的信徒："竞争性公司降低了成本，增加了品种，提高了质量。"如果一家公司不道德，他说，"它会失败，也许不会马上，但是最终会失败"。他在金融、精神生活和商业伦理上的进步观点使其成为所有这些领域的与众不同的人物。

思辨题

你认为约翰·邓普顿的何种个人特点使其成为一位投资巨人？准备好为你的答案辩护。

资料来源：Matthew Robinson, His Optimism and Drive Built a Financial Empire, *Investor's Business Daily*, July 24, 2006, and Franklin Templeton Investments, www.franklintempleton.com（accessed September 2009）.

公式计划

公式计划（formula plan）是机械的投资组合管理方法，试图利用源于周期性价格波动所导致的价格变化。制订公式计划的目的不是为了提供非同寻常的高收益。相反，它们是不希望承担高风险的投资者采用的保守策略。我们讨论 4 种流行的公式计划：美元成本平均、恒定美元计划、恒定比率计划和可变比率计划。

美元成本平均计划

美元成本平均计划（dollar-cost averaging plan）是一种公式计划，在该计划中，固定的美元金额在固定的时间间隔内投资到一只证券上。在这种被动的买入并持有策略中，周期性的美元投资保持不变。要使计划奏效，你必须定期投资。美元成本平均计划的目标是所配置资金的证券的价值增长。投资证券的价格可能会随时间而波动。如果价格下降，那么你每期会购买更多的股票。相反，如果价格上涨，你每期会购买更少的股票。

看看表 13-9 中美元成本平均的例子。该表显示了每月投资 500 美元到金刚狼共同基金上，这是一只免佣增长基金。假设你在 1 年的时间里已经在共同基金上投入了 6 000 美元。（因为这是一只免佣基金，份额按净资产价值购买。）你按照从 24.16 美元到 30.19 美元的净资产价值购买。到年底你持有的基金份额的价值略低于 6 900 美元。美元成本平均计划是一种消极的策略，其他的公式计划更积极一些。

表 13 - 9　　　　　　美元成本平均计划（每月购买 500 美元金刚狼共同基金份额）　　 Excel 电子表格

交易		
月份	月末 NAV（美元）	购买的份额
1 月	26.00	19.23
2 月	27.46	18.21
3 月	27.02	18.50
4 月	24.19	20.67
5 月	26.99	18.53
6 月	25.63	19.51
7 月	24.70	20.24
8 月	24.16	20.70
9 月	25.27	19.79
10 月	26.15	19.12
11 月	29.60	16.89
12 月	30.19	16.56

年度小结：

　　总投资：6 000.00 美元

　　购买的总份额数：227.95

　　每个份额的平均成本：26.32 美元

　　年末投资组合价值：6 881.81 美元

恒定美元计划

　　恒定美元计划（constant-dollar plan）是一种被分为投机和保守两部分的投资组合。投机部分包括拥有高资本利得潜力的证券。保守部分包括低风险投资，如债券或货币市场账户。投机部分的目标美元金额是恒定的。你确定触发点（投机部分向上或向下变动），在该点处，从投机部分移除资金或向投机部分添加资金。如果投机部分的价值上升一定的百分比或增加一定的金额，那么恒定美元计划从投资组合的投机部分拿出利润，并将这些资金添加到投资组合的保守部分。如果投资组合的投机部分下降了特定的百分比或金额，那么就从保守部分向其添加资金。

　　假设你已经建立了如表 13 - 10 所示的恒定美元计划。最初 20 000 美元的投资组合包括投资于高贝塔的免佣共同基金的 10 000 美元和存入货币市场账户的 10 000 美元。你已经决定每当投机部分的价值比其 10 000 美元的初始价值高 2 000 美元或低 2 000 美元的时候就重新平衡投资组合。如果投资组合的投机部分等于或超过 12 000 美元，你就卖出足够的基金份额使其价值降低到 10 000 美元，并将销售收入添加到保守部分。如果投机部分的价值下降到 8 000 美元或更少，你就使用保守部分的资金购买足够的份额来把投机部分的价值提高到 10 000 美元。

表 13 - 10   恒定美元计划

共同基金 NAV（美元）	投机部分的价值（美元）	保守部分的价值（美元）	投资组合总价值（美元）	交易	投机部分的份额数
10.00	10 000.00	10 000.00	20 000.00		1 000
11.00	11 000.00	10 000.00	21 000.00		1 000
12.00	12 000.00	10 000.00	22 000.00		1 000
→12.00	10 000.00	12 000.00	22 000.00	卖出 166.67 个份额	833.33
11.00	9 166.63	12 000.00	21 166.63		833.33
9.50	7 916.64	12 000.00	19 916.64		833.33
→9.50	10 000.00	9 916.64	19 916.64	购买 219.30 个份额	1 052.63
10.00	10 526.30	9 916.64	20 442.94		1 052.63

表 13 - 10 展示了按时间顺序采取的两次投资组合再平衡行动。最初，将 10 000 美元分配给投资组合的每一部分。当共同基金的净资产价值上升至 12 美元时，投机部分的价值为 12 000 美元。此时，你卖出 166.67 个共价值 2 000 美元的基金份额，并将收益添加到货币市场账户。后来，共同基金的净资产价值下降到每个份额 9.50 美元，导致投机部分的价值下降到低于 8 000 美元。这一变动触发了购买足够的基金份额以将投机部分的价值提高至 10 000 美元。从长远来看，如果恒定美元计划的投机部分价值上升，那么投资组合的保守部分会随着利润的转入而实现价值增加。

恒定比率计划

除了要确定投资组合的投机部分与保守部分合意的固定比率之外，**恒定比率计划**（constant-ratio plan）类似于恒定美元计划。当两者的实际比率与合意比率相差预定量时，就进行再平衡。此时，你进行交易以使实际比率回到合意比率。要使用恒定比率计划，你必须决定投资组合在投机部分和保守部分的适当分配。你还必须选择发生交易的比率触发点。

要理解其原理，假设如表 13 - 11 所示的恒定比率计划是你的。初始投资组合价值为 20 000 美元。你已决定将投资组合的 50% 分配给投机性的高贝塔共同基金，将 50% 分配给货币市场账户。当投机部分与保守部分的比率大于或等于 1.20，或者小于或等于 0.80 时，你会重新平衡投资组合。资产净值的一系列变化见表 13 - 11。最初，将 10 000 美元分配给投资组合的每个部分。当基金的 NAV 达到 12 美元时，1.20 的比率触发出售 83.33 股。然后，投资组合回到合意的 50 ：50 比率。后来，基金的 NAV 下降到 9 美元，投机部分的价值降至 8 250 美元。投机部分与保守部分的比率为 0.75，低于 0.80 的触发点。你购买 152.78 个份额，让合意比率回到 50 ：50 的水平。

表 13 - 11　　　　　　　　　　　　　　　　恒定比率计划

共同基金 NAV（美元）	投机部分的价值（美元）	保守部分的价值（美元）	投资组合总价值（美元）	投机部分与保守部分的比率	交易	投机部分的份额数
10. 00	10 000. 00	10 000. 00	20 000. 00	1. 000		1 000
11. 00	11 000. 00	10 000. 00	21 000. 00	1. 100		1 000
12. 00	12 000. 00	10 000. 00	22 000. 00	1. 200		1 000
→12. 00	11 000. 00	11 000. 00	22 000. 00	1. 000	卖出 83. 33 个份额	916. 67
11. 00	10 083. 00	11 000. 00	21 083. 00	0. 917		916. 67
10. 00	9 166. 70	11 000. 00	20 166. 70	0. 833		916. 67
9. 00	8 250. 00	11 000. 00	19 250. 00	0. 750		916. 67
→9. 00	9 625. 00	9 625. 00	19 250. 00	1. 000	购买 152. 78 个份额	1 069. 44
10. 00	10 694. 40	9 625. 00	20 319. 40	1. 110		1 069. 44

　　恒定比率计划下的长期预期是投机证券的价值会上升。当这种情况发生时，你会出售证券以重新分配投资组合，并增加保守部分的价值。除了使用比率作为触发点之外，这个思路与恒定美元计划类似。

可变比率计划

　　可变比率计划（variable-ratio plan）是这 4 种非常消极的公式计划中最积极的一种。它试图通过市场择时将股票市场的波动转变为投资者的优势。也就是说，它试图"低买高卖"。投机部分与投资组合总价值的比率根据投机性证券的价值变动而变化。当比率上升了某一预定量时，就减少投向投资组合的投机部分的金额。相反，如果投机部分价值下降，使其占投资组合总价值的比例显著下降，那么就增加投向投资组合的投机部分的金额。

　　当实施可变比率计划时，你有几个决定要做。首先，你必须确定投资组合的投机部分和保守部分之间的初始分配。其次，你必须选择触发点来启动买卖活动。这些点是投机部分的价值与投资组合总价值之间的比率的函数。最后，你必须设定在每个触发点如何对该比率进行调整。

　　假设你使用表 13 - 12 所示的可变比率计划。最初，你将投资组合在投机部分和保守部分之间平均分配。投机部分由高贝塔（约 2.0）的共同基金组成。保守部分是货币市场账户。你决定当投机部分达到总投资组合的 60% 时，你会将其比例降低到 45%。如果投资组合的投机部分下降到总投资组合的 40%，那么你会将其比例提高到 55%。这个策略背后的逻辑是，试图抓住共同基金价值的周期性波动。当基金价值上升时，你取出利润，并提高投资于无风险的货币市场账户的比例。当基金价值显著下降时，你就提高投入投机部分的资本的比例。

　　表 13 - 12 描述了一系列交易。当基金净资产价值上升至 15 美元时，达到 60% 比例的触发点，你就卖出 250 个份额。你将销售所得存入货币市场账户，这又导致投机部分占投资组合价值的 45%。后来，基金净资产价值下降到 10 美元，导致投资组合的投机部分下降到 35%。这触发了投资组合再平衡，你购买 418.75 个份额，将投机部分推至 55%。当

基金净资产价值又变到 12 美元时，投资组合的总价值超过 23 500 美元。相比之下，如果 20 000 美元的初始投资平均分配，并且共同基金和货币市场账户之间没有进行重新平衡，那么此时的投资组合总价值只有 22 000 美元（投资部分的 12 美元×1 000＝12 000 美元，再加上货币市场账户的 10 000 美元）。

表 13 - 12 　　　　　　　　　　　　**可变比率计划**

共同基金 NAV（美元）	投机部分的价值（美元）	保守部分的价值（美元）	投资组合总价值（美元）	投机部分与保守部分的比率	交易	投机部分的份额数
10.00	10 000.00	10 000.00	20 000.00	0.50		1 000
15.00	15 000.00	10 000.00	25 000.00	0.60		1 000
→15.00	11 250.00	13 750.00	25 000.00	0.45	卖出 25 个份额	750
10.00	7 500.00	13 750.00	21 250.00	0.35		750
→10.00	11 687.50	9 562.50	21 250.00	0.55	购买 418.75 个份额	1 168.75
12.00	14 025.00	9 562.50	23 587.50	0.59		1 168.75

使用限价订单和止损订单

我们在第 3 章讨论了市价订单、限价订单和止损订单。我们在这里将了解如何使用限价订单和止损订单来重新平衡投资组合。如果正确使用这些类型的证券订单，那么可以通过降低交易成本来提高回报。

限价订单

投资者在买卖证券时可以使用限价订单的方式有很多种。例如，如果你已经决定向投资组合中添加股票，那么限价买入订单会确保你只以意愿的或以下的价格买进。一个限价的取消前有效订单会指示经纪人买入股票，直到整个订单被满足。使用限价订单而不是市价订单的主要风险是订单可能无法执行。例如，如果你提交一个以每股 27 美元的价格购买 100 股加州石油的股票的取消前有效订单，但该股票从未以每股 27 美元或更低的价格交易，那么该订单将永远不会被执行。因此，你必须在立即执行的需要（市价订单）与限价订单获得更好价格的可能性之间权衡。

当然，如果限价订单使得你能以较低的成本购买证券或以较高的价格出售证券，那么限价订单可以提高你的收益率。在一个典型的交易日期间，股票价格将在正常交易范围内上下波动。例如，假设 Jama Motor 的普通股按以下顺序交易 10 次：36.00 美元、35.88 美元、35.75 美元、35.94 美元、35.50 美元、35.63 美元、35.82 美元、36.00 美元、36.13 美元和 36.00 美元。卖出的市价订单可能在 35.50 美元（低点）和 36.13 美元（高点）之间的某个地方被执行。以 36.00 美元卖出的限价订单将在 36.00 美元上被执行。因此，使用限价订单可以获利每股 0.50 美元。

止损订单

止损订单可以用于限制一项投资的下行损失敞口。例如，假设你以 26.00 美元的价格购买 500 股 Easy Work 的股票，并且已经设定了一个具体的目标：如果股票达到 32.00 美元或跌至 23.00 美元，就卖出股票。要实现这个目标，你需要输入一个取消前有效止损订单，价格限制为 32.00 美元，另一个止损订单的价格为 23.00 美元。如果该证券的交易价格为 23.00 美元或更低，那么止损订单变为市价订单，经纪人会以最佳的可得价格卖出股票。或者，如果该证券在 32.00 美元或更高的价格上交易，那么经纪人会卖出股票。在第一种情况下，你试图减少损失；在第二种情况下，你试图保护利润。

使用止损订单的主要风险是**双重损失**（whipsawing）——出现股价暂时下跌，然后反弹回来的情况。如果 Easy Work 股票跌至 23.00 美元，然后跌至 22.57 美元，接着回升至 26.00 美元，你将以 23.00 美元至 22.57 美元之间的一个价格卖出。因此，限价订单，以及止损订单，在提交之前需要认真分析。当在市价订单、限价订单和止损订单中做出选择时，你必须考虑股票的可能波动以及是否需要购买或出售股票。

储存流动性

投资于有风险的股票，或者投资于期权或期货，提供可能超过货币市场存款账户或债券的收益率。然而，股票、期权和期货是风险投资。对有效投资组合的一个建议是：将组合的一部分投入低风险、高流动性的投资中以防止全部损失。低风险资产充当针对可能的投资逆境的缓冲。将资金保持在低风险资产上的第二个原因是未来机会的可能性。当机会到来时，有额外现金的投资者就能抓住这个机会。如果你在高流动性的投资中保有资金，那么你就不必调整现有投资组合。

储存流动性的主要媒介是金融机构的货币市场存款账户和货币市场共同基金。储蓄机构的货币市场存款账户提供相对容易的资金获取，并提供与货币市场共同基金相当（但略低）的收益率。金融机构提供的产品正变得比共同基金和股票经纪公司提供的产品更具竞争力。

选择出售投资的时机

知道何时出售股票与选择购买哪种股票一样重要。你应该定期查看你的投资组合，并考虑可能的出售和新的购买。我们在这里讨论与出售决定有关的 2 个问题：税收后果和实现投资目标。

税收后果

税收影响几乎所有的投资行为。所有投资者都能够而且应该了解一些基础知识。对资本损失的处理很重要：在任何 1 年内，最多超过资本利得的 3 000 美元的损失可以抵消其他收入。如果你在投资中有亏损，并且认为出售它是明智的，最佳卖出时机是在你有资本利得并可以抵扣损失的时候。显然，在采取行动之前，我们应该认真地考虑出售投资的税收后果。

实现投资目标

每位投资者都喜欢以最低价格购买投资，并以最高价格出售投资。在更现实的层面上，当投资不再满足你的需要时，你应该出售投资。特别是，如果一项投资的风险已经变得比合意的风险更高或更低，或者如果它没有达到其收益目标，它应该被出售。上述税收后果有助于确定适当的出售时机。然而，税收并不是出售决定中的首要考虑因素。风险和收益这两个维度应该是最重要的考虑因素。

一定要根据其收益表现和相对风险，定期花时间检查每笔投资。你应该出售不再属于投资组合的任何投资，并且应该购买更合适的投资。最后，你不应该对每一分钱的利润都拖延时间。很多时候，那些在最高价格时拖延时间的人目睹了其证券价值的暴跌。如果一项投资看起来该被卖出了，那么就卖掉它，拿到利润，将其再投资到合适的资产中，并享受你的好运。

概念复习

答案参见 www.pearsonhighered.com/smart。

13.20 解释公式计划在选择证券交易时机中能发挥的作用。描述使用这些计划背后的逻辑。

13.21 简要描述下列计划并区分它们。

a. 美元成本平均计划；

b. 恒定美元计划；

c. 恒定比率计划；

d. 可变比率计划。

13.22 描述如何在买卖证券时使用限价订单。如何使用止损订单来减少损失以及保护利润？

13.23 给出投资者想要在低风险、高流动性的投资中保有资金的两个原因。

13.24 描述投资者在决定出售投资之前应该考虑的两个方面。

我的金融实验室

下面是学完本章之后你应该知道的内容。**我的金融实验室**会在你需要练习的时候帮助你识别你知道什么以及去哪里练习。

你应该知道的	重要术语	去哪里练习
目标1：解释如何使用资产配置方案来构建与投资者目标相一致的投资组合。要构建投资组合，请考虑个人特征，并确立前后一致的投资组合目标，如当前收入、资本保值、资本增值、税务考虑和风险水平。资产配置是投资组合收益的主要影响因素，将投资组合分为不同的资产类别。资产配置旨在避免不利的变动，同时利用有利的变动。资产配置的基本方法是使用固定权重法、灵活权重法和战术性资产配置。可以通过使用共同基金，或者在资产配置基金中只购买股票，来自己动手实现资产配置	资产配置 资产配置基金 固定权重法 灵活权重法 证券选择 战术性资产配置	我的金融实验室 学习计划 13.1

你应该知道的	重要术语	去哪里练习
目标 2：讨论衡量和比较投资业绩所需的数据和指标。要分析个人投资的表现，搜集当前的市场信息并跟踪国际、国家和地方的经济和市场变动。投资表现指数如道琼斯工业平均指数（DJIA）和债券市场指标可用于评估市场行情。个人投资者的表现可以通过使用税前和税后的持有期收益率来度量。HPR 衡量投资在 1 年或更短的投资期内所获得的总收益（收入加上价值变化）。可以将 HPR 与投资目标进行比较，以评估对所承担风险是否获得了适当的收益，并隔离任何问题投资		我的金融实验室学习 计划 13.2
目标 3：理解用于衡量收入、资本利得和投资组合总收益率的方法。要衡量投资组合的收益率，在相关的当前时间段内估计投资的金额、获得的收入以及任何的资本利得（已实现的和未实现的）。使用这些值，通过将总收益除以期间的投资金额来计算投资组合的持有期收益率。将投资组合的 HPR 与整体市场指标进行比较可以提供一些有关投资组合相对于市场的表现的见解	积极投资组合管理	我的金融实验室 学习计划 13.3 问题 P13.3 的视频学习辅导
目标 4：使用夏普指标、特雷诺指标和詹森指标将投资组合的收益率与经风险调整、市场调整的收益率进行比较，并讨论投资组合修正。可以用夏普指标、特雷诺指标和詹森指标对投资组合的收益率进行风险调整的、市场调整的评估。夏普指标和特雷诺指标求出每单位风险的风险溢价，可以与类似的市场指标进行比较，以评估投资组合的业绩。詹森指标（阿尔法）用贝塔和 CAPM 来计算投资组合的超额收益率。一般首选詹森指标，因为它相对容易计算，并直接做出风险和市场调整。应该修正投资组合——卖出某些证券并购买新证券替代它们——当收益率不可接受或投资组合不能满足投资者的目标时	詹森指标（詹森阿尔法） 投资组合修正 夏普指标 特雷诺指标	我的金融实验室 学习计划 13.4 问题 P13.15 的视频学习辅导
目标 5：描述美元成本平均计划、恒定美元计划、恒定比率计划与可变比率计划的作用和逻辑。公式计划用于确定购买和出售决策的时机，从而抓住因周期性价格变动所导致的价格变化的机会。常见的公式计划是美元成本	恒定美元计划 恒定比率计划 美元成本平均计划 公式计划 可变比率计划	我的金融实验室 学习计划 13.5 Excel 表格 13 - 9

你应该知道的	重要术语	去哪里练习
平均计划、恒定美元计划、恒定比率计划和可变比率计划。所有这些计划都有一定的决定规则或触发机制，以发出购买或出售行动的信号		
目标6：解释限价订单和止损订单在投资择时、储存流动性及选择出售投资的时机中的作用。 限价订单和止损订单可用于触发投资组合的重新平衡，从而有助于提高投资组合的收益率。低风险、高流动性投资，如货币市场存款账户和货币市场共同基金，可以储存流动性。这种流动性可以防止全部损失，并使得你能抓住任何有吸引力的机会。应选择出售投资的时机以获得最大的税收优惠（或最低的税收后果），并让其为实现投资者的目标做出贡献	双重损失	我的金融实验室学习计划13.6

登录**我的金融实验室**，做一个章节测试，取得一个个性化的学习计划，该学习计划会告诉你，你理解哪些概念，你需要复习哪些。在那儿，**我的金融实验室**会提供给你进一步的练习、指导、动画、视频和指引性解决方法。登录 www.myfinancelab.com

讨论题

　　Q13.1　列出你的个人特征，然后根据这些特征来陈述你的投资目标。以这些目标作为确定你的投资组合目标和政策的基础。假设你计划创建一个投资组合来实现你陈述的目标。通过将你的资金配置到以下任何资产类别来构建投资组合：普通股、债券、外国证券和短期证券。

　　a. 根据你陈述的投资组合目标和政策，确定在这4个类别上的资产配置并说明其合理性。

　　b. 描述你对每个资产类别会选择的投资类型。

　　c. 假设在做出a部分设定的资产配置之后，你收到一笔可观的遗产，这会导致你的投资组合目标变得激进得多。描述你在你的资产配置中会做出的更改。

　　d. 描述你在制订资产配置方案时会考虑的其他资产类别。

　　Q13.2　选择一家已成立的本地（或附近）公司，其股票在主要交易所上市且交易活跃。查看股票在前6年每年末的收盘价以及前5年每年支付的股利金额。此外，找到在前6年的每年末的道琼斯工业平均指数（DJIA）。

　　a. 使用式（13-1）计算股票前5年每年的税前持有期收益率。

　　b. 研究在过去5年中发生的国际、国家及地方的经济和市场变化。

　　c. 对5年关注期的每一年，将股票的收益率与DJIA进行比较。

　　d. 根据b部分所述的前5年的经济和市场发展以及c部分所述的前5年的DJIA变化，讨论股票的收益率。根据这些因素，股票的表现如何？

　　Q13.3　假设你处于35%普通税收等级（联邦和州合计），持有期超过12个月的股利和资本利得按

15%的税率征税。选择你有意投资的主要股票、债券和共同基金。对于它们中的每一项，搜集过去 3 年中的每一年的数据，数据关于年度股利或支付的利息以及如果每年年初购买并在年底出售所能获得的资本利得（或损失）。对于共同基金，一定要将所支付的任何股利分为投资收益股利和资本利得股利。

    a. 对于 3 种投资工具中的每一种，计算 3 年中每一年的税前和税后 HPR。

    b. 使用你在 a 部分中的年度 HPR 结果来计算 3 年期间每项投资的平均税后 HPR。

    c. 对每项投资比较在 b 部分中求出的平均收益率。根据这些收益和每项投资的特点来讨论相对风险。

    Q13.4   选择 6 只交易活跃的股票纳入你的投资组合。假设投资组合是 3 年前通过购买 6 只股票中每只 200 股创建的。找到每只股票的购买价格、每只股票支付的年度股利以及 3 个日历年的年终价格。记录每只股票的总成本、每股成本、当前每股价格以及在 3 个日历年每年末的总当前值。

    a. 对于 3 年中的每一年，求出投资组合的投资金额。

    b. 对于 3 年中的每一年，度量投资组合的年收入。

    c. 对于 3 年中的每一年，确定投资组合中未实现的资本利得。

    d. 对于 3 年中的每一年，使用 a、b 和 c 部分中的值计算投资组合的 HPR。

    e. 使用你在 d 部分中的发现来计算 3 年期间投资组合的平均 HPR。讨论你的发现。

    Q13.5   找出 5 只交易活跃的股票，并记录它们最近一年的年初和年末的价格。同时，找出每只股票在该年支付的股利金额以及每只股票年末的贝塔。假设在该年内对 5 只股票的持有是通过在年初创建的等额权重投资组合（每种股票占 20%）。找出给定年份的当期无风险利率 r_f 和市场收益率 r_m。假设 5 只股票的投资组合的标准差为 14.25%，市场投资组合的标准差为 10.80%。

    a. 对所考虑的年份，使用以下公式求出投资组合的收益率 r_p：

$$投资组合收益率 = \left(\frac{投入资产 1 的组合}{总美元价值的比例} \times 资产 1 的收益率\right) + \left(\frac{投入资产 2 的组合}{总美元价值的比例} \times 资产 2 的收益率\right) + \cdots$$

$$+ \left(\frac{投入资产 n 的组合}{总美元价值的比例} \times 资产 n 的收益率\right)$$

$$= \sum_{j=1}^{n} \left(\frac{投入资产 j 的组合}{总美元价值的比例} \times 资产 j 的收益率\right)$$

    b. 计算投资组合和市场的夏普指标。比较和讨论这些值。根据这一指标，投资组合的表现是优于还是不如市场？请说明。

    c. 计算投资组合和市场的特雷诺指标。比较和讨论这些值。根据这一指标，投资组合的表现是优于还是不如市场？请说明。

    d. 计算投资组合的詹森指标（詹森阿尔法）。讨论这个值。根据这一指标，投资组合的表现是优于还是不如市场？请说明。

    e. 使用 b、c 和 d 部分中的指标比较，对比和讨论你的分析，并评估投资组合。

    Q13.6   选择一只高增长的共同基金和一只货币市场共同基金。查找并记录其在刚过去的一年中每周末的净资产值。假设你想投资 10 400 美元。

    a. 假设你使用美元成本平均法买入高增长基金和货币市场基金的份额，每周末每只基金购买 100 美元，总投资为 10 400（=52×200）美元。到年底的时候，你会在每只基金中购买多少份额？每只基金的总股数、平均每股成本和年终投资组合价值是多少？加总年终的基金价值，并将其与第一周结束时在每只基金上投资 5 200 美元会产生的总价值进行比较。

    b. 假设你使用恒定美元计划，50% 投资于高增长基金（投机部分），50% 投资于货币市场基金（保守部分）。如果每当投机部分的价值比其初始价值 5 200 美元多 500 美元或少 500 美元，投资组合就要重新平衡，那么年末投资组合总价值和投机部分的份额数是多少？

    c. 假设像在 b 部分那样，你最初投资 50% 在投机部分和 50% 在保守部分。但这次你使用的是恒定比率计划，在这种计划下，当投机部分和保守部分的比率大于或等于 1.25，或者小于或等于 0.75 时，就会进行 50：50 混合的再平衡。年底的投资组合总价值和投机部分份额数是多少？

d. 比较和对比在 a、b 和 c 部分中的每个计划下的年末投资组合总价值。根据这些发现，哪种计划是最好的？请说明。

问题

P13.1 参考下表：

	基金 A	基金 B
贝塔	1.8	1.1
投资者 A	20%	80%
投资者 B	80%	20%

在投资者 A 和投资者 B 之间，哪种更可能代表一对退休的夫妇？为什么？

P13.2 投资组合 A 和投资组合 B 去年的持有期收益率相等。投资组合 A 的大部分收益来自股利，而投资组合 B 的大部分收益来自资本收益。哪种投资组合可能是一个薪水高的单身上班的人的，哪种可能是一对退休夫妇的？为什么？

P13.3 约翰·里尔登（John Reardon）于 2013 年 12 月购买了 100 股 Tomco 公司的股票，总成本为 1 762 美元。他持有股票 15 个月，然后卖了它们，净价值为 2 500 美元。公司在他持有股票期间向他支付了 200 美元的现金股利。如果有的话，销售股票时实现的资本收益是多少？计算约翰的税前 HPR。

P13.4 杰夫·克劳斯（Jeff Krause）于 1 月 2 日购买了 1 000 股投机股票，每股 2.00 美元。6 个月后的 7 月 1 日，他以每股 9.50 美元的价格卖出。他使用在线经纪商，每笔交易经纪商向他收取 10 美元。杰夫在这项投资上的年度 HPR 是多少？

P13.5 吉尔·克拉克（Jill Clark）在工业芳香化学公司（Industrial Aromatics，Inc.）的债券上投资了 25 000 美元。她持有 13 个月，结束时以 26 746 美元卖出。在持有期间，她收到了 2 000 美元的利息。计算吉尔的投资的税前和税后 HPR。假设她处于 31% 的普通税级（联邦和州合计），并在持有期超过 12 个月后需对股利和资本利得支付 15% 的资本利得税率。

P13.6 夏洛特·斯密特（Charlotte Smidt）正好在 1 年零 2 天前购买了 2 000 个份额的平衡免佣 LaJolla 基金，每份净资产价值 8.60 美元。基金本年度分配了每份 0.32 美元的投资收益和每份 0.38 美元的资本利得。夏洛特处于 31% 的普通税级（联邦和州合计），并在持有期超过 12 个月后需对股利和资本利得支付 15% 的资本利得税，年底在出售所有的 2 000 股时实现了每股 8.75 美元。计算夏洛特在这笔交易上的税前和税后 HPR。

P13.7 琳达·巴贝乌（Linda Babeu）处于 33% 的普通税收（联邦和州合计）税级中，对持有期超过 12 个月的股利和资本收益需支付 15% 的资本利得税，正好在 1 年前她购买了 10 份期权合约，总成本为 4 000 美元。琳达今天卖掉了 10 份合约，净价值为 4 700 美元。琳达在这笔交易中的税前和税后 HPR 是多少？

P13.8 莫姆（Mom）和波普（PoP）有一个他们多年前购买的长期债券组合。债券每年支付 12% 的利息，面值为 100 000 美元。如果莫姆和波普处于 25% 的税级，他们在这项投资上的年度税后 HPR 是多少？（假设市场交易价格等于面值。）

P13.9 西蒙·洛夫（Simon Love）用完全自有资金购买的 15 只普通股的投资组合在 2014 年 1 月 1 日的市值为 264 000 美元。2014 年 5 月底，西蒙以 31 500 美元出售了其中一只股票，该股票的年初价值为 26 300 美元。在这 1 年里，他没有向投资组合中投入任何其他资金。他在该年内从他的投资组合的股票中获得 12 500 美元的总股利。2014 年 12 月 31 日，西蒙的投资组合的市值为 25 万美元。求西蒙的投资组合在截至 2014 年 12 月 31 日的年度内的 HPR。（用年初值计量提取的资金额。）

P13.10　恭喜！你的投资组合去年收益率为 11%，比 9% 的市场收益率好 2%。你的投资组合的收益率的标准差等于 18%，无风险利率等于 6%。计算你的投资组合的夏普指标。如果市场的夏普指标是 0.3，从风险及收益角度来看，你的投资组合的表现比市场好还是差？

P13.11　尼基·马隆（Niki Malone）的投资组合在刚刚结束的 1 年中获得了 11.8% 的收益率。投资组合的收益率标准差为 14.1%。目前的无风险利率为 6.2%。市场组合该年的收益率为 9.0%，标准差为 9.4%。

a. 计算刚刚结束的 1 年尼基·马龙的投资组合的夏普指标。

b. 将 a 部分求出的尼基的投资组合表现与赫克托·史密斯（Hector Smith）的投资组合的表现进行比较，该投资组合的夏普指标为 0.43。哪一个投资组合的表现更好？为什么？

c. 计算刚刚结束的年度的市场组合的夏普指标。

d. 利用你在 a 和 c 部分的发现，讨论在刚刚结束的那 1 年里尼基的投资组合相对于市场的表现。

P13.12　你的投资组合的贝塔等于 1.3，去年收益率为 12%。市场收益率为 10%，无风险利率为 6%。计算你的投资组合和市场的特雷诺指标。给定你承担的风险，你是否获得了比市场更好的收益率？

P13.13　在刚刚结束的 1 年，安娜·舒尔茨（Anna Schultz）的贝塔为 0.90 的投资组合获得 8.6% 的收益率。目前的无风险利率为 7.3%，而在刚刚结束的 1 年，市场组合的收益率为 9.2%。

a. 计算刚刚结束的那 1 年安娜的投资组合的特雷诺指标。

b. 将 a 部分求出的安娜的投资组合的表现与斯泰西·匡特（Stacey Quant）的投资组合的表现进行比较，该投资组合的特雷诺指标为 1.25%。哪一个投资组合的表现更好？请说明。

c. 计算刚刚结束的 1 年市场组合的特雷诺指标。

d. 利用你在 a 和 c 部分的发现来讨论刚刚结束的那 1 年安娜的投资组合相对于市场的表现。

P13.14　你的投资组合去年的收益率是 13%，贝塔等于 1.5。市场收益率为 10%，无风险利率为 6%。你的投资组合的收益率是高于还是低于你要求的收益率？（使用詹森指标。）

P13.15　奇·丘（Chee Chew）的投资组合的贝塔为 1.3，在刚刚结束的 1 年获得了 12.9% 的收益率。无风险利率目前为 7.8%。在刚刚结束的 1 年中，市场组合的收益率为 11.0%。

a. 计算在刚刚结束的 1 年里奇的投资组合詹森指标（詹森阿尔法）。

b. 将 a 部分求出的奇的投资组合的表现与卡里·尤尔（Carri Uhl）的投资组合的表现进行比较，该投资组合的詹森指标为 0.24。哪一个投资组合的表现更好？请说明。

c. 使用你在 a 部分的发现来讨论奇的投资组合在刚刚结束的时期中的表现。

P13.16　目前的无风险利率为 8.1%。利用下表中关于菲奥（Fio）家族的投资组合和市场组合在刚刚结束的 1 年里的数据，回答以下问题。

数据项目	菲奥家族的投资组合	市场组合
收益率	12.8%	11.2%
收益的标准差	13.5%	9.6%
贝塔	1.10	1.00

a. 计算投资组合和市场的夏普指标。比较 2 个指标，并评估菲奥家族的投资组合在刚刚结束的 1 年里的表现。

b. 计算投资组合和市场的特雷诺指标。比较 2 个指标，并评估菲奥家族的投资组合在刚刚结束的 1 年里的表现。

c. 计算詹森指标（詹森阿尔法）。使用它评估菲奥家族的投资组合在刚刚结束的 1 年里的表现。

d. 根据你在 a、b 和 c 部分的发现，评估菲奥家族的投资组合在刚刚结束的 1 年里的业绩。

P13.17　在过去 2 年里，乔纳斯·科恩（Jonas Cone）使用美元成本平均公式每月购买价值 300 美元的 FCI 普通股。2 年内每月支付的每股价格如下表所示。假设乔纳斯没有支付这些交易的经纪佣金。

月份	每股 FCI 的价格（美元）	
	年份 1	年份 2
1 月	11.63	11.38
2 月	11.50	11.75
3 月	11.50	12.00
4 月	11.00	12.00
5 月	11.75	12.13
6 月	12.00	12.50
7 月	12.38	12.75
8 月	12.50	13.00
9 月	12.25	13.25
10 月	12.50	13.00
11 月	11.85	13.38
12 月	11.50	13.50

a. 乔纳斯在这 2 年里的总投资是多少？

b. 乔纳斯在这 2 年里购买了多少股票？

c. 使用你在 a 和 b 部分的发现计算乔纳斯购买 FCI 股票的每股平均成本。

d. 在第 2 年年底，乔纳斯持有的 FCI 的价值是多少？

P13.18　使用下表中的数据，假设你使用的是再平衡触发点为 1 500 美元的恒定美元计划。股票价格代表你的投机组合，MM 共同基金代表你的保守组合。如果有的话，在时期 2，你应该采取什么行动？请具体说明。

时期	股票价格（美元）	份额数	MM 共同基金	
			基金 NAV（美元）	份额数
1	20.00	1 000	20.00	1 000
2	25.00		21.00	

P13.19　参考 P 13.18，假设你使用的是再平衡触发点为 1.25 的投机-保守比率的恒定比率计划。如果有的话，在时期 2，你应该采取什么行动？请具体说明。

P13.20　使用下表中的数据，假设你正在使用可变比率计划。你决定当投机性投资组合达到总额的 60％时，你会将其比例降低到 45％。如果有的话，在时期 2，你应该采取什么行动？请具体说明。

时期	股票价格（美元）	股份数	MM 共同基金	
			基金 NAV（美元）	股份数
1	20.00	1 000	20.00	1 000
2	30.00	1 000	19.00	1 000

案例题 13-1

评估斯塔尔切克夫妇的投资组合业绩

玛丽·斯塔尔切克（Mary Stalcheck）和尼克·斯塔尔切克（Nick Stalcheck）拥有一个包含 4 项投资的投资组合。构建这个投资组合的目的是使他们在当前收入和资本增值之间取得平衡。他们不是购买共同基金份额或在给定的投资类别中多元化，而是通过在各种资产类别中进行多元化来构建其投资组合的。投资组合目前包含普通股、公司债券、共同基金份额和期权。他们在过去 3 年中购买了这些投资，并计划在未来某个时候购买其他投资。

目前，斯塔尔切克夫妇想要衡量他们的投资收益率，并评估它们相对于市场的表现。他们希望过去 1 年所获得的收益能超过他们通过投资于由标准普尔 500 股票综合指数组成的投资组合所获得的收益。他们的研究表明，无风险利率为 7.2%，而标准普尔 500 组合的税前收益率在过去 1 年为 10.1%。在朋友的帮助下，他们已经能够估计投资组合的贝塔，贝塔是 1.20。在他们的分析中，他们计划忽略税收，因为他们觉得他们的收入已得到充分的避税。由于他们在过去 1 年没有进行任何投资组合交易，斯塔尔切克夫妇的所有投资均已经持有超过 12 个月，如果有的话，他们必须只考虑未实现的资本收益。为了进行必要的计算，斯塔尔切克夫妇搜集了其投资组合中每项投资的以下信息：

（1）普通股。他们拥有 KJ Enterprises 的 400 股普通股。KJ 是一家多元化的金属管制造商，以其连续不断的股利而闻名。在过去几年里，公司进入了新的市场，因此，提供了一定的资本增值潜力。股价已从上一个日历年年初的 17.25 美元上升到年底的 18.75 美元。年内，每季度派发的现金股利分别是 0.20 美元、0.20 美元、0.25 美元和 0.25 美元。

（2）行业债券。斯塔尔切克夫妇拥有 8 只 Cal Industries 的债券。债券的面值为 1 000 美元，息票率为 9.250%，2024 年到期。债券被穆迪公司授予 A 评级。债券年初的报价为 97.000，年末的报价为 96.375。

（3）共同基金。斯塔尔切克夫妇持有 Holt 基金的 500 个份额，这是一只平衡的免佣共同基金。本年度基金的股利包括投资收益 0.60 美元和资本利得 0.50 美元。该基金在年初的净资产值为 19.45 美元，年底为 20.02 美元。

（4）期权。斯塔尔切克夫妇拥有 100 份关于他们关注的公司的股票的期权合约。这些合约年初的价值共计 26 000 美元。期权合约年底的总价值为 29 000 美元。

问题

a. 计算这 4 项投资的税前持有期收益率。

b. 假设斯塔尔切克夫妇的普通收入目前以 38% 的综合（联邦和州）税率征税，并且对持有时间超过 12 个月的股利和资本利得支付 15% 的资本利得税，确定他们的 4 项投资中每项的税后 HPR。

c. 认识到斯塔尔切克夫妇投资的所有资本利得均未实现，计算过去 1 年他们的 4 项投资所构成的投资组合的税前组合 HPR。就其当前收入和资本增值这两个组成部分来评估这一收益。

d. 使用问题 c 中算出的 HPR 来计算詹森指标（詹森阿尔法）。利用该指标，在经风险调整、市场调整的基础上分析斯塔尔切克夫妇的投资组合的表现。评论一下你的发现。使用詹森指标来评估 4 项投资构成的投资组合合理吗？为什么？

e. 根据你对问题 a、c 和 d 的分析，就其投资组合修正而言，你会为斯塔尔切克夫妇提供什么建议（如果有的话）？解释一下你的建议。

评估公式计划：查尔斯·斯伯格的方法

查尔斯·斯伯格（Charles Spurge）是 Ansco 石油公司的一位数学家，他希望为投资组合的择时交易提供合理的基础。他目前持有一个市场价值接近 10 万美元的证券投资组合，且在一只非常保守的低贝塔普通股 ConCam United 和一只高度投机的高贝塔股票 Fleck Enterprises 之间平分。根据他对投资文献的阅读，查尔斯不相信有必要在 8 至 15 只证券上多元化投资组合。基于他独立的数学分析，他的想法是通过持有 2 只证券构成的组合，其中一只证券是非常保守的，另一只是高度投机的，就可以实现相同的结果。他的这一想法不会改变。他计划继续持有这个由 2 只证券构成的投资组合，直到他发现他的理论不成立为止。在过去的几年中，他在这个组合上获得了超过经风险调整、市场调整后的收益率。

查尔斯目前的兴趣集中在制订自己的投资组合择时交易公式计划。他分析的当前阶段集中在评估 4 个常见的公式计划，以便分离出每个公式计划的理想特征。他正在考虑的计划分别是美元成本平均计划、恒定美元计划、恒定比率计划和可变比率计划。查尔斯对这些计划的分析会涉及 2 类数据。美元成本平均计划是一种消极的购买并持有策略，其中定期的投资保持不变。其他计划更积极，因为它们涉及投资组合内的定期购买和销售。因此，需要不同的数据来评估这些计划。

为了评估美元成本平均计划，查尔斯决定他会在每 45 天的时期结束时投资 500 美元。他选择了 45 天的时间间隔来实现一定的经纪费用节省，通过做更大的交易可以节省费用。每 45 天 500 美元，1 年总计 4 000 美元，等于查尔斯过去 1 年的投资总额。（注：为方便起见，忽略 4 000 美元中未投资的部分在年内所获得的收益。）在评估这个计划时，他假设将 500 美元的一半（250 美元）投资于保守股票（ConCam United），将另一半投资于投机股票（Fleck Enterprises）。在 8 个 45 天的时期末购买股票时每只股票的股价在下表中给出。

时期	每股价格	
	ConCam（美元）	Fleck Enterprises（美元）
1	22.13	22.13
2	21.88	24.50
3	21.88	25.38
4	22.00	28.50
5	22.25	21.88
6	22.13	19.25
7	22.00	21.50
8	22.25	23.63

为了评估其他 3 个计划，查尔斯决定构建一个 4 000 美元的投资组合，在 2 只股票上平均分配。他之所以选择用 4 000 美元，是因为这个数额相当于使用美元成本平均计划在 1 年内投资于 2 只股票的总额。他计划使用前面提到的相同的 8 个时点来评估投资组合，并在需要时进行资金转移。对于使用这些数据评估的每个计划，他建立了以下触发点：

(1) 恒定美元计划。每次投资组合的投机部分的价值比其初始价值 2 000 美元的价值高出 13%，投资组合将被重新平衡以使投机部分恢复到其初始的 2 000 美元的价值。

(2) 恒定比率计划。每次投资组合的投机部分的值与保守部分的值的比率为大于或等于 1.15，或者小于或等于 0.84 时，通过出售或购买重新平衡投资组合，分别使比值回到其初始值 1.0。

（3）可变比率计划。每当投资组合的投机部分的价值超过投资组合总价值的 54% 时，其比例被降至 46%。每次投资组合的投机部分的价值下降到投资组合总价值的 38% 以下时，其比例被提高到 50%。

问题

a. 在美元成本平均计划下，确定购买的总股数、每股平均成本和年终投资组合价值，既以美元表示，也以保守股票、投机股票和整个投资组合占投资额的百分比表示。

b. 使用恒定美元计划，确定年终投资组合价值，既以美元来表示，也以保守股票、投机股票和整个投资组合占投资额的百分比来表示。

c. 对于恒定比率计划，重复问题 b。一定要回答所有的问题。

d. 对于可变比率计划，重复问题 b。一定要回答所有的问题。

e. 比较和对比你的从问题 a 到 d 中的结果。你可能希望以表格形式总结它们。在过去 1 年里哪个计划看起来对确定查尔斯的投资组合交易时机最有利？说明一下。

Excel 电子表格

虽然大多数人认为不可能始终战胜市场，但有几个计划让投资者可以择时购买和销售证券。这些被称为公式计划——试图利用周期性价格变动来管理投资组合的机械方法。它的目标是降低投资者面临的风险水平。有一个这样的公式计划是美元成本平均。其中，固定的美元金额按固定的时间间隔投资到证券上。一个目标是随着时间的推移提高给定证券的价值。如果价格下跌，就购买更多的股票；如果市场价格上涨，就每期购买较少的股票。其实质是，投资者更有可能不买被高估的证券。在过去的 11 个月中，从 2014 年 3 月至 2015 年 1 月，帕多克（Paddock）夫人使用美元成本平均法每月购买价值 1 000 美元的 Neo 普通股。下表中列出了 11 个月期间每月支付的月度每股价格。假设帕多克夫人没有支付这些交易的经纪佣金。

创建类似于表 13-9 的可以在 www.myfinancelab.com 查看的电子表格模型来分析如下用美元成本平均法对 Neo 普通股的投资情况。

年份	月份	每股支付的价格（美元）
2014	3 月	14.30
	4 月	16.18
	5 月	18.37
	6 月	16.25
	7 月	14.33
	8 月	15.14
	9 月	15.93
	10 月	19.36
	11 月	23.25
	12 月	18.86
2015	1 月	22.08

问题：

    a. 从 2014 年 3 月到 2015 年 1 月这一期间的总投资是多少？

    b. 在 11 个月内购买的 Neo 股份总数是多少？

    c. 每股平均成本是多少？

    d. 期末（2015 年 1 月）投资组合的价值是多少？

    e. 截至 2015 年 1 月底的损益是多少？

    f. 11 个月后的投资组合收益率是多少？

CFA 考试题

投资组合管理

    以下是 9 个 CFA 一级考试题，涉及本书第 12 章和第 13 章涵盖的许多主题，包括共同基金的结构、投资组合多元化、投资组合收益率和个人投资组合管理。（注意：当回答下面的一些问题时，记住变异系数 $=\sigma/u$；对于正态分布，安全优先比率基本上与夏普比率相同。）（当回答问题时，每个问题给自己 1.5 分钟，目标是用 14 分钟正确回答 9 个问题中的 6 个。）

    1. 一位分析师比较了过去 8 年对冲基金指数的表现与主要股指的表现。她指出，对冲基金指数（从一个数据库中创建的）相对于股指有较高的平均收益率、较低的标准差和较高的夏普比率。对冲基金数据库中所有成功的基金在 8 年间继续接受新的资金。对冲基金指数的平均收益率和夏普比率最有可能被夸大还是少报？

对冲基金指数的平均收益	对冲基金指数的夏普比率
a. 夸大	夸大
b. 夸大	少报
c. 少报	夸大

    2. 实物赎回是参与什么样的投资的投资者可以使用的过程？

    a. 传统共同基金，但不是交易所交易基金。

    b. 交易所交易基金，但不是传统共同基金。

    c. 传统共同基金和交易所交易基金。

    3. 以下交易在一天里按收盘的市场价格只发生一次？

交易所交易基金	传统共同基金
a. 否	否
b. 否	是
c. 是	否

    4. 有可能按其净资产价值的大幅折扣进行交易的基金包括以下哪种？

交易所交易基金	封闭式基金
a. 否	否
b. 否	是
c. 是	否

    5. 通常涉及发行在证券市场上交易的份额的房地产投资形式包括

    a. 房地产投资信托，但不包括混合基金；

b. 混合基金，但不包括房地产投资信托；

c. 房地产投资信托基金和混合基金。

6. 一位分析师搜集了以下信息：

组合	平均收益率（%）	收益率的标准差（%）
1	9.8	19.9
2	10.5	20.3
3	13.3	33.9

如果无风险收益率为3.0%，那么基于夏普比率拥有最佳风险调整后的表现的组合是

a. 组合1；

b. 组合2；

c. 组合3。

7. 一位分析师搜集了以下关于一个投资组合过去10年的业绩的信息：

平均年收益率	11.8%
年收益率的标准差	15.7%
组合贝塔	1.2

如果同期的无风险资产的平均收益率为5.0%，则组合的变异系数和夏普比率最接近于

变异系数	夏普比率
a. 0.75	0.43
b. 1.33	0.36
c. 1.33	0.43

8. 西部投资公司持有由4只债券组成的固定收益投资组合，其市场价值和久期在下表中给出。

	债券 A	债券 B	债券 C	债券 D
市场价值（美元）	200 000	300 000	250 000	550 000
久期	4	6	7	8

投资组合的久期（持续时间）最接近于

a. 6.06；

b. 6.25；

c. 6.73。

9. 本年底，投资者希望向慈善机构捐赠2万美元，但不希望她的投资组合的年终市值低于60万美元。如果缺口水平等于无风险收益率且所考虑的所有组合的收益率都是正态分布的，那么最小化下跌的可能性来实现投资者目标的投资组合最可能具有哪项？

最高的安全优先比率	最高的夏普比率
a. 否	是
b. 是	否
c. 是	是

答案： 1. a；2. b；3. b；4. b；5. a；6. b；7. c；8. c；9. c。

第六部分

衍生证券

第14章 期权：看跌期权和看涨期权

学完本章之后，你应该能够：

目标1：从一般意义上讨论期权的基本性质，从特定意义上讨论看跌期权和看涨期权的基本性质，并理解这些投资工具的原理。

目标2：描述期权市场并指出关键期权条款，包括行权价和到期日。

目标3：解释看跌期权和看涨期权是如何估值的以及市场中驱动期权价格的力量。

目标4：描述看跌期权和看涨期权的获利潜力，并指出一些流行的看跌期权和看涨期权投资策略。

目标5：解释出售备兑看涨期权的盈利潜力和亏损敞口，并讨论出售期权如何被用作提高投资收益的策略。

目标6：描述市场指数期权、外汇看跌期权和看涨期权，以及 LEAPS，并讨论投资者如何使用这些证券。

Facebook 公司的高管并不是公司于 2012 年上市时唯一变得富有的人。在几年前的 2005 年，艺术家大卫·崔（David Choe）被要求在 Facebook 公司的墙上画一些壁画，当时 Facebook 是一家年轻的刚成立的社交媒体公司。当时的 Facebook 总裁肖恩·帕克（Sean Parker）向崔提供了支付 60 000 美元或 Facebook 股票的选择权。曾经称这家初创的社交网站"荒谬和无意义"的崔选择了股票期权。

崔不是一位成功的投资者，而是因为他创造的原始和狂热的形象而闻名。帕克长期以来一直是崔的作品的粉丝，并委托崔在 Facebook 的第一个硅谷办公室绘制壁画。但帕克最初对崔早期的 Facebook 壁画并不满意，称之为"精神分裂症患者的纷乱"。2007 年，首席执行官马克·扎克伯格（Mark Zuckerberg）委托崔在他们的下一个办公室涂上有温度的壁画。

事实证明，崔不仅由一位涂鸦艺术家转变成了合格的壁画家，而且是一个自称热爱冒险的"赌徒"。因此，即使他考虑到自己无家可归，当时住在赌场和酒店，崔还是选择了下注 Facebook 的股票。7 年后，崔选择的股票期权估计价值 2 亿美元。

资料来源："6 Things We Can Learn from The Facebook Graffiti Artist," www. forbes. com, February 3, 2012; "Facebook IPO Turns Graffiti Mural into a ＄200 Million Payday," www. csmonitor. com, February 3, 2012; "Facebook's Graffiti Artist David Choe Says Life Unchanged by ＄200 Million," www. abcnews. com, February 9, 2012.

看跌期权和看涨期权

当投资者购买普通股或优先股的股份时，他们被赋予所有权包含的所有权利和特权，如获得股利的权利或普通股持有者在股东会议上的投票权。购买债券或可转换债券的投资者也被赋予所有权的某些利益，如获得定期的利息支付。股票、债券和可转换债券都是金融资产的例子。它们代表对发行组织的金融要求权。相比之下，购买期权的投资者只能获得随后购买或出售其他相关证券的权利。**期权**（option）给予持有人在指定时间内以指定价格买入或卖出一定数量的标的资产（如普通股）的权利。

期权是合同性工具，由双方签订，互相给予对方有价值的东西。期权买方有权在给定时间内按在签订合同时确定的价格买卖标的资产。期权卖方随时准备根据合同条款来购买或出售标的资产，买方为此已向卖方支付了一定数额的钱。我们将在本章中讨论两种基本类型的期权：看跌期权和看涨期权，这两者作为投资工具都相当受欢迎。

此外，还有另外两种其他类型的期权：权利和权证。权利起源于公司通过发行新的普通股份额来筹集资金。（有关权利产品的讨论，请参阅第 6 章。）权利使股东能够在指定的相当短的时间内以指定的价格购买新发行的股票。因为它们的生命跨度是如此短暂——通常不到几个星期——股票权利对一般的个人投资者几乎没有投资吸引力。相比之下，权证是长期期权，给予在特定时期（通常相当长——5 至 10 年或更长）购买某公司证券的权利。权证通常被看作债券发行的"甜点"，用于使这些证券对投资者更具吸引力。本质上，这种债券的买方也收到一只或多只权证作为股权投注的凭证。

看跌期权和看涨期权的基本特征

股票期权在 20 世纪 70 年代初在芝加哥期权交易所（CBOE）开始交易。很快，对期权的兴趣扩展到其他类型的金融资产上。现在，投资者可以交易与普通股、股指、交易所交易基金、外币、债务工具、商品和金融期货相关的看跌期权和看涨期权。

正如我们将看到的，虽然标的金融资产可能会有所不同，但不同类型期权的基本特征非常相似。也许最重要的特征是：期权使得投资者可以在无须投入太多的资本的情况下从标的资产的价格变化中获益。

可转让合约

看跌期权和看涨期权是以不记名形式发行的可转让工具，允许持有人以指定价格购买或出售指定数额的指定证券。例如，普通股的看跌期权或看涨期权包含一家特定公司的 100 股股票。**看跌期权**（put）使得持有人可以按指定的价格（称为执行价格或行权价）在一段时间内卖出标的证券。相反，**看涨期权**（call）给予持有人在一定时间内按规定（行权）价格买入证券的权利。任何期权都没有投票权，没有所有权，也没有利息或股利收入。相反，看跌期权和看涨期权有价值是因为它们使得持有人可以从标的资产的价格变动中受益。

因为看跌期权和看涨期权从一些其他实物或金融资产的价格变化中实现自己的价值，所以它们被称为**衍生证券**（derivative securities）。股票权利、认股权证以及期货合约（我们将在第 15 章学习）也是衍生证券。虽然这一市场的某些细分市场只适用于大型机构投资者，但个人投资者仍有足够的空间。许多这类证券——特别是在交易所上市的证券——很容易被个人和机构购买，并且被其积极交易。

投资者购买期权所支付的价格叫**期权费**（option premium）。正如我们将看到的，期权费取决于期权特征，如行权价、到期日以及标的资产的价格。但是，不要被"费"这个词所困扰，它不过是期权的市场价格。

看跌期权和看涨期权的一个关键特征是它们提供的有吸引力的**杠杆**（leverage）机会。这种机会之所以存在是因为这些期权相对于标的金融资产的市场价格来看价格较低。此外，较低的成本绝不会影响你的投资收益或资本增值潜力。为了予以说明，考虑一份让你有权以每股 45 美元的价格买入 100 股普通股的看涨期权。如果该股票目前售价为 45 美元，而看涨期权只卖几美元——为了说明起见，我们假设每份期权为 3 美元（或者 300 美元，因为期权合约包括 100 股）。接下来，假设一两个月后，股票价格提高了 10 美元，涨至 55 美元。此时，你可以行使你的权利，按每股 45 美元购买 100 股股票。你付出 4 500 美元获得股票，然后立即按 5 500 美元的市场价格转售它们，赚取 1 000 美元的收益。从而，在短时间内，你的 300 美元前期投资增长到了 1 000 美元，增长了 233%。这期间股票的增长率只有 22.2%（=10÷45），所以期权的百分比增长远大于股票的百分比增长。这就是期权提供的杠杆的好处。

卖方与买方

看跌期权和看涨期权是独特的证券类型，因为它们不是由发行标的股票的组织发行的。相反，它们是由投资者创造的。其原理是这样的：假设你想卖给另一位投资者购买 100 股普通股的权利。你可以通过"出售一份看涨期权"来做到这一点。出售期权的个人（或机构）被称为**期权卖方**（option seller 或 option writer）。作为期权卖方，你在市场上卖出期权，因此有权收取买方为看跌期权或看涨期权支付的价格。

看跌期权和看涨期权都是通过证券经纪人和交易商来出售和购买的。事实上，它们像普通股一样容易买卖，需要的不过是一个简单的电话或点击几下鼠标。卖方是期权的后盾，因为卖方必须按照期权条款来购买或交付股票或其他金融资产。（注意：看跌期权和看涨期权的卖方负有一个法律义务来遵守其出售的期权的合约条款，如果情况变坏，买方可以放弃交易，但卖方不能。）

出售看跌期权和看涨期权出于多种原因，我们将在本章中探讨这些原因。就目前而言，知道出售期权可以是一个可行的投资策略，并且可以是一个有利可图的行动方案就足够了，因为期权通常过期后就没有价值了。

看跌期权和看涨期权的原理

从买方的观点出发，我们将简要考察看跌期权和看涨期权的原理及其如何产生价值。首先最好看看它们的获利潜力。例如，考虑前面描述的行权价为 45 美元、售价为 3 美元的看涨期权。作为看涨期权的买方，你希望标的证券（此处的普通股）的价格上涨。如果股票的价格确实在看涨期权的到期日之前上涨至 75 美元，那么该交易的获利潜力是多少？

答案是：你将从看涨期权的 100 股股票中每股获利 30（＝75－45）美元，再减去期权初始的 300 美元的成本。换句话说，从 300 美元投资中，你将获得 3 000 美元的毛利润。这是因为你有权从期权出售者处按每股 45 美元的价格购买 100 股股票，然后立即转手，并以每股 75 美元的价格在市场上卖出。

通过直接投资普通股你能赚到相同的毛利润（3 000 美元）吗？是的，如果你购买了 100 股股票。相比于购买期权所需的 300 美元投资，购买 100 股价格为 45 美元的股票需要初始投资 4 500 美元。因此，购买股票的收益率远远低于购买期权的收益率。普通股和看涨期权的收益潜力相差很大。当标的金融资产的价格前景积极的时候，这种收益潜力上的差异就会吸引投资者和投机者。当然，这种差别化的收益是杠杆的直接结果，背后的原理是减少给定投资所需的资本水平，但不会实质性地影响该投资的收益或资本增值的美元数额。注意，虽然我们的说明使用的是普通股，但这种估值原则适用于看涨期权所基于的任何其他金融资产，如市场指数、外汇和期货合约。对看跌期权可以得到类似的结果。假设对于同一股票（当前价格为 45 美元），你可以支付 700 美元并买入可按每股 50 美元的行权价卖出 100 股股票的看跌期权。作为看跌期权的买方，你希望股票价格下降。假设你的预期是正确的，股票价格确实下降到每股 25 美元。同样，当你行使看跌期权时，你实现了每股 25 美元的毛利润，因为你可以在公开市场上按 25 美元的价格购买股票，然后行使你的权利按 50 美元的价格卖出。

幸运的是，看跌期权和看涨期权的投资者不必为获得利润而在行使期权的

投资者事实
美式还是欧式？

看跌期权和看涨期权可以以美式或欧式的形式发行。实际上，这与期权交易的地方绝对无关，而是与何时可以行权有关。美式期权可以在期权交易的任何一个工作日行使。欧式期权只能在到期日行使。因为美式期权的执行权利比欧洲期权更灵活，所以美式期权通常更受欢迎，从而在市场上更有价值。但并不总是如此。有权在期满之前行使期权并不意味着这是最佳的。在许多情况下，在公开市场上卖出期权比行使期权对投资者来说更有利，在这种情况下，美式期权和欧式期权的价格是相似的。

同时进行买卖交易。这是因为期权本身具有价值，可以在二级市场交易。看跌期权和看涨期权的价值都与标的金融资产的市场价格直接相关，从而看涨期权的价值随标的证券的市场价格的上升而上升。同样，看跌期权的价值随证券价格的下跌而上升。因此，就像任何其他证券一样，你可以通过在公开市场上卖出期权来得到你从期权中赚到的钱。

优点和缺点

投资看跌期权和看涨期权的主要优点是其所提供的杠杆。这一特征使得投资者可以从标的资产的价格变动中获利，而无须预先投入大量资金。另一个吸引人的事实是，当标的证券价格上涨或下跌时，看跌期权和看涨期权都可以被用于获利。

看跌期权和看涨期权的一个主要缺点是，持有人既不享有利息或股利收入，也不享有任何其他的所有权利益。此外，由于看跌期权和看涨期权的生命有限，因此，标的资产价格可以在使期权盈利的方向上变动的时间有限。最后，尽管有可能在不投入大量资金的情况下购买看涨期权和看跌期权，但对于期权来说，投资者亏掉其全部投资的可能性远远高于股票。这是因为即使标的股票只是在错误的方向上变动一点儿，该股票的看跌期权或看涨期权在其到期时也会变得完全没有价值。

期权市场

虽然期权的概念可以追溯到亚里士多德的著作，但美国的期权交易是直到 18 世纪末才开始的。即使这样，直到 20 世纪 70 年代初，这个市场仍然相当小，基本上是没有组织的，几乎属于几个专家和交易员的私人领域。然而，到 1973 年 4 月 26 日 CBOE 成立的这一天，所有的一切都改变了。

常规期权

在 CBOE 成立之前，看跌期权和看涨期权的交易是通过少数专业交易商在场外市场进行的。想要购买看跌期权和看涨期权的投资者联系自己的经纪人，经纪人再联系期权交易商。交易商会找到愿意卖出期权的投资者。如果买方希望行使期权，那么他是与卖方而不是其他人来完成的——一个基本上没有任何二级交易的系统。此外，只要买家愿意付出代价，对可以买卖什么实际上没有任何限制。看跌期权和看涨期权是基于纽约和美国交易所的股票，以及在区域性交易所和场外市场交易的证券，期限从短至 30 天到长达 1 年。现在被称为**常规期权**（conventional option）的场外期权，如今几乎完全由机构投资者使用。因此，我们在本章中的注意力将集中于公开市场，如 CBOE，个人投资者的大部分期权交易是在

> **投资者事实**
> ### 了解你的期权
> 期权交易日益受到投资者的欢迎。2011 年，期权合约的平均日成交量创历史新高，超过 1 800 万份。仅 8 月份就有 5.5 亿份期权合约被交易，其中 4 150 万份交易发生在 8 月 8 日，这 2 个都是创纪录的事件。2011 年，交易量达到 46 亿份合约，成为另一个历史新高，比 2010 年的交易量增长了 17%。
>
> 资料来源：The Options Clearing Corporation, 2011 annual report.

此进行的。

上市期权

CBOE 的成立标志着**上市期权**（listed option）的诞生，这一术语描述了在有组织的交易所交易的看跌期权和看涨期权。CBOE 一开始仅有 16 家公司的看涨期权的交易。从这些不起眼的交易开始，在相对较短的时间内发展成一个大型和活跃的上市期权交易市场。如今，美国交易的上市期权有看跌期权和看涨期权，并在 9 个交易所之一进行交易，包括 BATS 期权交易所（BATS）、BOX 期权交易所（BOX）、C2 期权交易所（C2）、芝加哥期权交易所（CBOE）、国际证券交易所（ISE）、纳斯达克 OMX PHLX（PHLX）、纳斯达克期权市场（NOM）、纽约美国期权交易所（NYSE Amex）和纽约 Arca 期权交易所（NYSE Arca）。总体而言，现在有超过 3 800 种不同股票的看跌期权和看涨期权在交易，很多期权在多个交易所上市。除股票外，期权交易所还提供与股票指数、交易所交易基金、债券、外汇甚至商品和金融期货相关的上市期权。

上市期权不仅为看跌期权和看涨期权提供方便的市场，而且提供标准化的到期日和行权价。上市期权交易所创建了一个清算所，消除了期权买卖双方之间的直接联系，降低了执行看跌期权和看涨期权交易的成本。它们还开发了一个活跃的广泛发布价格信息的二级市场。因此，现在很容易像交易上市股票那样交易上市期权。

股票期权

CBOE 和其他期权交易所的出现对看跌期权和看涨期权的交易量产生了巨大影响。现在，每年交易 46 亿份上市期权合约，其中大部分是股票期权。2011 年，约 92％（或 42 亿份合约）为股票期权。那一年，交易的股票期权合约的总量在期权交易所中分配如下：

期权交易所	交易的合约数（百万）	交易所的交易量占比（％）
BATS	148.34	3.25
BOX	139.68	3.06
C2	52.82	1.16
CBOE	1 152.06	25.25
ISE	778.09	17.05
PHLX	983.49	21.55
NOM	194.20	4.26
NYSE AMEX	618.73	13.56
NYSE Arca	495.34	10.86
总计	4 562.75	100

上市期权交易所无疑为投资增加了一个新的方向。然而，为了避免在这些证券上犯严重的（可能是代价高昂的）错误，你必须充分了解其基本特征。在接下来的章节中，我们将仔细研究股票期权的投资属性和利用股票期权的交易策略。随后，我们将探究股票指数（和 ETF）期权，然后简要考察其他类型的看跌期权和看涨期权，包括利率、货币期权以及长期期权。（我们学习了期货合约之后，将在第 15 章讨论期货期权。）

股票期权条款

由于其单位成本低，股票期权，也被称为权益期权，非常受个人投资者的欢迎。除了标的金融资产之外，它们与任何其他类型的看跌期权或看涨期权一样，受同样的合约条款和市场力量的制约。有 2 个条款对于股票期权特别重要：（1）价格——被称为行权价——股票可以被买入或卖出的价格；（2）到期前剩余的时间量。我们将会看到，行权价和到期前的剩余时间对它们的估值和定价有重大影响。

行权价。 行权价（strike price）代表期权买方和卖方之间的价格合约。对于看涨期权来说，行权价规定了可以被购买的 100 股股票中的每一股股票的价格。对看跌期权来说，行权价代表股票可以被卖给期权卖方的价格。常规期权对行权价没有约束。就上市期权而言，行权价是被标准化的：

（1）每股售价低于 25 美元的股票的期权行权价以 2.50 美元的增量来设定（如 7.50 美元、10.00 美元、12.50 美元、15 美元等）。

（2）一般来说，对于售价位于每股 25 美元到 200 美元之间的股票，期权的行权价增量跳至 5 美元，但现在允许价格在 25 美元到 50 美元范围内的一些证券使用 2.50 美元的增量。

（3）对每股售价 200 美元以上的股票，期权行权价按 10 美元的增量来设定。

（4）与大多数股票期权不同，交易所交易基金的期权（本章后面将详细讨论）的行权价都按 1 美元的增量来设定。

在所有情况下，行权价都要因股票分割做出调整。行权价不因现金股利做出调整，但在公司支付大额股票股利（即以额外的股份而不是现金支付的股利）时做出调整。

到期日。 到期日（expiration date）也是一个重要的条款。就像债券到期日指出了债券的寿命一样，到期日规定了期权的寿命。实际上，到期日规定了期权持有人和期权卖方之间的合约时间长度。因此，如果你持有 6 个月的西尔斯股票的期权，行权价为 70 美元，那么该期权使得你有权在未来 6 个月内随时以每股 70 美元的价格购买 100 股西尔斯的普通股。无论股票的市场价格如何，你都可以使用你的看涨期权以每股 70 美元的价格购买 100 股西尔斯的股票。如果股价上涨，你就会赚钱。如果股价下跌，你会亏掉期权的成本。

常规市场中的期权的到期日可以是该月的任何工作日。相反，上市期权市场上的期权的到期日是标准化的。交易所最初为所有上市期权创建了 3 个到期周期：

（1）1 月、4 月、7 月和 10 月；

（2）2 月、5 月、8 月和 11 月；

（3）3 月、6 月、9 月和 12 月。

每份期权都被分配到这些周期中的一种。交易所仍然使用相同的 3 个到期周期，但它们已经改变了，以便投资者始终能够在最近的（当前和随后的）月份，加上在期权正常的到期周期中后 2 个最近的月份内交易。由于很明显的原因，这有时被称为一个 2 加 2 的安排。

例如，如果当前月份（也称为前月）是 1 月，那么 1 月周期中可用的期权是 1 月、2 月、4 月和 7 月。这包括 2 个当前的月份（1 月和 2 月）和周期中的后 2 个月份（4 月和 7 月）。同样，2 月周期的可用合约将是 1 月、2 月、5 月和 8 月；3 月周期的可用合约是 1 月、2 月、3 月和 6 月。基于到期月份的到期日在一年中以这种方式持续滚动。下表显示了 2 月和 6 月在 2 加 2 制度下可用的合约：

到期月份	循环	可得的合约
2 月	1 月	2 月、3 月、4 月、7 月
2 月	2 月	2 月、3 月、5 月、8 月
2 月	3 月	2 月、3 月、6 月、9 月
6 月	1 月	6 月、7 月、10 月、1 月
6 月	2 月	6 月、7 月、8 月、11 月
6 月	3 月	6 月、7 月、9 月、12 月

给定到期月份，实际的到期日总是相同的：每个到期月份的第三个星期五之后的星期六。因此，实际上，上市期权总是在到期月份的第三个星期五到期。

看跌和看涨期权交易

每当期权交易者购买或出售期权时都需要支付佣金和交易成本。出售看跌期权和看涨期权要支付正常的交易费，这些成本实际上代表对经纪人或交易商因出售期权而给予的补偿。

上市期权有自己的市场和报价系统。查找上市股票期权的价格（或期权费）相当容易，因为有大量期权报价的在线资源。图 14-1 显示了 Nasdaq.com 对纳斯达克 Facebook 股票作为标的资产的期权链的报价。**期权链**（option chain）是一个给定的到期期间的一项标的资产上的所有期权（看跌期权和看涨期权）的列表。图 14-1 中的报价仅显示了 Facebook 整个期权链的一小部分，左侧的 5 份看涨期权合约和右侧的 5 份看跌期权合约，以及 2012 年 9 月 22 日到期的合约的行权价和期权费。为当前 Facebook 上所有的期权合约生成报价会产生一个包含 323 份看涨期权报价和 318 份看跌期权报价的期权链。

无论来源如何，报价往往都是标准化的：提供公司或指数的名称和标的资产的收盘价。同时，它还提供期权合约的到期月份和行权价。提供的市场数据包括期权当天最后的交易价格（或期权费）、自前一天的最后交易价格以来的交易价格变化、每日的交易量以及当天结束时的未平仓合约数。例如，2012 年 9 月纳斯达克 Facebook 看涨期权的行权价为 20 美元，报价为 2.15 美元（这意味着美元价格为 215 美元，因为股票期权交易 100 只股票），行权价相同的 9 月期权的售价为 1.30 美元。

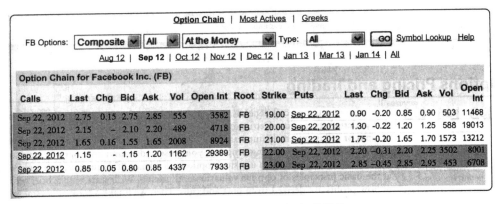

图 14 - 1　Facebook 股票期权的报价

在执行价格的两侧列出一个设定的到期日的看涨期权和看跌期权的报价。除了当天期权交易的最后一个价格以及买卖价格之外，还显示了前一天的最后一个交易价格。标的股票的名称（Facebook）和收盘价（21.01 美元）也显示在网页上。

资料来源：quotemedia.com，accessed August 8，2012.

概念复习

答案参见 www.pearsonhighered.com/smart。

14.1　描述看跌期权和看涨期权。它们是否像其他公司证券一样被发行？

14.2　什么是上市期权？它们与常规期权有何不同？

14.3　看跌期权和看涨期权的主要投资吸引力是什么？有什么风险？

14.4　什么是股票期权？股票期权与衍生证券之间有何不同？描述衍生证券并举几个例子。

14.5　什么是行权价？它与股票的市场价格有什么不同？

14.6　为什么看跌期权和看涨期权有到期日？有超过其到期日的期权的市场吗？

期权定价和交易

看跌期权或看涨期权的价值在很大程度上取决于期权背后的金融资产的价格。牢牢抓住看跌期权或看涨期权当前和预期的未来价值对期权交易者和投资者非常重要。因此，为了从任何期权交易计划中获得最大收益，你必须了解期权在市场上如何定价。继续使用股票期权作为讨论的基础，我们现在来考察期权估值和定价的基本原理。我们首先简要回顾一下如何从看跌期权和看涨期权中获利。然后，我们将考察投资者可以使用这些期权的几种方式。

看跌和看涨期权的潜在盈利

虽然报出的看跌期权或看涨期权的市场价格受到诸如到期日、股票波动率和市场利率等因素的影响，但最重要的变量是标的普通股的价格变化。这是一个驱动期权价格的重大变动并决定期权的盈利（收益）潜力的变量。当标的股票的价格上涨时，看涨期权表现好。当标的股票价格下跌时，看跌期权表现好。这种表现也解释了为什么你在买入或卖出期权之前努力掌握股票预期的未来的价格变动非常重要。

图 14-2 说明了期权提供的最终收益是如何取决于股票价格的。"收益"是指投资者从行使期权中获得的收益——股票价格与行权价之间的差额。左边的图描绘了一份看涨期权，右边的图描绘了一份看跌期权。在看涨期权的图中，假设你为行权价为 50 美元的看涨期权合约（即按每份看涨期权 5 美元的价格购买 100 份期权）支付了 500 美元。该图显示了期权收益是如何随股票价格的上升而提高的。观察到，除非股票的价格超过规定的行权价（50 美元），否则看涨期权提供零收益。如果股票的市场价格低于 50 美元，那么理性的投资者不会执行期权并支付 50 美元来购买股票——在公开市场上买股票更便宜。此外，因为买入该看涨期权还花费了 500 美元，所以股票必须再上涨 5 美元（从 50 美元到 55 美元），以便你能收回期权费，从而达到盈亏平衡点。但是，请注意，即使股价介于 50 美元到 55 美元之间，行使期权仍然是更好的，因为这样做减少了期权持有人的净亏损。例如，如果股票价格是 52 美元，行使期权产生 200 美元的现金流入，这部分地抵消了 500 美元期权费。对于股价超过这个盈亏平衡点（55 美元）的每一美元，看涨期权的收益增加 100 美元。来自看涨期权头寸的潜在盈利是无限的，因为对标的股票价格可以上涨到多高并没有限制。

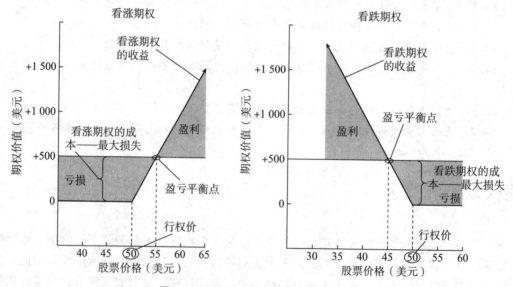

图 14-2　看跌期权和看涨期权的估值

看涨期权或看跌期权的收益取决于标的普通股（或其他金融资产）的价格。当期权通过盈亏平衡点时，该期权的成本已经得到补偿。之后，看涨期权的获利潜力是无限的，但是看跌期权的获利潜力有限，因为标的股票价格不能低于 0。

看跌期权的价值也取决于标的股票价格，但当股价下跌时，看跌期权价值上升，反之亦然。在图 14-2 的看跌期权图形中，假设你用 500 美元购买了看跌期权，并获得以每股 50 美元的价格卖出标的股票的权利。图形表明，除非相应股票的市场价格下跌到看跌期权的行权价（50 美元）之下，否则投资的收益为 0。随着股票的价格继续下跌，看跌期权的收益增加。同样，请注意，因为看跌期权花费了 500 美元，直到股票价格降到每股 45 美元的盈亏平衡点才开始在投资上赚钱。超过该点，看跌期权的盈利就由标的股票在期权的剩余期限内持续下跌的程度决定。

内在价值

正如我们所看到的，看跌期权或看涨期权的收益最终取决于期权的行权价，以及标的普通股的现行市场价格。更具体地说，看涨期权的内在价值是根据下面简单的公式来确定的：

$$看涨期权的内在价值＝(股票价格－行权价)×100 或 0，取大的一个 \qquad (14-1)$$

换句话说，看涨期权的内在价值不过是股票的市场价格与期权的行权价之间的差额。当股票价格低于行权价时，内在价值为0。如式（14-1）所隐含的，只要标的金融资产的市场价格超过期权规定的行权价，看涨期权就有内在价值。如果一份看涨期权的行权价为 50 美元，而标的股票的售价为 60 美元，那么该期权的内在价值为 1 000 美元。

相反，对看跌期权不能用同样的方式来估值，因为看跌期权和看涨期权允许持有者做不同的事情。要得到看跌期权的内在价值，我们必须稍稍改变一下方程的顺序：

$$看跌期权的内在价值＝(行权价－股票价格)×100 或 0，取大的一个 \qquad (14-2)$$

在这种情况下，只要标的股票（或金融资产）的市场价格小于期权所规定的行权价，那么该看跌期权就有价值。

实值/虚值

当一份看涨期权的行权价小于标的普通股的市场价格时，就有正的内在价值，并被称为**实值**（in-the-money）期权。当看涨期权的行权价超过股票的市场价格时，看涨期权就没有内在价值，在这种情况下被称为**虚值**（out-of-money）期权。然而，只要在期权过期之前还有时间，虚值看涨期权就不是没有价值，因为股票价格还有下降到行权价以下的可能性。换句话说，当看涨期权为虚值时，其内在价值是 0，但其市场价值大于 0。在这种情况下，我们说这份期权没有内在价值，但仍有时间价值。在特别的情况下，当期权的行权价和股票的市场价格相同时，我们就说看涨期权是平值的。

如你所料，看跌期权的情况是相反的：当行权价大于股票的市场价格时，看跌期权是实值的。当股票的市场价格超过行权价时，看跌期权被认为是虚值的。当行权价等于市场价格时，看跌期权就是平值的。与看涨期权一样，只要在到期日之前还有一段时间，虚值的看跌期权就仍然有正的市场价值。

参见图 14-1，你会注意到，显示的报价是对"平值"期权而言的，但实际上显示的所有期权要么是实值的，要么是虚值的。由于期权很少正好是平值的，选择平值期权的报价意味着是最接近于平值的报价，但仍然是实值的（阴影部分）或虚值的。在期权报价的当天，Facebook 的股票（标的资产）的收盘价为 21.01 美元，因此，行权价小于（大于）21.01 美元的所有看涨期权（看跌期权）都属于阴影部分，这表明它们都是实值的。

当公司向其员工授予股票期权时，通常授予平值期权，这意味着期权的行权价被设定为等于期权授予日的标的股票价格。然而，正如相应的"投资中的伦理道德"专栏所解释的，许多公司在选择期权授予日期时遇到了一些后见之明的麻烦（对此没有披露）。这种做法被称为期权回溯。

投资中的伦理道德

非常好的时机

1997 年，对管理者股票期权授予进行研究的金融学教授发现，授予这些期权的公司似乎表现出非常好的时机选择，正好在股票价格大幅上涨之前确定行权价。也许公司是在它们授予股票期权之前隐藏好消息，因为知道当它们发布消息时，它们的股票价格会上涨。几年后，埃里克·利（Erik Lie）和兰德尔·海伦（Randall Heron）解决了高管非凡的时机选择能力的谜题。一些公司显然回溯了它们的期权授予，使用后见之明来将行权价设定在股价处于最低点之前数周的某一天。回溯的原理是这样的。一家公司 6 月 1 日宣布其已经在 4 月 15 日授予其高管股票期权，使用该日的股票市场价格作为期权行权价。事实上，该公司并没有在 4 月 15 日授予期权，而是在几个星期之后选择了该日期。这给公司带来了后见之明的好处，这意味着公司知道之前一两个月的股价最低点实际上是在 4 月 15 日。到公司 6 月 1 日宣布期权授予时，期权已经为实值，因为股票价格远高于追溯设定的授予日期。在回溯期权方面，公司没有披露其授予的期权的真实价值，这又影响了其报告的收益和税收。

到 2007 年中期，至少有 257 家公司已经对回溯进行了内部调查，或者成为证券交易委员会的调查对象。卷入期权回溯丑闻的公司承担了严重后果。一些高管支付了罚款或锒铛入狱。其他公司在没有承认错误行为的情况下解决了诉讼，如博通公司支付了 1.18 亿美元来解决股东的起诉。大多数被调查的公司的股票价格下降了高达 10%。

高级管理层有意进行期权回溯的机会在很大程度上被《萨班斯-奥克斯利法案》消除，该法案要求公司在 2 天内报告对高级管理层的期权授予。《萨班斯-奥克斯利法案》在 2002 年被通过，加上证券欺诈的 5 年禁令，这意味着不太可能有任何新的刑事起诉。

资料来源：Kenneth Carow, Randall Heron, Erik Lie, and Robert Neal, "Option Grant Backdating Investigations and Capital Market Discipline," *Journal of Corporate Finance*, Volume 15, Issue 5, December 2009, pages 562－572.

时间价值与期权价格

正如根据式（14－1）和式（14－2）所求出的，看跌期权和看涨期权的内在价值表示在没有任何时间价值的情况下的期权价值。换句话说，这些公式说明的是看涨期权和看跌期权在其到期日的价值。事实上，期权很少按内在价值交易。相反，它们几乎总是以超过其内在价值的价格来交易，特别是仍然有很长时间的期权。因此，看跌期权和看涨期权几乎总是有时间价值。在大多数情况下，在期权到期之前的时间越长，其时间价值就越大。

什么驱动了期权价格？

期权价格可以归结为 2 个单独的组成部分。第一部分是期权的内在价值，这是由标的金融资产的当前市场价格驱动的。正如我们在式（14-1）和式（14-2）中看到的，标的资产的市场价格和期权的行权价之间的差异越大，看涨期权或看跌期权的基本价值就越大。

期权价格的第二部分通常被称为**时间价值**（time value）。时间价值是期权价格超过内在价值的金额。表 14-1 列出了一份交易活跃的看涨期权的一些报价。然后将这些报价（A 部分）

分成内在价值（B 部分）和时间价值（C 部分）。注意，使用了 3 个行权价——65 美元、70 美元和 75 美元。相对于股票的市场价格（71.75 美元），一个行权价（65 美元）远低于市场价格，这是一份实值看涨期权。第二个（70 美元）相当接近于市场价格。第三个（75 美元）远高于市场价格，这是一份虚值看涨期权。请注意期权价格构成在我们从一份实值看涨期权转到一份虚值看涨期权时的显著差异。

表 14-1	一份交易活跃的看涨期权的期权价格组成部分			单位：美元
价格	**行权价**	**到期月份**		
		2 月	3 月	6 月
A 部分：期权报价				
71.75	65	—	7.75	9.75
71.75	70	2.25	3.88	6.75
71.75	75	0.19	1.50	3.88
B 部分：内在价值				
71.75	65	—	6.75	6.75
71.75	70	1.75	1.75	1.75
71.75	75	neg.	neg.	neg.
C 部分：时间价值				
71.75	65	—	1.00	3.00
71.75	70	0.50	2.12	5.00
71.75	75	0.19	1.50	3.88

注：neg. 表示期权有负的内在价值。

表中的 B 部分列出了由式（14-1）确定的看涨期权的内在价值。例如，注意到虽然 3 月 65 看涨期权（3 月到期且行权价为 65 美元的看涨期权）的价格为 7.75 美元，但内在价值只有 6.75 美元。实际上，内在价值（6.75 美元）代表期权的实值程度。这有一个重要的含义是：这份期权的交易价格超过其内在价值。拥有此期权并想要从投资中获利的投资者可以通过行使期权或卖出期权来实现。卖出期权通常比提前行权更好，因为期权价格超过了其内在价值。也有例外，但提前行权通常是不明智的。相反，从期权投资中获利的最佳方式是卖出期权。

现在看看行权价为 75 美元的看涨期权。它们都没有任何内在价值，都是虚值的，其价格只由时间价值构成。本质上，这些期权的价值完全是由相信股票价格在期权到期之前可以上涨到每股 75 美元之上所决定的。

C 部分显示了内嵌于看涨期权价格中的时间价值。它等于看涨期权报价（A 部分）与看涨期权的内在价值（B 部分）之间的差额。这表明交易期权的价格至少包含一些时间价值。事实上，除非期权即将到期，否则你会预期到它们至少有一些时间价值。此外，请注意，对所有 3 个行权价而言，到期时间越长，时间价值越大。

如你所料，到期时间是解释 C 部分中的时间价值的重要因素。其他几个变量也对该溢价有影响。其中一个是标的普通股的价格波动。在其他条件相同的情况下，股票的波动性越大，期权的投机吸引力越大——从而时间价值越大。此外，时间价值也与利率水平直接相关。也就是说，内嵌于看涨期权中的时间价值的量通常随利率上升而增加（对看跌期权而言，当利率下降时，时间价值增加）。

在大多数情况下，4 个主要力量驱动了期权的价格。按照重要性降序排列如下：标的金融资产的价格行情、到期剩余时间、标的金融资产价格波动率的大小以及 一般利率水平。不太重要的变量包括标的普通股的股利收益率、期权的交易量以及期权上市的交易所。

 危机中的市场

波动率指数

因为标的资产的波动率在期权定价中发挥重要作用，期权交易者非常密切地跟踪个别股票和整体市场的波动率。事实上，有一个叫作 VIX 的指数（代表波动率指数），提供对整体市场的波动率的估计。从 1990 年到 2007 年，由 VIX 衡量的美国股票市场的平均波动率接近每年 20%。但是在 2008 年秋季雷曼兄弟破产后，VIX 指数达到近 90% 的峰值，是其长期平均水平的约 4 倍！在整个大衰退期间，VIX 指数多次飙升到其历史平均水平以上。在 2012 年的大部分时间里，VIX 指数在其长期均值 20 附近波动。

期权定价模型

人们已经构造出一些相当复杂的期权定价模型对期权进行估值，特别是由迈伦·斯科尔斯（Myron Scholes）和已故的费希尔·布莱克（Fisher Black）所构造的模型。许多积极的期权交易者使用这些公式来识别和交易价值被高估和低估的期权。毫不奇怪，这些模型都基于我们上面识别出的相同变量。例如，布莱克-斯科尔斯期权定价模型使用的输入变量是标的股票的市场价格、期权的行权价、期权到期之前剩余的时间、无风险利率和标的股票的波动率。布莱克和斯科尔斯的期权定价模型使用以下公式来对欧式看涨期权进行定价：

看涨期权价格＝股票价格×概率1－行权价的现值×概率2　　　　　　　　　　（14-3）

要获得概率1和概率2，你还需要2个公式，加上 Excel 的帮助。第一个公式如下：

$$值1=\frac{\ln\left(\dfrac{股票价格}{行权价}\right)+\left[无风险利率+\dfrac{(标准差)^2}{2}\right]\times 距到期的时间}{标准差\times\sqrt{距到期的时间}} \qquad (14-3a)$$

第二个公式如下：

$$值2=值1-标准差\times\sqrt{距到期的时间} \qquad (14-3b)$$

必须使用标准正态分布函数将式（14-3a）和式（14-3b）算出的数值转换为概率。正态分布是熟悉的钟形曲线，标准正态分布是平均值为 0 和标准差为 1 的钟形曲线。在式（14-3）中，我们需要的概率是抽取一个小于或等于值1（和值2）的概率。图14-3提供了我们要寻找的概率的图形说明。假设我们使用式（14-3a）求出值1等于0.9。为了获得式（14-3）的"概率1"，我们需要知道图14-3中值0.9左侧的曲线下方的面积。

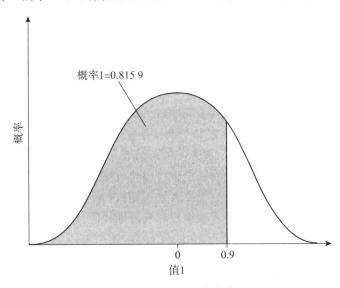

图14-3　标准正态分布

标准正态分布的平均值为0、标准差为1。值1左侧的阴影区域表示从该分布中随机抽取小于或等于值1的概率。

　　幸运的是，Excel 提供了一个有用的函数，使其很容易计算这些标准正态概率。该函数用＝normsdist（0.9）来表示，Excel 显示出相应的概率是0.8159。

　　现在我们准备使用布莱克-斯科尔斯期权定价模型来给一份看涨期权定价。

【例14-1】

　　假设我们想给一份3个月（1年的四分之一）后到期的看涨期权定价。该期权的行权价为45美元，标的股票当前的市场价格为44美元。该股票收益率的标准差约为每年50%，无风险利率为2%。

　　要给这份期权定价，先求出值1和值2：

$$值1 = \frac{\ln\left(\frac{44}{45}\right) + \left(0.02 + \frac{0.50^2}{2}\right) \times 0.25}{0.50 \times \sqrt{0.25}} = \frac{-0.0225 + 0.145 \times 0.25}{0.25} = 0.0551$$

$$值2 = 0.0551 - 0.50 \times \sqrt{0.25} = -0.1949$$

接下来，使用 Excel 求出这些值相应的标准正态概率：

$$概率1 = normsdist\ (0.0551) = 0.5220$$

$$概率2 = normsdist\ (-0.1949) = 0.4227$$

最后，将概率1和概率2的值代入式（14-3）来得到看涨期权的价格：看涨期权价格 = $44 \times 0.5220 - (45 \div 1.02^{0.25}) \times 0.4227 = 22.97 - 18.93 = 4.04$ 美元

因此，根据布莱克-斯科尔斯期权定价模型，该看涨期权的价格应为 4.04 美元。

交易策略

在大多数情况下，投资者可以在 3 种交易策略中使用股票期权：为投机而购买看跌期权和看涨期权、用看跌期权和看涨期权对冲，以及出售期权和期权差价。

为投机而购买期权

为投机而购买期权是对看跌期权和看涨期权最简单和最直接的使用。本质上，就像购买股票一样（"买低卖高"），事实上，购买期权是投资股票的替代选择。例如，如果你觉得某只股票的市场价格会上升，你可以通过买入该股票的看涨期权来获取价格升值。相反，如果你觉得股票价格即将下跌，看跌期权可以将价格下跌转化为有利可图的情形。本质上，当期权可能产生更高的收益时，投资者购买期权而不是股票。当然，这里的原则是从你投资的美元中获得最高的收益。看跌期权和看涨期权因其提供的增加的杠杆通常能满足这一目标。

此外，期权还提供有价值的下行保护：你最大的损失是期权的成本，这总是小于标的股票的成本。由此，通过使用期权作为投机工具，你可以对损失设定上限，并且仍然获得几乎与标的股票一样多的利润潜力。

用看涨期权投机。为了说明用看涨期权投机的要点，假设你拥有一只你认为在未来 6 个月内价格会上涨的股票。如果你是买这只股票的看涨期权而不是直接投资股票会怎么样？要理解的话，让我们用数字来说明。现在股票的价格是 49 美元，你预计在 6 个月内它会上升到约 65 美元。你需要确定与每个投资备选方案有关的预期收益率。因为（大多数）期权的寿命相对较短，而且由于我们的投资期限只有 6 个月，我们可以使用持有期收益率来衡量收益率。因此，如果你对股票

> **投资者错误**
>
> **期权购买者追求收益**
>
> 最近的一项研究发现，投资者买入了更多的近期获得高收益率的股票的看涨期权。这种"收益追逐"行为类似于过去收益率高的共同基金的资金流入激增。无论是在期权上还是在共同基金上都没有证据表明追逐收益率有利于投资者。

的预期是正确的，那么每股应该上涨 16 美元，并会为你提供 33% 的持有期收益率：(65－49)÷49＝16÷49＝0.33。

但是，关于这只股票也有一些上市期权。我们看看它们会怎么样。为了说明，我们将使用 2 份 6 个月的看涨期权，行权价分别是 40 美元和 50 美元。表 14－2 比较了这 2 份看涨期权的行为与标的普通股的行为。显然，从持有期收益率的角度看，任何一份看涨期权都是比购买股票本身更好的投资。股票的美元利润额可能更多，但请注意，所需的投资规模 (4 900 美元) 也大得多，从而 HPR 更低。

表 14－2	用看涨期权投机		Excel 电子表格
	100 股标的普通股	该股票相关的 6 个月的看涨期权	
		行权价为 40 美元	行权价为 50 美元
现在			
股票的市场价值 (49 美元/股)	4 900 美元		
看涨期权的市场价格*		1 100 美元	400 美元
6 个月后			
预期的股票价值 (65 美元/股)	6 500 美元		
预期的期权价格*		2 500 美元	1 500 美元
利润	1 600 美元	1 400 美元	1 100 美元
持有期收益率**	**33%**	**127%**	**275%**

* 看涨期权的价格是根据式 (14－1) 计算的。它包括在购买价格中但不在预期的销售价格中的一些投资溢价。

** 持有期收益率 (HPR)＝(期末的股票或期权价格－期初的股票或期权价格)÷期初的股票或期权价格。

注意到其中一份看涨期权是实值期权 (行权价为 40 美元的那一份)。另一份是虚值的。这些看涨期权所产生的收益差异是相当典型的。也就是说，投资者使用定价较低 (虚值) 的期权通常能产生更好的收益率，但是，当然也存在这些期权到期时一文不值这一更高的风险。虚值期权的主要缺点是，它们的价格完全由投资溢价构成——如果股价不变将会失去一笔沉没成本。

用看跌期权投机。要理解如何用看跌期权投机，请考虑以下情况。你正在考察一只现在价格为每股 51 美元的股票，但你预计在未来 6 个月内价格会下降到每股约 35 美元。如果发生这种情况，你可以卖空股票，每股获利 16 美元。

或者，你可以用比如 300 美元来购买一份虚值看跌期权 (行权价为 50 美元)。如果标的股票价格下跌，你会从看跌期权中赚钱。看跌期权的利润和收益率以及卖空股票的比较收益总结如下 (见下表)。从持有期收益率的角度看，股票期权是优势较大的投资工具。

当然，并非所有期权投资的表现都像我们的例子中那么好。这个策略的成功在于选择正确的标的普通股。因此，证券分析和适当的股票选择是这种方法的关键之处。这是一个高风险的投资策略，但可能很适合更喜欢投机的投资者。

给定股票价格在 6 个月内从每股 51 美元下降到 35 美元的比较表现	购买 1 份看跌期权（行权价为 50 美元）	卖空 100 股股票
购买价格（现在）	300 美元	
出售价格（6 个月后）	1 500 美元*	
卖空（现在）		5 100 美元
回补（6 个月后）	———	3 500 美元
利润	1 200 美元	1 600 美元
持有期收益率	400%	63%**

* 看跌期权的价格是根据式（14-2）计算的，不包括任何投资溢价。

** 假设卖空是在需要 50% 的保证金存款的情况下进行的。

对冲：修正风险

对冲（hedge）不过是为降低风险而将两种或多种证券组合成了单一的投资头寸。假设你持有一只股票，并希望降低这笔投资的下行风险，你可以通过建立对冲来做到。实质上，你是在使用对冲作为一种修正你的风险敞口的方法。更具体地说，你试图不仅改变损失的机会，而且改变最糟糕的情况发生时的损失额。一个简单的对冲可能只涉及购买股票并同时购买同一只股票的看跌期权，或者可能是卖空一些股票再购买一份看涨期权。对冲的类型有很多，其中一些非常简单，其他一些则非常复杂。投资者使用对冲的一个基本原因是：在不使投资者遭受过度损失的情况下，赚取或保护利润。

如果你从早前的普通股投资中已经获得利润并希望保护该利润，那么期权对冲可能就是合适的。或者，如果你即将进入普通股票投资，并希望通过限制潜在的资本损失来保护你的资金，这可能也是合适的。如果你持有一只价格已上涨的股票，购买看跌期权将提供你所需的下行保护，相反，购买看涨期权将为普通股的卖空者提供保护。因此，期权对冲总是包括两种交易：构建初始的普通股头寸（多头或空头）和同时或随后购买期权。

保护性看跌期权：限制资本损失。我们来考察一种简单的期权对冲，你使用一份看跌期权来限制你的资本损失敞口。假设你想买 100 股股票。由于对该股票的前景有点担心，你决定使用期权对冲来保护你的资本不受损失。因此，你同时购买股票和股票的看跌期权（完全覆盖所拥有的 100 股股票）。这种类型的对冲被称为保护性看跌期权。更好的情形是，看跌期权是行权价处于或接近于股票当前的市场价格的低价期权。假设你以每股 25 美元的价格购买 100 股普通股，并支付 150 美元购买行权价为 25 美元的看跌期权。现在，不管在看跌期权的生命期内股票价格如何变化，你的损失都不会超过 150 美元。同时，收益则没有限制。如果股价不变，你会亏掉购买看跌期权的成本。如果股价下跌，那么股票上的任何损失都会从看跌期权中得到弥补。净利润如何？你最大的损失是看跌期权的成本（在这个例子中是 150 美元）。然而，如果股票价格（如所希望的那样）上涨了，那么看跌期权会变得毫无价值，你将获得股票上的资本利得（当然这要减去看跌期权的成本）。

表 14-3 显示了这种期权对冲的要点。为看跌期权所付出的 150 美元是沉没成本。不

管股票价格怎么样，这笔钱都失去了。实际上，这是为对冲提供的保险所付出的代价。此外，这种对冲只在看跌期权的生命期内有效。当这份看跌期权到期时，你必须用另一份看跌期权来替换或者不再对冲你的资本。

表 14 - 3 　　　　　　　　　　用看跌期权对冲来限制资本损失

单位：美元

	股票	看跌期权*
现在		
股票的购买价格	25	
看跌期权的购买价格		1.50
一段时间之后		
A. 普通股的价格上涨到：	**50**	
看跌期权的价值**		0
利润：		
100×(50—25)	2 500	
减：看跌期权的成本	—150	
	盈利：**2 350**	
B. 普通股的价格下跌到：	**10**	
看跌期权的价值**		15
利润：		
100×(10—25)	—1 500	
看跌期权的价值（利润）	1 500	
减：看跌期权的成本	—150	
	损失：**150**	

* 同时购买看跌期权且行权价为 25 美元。

** 见式（14 - 2）。

保护性看跌期权：保护利润。期权对冲的另一个基本用途是在标的股票获利后转入期权头寸。这样做的目的可能是因为投资的不确定性或出于税收目的（将利润转入下一个纳税年度）。例如，如果你以 35 美元的价格买入 100 股股票，股价涨到 75 美元，那么将有每股 40 美元的收益要保护。你可以买入一份看跌期权并通过期权对冲来保护利润。假设你买了一份 3 个月期、行权价为 75 美元的看跌期权，其成本为 250 美元。现在，无论股价在看跌期权的生命期内如何变化，你都能保证 3 750 美元的最低利润（到目前为止股票赚到的 4 000 美元利润减去看跌期权 250 美元的成本）。这可以在表 14 - 4 中看到。请注意，如果股票价格下跌了，可能发生的最糟糕的情况是有保证的 3 750 美元的最低利润。此外，对可以获得多少利润也没有限制。只要股票价格继续上涨，你就会得到好处。

表 14－4	用看跌期权对冲来保护利润		单位：美元
		股票	行权价为 75 美元的 3 个月期的看跌期权
股票的购买价格		35	
现在			
股票的市场价格		75	
看跌期权的市场价格			2.50
3 个月后			
A. 普通股的价格上涨到：		**100**	
看跌期权的价值*			0
利润：			
100×（100－35）	6 500		
减：看跌期权的成本	−250		
盈利：6 250			
B. 普通股的价格下跌到：		**50**	
看跌期权的价值*			25
利润：			
100×（50－35）	1 500		
看跌期权的价值（利润）	2 500		
减：看跌期权的成本	−250		
盈利：3 750			

* 见式（14－2）。

但要注意：这种保险的成本在需求大的时候会变得非常昂贵——在市场价格下降的时候。在这种情况下，看跌期权的价格溢价高于其现行内在价值 20％至 30％或以上也并非罕见。基本上，这意味着在保护开始介入之前，你试图保护的股票头寸的价格必须下降 20％至 30％。显然，只要期权价格高溢价盛行，上述对冲策略的吸引力就不大。它们仍然可能被证明是有帮助的，但只是对于非常大的价值波动——以及那些在由看跌期权的生命期所定义的相当短的时间内发生的价值波动。

最后，尽管前面的讨论涉及看跌期权对冲，但也可以建立看涨期权对冲来限制损失或保护卖空的利润。例如，当卖空股票时，你可以购买一份看涨期权来保护自己免受股票价格上涨的影响——具有与上面所述的相同的基本结果。

提高收益：出售期权和期权差价策略

上市期权的出现带来许多有趣的期权交易策略。然而，尽管这些技术有吸引力，但还是有一个所有专家都同意的要点：这种专门的交易策略应该留给那些完全理解其微妙之处的有经验的投资者。我们目前的目标不是掌握这些专业的策略，而是一般性地解释它们是什么以及它们如何操作。我们在这里考察两类专业期权策略：出售期权和期权差价。

出售期权。一般来说，投资者是因为他们认为标的股票价格将向对他们有利的方向变动而出售期权的。也就是说，不会像看涨期权的买方所期望的那样上升，也不会像看跌期权的买方所希望的那样下降。通常情况下，期权的出售者是正确的：他赚钱的频率远远高于看跌期权或看涨期权的买方。这种有利的可能性部分地解释了出售看跌期权和看涨期权背后的经济动机。出售期权对出售者来说是一项投资交易：他们以获得全部期权费（减去正常的交易成本）来换取同意履行期权条款。投资者可以通过两种方式来出售期权。

(1) 裸露期权。一种方式是出售**裸露期权**（naked option），即卖出出售者并不拥有的股票相关期权。你只是卖出看跌期权或看涨期权，收取期权费，并希望标的股票的价格不会向对你不利的方向变动。如果成功，裸露出售就是非常赚钱的，因为这基本上不需要预付资本。不过，请记住，出售者的收益金额总是限于收到的期权费。相反，损失敞口实际上没有限制。其中的隐情是：标的股票的价格在期权的生命期内可以上升或下降任何金额，从而会对裸露看跌期权或看涨期权的卖方造成真正的打击。

(2) 备兑期权。另一种方式是出售备兑期权。出售**备兑期权**（covered option）的投资者的风险敞口量要小得多。这是因为这些期权是针对投资者（出售者）已经拥有或有头寸的股票来出售的。例如，你可以对自己持有的股票出售一份看涨期权，或者对你卖空的股票出售一份看跌期权，从而你可以使用多头或空头头寸来满足期权条款。这样的策略是一种产生有吸引力的收益率的相当保守的方式。其目标是出售一份略微虚值的期权，收取期权费，并希望标的股票的价格会上升或下降到（但不超过）期权的行权价。实际上，你是在把期权费加入到其他常见的收益来源中（股利或资本利得）。但不仅如此，在期权费增加收益的同时，也降低了风险。如果股票价格向对投资者不利的方向变动，它可以缓冲损失。

当然，这一切还有一个问题：备兑期权的投资者可以实现的收益是有限的。一旦标的普通股的价格超过期权的行权价，期权就变得有价值。当这种情况发生时，你在期权上开始亏钱。从这一点开始，对股票头寸上的每一美元，你在期权头寸上都亏掉一定的相等的金额。这是出售备兑看涨期权的主要风险——如果标的股票价格上涨，你会错过增加利润的机会。

为了说明出售备兑期权的来龙去脉，我们假设你拥有 100 股 PFP 公司的股票，这是一只交易活跃的高收益普通股。该股票目前的交易价为 73.50 美元，每季度派发 1 美元股利。你决定出售一份 3 个月期的 PFP 相关的看涨期权，买家有权以每股 80 美元的价格从你手中拿走股票。这种期权在市场上的售价为 2.50 美元，所以你因出售期权而获得 250 美元。你打算持有该股票，所以你想看到 PFP 股票的价格在看涨期权的到期日上升至不超过 80 美元。如果发生这种情况，看涨期权到期时将毫无价值。因此，你不仅可以获得股票的股利和资本利得，而且你还可以把你在出售期权时收到的 250 美元收入囊中。本质上，你不过是在你的股票的季度收益中增加了 250 美元。

表 14-5 总结了这种备兑看涨期权的损益特征。注意，在股票的市场价格等于看涨期权的行权价的时候，这种交易的利润最大。如果股票的价格不断上涨，你会错过增加的利润。即使如此，你在 80 美元或以上的股票价格上赚取的 1 000 美元利润也转化为 13.6%（=1 000÷7 350）的（3 个月）持有期收益率。这意味着近 55% 的年收益率！在这种收益潜力的情况下，不难看出为什么出售备兑看涨期权如此受欢迎。此外，如表中情况 D 所

示，出售备兑看涨期权增加了一点儿损失缓冲：在你开始亏钱之前，股票的价格必须下降超过 2.5 个点（这是在你出售看涨期权时收到的）。

表 14-5	出售备兑看涨期权	单位：美元
	股票	行权价为 75 美元的 3 个月的看跌期权
股票当前的市场价格	73.50	
看涨期权当前的市场价格		2.50
3 个月后		
A. 股票价格没有变：	**73.50**	
看涨期权的价值*		0
盈利：		
收到的季度股利	100	
出售看涨期权所得	250	
总盈利：350		
B. 股票价格上涨到：	**80**	盈利最大的价格
看涨期权的价值*		0
盈利：		
收到的季度股利	100	
出售看涨期权所得	250	
股票的资本利得（80-73.50）	650	
总盈利：1 000		
C. 股票价格上涨到：	**90**	
看涨期权的价值*		10
盈利：		
收到的季度股利	100	
出售看涨期权所得	250	
股票的资本利得（90-73.50）	1 650	
减：看涨期权的损失	(1 000)	
净盈利：1 000		
D. 股票价格下跌到：	**71**	盈亏平衡价格
看涨期权的价值*		0
盈利：		
股票的资本利得（71-73.50）	(250)	
出售看涨期权所得	250	
季度股利	100	盈亏为 0
净盈利：100		

* 见式（14-1）。

除了备兑看涨期权和保护性看跌期权之外，还有很多方法可以将期权与其他类型的证券结合起来，以实现特定的投资目标。可能没有一个方法比创建所谓的合成证券更不寻常的了。举一个例子：假设你想购买某家公司的可转换债券，但该公司没有任何可转换债券发行在外。通过将直接（不可转换）债券与目标公司的上市看涨期权结合起来，你可以创建你自己的定制版可转换债券。

期权差价。期权差价（option spreading）策略不过是将2份或多份期权结合在一笔单一的交易中。例如，通过同时购买和出售与同一标的股票相关的期权，你可以创建一个期权差价组合。这些不是相同的期权，它们在行权价或到期日期方面有所不同。差价组合是上市期权中非常受欢迎的，它们在期权交易所的上市交易活动中占比很高。这些差价组合有各种奇特的名称，如牛市差价、熊市差价、货币差价、垂直差价和蝶式差价。每个差价组合都是不同的，构造每个差价组合都是为了满足某种类型的投资目标。

例如，考虑一个垂直差价。通过购买某行权价的看涨期权，然后出售（与同一股票相关的到期日相同的）行权价较高的看涨期权，可以建立垂直差价组合。例如，你可以以30美元的行权价购买与XYZ相关的2月看涨期权，同时以35美元的行权价卖出XYZ上的2月看涨期权。就像听起来那么奇怪一样，如果标的股票价格只上涨了几个点，这样的头寸会产生巨大的收益。其他一些差价组合被用于从市场下跌中获利。还有一些人试图在标的股票价格不管是上涨还是下跌时赚钱。

无论目标是什么，大多数差价都是为了利用当前期权价格的差异。期权差价的收益通常很高，但风险也很高。事实上，如果市场和期权费之间的差异向着对投资者不利的方向变动，那么一些看起来几乎没有风险的差价组合可能会导致灾难性的结果。

跨式期权。这其中的一个变异是跨式期权（option straddle），即为同时购买（或出售）同一标的普通股的看跌期权和看涨期权。与差价不同，跨式期权组合通常涉及相同的行权价和到期日，目标是从标的普通股价格的大幅或小幅波动中获得利润。

例如，在跨式期权组合多头中，你购买相同数量的看跌期权和看涨期权。当标的股票价格有大变化时——不管是上涨还是下跌，你都能从跨式期权组合多头中赚钱。如果股票价格上涨，那么你会在跨式期权组合的看涨期权上赚钱，但会亏掉看跌期权的成本。如果股票的价格暴跌，那么你会在跨式期权组合的看跌期权上赚钱，但看涨期权是无用的。在任何一种情况下，只要你在一方赚到的钱比在另一方亏掉的期权成本高，你就有利可图。

类似地，在跨式期权组合空头中，你卖出相同数量的看跌期权和看涨期权。不管标的股票价格如何变化，你都可以从这一头寸中赚取。实际上，你可以保留在出售期权时收到的所有或大部分期权费。

除了明显的结构性差异外，构造跨式期权组合背后的原理与差价组合的原理非常相似，其目标是将期权组合起来使得你能够获取某些类型的股票价格变化的好处。但是请记住，如果标的股票或期权费的价格出人意料，那么你就会亏钱。期权差价组合和跨式期权组合尤为棘手，应该只由知识渊博的投资者使用。

📖 **概念复习**

答案参见 www.pearsonhighered.com/smart。

14.7 简要解释你如何在看涨期权和看跌期权上赚钱。你必须执行期权来获得利润吗？

14.8 如何求出看涨期权的内在（基本）价值？看跌期权呢？虚值期权有内在价值吗？

14.9 列举至少 4 个影响上市期权价格的变量，并简要解释每个变量如何影响价格。内在（基本）价值和时间价值对实值期权有多重要？对虚值期权呢？

14.10 描述至少 3 种投资者可以使用股票期权的方式。

14.11 从出售期权中可以得到最高多少收益？为什么投资者想要出售备兑看涨期权？解释一下如何通过出售备兑看涨期权来降低标的普通股的风险。

股指和其他类型的期权

想象一下能够以合理的成本购买或出售像标准普尔 500 指数那样的主要股票市场指数。想想你能做什么：如果你觉得市场将要上涨，那么你可以投资一只跟踪标准普尔 500 指数的价格行情的证券，并在市场上涨时赚钱。你不再需要经历一个选择你希望能够捕捉市场表现的具体股票的过程。相反，你可以把市场作为一个整体。这正是你用股票指数期权可以做的——基于主要股市指数的看跌期权和看涨期权。指数期权诞生于 1983 年，并在个人和机构投资者中非常受欢迎。我们在此将详细了解这些流行的且经常是高利润的投资。

股指期权：合约条款

总的来说，**股指期权**（stock-index option）是基于特定股票市场指数的看跌或看涨期权。在这种情况下，标的证券是具体的市场指数。因此，当市场指数在一个方向上或另一个方向上变动时，指数期权的价值也相应变动。因为没有股票或其他金融资产支持这些期权，结算是以现金来表示的。具体而言，指数期权的现金价值等于公布的该期权所基于的市场指数的 100 倍。例如，如果标准普尔 500 指数为 1 400，那么标准普尔 500 指数期权的价值将为 100×1 400＝140 000 美元。如果市场中的标的指数上涨或下跌，期权的现金价值也会上涨或下跌。（注：交易所交易基金的期权非常类似于指数期权，将在后面讨论。现在，我们的注意力将仅集中于指数期权。）

如今，看跌期权和看涨期权可用于 100 多个股票指数，这些期权几乎包括每个主要的美国股票市场指数或平均值（如道琼斯工业平均指数、标准普尔 500 指数、罗素 2 000 指数和纳斯达克 100 指数）的期权，少数外国市场指数的期权（如中国、墨西哥、日本和欧洲国家），以及市场不同部门（医药、石油服务、半导体、银行和公用事业）指数的期权。2011 年交易的约 8% 期权合约（或 3.38 亿份合约）是指数期权，这些合约中的大部分基于 5 个主要的股票指数：

（1）标准普尔 500 指数（SPX）；

（2）罗素 2 000 指数（RUT）；

（3）纳斯达克 100 指数（NDX）；

（4）标准普尔 100 指数（OEX）；

（5）道琼斯工业平均指数（DJX）。

标准普尔 500 指数反映大盘股的市场行情。罗素 2 000 指数衡量美国小盘股的表现。纳斯达克 100 指数跟踪在纳斯达克上市的 100 只最大的非金融股票的行情，大多数由大型高科技公司（如英特尔和思科）的股票组成。标准普尔 100 指数是另一个大盘股指数，是由来自标准普尔 500 指数中的 100 只有交易活跃的股票期权的股票组成。另一个流行指数是道琼斯工业平均指数，该指数衡量市场的蓝筹部分，是交易最活跃的指数期权之一。迄今为止，标准普尔 500 指数的期权是最受欢迎的工具。事实上，标准普尔 500 指数期权合约的交易比所有其他指数期权合约的总和还要多。在目前交易指数期权的期权交易所中，CBOE 在市场中占据最重要的地位，占 2011 年交易量的 94%以上。

指数期权既有看跌期权，也有看涨期权。它们的估值方法和发行特征像任何其他看跌期权或看涨期权一样。也就是说，看跌期权让持有人从市场下跌中获利。（当标的市场指数下跌时，看跌期权的价值上升。）看涨期权让持有者能从持续上涨的市场中获利。此外，如图 14－4 所示，除了行权价是一个指数水平之外，指数期权有与股票期权相同的报价系统。

Option Chain | Most Actives | Greeks

FB Options: Composite | All | At the Money | Type: All | GO | Symbol Lookup | Help

Aug 12 | Sep 12 | Oct 12 | All

Option Chain for S&P 100 (OEX)

Calls	Last	Chg	Bid	Ask	Vol	Open Int	Root	Strike	Puts	Last	Chg	Bid	Ask	Vol	Open Int
Oct 20, 2012	40.40		48.50	51.00	0	150	OEX	600.00	Oct 20, 2012	5.75	-1.15	4.50	5.90	195	654
Oct 20, 2012	30.10		31.60	34.20	0	225	OEX	620.00	Oct 20, 2012	9.50	-1.70	7.90	9.60	2	421
Oct 20, 2012	19.00		17.70	19.60	0	84	OEX	640.00	Oct 20, 2012	17.10	1.10	13.90	15.90	2	317
Oct 20, 2012	8.83		7.30	8.90	0	126	OEX	680.00	Oct 20, 2012	25.00	-3.00	23.50	26.10	4	2
Oct 20, 2012	2.00	-0.15	2.15	2.70	10	937	OEX	680.00	Oct 20, 2012	84.10		38.00	40.80	0	0
Oct 20, 2012	0.70		0.45	0.75	0	489	OEX	700.00	Oct 20, 2012	90.10		56.20	58.90	0	0

图 14－4　指数期权的报价

指数期权所用的报价系统恰如股票期权所用的报价系统：行权价和到期日与期权价格和交易量一起显示。最大的区别是，期权的行权价和标的资产的收盘价显示为指数水平。这一报价中当天收盘的标准普尔 100 指数水平为 646.22。

资料来源：quotemedia.com，accessed August 8，2012.

确定股指期权的价值

与股票期权相同，指数期权的市场价格是期权行权价（用标的指数表示）与最新发布的股票市场指数之间的差额函数。为了予以说明，考虑在 CBOE 交易的非常流行的标准普尔 100 指数。

【例 14－2】

假设标准普尔 100 指数最近收于 587.25 点，6 月看涨期权的行权价为 575。只要标的指数超过行权价（看跌期权正好相反），股指看涨期权就有正的价值。这份看涨期权的内在价值为：587.25－575.00＝12.25。

假设该看涨期权实际上的交易价是 14.90，高于该看涨期权的内在价值 2.65 个点。这一差额是期权的时间价值。

如果上面例子中的标准普尔 100 指数在 6 月末（看涨期权的到期日）上升到 600，那么该期权将被报价为：$600-575=25$。因为指数期权（像股票期权）的价值为 100 美元的倍数，所以这份合约价值 2 500 美元。因此，如果你在交易价为 14.90 美元时购买了该期权，那么这会花费 1 490（$=14.90×100$）美元，并且在不到 1 个月内将产生利润：$2\ 500-1\ 490=1\ 010$ 美元。这意味着持有期收益率高达 67.8%（$=1\ 010÷1\ 490$）。

全部值与部分值。 出于期权交易和估值的目的，大多数广基指数期权都使用标的指数的全部市场值。但是，有 2 个道琼斯指数并不是这样：道琼斯工业平均指数的期权是基于实际工业平均指数的 1%（$=1÷100$），道琼斯交通平均指数的期权是基于实际平均指数的 10%（$=1÷10$）。例如，如果道琼斯平均指数在 11 260 点，那么指数期权将在该数额的 1% 上估值，即 112.60。因此，该期

权的现金价值不是 100 美元乘以标的道琼斯平均指数，而是 100 美元乘以道琼斯平均指数的 1%，这等于道琼斯工业平均指数本身：$100×112.60=11\ 260$ 美元。

幸运的是，期权行权价也是基于道琼斯工业平均指数的 1%，从而对期权估值没有影响：重要的是期权的行权价与道琼斯工业平均指数（的 1%）之间的差异。例如，在图 14-4 中，道琼斯平均指数期权指数收于 96.05（当时，实际的道琼斯工业平均指数为 9 605）。请注意，该指数上有一个 9 月看涨期权，行权价为 83 美元——交易价为 13.15（或 1 315 美元）。使用式（14-1）你可以发现这个实值期权的内在价值为 $96.05-83=13.05$。当然，期权市场价值（13.15）与其内在价值（13.05）之间的差额是时间价值。在这种情况下，时间价值非常低，因为距到期日不远了。

另一种在标的指数值的 10%（$=1÷10$）上交易的期权类型是"迷你"指数期权。例如，Mini-NDX 指数（MNX）定于纳斯达克 100 指数值的 10%。也有纳斯达克综合指数、标准普尔 500、罗素 2000 和富时 250（一个英国的中盘股指数）等的"迷你"版。

投资用途

虽然指数期权像股票期权一样可以用于期权差价组合、跨式期权组合或者备兑看涨期权，但它们可能最常用于投机或对冲。当用于投机性投资时，指数期权给予投资者一个用相对少量的资本来投机整个市场的机会。像任何其他看跌期权或看涨期权一样，指数期权

提供有吸引力的杠杆机会，同时将亏损敞口限制到为期权支付的价格。

作为对冲工具的指数期权

指数期权作为对冲工具同样有效。事实上，对冲是指数期权的一个主要用途，大量这类证券交易都是出于该目的。要了解这些期权是如何用于对冲的，假设你持有一个多元化的投资组合，比如说十几种不同的股票，你认为市场将要走低。保护你的资本的一种方法是出售你所有的股票。然而，这可能是代价高昂的，尤其是如果你计划在市场下跌之后回到市场，并可能带来大量不必要的税费。幸运的是，有一种方法能让"鱼和熊掌兼得"，就是用股票指数的看跌期权来对冲你的股票投资组合。这样，如果市场确实下跌了，那么你会从看跌期权中赚钱，那时你可以按较低的价格购买更多的股票。相反，如果市场继续上涨，那么你亏掉的只是看跌期权的成本。这个数额很可能能从你持有的股票的价值增加中得以弥补。用股票指数期权对冲的原理与用股票期权对冲的原理完全相同。唯一的区别是，就股票指数期权而言，你是在试图保护整个股票组合而不是个别股票。

像用个股期权对冲一样，用指数期权保护你的投资组合的成本可能变得非常昂贵（20％到30％的价格溢价或更多），当市场下降时，这种类型的投资组合保险的需求是最大的。当然，这会对这一策略的有效性产生影响。

此外，你所获得的利润或你所获得的保护在很大程度上取决于你的股票投资组合的行情与你采用的股指期权的行情是否匹配。不能保证这两者的变动方式相同。因此，你应该选择一个最能反映投资组合中股票性质的指数期权。例如，如果你持有一些小盘股，你可以选择像罗素 2 000 指数期权那样的股指期权来作为对冲工具。如果你持有的大部分是蓝筹股，你可以选择 DJIA 期权。你可能不能得到完全的组合保护，但你应该努力取得尽可能接近的匹配。

告诫的话

鉴于股指期权在投机或对冲中的有效性，不难想象指数期权已经受到投资者的欢迎。但是，还是有句要告诫投资者的话：尽管交易指数期权看起来很简单，似乎提供高的收益率，但这些投资也包含高风险，并受到相当大的价格波动的影响。业余爱好者不应该使用它们。确实，用这类期权你能亏掉的只有这么多。麻烦的是，亏掉这笔钱很容易。这些证券不是你购买之后就忘记它们直到它们到期的投资。在当前巨大的市场波动如此常见的情况下，你必须每天监控这些证券。

其他类型的期权

股票和股票指数期权占上市期权业务的大部分，但你也可以获得各种其他证券相关的看跌期权和看涨期权。现在，从 ETF 的期权开始，我们简要地看看其他种类的期权。

交易所交易基金的期权

除了各种市场指数之外，与超过 225 只交易所交易基金（ETF）相关的也有看跌和看涨期权。正如在第 12 章中更充分地解释过的那样，ETF 就像共同基金一样，用于跟踪各种市场指数的表现，换句话说，ETF 是一种指数基金。它们在上市的交易所（主要是美国证券交易所）中像普通股那样交易，并包含从广基市场指标，如 DJIA、标准普尔 500 指数和纳斯达克 100 指数，到像能源、金融、保健和半导体那样的市场部门。

指数期权和 ETF 期权所包含的市场和市场部门有很多重叠。除了它们类似的市场覆盖外，它们在市场上的表现也非常相似，估值相同，并因许多相同的原因（特别是对于投机和对冲）而被使用。毕竟，ETF 期权是基于标的指数基金（如一只跟踪标准普尔 500 指数的基金）的期权，正如指数期权是与同一市场指数（如标准普尔 500 指数）相关的期权。两者都做相同的事情——直接或间接跟踪市场指标的表现——因此，它们当然应该以同样的方式行事。它们唯一真正的区别是：ETF 的期权在操作上与股票期权类似，因为每份期权包括 100 只标的交易所交易基金，而不是像指数期权那样包括 100 美元的标的市场指数。最后，两者都按 100 乘以标的指数（或 ETF）来交易。因此，尽管在操作上 ETF 期权可能更接近于股票期权，但它的作用更像指数期权。因此，市场认为它是指数期权的可行替代品。这些合约的确引起了投资者的兴趣，特别是那些跟踪主要市场指数的投资者。

利率期权

固定收益（债务）证券的看跌期权和看涨期权被称为利率期权。目前，利率期权只有与美国国库券相关的。它使用 4 种期限：30 年期长期国库券、10 年期和 5 年期中期国库券以及短期（13 周）国库券。这些期权是基于收益率的，而不是基于价格的。这意味着，它们跟踪标的国库券的收益率行情（而不是价格行情）。建立其他类型的期权（权益和指数期权）是为了让它们对标的资产的价格（或价值）的变动做出反应。相反，建立利率期权是为了对标的国库券的收益率做出反应。因此，当收益率上升时，看涨期权的价值上升。当收益率下降时，看跌期权的价值上升。实际上，由于债券价格和收益率反向变动，在标的债券证券的价格（或价值）下降的时候，利率看涨期权的价值上升。（对于看跌期权恰恰相反。）这种不寻常的特征可能解释了利率期权市场仍然很小的原因。大多数专业投资者根本不在乎利率期权。相反，他们更愿意使用利率期货合约或者与这些期货合约相关的期权（我们将在第 15 章讨论）。

货币期权

外汇期权，更常见的称呼为**货币期权**（currency option），为投资者提供了一种方法来投机外汇汇率或者对冲持有的外币或外国证券。大多数与美国有密切贸易关系的国家的货币都有相关期权。这些期权在费城交易所交易，包括以下货币：

(1) 英镑；

(2) 加元；

(3) 瑞士法郎；

(4) 日元；

(5) 澳元；

(6) 欧元。

外汇的看跌和看涨期权给予持有人出售或购买大量指定货币的权利。然而，与股票和股票指数期权使用的标准化合约相反，该市场的具体交易单位随特定标的货币的变化而变化。表 14 - 6 列出了详细信息。就所涉及的外币金额而言，货币期权是以每单位标的货币的整数分或部分的分为单位来交易的。因此，如果英镑的看跌或看涨期权报价为 6.40（读作"6.4 分"），那么其价值为 640 美元，因为这一期权是基于 10 000 英镑的（也就是说，10 000×0.064＝640 美元）。

表 14 - 6	费城交易所的外币期权合约		
标的货币 *	合约规模	标的货币 *	合约规模
英镑	10 000 英镑	加元	10 000 加元
瑞士法郎	10 000 瑞士法郎	日元	1 000 000 日元
欧元	10 000 欧元	澳元	10 000 澳元

* 英镑、瑞士法郎、欧元、加元和澳元均以整数分来报价。日元以百分之一分来报价。

货币期权的价值是与美元和标的外币之间的汇率相联系的。例如，如果加元相对于美元变得更强，导致汇率上升，那么加元上的看涨期权的价格会上升，看跌期权的价格会下降。[注：一些交叉货币期权在市场上可以买到，但是这些期权及交易技术不在本书的讨论范围之内。这里，我们只关注与美元挂钩的外汇期权（或期货）。]

货币期权的行权价以汇率表示。因此，150 的行权价意味着每单位外币（如 1 英镑）价值 150 分，或者说用美国的货币表示是 1.50 美元。如果你持有这个外币上的一份 150 看涨期权，那么若外汇相对于美元走强，从而汇率升高到比如 155，则会赚钱。相反，如果你持有一份 150 看跌期权，那么你会从汇率下降中获利——比如跌至 145。成功地预测外汇汇率变动对于一个有利可图的外汇期权计划显然是必不可少的。

LEAPS

它们看起来像常规的看跌期权和看涨期权，其变动也很像常规看跌期权和看涨期权，但它们不是常规的看跌期权和看涨期权。我们正在谈论的 **LEAPS**，是有较长的到期日的看跌期权和看涨期权。本质上，LEAPS 是长期的期权。标准期权的到期日为 8 个月或以下，LEAPS 的到期日长达 3 年。正式的名称为长期股权抵押证券（Long-term Equity AnticiPation Securities），它们在所有的主要期权交易所上市。（市场上）有数百种股票、股票指数和与 ETF 相关的 LEAPS。

除了时间范围，LEAPS 的原理与任何其他股票或指数期权一样。例如，单一（权益）LEAPS 合约赋予持有人在指定的到期日或之前以预定价格买入或卖出 100 股股票的权利。LEAPS 让你有更多的时间来证明你在股票或股票指数方向上所下的注是正确的，它们给套期保值者更多的时间来保护自己的头寸。但是这个额外的时间是有代价的：你可以预期到要为 LEAPS 支付比常规（短期）期权高得多的费用。对此不必大惊小怪。LEAPS 不过是长期期权，带有时间价值。正如我们在本章前面所看到的，在其他条件相同的情况下，期权距到期的时间越长，报价越高。

概念复习

答案参见 www.pearsonhighered.com/smart。

14.12 简要描述股指期权和股票期权之间的异同。同时简要描述外汇期权和股票期权之间的异同。

14.13 分别提出并简要讨论使用股指期权和外汇期权的两种方法。

14.14 为什么投资者想使用指数期权来对冲普通股组合？使用 ETF 的期权是否可以达到同样的目标？如果投资者认为市场会下跌，为什么不卖出股票？

14.15 什么是 LEAPS？为什么投资者想要使用 LEAPS 而不是上市期权？

我的金融实验室

下面是学完本章之后你应该知道的内容。**我的金融实验室**会在你需要练习的时候帮助你识别你知道什么以及去哪里练习。

你应该知道的	重要术语	去哪里练习
目标 1： 从一般意义上讨论期权的基本性质，从特定意义上讨论看跌期权和看涨期权的基本性质，并理解这些投资工具的原理。期权赋予持有人在指定的时间内以指定的价格购买或出售一定数量的某些实物或金融资产的权利。看跌期权和看涨期权是使用最广泛的期权类型。这些衍生证券提供相当大的杠杆潜力。看跌期权使得持有人能够在指定的时间段内以指定的价格出售一定数量的指定证券。看涨期权给予持有人在指定时间内以指定的价格购买证券的权利	看涨期权 衍生证券 杠杆 期权 期权费 期权卖方	我的金融实验室学习 计划 14.1
目标 2： 描述期权市场并指出关键的期权条款，包括行权价和到期日。期权市场由常规（场外）期权和上市期权组成。场外期权主要由机构投资者使用。上市期权在 CBOE 和美国证券交易所等有组织的交易所交易。上市期权交易所的创建带来标准化的期权特征和个人投资者对期权的广泛使用。期权条款包括行权价（规定的买入或卖出标的资产的价格）和到期日（合约到期的日期）	常规期权 到期日 上市期权 期权链 行权价	我的金融实验室学习 计划 14.2
目标 3： 解释看跌期权和看涨期权是如何估值的以及市场中驱动期权价格的力量。看涨期权的价值是标的证券的市场价格减去看涨期权的行权价。看跌期权的价值是其行权价减去证券的市场价格。期权的价值是由标的资产当前的市场价格驱动的。大多数看跌期权和看涨期权都是按期权费的价格来出售。期权费的大小取决于期权合约的长度（所谓的时间溢价）、投机性吸引力和标的金融资产价格波动率的大小以及一般利率水平	实值 虚值 时间价值	我的金融实验室学习 计划 14.3 Excel 表格 14-2 问题 P14.5 和 P14.11 的视频学习辅导

你应该知道的	重要术语	去哪里练习
目标 4：描述看跌期权和看涨期权的获利潜力，并指出一些流行的看跌期权和看涨期权投资策略。持有看跌期权的投资者在标的资产价值随时间下降时赚钱。当标的资产价格上涨时，看涨期权的投资者赚钱。激进的投资者使用看跌期权和看涨期权来投机或用于高度专业化的出售和差价计划。保守的投资者喜欢低单位成本，以及看跌期权和看涨期权提供的以绝对美元量衡量的有限风险。保守的投资者经常使用期权来对冲其他证券的头寸	对冲	我的金融实验室学习计划 14.4 Excel 表格 14-3、表格 14-4
目标 5：解释出售备兑看涨期权的盈利潜力和亏损敞口，并讨论出售期权如何被用作提高投资收益的策略。备兑看涨期权的卖方的亏损敞口有限，因为他们针对已经拥有的证券来出售期权。最大利润发生在股票价格等于看涨期权的行权价的时候。如果股票价格高于行权价，那么期权的任何损失都被股票头寸的收益抵消。如果股票价格下跌，那么股票上的一部分损失被看涨期权的收益抵消。出售期权可以与其他证券相结合，以针对特定的市场条件创造投资策略	备兑期权 裸露期权 期权差价 跨式期权	我的金融实验室学习计划 14.5 Excel 表格 14-5 问题 P14.11 的视频学习辅导
目标 6：描述市场指数期权、外汇看跌期权和看涨期权，以及 LEAPS，并讨论投资者如何使用这些证券。标准化的看跌期权和看涨期权可用于股票市场指数，如标准普尔 500 指数（以指数期权或 ETF 期权的形式）和很多外汇（货币期权）。还可使用 LEAPS，这是具有较长到期日的上市期权。虽然这些证券可以像股票期权一样使用，但指数和货币期权往往主要用于投机或构造对冲头寸	货币期权 利率期权 LEAPS 股指期权	我的金融实验室学习计划 14.6

登录我的金融实验室，做一个章节测试，取得一个个性化的学习计划，该学习计划会告诉你，你理解哪些概念，你需要复习哪些。在那儿，**我的金融实验室**会提供给你进一步的练习、指导、动画、视频和指引性解决方法。登录 www.myfinancelab.com

讨论题

Q14.1　利用图 14-4 中的股票期权报价，求下列看跌期权和看涨期权的期权费、时间价值和盈亏平衡点处的股指。

a. 行权价为 103 美元的 12 月看跌期权；

b. 行权价为 100 美元的 12 月看涨期权。

Q14.2　对图 14-4 中列出的看涨期权和看跌期权，准备一个类似于表 14-1 中的计划。简要解释你的发现。

Q14.3　Alcan 股票最近收于 52.51 美元。假设你通过出售行权价为 55 美元的一份 9 月看涨期权来出售 Alcan 股票的备兑看涨期权，并以市场价购买 100 股股票。你从出售看涨期权中获得的期权费为 370 美元。假设股票在现在和期权到期日之间不支付股利。

a. 如果股票价格保持不变，总盈利是多少？

b. 如果股票价格上涨到 55 美元，总盈利是多少？

c. 如果股票价格下跌到 49 美元，总亏损是多少？

Q14.4　假设你持有一个均衡的普通股组合。在什么情况下，你可能希望使用股票指数（或 ETF）期权来对冲投资组合？

a. 简要解释如何使用这些期权针对市场下跌来对冲投资组合。

b. 如果市场实际上确实下跌了，讨论一下结果会怎么样。

c. 相反，如果市场上涨了，结果又会怎么样？

Q14.5　使用校园或公共图书馆（或互联网）上的资源，完成下列任务。（注意：对所有的计算，展示你的过程。）

a. 找到一份 2 个月或 3 个月到期的实值看涨期权。（选择一份实值至少为 2 美元或 3 美元的股票期权。）这份期权的基本价值是多少？其溢价是多少？利用标的股票当前的市场价格（与期权一起列出的市场价格）确定如果标的股票上涨 10%，那么期权会产生什么样的美元和百分比收益。如果股票下跌10%呢？

b. 重复 a 部分，但这次使用一份实值看跌期权。（选择一份实值至少为 2 美元或 3 美元的股票期权，且距到期日 2 个月或 3 个月。）回答与上面相同的问题。

c. 再次重复 a 部分的练习，但这次使用了一份虚值看涨期权。（选择一份股票期权，虚值至少 2 美元或 3 美元，距到期日 2 个月或 3 个月）。回答同样的问题。

d. 比较实值看涨期权和虚值看涨期权（来自 a 部分和 c 部分）的估值属性和性能特征。指出每种期权的一些优点和缺点。

问题

P14.1　苹果公司股票的每股售价为 600 美元。行权价为 585 美元的看涨期权定价为 69.00 美元。该期权的内在价值是多少？时间价值是多少？

P14.2　吉列（Gillette）公司股票期权的交易价为 31.11 美元。行权价为 35 美元的看涨期权定价为 0.30 美元。该期权的内在价值是多少？时间价值是多少？

P14.3　Verizon 的股价为 36 美元。行权价为 45 美元的看跌期权定价为 10.50 美元。该期权的内在价值是多少？时间价值是多少？

P14.4　J. Crew 的交易价为 36 美元。行权价为 27.50 美元的看跌期权定价为 0.85 美元。该期权的内在价值是多少？时间价值是多少？

P14.5　与 100 股家得宝普通股相关的行权价为 60 美元的 6 个月看涨期权合约可以用 600 美元购买。假设家得宝股票的市场价格在期权到期日上升到每股 75 美元，那么看涨期权持有人的盈利是多少？持有期收益率是多少？

P14.6　你认为油价将上涨超过预期，价格上涨将导致在其经营中使用大量石油相关产品的工业公司的收益率下降。你还认为，因为消费者需求将随着油价上涨而下降，对这一部门的影响将被放大。你找到一个代表一篮子工业公司的交易所交易基金 XLB。你不想卖空 ETF，因为你的账户没有足够的保证金。XLB 目前的交易价为 23 美元。你决定买入看跌期权（100 个份额），行权价为 24 美元，定价为 1.20美元。后来的结果证明你是正确的。到期时 XLB 的交易价为 20 美元。计算你的盈利。

XLB：材料——23.00 美元

看涨期权			看跌期权		
行权价（美元）	到期日	价格（美元）	行权价（美元）	到期日	价格（美元）
20	11 月	0.25	20	11 月	1.55
24	11 月	0.25	24	11 月	1.20

P14.7　请参阅 P14.6 中的表格。如果你错了，XLB 的价格在到期日增加到 25 美元，会发生什么？

P14.8　多萝茜·桑图思索（Dorothy Santosuosso）对股票市场进行了大量投资，并且是股票指数期权的常客。她相信市场即将出现广泛的回撤，并决定买入标准普尔 100 指数的看跌期权。看跌期权的行权价为 690 美元，并且在金融媒体上的报价为 4.50 美元。虽然 100 只股票的标准普尔指数目前为686.45，但多萝茜认为，该指数在期权到期日将下降到 665。如果她是对的，她会赚多少钱？她的持有期收益率会是多少？如果标准普尔 100 指数上升（而不是下跌）25 点，并在到期日达到 715，她会亏多少钱？

P14.9　迈尔斯·霍克（Myles Houck）持有 600 股 Lubbock Gas and Light 的股票。他几年前买入股票的价格为 48.50 美元，现在股价为 75 美元。他担心市场开始走弱。他不想卖掉股票，但他希望能保护他所赚的利润。他决定通过购买 6 份 Lubbock Gas and Light 的看跌期权来对冲他的头寸。3 个月的看跌期权的行权价为 75 美元，目前的交易价格为 2.50 美元。

a. 如果 Lubbock Gas and Light 的价格在看跌期权的到期日确实降到每股 60 美元，那么迈尔斯在这笔交易中会产生多少利润或损失？

b. 如果股票价格持续上涨，在到期日达到 90 美元，他会怎么样？

c. 你认为使用看跌期权作为对冲工具的主要优点是什么？

d. 使用实值看跌期权迈尔斯的境况会更好吗——比如行权价为 85 美元、交易价格为 10.50 美元的看跌期权？使用虚值看跌期权会怎么样——比如行权价为 70 美元、交易价格为 1.00 美元的看跌期权？请解释。

P14.10　钱（P. F. Chang）持有一个多元化的高质量大盘股的投资组合。目前钱的投资组合的价值为 73.5 万美元，但他担心市场将在未来 3 至 6 个月内大幅下跌（可能高达 20%）。他不想卖掉所有的股票，因为他认为它们都有良好的长期潜力，一旦股票价格触底，它们应该表现良好。因此，他正在考虑使用指数期权来对冲其投资组合。假设标准普尔 500 指数目前位于 1 470，并且在该指数可用的许多看跌期权中有 2 种引起他的注意：（1）6 个月的看跌期权，行权价为 1 450，交易价为 26 美元；（2）6 个月的看跌期权，行权价为 1 390，报价为 4.50 美元。

a. 钱需要购买多少标准普尔 500 指数看跌期权来保护他的 73.5 万美元股票投资组合？购买必要的 1 450 份看跌期权要花多少钱？购买 1 390 份看跌期权要花费的成本是多少？

b. 现在，同时考虑看跌期权和钱的投资组合的表现，如果市场（用标准普尔 500 指数衡量）和钱的投资组合在随后的 6 个月内均下跌 15%，那么确定钱从每份看跌期权对冲中实现的净盈利（或亏损）。如果市场和钱的投资组合只下跌 5% 会怎么样？如果它们都上升 10% 会怎么样？

c. 你认为钱应该建立看跌期权对冲吗？如果是，使用哪种看跌期权？请解释。

d. 最后，假设道琼斯工业平均指数目前为 14 550，道琼斯工业平均指数的 6 个月看跌期权的行权价为 144，目前的交易价为 2.50 美元。为保护他的投资组合，钱需要购买多少份这种看跌期权？它们会花费多少？是道琼斯工业平均指数期权还是行权价为 1 450 的标准普尔指数看跌期权会让钱的境况更好？简要解释。

P14.11 安杰洛·马蒂诺（Angelo Martino）刚刚以 61.50 美元的价格购买了 500 股 AT&E 的股票，他决定针对这些股票出售备兑看涨期权。因此，他按当前市场价 5.75 美元卖出 5 份 AT&E 股票的看涨期权。看涨期权距离到期有 3 个月，行权价为 65 美元。股票支付每股 0.80 美元的季度股利（下一次股利将在约 1 个月后支付）。

a. 如果股票在看涨期权的到期日上涨到每股 65 美元，确定安杰洛的股票将产生的总盈利和持有期收益率。

b. 如果股票的价格上升到每股 65 美元以上，安杰洛的利润（和收益）会怎么样？

c. 这份备兑看涨期权头寸是否对股票价格下跌提供了一些保护（或缓冲）？简要解释。

P14.12 里克（Rick）拥有一些他认为被高度低估的零售商的股票。里克预计长期来看该股票价值会大幅上涨。然而，随着一些大公司报告销售下降，他担心整个零售业可能会失去投资者的青睐。他的股票没有相关交易的期权，但里克想对冲他对零售业的担心。他找到一只 RTH，为 Retail HOLDRS。里克可以通过使用 RTH 来对冲他所担心的风险吗？使用期权呢？

P14.13 假设 DJIA 为 11 200。你希望通过购买 100 份看涨期权和该指数上相等数量的看跌期权来建立一个跨式期权组合的多头，这 2 份期权都在 3 个月内到期，且行权价为 112。看跌期权的报价为 1.65 美元，看涨期权为 2.65 美元。

a. 建立跨式期权组合要花费你多少钱？如果市场到期权的到期日时下跌 750 点，那么你有多少利润（或损失）？如果市场到期权的到期日时上涨 750 点会怎么样？如果它保持在 11 200 点呢？

b. 重复 a 部分，但这次假设你通过卖出 100 份 7 月的行权价为 112 的看跌期权和看涨期权来建立一个跨式期权组合的空头。

c. 你对使用跨式期权组合作为一种投资策略的看法是什么？风险是什么？收益是什么？

P14.14 一只股票每股的交易价格为 45 美元。该股票的一份看涨期权的行权价为 50 美元，到期日在未来 1 年后。股票收益的波动率为 30%，无风险利率为 2%。这份期权的布莱克-斯科尔斯价值是什么？

访问 www.myfinancelab.com 来获得网络练习、电子表格和其他在线资源。

案例题 14-1

弗朗西斯科的投资选择

赫克托·弗朗西斯科（Hector Francisco）是在亚特兰大的一位成功的商人。他和他的妻子朱迪（Judy）几年前创办的盒子制造公司一直业务不错。因为他是个体经营者，赫克托正在建立自己的退休基金。到目前为止，他已经在他的投资账户中累积了大量的资金，主要是通过采取积极的投资方式。他这样做是因为，正如他所说的，"在这个行业，你永远不知道什么时候会亏钱"。赫克托一直在跟踪伦勃朗纸制品（RPP）的股票，在经过深入分析之后，他感到该股票就要爆发了。具体来说，他认为在未来 6 个月内，RPP 可能从目前的每股 57.50 美元上涨到每股约 80 美元。该股票支付每股 2.40 美元的年度股利。赫克托认为他将在 6 个月的投资期内获得 2 次季度股利支付。

在研究 RPP 时，赫克托得知公司有在 CBOE 上市的 6 个月的看涨期权（行权价为 50 美元和 60 美元）。CBOE 的行权价为 50 美元的看涨期权的报价为 8 美元，行权价为 60 美元的期权的报价为 5 美元。

问题

a. 如果他想在 RPP 上投资不超过 6 个月，赫克托有多少替代性的投资选项？如果他有 2 年的投资期呢？

b. 使用 6 个月的持有期，并假设股票在这段时间内确实涨到了 80 美元：

（1）给定在持有期结束时任何一份期权都不包含任何投资溢价，求 2 份看涨期权的价值。

（2）确定赫克托·弗朗西斯科可得的 3 个投资选项中的每一个的持有期收益率。

c. 如果赫克托只是想要最大化利润，你会推荐哪种行动？如果还考虑除收益外的其他因素（如可比的风险敞口），你的答案会改变吗？简要解释。

案例题 14-2

卢克的困境：对冲还是不对冲？

十多个月前，凤凰城的一位抵押银行家卢克·韦弗（Luke Weaver）以每股 40 美元的价格买入 300 股股票。从那时起，该股票的价格已经上涨到每股 75 美元。现在接近年底，市场开始走弱。卢克觉得股票还有很大的上涨空间，但是担心市场走势会对他的头寸造成不利影响。他的妻子丹尼丝（Denise）正在参加一个关于股市的成人教育课程，刚刚了解到看跌和看涨期权对冲。她建议他用看跌期权来对冲他的头寸。卢克对这个想法很感兴趣，他和他的经纪人讨论过，经纪人告诉他确实有他的股票上的看跌期权。具体来说，他可以购买 3 个月期、行权价为 75 美元的看跌期权，每份的成本为 550 美元（报价为 5.50 美元）。

问题

a. 考虑到卢克当前投资头寸的情况，使用看跌期权作为对冲手段可以获得什么好处？主要的缺点是什么？

b. 如果他按指定的期权价格买入 3 份期权，那么卢克的最低利润是多少？如果他没有对冲，而是立即以每股 75 美元的价格卖出他的股票，他会赚多少钱？

c. 假设卢克使用 3 份看跌期权来对冲其头寸，指出如果股票价格在到期日变为 100 美元，他将产生的利润额。如果股票下跌到每股 50 美元会怎么样？

d. 卢克应该使用看跌期权作为对冲手段吗？简要解释。在什么情况下你会敦促他不要使用看跌期权作为对冲手段？

Excel 电子表格

投资期权的一个积极属性是来自看跌期权或看涨期权的盈利潜力。期权的市场报价受到到期时间、股票波动率、市场利率以及标的普通股的价格行情的影响。后面的变量往往推动期权的价格变动，并影响其获得可观收益的潜力。

为了计算从投资于所描述的期权中获得的利润或损失，创建一个电子表格模型，类似于下面提供的。

约翰在过去 18 个月里一直密切关注股票市场，并坚信未来的股票价格会显著提高。他可以采取 2 个选项。一个选择是使用长期策略——今天购买股票，并在未来某个时间以可能更高的价格卖出股票。另一个选择是购买一份 3 个月期的看涨期权。分析这些选择所需的相关信息如下：

当前股价＝49 美元；

购买 1 手＝100 股；

3 个月期的看涨期权的行权价为 51 美元，期权费为 2 美元。

	A	B	C	D	E	F	G	H	I	J
1										
2						Long		100		3-Month Call Option
3						Position		Shares of		on the Stock
4						No		Underlying		Strike Price
5						Option		Common Stock		$$$
6										
7	Today									
8										
9	Market value of stock			$$		$$		$$		
10	Call strike price			$$						
11	Call option premium			$$						
12										
13										
14	Scenario One: 3 months later									
15	Expected market value of stock			$$		$$		$$		
16	Stock value @ strike price			$$						$$
17	Call premium			$$						$$
18	Breakeven point			$$						$$
19										
20	Profit (Loss)					$$		$$		

问题

a. 在第一个选项中，如果 3 个月后的股价为 58 美元：

（1）多头的盈利或亏损是多少？

（2）看涨期权的盈亏平衡点是多少？

（3）该期权是实值期权还是虚值期权？

（4）期权的盈利或亏损是多少？

b. 在第二个选项中，如果 3 个月后的股价为 42 美元：

（1）多头的盈利或亏损是多少？

（2）看涨期权的盈亏平衡点是多少？

（3）该期权是实值期权还是虚值期权？

（4）期权的盈利或亏损是多少？

本章开放问题

在本章开头，你了解了艺术家大卫·崔（David Choe），他在 2005 年同意在 Facebook 总部的墙壁上画壁画来换取价值 6 万美元的股票。在接下来的 7 年里，Facebook 成长为世界上最大的社交媒体公司，但在达到 1 040 亿美元的首次公开发行之前，大卫·崔有充足的机会兑现他的选择。2008 年 4 月，Facebook 的私人持有股票开始在二级市场交易，而大卫·崔随后能够在任何时间卖出他的股票。

问题

a. 根据 Facebook 公司 2012 年首次公开发行价格每股 38 美元，以及崔的股票价值 2 亿美元，崔用他的绘画作品换取了大约多少股份？

b. 根据你对 a 部分的回答以及崔在接受股票时承担的 60 000 美元机会成本，崔的每股隐含价格是多少？

c. 崔的 7 年持有期收益率是多少？

d. 如果不是继续持有他的股票，崔选择在 2008 年在二级市场上按每股 3.50 美元的初始交易价格卖出它们，那么他的美元利润和他的 3 年持有期收益率是多少？

第15章　期货市场和证券

学完本章之后，你应该能够：

目标 1：描述期货合约的基本特征并解释期货市场如何运作。

目标 2：解释对冲者和投机者在期货市场中所发挥的作用，包括如何实现盈亏。

目标 3：描述期货市场的商品部门及这些投资工具的基本特征。

目标 4：讨论投资者使用商品期货可以采取的交易策略，并解释如何衡量投资收益率。

目标 5：解释实物商品期货与金融期货之间的差异，并讨论金融期货在当今市场中日益重要的作用。

目标 6：讨论金融期货的交易技巧，并说明如何将这些证券与其他投资结合使用。

2005 年 3 月，一种新商品乙醇开始在芝加哥商品交易所（CME）交易。乙醇是通过发酵和蒸馏淀粉作物，如甘蔗、玉米、小麦、大麦和甜菜，所产生的醇类物质。乙醇有 3 个主要用途：饮料、工业产品以及越来越多地作为替代性燃料来源。

随着全球范围内对能源的需求不断增加，乙醇作为可再生的环保燃料变得更具吸引力，可以提升一国经济及其能源独立性。乙醇并不能完全独立于化石燃料，因为有最少量的化石燃料的乙醇混合物 E85，仍需要 15％的汽油和 85％的乙醇。受到不断上升的需求和 2007 年美国《能源独立和安全法案》生效的推动，美国的乙醇生产商 2012 年初在 29 个州运营 209 家炼油厂，年产能超过 149 亿加仑——大约占到美国汽油供应的 10％。超过 900 万名美国消费者开着可以使用汽油或 E85 的混合燃油车。2012 年，2 种新的可选乙醇混合物，E15 和 E30，将为当今道路上 62% 的轻型车辆提供使用乙醇作为备选方案的机会。

可以电子化交易的 CME 乙醇期货合约的上市，将有助于乙醇行业的继续发展。本质上，期货是在将来某一特定日期按交割价格购买或出售一定量的物品（如农产品或外汇）的合约。在投资于个别商品或交易金融期货之前，你应该了解这些专业化的、通常高风险的投资的原理。本章将向你介绍商品世界，并说明如何把期货合约用作风险管理工具。

资料来源："Ethanol Futures Scheduled to Launch on March 29th," http://www.prnewswire.com/news-releases/cme-to-launch-its-first-ever-energy-contract-54159072.html, accessed September 17, 2012; Renewable Fuels Association, 2012 Pocket Guide to Ethanol, http://www.ethanolrfa.org/pages/rfa-pocket-guide-to-ethanol, accessed September 17, 2012.

期货市场

"嘘！嘿，伙计。想买些铜吗？来些咖啡、瘦肉猪或丙烷怎么样？也许你喜欢日元或瑞士法郎？"听起来有点儿不寻常吗？也许，但这些东西有一个共同点：它们都是实物投资。这是投资更奇特的一面——商品和金融期货市场——经常涉及大量的投机。这其中风险巨大，但要是有一些运气的话，收益也是惊人的。然而，比运气更重要的是需要耐心和专业知识。事实上，这些是需要专业化的投资者技能的专业化投资产品。

美国的期货交易量在过去二三十年间已经大幅增长。越来越多的投资者转向期货交易，以此获得诱人的、高度竞争性的收益率。期货交易增长背后的一个主要原因是现在可用于交易的期货合约的数量和种类更多。自 21 世纪之初，在美国交易所上市的交易活跃的期货合约数量已增加了 9 倍多。如今，与传统初级商品（如谷物和金属）以及加工商品、原油和汽油、电力、外汇、货币市场证券、美国和外国证券、欧洲美元证券和普通股相关的合约已有 2 500 多种。你甚至可以购买任何交易活跃的期货合约的上市看跌期权和看涨期权。所有这些商品和金融资产都在所谓的期货市场交易。

市场结构

当出售一蒲式耳小麦时，交易发生在**现货市场**（cash market）。这一蒲式耳的换手可以换取支付给卖方的现金。交易实际上是当时当场完成。大多数传统证券在这类市场上交易。然而，也可以在**期货市场**（futures market）上出售一蒲式耳小麦，期货市场是交易期货合约的有组织的市场。在这个市场中，卖方直到未来某些相互约定的日期时才会交付小麦。因此，交易在一段时间内不会完成。进而，买方会拥有一份高流动性的期货合约，可以持有（并等待小麦的交付）或在期货市场交易。无论买方如何处理合约，只要还在流通，卖方就有法律义务在未来的指定日期交付规定数量的小麦。买方或持有人则有接受标的商品交付的类似义务。

期货合约

期货合约（futures contract）是在指定日期以约定价格交付一定数量的指定产品的承

诺。每个市场确定自己的合约条款。这些条款不仅包括物品的数量和质量，而且包括交割程序和交割月。期货合约的**交割月**（delivery month）非常像看跌期权和看涨期权的到期日。交割月规定了何时必须交付商品或物品，从而界定了合约的生命期。例如，芝加哥商品交易所（CME）集团的芝加哥交易所规定其每个完整的大豆期货合约涉及5 000蒲式耳USDA 2号黄豆，大豆交割月为1月、3月、5月、7月、8月、9月和11月。

此外，期货合约有自己的交易时间。与上市的股票和债券同时开始和结束交易不同，商品和金融期货的正常交易时间差异很大。例如，燕麦期货合约的场内交易是从周一至周五上午9：30到下午2：00（所有时间都是美国中部时间）；白银是从上午8：25到下午1：25；活牛是从上午9：05到下午1：00；美国国债是从上午7：20到下午2：00；标准普尔500股票指数是从上午8：30到下午3：15。除了公开叫价或场内交易的时段之外，还有电子交易时段。CME Globex使得交易者可以在世界任何地方从任何交易所每周5天、每天近24小时地交易期货产品。

表15-1列出了14种商品和金融期货。表15-1报告的单一合约的市场价值是通过将合约规模乘以标的商品的最新报价得到的。例如，在单一合约中有37 500磅咖啡，因此如果咖啡的交易价格为1.641美元，那么单一合约的市场价值为37 500×1.641＝61 537.50美元。正如你可以看到的，典型的期货合约涵盖大量的标的产品或金融工具。然而，尽管单一合约的价值通常相当大，但交易这些工具所需的投资资本的实际金额相对较小，因为该市场的所有交易都是以保证金为基础进行的。

表 15-1　　期货合约规模

	单一合约的规模*	单一合约的最新市场价值（美元）**
玉米	5 000 蒲式耳	39 125
小麦	5 000 蒲式耳	42 800
活牛	40 000 磅	48 730
育肥牛	50 000 磅	70 750
瘦猪肉	40 000 磅	36 780
咖啡	37 500 磅	61 538
棉花	50 000 磅	35 650
黄金	100 金衡盎司	161 010
铜	25 000 蒲式耳	83 925
原油	1 000 桶	92 780
日元	12.5 百万日元	159 750
2年期中期国库券	200 000 美元	220 422
长期国库券	100 000 美元	148 688
标普 500 股票指数	250 美元×标准普尔 500 期货价格	350 625

＊合约规模适用于 CME 集团期货产品。

＊＊合约价值代表了 2012 年 8 月 13 日存在的那些下一个会到期的期货合约。

期权与期货合约的比较。期货合约在许多方面与看涨期权密切相关。例如，两者都涉及以商定价格进行未来物品交付且两者都是衍生证券。但期货合约和期权合约之间存在显著差异。首先，期货合约要求一个人在指定日期或之前购买或出售指定数量的指定商品，除非合约在到期前被取消或清算。相反，期权给予持有人在特定时间段内以特定价格买入或卖出特定金额的真实或金融资产的权利。

其次，虽然看涨期权和看跌期权规定投资者可以买入或卖出标的资产的价格，但期货价格并未在期货合约中阐明。相反，期货合约的价格是通过在商品交易所的场内交易确定的。这意味着交割价格设定为合约出售的价格。因此，如果你在 3 个月前以每蒲式耳 2.50 美元的价格买进合约，那么这是你接受标的产品交割所需支付的价格，即使合约在到期日（交割日）的交易价为每蒲式耳 3.00 美元。同样重要的是，期权的损失风险仅限于为其支付的价格。期货合约在损失敞口上没有这样的限制。最后，虽然期权有明确的前期成本（以期权费的形式），但期货合约没有。购买期货合约的确涉及保证金存款，但这只不过是可退还的保证金，而不是沉没成本（如期权费）。

主要交易所

美国的期货合约是 150 多年前从经济中的农业部门开始的，那时，生产、拥有或加工食品的个人寻求保护自己免受不利价格变动的影响。后来，不一定与农业有关，想通过投机商品价格波动用商品期货赚钱的个人开始交易期货合约。

美国第一家有组织的商品交易所是 1848 年成立的芝加哥交易所。随着时间的推移，美国又诞生了更多的市场。目前美国有十几家交易所有资格作为指定合约市场（DCM）交易上市期货合约。指定合约市场是在美国商品期货交易委员会（CFTC）的监管下运作的交易所。DCM 可以基于任何标的商品、指数或工具来上市期货（或期权）合约。大多数期货交易只在几个交易所内完成。芝加哥商品交易所（CME）是最活跃的交易所，交易量与所有其他期货交易所的总和相当。规模上仅次于 CME 的是芝加哥期货交易所（CBOT）和纽约商品交易所（NYMEX），NYMEX 包括之前收购的商品交易所公司（COMEX）。这几家交易所完成的交易量共占美国期货交易所全部交易量的约 95%。虽然交易所继续单独运作，但 2007 年 7 月，通过 CME 和 CBOT 的合并成立了 CME 集团。通过 2008 年 8 月对 NYMEX 的收购（包括 COMEX），CME 集团进一步扩大了。

大多数交易所交易很多不同的商品或金融资产，许多商品和金融期货在多家交易所交易。期货交易所的年交易量超过 30 亿份合同，总值超过万亿美元。如今，大多数交易所同时通过电子交易和场内交易来执行交易。场内交易使用**公开叫价拍卖**（open-outcry auction），实际交易是通过一系列的喊话、身体动作和手势信号来进行的，如图 15 - 1 所示。期货交易已经从地理上定义的场内交易大量转向全球连接的电子交易。

1992 年，CME Globex 成为第一个全球电子期货交易平台。Globex 提供每周 5 天、每天超过 23 小时的交易服务，并提供期货交易所之间的国际联系。自 2000 年以来，电子交易已从约占 9% 的交易量增长到 80% 以上。Globex 使得 CME 欧洲美元期货合约成为世界上交易最活跃的期货合约。事实上，CME Globex 上交易最活跃的 3 份合约（3 个月期欧洲美元、E-Mini S&P 500 股票指数和 Mini-Nasdaq 100 股票指数）占美国交易所期货交易量的 40% 以上。

图 15 - 1　在芝加哥交易所场内运作的拍卖市场

　　交易者采用一套公开喊话系统和手势来表示他们是想购买还是卖出，以及他们想要买卖的价格。手指垂直表示交易者想要买入或卖出的合约数。手指水平表示交易者愿意按照高于或低于最新成交的整数价格几分钱来买入或卖出。

期货市场交易

　　总的来说，期货市场包括对冲者和投机者。缺少任何一方市场都不可能存在并高效运作。**对冲者**（hedger）是生产商品或将其用作生产过程的投入品的公司。例如，牧场主可以在实际销售牛群之前进入期货合约来锁定他的牛群出售月份的价格。这样，牧场主的收入是可预测的，不受牛的价格波动的影响。实际上，对冲者提供了期货市场的潜在力量，并且代表了期货市场存在的根本原因。对于金融期货，对冲者是其业务受到利率或汇率等金融变量波动影响的公司。因此，对冲者还包括金融机构和公司的资金经理。

　　相反，**投机者**（speculator）交易期货合约只是为了在预期的价格波动上赚取利润。他们对商品或金融期货没有内在兴趣，除了它们可以产生的价格行情和潜在的资本收益之外。然而，他们在市场上的存在有利于其他人，因为投机者的交易有助于提高期货市场的流动性。

交易技术

　　一旦创建了期货合约，它们就可以在市场上轻松交易。像普通股一样，期货合约可以通过当地的经纪公司办事处和许多互联网网站进行买卖。除了设立一个特殊的商品交易账户外，期货交易与股票或债券交易之间没有区别。使用相同类型的订单，保证金交易是标准做法。任何投资者都可以在任何时间买入或卖出任何交割月的任何合约，只要合约目前正在其中一个交易所进行交易。

　　买入合约被称为持有多头头寸，卖出合约被称为持有空头头寸。这跟做多或卖空股票一样且有相同的内涵。做多的投机者希望价格上涨，而卖空者希望价格下跌。投资者可以通过执行抵销性交易来平仓多头和空头头寸。例如，卖空者会通过购买等量的合约来结清头寸。一般来说，只有大约 1% 的期货合约是通过交割来结清的。其余的在交割月之前被结清。所有交易都要支付正常的交易费用，包括交易的每份合约的**双向佣金**（round-trip commission）。双向佣金包括交易两端的佣金费用——买卖合约。虽然佣金的多少取决于被交易的合约的数量和类型，但电子执行的交易的双向佣金通常不到 10 美元，并且比必须被转到场内经纪人处的交易要便宜得多。

保证金交易

以保证金买入意味着只提交总现金价值的一小部分。实际上，保证金是交易中的自有资金。所有期货合约都用保证金交易。所需保证金通常约为合约价值的 2% 至 10%，这与股票和大多数其他证券所需的保证金相比非常低。此外，投资者不需要借款来为合约余额提供资金。**保证金存款**（margin deposit）在期货交易中被称为保证金，是对不利的价格波动导致合约市场价值的任何损失的担保。它只是为了保证合约的履行。保证金不是商品或金融工具的部分付款，也与标的产品或物品的价值无关。

所需的保证金存款的规模指定为美元金额。它根据合约的类型而不同，并取决于标的商品或金融资产的价格波动。在某些情况下，它也根据商品交易的交易所而变化。表 15-2 给出了表 15-1 中列出的同样 14 种商品和金融期货的保证金要求。与期货合约的规模和价值相比，保证金要求非常低。表 15-2 中列出的**初始存款**（initial deposit）是投资者在开始交易时必须在经纪人处存放的资本金额，代表进行给定投资所需的金额。（表 15-2 中报出的是投机交易的保证金，通常情况下，对冲交易的初始保证金略低。）

表 15-2 一些商品期货和金融期货合约的保证金要求

合约	初始保证金存款（美元）	维持保证金存款（美元）	交易所
玉米	2 700	2 000	CBOT
小麦	3 713	2 750	CBOT
活牛	1 620	1 200	CME
育肥牛	2 430	1 800	CME
瘦猪肉	1 418	1 050	CME
咖啡	4 950	4 500	NYMEX
棉花	3 300	3 000	NYMEX
黄金	9 113	6 750	COMEX
铜	5 400	4 000	COMEX
原油	6 885	5 100	NYMEX
日元	4 050	3 000	CME
2 年期中期国库券	371	275	CBOT
长期国库券	3 780	2 800	CBOT
标准普尔 500 股票指数	21 875	17 500	CME

注：2012 年 8 月 14 日，CME 集团指定上述保证金要求为非会员的直接投机性保证金要求。通常对交易所会员和对冲交易设置不同的保证金要求。这些是要求客户遵守的保证金要求。根据市场的波动性，交易所最低保证金要求经常改变。因此，本表中的要求也可能在短时间内更改。一个给定交易所的特定类型交易的实际保证金要求通常在交易所网站上公告。

投资完成后，合约的市场价值将随着标的商品或金融工具报价的上升或下降而上升和下降，并且价格波动触发保证金存款额的变化。为了确保始终有足够的保证金在手，投资者被要求满足第二类保证金要求，即**维持存款**（maintenance deposit）。此存款略小于初始存款，确定投资者必须始终保留在账户中的最低保证金金额。例如，如果一种商品的初始存款为每份合约 1 000 美元，其维持保证金可能为 750 美元。只要合约的市场价值下降不超过 250 美元（合约的初始保证金和维持保证金之间的差额），投资者就没有问题。但如果合约价值下降超过 250 美元，投资者就会收到追加保证金通知。然后，投资者必须立即存入足够的现金，使头寸恢复到初始保证金水平。

投资者的保证金头寸通过**盯市**（mark-to-the-market）程序每天检查一次。也就是说，合约价值上的盈利或亏损在每个交易日结束时确定。那时，经纪人相应地借记或贷记账户。在下跌的市场中，投资者可能会收到多个追加保证金通知，并需要支付额外的保证金。不这样做意味着经纪人别无选择，只能平仓，也就是说，卖出合约。

📖 **概念复习**

答案参见 www. pearsonhighered. com/smart。

15.1 什么是期货合约？简要解释如何将其用作投资工具。

15.2 讨论现货市场和期货市场之间的区别。

15.3 商品投机者的主要收益来源是什么？来自股利和利息的当前收入有多重要？

15.4 为什么对冲者和投机者对期货市场的有效运作都很重要？

15.5 解释期货市场如何进行保证金交易。

a. 初始保证金和维持保证金有什么区别？

b. 投资者会被要求提供额外的保证金吗？如果是，是在什么时候？

商品期货

像谷物、金属、木材和肉类这样的实物商品构成期货市场的主要部分，一个多世纪以来一直在美国交易活跃。下面的内容侧重于商品交易。我们首先回顾这些合约的基本特征和投资优点。

基本特征

商品是对其需求无须区分供应商的物品。换句话说，商品是一种无论供应商是谁性质都一样的可替代的商品。例如，来自乌兹别克斯坦的一个矿山的一金衡盎司黄金与来自印度尼西亚矿山的一金衡盎司黄金相同。只要标的商品符合合约标准，就可以有期货交易。表 15-3 将商品合约市场划分为 6 类：农产品、金属、家畜、生活资料、能源和其他。这种分类并不影响交易机制和程序。它只是提供了一种根据类似的标的特征将商品分类的便捷方法。

农产品		金属	
玉米	豆油	白银	钯
燕麦	小麦	铜	铂
大豆	加拿大油菜	黄金	铁矿石
豆粉	大米		
家畜		食物	
活牛	瘦猪肉	可可	糖
育肥牛		咖啡	橙汁
		牛奶	
能源		其他	
煤炭	天然气	天气	运费
原油	乙醇	利率	环境
燃料油	电力	房地产	木材

表 15 - 3 显示了商品市场的多样性和现有合约的种类。虽然可用的合约类型的列表每年都有变化，但表格显示投资者有数十种商品可供选择。表 15 - 3 中的一些合约（如大豆、小麦和糖）有几种形式或等级，不包括在表 15 - 3 中的是没有广泛交易的数十种商品（如黄油、奶酪、乳清、无骨牛肉等）。

商品合约

每一种商品（无论是交易活跃的还是不活跃的）都有一些相关规定，详细说明被交易产品的数量和质量。图 15 - 2 显示了在 CBOT 交易的玉米期货合约的条款。你可以看到，玉米期货合约代表 5 000 蒲式耳可按期货价格交割的 2 号黄玉米。在这个例子中，合约还考虑到 1 号或 3 号黄玉米的交付等级，但分别为溢价或折扣价格。期货合约还规定了定价单位、到期月份、交易时间、每日价格限额、结算程序等。合约条款清单上的最后一项是交易所的规则，其指示在交易合约时适用的上市交易所和交易规则及规定。

商品期货所用的报价系统是基于合约规模和定价单位的。标准报价通常报告每个交割月的每日收盘价、开盘价、最高价和最低价。就商品期货而言，一天的最后价格，或者叫收盘价，被称为**结算价格**（settlement price）。每日的结算价格是非常重要的，因为它被用于确定合约每日的市场价值，进而确定投资者当日的损益和保证金要求。图 15 - 3 中的报价还报告了前一个结算价格，即前一天结束时的最终结算价格。报价中还报告了当天的**空盘量**（open interest）——未平仓合约数——和**成交量**（volume）——交易的合约数。根据图 15 - 3，2013 年 9 月玉米的结算价为 672 - 4（短横线后的项代表八分之一，所以 672 - 4 是指 $672\frac{4}{8}$）。每份合约是 5 000 蒲式耳玉米，每蒲式耳价值 6.725 0 美元，因此，合约的市场价值为 5 000×6.725 0 美元＝33 625 美元。

Corn Futures

Quotes | **Contract Specifications** | Performance Bonds / Margins | Product Calendar | Learn More

Futures | Options

Corn Futures

Contract Size	5,000 bushels (~ 127 Metric Tons)
Deliverable Grade	#2 Yellow at contract Price, #1 Yellow at a 1.5 cent/bushel premium #3 Yellow at a 1.5 cent/bushel discount
Pricing Unit	Cents per bushel
Tick Size (minimum fluctuation)	1/4 of one cent per bushel ($12.50 per contract)
Contract Months/Symbols	March (H), May (K), July (N), September (U) & December (Z)
Trading Hours	CME Globex (Electronic Platform): 5:00 pm - 2:00 pm, Sunday - Friday Central Time
	Open Outcry (Trading Floor): 9:30 am* - 2:00 pm Monday - Friday Central Time *opens at 7:20 a.m. CT for major USDA crop reports
Daily Price Limit	$0.40 per bushel expandable to $0.60 when the market closes at limit bid or limit offer. There shall be no price limits on the current month contract on or after the second business day preceding the first day of the delivery month.
Settlement Procedure	Daily Grains Settlement Procedure (PDF)
Last Trade Date	The business day prior to the 15th calendar day of the contract month.
Last Delivery Date	Second business day following the last trading day of the delivery month.
Product Ticker Symbols	CME Globex (Electronic Platform): ZC / C=Clearing
	Open Outcry (Trading Floor): C
Exchange Rule	These contracts are listed with, and subject to, the rules and regulations of CBOT.

图 15 - 2　玉米期货合约说明书

任何上市期货合约的说明书通常都可以从上市交易所的网站上获得。当交易者买入或卖出期货合约时,他们是在同意接受合约说明书规定的条款。在这个例子中,我们看到玉米期货合约要求在交割月最后一个交易日之后的第二个工作日结束时交付 5 000 蒲式耳的 2 号黄玉米,这就是合约的到期月份。

资料来源:Reprinted with permission,CME Group,2012.

Corn Futures

Quotes | Contract Specifications | Performance Bonds / Margins | Product Calendar | Learn More

Quotes | Time & Sales | Volume | Settlements   Trade Date: 8/15/2012

Globex Futures | Open Outcry Futures   Market Data is delayed at least 10 minutes

Turn Auto-refresh [OFF] | About this Report

Month	Charts	Last	Change	Prior Settle	Open	High	Low	Volume	Hi / Lo Limit	Updated
Sep 2012 OPT		782'6 a	+3'0	779'6	780'0	783'4	779'6	1,454	819'6 739'6	6:13:45 PM CT 8/14/2012
Dec 2012 OPT		791'4	+2'4	789'0	789'2	792'4	789'0	2,458	829'0 749'0	6:22:23 PM CT 8/14/2012
Mar 2013 OPT		793'6 a	+2'4	791'2	791'2	794'0	791'0	121	831'2 751'2	5:45:13 PM CT 8/14/2012
May 2013 OPT		790'0	+1'6	788'2	788'0	790'0	788'0	54	828'2 748'2	6:15:32 PM CT 8/14/2012
Jul 2013 OPT		782'0	+2'0	780'0	780'0	782'0	788'0	5	820'0 740'0	6:21:43 PM CT 8/14/2012
Sep 2013 OPT		672'4	-2'0	672'6	671'4	672'4	670'4	4	712'6 632'6	5:44:49 PM CT 8/14/2012
Dec 2013 OPT		637'0 b	-1'0	638'0	637'0	638'0	636'6	13	678'0 598'0	5:43:24 PM CT 8/14/2012

Icon Key: OPT Options   Price Chart   Volume Chart   Market data explanation/disclaimer

图 15 - 3　玉米期货合约的报价

容易获得的在线报价迅速地显示关于各种商品期货合约的实时的（或来自一些来源的稍微延迟的）关键信息。玉米期货合约的这个报价包括每日的收盘价、开盘价、最高价和最低价。它还提供从前一天的收盘价到当天的收盘价的价格变化和前一天的结算价格（或前日收盘），以及当天的交易量、未平仓合约数和高/低限制。图中撇号同期货价格表示中的短横线。

资料来源：Reprinted with permission, CME Group, 2012.

价格变化

商品价格对一系列独特的经济、政治和国际压力以及天气做出反应。对商品价格变化原因的解释超出了本书的范围。但它们确实像任何其他投资一样涨跌，这正是投机者想要的。因为我们是用如此大的交易单位（5 000 蒲式耳或 40 000 磅）来交易，即使不大的价格变化也会对合约的市场价值以及投资者的收益或损失产生巨大的影响。例如，如果玉米价格每蒲式耳上涨或下跌 0.20 美元，那么单份合约的价值将变化 1 000 美元。玉米合约可以以 2 700 美元的初始保证金存款买入，因此，很容易看到这种价格变化可能对投资者收益产生的影响。

商品价格真的变动了那么多吗？你可以自己判断：图 15 - 3 中的价格变化这一列显示了一些从前一天的收盘价到当前的收盘价所发生的价格变化的例子。例如，相对于前一天的收盘价，2012 年 9 月玉米涨了 150（＝5 000×0.03）美元。请记住，这是单一合约的日内价格波动，这种小的变化的影响可以快速地累积起大量的收益（或损失），尤其是相对于所需的小额初始投资来说。

显然，这种价格行为是把投资者吸引到商品期货上的原因之一。交易所认识到商品期货合约的波动性，并试图通过强加每日价格限制和每日最大价格范围来限制价格波动。（对一些金融期货也有类似的限制。）**每日价格限制**（daily price limit）限制了标的商品价格的日内变化（即从一天到第二天的价格变化）。例如，图 15-2 所示的玉米期货的合约条款表明，玉米的价格从一天到第二天可以变化不超过每蒲式耳 0.40 美元［或每蒲式耳 0.60 美元，当前一天的市场收在最低限价（Lo）或最高限价（Hi）时，这表示在图 15-3 中的 Hi/Lo 限制列中］。然而，这样的限制仍然留下足够的赚快钱的空间。例如，玉米每日限额转换为一份玉米合约的每天 2 000（＝5 000×0.40）美元的变化。相反，**每日最大价格范围**（maximum daily price range）（图 15-3 所示的 Hi/Lo 限额之间的差额）限制了日内价格变动（即价格当天可以变化）的数额，通常等于每日价格限制的 2 倍。例如，玉米的每日价格限制为每蒲式耳 0.40 美元，每日最大价格范围为每蒲式耳 0.80 美元。事实上，前一天的结算价格加上或减去每日价格限额确定了 Hi/Lo 限额。由于期货价格随着合约接近到期可能变得非常不稳定，所以在交割月的第一天之前的第二个工作日或之后的当月合约没有价格限制。

投入资本收益率

期货合约只有一个收益来源：当价格向有利的方向变动时产生的资本利得。期货没有任何形式的当期收入。期货合约波动的价格是高收益成为可能的原因之一，另一个原因是杠杆。因为所有期货交易都是以保证金交易的形式完成的，所以只需要少量的资金就可以控制大额的投资头寸并参与期货合约的价格波动。当然，杠杆的使用也意味着投资可以在几天内亏掉。

我们可以通过计算**投入资本收益率**（return on invested capital）来衡量商品合约的投资收益率。这个标准的持有期收益率公式的变形将收益建立在实际投入到合约中的资金额而不是合约本身的价值基础上。商品合约头寸的投入资本收益率可以根据如下简单公式来确定：

$$投入资本收益率 = \frac{商品合约的出售价格 - 商品合约的购买价格}{保证金存款额} \qquad (15-1)$$

我们可以将式（15-1）用于长期和短期交易。为了明白其原理，假设你通过存入所需的 5 400 美元的初始保证金（每份合同 2 700 美元），刚刚买了 2 份 2014 年 9 月的玉米合约，价格为 699′0（每蒲式耳 6.99 美元）。因此，你的投资仅为 5 400 美元，但你在购买时控制了 10 000 蒲式耳玉米，价值 69 900（＝10 000×6.99）美元。现在，假设 2014 年 9 月玉米刚刚收于 720，使你的头寸市值 72 000（＝10 000×7.20）美元。此时，你决定卖出并拿回利润。你的投入资本收益率为：

$$投入资本收益率 = \frac{72\,000 - 69\,900}{5\,400} = \frac{2\,100}{5\,400} = 38.9\%$$

显然，这种高收益率不仅是因为商品价格上涨，而且是因为你在使用非常低的保证金，或者说财务杠杆非常高。这笔交易的初始保证金还不到标的合约价值的 8％。

交易商品合约

商品期货投资采取 3 种形式中的 1 种。第一种形式是投机，是把商品期货作为一种产生资本利得的方式。本质上，投机者试图利用很多商品期货价格大幅波动的特征来积累资本。正如在"投资中的伦理道德"专栏中所说明的，这就是安然公司所做的——直到事态开始恶化。

 投资中的伦理道德

安然的能源期货交易

在财务问题被揭发出来之前，安然公司是一家经营管道和运送天然气的公用事业公司，已经作为商业先驱者而闻名，在交易风险的市场上开辟出新的道路。20 世纪 80 年代，对天然气价格的管制被去除，这意味着天然气的价格可能上升和下降，让生产者和消费者暴露于风险之中。安然公司决定通过交易天然气期货来在商品业务中抓住新的机遇。当时在纽约商品交易所交易的天然气期货没有考虑天然气价格的区域差异。安然公司同意在任何时间向美国的任何地点输送天然气，从而填补了这一空白。

除了交易天然气和其他能源合约之外，20 世纪 90 年代末，安然开始交易不存在标的商品的天气衍生品。这些不过是对天气下的赌注。仅在美国，天气衍生品交易就估值 35 亿美元。因其在衍生品上近乎垄断的地位，安然的交易业务最初获利丰厚。公司一度为 16 个产品类别提供了 1 800 多份不同的合约，从石油和天然气到天气衍生品、宽带服务和排放权，从衍生品交易中获得了占总收入 90% 的收入。与传统的商品和期货交易所和经纪人不同，安然的在线商品和衍生品业务不受联邦法规约束。

然而，随着能源业务开始成熟，安然最终失去了独一无二的地位。当其他公司进入在线衍生品交易业务时，它们通过收取较低的佣金和开拓曾是安然的主业的地区价格差异来与安然展开竞争。安然的交易业务开始变得利润稀薄。为了寻找新的市场和产品，公司扩展到水、外国电力、电信和宽带服务等领域。偏离供应天然气的核心业务越远，安然的亏损就越大。

公司试图通过签订风险更高和奇异的金融合约来掩盖这些损失。当金融机构意识到安然本质上是一个骗局的时候，它们开始撤回它们的信贷。当时，尽管创始人兼首席执行官肯·莱（Ken Lay）做出乐观的保证，但安然公司还是陷入了死亡螺旋，并最终于 2001 年 12 月 2 日破产。

2004 年 7 月，莱被控与 11 宗证券欺诈相关。他于 2006 年 5 月 25 日被判犯有除其中一项罪名外的所有罪名。每项罪名有最高 5 至 10 年的徒刑，法律专家说莱可能面临 20 至 30 年的监禁。然而，在预定的宣判前约三个半月，肯·莱于 2006 年 7 月 5 日在科罗拉多州的斯诺马斯度假时去世。由于他的去世，2006 年 10 月 17 日，主持该案件的联邦地方法院的法官撤销了对莱的定罪。

思辨题

安然公司的崩塌可以被预防吗？如果可以，审计师、监管者和立法者应该采取什么行动？

虽然不稳定的价格变动可能吸引投机者，但也让很多其他投资者感到害怕。结果是其中一些更谨慎的投资者转向套利，这是第二种形式的商品期货投资。期货投资者将这种交易方法作为一种在没有损失风险的情况下获得一些商品价格波动好处的方式。

第三种商品期货投资形式是对冲。商品市场上的对冲是一种技术策略，几乎完全由生产者和加工者用来保护产品或商品头寸。例如，生产者或种植者会使用商品对冲来使其货物获得尽可能高的价格。使用商品的加工商或制造商会因相反的原因而使用对冲：以尽可能低的价格获得商品。成功的对冲实际上意味着增加生产者的收入或降低加工者的成本。

现在，我们简要地看一下个人投资者最常用的 2 种交易策略——投机和套利——以更好地了解如何使用商品作为投资。

投机

投机者希望通过做多或做空来利用商品价格波动。为了理解为什么当预期价格会上涨时投机者会做多，假设你通过存入所需的初始保证金 9 113 美元买入 2017 年 6 月的黄金合约，报价为 1 687.4。因为一份黄金合约涉及 100 金衡盎司的黄金，所以其市值为 168 740（＝100×1 687.40）美元。如果黄金上涨，你就会赚钱。假设你在购买 2017 年 6 月的合约后 1 个月，其报价为 1 713.1。然后，你清算合约并赚取每盎司 25.70（＝1713.1－1 687.4）美元的利润。这意味着黄金合约的多头头寸的总利润为 2 570 美元，投资额为 9 113 美元，这又意味着投入资本收益率为 28.2%。对 1 个月的投机来说已经不错了。

当然，黄金的价格可能不是上涨了而是每盎司下跌了 25.70 美元。对于 100 盎司的合约，这相当于在该头寸上损失 2 570 美元。结果是你会损失一些初始投资：9 113－2 570＝6 543 美元。

但价格下降正是卖空者所希望的。其原因是：你在价格为 1 687.4 时卖"空" 2017 年 6 月的黄金合约，并在一段时间之后在价格为 1 661.7 时买回。显然，销售价格和购买价格之间的差额是 25.70 美元。但在这种情况下，这是利润，因为销售价格超过购买价格。（有关卖空的讨论，请参阅第 2 章。）

套利

如果不想试图投机期货合约，你可以遵循更保守的套利策略。很像用看涨期权和看涨期权套利，其想法是将两份或多份不同的合约结合为一个提供一定的利润潜力但限制损失敞口的头寸。在商品市场上进行套利的一个非常重要的原因是：与期权不同，期货合约可能发生的损失是无限的。

你通过购买一份合约并同时出售另一份合约来设置差价。虽然交易的一方会带来亏损，但你希望从另一方获得的利润超过亏损，净的结果将至少是一定的利润。如果你错了，差价将限制但不能消除损失。

这里有一个关于套利原理的简单例子：假设你按 533.50 的价格购买了合约 A，同时按 575.50 的价格卖了合约 B。一段时间之后，你按 542 的价格卖出合约 A 来结清你在合约 A 上的头寸，同时，你按 579 的价格买入合约 B 来回补你在合约 B 上的空头头寸。虽然你在多头头寸上赚了 8.50（＝542－533.50）点（合约 A），但你在卖空的合约上（合约 B）亏损了 3.50（＝579－575.50）点。然而，净效果是 5 个点的利润。如果你交易的是每磅多少分，那么这 5 个点意味着在 5 000 磅合约上有 250 美元的利润。

我们可以为几乎任何类型的投资情形建立各种类型的商品套利。然而，它们中的大多数是非常复杂的，需要专门的技能才能操作。

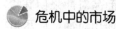 **危机中的市场**

石油价格受经济衰退影响

经济活动和商品价格长期以来联系紧密，尤其是随着经济的增长，对商品的需求也会增加，对价格形成上涨压力。这种关系对石油最为明显，因为历史上石油消费往往对宏观经济活动非常敏感。下图显示，2007—2008 年，部分原因是世界大部分地区经济增长强劲，原油期货价格创下历史新高。石油期货成交量暴涨，2008 年的平均日交易量约为世界石油日产量的 15 倍。但随着全球经济转向并开始滑入衰退，对石油和其他商品的需求急剧下降。在达到 2008 年夏季的峰值后，石油价格像往常一样做出反应，在 7 个月内下跌超过 50%。从那时起，随着经济的缓慢回升，石油期货价格也在上涨，但仍未超过 2008 年的高点。

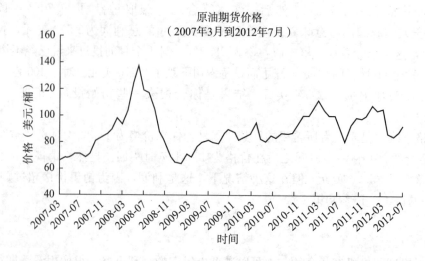

原油期货价格
（2007年3月到2012年7月）

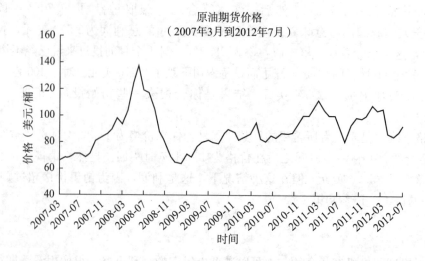 **概念复习**

答案参见 www. pearsonhighered. com/smart。

15.6 列举并简要解释商品合约的 5 个基本部分。哪些部分对合约的价格有直接影响？

15.7 简要解释下列各项：

a. 结算价格；

b. 每日价格限制；

c. 空盘量（未平仓合约数）；

d. 每日最大价格范围；

e. 交割月。

15.8 期货合约的收益来源是什么？什么指标被用于计算商品合约的收益率？

15.9 说明几种商品期货投资方法，并解释每种方法的投资目标。

金融期货

期货市场的另一部分是**金融期货**（financial futures），即金融工具的期货合约交易的市场。金融期货是商品期货概念的延伸。它们的创建原理与商品期货大致相同，它们在同一个市场交易，它们的价格表现很像商品，它们有类似的投资优点。但金融期货因标的资产而独特。现在，让我们更仔细地考察一下金融期货，看看投资者如何使用它们。

金融期货市场

虽然相对年轻，但金融期货是期货合约的主要类型。金融期货的交易量远远超过传统的商品期货的交易量。很多对金融期货的兴趣来自使用这些合约作为投资组合管理工具的对冲者和机构投资者。但个人投资者也可以使用金融期货来投机利率行情和投机股票市场。金融期货甚至提供了一种方便的方法来投机高度专业化的外汇市场。

金融期货市场是为了应对美国在 20 世纪 70 年代经历的经济动荡而建立的。美元在世界市场上的不稳定性给跨国公司带来了严重的问题。利率大幅波动给公司财务、金融机构和资金管理者带来了严重的困扰。所有各方都需要一种方

法来保护自己免受美元价值和利率大幅波动的影响。因此，金融期货市场诞生了。对冲为金融期货市场的存在提供了经济理由，但投机者很快进入市场。

美国大部分的金融期货交易发生在芝加哥期货交易所和芝加哥商品交易所，纽约商品交易所的交易较少。金融期货也在几个外汇交易所交易，其中最著名的是伦敦国际金融期货交易所。金融期货的基本类型包括外汇、债务证券（通常被称为利率期货）和股指。

外汇、利率和股指

1972 年 5 月，金融期货市场毫不起眼地诞生了，上市了少量外汇合约（即货币期货）。**货币期货**（currency futures）随着国际贸易迅猛增长而成为一种主要的对冲工具。这个市场上大多数交易的是主要市场货币，如英镑、瑞士法郎、加元、日元和欧元——所有这些货币都是由与美国有密切的国际贸易和经济联系的国家或地区发行的。

第一份债务证券的期货合约，或者叫作**利率期货**（interest-rate futures）于 1975 年 10 月开始交易。当前，有各种基于利率的证券在交易，包括美国国库券、联邦基金、利率互换、欧元市场存款（如欧洲美元和欧洲日元）和外国政府债券。利率期货一经推出就立即取得成功，人气持续上升。

1982 年 2 月，另一种交易工具又被推出：股指期货合约。**股指期货**（stock-index futures）是与衡量股票市场表现的广基指标挂钩的合约。当前，有大部分（主要的）美国股票指数在交易，包括道琼斯工业平均指数、标准普尔 500 指数、纳斯达克 100 指数和罗素 2 000 指数。

除了美国指数之外，投资者还可以交易基于伦敦、东京、巴黎、悉尼、柏林、苏黎世和多伦多证券交易所的股指期货合约。股指期货与我们在第 14 章讨论的股指期权类似，让投资者可以参与股票市场的整体变动。

股指期货和其他期货合约都是衍生证券。像期权一样，它们从其所依赖的资产的价格变化中衍生其价值。就股指期货而言，它们反映了整个股票市场或市场的各个部分的表现。因此，当由标准普尔 500 指数衡量的大盘股市场上涨时，标准普尔 500 期货合约的价值也会上升。因此，投资者可以使用股指期货作为买入或卖出市场的方式——或其合理的代表——从而参与整体市场走向。

合约条款

原则上，金融期货合约像商品合约一样。它们控制大量的标的金融工具，并有各种交割月的合约。金融期货合约的生命期从大多数股指期货和货币期货的约 12 个月或更短，到利率工具的 2 年至 3 年或更长。在报价方面，图 15 - 4 显示了货币、利率和股指期货合约的报价。先来看看加元期货报价，我们看到的信息与商品期货报价非常相似。特别地，货币期货报价提供收盘价、前一天的结算价、开盘价、最高价和最低价以及合约交易量。货币期货合约的所有者持有对一定数额外国货币的要求权，在这种例子中是 100 000 加元。货币期货合约的标的货币数额可能差异很大，例如，62 500 英镑或 1 250 万日元。类似地，利率期货持有人对一定数额的标的债务证券有要求权。图 15 - 4 所示的利率期货合约是对价值 10 万美元的美国国债的要求权。

然而，股指期货有点儿不同，因为这些合约的卖方没有义务在到期日交付标的股票。相反，最终交付采用的是现金形式。（这很方便，因为交割标准普尔 500 指数中的 500 只证券很麻烦。）基本上，标的现金额定为标的股票指数值的一定倍数。一些常见的例子如下表所示。

指数	倍数
大道琼斯工业平均指数（Big DJIA）	25 美元×指数
道琼斯工业平均指数（DJIA）	10 美元×指数
标准普尔 500 指数（S&P 500）	250 美元×指数
标准普尔中盘 400 指数（S&P MidCap 400）	500 美元×指数
纳斯达克 100 指数（Nasdaq 100）	100 美元×指数
日经 225 指数（Nikkei 225）	5 美元×指数

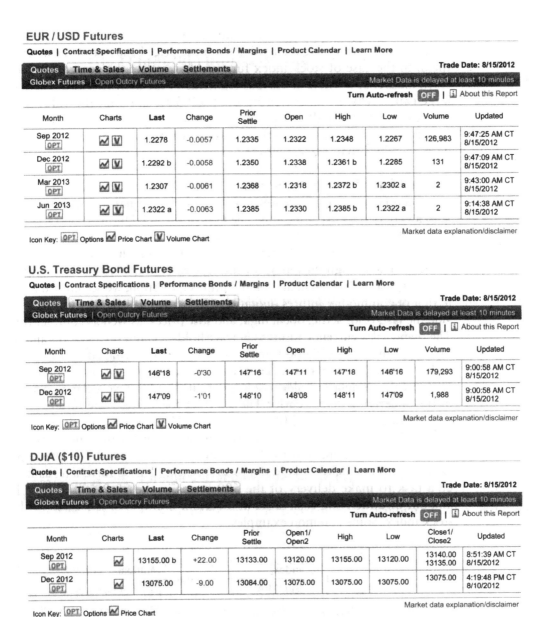

图 15 - 4 金融期货合约的报价

这些金融期货合约的报价包括每日的收盘价、前一天的结算价、开盘价、最高价和最低价，以及价格从前一天的收盘价到当天的收盘价的变化和当天的成交量。最上面的部分显示了在 CME 交易的欧元期货合约，中间部分显示了在 CBOT 交易的美国国债期货，最下面的部分显示了 DJIA（10 美元）指数期货。图中撇号同期货价格表示中的短横线。

资料来源：Reprinted with permission，CME Group，2012.

【例 15 - 1】

假设 2013 年 3 月 Big DJIA 期货合约为 13 133 点。那么，Big DJIA 期货合约代表的现金额为 25×13 133＝328 325 美元。

Big DJIA 期货合约背后的现金额是相当大的，然而，单份合约的初始保证金数额是更容易拥有的 15 625 美元。

价格和利润

毫不奇怪，每种类型的金融期货合约的报价都有所不同。

(1) 货币期货。所有货币期货均以每单位基础外币的美元或美分来报价（如每加元美元或每日元美分）。例如，2013 年 9 月的日元合约结算价为 0.012 774，价值为159 675（＝12 500 000×0.012 774）美元。

(2) 利率期货。除了国库券和其他短期证券的报价外，利率期货合约是以标的债务工具（例如中期和长期国库券）面值的百分比来报价。由于这些工具以 1% 的 $\frac{1}{32}$ 的增量来报价，2012 年 9 月的美国国债的结算价格（见图 15-4）的报价为 146′18，转换为 $146\frac{18}{32}$，换算为面值的 146.563% 的报价。将此利率应用于基础证券的 100 000 美元的面值，我们看到此合约的价值为 146 563（＝100 000×1.465 63）美元。各种其他利率期货合约的定价惯例可在其合约条款中找到，或通常包含在报价中。

(3) 股指期货。股指期货以实际标的指数来报价。如上面所指出的，其面值从 10 美元到 500 美元不等乘以指数。因此，根据图 15-4 中的结算价格，2012 年 9 月的 DJIA（10 美元）合约价值为 131 550（＝13 155×10）美元，因为此特定合约的价值等于 10 美元乘以该指数的结算价格。

【例 15-2】

假设一份 2013 年 3 月的标准普尔 500 股指合约的结算价是 1 387.60。合约的市场价值可计算如下：

$$1\ 387.60×250=346\ 900\ 美元$$

利率期货合约的价值与合约背后的债务工具对利率的反应完全相同。也就是说，当利率上升时，利率期货合约的价值下降，反之亦然。用于利率以及货币和股指期货的报价制度是为了反映合约的市场价值而设立的。因此，当金融期货合约的价格或报价上升时（如当利率下降或股指上升时），多头的投资者赚钱。相反，当价格下降时，卖空者赚钱。

价格变化是投机者唯一的收益来源。金融期货合约对于标的证券的股利和利息收入没有要求权。即使如此，金融期货巨大的利润（或损失）也是可能的，因为合约的规模很大。例如，如果瑞士法郎的价格对美元只上涨 0.02 美元，那么投资者也赚到 2 500（＝125 000×0.02）美元。同样，纳斯达克 100 指数下跌 6 点就意味着投资者有 600（＝6×100）美元的损失。当与在金融期货市场进行交易需要相对较少的初始保证金存款相结合时，这种价格活动可能意味着非常高的收益率——或者极高的完全亏损的风险。

交易技术

投资者可以像商品期货那样使用金融期货来从事对冲、套利和投机。活跃于国际贸易领域的跨国公司可以用货币期货或欧元市场期货来对冲。各种金融机构和公司的资金经理经常使用利率期货进行对冲。在任何一种情况下，目标都是相同的：锁定有可能的最佳的货币汇率或利率。此外，个人投资者和投资组合经理经常用股指期货进行对冲，以保护其持有的证券组合免受暂时的市场下跌的影响。金融期货也可用于套利。这种策略受到同时购买和出售两份或多份合约的组合以形成期望的投资头寸的投资者的欢迎。最后，金融期货被广泛用于投机。

虽然投资者可以采用上述任何交易策略，但我们将主要关注投机者和对冲者对金融期货的使用。我们将首先考察在货币和利率期货上的投机。然后，我们将考察投资者如何使用期货来对冲股票、债券和外国证券的投资。

用金融期货投机

投机者因合约规模而对金融期货尤其感兴趣。例如，2012 年中期，欧元货币合约价值超过 154 025（＝125 000×1.232 2）美元，国库券利率合约大约 133 140（＝100 000×1.331 4）美元，30 天联邦基金合约的报价超过每份 4 950 000（＝5 000 000×0.99）美元。对于这种规模的合约，即使标的资产的小幅波动也会产生大幅的价格波动，从而带来巨大的利润。

货币和利率期货可用于任何投机目的。例如，如果你预期美元相对于欧元会贬值，你就可以购买欧元货币期货，因为合约价值会随着欧元的升值而上升。如果你预期利率上升，你可以"卖空"（卖出）利率期货，因为它们的价值会下跌。由于使用保证金且金融期货有与商品期货相同的收益来源（价格升值），我们可以使用投入资本收益率来衡量这些合约的盈利能力［见式（15-1）］。

做多外汇合约。 假设你认为瑞士法郎（CHF）相对于美元会升值。你决定做多（买入）3 份 2014 年 12 月的 CHF 合约，价格为 0.972 8——这是一个刚刚低于 1 法郎对 1.00 美元的报价。每份合约价值 121 600（＝125 000×0.972 8）美元，因此，3 份合约的总标的价值为 364 800 美元。给定每份合约 5 400 美元的初始保证金要求，你只需存入 16 200 美元就可以获得这一头寸。

现在，如果瑞士法郎确实升值了，并从 0.972 8 上升到比如 0.996 5，那么 3 份合约的价值将上升到 373 687.50 美元。在几个月内，你将获得 8 887.50 美元的利润。使用式（15-1）计算投入资本收益率，我们发现这样的利润转化为 54.9％的收益率。当然，在另一个方向上的较小变化就会抹掉这笔投资。显然，这些高收益同样也有高风险。

做空利率合约。 假设你预期长期利率会急剧上升。利率上升意味着利率期货价值下降。你决定在 147 的价格上卖空 2 份 2014 年 6 月的国债合约，这意味着合约的交易价为面值的 147％。因此，这 2 份合约价值 294 000（＝100 000×1.47×2）美元。你做这笔投资只需要 7 560 美元（初始保证金存款为每份合约 3 780 美元）。

假设利率确实上升了。结果是，国债合约的价格下跌至 $138-16$（或 $138\frac{1}{2}$）。你现在可以买回 2014 年 6 月的国债合约（回补空头头寸），并在此过程中获利 17 000 美元。你最初以 294 000 美元出售这 2 份合约，然后在 277 000（＝100 000×1.385×2）美元时买回。与任何投资一样，你为证券支付的和你卖出的证券之间的差额是利润。在这种情况下，投资资本的收益率为 225％。同样，这种收益在很大程度上是由于你承担了很高的损失风险。

交易股指期货

大多数投资者使用股指期货进行投机或对冲。（股指期货类似于第 14 章介绍的指数期权。因此，以下的大部分讨论也适用于指数期权。）不管是投机还是对冲，成功的关键是预测股市的未来走势。因为你是用股指期货"买入市场"，所以通过技术分析（如第 9 章所讨论的）或其他技术来掌握市场的未来走向非常重要。一旦你对市场方向有所感觉，你可以制定股指期货的交易或对冲策略。例如，如果你觉得市场要走高，你就会想做多（买入股指期货）。相反，如果你的分析表明股票价值要下降，那么你可以通过做空（卖股票指数期货）赚钱。

例如，假设你认为市场被低估，市场马上就要上涨了。你可以尝试找出一只或几只与市场走势一致的股票（并假设这种方法也伴有股票选择风险），或者你可以买一份目前的交易价格为比如 1 401.60 的标准普尔 500 股指期货合约。要执行该投机交易，你需要存入 21 875 美元的初始保证金。现在，如果市场确实上涨，使标准普尔 500 指数在期货合约到期时变动到 1 476.55，那么你的利润为 18 737.50 美元，即（1 476.55 − 1 401.6）×250 = 18 737.50 美元。给定 21 875 美元的投资，你的投资资本收益率将达到 85.7%。当然，要记住，如果市场下跌 87.5 点（或 15.6%），投资会全部亏掉。

用股指期货对冲。股指期货也用于对冲。它们为投资者提供了一种在下跌的市场中保护股票的高效方法。虽然这种策略并不完美，但确实使投资者能够获得所需的保护来防止市场价值下跌，而不会影响他们持有的股票。

下面是所谓的空头对冲的原理：假设你持有十多家公司的总共 2 000 股股票，这个投资组合的市场价值约为 235 000 美元。如果你认为市场即将出现大幅下跌，你可以做两件事之一：卖出所有股票或买入每只股票的看跌期权。显然，这些替代方案是麻烦和昂贵的，从而对保护广泛多样化的组合是不理想的。然而，也可以通过卖空股指期货来实现合意结果。

为演示起见，假设你在 13 133 点卖出 2 份 DJIA（10 美元）股指期货合约。这些合约将提供与你的投资组合的当前价值近似的匹配（它们的价值为 2×13 133×10 = 262 660 美元）。然而，这些股指期货合约的每份合约只需要 6 250 美元的初始保证金，或总存款 2×6 250 = 12 500 美元。现在，如果 DJIA 下降到 12 626，那么你从这笔卖空中将获得略超过 10 000 美元的利润。也就是说，由于指数下跌 507（= 13 133 − 12 626）点，总利润将为 10 140（= 2×507×10）美元。忽略税收，你可以将该利润添加到投资组合中（通过以新的更低价格购买额外的股票）。净的结果将是一个新的投资组合头寸，近似于在市场下跌之前的投资组合头寸。

"之前"和"之后"投资组合头寸匹配得有多好将取决于投资组合价值下跌多大。如果在我们的例子中平均价格下降了每股 5 美元，那么这些头寸将紧密匹配，但并不总是这样。一些股票的价格会比其他股票的价格变化更大，因此，这种类型的空头对冲所提供的保护额取决于股票投资组合对市场变动的敏感程度。因此，投资组合中持有的股票类型是构建股指期货空头对冲的重要考虑因素。

这种对冲成功的关键是确保对冲工具（期货合约）的特征与被保护的投资组合（或证券头寸）的特征密切匹配。如果投资组合主要（或完全）由大盘股组成，那么就用像标准普尔 500 指数合约那样的对冲工具。如果投资组合主要是蓝筹股，那么就用 DJIA 合约。如果投资组合持有的主要是科技股，那么就考虑纳斯达克 100 指数合约。再一次记住，关键是挑选一个近似反映你想保护的证券类型的对冲工具。如果你能铭记这一点，那么用股指期货对冲是一种在股市下跌时获得保护、免于损失的成本低但有效的方法。

对冲其他证券

正如你可以使用股指期货来对冲股票投资组合一样，你也可以使用利率期货来对冲债券投资组合。或者，你可以使用外国证券的货币期货来作为一种免受外汇风险的方式。让我们考虑一个利率对冲：如果你持有一个大额债券组合，你最不愿意看到的是利率大幅上升，这可能导致你的投资组合价值急剧下降。假设你持有价值 30 万美元的国债和机构债券，平均到期时间为 18 年。如果你认为市场利率会走高，那么你可以通过卖空 3 份美国国债期货合约来对冲你的债券组合。（每份国债期货合约的价值约为 100 000 美元，因此，需要 3 份合约来保护 300 000 美元的投资组合。） 如果利率确实上升，你将保护投资组合不受损失。

如上所述，确切的保护额将取决于国债期货合约与你的特定债券组合的价格行情的一致程度。

当然，市场利率也可能下跌：如果市场利率下降而不是上升，那么只要空头对冲头寸一直存在，你就会错过潜在的利润。这是因为投资组合获得的利润将被期货合约的亏损抵消。实际上，与抵消性空头对冲联系在一起的任何类型的投资组合（股票、债券或任何其他证券）都会这样，在你创建空头对冲的时候你基本上就锁定了头寸。虽然你在市场下跌时不会亏掉任何东西，但在市场上涨时也不会赚到任何东西。在任何一种情况下，你从一个头寸赚取的利润与另一个头寸的损失相互抵消。

对冲外汇敞口。 现在我们看看如何用期货合约来对冲外汇风险。我们假设你刚刚购买了 20 万英镑的英国政府的 1 年期票据。（你这样做是因为英国票据上的收益率高于可比的美国国库券。）因为这些票据以英镑计价，如果货币汇率对你不利，那么这笔投资就会遭受损失（即美元相对于英镑上涨）。

如果你想要的是英国票据提供的更高的收益，那么你可以通过建立货币对冲来消除大部分的货币兑换风险。方法如下：假设按照目前的汇率，1 美元能"买" 0.60 英镑。这意味着英镑约值 1.65 美元（即 1.00 美元÷0.60 英镑＝1.65 美元/英镑）。所以，如果英镑的货币合约的交易价格为 1.65 美元左右，那么你必须出售 2 份合约来保护 20 万美元的投资。每份合约包括 62 500 英镑，如果它们的报价为 1.65，那么每份合约的价值为 103 125

（＝1.65×62 500）美元。

假设1年后美元的价值相对于英镑增加，使1美元现在能"买"0.65英镑。在这种情况下，英镑期货合约的报价将在1.54（＝1.00÷0.065）美元左右。按这一价格，每份期货合约的价值为96 250（＝62 500×1.54）美元。实际上，每份合约比1年前价值减少了6 875美元。但是因为在建立对冲时合约被卖空，你在每份合约上将获得6 875美元的利润，这2份合约的总利润为13 750美元。不幸的是，这不是净利润，因为这个利润将抵消你在英国票据的投资上产生的损失。简单来说，当你向海外汇出20万美元购买英国票据时，这笔钱的价值约为121 000英镑。然而，当你1年后把钱收回时，121 000英镑只能购买约186 500美元。从而，你在初始投资上少了约13 500美元。要不是为了货币对冲，你就会得到13 500美元，这笔投资的收益会低很多。对冲抵消了损失（加上一点额外的），净效果是你能够享受英国票据额外的收益率，而不必担心来自货币汇率的潜在损失。

金融期货和个人投资者

像商品期货一样，金融期货也可以在你的投资组合中发挥重要作用，只要下面这3点成立：（1）你完全理解这些投资；（2）你清楚地认识到这些投资的巨大风险；（3）你已经准备好（在财务上和情感上）承受一些损失。

金融期货是高度不稳定的证券，有巨大的获利和损失潜力。例如，从2011年9月1日到2012年3月1日的6个月期间，2012年9月的标准普尔500指数期货合约的价格从1 108.50变为1 397.00。单一合约这一288.5点的范围转换为72 125（＝288.5×250）美元的潜在盈利或亏损，来自初始保证金的投资只有21 875美元。显然，投资多元化是一种降低价格波动性的潜在破坏性影响的手段。金融期货是奇异投资，但如果使用得当，那么就可以获得丰厚的收益。

期货期权

随着时间的推移，从上市股票期权和金融期货开始的演变扩展到利率期权和股指期货。最终导致终极杠杆工具的出现：期货合约的期权。正如它们的名称那样，**期货期权**（futures option）是交易活跃的期货合约的上市的看涨期权和看跌期权。它们本质上是赋予持有人以指定的行权价在特定时间段内购买（看涨期权）或卖出（看跌期权）单一标准化期货合约的权利。

这样的期权既有商品期货的，也有金融期货的。注意，图15-3中报出的每份玉米期货合约在每个合约交割月下都包括一个期权图标，表示该期货合约有期货期权。事实上，芝加哥商品交易所集团的报价让你可以单击期权图标来查看期货期权报价。图15-5显示了2012年9月玉米期货合约（见图15-3）的期权报价。在大多数情况下，这些看跌期权和看涨期权包含与基础期货合约相同数量的资产，如112 000磅糖、100金衡盎司黄金、62 500英镑或100 000美元国债。因此，它们通常也有在商品和金融期货中看到的相同的价格波动。

Quotes | Contract Specifications | Performance Bonds / Margins | Product Calendar | Learn More

Trade Date: 8/15/2012

Quotes | Time & Sales | Volume | Settlements
Globex Futures | Open Outcry Futures

Market Data is delayed at least 10 minutes

Futures Underlier

Month	Charts	Last	Change	Prior Settle	High	Low	Volume	Hi / Lo Limit	Updated
Sep 2012		782'6	+3'0	779'6	783'4	779'6	1,464	819'6 739'6	6:25:41 PM CT 8/14/2012

Option Quotes

Turn Auto-refresh **OFF** | ⓘ About this Report

Last American Options   SEP 2012   At The Money

		CALLS							PUTS							
Updated	Hi / Lo Limit	Volume	High	Low	Prior Settle	Change	Last	Strike Price	Last	Change	Prior Settle	Low	High	Volume	Hi / Lo Limit	Updated
5:51:56 PM CT 8/14/2012	58'6 No Limit	0	19'7 b	–	19'6	+1'1	19'7 b	775	12'5 a	-1'3	14'0	12'5 a	–	0	54'0 No Limit	5:51:56 PM CT 8/14/2012
5:38:09 PM CT 8/14/2012	56'2 No Limit	1	17'1 b	17'0	16'2	+0'7	17'1 b	780	14'7 a	-1'5	16'4	14'7 a	–	18	56'4 No Limit	5:51:56 PM CT 8/14/2012
5:51:56 PM CT 8/14/2012	54'0 No Limit	0	14'6 b	–	14'0	+0'6	14'6 b	785	18'2 a	-1'0	19'2	18'2 a	–	0	59'2 No Limit	5:09:35 PM CT 8/14/2012
5:37:08 PM CT 8/14/2012	52'0 No Limit	0	12'4 b	–	12'0	+0'4	12'4 b	790	21'2	-1'0	22'2	21'2	21'2	1	62'2 No Limit	6:21:43 PM CT 8/14/2012
5:37:08 PM CT 8/14/2012	50'1 No Limit	0	10'5 b	–	10'1	+0'4	10'5 b	795	24'3 a	-1'0	25'3	24'3 a	–	0	65'3 No Limit	5:09:35 PM CT 8/14/2012

Market data explanation/disclaimer

图 15-5 玉米期货期权合约的报价

玉米期货合约的看涨期权和看跌期权的报价包括每日的收盘价、开盘价、最高价和最低价以及前一个结算价格和行权价。它还提供从前一天的收盘价到当天的收盘价的价格变化、当天的成交量和 Hi/Lo 限制。

资料来源：Reprinted with permission, CME Group, 2012.

像其他上市期权一样，期货期权有相同的标准化行权价、到期日和报价系统。根据期权的行权价和标的期货合约的市场价值，这些期权也可以是实值或虚值的。期货期权的估值与其他看跌期权和看涨期权相同——期权的行权价与期货合约的市场价格之间的差额（见第 14 章）。它们也可以像任何其他上市期权一样被用于投机或对冲、期权出售计划或套利。期货期权和期货合约之间的最大区别是，期权将损失敞口限制为期权价格。你最大的损失是为看涨期权或看跌期权所支付的价格。就期货合约而言，对你可能遭受的损失金额完全没有限制。

要理解期货期权的原理，假设你打算交易一些黄金合约。你认为黄金价格在未来 4 或 5 个月内将会从目前每盎司 1 597.70 美元的水平上涨。你可以买入 2013 年 8 月的期货合约，以每盎司 1 610.60 美元的价格买入黄金，存入所需的 9 113 美元的初始保证金。或者，你也可以购买一份目前报价为 17.80 美元的行权价为 1 600 美元的期货看涨期权。（因为标的期货合约包含 100 盎司黄金，所以该期权的总成本为 17.80×100＝1 780 美元。）该看涨期权是一份实值期权，因为黄金的市场价格超过期权的行权价。下表总结了如果黄金期货合约的价值在到期日上涨到每盎司 1 642.70 美元以及如果黄金期货合约的价值下降到每盎司 1 552.70 美元会怎么样。

价格变化	期货合约		期货期权	
	盈利（或亏损）（美元）	投入资本收益率（%）	盈利（或亏损）（美元）	投入资本收益率（%）
如果期货合约价值上升到每盎司 1 642.70 美元	3 210	35.2	2 490	139.9

续前表

价格变化	期货合约		期货期权	
	盈利（或亏损）（美元）	投入资本收益率（％）	盈利（或亏损）（美元）	投入资本收益率（％）
如果期货合约价值上升到每盎司 1 552.70 美元	（5 790）	−63.5	（1 780）	−100

显然，期货期权不仅提供了优异的上行收益率，而且降低了损失敞口。期货期权提供了有趣的投资机会。但是，一如既往，它们只能被知识渊博的商品和金融期货投资者使用。

概念复习

答案参见 www. pearsonhighered. com/smart。

15.10 实物商品期货与金融期货之间的差别是什么？它们的相似之处是什么？

15.11 描述货币期货，并将其与利率期货进行对比。什么是股指期货？投资者如何使用？

15.12 讨论如何用股指期货投机和对冲。用股指期货而不是特定普通股投机有什么好处？

15.13 什么是期货期权？解释投机者如何使用它。为什么投资者想要用利率期货合约的期权而不是期货合约本身？

我的金融实验室

下面是学完本章之后你应该知道的内容。**我的金融实验室**会在你需要练习的时候帮助你识别你知道什么以及去哪里练习。

你应该知道的	重要术语	去哪里练习
目标 1：描述期货合约的基本特征并解释期货市场如何运作。商品和金融期货在期货市场交易。当前，美国有十多个交易所交易期货合约，即在未来某一特定日期做出（或接受）交割一定数量的某些实物或金融资产的承诺	现货市场 交割月 期货合约 期货市场 对冲者 初始存款 维持存款 盯市 公开叫价拍卖 双向佣金 投机者	我的金融实验室学习计划 15.1

你应该知道的	重要术语	去哪里练习
目标 2：解释对冲者和投机者在期货市场中的作用，包括如何实现盈亏。期货合约涉及大量的基础商品或金融工具。它们可以产生大幅的价格波动和非常有吸引力的收益（或非常不吸引人的损失）。这种收益（或损失）进一步被放大，因为期货市场的所有交易都是以保证金进行的。投机者的利润直接来源于市场上发生的大幅价格波动。对冲者得到的好处是他们从不利的价格走势中获得的保护		我的金融实验室学习计划 15.2
目标 3：描述期货市场的商品部门及这些投资工具的基本特征。像谷物、金属和肉类这样的商品构成了期货市场的传统（商品）部分。这个市场的很大一部分集中在农产品上。还有各种金属和石油产品的交易非常活跃的市场。像商品价格在市场上上涨和下跌一样，它们各自的期货合约的变化方式也大致相同。因此，如果玉米价格上涨，那么玉米期货合约的价值也会上升	每日价格限制 最大每日价格范围 空盘量 结算价格 成交量	我的金融实验室学习计划 15.3 问题 P15.1 的视频学习辅导
目标 4：讨论投资者使用商品期货可以采取的交易策略，并解释如何衡量投资收益率。使用商品期货合约的交易策略是投机、套利和对冲。不管投资者是处于多头还是空头，他们从商品和金融期货中只有一个收益来源：合约价格的上升（或下降）。投入资本的收益率被用于评估期货交易的实际或潜在盈利能力	投入资本收益率	我的金融实验室学习计划 15.4 问题 P15.1 的视频学习辅导
目标 5：解释实物商品期货与金融期货之间的差异，并讨论金融期货在当今市场中日益重要的作用。商品期货牵涉到实物资产，而金融期货则涉及金融资产，如股票、债券和货币。两者在同一地方交易：期货市场。金融期货是后来者，但金融期货的交易量目前远远超过商品期货的交易量	货币期货 金融期货 利率期货 股指期货	我的金融实验室学习计划 15.5 问题 P15.12 的视频学习辅导

你应该知道的	重要术语	去哪里练习
目标 6：讨论金融期货的交易技巧，并说明如何将这些证券与其他投资结合使用。有 3 种主要类型的金融期货：货币期货、利率期货和股指期货。第一种类型涉及不同种类的外币。利率期货涉及各种类型的短期和长期债券工具。股指期货与由诸如标准普尔 500 之类的指数衡量的股票市场的整体波动挂钩。这些证券可用于投机、套利或对冲。它们作为针对其他证券头寸的对冲工具特别有吸引力。例如，利率期货用于保护债券投资组合免受市场利率上升的影响。货币期货用于对冲伴随着外国证券投资的外币敞口	期货期权	我的金融实验室学习计划 15.6

登录我的金融实验室，做一个章节测试，取得一个个性化的学习计划，该学习计划会告诉你，你理解哪些概念，你需要复习哪些。在那儿，**我的金融实验室**会提供给你进一步的练习、指导、动画、视频和指引性解决方法。登录 www.myfinancelab.com

讨论题*

Q15.1　美国最大的商品交易所中的 3 个是 CME、CBOT 和 NYMEX——本章中已提到过。美国其他交易所和几个外国商品交易所在美国也受到密切关注。登录《华尔街日报》的网站 wsj.com，并在"市场数据"（Market Data）下的"商品与期货"（Commodities & Futures）部分查找最近的期货报价列表。正如本章所指出的，期货报价包括交易特定合约的交易所的名称。

a. 使用这些报价，你能识别多少美国商品交易所？列出它们。

b. 外国交易所的报价是否在《华尔街日报》中列出？如果是，请列出。

c. 对你在 a 部分和 b 部分找到的每个美国和外国交易所，给出在该交易所交易的 1 份或 2 份合约的例子。例如，CBOT——芝加哥期货交易所：燕麦和国债。

Q15.2　使用图 15-3 和图 15-4 中的结算价或收盘价，查找以下商品和金融期货合约的价值。

a. 2013 年 3 月玉米；

b. 2013 年 7 月玉米；

c. 2013 年 12 月玉米；

d. 2013 年 12 月国债；

e. 2013 年 12 月 DJIA（10 美元）。

Q15.3　根据提供的信息，指出你在下列每笔期货交易中会有多少盈亏。（提示：你可能需要访问 www.cmegroup.com 来了解合约规模、定价单位等。）

a. 你以 1.018 0 的报价买入 3 份日元合约，并在几个月后以 1.036 5 的价格卖出（每份合约 12 500 000 日元，以每 100 日元的美元数报价）。

---

* 下面题目中期货合约的当前价格和保证金要求是为了让计算更简单，不一定反映当前的市场情况和要求。

b. 燕麦的价格（5 000 蒲式耳/合约；美分/蒲式耳）每蒲式耳涨了 0.60 美元，你持有 3 份合约。

c. 你卖空 2 份育肥牛合约（50 000 磅/合约；美分/磅），价格为每磅 1.24 美元，价格下降到每磅 1.03 美元。

d. 你最近以 0.727 2 的价格购买了一份瑞士法郎合约（125 000 瑞士法郎/合约；美元/瑞士法郎），6 周后合约的交易价为 0.685。

e. 你在指数为 1 396.55 时卖空标准普尔 500 指数合约（250 美元×指数），并在指数变为 1 371.95 时回补。

f. 你卖空 3 份玉米合约（5 000 蒲式耳/合约；美分/蒲式耳），价格为每蒲式耳 2.34 美元，玉米价格上涨到每蒲式耳 2.495 美元。

问题

P15.1 乔西·林克（Josh Rink）认为自己是一个精明的商品投资者。不久前，他以每磅 0.54 美元的价格买下了 7 月份的棉花合约，最近以每磅 0.58 美元的价格卖出。他获得了多少利润？如果他不得不支付一笔 1 260 美元的初始保证金，他的投入资本收益率是多少？

P15.2 你刚刚听到一则关于邻国疯牛病的新闻报道，你认为在接下来的几个月里，育肥牛的价格会大幅上涨，因为牛的买家会转向美国的供应商。另一个人认为，价格会在未来几个月下降，因为人们会不敢吃牛肉。你到 CME，发现 4 月交割的育肥牛期货目前报价为 88.8。合约规模为 50 000 磅。1 份合约的市场价值是多少？

P15.3 你决定凭你对育肥牛的直觉采取行动，于是，你购买了 4 份 4 月交割的合约，价格为 88.8。你被要求支付 10% 的定金。你做这笔交易需要多少自有资本？

P15.4 事实证明，你以 88.8 的价格购买 4 份育肥牛合约是正确的，因为在你的合约中给出的交割日，牛的现货价格上升到 101.2。你赚了多少钱？你的投入资本收益率是多少？

P15.5 塔林·阿森纳（Taryn Arsenault）是一位常见的商品投机者。她目前正在考虑 7 月份燕麦的空头，当前的交易价格为 248。她的分析表明，7 月燕麦在几个月内应该在 240 左右。假设她的预期保持不变，如果通过每份合约缴纳 540 美元的初始保证金卖空 3 份 7 月燕麦合约（每份合约是 5 000 蒲式耳燕麦），那么她的投入资本收益率是多少？

P15.6 你刚刚被通知你将在 2 个月后从去世的亲戚的遗产中收到 100 000 美元。你想把这笔钱投资在安全、有息的工具，所以你决定购买 5 年期中期国库券。但是，你认为利率会下降，你在 2 个月后为 5 年期中期国库券不得不支付比现在更多的钱。你决定观察一下期货并发现 2 个月后可交割的 5 年期中期国库券的报价为111 - 08（合约的交易单位为 10 万美元）。这个报价的价格含义是什么？你需要购买多少合约？你需要多少钱来购买合约？你需要多少钱来结算合约？

P15.7 乔治·赛比（George Seby）正在考虑对利率进行一些投机。他认为利率会下降，作为回应，国债期货的价格应该会从目前 92 - 15 的报价变到约 98 的水平。给定每份合约需要的保证金为 1 350 美元，如果价格表现如预期那样，那么乔治的投入资本收益率是多少？

P15.8 多莉·雷诺兹（Tori Reynolds）多年来一直是狂热的股票投资者。她相当积极地管理她的投资组合，只要有机会就喜欢卖空。最近，她对股指期货变得特别着迷，尤其是能把市场作为整体来玩的想法。多莉认为市场就要下滑，她决定卖空一些标准普尔 500 指数期货。假设她按 1 387.95 卖空 3 份合约，并必须为每份合约缴纳 19 688 美元的维持保证金。如果市场确实下跌了并使 CME 合约在它们到期时按 1 352.00 交易，那么她会赚多少利润？她的投入资本收益率是多少？

P15.9 一位富有的投资者持有价值 50 万美元的美国国债。这些债券目前的报价为面值的 105%。

然而，投资者担心利率在未来 6 个月里上升，他想做一些事情来保护这个债券组合。他的经纪人建议他用国债期货合约来建立对冲。假设这些合约现在的交易价格为 111 - 06。

a. 简要描述投资者如何建立这种对冲。他会是多头还是空头？他需要多少合约？

b. 现在是 6 个月后，利率确实上升了。投资者的国债现在报价为 $93\frac{1}{2}$，而对冲中使用的国债期货合约现在报价 98 - 00。说明债券投资组合的价值怎么样了并说明在期货对冲上产生的利润（或损失）是多少。

c. 这是一个成功的对冲吗？简要解释。

P15.10　不久前，凡妮莎·伍兹（Vanessa Woods）以几百万美元（税后）的价格卖掉她的公司。她拿出一些钱投入股市。今天，凡妮莎的蓝筹股投资组合价值 380 万美元。凡妮莎想要保持她的组合不动，但她担心蓝筹股市场走弱。因此，她决定用道琼斯工业平均指数的 6 个月期货合约来对冲，该合约目前的市场价格为 11 960。

a. 为什么她会选择用 DJIA 而不是标准普尔 500 指数对冲她的投资组合？

b. 给定凡妮莎想要保护她的投资组合中的全部 380 万美元，描述她将如何建立这种对冲。

c. 如果每份合约需要 4 875 美元的保证金存款，她需要多少钱才能建立这种对冲？

d. 假设在接下来的 6 个月内，股票价格确实下跌了，凡妮莎的投资组合的价值下降到 330 万美元。如果 DJIA 期货合约的市场价格为 10 400，她在期货对冲上能赚取（或亏损）多少？是否足以抵消她的投资组合的损失？也就是说，她在对冲上的净盈亏是多少？

e. 她现在能拿回她的保证金存款吗？还是这是一个永远的"沉没成本"？

P15.11　一份英镑期货合约的报价为 1.668 3。英镑的合约规模为 62 500 英镑。这份合约的美元等值是多少？

P15.12　你已经购买了一份欧元期货合约。合约是 125 000 欧元，报价是 1.163 6。在交割日，交易所报价为 1.105 0。假设你接受了欧元的交割，在转换为美元后，你会有多少美元？你的（佣金前的）利润或损失是多少？

P15.13　一位美国货币投机者强烈地感到，加元的价值将在短期内相对于美元下跌。如果他想从这些预期中获利，他应该在加元期货合约中采用什么样的头寸（多头还是空头）？如果加元期货合约从最初报价 0.677 5 变到最后报价 0.625 0，他从每份合约中能赚到多少钱？

P15.14　就期货期权而言，如果她在黄金价格为每盎司 482 美元时以 7.20 的价格买入一份黄金看涨期权，假设黄金价格在期权的到期日上涨到每盎司 525 美元，投资者能赚到多少钱？（注：假设看涨期权的行权价为 480。）

访问 www.myfinancelab.com 来获得网络练习、电子表格和其他在线资源。

案例题 15 - 1

T. J. 的快速投资：利率期货

T. J. 帕特里克（T. J. Patrick）是俄勒冈州波特兰的一位成功的年轻工业设计师，喜欢商品投机带来的兴奋感。T. J. 从十几岁开始就涉足商品期货——他的父亲在一家领先的食品加工商处负责购买谷物，把他带进了这个市场。T. J. 认识到商品投机中蕴含的巨大风险，但认为，因为他年轻，他还敢冒几次险。作为一家蓬勃发展的工业设计公司的主要负责人，T. J. 的年收入超过 15 万美元。他遵循一个严格的投资计划，每年向他的投资组合增加 15 000 美元到 20 000 美元。

最近，T. J. 已经开始玩金融期货——准确地说是利率期货。他承认他不是利率专家，但他喜欢这些投资提供的价格变动。这一切都是几个月前开始的，当时 T. J. 在一次聚会上遇到了一位专门从事金融期货的经纪人文尼·班安欧（Vinnie Banano）。T. J. 喜欢文尼说的话（主要是你如何不能错过利率期货），很快就在文尼的公司——波特兰的班安欧公司建立了一个交易账户。

一天，文尼打电话给 T. J. 并建议他关注 5 年期国债期货。文尼认为，随着美联储如此激进地推高利率，期限结构的短期到中期部分可能会反应最大——有最大的收益率跳跃。因此，文尼建议 T. J. 卖空一些 5 年期的国债合约。特别是，文尼认为这些国债的利率应该会上升一个点（从约 5.5% 增加到约 6.5%），T. J. 应该卖空 4 份合约。这将是一笔 5 400 美元的投资，因为每份合约需要初始保证金存款 1 350 美元。

问题

a. 假设国债期货（100 000 美元/合约；1% 的 32 分之一）现在的报价是 103 - 16。

(1) 确定这份国债期货合约的当前标的价值。

(2) 如果文尼是正确的，收益率确实在到期日上升了 1 个百分点，达到 6.5%，那么这份期货合约的报价会是多少？（提示：它将以与其标的的证券相同的价格报价，在这个例子中，假设它是一只 5 年期、利率为 6%、每半年付息一次的美国国债，如有必要，参阅第 11 章，复习一下关于半年付息一次的债券的定价的内容。）

b. 如果他卖空 4 份合约（103 - 16），然后在 5 年期国债期货合约报价为 98 - 00 时回补，那么 T. J. 能赚多少钱？此外，计算此次交易的投入资本收益率。

c. 如果利率下降会怎么样？例如，如果国债期货的收益率正好下降 1% 的 $\frac{3}{4}$，在这种情况下，这些合约的报价将是 105 - 8，那么 T. J. 能赚多少钱？

d. 你在推荐的卖空交易中看到了什么风险？你对 T. J. 对金融期货的新兴趣的评价是什么？与他已经建立的商品期货投资计划相比，你怎么看？

案例题 15 - 2

佩内利夫妇用股指期货对冲

吉姆·佩内利（Jim Pernelli）和他的妻子·佩内利波利（Polly Pernelli）住在佐治亚的奥古斯塔。像许多年轻夫妇一样，佩内利夫妇是一个双收入家庭。吉姆和波利都是大学毕业生，拥有高薪工作。吉姆已经成为一位狂热的股票市场投资者多年，随着时间的推移，已经建立了一个目前价值近 375 000 美元的投资组合。虽然佩内利夫妇的投资组合非常多元化，但大量投入高质量、中盘的成长股。佩内利夫妇将所有股利进行再投资，并定期向投资组合中添加投资资本。到目前为止，他们还没有卖空，只做了少量的保证金交易。

他们的投资组合在过去 18 个月左右发生了大量的资本增值，吉姆渴望保护他们获得的利润。这就是问题：吉姆认为市场无疑已经脱离正轨，即将进入衰退期。他非常仔细地研究了市场和经济新闻，认为回撤在很长一段时间内都不会恢复。然而，他认为，他的投资组合中的大多数股票，即使不是全部股票，也会受到这些市场条件的不利影响——但有些股票的价格会比其他股票下跌得更多。

吉姆一段时间以来一直在跟踪股指期货，并相信他非常了解这些证券的方方面面。深思熟虑之后，吉姆和波利决定使用股指期货——特别是标准普尔中盘 400 指数期货合约——作为保护（对冲）其普通股组合的方式。

问题

a. 解释为什么佩内利夫妇想要使用股指期货来对冲他们的股票投资组合，以及他们将如何建立这样的对冲。请明确说明。

（1）吉姆和波利保护投资组合的资本价值有哪些替代方案？

（2）使用股指期货来对冲的好处和风险是什么？

b. 假设标准普尔中盘 400 指数期货合约的定价为 500 美元×指数，目前报价为 769.40。佩内利夫妇必须买进（或卖出）多少合约才能建立对冲？

（1）比如说佩内利的投资组合的价值在市场回撤过程中下降了 12%。股指期货合约必须变动到什么价格才能抵消这一损失？

（2）给定买入或卖出 1 份单一的标准普尔中盘 400 指数期货合约需要 16 875 美元的保证金，如果期货合约价格变动了问题 b（1）中算出的金额，那么佩内利夫妇的投入资本收益率是多少？

c. 假设佩内利夫妇的投资组合的价值下降了 52 000 美元，而标准普尔中盘 400 指数期货合约的价格从 769.40 变到 691.40。（假设吉姆和波利卖空 1 份期货合约来建立对冲。）

（1）将对冲交易的利润加到股票投资组合的新（已减值）价值。这个数额与市场开始回撤之前存在的 375 000 美元的投资组合价值相比如何？

（2）为什么股指期货对冲未能给佩内利的投资组合提供完全保护？从这类对冲中能获得完美的保护吗？请说明。

d. 佩内利夫妇可能会决定使用期货期权而不是期货合约来建立对冲。幸运的是，有标准普尔中盘 400 指数上的期权可用。这些期货期权，像其标的期货合约一样，也是按 500 美元乘以标的标准普尔中盘 400 指数来估值或定价的。现在，假设标准普尔中盘 400 指数期货合约（行权价为 769）上的看跌期权当前报价为 5.80，可比的看涨期权的报价为 2.35。使用问题 c 中得到的相同投资组合和期货价格条件来确定如果这些期货期权被用作对冲工具，投资组合将受到怎样的保护。（提示：将对冲的净利润加到股票投资组合新的已减值的价值中。）使用期货期权而不是股指期货合约本身来对冲股票组合的优点和缺点是什么？

Excel 电子表格

期货合约的一个独一无二的特征是其只有一个收益来源——当价格变动有向上的偏差时，可以累积资本利得。记住，没有与这种金融资产相关的当前现金流。这些金融工具因波动性而闻名，这是因为价格起伏不定和购买时使用杠杆。在期货基于保证金交易的情况下，控制相对较大的投资头寸只需要少量的资本。

假设你对投资商品期货感兴趣——特别是燕麦期货合约。参考燕麦的合约条款："燕麦（CBOT）5 000 蒲式耳；美分/蒲式耳。"假设你以 186.75 的结算价格购买了 5 份 12 月的燕麦合约。初始交易时需要存入经纪人处的投资者资本额是合约价值的 5.35%。创建一个电子表格来建模并回答以下关于期货合约投资的问题。

问题

a. 对这 5 份合约，你的初始存款总额是多少？

b. 你控制的燕麦的总量是多少蒲式耳？

c. 就 12 月结算日期而言，你控制的燕麦商品合约的购买价格是多少？

d. 假设 12 月燕麦的实际结算价格为 186.75，你决定卖出并获利。燕麦商品合约的售价是多少？

e. 计算在此交易中实现的投入资本收益率。（记住，收益是基于实际投入合约的资金额，而不是基于合约本身的价值。）

CFA 考试题

衍生证券

以下是 12 道 CFA 一级考试题的样题，涉及本书第 14 章和第 15 章所包含的许多主题，包括期权和期货的基本特征、定价性质、收益变动和各种期权策略。（当回答问题时，每个问题给自己 1.5 分钟，目标是在 18 分钟内正确回答 12 个问题中的 8 个。）

1. 以下哪种方法是投资者最不喜欢用来终止期货合约的？

a. 把现金换为实物资产；

b. 让合约到期无效；

c. 用一份相同的合约做反向交易。

2. 考虑一份行权价为 20 美元、期权价为 4 美元的看涨期权。如果股价目前是 18 美元，那么看跌期权买方的盈亏平衡价格是多少？

a. 16 美元；

b. 22 美元；

c. 24 美元。

3. 考虑一份行权价为 20 美元和溢价为 4 美元的看跌期权。如果股票价格目前是 18 美元，那么看跌期权裸卖方的最大损失是多少？

a. 16 美元；

b. 20 美元；

c. 无限。

4. 考虑以下关于期货结算所的声明：

声明 1："期货合约的结算所允许在交割之前抵消合约。"

声明 2："期货合约的结算同时向合约的多方和空方收取初始保证金（履约保证金）。"

这些声明最可能正确或不正确吗？

a. 两个声明都是正确的；

b. 声明 1 是不正确的，但声明 2 是正确的；

c. 声明 1 是正确的，但声明 2 是不正确的。

5. 考虑以下关于可以通过交割来结算的期货合约的陈述：

声明 1："多头发起交割过程。"

声明 2："对很多这样的合约来说，交割可以在交割月的任何一个工作日进行。"

这些声明最可能正确或不正确吗？

a. 两个声明都是正确的；

b. 声明 1 是不正确的，但声明 2 是正确的；

c. 声明 1 是正确的，但声明 2 是不正确的。

6. 除非深度虚值或深度实值，对其他方面都相同的看涨期权来说，哪种期权到期期限越长，价格越低？

a. 美式看涨期权，但不是欧式看涨期权；

b. 美式看涨期权和欧式看涨期权；

c. 既不是美式看涨期权，也不是欧式看涨期权。

7. 将行权价为 50、90 天后到期的美式看涨期权与相同标的资产上行权价为 60、120 天后到期的美式看涨期权进行对比。标的资产的售价为 55。考虑以下陈述：

陈述 1："行权价为 50 的看涨期权是实值的，行权价为 60 的看涨期权是虚值的。"

陈述 2："行权价为 60 的看涨期权的时间价值占行权价为 60 的看涨期权的期权费的比例，大于行权价为 50 的看涨期权的时间价值占行权价为 50 的看涨期权的期权费的比例。"

这些声明最可能正确或不正确吗？

a. 两个声明都是正确的；

b. 声明 1 是不正确的，但声明 2 是正确的；

c. 声明 1 是正确的，但声明 2 是不正确的。

8. 一份在股票上行权价为 40 美元的看涨期权目前的交易价为 35 美元。该看涨期权 1 年后到期，无风险收益率为 10%。

这份看涨期权价值的下限

a. 是 0；

b. 是 5 美元，如果看涨期权是美式的；

c. 是 1.36 美元，如果看涨期权是欧式的。

9. 一位投资者卖出一份他持有的股票上的行权价格为 100 美元、价格为 3 美元的看涨期权。投资者为股票支付了 85 美元。如果股票价格在看涨期权到期时上升到 110 美元，那么投资者头寸的利润将最接近

a. 3 美元；

b. 12 美元；

c. 18 美元。

10. 一位投资者为目前实值为 5 美元的期权支付了 10 美元。如果标的资产价格为 90 美元，以下哪一个最好地描述了该期权？

a. 行权价为 80 美元的看涨期权；

b. 行权价为 95 美元的看跌期权；

c. 行权价为 95 美元的看涨期权。

11. 巨龙度假公司最近的每股价格为 50 美元。正好还剩下 6 个月到期的巨龙股票相关的看涨期权的行权价为 45 美元、50 美元和 55 美元。看涨期权的价格分别为 8.75 美元、6.00 美元和 4.00 美元。假设每份看涨期权合约是 100 股股票，并且在策略启动时，投资者按照当前市场价格购买 100 股巨龙股票。进一步假设投资者将在期权 6 个月后到期时结束策略，包括卖掉没有因看涨期权行权而交割的股票，不管股票上涨还是下跌。如果巨龙股票 6 个月后的收盘价格正好是 60 美元，那么使用 50 美元的行权价的备兑看涨期权的利润最接近

a. 400 美元；

b. 600 美元；

c. 1 600 美元。

12. Win Big 公司最近的每股价格为 50 欧元。瑞纳·希尔斯伯勒（Verna Hillsborough）以 50 欧元买入 100 股。为了防止价格下跌，希尔斯伯勒买入 1 份看跌期权，覆盖 100 股的公司股票，行权价为 40 欧元。看跌期权的期权费为每股 1 欧元。如果 Win Big 公司的股票在期权到期时的收盘价为每股 45 欧元，希尔斯伯勒则以 45 欧元的价格卖出股票，希尔斯伯勒从延期或看跌期权中赚到的利润最接近：

a. −1 100 欧元；

b. −600 欧元；

c. 900 欧元。

答案： 1. b；2. a；3. a；4. a；5. b；6. c；7. a；8. a；9. c；10. b；11. b；12. b。

词汇表

A

异常收益（abnormal return） 投资的实际收益与预期收益之间的差额。（第 9 章）

累计利息（accrued interest） 自上一次付息后在债券上赚取（但尚未支付）的利息。（第 11 章）

积极投资组合管理（active portfolio management） 使用传统和现代方法构建投资组合，并管理和控制投资组合以实现其目标；一个可以带来卓越收益的有价值的活动。（第 13 章）

积极管理基金（actively managed fund） 一种试图通过选择将获得异常高收益的股票或其他证券来"打败市场"的基金。（第 12 章）

业务活动比率（activity ratio） 用于衡量公司的资产管理水平的财务比率。（第 7 章）

机构债券（agency bond） 美国政府的各种机构和组织发行的债务证券。（第 10 章）

积极增长基金（aggressive-growth fund） 一种试图实现最高的资本利得的高投机共同基金。（第 12 章）

美国存托凭证（American depository receipt, ADR） 外国公司的母国银行保管库中持有的外国公司股票的美元计价的收据。作为美国存托股份（ADS）的担保。（第 2 章）

美国存托股份（American depositary share，ADS） 为了让美国投资者可以持有非美国公司的股票并在美国证券交易所交易而建立的证券。它们由美国存托凭证（ADR）担保。（第 2 章）

美国证券交易所综合指数（Amex composite index） 衡量在 NYSE-AMEX 上交易的所有股票相对于 1995 年 12 月 29 日设定的 550 基数的当前价格行为的指数。（第 3 章）

分析性信息（analytical information） 基于当前可用数据对潜在投资的预测和建议。（第 3 章）

年金（annuity） 随着时间的推移在等时间间隔发生的等额现金流。（第 4 章附录）

仲裁（arbitration） 一种正式的争议解决程序，客户和经纪人向陪审团呈上他们的证据，陪审团然后裁决案件。（第 3 章）

卖价/要价（ask price） 卖出证券的最低价格。（第 2 章）

资产配置（asset allocation） 一种将个人的投资组合配置在各种资产类别上的方案，在利用正面发展的同时防止负面发展以保护资本。（第 13 章）

资产配置基金（asset allocation fund） 一种将投资者的资金分散在股票、债券、货币市场证券和可能的其他资产类别上的共同基金。（第 12 章）

资产支持证券（asset-backed security，ABS） 类

似于由银行贷款、租约和其他资产构成的资产池背书的抵押贷款支持证券的证券。（第 10 章）

自动投资计划（automatic investment plan） 一种允许基金股东自动将来自工资或银行账户的固定金额的资金转入基金的共同基金服务。（第 12 章）

自动再投资计划（automatic reinvestment plan） 一种让基金股东可以通过股利和资本利得收入再投资自动购买基金的额外股份的共同基金服务。（第 12 章）

平均值（average） 通过反映一组代表性股票在某个特定时点的算术平均价格行为来衡量整体股价行为的数字。（第 3 章）

B

赎回费（back-end load） 出售共同基金份额所收取的佣金。（第 12 章）

内部研究报告（back-office research report） 经纪公司对投资前景的分析和建议；可根据要求免费向现有和潜在客户提供，或放在某些网站上供投资者购买。（第 3 章）

资产负债表（balance sheet） 公司在某一时间点的资产、负债和所有者权益的财务摘要。（第 7 章）

平衡基金（balanced fund） 目标是产生平衡的当前收入和长期资本增值的共同基金。（第 12 章）

《巴伦周刊》（Barron's） 一份每周发行的商业报纸；一个流行的财经新闻来源。（第 3 章）

基本折扣经纪人（basic discount broker） 通常，借助互联网或电话的商业服务，投资者可以在线以电子方式执行交易的高折扣经纪人。（也称为在线经纪人或电子经纪人。）（第 3 章）

熊市（bear market） 通常与价格下跌、投资者悲观、经济放缓和政府受限有关的市场。（第 2 章）

行为金融学（behavioral finance） 研究情绪和其他主观因素在投资决策中的作用的领域。（第 9 章）

信念坚定（belief perseverance） 忽略或不顾与现有信念相反的证据的倾向。（第 9 章）

贝塔（beta） 不可分散或市场风险的指标，说明证券价格如何对市场力量做出反应。（第 5 章）

出价（bid price） 购买证券所出的最高价格。（第 2 章）

蓝筹股（blue-chip stock） 财务强劲、质量高的股票，拥有长期稳定的盈利和股利记录。（第 6 章）

债券基金（bond fund） 一种投资于各种类型和等级的债券的共同基金，利息收入为首要目标。（第 12 章）

债券阶梯（bond ladders） 一种投资策略，其中等额资金被投资于一系列期限交错的债券。（第 11 章）

债券评级（bond rating） 评级机构授予债券的表示投资质量的字母等级。（第 10 章）

债券互换（bond swap） 一种投资策略，投资者清算持有的一只债券，并同时购买不同的债券来代替。（第 11 章）

债券收益率（bond yield） 如果购买债券并持有至到期投资者在债券上可以获得的收益率，报告为年收益率。（第 3 章）

债券等价收益率（bond-equivalent yield） 债券的年收益率，计算为半年收益率的两倍。（第 11 章）

债券（bond） 由公司和政府发行的长期债务工具（IOU），提供已知的利息收益加上债券到期时的面值。（第 1 章）

账面价值（book value） 公司中股东权益的金额，等于公司的资产减去公司的负债和优先股之后的金额。（第 6 章）

经纪人市场（broker market） 交易双方，买方和卖方，会面来完成交易的市场。（第 2 章）

牛市（bull market） 通常与价格上涨、投资者乐观、经济复苏和政府刺激相关的市场。（第 2 章）

经济周期（business cycle） 表示经济的当前状态，反映了总体经济活动随时间的变化。（第 7 章）

商业风险（business risk） 与一项投资的收益和该投资支付所欠投资者的收益的能力有关的不确定性的程度。（第 4 章）

C

看涨期权（call） 一个赋予持有人在一定的时间内以规定的价格买入证券的权利的可转让工具。（第 14 章）

赎回条款（call feature） 规定发行方是否以及在什么条件下可以在到期前偿还债券的条款。（第 10 章）

赎回溢价（call premium） 当债券提前偿还时，加到债券面值上并支付给投资者的金额。（第 10 章）

赎回价格（call price） 发行人提前偿还债券必须支付的价格，等于面值加上赎回溢价。（第 10 章）

资本资产定价模型（CAPM） 正式地将风险和收益观念联系起来的模型，使用贝塔、无风险利率和市场收益来帮助投资者确定一项投资所需的收益。（第5章）

资本利得（capital gain） 资产的销售价格超过其原始购买价格的量。（第1章）

资本利得分配（capital gains distribution） 向共同基金股东支付的款项，来自基金通过出售证券获得的利润。（第12章）

资本损失（capital loss） 出售资本资产的收益低于其原始购买价格的金额。（第1章）

资本市场（capital market） 购买和出售股票和债券等长期证券（期限大于一年）的市场。（第2章）

现金账户（cash account） 客户只能进行现金交易的经纪账户。（第3章）

现金股利（cash dividend） 现金形式的股利支付。（第6章）

现货市场（cash market） 当交易完成时一手交钱一手交货的市场。（第15章）

作图（charting） 描绘价格行为和其他市场信息然后用这些图表形成的模式来做出投资决策的活动。（第9章）

反复交易（churning） 经纪人从事的非法和不道德的做法，通过引起客户账户的过度交易来增加佣金。（第3章）

分类普通股（classified common stock） 公司发行的不同类别的普通股，每种向持有人提供不同的特权和利益。（第6章）

清洁价格（clean price） 忽略所有累计利息的债券价格。清洁价格是债券未来现金流的现值，不包括在下一个息票日累积的任何利息。（第11章）

封闭式基金（closed-end fund） 有固定数量的流通份额的共同基金。基金不接受投资者的新缴款，因此，投资者必须在公开市场上购买该基金的份额。（第12章）

抵押信托债券（collateral trust bond） 由发行人拥有但由第三方托管的证券支持的高级债券。（第10章）

抵押担保债券（collateralized mortgage obligation, CMO） 根据持有人意愿的投资期限分类的抵押担保债券，本金按期限顺序分配给投资者，短期类别优先。（第10章）

共同比利润表（common-size income statement） 一种使用共同分母（净销售额）将正常利润表上的所有科目从美元转换为百分比的财务报告。（第8章）

普通股（common stock） 代表公司所有权的股权投资；每股代表公司的部分所有者权益。（第1章）

普通股/市场比率（common-stock / market ratio） 将公司的关键信息转换为以每股为基础的财务比率。（第7章）

复利（compound interest） 不仅对初始存款付息，而且对从一个期间到下一个期间累积的任何利息付息。（第4A章）

信心指数（confidence index） 高级公司债券的平均收益率与平均或中级公司债券的平均收益率的比率；基于以下理论的技术指标：市场趋势通常在债券市场上出现之前在股票市场上出现。（第9章）

恒定美元计划（constant-dollar plan） 一种确定投资交易时机的公式计划，在该计划中投资者为投资组合的投机部分确定目标美元额，并建立触发点，根据需要将资金转入或转出保守部分以维持目标美元额。（第13章）

恒定比率计划（constant-ratio plan） 一种确定投资交易时机的公式计划，在该计划中确立投资组合的投机部分与保守部分的合意固定比率；当实际比率与合意比率相差预定量时就进行交易以重新平衡投资组合以实现合意的比率。（第13章）

连续复利（continuous compounding） 在最小可能的时间间隔内计算复利的利息计算方法。（第4章附录）

常规期权（conventional option） 场外卖出的看涨期权和看跌期权。（第14章）

转换（交换）特权〔conversion（exchange）privilege〕 允许股东在同一基金家族内将资金从一只基金转移到另一只基金的共同基金特征。（第12章）

转换等价/平价（conversion equivalent / parity） 为了使可转换证券的价值达到其目前的市场价格，普通股必须达到的售价。（第10章）

转换期（conversion period） 可转换证券可以被转换的时期。（第10章）

转换价格（conversion price） 将普通股交付给投资者以交换可转换证券时规定的每股价格。（第10章）

转换权（conversion privilege） 可转换证券的转

换条款的条件和特性。（第 10 章）

转换比率（conversion ratio） 可转换债券可以转换的普通股的股份数量。（第 10 章）

转换价值（conversion value） 在可转换债券的售价基于其股票价值的情况下可转换债券应该具有的交易价格。（第 10 章）

可转换债券（convertible bond） 具有允许持有人将证券转换为一定数量的发行公司的普通股这一特征的固定收益债券。（第 10 章）

可转换证券（convertible securities） 具有允许投资者将其转换为指定数量的普通股这一特征的固定收益债券。（第 1 章）

相关性（correlation） 反映任何种类数据的数字序列之间关系（如果有的话）的统计指标。（第 5 章）

相关系数（correlation coefficient） 反映两个序列之间的相关程度的指标。（第 5 章）

息票（coupon） 确定年利息收入额的债券特征。（第 10 章）

备兑期权（covered option） 期权卖方针对自己拥有的（或卖空的）股票来出售期权。（第 14 章）

交叉市场（crossing market） 与按照意愿价格匹配相同的买卖订单来满足买卖订单有关的收盘后股票交易。（第 2 章）

货币汇率（currency exchange rate） 指定日期两种货币之间的关系。（第 2 章）

货币兑换风险（currency exchange risk） 由两国货币之间的汇率变化产生的风险。（第 2 章）

货币期货（currency futures） 外汇的期货合约，交易与商品期货很像。（第 15 章）

货币期权（currency option） 基于外币出售的看跌期权和看涨期权。（第 14 章）

当期收益率（current yield） 衡量债券提供的年利息收入相对于其当期市场价格的指标。（第 10 章）

保管账户（custodial account） 未成年人的经纪账户；要求父母或监护人成为所有交易的一部分。（第 3 章）

周期股（cyclical stock） 收益和总体市场表现与一般经济状态密切相关的股票。（第 6 章）

D

每日价格限制（daily price limit） 对基础商品价格逐日变化的限制。（第 15 章）

登记日（date of record） 投资者必须是注册股东才有权收到股利的日期。（第 6 章）

日交易者（day trader） 在一天内快速买入和卖出股票希望赚快钱的投资者。（第 3 章）

交易商市场（dealer market） 买方和卖方不是直接汇聚在一起，而是由为给定证券做市的交易商来执行指令的市场。（第 2 章）

信用债券（debenture） 无担保（劣后级）债券。（第 10 章）

借方余额（debit balance） 在保证金贷款中借入的金额。（第 2 章）

债务（debt） 用于换取利息收入和承诺在未来某一日期偿还贷款的资金。（第 1 章）

防守股（defensive stock） 在经济开始下滑时往往价格坚挺甚至表现更好的股票。（第 6 章）

递延股票（deferred equity） 以某种形式发行，随后被赎回或转换为普通股的证券。（第 10 章）

通货紧缩（deflation） 一般价格下降的时期。（第 4 章）

交割月（delivery month） 必须交付商品的时间；定义期货合约的寿命。（第 15 章）

衍生证券（derivative securities） 被构造出来表现类似于标的证券或资产的特征，并从标的证券或资产中衍生其价值的证券。（第 1 章）

描述性信息（descriptive information） 关于经济、市场、行业、公司或给定投资的过去行为的事实性数据。（第 3 章）

指定做市商（designated market maker，DMM） NYSE 成员，专门从事一个或多个股票的交易并管理拍卖过程。（第 2 章）

直接投资（direct investment） 投资者直接获得对证券或财产的要求权。（第 1 章）

肮脏价格（dirty price） 债券的肮脏价格等于清洁价格加累计利息。（第 11 章）

折价基础（discount basis） 通过以低于其赎回价格的价格购买证券来赚取利息的方法；差额是赚取的利息。（第 1 章）

折价债券（discount bond） 市场价值低于面值的债券；当市场利率大于票面利率时会出现。（第 10 章）

折现率（discount rate） 当前在类似投资上可以赚取的年收益率；求现值时使用；也称为机会成本。（第 4 章附录）

可分散（非系统）风险 ［diversifiable（unsystematic）risk］ 投资风险的组成部分，源于公司特定的不可控或随机事件；通过多元化可消除。（第 5 章）

多元化/分散化（diversification） 将多种不同的投资工具纳入投资组合以增加收益或降低风险。（第 1 章）

股利收入（dividend income） 源于共同基金持有的证券所赚取的股利和利息的收入。（第 12 章）

股利支付比率（dividend payout ratio） 每股收益（EPS）中作为股利支付的部分。（第 6 章）

股利再投资计划（dividend reinvestment plan, DRIP） 股东让现金股利自动再投资于公司额外的普通股股份的计划。（第 6 章）

股利估值模型（dividend valuation model, DVM） 一种根据预期会产生的未来股利流来对一股股票进行估值的模型；三个版本是零增长、不变增长和可变增长。（第 8 章）

股利收益率（dividend yield） 将股利与股票价格联系起来并以相对（百分比）而不是绝对（美元）基准来计算普通股股利的指标。（第 6 章）

股利（dividend） 公司向股东所做的定期支付。（第 1 章）

股利和收益（D&E）法 ［dividends-and-earnings（D&E）approach］ 利用预期股利、每股收益和市盈率倍数来对一股股票进行估值的股票估值方法；也被称为 DCF 方法。（第 8 章）

美元成本平均计划（dollar-cost averaging plan） 一种确定投资交易时机的公式计划，在该计划中，固定的美元金额在固定时间间隔被投资于证券。（第 13 章）

国内投资（domestic investment） 美国的公司和政府的债务、股权和衍生证券。（第 1 章）

道琼斯公司债券指数（Dow Jones Corporate Bond Index） 96 只债券——32 只工业、32 只金融和 32 只公用事业/电信公司债券——的收盘价的数学平均值。（第 3 章）

道琼斯工业平均指数（Dow Jones Industrial Average, DJIA） 一个由 30 只高质量股票组成的股票市场平均指数，股票的选择考虑到总市值和广泛的公共所有权并被认为能反映整体市场活动。（第 3 章）

双重上市股票（dual listings） 公司的股票在多个交易所上市。（第 2 章）

久期（duration） 一个债券价格波动性指标，反

映价格和再投资风险，被用于指示债券在不同的利率环境中将如何反应。（第 11 章）

E

每股收益（earnings per share, EPS） 每股基础上的普通股股东的年收益额。（第 6 章）

经济分析（economic analysis） 用于普通股估值的一般经济状况的研究。（第 7 章）

有效前沿（efficient frontier） 包括所有有效投资组合的可行（可得）投资组合的最左边界——有效投资组合在风险（以标准差衡量）和收益之间提供最佳可得的权衡。（第 5 章）

有效市场（efficient market） 证券快速准确地反映所有可能的信息的市场。（第 9 章）

有效市场假说（efficient markets hypothesis, EMH） 有效市场的行为的基本理论，有大量知识渊博的投资者对新信息做出快速反应，使证券价格快速准确地调整。（第 9 章）

有效的投资组合（efficient portfolio） 为特定风险水平提供最高收益的投资组合。（第 5 章）

电子通信网络（electronic communications networks, ECNs） 自动匹配客户以电子方式提交的买卖订单的电子交易网络。（第 2 章）

设备信托凭证（equipment trust certificate） 由特定设备保证的优先级债券；受到航空公司等运输公司的欢迎。（第 10 章）

权益（equity） 公司或财产中持续的所有权。（第 1 章）

权益资本（equity capital） 在公司中的所有权头寸的证据，采用普通股份额的形式。（第 6 章）

股权投注（equity kicker） 转换特性的另一个名称，给予可转换证券持有人对发行人普通股的延期要求权。（第 10 章）

股权收入基金（equity-income fund） 强调当期收入和资本保值并主要投资于高收益普通股的共同基金。（第 12 章）

伦理（ethics） 行为或道德判断的标准。（第 2 章）

欧洲美元债券（Eurodollar bond） 以美元计价但未在 SEC 注册的外国债券，从而限制了新证券的销售。（第 10 章）

事件风险（event risk） 来自意外事件的风险，对一项投资的潜在价值有重大且通常即时的影响。（第 4 章）

除息日（**ex-dividend date**） 截至登记日的三个工作日；确定一个人是否为正式股东，从而有资格收到宣布的股利。（第6章）

超额保证金（**excess margin**） 比保证金账户所需的更多的自有资金。（第2章）

交易所交易基金（**exchange-traded fund，ETF**） 作为上市证券在证券交易所交易的开放式基金。（第1章）

预期假说（**expectations hypothesis**） 收益率曲线的形状反映了投资者对未来利率的预期的理论。（第11章）

预期通货膨胀溢价（**expected inflation premium**） 预期未来的平均通货膨胀率。（第4章）

期望收益（率）（**expected return**） 投资者认为一项投资在未来会赚取的收益。（第4章）

到期日（**expiration date**） 期权到期的日期。（第14章）

F

公平披露规则（**《规章FD》**）[**fair disclosure rule（Regulation FD）**] 要求高级管理人员通过新闻稿或向SEC提交文件来同时向专业投资人士和公众披露关键信息的规则。（第3章）

熟悉偏差（**familiarity bias**） 投资于投资者很熟悉的证券的倾向。（第9章）

金融期货（**financial futures**） 标的"商品"是金融资产的一类期货合约，如债务证券、外汇或普通股。（第15章）

金融机构（**financial institution**） 将政府、公司和个人的储蓄转为贷款或投资的组织。（第1章）

财务杠杆（**financial leverage**） 使用债务融资来放大投资收益。（第2章）

金融市场（**financial market**） 资金的供给者和需求者交易金融资产的地方。（第1章）

金融门户网站（**financial portal**） 网上的超级站点，汇集了各种投资功能，如实时报价、股票和共同基金图表、投资组合跟踪、新闻、研究和交易能力，以及其他个人金融功能。（第3章）

财务风险（**financial risk**） 由公司债务和股权组合产生的支付不确定性的程度；债务融资比例越大，这种风险越大。（第4章）

第一和再融资债券（**first and refunding bond**） 部分由第一抵押权和部分由第二抵押权担保的债券。（第10章）

固定佣金（**fixed commission**） 固定经纪佣金，一般适用于通常由个人投资者进行的小额交易。（第3章）

固定收益证券（**fixed-income securities**） 提供固定的定期现金支付的投资。（第1章）

固定权重法（**fixed-weightings approach**） 资产配置计划，其中投资组合的固定百分比被分配给每个资产类别。（第13章）

灵活权重法（**flexible-weightings approach**） 资产分配计划，其中每种资产类别的权重根据市场分析定期调整。（第13章）

强制转换（**forced conversion**） 发行公司对可转换债券的赎回。（第10章）

外国投资（**foreign investment**） 外国公司的债务、股权和衍生证券。（第1章）

10-K表格（**Form 10-K**） 有证券在证券交易所上市或在场外市场交易的所有公司每年都必须向证券交易委员会提交的报表。（第3章）

公式计划（**formula plan**） 投资组合管理的机械方法，试图利用周期性价格变动导致的价格变化。（第13章）

第四市场（**fourth market**） 大型机构买卖双方之间直接进行的交易。（第2章）

全面服务经纪人（**full-service broker**） 除了执行客户的交易之外，还为他们提供全面的经纪服务的经纪人。（第3章）

完全复合的收益率（**fully compounded rate of return**） 包括在利息上赚到的利息的收益率。（第4章）

基金家族（**fund family**） 由一家投资管理公司提供的不同类型的共同基金。（第12章）

基本面分析（**fundamental analysis**） 对一家公司的财务状况和经营业绩的深入研究。（第7章）

终值（**future value**） 一笔当前的存款当存入一个支付复利的账户中在一段时间内会增长到的金额。（第4章附录）

期货（**futures**） 有法律约束力的义务，规定合约的卖方将交货和合约的买方将在某一特定日期以在合约出售时商定的价格接受资产的交割。（第1章）

期货合约（**futures contract**） 规定投资者在特定未来日期以固定价格买入或卖出某些标的资产的合约。（第15章）

期货市场（futures market） 期货合约交易的有组织市场。（第 15 章）

期货期权（futures option） 使持有人有权在指定的时间内以指定的执行价格买入或卖出单一的标准化期货合约的期权。（第 15 章）

G

一般责任债券（general obligation bond） 由发行人的充分信心、信用和征税权力来担保的市政债券。（第 10 章）

增长周期（growth cycle） 反映一个行业（或公司）随着时间的推移出现的业务活力情况。（第 7 章）

增长基金（growth fund） 一种主要目标是资本增值的共同基金。（第 12 章）

成长股（growth stock） 在经营和盈利方面经历高增长率的股票。（第 6 章）

增长与收入基金（growth-and-income fund） 一种同时寻求长期增长和当期收入的共同基金，主要强调资本利得。（第 12 章）

增长导向的投资组合（growth-oriented portfolio） 主要目标是长期价格升值的投资组合。（第 5 章）

H

对冲（hedge） 将两种或多种证券组合成单一投资头寸以降低或消除风险。（第 14 章）

对冲基金（hedge fund） 受到轻度监管的投资基金，汇集富裕投资者的资源。（第 1 章）

对冲者（hedger） 使用期货合约来保护其在基础商品或金融工具中的利益的生产者和加工者。（第 15 章）

持有期（holding period） 一个人希望衡量一个投资工具的收益的期间。（第 4 章）

持有期收益率（holding period return，HPR） 在指定的持有期间（通常为一年或更短）从持有一项投资中所赚到的总收益率。（第 4 章）

I

免疫（immunization） 用久期来抵消价格和再投资效应的债券组合策略；当平均久期等于投资期限时，债券组合是免疫的。（第 11 章）

实值（in-the-money） 行权价低于标的证券的市场价格的看涨期权；行权价大于标的证券的市场价格的看跌期权。（第 14 章）

收入（income） 因拥有投资而定期收到的现金或准现金。（第 4 章）

收入债券（income bond） 要求只有在赚到一定量的收入后才支付利息的无担保债券。（第 10 章）

利润表（income statement） 一个公司经营业绩的财务摘要，涵盖指定的时间段，通常是一年。（第 7 章）

收入股（income stock） 长期持续支付高于平均水平的股利的股票。（第 6 章）

收入导向的投资组合（income-oriented portfolio） 旨在产生有规律的股利和利息支付的投资组合。（第 5 章）

指数基金（index fund） 购买并持有与特定市场指数相当的股票（或债券）组合的共同基金。（第 12 章）

指数（index） 用于衡量股票价格总体行为的数字，通过衡量一个代表性股票群体相对于在较早时间点设定的基值的当前价格行为。（第 3 章）

间接投资（indirect investment） 在一组证券或物业上的投资。（第 1 章）

个人投资者（individual investor） 管理自己的资金的投资者。（第 1 章）

行业分析（industry analysis） 对行业组别的研究，研究特定行业相对于其他行业的竞争地位，并找出行业内有一定前景的公司。（第 7 章）

通货膨胀（inflation） 价格普遍上涨的时期。（第 4 章）

初始存款（initial deposit） 在商品期货交易时必须存在经纪人那里的投资者的资本额。（第 15 章）

初始保证金（initial margin） 保证金投资者在购买时必须提供的最低资本额。（第 2 章）

首次公开发行（initial public offering，IPO） 公司股票的首次公开出售。（第 2 章）

内幕交易（insider trading） 使用关于公司的非公开信息进行有利可图的证券交易。（第 2 章）

机构投资者（institutional investor） 受雇管理别人的钱的专业投资人士。（第 1 章）

利息（interest） 借款人因使用贷款人的钱而支付的"租金"。（第 4 章）

利率期权（interest rate option） 在固定收益（债务）证券上出售的看跌期权和看涨期权。（第 14 章）

利率风险（interest rate risk） 利率变动会对证

券价值产生不利影响的可能性。（第 4 章）

利率期货（interest-rate futures） 债务证券的期货合约。（第 15 章）

国际基金（international fund） 全部或大部分投资于外国证券的共同基金。（第 12 章）

内在价值（intrinsic value） 通过基本面分析确定的股票的潜在或固有价值。（第 7 章）

投资（investment） 预期将产生正的收入和/或保值增值的可投入资金的任何资产。（第 1 章）

投资顾问（investment adviser） 通常收取费用来提供投资建议的个人或公司。（第 3 章）

投资银行家（investment banker） 专门协助公司发行新证券，并就重大金融交易向公司提供咨询的金融中介。（第 2 章）

投资俱乐部（investment club） 一种法律合伙关系，通过这种合伙关系，一组投资者必须遵守特定的组织结构、运营程序和目的，通常是从一定风险的投资中获得不错的长期收益。（第 3 章）

投资目标（investment goal） 一个人希望通过投资实现的财务目标。（第 1 章）

投资信函（investment letter） 通过订阅提供关于证券投资的分析、结论和建议的信函。（第 3 章）

投资计划（investment plan） 一份书面文件，描述如何进行资金投资，并设定实现每个投资目标的具体日期和可承受的风险数量。（第 1 章）

投资价值（investment value） 投资者认为证券应该有的交易价格，或他们认为应该有的价值。（第 6 章）

投资价值（investment value） 当不可转换并按可比不可转换证券的现行市场收益率来定价或近似定价时，可转换证券的交易价格。（第 10 章）

J

詹森指标（詹森阿尔法）[Jensen's measure (Jensen's alpha)] 使用投资组合的贝塔和 CAPM 来计算其超额收益（可能是正数、零或负数）的投资组合业绩指标。（第 13 章）

次级债券（junior bond） 仅由发行人承诺及时支付利息和本金来担保的债务凭证。（第 10 章）

垃圾债券（junk bond） 评级低但收益高的高风险证券。（第 10 章）

L

LEAPS 长期期权。（第 14 章）

杠杆（leverage） 用少的资本投资来获得给定的股权头寸从而放大收益的能力。（第 14 章）

杠杆指标（leverage measure） 衡量用于支持业务的债务金额和公司偿债能力的财务比率。（第 7 章）

限价订单（limit order） 以指定价格或低于指定价格购买、以指定价格或高于指定价格出售的订单。（第 3 章）

流动性（liquidity） 一项投资迅速地转换为现金且价值几乎没有或完全没有损失的能力。（第 1 章）

流动性指标（liquidity measures） 与公司满足日常经营费用并履行到期的短期偿债义务的能力有关的财务比率。（第 7 章）

流动性偏好理论（liquidity preference theory） 投资者往往往更喜欢流动性更大的短期证券，从而对投资长期证券要求溢价。（第 11 章）

流动性风险（liquidity risk） 无法以合理的价格快速清算投资的风险。（第 4 章）

上市期权（listed option） 在有组织证券交易所（如 CBOE）上市和交易的看跌期权和看涨期权。（第 14 章）

付佣基金（load fund） 在购买份额时收取佣金的共同基金；也称为前端付佣基金。（第 12 章）

买多（long purchase） 投资者购买证券并希望它们能够增值从而在随后的某天出售来获取利润的交易。（第 2 章）

长期投资（long-term investment） 期限超过一年或根本没有到期期限的投资。（第 1 章）

损失厌恶（loss aversion） 避免损失的愿望是如此之大以至风险厌恶的投资者因试图避免损失而表现出冒险行为。（第 9 章）

低佣基金（low-load fund） 在购买份额时收取小额佣金的共同基金。（第 12 章）

流动收益期权票据（liquid yield option note，LYON） 同时带有转换条款和看跌期权的零息债券。（第 10 章）

M

维持存款（maintenance deposit） 在任何时候都必须在保证金账户中保留的最低保证金数额。（第 15 章）

维持保证金（maintenance margin） 投资者始终必须在保证金账户中维持的保证金（自有资金）的绝对最低金额。（第 2 章）

管理费（management fee） 每年为提供的专业共同基金服务收取的费用；无论投资组合表现如何都要支付。（第 12 章）

保证金账户（margin account） 授予保证金交易权限的经纪账户。（第 2 章）

补充保证金通知（margin call） 需要将保证金低于维持水平的账户中的自有资金提高到维持保证金水平以上或具有足够的保证金持有量以达到此标准的通知。（第 2 章）

保证金存款（margin deposit） 在经纪人处的存款额，用于支付可能因不利价格变动导致的期货合约市场价值的任何损失。（第 15 章）

保证金贷款（margin loan） 在保证金交易中以规定的利率提供借入资金的工具。（第 2 章）

保证金要求（margin requirement） 必须是保证金投资者的自有资金的最低自有资金额；由联邦储备委员会（"美联储"）设定。（第 2 章）

保证金交易（margin trading） 使用借入资金购买证券；通过减少投资者必须交付的自有资金额来放大收益。（第 2 章）

盯市（mark-to-the-market） 对每个交易日结束时确定的投资者保证金头寸的日常检查，此时经纪人根据需要借记或贷记账户。（第 15 章）

市场异象（market anomaly） 不正常或对在有效市场中应出现的行为的偏离。（第 9 章）

做市商（market maker） 通过提供以报出的价格买入或卖出一定数量的证券来"做市"的证券交易商。（第 2 章）

市价订单（market order） 以订单下达时的最优价格买入或卖出股票的订单。（第 3 章）

市场收益（market return） 所有（或大量样本）的股票（如标准普尔 500 综合指数中的股票）的平均收益。（第 5 章）

市场风险（market risk） 投资收益因为与给定投资无关的市场因素而下降的风险。（第 4 章）

市场分割理论（market segmentation theory） 一种利率期限结构理论，债务市场根据到期日被分割，每个子市场中的供需确定当前的利率，并且收益率曲线的斜率取决于每个子市场的现行利率之间的关系。（第 11 章）

市场技术分析师（market technician） 认为主要（或完全）由供给和需求驱动股票价格的分析师。（第 9 章）

市场价值（market value） 证券的当前市场价格。（第 6 章）

到期日（maturity date） 债券到期并且本金必须偿还的日期。（第 10 章）

每日最大价格范围（maximum daily price range） 商品价格在当天可以改变的金额；通常等于每日价格限额的两倍。（第 15 章）

调解（mediation） 一种非正式、自动的争议解决过程，客户和经纪人同意一个调解员协调他们之间的谈判以解决案件。（第 3 章）

默根（Mergent） 各种财务资料的出版商，包括《默根说明书》。（第 3 章）

中盘股（mid-cap stock） 市值通常低于 40 亿美元或 50 亿美元但超过 10 亿美元的中等规模的股票。（第 6 章）

混合收益流（mixed stream of return） 与年金不同，没有表现出特殊模式的收益流。（第 4 章附录）

现代投资组合理论（modern portfolio theory, MPT） 一种投资组合管理的方法，使用几种基本的统计指标来制定投资组合计划。（第 5 章）

货币市场（money market） 买卖短期债务证券（期限小于一年）的市场。（第 2 章）

货币市场共同基金（货币基金）[money market mutual fund (money fund)] 只投资于短期投资工具的共同基金。（第 1 章）

抵押债券（mortgage bond） 由房地产担保的优先级债券。（第 10 章）

抵押贷款支持债券（mortgage-backed bond） 由一个住房抵押贷款资产池担保的债务证券；主要由联邦机构发行。（第 10 章）

移动平均（moving average, MA） 计算和记录一系列价格或其他数据的平均值随时间变化的数学方法；得到平滑一系列数据的一系列平均值。（第 9 章）

市政债券担保（municipal bond guarantee） 来自发行人之外的一方担保如期和及时支付本金和利息。（第 10 章）

市政债券（municipal bond） 州、县、市和其他政治分支机构发行的债券；这些债券大多数都是免税的（免缴利息收入的联邦所得税）。（第 10 章）

共同基金（mutual fund） 一种从销售份额中筹集资金并投资和专业化管理一个多元化的证券组合的公司。（第 1 章）

N

裸露期权（naked option） 出售者对自己不拥有的证券卖出的期权。（第 14 章）

视野狭隘（narrow framing） 孤立地或在特别狭窄的背景下分析投资问题，而不是查看问题的所有方面。（第 9 章）

纳斯达克市场（Nasdaq market） 二级市场的主要部分，采用全电子交易平台来执行交易。（第 2 章）

纳斯达克股票市场指数（Nasdaq Stock Market index） 衡量在纳斯达克股票市场交易的证券相对于在指定日期设定的基数 100 的当前价格行为的指数。（第 3 章）

负相关（negatively correlated） 描述了反向变动的两个系列。（第 5 章）

协商佣金（negotiated commission） 经客户和经纪人谈判后商定的经纪佣金；通常可用于大型机构交易和维持大账户的个人投资者。（第 3 章）

净资产价值（net asset value，NAV） 特定共同基金的一股股票的标的价值。（第 12 章）

净损失（net loss） 资本损失超过资本利得的金额；在任何年份最高 3 000 美元的净损失都可被用于抵扣普通收入。（第 1 章）

免佣基金（no-load fund） 一种在购买份额时不收取佣金的共同基金。（第 12 章）

名义收益率（nominal rate of return） 在一项投资上赚取的用当前的美元表示的收益率。（第 4 章）

票据（note） 最初发行的到期期限为 2 至 10 年的债务证券。（第 10 章）

纽约证券交易所综合指数（NYSE composite index） 衡量纽约证券交易所上市股票相对于 2002 年 12 月 31 日 5 000 的基数的当前价格行为的指数。（第 3 章）

O

零星（odd lot） 少于 100 股股票。（第 3 章）

空盘量（open interest） 商品或金融期货目前的合约数。（第 15 章）

开放式基金（open-end fund） 每当投资者向基金投入资金时就向其发行新份额的共同基金。对

可以发行的新份额的数量没有限制，因此，对人们可以投入基金的资金数量没有限制。（第 12 章）

公开叫价拍卖（open-outcry auction） 在期货交易中，通过一系列叫价、身体动作和手势进行交易的拍卖。（第 15 章）

期权（option） 赋予持有人在指定时间内以指定价格买入或卖出一定数量的标的金融资产的权利的证券。（第 14 章）

期权链（option chain） 在特定证券上交易的所有期权的列表。期权链提供了与特定股票相关的所有期权的当前市场价格和交易量。（第 14 章）

期权费（option premium） 投资者付钱购买的上市看跌期权或看涨期权的报价。（第 14 章）

期权差价（option spreading） 将行权价或到期日期不同的两份或多份期权组合成一个单一的交易。（第 14 章）

跨式期权（option straddle） 同时购买（或出售）基于同一标的的普通股（或金融资产）的看跌期权和看涨期权。（第 14 章）

期权卖方〔option writer (seller)〕 让与/创建看跌和看涨期权的个人或机构。（第 14 章）

普通年金（ordinary annuity） 现金流发生在每期末的年金。（第 4 章附录）

虚值（out-of-the-money） 没有实际价值的看涨期权，因为行权价超过股票的市场价格；市场价格超过执行价格的看跌期权。（第 14 章）

过度自信（overconfidence） 高估完成某项任务的能力的倾向。（第 9 章）

场外市场〔over-the-counter (OTC) market〕 二级市场的一个组成部分，交易较小的非上市证券。（第 2 章）

P

账面收益（paper return） 投资者在给定时期内已经获得但尚未实现的收益。（第 4 章）

面值（par value） 股票的面值。（第 6 章）

回收期（payback period） 可转换证券的买方从可转换证券获得的额外的当期收入中恢复转换溢价所需的时间。（第 10 章）

支付日（payment date） 公司将向股东发送股利支票的实际日期（也称为应付日）。（第 6 章）

PEG 比率（PEG ratio） 将股票的市盈率倍数与公司的盈利增长率联系起来的财务比率。（第 7 章）

完全负相关（perfectly negatively correlated） 描述了相关系数为－1的两个负相关序列。（第5章）

完全正相关（perfectly positively correlated） 描述了相关系数为＋1的两个正相关序列。（第5章）

PIK债券（PIK bond） 给予发行人用新债券而不是现金进行年度利息支付的权利的实物支付债券。（第10章）

汇集多元化（pooled diversification） 投资者为个人投资者的集体利益而买入证券组合的过程。（第12章）

投资组合（portfolio） 证券或其他投资工具的组合，构建的目的通常是为满足一个或多个投资目标。（第1章）

组合贝塔（portfolio beta） 投资组合的贝塔；用组合包含的个别资产的贝塔的加权平均数来计算。（第5章）

投资组合修正（portfolio revision） 出售投资组合中的某些证券并购买新的替代品的过程。（第13章）

正相关（positively correlated） 描述了在相同方向上变动的两个序列。（第5章）

优先股（preferred stock） 公司的所有权权益；具有明确的股利率，其支付优先于同一公司的普通股股利。（第1章）

溢价债券（premium bond） 市值超过面值的债券；当利率低于票面利率时发生。（第10章）

优惠折扣经纪人（premium discount broker） 为客户交易收取低佣金但提供有限的免费研究信息和投资建议的经纪人。（第3章）

现值（present value） 在未来某个日期收到的金额在今天的价值；与终值相反。（第4章附录）

市盈率法［price-to-earnings (P/E) approach］ 试图找出最适合该股票的市盈率的股票估值方法；这个比率以及估计的每股收益被用于确定合理的股票价格。（第8章）

一级市场（primary market） 证券发行人向投资者出售新证券的市场。（第2章）

最优惠利率（prime rate） 向最佳商业借款人收取的最低利率。（第2章）

本金（principal） 债券到期时必须偿还的资本金额。（第10章）

私募（private placement） 向私人投资者直接出售新证券，无须在SEC登记。（第2章）

盈利能力（profitability） 通过将利润与销售额、资产或权益相关联来衡量公司收益的财务比率。（第7章）

承诺收益率（promised yield） 到期收益率。（第11章）

财产（property） 在房地产或有形个人财产上的投资。（第1章）

招股说明书（prospectus） 描述证券和证券发行人的重要方面的证券注册声明的一部分。（第2章）

公开发行（public offering） 向公众投资者出售公司的证券。（第2章）

公开交易股票（publicly traded issue） 在公开市场上普通公众可以买到和出售的股票。（第6章）

购买力风险（purchasing power risk） 价格水平（通货膨胀或通货紧缩）意外变化将对投资收益产生不利影响的可能性。（第4章）

看跌期权（put） 一种使得持有人能够在规定的时间内以指定的价格出售基础证券的可转让工具。（第14章）

金字塔交易（pyramiding） 使用保证金账户中的账面利润来部分或全部地为额外的证券购买提供融资的技术。（第2章）

Q

报价（quotation） 关于各种类型证券的价格信息，包括当前价格数据和近期价格行为的统计数据。（第3章）

R

随机游走假说（random walk hypothesis） 股价走势不可预测的理论，从而无法知道股价走势会怎么样。（第9章）

增长率（rate of growth） 一系列收入的价值的复合年变化率。（第4章）

比率分析（ratio analysis） 对财务报表账户之间关系的研究。（第7章）

房地产（real estate） 如住宅、原始土地和收入性财产等实体。（第1章）

房地产投资信托（real estate investment trust, REIT） 一种向投资者出售股份并将所得投资于各类房地产和房地产抵押贷款的封闭式基金；它们分为三类：股权REIT、抵押贷款REIT和混合REIT。（第12章）

实际收益率（real rate of return） 名义收益率减去通货膨胀率；衡量投资提供的购买力的增长的指标。（第 4 章）

实现的收益（realized return） 投资者在特定时期内实际收到的当期收入。（第 4 章）

实现的收益率（realized yield） 期望收益率。（第 11 章）

红头招股书（red herring） 在等待 SEC 批准注册声明时，向潜在的投资者提供的初步招股说明书。（第 2 章）

再融资条款（refunding provision） 禁止利用发行低收益再融资债券的所得来提前偿还债券的规定。（第 10 章）

再投资收益率（reinvestment rate） 在利息或投资期间获得的其他收入上赚取的收益率。（第 4 章）

相对 P/E 倍数（relative P/E multiple） 衡量股票市盈率相对于市场平均市盈率的行为的指标。（第 8 章）

相关风险（relevant risk） 不可分散的风险。（第 5 章）

代表性（representativeness） 因人们在认识结果的随机性方面有困难而发生的认知偏差。（第 9 章）

必要收益率（required rate of return） 为特定投资的风险补偿投资者的收益率。给定风险时投资的最低可接受收益率。（第 8 章）

必要收益率（required return） 投资者充分补偿风险所必须赚取的投资收益率。（第 4 章）

剩余所有者（residual owner） 一家公司的所有者/股东，只有在所有其他义务得到满足后，才有权获得股利收入和按比例分配的公司收益。（第 6 章）

受限账户（restricted account） 自有资金小于初始保证金要求的保证金账户；投资者不能进一步进行保证金购买，必须在出售证券时将其恢复到初始水平。（第 2 章）

投入资本收益率（return on invested capital） 根据实际投资于证券的资金数量而不是合约本身的价值来衡量的投资者收益率。（第 15 章）

收益/收益（return） 从投资中获得的收益，以当期收入和/或价值增值的形式收到。（第 1 章）

收益债券（revenue bond） 只有发行人产生足够的收入才需要支付本金和利息的市政债券。（第 10 章）

配股发行（rights offering） 按比例向现有股东提供新股份。（第 2 章）

风险（risk） 反映投资将产生的收益的不确定性。（第 1 章）

风险溢价（risk premium） 反映与给定投资工具有关的证券和证券发行人特征的收益溢价。（第 4 章）

风险厌恶（risk-averse） 描述一个需要更大的收益来换取更大的风险的投资者。（第 4 章）

无风险利率（risk-free rate） 在无风险投资上可以赚到的收益率；实际收益率和预期通货膨胀溢价的总和。（第 4 章）

风险中立（risk-indifferent） 描述一个不需要改变收益来补偿更大的风险的投资者。（第 4 章）

风险-收益权衡（risk-return tradeoff） 风险和收益之间的关系，风险较高的投资应提供较高的收益，反之亦然。（第 4 章）

风险喜好（risk-seeking） 描述投资者以接受较低的收益来换取更大的风险。（第 4 章）

整手（round lot） 100 股股票。（第 3 章）

双向佣金（round-trip commission） 投资者购买和出售证券时支付的全部佣金。（第 15 章）

S

合意投资（satisfactory investment） 收益（以适当的利率折现）的现值等于或超过其成本的投资。（第 4 章）

二次发行（secondary distribution） 大型投资者持有的以前发行的大量证券的公开销售。（第 2 章）

二级市场（secondary market） 证券在发行后交易的市场；售后市场（第 2 章）

部门基金（sector fund） 一种将其投资限制在市场的特定部门的共同基金。（第 12 章）

证券（securities） 由公司、政府或其他组织发行的投资工具，代表对发行人的资源的金融要求权。（第 1 章）

证券交易委员会（Securities and Exchange Commission，SEC） 负责监管证券发行和市场的联邦机构。（第 2 章）

证券投资者保护公司（Securities Investor Protection Corporation，SIPC） 由联邦政府授权的非营利性会员公司，为每个经纪客户的账户提供高达 50 万美元的保险，每位客户的现金限额为 10 万美元。（第 3 章）

证券市场（securities market） 让证券供给者和需求者进行金融交易的场所。（第2章）

证券化（securitization） 将抵押贷款等贷款工具转为流通证券的过程。（第10章）

证券分析（security analysis） 搜集和组织信息然后利用信息来确定每股普通股的内在价值的过程。（第7章）

证券市场线（security market line, SML） 资本资产定价模型的图形描述；反映了投资者对由贝塔衡量的每个水平的不可分散风险所要求的收益。（第5章）

证券选择（security selection） 用于在一个资产类别中选择将要持有的特定证券的程序。（第13章）

自我归因偏差（self-attribution bias） 倾向于高估自己的智力或技能在产生有利的投资结果上所起的作用，低估运气在这一结果中的作用。（第9章）

销售团（selling group） 加入投资银行的一组交易商和经纪公司；每个成员负责销售一部分新证券。（第2章）

半强式有效市场假说（semi-strong form of the EMH） 有效市场假说的形式，认为使用公开可得信息不能始终赚取异常大的利润。（第9章）

优先级债券（senior bond） 担保债务，由对发行人的具体财产的法定要求权背书。（第10章）

序列债券（serial bond） 有一系列不同到期日的债券。（第10章）

结算价格（settlement price） 商品和金融期货的收盘价（当日最后价格）。（第15章）

夏普指标（Sharpe's measure） 衡量每单位总风险的风险溢价的投资组合表现的指标，由投资组合的收益的标准差来衡量。（第13章）

空头净额（short interest） 在任意给定时间市场上卖空的股票数量；被认为表明了未来市场需求的技术指标。（第9章）

卖空（short selling） 卖出借入的证券，卖空者最终再买回证券，并将其归还给贷方。（第2章）

短期投资（short-term investment） 通常在一年内到期的投资。（第1章）

单利（simple interest） 只对初始存款就其持有时间支付利息。（第4章附录）

偿债基金（sinking fund） 规定了在债券的生命期内每年偿还的本金额的一个条款。（第10章）

小盘股（small-cap stock） 市值通常低于10亿美元，但可以提供高于平均水平的收益的股票。（第6章）

社会责任基金（socially responsible fund） 积极和直接将伦理和道德纳入投资决策的共同基金。（第12章）

投机者（speculator） 交易一个特定资产只是为了利用他们认为会发生的价格变动的投资者。（第15章）

投机股（speculative stock） 提供可观的价格升值潜力的股票，通常是由于一些特殊情况，如新的管理或引入有希望的新产品。（第6章）

分歧评级（split rating） 由两个或多个评级机构给予债券不同的评级。（第10章）

标准普尔公司（S&P）〔Standard & Poor's Corporation (S&P)〕 大量金融报告和服务的出版商，包括公司记录和股票报告。（第3章）

标准普尔指数（Standard & Poor's indexes） 衡量一组股票相对于基准指数值（根据具体指数设定）的当前价格的指标。（第3章）

标准差（standard deviation, s） 用于衡量收益相对资产的平均或预期收益的离散性（变动性）的统计量。（第4章）

现金流量表（statement of cash flows） 关于公司的现金流量及其他导致公司现金状况变动的事项的财务摘要。（第7章）

股票股利（stock dividend） 以额外股份的形式支付股利。（第6章）

股份分拆（stock spin-off） 通过向现有股东分配新公司的股票来将公司的一家子公司转换为独立公司。（第6章）

股份分割（stock split） 公司用指定数量的新股份交换每个流通股来增加流通股数量的战略。（第6章）

股票估值（stock valuation） 根据股票预测的风险和收益的表现来确定股票潜在价值的过程。（第8章）

股票经纪人（stockbroker） 在决定购买哪些股票和其他投资对象及执行交易方面协助投资者的专业人士。（第3章）

股指期货（stock-index futures） 在广基的股票市场表现指标（如标准普尔500指数）上立约的期货合约，让投资者可以参与股票市场的整体变动。（第15章）

股指期权（stock-index option） 在一个特定的股票市场指数（如标准普尔 500 指数）上立约的看跌期权或看涨期权。（第 14 章）

股东（年度）报告［stockholders' (annual) report］ 公众持股公司每年发布的报告；包含广泛的信息，包括最近经营期的财务报表。（第 3 章）

止损订单［stop-loss (stop) order］ 当市场价格达到或低于指定水平时出售股票的订单；也可以用于当市场价格达到或超过指定水平时买入股票。（第 3 章）

代持（street name） 以经纪公司的名义发行但受实际拥有股票的客户的信托而持有的证券凭证。（第 3 章）

行权价（strike price） 你可以用看涨期权购买证券或用看跌期权卖出证券的规定价格。（第 14 章）

强式有效市场假说（strong form of the EMH） 有效市场假说的形式，认为不管是公开还是私人信息，都不能让投资者持续获得异常利润。（第 9 章）

次级信用债券（subordinated debenture） 要求权次于其他信用债券的无担保债券。（第 10 章）

系统性提款计划（systematic withdrawal plan） 使得股东每个月或每个季度能自动收到预定量的资金的共同基金服务。（第 12 章）

T

战术性资产配置（tactical asset allocation） 使用股指期货和债券期货根据预测的市场行为来改变投资组合的资产配置的资产配置计划。（第 13 章）

有形资产（tangibles） 可以看到或触及的除了房地产之外的投资资产。（第 1 章）

目标价格（target price） 分析师预期股票在一段时间内（通常是一年）会达到的价格。（第 8 章）

税收筹划（tax planning） 制定从长远看会推迟和最小化个人的税收水平的战略。（第 1 章）

税收风险（tax risk） 国会对税法做出不利的改变的可能性，从而降低某些投资的税后收益和市场价值。（第 4 章）

税收互换（tax swap） 用类似证券替换有资本损失的债券；用于抵消投资者投资组合的另一部分产生的收益。（第 11 章）

税收优惠投资（tax-advantaged investment） 旨在通过减少投资者必须支付的税额来实现更高的税后收益的投资工具和策略。（第 1 章）

应税等价收益率（taxable equivalent yield） 完全应税债券匹配收益较低的免税市政债券的税后收益所必须提供的收益。（第 10 章）

科技股（tech stock） 市场上科技行业的股票。（第 6 章）

技术分析（technical analysis） 对市场上起作用的各种力量对股票价格的影响的研究。（第 9 章）

定期债券（term bond） 具有单一的且相当长的到期日的债券。（第 10 章）

利率的期限结构（term structure of interest rate） 债券的利率或收益率与其到期时间之间的关系。（第 11 章）

反向观点理论（theory of contrary opinion） 一个技术指标，使用零星交易的数量和类型来作为当前市场状况和即将出现的变化的指标。（第 9 章）

第三市场（third market） 通常由做市商处理的，在 NYSE、NYSE AMEX 或其他交易所之一上市的证券上所做的场外交易。（第 2 章）

时间价值（time value） 期权价格超过期权内在价值的金额。（第 14 章）

货币的时间价值（time value of money） 只要有赚取利息的机会货币的价值就会受到收到货币的时点的影响这一事实。（第 4 章附录）

总收益（total return） 一项投资在指定时段内赚到的当期收入和资本利得（或损失）之和。（第 4 章）

总风险（total risk） 一项投资的不可分散风险和可分散风险的总和。（第 5 章）

传统投资组合管理（traditional portfolio management） 一种投资组合管理方法，强调通过组合来自广泛行业的公司的各种股票和/或债券来"平衡"投资组合。（第 5 章）

长期国库券（Treasury bond） 发行的到期期限为 30 年的美国国库券。（第 10 章）

通货膨胀保护国库券（Treasury Inflation-Protected Security，TIPS） 一种就年通货膨胀率调整投资者收益来提供通货膨胀保护的国库券。（第 10 章）

中期国库券（Treasury note） 发行的到期期限为 2 至 10 年的美国国库券。（第 10 章）

库存股（treasury stock） 已经由发行公司出售并随后回购的股票。（第 6 章）

本息分离国债（Treasury strips） 从美国国库券中创建的零息债券。（第 10 章）

特雷诺指标（Treynor's measure） 一个投资组合的绩效指标，衡量由投资组合的贝塔度量的每单位不可分散风险的风险溢价。（第 13 章）

真实利率（true rate of interest） 赚到的实际利率。（第 4A 章）

12（b）-1 费用［12（b）-1 fee］ 许多共同基金每年收取的用以支付管理费用和其他运营费用的费用。（第 12 章）

U

不相关（uncorrelated） 描述两个没有任何关系或相互作用的序列，从而相关系数接近于零。（第 5 章）

承销（underwriting） 投资银行承担以约定价格转售从发行公司购买的证券的风险。（第 2 章）

承销团（underwriting syndicate） 由发起投资银行组成的一组投资银行，分担与承销新证券相关的财务风险。（第 2 章）

不可分散（系统性）风险［undiversifiable（systematic）risk］ 即使充分多元化的投资组合也存在的风险。往往影响所有（或几乎所有）证券的风险。（第 5 章）

未实现的资本利得（账面利润）［unrealized capital gain（paper profit）］ 只是"账面上"赚到的资本利得，也就是说，直到基金持有的证券被出售后才能实现的利得。（第 12 章）

V

价值基金（value fund） 投资被认为在市场上被低估的股票的共同基金；价值股票往往表现出低的市盈率倍数、高的股利收益率和有希望的未来。（第 12 章）

价值线综合指数（Value Line composite index） 反映大约 1 700 个股票相对于其 1961 年 6 月 30 日的基数 100 的股价百分比变化的股票指数。（第 3 章）

《价值线投资调查》（Value Line Investment Survey） 个人投资者使用的最受欢迎的订阅服务之一；用户每周收到 3 份基本报告。（第 3 章）

可变比率计划（variable-ratio plan） 一个确定投资交易时机的公式计划，其中投机部分与总投资组合价值的比率根据投机证券的价值变动而变化；当比率上升或下降预定量时，投资组合投机部分

的金额分别减少或增加。（第 13 章）

成交量（volume） 在特定时间间隔内交易的证券数量。（第 15 章）

W

《华尔街日报》（Wall Street Journal） 一份商业日报；最受欢迎的金融新闻来源。（第 3 章）

弱式有效市场假说（weak form of the EMH） 有效市场假说的一种形式，认为过去的股票价格数据对预测未来的价格是无效的。（第 9 章）

双重损失（whipsawing） 股价暂时下跌，然后反弹回升的情况。（第 13 章）

包管账户（wrap account） 一个经纪账户，其中，大型投资组合的客户支付平均年费，以覆盖资金管理者的服务成本和所有交易的佣金。（第 3 章）

Y

扬基债券（Yankee bond） 由外国政府或公司发行并在美国证券市场交易的以美元计价的债务证券。（第 2 章）

到期收益率（内部收益率）［yield（internal rate of return）］ 长期投资获得的复合年收益率；使得投资收益的现值正好等于其成本的折现率。（第 4 章）

收益率曲线（yield curve） 表示债券到期期限与其在给定时点的收益率之间关系的图形。（第 11 章）

收益获取互换（yield pickup swap） 为了实现当期收益率和到期收益率的提高，用可比的高息债券替换低息债券。（第 11 章）

利差（yield spread） 市场各个部门之间存在的利率差异。（第 11 章）

赎回收益率（yield to call，YTC） 在指定的赎回日之前一直流通的债券的收益率。（第 11 章）

到期收益率（yield to maturity，YTM） 投资者在债券的生命期内赚取的完全复合的收益率，包括利息收入和价格升值。（第 11 章）

Z

零息债券（zero-coupon bond） 没有息票的债券，按面值的大幅折扣来销售。（第 10 章）

译 后 记

　　《投资学基础》的主要作者斯科特·斯马特是印第安纳大学凯利商学院的金融学教授。斯马特教授不仅拥有深厚的学术素养，在众多一流的金融学期刊上发表过大量的学术论文，而且是一位教学经验丰富、教学能力出众的学者，屡获各种教学方面的奖项。本书是斯马特教授与另外两位作者合著的一本非常出色的投资学入门教材，既可以作为高等学校投资学基础课程的教材，也可以作为对投资学知识感兴趣的从业者和一般读者的参考书。

　　本书第一部分描述投资环境、证券市场和交易以及投资信息和证券交易，旨在为后续章节的学习奠定基础。第二部分阐述收益和风险这两个投资的关键属性，并在此基础上引入著名的投资组合原理。第三部分介绍关于普通股这一最常见和最重要的投资工具的基础知识、分析方法和估值技术，并对与之相关的市场效率性和行为金融学方面的知识予以介绍。第四部分介绍固定收益证券的基础知识、估值方法以及估值和管理中的一些重要概念和技术。第五部分介绍投资组合管理方面的基础知识，包括共同基金和交易所交易基金，以及个人如何构建和管理适合于自己的投资组合。第六部分讲解期权及期货两种可用于套利、投机和风险管理的最重要和最基础的金融衍生品方面的知识。本书内容体系的组织非常合理，涵盖投资环境、投资原理、基础证券、证券组合和衍生证券方面的基础知识。

　　本书结构合理，脉络清晰，内容丰富翔实，紧跟时代潮流，讲解深入浅出。同时，书中还配有各种人性化的学习栏目和大量课后习题及特许金融分析师（CFA）的考试真题来帮助读者拓展视野和加强训练，是一本不可多得的优秀教科书。本书阐述的投资学知识体系明确聚焦于个人投资者的证券投资，旨在为个人投资者做出明智的投资决策和实现投资目标提供必要的知识及指导。

在当今高度金融化的社会中，掌握一定的金融和投资知识对于提高家庭的收入水平与家庭的财富积累能力至关重要。毋庸置疑，现代社会的每个人都需要掌握一定的金融投资知识，以便更好地管理个人和家庭的财富，实现资产的保值增值。随着我国经济的快速发展和家庭财富的不断积累，财富管理已经成为与财富创造同等重要的问题。

中国人民大学出版社长期以来大量引进国外一流的学术著作和各类优秀教材，为我国人文社科和商科的发展做出了巨大的社会贡献，本书的出版一定会为我国金融学科的发展和金融实践水平的提高发挥积极作用。在此诚挚感谢中国人民大学出版社的信任和支持，尤其要感谢崔惠玲女士自始至终的信任、理解和帮助。由于译者水平有限，翻译中难免有不恰当和不合适之处，欢迎读者批评指正。

孙国伟
2018 年于上海海洋大学

		作者	Author	单价	出版年份	ISBN
	中的应用	朱塞佩·阿尔比亚	Giuseppe Arbia	45.00	2018	978-7-300-25458-6
		保罗·克鲁格曼等	Paul Krugman	88.00	2018	978-7-300-25639-9
		德怀特·H.波金斯等	Dwight H. Perkins	98.00	2018	978-7-300-25506-4
	理规划(第四版)	戴维·G.卢恩伯格等	David G. Luenberger	79.80	2018	978-7-300-25391-6
	织理论	让·梯若尔	Jean Tirole	110.00	2018	978-7-300-25170-7
	经济学精要(第六版)	巴德、帕金	Bade,Parkin	89.00	2018	978-7-300-24749-6
7	空间计量经济学——空间数据的分位数回归	丹尼尔·P.麦克米伦	Daniel P. McMillen	30.00	2018	978-7-300-23949-1
8	高级宏观经济学基础(第二版)	本·J.海德拉	Ben J. Heijdra	88.00	2018	978-7-300-25147-9
9	税收经济学(第二版)	伯纳德·萨拉尼耶	Bernard Salanié	42.00	2018	978-7-300-23866-1
10	国际宏观经济学(第三版)	罗伯特·C.芬斯特拉	Robert C. Feenstra	79.00	2017	978-7-300-25326-8
11	公司治理(第五版)	罗伯特·A.G.蒙克斯	Robert A. G. Monks	69.80	2017	978-7-300-24972-8
12	国际经济学(第15版)	罗伯特·J.凯伯	Robert J. Carbaugh	78.00	2017	978-7-300-24844-8
13	经济理论和方法史(第五版)	小罗伯特·B.埃克伦德等	Robert B. Ekelund. Jr.	88.00	2017	978-7-300-22497-8
14	经济地理学	威廉·P.安德森	William P. Anderson	59.80	2017	978-7-300-24544-7
15	博弈与信息:博弈论概论(第四版)	艾里克·拉斯穆森	Eric Rasmusen	79.80	2017	978-7-300-24546-1
16	MBA宏观经济学	莫里斯·A.戴维斯	Morris A. Davis	38.00	2017	978-7-300-24268-2
17	经济学基础(第十六版)	弗兰克·V.马斯切纳	Frank V. Mastrianna	42.00	2017	978-7-300-22607-1
18	高级微观经济学:选择与竞争性市场	戴维·M.克雷普斯	David M. Kreps	79.80	2017	978-7-300-23674-2
19	博弈论与机制设计	Y.内拉哈里	Y. Narahari	69.80	2017	978-7-300-24209-5
20	宏观经济学精要:理解新闻中的经济学(第三版)	彼得·肯尼迪	Peter Kennedy	45.00	2017	978-7-300-21617-1
21	宏观经济学(第十二版)	鲁迪格·多恩布什等	Rudiger Dornbusch	69.00	2017	978-7-300-23772-5
22	国际金融与开放宏观经济学:理论、历史与政策	亨德里克·范登伯格	Hendrik Van den Berg	68.00	2016	978-7-300-23380-2
23	经济学(微观部分)	达龙·阿西莫格鲁等	Daron Acemoglu	59.00	2016	978-7-300-21786-4
24	经济学(宏观部分)	达龙·阿西莫格鲁等	Daron Acemoglu	45.00	2016	978-7-300-21886-1
25	发展经济学	热若尔·罗兰	Gérard Roland	79.00	2016	978-7-300-23379-6
26	中级微观经济学——直觉思维与数理方法(上下册)	托马斯·J.内契巴	Thomas J. Nechyba	128.00	2016	978-7-300-22363-6
27	环境与自然资源经济学(第十版)	汤姆·蒂坦伯格等	Tom Tietenberg	72.00	2016	978-7-300-22900-3
28	劳动经济学基础(第二版)	托马斯·海克拉克等	Thomas Hyclak	65.00	2016	978-7-300-23146-4
29	货币金融学(第十一版)	弗雷德里克·S.米什金	Frederic S. Mishkin	85.00	2016	978-7-300-23001-6
30	动态优化——经济学和管理学中的变分法和最优控制(第二版)	莫顿·I.凯曼等	Morton I. Kamien	48.00	2016	978-7-300-23167-9
31	用Excel学习中级微观经济学	温贝托·巴雷托	Humberto Barreto	65.00	2016	978-7-300-21628-7
32	宏观经济学(第九版)	N.格里高利·曼昆	N. Gregory Mankiw	72.00	2016	978-7-300-23038-2
33	国际经济学:理论与政策(第十版)	保罗·R.克鲁格曼等	Paul R. Krugman	89.00	2016	978-7-300-22710-8
34	国际金融(第十版)	保罗·R.克鲁格曼等	Paul R. Krugman	55.00	2016	978-7-300-22089-5
35	国际贸易(第十版)	保罗·R.克鲁格曼等	Paul R. Krugman	42.00	2016	978-7-300-22088-8
36	经济学精要(第3版)	斯坦利·L.布鲁伊等	Stanley L. Brue	58.00	2016	978-7-300-22301-8
37	经济分析史(第七版)	英格里德·H.里马	Ingrid H. Rima	72.00	2016	978-7-300-22294-3
38	投资学精要(第九版)	兹维·博迪等	Zvi Bodie	108.00	2016	978-7-300-22236-3
39	环境经济学(第二版)	查尔斯·D.科尔斯塔德	Charles D. Kolstad	68.00	2016	978-7-300-22255-4
40	MWG《微观经济理论》习题解答	原千晶等	Chiaki Hara	75.00	2016	978-7-300-22306-3
41	现代战略分析(第七版)	罗伯特·M.格兰特	Robert M. Grant	68.00	2016	978-7-300-17123-4
42	横截面与面板数据的计量经济分析(第二版)	杰弗里·M.伍德里奇	Jeffrey M. Wooldridge	128.00	2016	978-7-300-21938-7
43	宏观经济学(第十二版)	罗伯特·J.戈登	Robert J. Gordon	75.00	2016	978-7-300-21978-3
44	动态最优化基础	蒋中一	Alpha C. Chiang	42.00	2015	978-7-300-22068-0
45	城市经济学	布伦丹·奥弗莱厄蒂	Brendan O'Flaherty	69.80	2015	978-7-300-22067-3
46	管理经济学:理论、应用与案例(第八版)	布鲁斯·艾伦等	Bruce Allen	79.80	2015	978-7-300-21991-2
47	经济政策:理论与实践	阿格尼丝·贝纳西-奎里等	Agnès Bénassy-Quéré	79.80	2015	978-7-300-21921-9
48	微观经济分析(第三版)	哈尔·R.范里安	Hal R. Varian	68.00	2015	978-7-300-21536-5
49	财政学(第十版)	哈维·S.罗森等	Harvey S. Rosen	68.00	2015	978-7-300-21754-3
50	经济数学(第三版)	迈克尔·霍伊等	Michael Hoy	88.00	2015	978-7-300-21674-4
51	发展经济学(第九版)	A.P.瑟尔沃	A. P. Thirlwall	69.80	2015	978-7-300-21193-0
52	宏观经济学(第五版)	斯蒂芬·D.威廉森	Stephen D. Williamson	69.00	2015	978-7-300-21169-5
53	资源经济学(第三版)	约翰·C.伯格斯特罗姆等	John C. Bergstrom	58.00	2015	978-7-300-20742-1
54	应用中级宏观经济学	凯文·J.胡佛	Kevin D. Hoover	78.00	2015	978-7-300-21000-1
55	计量经济学导论:现代观点(第五版)	杰弗里·M.伍德里奇	Jeffrey M. Wooldridge	99.00	2015	978-7-300-20815-2
56	现代时间序列分析导论(第二版)	约根·沃特斯等	Jürgen Wolters	39.80	2015	978-7-300-20625-7

经济科学译丛

序号	书名	作者	Author	单价	出版年份	ISBN
57	空间计量经济学——从横截面数据到空间面板	J·保罗·埃尔霍斯特	J. Paul Elhorst	32.00	2015	978 - 7 - 300 - 21024 - 7
58	国际经济学原理	肯尼思·A·赖纳特	Kenneth A. Reinert	58.00	2015	978 - 7 - 300 - 20830 - 5
59	经济写作(第二版)	迪尔德丽·N·麦克洛斯基	Deirdre N. McCloskey	39.80	2015	978 - 7 - 300 - 20914 - 2
60	计量经济学方法与应用(第五版)	巴蒂·H·巴尔塔基	Badi H. Baltagi	58.00	2015	978 - 7 - 300 - 20584 - 7
61	战略经济学(第五版)	戴维·贝赞可等	David Besanko	78.00	2015	978 - 7 - 300 - 20679 - 0
62	博弈论导论	史蒂文·泰迪里斯	Steven Tadelis	58.00	2015	978 - 7 - 300 - 19993 - 1
63	社会问题经济学(第二十版)	安塞尔·M·夏普等	Ansel M.Sharp	49.00	2015	978 - 7 - 300 - 20279 - 2
64	博弈论:矛盾冲突分析	罗杰·B·迈尔森	Roger B. Myerson	58.00	2015	978 - 7 - 300 - 20212 - 9
65	时间序列分析	詹姆斯·D·汉密尔顿	James D. Hamilton	118.00	2015	978 - 7 - 300 - 20213 - 6
66	经济问题与政策(第五版)	杰奎琳·默里·布鲁斯	Jacqueline Murray Brux	58.00	2014	978 - 7 - 300 - 17799 - 1
67	微观经济理论	安德鲁·马斯-克莱尔等	Andreu Mas-Collel	148.00	2014	978 - 7 - 300 - 19986 - 3
68	产业组织:理论与实践(第四版)	唐·E·瓦尔德曼等	Don E. Waldman	75.00	2014	978 - 7 - 300 - 19722 - 7
69	公司金融理论	让·梯若尔	Jean Tirole	128.00	2014	978 - 7 - 300 - 20178 - 8
70	经济学精要(第三版)	R·格伦·哈伯德等	R. Glenn Hubbard	85.00	2014	978 - 7 - 300 - 19362 - 5
71	公共部门经济学	理查德·W·特里西	Richard W. Tresch	49.00	2014	978 - 7 - 300 - 18442 - 5
72	计量经济学原理(第六版)	彼得·肯尼迪	Peter Kennedy	69.80	2014	978 - 7 - 300 - 19342 - 7
73	统计学:在经济中的应用	玛格丽特·刘易斯	Margaret Lewis	45.00	2014	978 - 7 - 300 - 19082 - 2
74	产业组织:现代理论与实践(第四版)	林恩·佩波尔等	Lynne Pepall	88.00	2014	978 - 7 - 300 - 19166 - 9
75	计量经济学导论(第三版)	詹姆斯·H·斯托克等	James H. Stock	69.00	2014	978 - 7 - 300 - 18467 - 8
76	发展经济学导论(第四版)	秋山裕	秋山裕	39.80	2014	978 - 7 - 300 - 19127 - 0
77	中级微观经济学(第六版)	杰弗里·M·佩罗夫	Jeffrey M. Perloff	89.00	2014	978 - 7 - 300 - 18441 - 8
78	平狄克《微观经济学》(第八版)学习指导	乔纳森·汉密尔顿等	Jonathan Hamilton	32.00	2014	978 - 7 - 300 - 18970 - 3
79	微观经济学(第八版)	罗伯特·S·平狄克等	Robert S.Pindyck	79.00	2013	978 - 7 - 300 - 17133 - 3
80	微观银行经济学(第二版)	哈维尔·弗雷克斯等	Xavier Freixas	48.00	2014	978 - 7 - 300 - 18940 - 6
81	施米托夫论出口贸易——国际贸易法律与实务(第11版)	克利夫·M·施米托夫等	Clive M. Schmitthoff	168.00	2014	978 - 7 - 300 - 18425 - 8
82	微观经济学思维	玛莎·L·奥尔尼	Martha L. Olney	29.80	2013	978 - 7 - 300 - 17280 - 4
83	宏观经济学思维	玛莎·L·奥尔尼	Martha L. Olney	39.80	2013	978 - 7 - 300 - 17279 - 8
84	计量经济学原理与实践	达摩达尔·N·古扎拉蒂	Damodar N.Gujarati	49.80	2013	978 - 7 - 300 - 18169 - 1
85	现代战略分析案例集	罗伯特·M·格兰特	Robert M. Grant	48.00	2013	978 - 7 - 300 - 16038 - 2
86	高级国际贸易:理论与实证	罗伯特·C·芬斯特拉	Robert C. Feenstra	59.00	2013	978 - 7 - 300 - 17157 - 9
87	经济学简史——处理沉闷科学的巧妙方法(第二版)	E·雷·坎特伯里	E. Ray Canterbery	58.00	2013	978 - 7 - 300 - 17571 - 3
88	管理经济学(第四版)	方博亮等	Ivan Png	80.00	2013	978 - 7 - 300 - 17000 - 8
89	微观经济学原理(第五版)	巴德、帕金	Bade、Parkin	65.00	2013	978 - 7 - 300 - 16930 - 9
90	宏观经济学原理(第五版)	巴德、帕金	Bade、Parkin	63.00	2013	978 - 7 - 300 - 16929 - 3
91	环境经济学	彼得·伯克等	Peter Berck	55.00	2013	978 - 7 - 300 - 16538 - 7
92	高级微观经济理论	杰弗里·杰里	Geoffrey A. Jehle	69.00	2012	978 - 7 - 300 - 16613 - 1
93	高级宏观经济学导论:增长与经济周期(第二版)	彼得·伯奇·索伦森等	Peter Birch Sørensen	95.00	2012	978 - 7 - 300 - 15871 - 6
94	宏观经济学:政策与实践	弗雷德里克·S·米什金	Frederic S. Mishkin	69.00	2012	978 - 7 - 300 - 16443 - 4
95	宏观经济学(第二版)	保罗·克鲁格曼	Paul Krugman	45.00	2012	978 - 7 - 300 - 15029 - 1
96	微观经济学(第二版)	保罗·克鲁格曼	Paul Krugman	69.80	2012	978 - 7 - 300 - 14835 - 9
97	克鲁格曼《微观经济学(第二版)》学习手册	伊丽莎白·索·凯利	Elizabeth Sawyer Kelly	58.00	2013	978 - 7 - 300 - 17002 - 2
98	克鲁格曼《宏观经济学(第二版)》学习手册	伊丽莎白·索·凯利	Elizabeth Sawyer Kelly	36.00	2013	978 - 7 - 300 - 17024 - 4
99	微观经济学(第十一版)	埃德温·曼斯费尔德	Edwin Mansfield	88.00	2012	978 - 7 - 300 - 15050 - 5
100	卫生经济学(第六版)	舍曼·富兰德等	Sherman Folland	79.00	2011	978 - 7 - 300 - 14645 - 4
101	宏观经济学(第七版)	安德鲁·B·亚伯等	Andrew B. Abel	78.00	2011	978 - 7 - 300 - 14223 - 4
102	现代劳动经济学:理论与公共政策(第十版)	罗纳德·G·伊兰伯格等	Ronald G. Ehrenberg	69.00	2011	978 - 7 - 300 - 14482 - 5
103	宏观经济学:理论与政策(第九版)	理查德·T·弗罗恩	Richard T. Froyen	55.00	2011	978 - 7 - 300 - 14108 - 4
104	经济学原理(第四版)	威廉·博伊斯等	William Boyes	59.00	2011	978 - 7 - 300 - 13518 - 2
105	计量经济学基础(第五版)(上下册)	达摩达尔·N·古扎拉蒂	Damodar N.Gujarati	99.00	2011	978 - 7 - 300 - 13693 - 6
106	《计量经济学基础》(第五版)学生习题解答手册	达摩达尔·N·古扎拉蒂等	Damodar N. Gujarati	23.00	2012	978 - 7 - 300 - 15080 - 8

		作者	Author	单价	出版年份	ISBN
	册)	威廉·H·格林	William H. Greene	128.00	2011	978 - 7 - 300 - 12779 - 8
		罗伯特·C·芬斯特拉等	Robert C. Feenstra	49.00	2011	978 - 7 - 300 - 13704 - 9
		戴维·N·韦尔	David N. Weil	63.00	2011	978 - 7 - 300 - 12778 - 1
		戴维·G·卢恩伯格	David G. Luenberger	58.00	2011	978 - 7 - 300 - 14747 - 5
	金融学(第二版)	兹维·博迪等	Zvi Bodie	59.00	2010	978 - 7 - 300 - 11134 - 6
112	博弈论	朱·弗登博格等	Drew Fudenberg	68.00	2010	978 - 7 - 300 - 11785 - 0

金融学译丛

序号	书名	作者	Author	单价	出版年份	ISBN
1	投资学基础(第十二版)	斯科特·斯马特等	Scott Smart	85.00	2018	978 - 7 - 300 - 25478 - 4
2	金融学原理(第八版)	阿瑟·J·基翁等	Arthur J. Keown	79.00	2018	978 - 7 - 300 - 25638 - 2
3	财务管理基础(第七版)	劳伦斯·J·吉特曼等	Lawrence J. Gitman	89.00	2018	978 - 7 - 300 - 25339 - 8
4	利率互换及其他衍生品	霍华德·科伯	Howard Corb	69.00	2018	978 - 7 - 300 - 25294 - 0
5	固定收益证券手册(第八版)	弗兰克·J·法博齐	Frank J. Fabozzi	228.00	2017	978 - 7 - 300 - 24227 - 9
6	金融市场与金融机构(第8版)	弗雷德里克·S·米什金等	Frederic S. Mishkin	86.00	2017	978 - 7 - 300 - 24731 - 1
7	兼并、收购和公司重组(第六版)	帕特里克·A·高根	Patrick A. Gaughan	79.00	2017	978 - 7 - 300 - 24231 - 6
8	债券市场:分析与策略(第九版)	弗兰克·J·法博齐	Frank J. Fabozzi	98.00	2016	978 - 7 - 300 - 23495 - 3
9	财务报表分析(第四版)	马丁·弗里德森	Martin Fridson	46.00	2016	978 - 7 - 300 - 23037 - 5
10	国际金融学	约瑟夫·P·丹尼尔斯等	Joseph P. Daniels	65.00	2016	978 - 7 - 300 - 23037 - 1
11	国际金融	阿德里安·巴克利	Adrian Buckley	88.00	2016	978 - 7 - 300 - 22668 - 2
12	个人理财(第六版)	阿瑟·J·基翁	Arthur J. Keown	85.00	2016	978 - 7 - 300 - 22711 - 5
13	投资学基础(第三版)	戈登·J·亚历山大等	Gordon J. Alexander	79.00	2015	978 - 7 - 300 - 20274 - 7
14	金融风险管理(第二版)	彼德·F·克里斯托弗森	Peter F. Christoffersen	46.00	2015	978 - 7 - 300 - 21210 - 4
15	风险管理与保险管理(第十二版)	乔治·E·瑞达等	George E. Rejda	95.00	2015	978 - 7 - 300 - 21486 - 3
16	个人理财(第五版)	杰夫·马杜拉	Jeff Madura	69.00	2015	978 - 7 - 300 - 20583 - 0
17	企业价值评估	罗伯特·A·G·蒙克斯等	Robert A. G. Monks	58.00	2015	978 - 7 - 300 - 20582 - 3
18	基于Excel的金融学原理(第二版)	西蒙·本尼卡	Simon Benninga	79.00	2014	978 - 7 - 300 - 18899 - 7
19	金融工程学原理(第二版)	萨利赫·N·内夫特奇	Salih N. Neftci	88.00	2014	978 - 7 - 300 - 19348 - 9
20	投资学导论(第十版)	赫伯特·B·梅奥	Herbert B. Mayo	69.00	2014	978 - 7 - 300 - 18971 - 0
21	国际金融市场导论(第六版)	斯蒂芬·瓦尔德斯等	Stephen Valdez	59.80	2014	978 - 7 - 300 - 18896 - 6
22	金融数学:金融工程引论(第二版)	马雷克·凯宾斯基等	Marek Capinski	42.00	2014	978 - 7 - 300 - 17650 - 5
23	财务管理(第二版)	雷蒙德·布鲁克斯	Raymond Brooks	69.00	2014	978 - 7 - 300 - 19085 - 3
24	期货与期权市场导论(第七版)	约翰·C·赫尔	John C. Hull	69.00	2014	978 - 7 - 300 - 18994 - 2
25	国际金融:理论与实务	皮特·塞尔居	Piet Sercu	88.00	2014	978 - 7 - 300 - 18413 - 5
26	货币、银行和金融体系	R·格伦·哈伯德等	R. Glenn Hubbard	75.00	2013	978 - 7 - 300 - 17856 - 1
27	并购创造价值(第二版)	萨德·苏达斯纳	Sudi Sudarsanam	89.00	2013	978 - 7 - 300 - 17473 - 0
28	个人理财——理财技能培养方法(第三版)	杰克·R·卡普尔等	Jack R. Kapoor	66.00	2013	978 - 7 - 300 - 16687 - 2
29	国际财务管理	吉尔特·贝克特	Geert Bekaert	95.00	2012	978 - 7 - 300 - 16031 - 3
30	应用公司财务(第三版)	阿斯沃思·达摩达兰	Aswath Damodaran	88.00	2012	978 - 7 - 300 - 16034 - 4
31	资本市场:机构与工具(第四版)	弗兰克·J·法博齐	Frank J. Fabozzi	85.00	2011	978 - 7 - 300 - 13828 - 2
32	衍生品市场(第二版)	罗伯特·L·麦克唐纳	Robert L. McDonald	98.00	2011	978 - 7 - 300 - 13130 - 6
33	跨国金融原理(第三版)	迈克尔·H·莫菲特等	Michael H. Moffett	78.00	2011	978 - 7 - 300 - 12781 - 1
34	统计与金融	戴维·鲁珀特	David Ruppert	48.00	2010	978 - 7 - 300 - 11547 - 4
35	国际投资(第六版)	布鲁诺·索尔尼克等	Bruno Solnik	62.00	2010	978 - 7 - 300 - 11289 - 3

图书在版编目（CIP）数据

投资学基础/（ ）斯科特·斯马特（Scott Smart），（ ）劳伦斯·吉特曼（Lawrence Gitman），
（ ）迈克尔·乔恩科（Michael Joehnk）著；孙国伟译．—12版．—北京：中国人民大学出版社，2018.3
（金融学译丛）
书名原文：Fundamentals of Investing（12th edition）
ISBN 978-7-300-25478-4

Ⅰ．①投… Ⅱ．①斯… ②劳… ③迈… ④孙… Ⅲ．①投资经济学 Ⅳ．①F830.59

中国版本图书馆 CIP 数据核字（2018）第 022970 号

金融学译丛

投资学基础（第十二版）

斯科特·斯马特

劳伦斯·吉特曼　著

迈克尔·乔恩科

孙国伟　译

Touzixue Jichu

出版发行	中国人民大学出版社				
社　　址	北京中关村大街 31 号		**邮政编码**	100080	
电　　话	010 - 62511242（总编室）		010 - 62511770（质管部）		
	010 - 82501766（邮购部）		010 - 62514148（门市部）		
	010 - 62515195（发行公司）		010 - 62515275（盗版举报）		
网　　址	http://www.crup.com.cn				
	http://www.ttrnet.com（人大教研网）				
经　　销	新华书店				
印　　刷	北京七色印务有限公司				
规　　格	185 mm×260 mm　16 开本		**版　　次**	2018 年 3 月第 1 版	
印　　张	40　插页 1		**印　　次**	2018 年 3 月第 1 次印刷	
字　　数	947 000		**定　　价**	85.00 元	

尊敬的老师:

您好!

为了确保您及时有效地申请培生整体教学资源,请您务必完整填写如下表格,加盖学院的公章后传真给我们,我们将会在 2-3 个工作日内为您处理。

请填写所需教辅的开课信息:

采用教材			□中文版 □英文版 □双语版
作 者		出版社	
版 次		**ISBN**	
课程时间	始于 年 月 日	学生人数	
	止于 年 月 日	学生年级	□专 科 □本科 1/2 年级 □研究生 □本科 3/4 年级

请填写您的个人信息:

学 校			
院系/专业			
姓 名		职 称	□助教 □讲师 □副教授 □教授
通信地址/邮编			
手 机		电 话	
传 真			
official email(必填) (eg:XXX@ruc.edu.cn)		email (eg:XXX@163.com)	
是否愿意接受我们定期的新书讯息通知: □是 □否			

系 / 院主任: _____ (签字)

(系 / 院办公室章)

___年___月___日

资源介绍:

--教材、常规教辅（PPT、教师手册、题库等）资源: 请访问 www.pearsonhighered.com/educator; （免费）

--MyLabs/Mastering 系列在线平台: 适合老师和学生共同使用; 访问需要 Access Code; （付费）

100013 北京市东城区北三环东路 36 号环球贸易中心 D 座 1208 室
电话: (8610)57355003 传真: (8610)58257961

Please send this form to: 郭笑男（Amy）**copub.hed@pearson.com**/Tel:5735 5086